HBIS GROUP 河钢唐钢 HBIS TANGSTEEL

河钢唐钢

年鉴 2020

河钢唐钢党史厂志编纂委员会　编

北　京
冶　金　工　业　出　版　社
2021

图书在版编目（CIP）数据

河钢唐钢年鉴．2020／河钢唐钢党史厂志编纂委员会编．—北京：冶金工业出版社，2021.11
ISBN 978-7-5024-8957-1

Ⅰ．①河…　Ⅱ．①河…　Ⅲ．①钢铁厂—唐山—2020—年鉴　Ⅳ．①F426.31-54

中国版本图书馆 CIP 数据核字（2021）第 230801 号

河钢唐钢年鉴 2020

出版发行	冶金工业出版社	**电　　话**	（010）64027926
地　　址	北京市东城区嵩祝院北巷 39 号	**邮　　编**	100009
网　　址	www.mip1953.com	**电子信箱**	service@mip1953.com

责任编辑　张熙莹　美术编辑　彭子赫　版式设计　禹　蕊
责任校对　王永欣　责任印制　李玉山
北京科信印刷有限公司印刷
2021 年 11 月第 1 版，2021 年 11 月第 1 次印刷
787mm×1092mm　1/16；26.75 印张；8 彩页；655 千字；407 页
定价 180.00 元

投稿电话　（010）64027932　投稿信箱　tougao@cnmip.com.cn
营销中心电话　（010）64044283
冶金工业出版社天猫旗舰店　yjgycbs.tmall.com
（本书如有印装质量问题，本社营销中心负责退换）

▲ 2019 年 8 月 14 日，菲律宾贸工部部长拉蒙·洛佩兹一行到河钢唐钢访问。省国资委党委书记、主任吕志成与客人座谈。河钢集团党委书记、董事长于勇参加座谈并陪同参观。

▲ 2019 年 5 月 15 日，河钢集团党委书记、董事长于勇会见到河钢唐钢访问的亚洲钢铁董事长兼总裁本杰明·姚。

▲ 2019 年 7 月 24 日，河钢塞钢能源和环境保护综合改造工程开工典礼在塞尔维亚斯梅代雷沃市举行。塞尔维亚总统武契奇、中国驻塞尔维亚大使陈波出席仪式。河钢唐钢党委书记、董事长，河钢塞钢董事长王兰玉在仪式上致辞。

▲ 2019 年 7 月 24 日，河北省副省长、公安厅厅长刘凯到河钢唐钢调研。

河钢唐钢年鉴 2020

栏目编审

刘彦雷　王云阁　薛军安　庞得奇　贾成宁　赵寿强
于子庆　郭明举　刘连继　韩　毅　陶加富　许国新
于春渊　杨利东　吴晓月　商　丽　史云波　闫希才
周　明　姜丽丽

作出贡献者

孙学君　赵津玲　王　宇　翟雪川　吝亚南　杜　进
梁栋栋　王　磊　张　倩

河钢唐钢党史厂志编纂委员会

河钢唐钢党史厂志编辑部

▲ 2019 年 7 月 18 日，菲律宾八打雁省省长赫明兰、亚洲钢铁董事长兼总裁本杰明·姚一行访问河钢唐钢，河钢集团副总经理、首席技术官王新东陪同。

▲ 2019 年 10 月 25 日，“2019 产业链协同发展深度行——百强企业走进河钢”活动组织与会嘉宾参观河钢唐钢南区 3200 立方米高炉。

▲ 2019 年 6 月 30 日，河北省国资委系统企业纪念建党 98 周年暨“不忘初心、牢记使命”党建工作现场观摩会与会人员到河钢唐钢现场观摩。

▲ 2019 年 7 月 10 日，河北省广播电视局党组书记、局长王离湘到河钢唐钢调研。

▲ 2019 年 10 月 15 日，河钢唐钢党委书记、董事长王兰玉参加第三届中国（唐山）国际钢铁冶金工业博览会。

▲ 2019 年 3 月 29 日，河钢唐钢汽车板深加工项目奠基开工仪式在台州湾循环经济产业集聚区举行。

▲ 2019 年 1 月 19 日，河钢唐钢召开第二十二届职工代表大会第二次会议。

▲ 2019 年 3 月 18 日，河钢唐钢召开 2018 年度总结表彰暨 2019 年工作推进大会。

▲ 2019 年 4 月，中共中央宣传部授予河钢集团塞尔维亚公司管理团队“时代楷模”荣誉称号。

▲ 2019 年 6 月 29 日，河钢唐钢党委召开庆祝建党 98 周年暨总结表彰大会。

▶ 2019 年 5 月 6 日，河钢唐钢举办“五四”表彰暨“奋斗的青春最美丽”青春故事分享会。图为会前公司党委书记、董事长王兰玉亲切会见优秀青年代表。

◀ 2019 年 7 月 9 日，河钢唐钢党委书记、董事长王兰玉慰问生产一线职工。

▶ 2019 年 8 月 20 日，河钢唐钢总经理田欣为公司职工子女送上助学金。

▲ 2019 年，河钢唐钢产铁 1608 万吨，同比增长 16.6%。图为炼铁厂 4 号高炉。

◀ 2019 年，河钢唐钢产钢 1686 万吨，同比增长 7.9%。图为二钢轧厂一角。

◀ 2019 年，河钢唐钢产钢材 1515 万吨，同比增长 7.73%。图为长材发货现场。

冶金产品实物质量品牌培育产品认定证书

金杯优质产品

企业名称：唐山不锈钢有限责任公司
产品名称：汽车结构用热轧钢带
产品牌号：QStE420TM
产品规格：(2.0～5.9)×(1100～1250)(mm)
产品标准：Q/TB 211—2017
生 产 线：炼钢-1580热轧生产线

证书编号：CISA-SWZL2019-105
有 效 期：2020年1月1日至2022年12月31日

二〇一九年十二月三十一日

冶金产品实物质量品牌培育产品认定证书

金杯优质产品

企业名称：唐山钢铁集团高强汽车板有限公司
产品名称：连续热镀锌钢板钢带
产品牌号：DX54D+Z
产品规格：(0.5～1.5)×(917～1430)(mm)
产品标准：Q/TB 305—2017
生 产 线：炼钢-1580线-4#镀锌生产线

证书编号：CISA-SWZL2019-106
有 效 期：2020年1月1日至2022年12月31日

二〇一九年十二月三十一日

▲ 2019 年，河钢唐钢汽车结构用热轧钢带、连续热镀锌钢板钢带获冶金产品实物质量“金杯优质产品”称号。

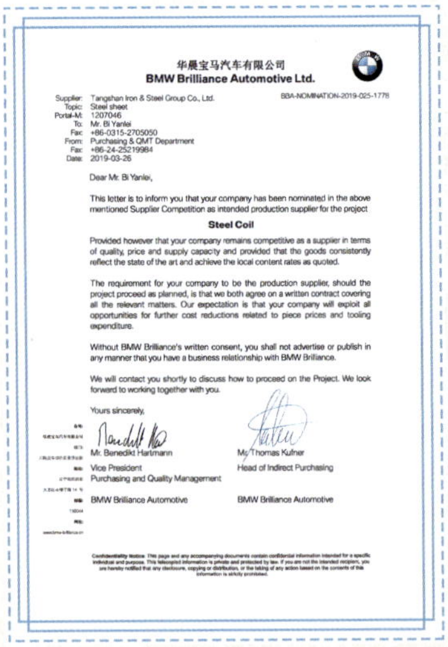
华晨宝马汽车有限公司
BMW Brilliance Automotive Ltd.

BBA-NOMINATION-2019-025-1778

Supplier: Tangshan Iron & Steel Group Co., Ltd.
Topic: Steel sheet
Portal-M: 1207046
To: Mr. Bi Yanlei
Fax: +86-0315-2705050
From: Purchasing & QMT Department
Fax: +86-24-25219984
Date: 2019-03-26

Dear Mr. Bi Yanlei,

This letter is to inform you that your company has been nominated in the above mentioned Supplier Competition as intended production supplier for the project

Steel Coil

Provided however that your company remains competitive as a supplier in terms of quality, price and supply capacity and provided that the goods consistently reflect the state of the art and achieve the local content rates as quoted.

The requirement for your company to be the production supplier, should the project proceed as planned, is that we both agree on a written contract covering all the relevant matters. Our expectation is that your company will exploit all opportunities for further cost reductions related to piece prices and tooling expenditure.

Without BMW Brilliance's written consent, you shall not advertise or publish in any manner that you have a business relationship with BMW Brilliance.

We will contact you shortly to discuss how to proceed on the Project. We look forward to working together with you.

Yours sincerely,

Mr. Benedikt Hartmann
Vice President
Purchasing and Quality Management
BMW Brilliance Automotive

Mr. Thomas Kufner
Head of Indirect Purchasing
BMW Brilliance Automotive

CHERY

材料牌号认证证书

证书编号：CVEC-MTA-201907-002

河钢股份有限公司唐山分公司

经严格的3炉钢板取样测试验证，贵司下列材料牌号满足奇瑞公司材料标准技术要求，予以认证。

材料认证牌号目录

材料名称	材料牌号	产地	认证报告编号
冷轧低合金高强度钢	HC340LA	唐山	QRMC-TS-008
冷轧双相钢	HC340/590DP	唐山	QRMC-TS-009
	HC420/780DP	唐山	QRMC-TS-010
	HC820/1180DP	唐山	QRMC-TS-011
冷轧淬火配分钢	HC600/980QP	唐山	QRMC-TS-012

发证单位（盖章）
2019年7月22日

奇瑞汽车股份有限公司
CHERY AUTOMOBILE CO.,LTD.

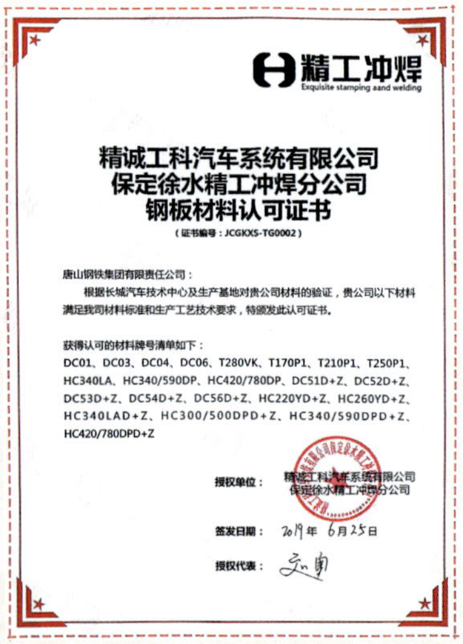
精工冲焊
Exquisite stamping aand welding

精诚工科汽车系统有限公司
保定徐水精工冲焊分公司
钢板材料认可证书
（证书编号：JCGKXS-TG0002）

唐山钢铁集团有限责任公司：

根据长城汽车技术中心及生产基地对贵公司材料的验证，贵公司以下材料满足我司材料标准和生产工艺技术要求，特颁发此认可证书。

获得认可的材料牌号清单如下：

DC01、DC03、DC04、DC06、T280VK、T170P1、T210P1、T250P1、HC340LA、HC340/590DP、HC420/780DP、DC51D+Z、DC52D+Z、DC53D+Z、DC54D+Z、DC56D+Z、HC220YD+Z、HC260YD+Z、HC340LAD+Z、HC300/500DPD+Z、HC340/590DPD+Z、HC420/780DPD+Z

授权单位：精诚工科汽车系统有限公司保定徐水精工冲焊分公司
签发日期：2019年6月25日
授权代表：

▲ 2019 年，河钢唐钢通过宝马、福特、通用 3 家合资品牌，一汽轿车、奇瑞汽车、长城汽车等多家自主品牌的审厂工作，并实现批量供货。

▲ 2019 年 9 月 29 日，河钢唐钢举行“迎庆新中国成立 70 周年”升旗仪式。

▲ 2019 年 6 月 28 日，河钢唐钢党委开展“不忘初心、牢记使命”主题教育现场体验学暨“七一”主题党日活动。图为公司党员在李大钊纪念馆前合影留念。

◀▲ 2019年，河钢唐钢做好驻村帮扶脱贫攻坚工作，党委书记、董事长王兰玉，总经理田欣等领导多次深入驻村一线慰问农户并指导工作。

▲ 2019年8月16—17日，河钢唐钢党委组织专业医疗团队和志愿者服务队赴保定市涞源县南屯镇黑山村开展扶贫志愿服务活动。

▲ 2019年，河钢唐钢持续发力“两个结构”再优化，加大高端产品研发力度和市场开拓力度，汽车钢销量达到110万吨，家电板销量达到46.7万吨。图为高强汽车板镀锌生产线现场。

▲ 2019年，河钢唐钢积极推进工矿企业“公转铁”项目，美锦铁路项目投运改写美锦焦化公司全部公路运输的历史。图为铁路建成后，首列列车顺利开行。

▲ 河钢唐钢厂区掠影。

◀▲ 产销掠影。

▶ 职工风采。

▲本书主要编审人员及编辑、通讯员代表合影。

编辑说明

一、《河钢唐钢年鉴》是由河钢唐钢党史厂志编纂委员会组织编纂，河钢唐钢党委办公室主管、河钢唐钢党史厂志编辑部主办，创办于2016年，全面记述河钢唐钢各方面情况的年度资料性文献，旨在为读者了解、研究河钢唐钢提供基本资料。

二、《河钢唐钢年鉴（2020）》的编纂以习近平新时代中国特色社会主义思想为指导，紧贴公司生产经营实际，突出钢铁企业的行业特色、时代特色、年度特色，凸显当年各项变革的主要举措和工作成效。文体语言、结构层次、计量单位均采用国家标准。

三、《河钢唐钢年鉴（2020）》根据年鉴体例要求，除企业概况以外，其余部目均采用分目、条目体。设置特载、企业概况、大事记、项目建设、科技创新、市场营销、生产经营与专业管理、战略管控平台、公共服务支撑平台、生产技术支撑平台、信息设备支撑平台、主业生产经营单元、平台外非钢单元、河钢集团直属单位、党群工作、附录等16个部目，全书共计60余万字。

四、《河钢唐钢年鉴（2020）》使用的单位名称，首次出现时用全称，再次出现习惯用简称。“河钢集团”“河钢”“集团”均指“河钢集团”，“河钢唐钢”“公司”均指“河钢集团唐钢公司”。独立法人单位称谓首次出现时以注册名称为准，简称为集团规定称谓。“全年”“年内”均指2019年，“上年”指2018年。

五、《河钢唐钢年鉴（2020）》刊用的文稿及资料，由河钢唐钢各单位、各部室提供。引用的统计资料数据由专业部门提供，具有归口性、真实性、权威性；其他各部目数据由供稿单位提供，因统计范围和口径的调整，部分数据不具有可比性。

《河钢唐钢年鉴（2020）》编纂工作得到公司各级领导和各单位、各部室相关人员的指导和帮助，在此表示感谢。全卷编纂中难免有不足和疏漏之处，诚盼读者指正。

河钢唐钢党史厂志编辑部

2020年12月

序

时间见证历史，奋斗定义时光。

刚刚过去的2019年，我们被爱国主义的硬核力量所震撼。新中国成立70周年的盛世华章，无时无刻不在鼓舞、激励着河钢唐钢人为国为家砥砺前行。当钢铁行业供需双增、价格宽幅震荡之时，钢企整体效益明显下降，我们数万职工勠力同心，奋楫笃行，企业生产经营创出佳绩。15亿元的利润，不凡的业绩，源自每一个钢城人平凡的创造。我们为集团发展再立新功，也更加坚定了面向未来的信心。

国之光辉，耀我心怀。一路走来，河钢唐钢的每一步都追随时代的印记，每一步都付出了超常的努力。2019年，改变和应变成为公司生产经营和改革发展的主旋律。这一年，我们践行集团理念，在繁杂的考验中淬炼，攻克重重困难，为中国制造、中国创造、中国建造打牢钢铁之基。

——紧扣市场和产品，经营业绩逆势上扬。在产品研发、市场开拓中改变并调优策略，特色战略产品和单打冠军产品热销市场，40多项新产品、800万吨高端产品站稳市场。锚定效率和效益，专注“两个结构”再优化和智能产线建设，在工序成本、费用管控中不断寻求变革，主要指标持续向好，挖潜增效实现新进步。

——创新潜力充分发挥，改革赋能高质量发展。产学研项目硕果累累，高炉智能自动喷吹、高比例球团炼铁等技术亮点纷呈，1810产线连铸机电磁制动技术、轧钢系统除鳞和超快冷等工艺多点开花，厚植公司发展优势。“双百行动”纵深推进，混合所有制改革、全员绩效管理、作业长制合拍共鸣，强服务、提效率、转机制作用明显，为国企改革攻坚探寻新路径。

——绿色发展进入新阶段，新兴产业活力增强。当中国钢铁行业开启新一轮绿色革命，聚焦焦炉煤气综合利用、发电机运行效率提升，发电总量、吨钢能源成本指标彰显业内实力。云计算中心、惠唐物联平台加快建设，气体公司香港联交所上市取得实质性进展，新型化工、服务板块向专业化和价值链中高端延伸。

——党群工作卓有成效，凝聚更多发展正能量。“不忘初心、牢记使命”主题教育不断深入，九届省委巡视集团党委反馈意见整改落地见效，党的领导嵌入公司及其33家子公司治理结构，意识形态和宣传思想工作全面加强，“1050”党建品牌工程创建顺利实施，“五型”领导班子建设日益规范，党风廉政建设“两个责任”压紧压实，强“根”铸“魂”持续巩固。

……

奋斗不辍，成绩斐然。这一年，在主题教育中接受全方位洗礼的我们，守初心、担使命，做实乐钢项目，打好退城搬迁战役，干部职工始终与企业同频共振。塞钢管理团队荣获中宣部“时代楷模”称号，成为钢铁行业参与“一带一路”建设和国际产能合作的杰出代表。

2020年，我们将在全面建成小康社会的收获之年，发力攻坚各项目标任务，在“十三五”收官之年、“十四五”谋篇之年，构建区位调整、转型升级新格局，在全面建成小康社会、脱贫攻坚战的交卷之年，为新时代承担起更大的社会责任。让我们以习近平新时代中国特色社会主义思想为指引，贯彻落实党的十九届一中、二中、三中、四中全会精神，初心不辍，奋斗不止。

又是一年新征程。2020年，我们逐梦前行，相信辉煌待我。

河钢唐钢党委书记、董事长 

2020年1月1日

目　录

特　载

企业概况

大事记

项目建设

科 技 创 新

市 场 营 销

生产经营与专业管理

战略管控平台

公共服务支撑平台

生产技术支撑平台

信息设备支撑平台

主业生产经营单元

平台外非钢单元

河钢集团直属单位

党 群 工 作

附　录

HBIS GROUP 河钢唐钢 HBIS TANGSTEEL

特 载

中共中央政治局委员、全国人大常委会副委员长王晨来公司进行水污染防治法执法检查

2019年5月7日，中共中央政治局委员、全国人大常委会副委员长王晨，率全国人大常委会水污染防治法执法检查组来公司进行执法检查。河北省省长许勤，省委常委、唐山市委书记王浩，省人大常委会党组书记、常务副主任范照兵，唐山市市长丁绣峰等陪同检查。

水处理中心外绿树成荫，绿草茵茵，湛蓝色的玻璃屋顶，在阳光的照耀下分外美丽。在水处理中心广场，王晨一行认真听取了公司党委书记、董事长王兰玉关于公司水污染防治工作有关情况的汇报。公司认真贯彻落实《水污染防治法》，投资3.26亿元高标准建设了华北地区最大的城市中水和工业废水处理中心。通过对城市中水和工业废水进行深度处理，公司每年可减少新水使用量1752万吨，实现吨钢耗新水和工业废水排放为零的目标，率先成为全国第一家以城市中水作为唯一生产水源的特大型钢铁联合企业。2016年，水处理中心项目在世界钢铁协会第七届“Steelie”奖项中荣获“可持续发展卓越奖”。

王晨对公司全部关停深井水，停止使用地表水，率先实现工业废水零排放的做法给予充分肯定。随后，王晨一行深入到水处理中心室内进行检查。看着经过处理的城市中水、工业废水，变成一股股“清泉”从V滤出水口缓缓流出，王晨详细了解工业废水、城市中水转化为钢铁生产用水的全过程。“城市中水从何而来”“处理后的污水能达到什么标准”……王晨对公司污水处理提出一系列问题。当听到公司通过引入唐山北郊污水处理厂的城市中水，既解决了钢铁企业生产用水问题，也为水处理厂创造了新的效益，实现了城市环保与企业发展双赢时，王晨频频点头，称这是企业发展的一个创举，其经验值得学习推广。他强调，河钢唐钢要深入学习贯彻习近平生态文明思想，保持加强生态文明建设战略定力，推动水污染防治法全面有效实施，探索以生态优先、绿色发展为导向的高质量发展新路子。

检查期间，在得知刚刚被中宣部授予“时代楷模”称号的河钢塞钢管理团队是由公司派出时，王晨表示，河钢塞钢管理团队非常了不起，挽救了一个濒临倒闭的企业，为中国争了光。他勉励公司要继续努力，脚踏实地、真抓实干，在更多领域创造新的更大的成绩。

新华社对外部主任王进业一行来公司调研采访

2019年5月31日，新华社对外部主任王进业一行，在新华社河北分社副社长、总编辑王洪峰陪同下，来公司调研采访。公司党委书记、董事长王兰玉，副总经理张洪波

在会议中心与客人座谈。

王兰玉从发展历史、绿色制造、产品结构、智能制造等方面，介绍了近年来公司加快转型升级、推进高质量发展的有关情况。他表示，河钢唐钢是河钢集团的核心骨干企业。近年来，河钢唐钢按照集团部署，认真贯彻落实习近平新时代中国特色社会主义思想和党的十九大精神，积极践行新发展理念，深入推进供给侧结构性改革，加快融入“一带一路”和京津冀协同发展战略，全面推进转型升级和高质量发展，产品档次实现质的跨越，信息化和工业化实现深度融合，节能环保突飞猛进，海外建设全球化发展迈出崭新步伐。

王进业表示，河钢唐钢勇于创新、敢于实践，在淘汰落后、清洁生产、绿色发展等方面都做得非常好，成功探索出一条城区钢铁企业与城市和谐共融之路，实现了企业经济效益和社会效益双丰收。

座谈中，王进业就公司智能化覆盖及对产品开发的支撑作用、节能环保投入与取得的效果、高端产品开发与高端客户开拓等内容进行了深入采访。

王进业一行还深入到水处理中心、高强汽车板生产线调研采访。

副省长、省公安厅厅长刘凯到公司调研

2019 年 7 月 24 日，河北省副省长、省公安厅厅长刘凯率相关部门负责人就包联重点企业和重点项目到公司调研。省政府副秘书长于清华，唐山市副市长、公安局局长黄三平，公司总经理田欣，总会计师赵丽树陪同调研。

在公司高强汽车板展厅，刘凯详细听取了田欣关于公司产能规模、产品结构、客户结构等情况汇报。近年来，公司紧密围绕汽车轻量化发展需求，大力研发生产超高强钢产品，积极开发具有行业影响力的高端客户，通过了宝马、菲亚特、吉利、上汽等国内外多个汽车主机厂认证。

在高强汽车板展厅，一个个汽车结构部件整齐排布，在展厅正中央陈列着一台白车身，刘凯饶有兴趣地查看了白车身结构，详细了解各部位所需的钢种强度，并询问了目前公司汽车钢产品技术水平。当得知公司汽车钢产品生产水平已达到行业最高强度级别，并且与越来越多的国际顶级汽车品牌开展合作时，他频频点头，给予充分肯定。

在海尔高端品牌卡萨帝家电展示前，刘凯仔细查看了卡萨帝冰箱、洗衣机，询问了该产品的市场价格。当得知该产品的市场价格远远高于同类产品，且公司家电板产品已经实现知名家电品牌全覆盖时，他对公司对接高端市场、实现企业转型升级的做法表示赞赏。

在高强汽车板生产现场，田欣向刘凯汇报了高强汽车板产线装备、工艺、智能化建设等情况。刘凯还观看了无人天车作业、镀锌作业、成品打包作业等生产环节。他表示，河钢唐钢设备一流、产品一流、管理一流，高度智能化的工厂让他深受触动和鼓舞。他希望河钢唐钢继续保持良好发展势头，加大科技创新力度，提升企业综合竞争力，为推动京津冀协同发展作出贡献。

在河钢唐钢第二十二届职工代表大会第三次会议上的讲话

（2020年1月13日）

公司党委书记、董事长　王兰玉

各位代表，同志们：

刚才，田欣总经理作了《行政工作报告》，对公司2019年的工作作了系统总结，对2020年的工作作出全面部署。大会还表决通过了8项议案。会后，公司各单位、各部门要认真学习领会，抓好贯彻落实。

在刚刚过去的一年里，尽管国内外经济环境和钢铁市场形势异常严峻，公司生产经营受到多方面的影响和制约，但在河钢集团的坚强领导下，公司上下咬定效益和效率不放松，攻坚克难，砥砺奋进，积极应对各种风险和挑战，取得了相对较好的经营业绩：

生产效率得到充分的释放，高炉长期稳定，转炉节奏加快，连铸拉速显著提升，铁钢材生产水平逆势上扬，公司历史上首次达到年产钢1800万吨的现实能力。

镀铝硅、锌铝镁、结构用钢、铁塔角、钢板桩等特色战略产品的市场份额在国内名列前茅，极大地提振了公司产品升级和结构调整的信心。

陆续敲开了宝马、福特、通用等世界知名汽车主机厂的供货大门，成为汽车钢、家电钢供应链条上的“一匹黑马”，受到业内外高度关注和广泛认同。

基础管理全面加强。从现场管理到作业长制，从体系建设到全员创新，从模型化铺垫到智能化上路，我们老老实实抓基础、强弱项、补短板，公司设定的一个个目标正在成为现实。

总的讲，2019年，经过公司上下的共同努力，公司生产经营整体工作又跨上一个新台阶，取得一些突破性成果，为公司发展增添了一抹抹亮色。这些来之不易的成绩，进一步增强了我们继续前进的信心和动力。

2020年，是我国完成“十三五”规划、全国建成小康社会、实现第一个百年奋斗目标的收官之年，也将是公司发展史上具有里程碑意义的重要一年。从现在的情况看，公司今年面临的形势和任务不容乐观。简单讲就是：供给侧生产相对过剩，结构性改革任务艰巨；需求侧增长相对乏力，部分行业出现疲软萎缩态势。加之国内外经济环境非常复杂，钢铁企业竞争已经进入你死我活、弱肉强食的新阶段。公司年内面临区位布局调整的新任务，下步发展将迎来空前严峻的压力和挑战，“求生存、图发展”的课题已经历史性地摆在了我们面前。能不能快速适应形势变化，练就过硬本领、打造过硬产品、获取过硬业绩、赢得过硬优势，将决定企业的生死存亡。何去何从，我们必须做出历史性的选择。在此关键时刻，公司全体干部职工一定要强化“四种意识”：

一是危机意识。现在整个钢铁行业已经到了“百舸争流、不进则退”的关键时刻。

公司全体干部职工，一定要有清醒的认识和强烈的危机感，要知己知彼，充分认清行业竞争的残酷性，做好背水之战的思想准备，迅速行动起来，不折不扣地落实集团和公司决策部署，打一场“求生存、图发展”的攻坚战！

二是突破意识。与行业先进企业比，尽管我们2019年的进步也很明显，但我们的成本控制、产品售价和盈利水平并不理想。在新的形势、任务和条件下，要想逆势而上，冲出一条血路，只有谋求“突破”。为此，必须树立创新求变和突破超越思维，敢于自我解放，勇于自我超越，善于采用突破性思维、突破性举措，取得突破性重大改善，尽快改变现状。

三是效益意识。企业没有效益，一切都是空谈。不能创造效益的企业，就像得了贫血症的病人一样，迟早会倒下。因此，效益优先的理念要永远放在经营管理的最前面。我们谋划和推动新一年的工作，必须坚定地把创造效益摆在优先位置，把效益思维贯穿到经营管理的全过程，绝不能以牺牲公司整体效益来谋取其他别的目标。

四是学习意识。当今世界，第四次工业革命风起云涌，各种新知识、新技术、新业态层出不穷，迅速而深刻地改变着我们的生活。公司要跟上时代的步伐，打造新的竞争优势，绝不能抱残守缺、因循守旧，必须打造极强的学习能力，鼎新革故、与时俱进，不断焕发新的发展活力。

日前，集团先后召开2020年工作务虚会和工作会议，对新一年的工作作出全面部署。集团强调，要牢牢把握市场和产品两个关键，坚定不移地降低成本，保持定力，焕发斗志，以更有力的新举措实现新突破。公司上下要认真落实集团部署，统一思想、坚定信心，以突破性思维推进各项工作，坚决完成集团赋予公司的生产经营任务，在极不平凡的一年里，努力创造出极不平凡的业绩！

下面，我讲六点意见：

一、以突破性思维推动“两个结构”再优化，打造市场和产品竞争新优势

近几年，公司在客户结构和产品结构优化上取得长足进步，令每一个唐钢人感到骄傲和自豪。但是这项工作，还远远没有结束！必须再接再厉，构建更多比较优势，推动公司产品结构进一步高端化、市场化、高效化。

一是在产品高度上敢于领先。一个企业一定要有属于自己的优势产品，否则在行业难有立足之地。下一步，公司要在中板、型材、卷板等热系产品品牌塑造上加大力度，在技术研发、品种拓展上加快节奏，努力打造一批具有唐钢特色的“单打冠军”产品。要进一步加大冷系产品投入力度，发挥各区域协同优势，着力提高超高强钢、镀铝硅等特色战略产品的产销占比，将更多“拳头”产品供应到国内外知名制造商的生产线。要突出抓好宝马用钢和吉利外板的质量攻关，提高质量稳定性和综合合格率，在高端市场、高端客户中站稳脚跟。要从技术研发体制机制创新上寻求突破，持续激发研发系统活力，带动公司产线工艺控制能力全面提升。

二是在产品应用研究上敢于领先。在产品同质化竞争日趋激烈、行业发展可能出现重大拐点的形势下，谁能在深度研究和把握下游需求上多做文章，谁就可能稳操胜券。因此，从现在起，我们必须高度重视产品应用研究，在市场和目标客户中抢占先机。公司上下要以长远眼光看待市场和客户，跳出企业围墙看产品，到客户产线上看产品，敏锐捕捉下游产业发展趋势和客户潜在需求，从产线、工艺、深加工等环节提前着手，在新产品研发上抢占领先位置。技术中心，要牵头做好市场调查和行业分析，深入研究公

司产品覆盖的领域和市场需求变化，科学指导公司产品的走向和深加工方向。各产品事业部，要主动研究细分的市场和专属的行业，依托产销研用一体化协同优势，聚焦重点钢种开展应用技术深度营销，让公司产线和产品跟市场发展的方向相适应，提前介入，抢占先机。

三是在对接用户上敢于领先。这方面我们已经取得很大进步，但对接的程度还不高、效果还不够好，必须尽快补齐短板。为此，公司营销系统要在服务能力建设上再下苦功夫，把对老客户的拓展放在更重要位置，持续不断地对老客户提供优质服务，拓展新的合作空间。要提高剪切配送中心配套服务的技术含量和精细化水平，提升经营创效能力，充分发挥市场桥头堡作用。要从全产业链角度推进用户潜在需求和现实应用研究，切实提高快速反应市场的能力。要进一步抓好客户质量代表、客户经理团队建设，重点在激励与协同上完善机制，让更多的营销人才脱颖而出、崭露头角。

四是在产品售价提升上敢于领先。全公司经营战线，特别是市场部、各事业部、财务经营部，要把高价格作为指挥棒，尽快甩掉普钢销售及网价对标模式，瞄准标杆企业和目标客户，设定更为合理的营销策略和定价机制，努力在主流市场实现价格主导。要主动适应集团营销管理各项要求，严格执行集团价格政策和最低限价要求，全力维护价格、服务客户。要敏锐捕捉市场机遇，进一步优化现货市场及区域资源投放，加大本地市场开拓力度，压减低售价资源量，推动产品向高售价区域投放，把营销工作的最终成效充分体现在产品的高售价和高效益上。

二、以突破性思维降低成本，为提升效益奠定基础

在当前异常惨烈的市场竞争中，企业成本管控不但一刻也不能放松，还要想方设法实现新的突破。2020 年，公司要将降成本作为一项核心任务，将突破意识融入其中，下大力加强成本降低手段和能力建设。

一是将高效生产贯穿始终。效率是企业的生命线。在很大程度上讲，高效率就是低成本。2020 年，公司各单位要在进一步提升效率上再做新文章。要摒弃单纯通过新建工程、增加备件、提高投入来保生产、保顺行的做法，更多通过激发职工创造力，通过管理和技术手段，实现高效率。大到高炉、转炉，小到风机、水泵，都要注重效率，宁可停掉多余设备，也要保证在产设备满负荷、高效率运转。生产制造部要牵头建立以“生产+设备+智能化”为核心的生产体制，打造高效生产的平台，结合新一年公司生产格局和市场形势变化，灵敏反应、高效应对，统筹兼顾、合理平衡，确保将“产就高效率”的理念落到实处。

二是在应用先进成熟技术上全面发力。科技创新是推动企业降低成本的重要途径。公司自动炼钢的成功突破，让我们充分体会到了技术创新的强大力量。新的一年，公司将采取有效措施，鼓励各单位在追赶和应用先进技术上大步前进。技术中心要牵头做好工作，以公司全面推行“项目制管理”为契机，督导各单位逐一确定技术革新项目，全力推进落实，力争在重大工艺应用和技术进步上走在行业前列。各单位要在应用先进技术上敢闯敢试，通过重大工艺技术改善降低成本；要以铁前系统为龙头，积极引进吸收应用行业先进技术，在调整两矿结构、改善燃耗指标、提高利用系数、降低冶炼成本上大胆尝试，为公司提升冶炼水平、降低结构成本作出更大的贡献。

三是在降费攻关上采取新举措。新的一年，公司在费用控制上将以项目制为抓手，尽可能让生产厂与职能部室捆在一起，联合攻关，从库存管理、备件利旧、轧辊消耗等全方位着手，将项目制考核落实到费用指标

上。各生产单位，要乘势而上，加大工作力度，力保取得突破。各相关部室，要在集团搭建的对标平台下，加强综合对标，更新理念、强化考核，力求把每一分钱都用在刀刃上，切实做到对公司的制度负责，对企业的效益负责，对全体职工的根本利益和企业的未来负责。

四是激发全员创新动力。在降低成本上，我们要始终坚持既“抱西瓜”，又“捡芝麻”。“抱西瓜”的事，由公司两级技术和财务部门统筹推进；“捡芝麻”的事，需要全员动手、全员参与。为此，从公司到各单位，2020 年要进一步强化全员创新，引导全员集思广益、群策群力，多“捡芝麻”降成本；要建立更有吸引力、操作性更强的激励措施，严考核、真兑现，把全员降成本的积极性激发出来。总工办、运营改善部、工会，要分别牵头做好技术、管理和职工层面的创新工作，将全员创新的主要着力点放在降成本上，把基层职工的积极性全面调动起来，努力解决公司生产经营管理中影响成本的现实问题。

三、以突破性思维推动智能制造，打造产线竞争新优势

智能制造将给传统工业晋档升级带来革命性变化。钢铁企业下一轮竞争，很大程度上将取决于智能制造的竞争。近两年，公司在模型化上不断积累经验，并瞄准智能化目标持续迈进，取得很多优秀成果。但跟宝钢等先进企业比，还存在很多问题，需要我们快步前进、紧追不舍。为此，要重点做到以下几点：

第一，管理体制要推行扁平化，打破专业界限。一个生产模型的建立需要设备、工艺、信息自动化等多个专业共同作支撑，公司推进智能制造需要更多的复合型人才。为此，公司下步将从管理体制、管控架构上推动变革，打破生产、技术、设备、信息自动化等专业界限，逐步实现一体化运作。各单位要按照公司统一部署，在管理体制扁平化上下真功夫，推动各专业深度融合，打造更多以智能化为引领的复合型人才，为智能化生产创造条件。

第二，研发环节要强化过程控制，完善研发环境。研发环境的建设，是公司推进智能制造的重要发力点。之前公司新产品研发后交付生产，只需要交付工艺条件。下一步产品研发除了交付工艺条件外，还要交付生产模型，要从研发环节开始就把工艺、设备、自动化结合起来，把产品生产模型建立起来。技术中心要牵头深入研究这一课题，建立过程控制所，把有效的体制机制建立起来，让研发满足后续工艺、设备、基础自动化以及智能化的要求。

第三，相关专业要提高工作站位，转变管理思路。智能化生产首先要从信息自动化系统的建设上满足要求。因此随着智能产线的打造，信息自动化系统可能要在公司生产系统中发挥“龙头”作用。为此，信息自动化系统，要提高工作站位，强化专业引领，尽快由服务型向主导型转变；要高度关注 5G 技术在钢铁企业的应用，在新一代信息技术应用、数据处理上积极探索，让数据积累成为公司的财富，更好地助推模型化生产和智能化制造。生产系统，要逐步将管理思路从分段的模型化串联成全流程的智能化，带动公司生产制造迈向智能制造的轨道。设备系统，要提高综合支撑能力，加强设备综合状态维护研究，确保整线设备功能满足智能制造需要。

四、以突破性思维推动综合改革和转型发展，努力打造多元产业新优势

2020 年是公司实施“双百行动”的收官之年。公司要以混合所有制改革为突破口，在体制机制上深化改革，把企业的活力激发出来。为此，公司上下，尤其是非钢系

统，要统一思想、坚定信心、加速推动。

一是突破体制障碍。要聘请专业机构加强研究，寻找最佳混改解决方案，尽最大努力实现股权多元化改造，通过引入战略投资者，弥补自身短板，带动企业发展。

二是推动机制创新。涉及混改的单位，要敢于突破现有格局，不要把思维屏蔽在公司现有的管理框架内，要在人才、管理、分配、用人市场化上积极探索，充分激发企业经营活力，让企业发展的动力更足。

三是打造更多新业态。要开动脑筋、统筹谋划，通过盘活公司现有资源和闲置资产，通过捕捉公司区位布局调整中出现的新机遇，积极培育有质量有前景的新产业、新业态，更好地支撑公司下步发展。要学习自动化公司与达创传导开展合作的经验，充分发挥集团和公司现有资源配置和品牌优势，加快布局新产业新业态，推动公司战略性新兴产业乘势而上、快速发展。

五、以突破性思维推动企业战略落地，打造公司管理新优势

华为之所以能够成功，很关键的一点就是它能够把企业的战略与员工的行动结合起来，实现战略的执行和落地。这是华为的核心竞争力。公司去年以来在两级机关和职能部室开展“强服务、提效率、转机制”工作，根本的意图也在于此。2020年，机关部室要进一步转变管理思维，提升服务意识和服务效率，狠抓“项目制管理”落地，引领全体干部职工，以扎实的行动开辟企业的美好未来。

要转变思维。各部门要摒弃传统思维方式，尤其在谋划管理项目过程中，要把视角放在产线上去思考，更好地服务产线，让产线出效益，让基层产线觉得时时刻刻离不开你。那才是你这个部门的价值所在！

要厘清责任。各部门要以“项目制管理”为契机，从组织架构、业务流程入手，推动深层次管理变革，把责任线条“一竿子插到底”，落实到每一个团队和个人，推动公司战略规划和预算目标真正落地。

要明确目标。各部门在设定“项目制管理”专业目标时，要注重并着力强化激励性和可操作性，提高目标导向作用，促进个人和团队取得更大进步，确保项目落地和目标实现。

要大胆激励。要把目标引领的奖励机制和指标体系设定好，切实发挥引领效果，让员工能够依托具体的项目，针对实际的问题，进行力所能及的改善活动，受到实实在在的褒奖和激励。这方面，我多次跟工会讲过，要把华为“小建议、大奖励”的做法学到手，带动全员创新，让职工全员创新的热情和能量，在我们每一条产线、每一个岗位，竞相迸发、充分涌流，推动各项指标全面持续改善提升。

要加强引领。各部门不能把公司预算指标一分了之，要在专业引领上多思考、多谋划、定思路、定目标、找对策。要从解决问题出发，凭借具体的项目，带领大家步调一致向前进，努力为基层提供追赶标杆、缩小差距、达成目标的路径和方法，把公司的战略真正转化为全体干部职工的行动，切实提高全员执行企业战略的能力和企业的行动力、战斗力。

六、着力加强党的建设，以高质量党建引领企业高质量发展

习近平总书记强调，坚持党的领导、加强党的建设，是国有企业的“根”和“魂”。新的一年，公司各级党组织要紧密围绕企业中心工作，一以贯之地加强企业党的建设各项工作。

要坚持把党的政治建设摆在首位，树牢“四个意识”，坚定“四个自信”，做到“两个维护”，确保中央大政方针和省委、省国资委党委、集团党委各项决策部署在公司得

到不折不扣的贯彻执行。

要进一步完善和落实“三规则一办法”，充分发挥企业各级党组织的领导作用，把方向、管大局、保落实，确保公司生产经营和改革发展始终沿着正确的方向前进。

要不断巩固和提升“不忘初心、牢记使命”主题教育成果，认真学习党的十九届四中全会精神，坚持用习近平新时代中国特色社会主义思想和党的一系列创新理论武装头脑、指导实践、推动工作，为公司生产建设和区位调整提供坚强的思想政治保证。

要切实加强领导班子和干部队伍建设，结合公司发展和退城搬迁面临的新情况，认真抓好“五型”领导班子建设，夯实责任，强化担当，全力打造一支忠诚、干净、担当的干部队伍，努力适应公司党的建设和高质量发展的现实需要。

要落实全面从严治党各项要求，认真学习贯彻中央纪委全会精神，进一步深化运用省委巡视整改成果，切实压紧压实“两个责任”，坚持不懈查纠“四风”，加强廉政风险防控体系建设，努力为公司营造风清气正、干事创业的良好发展环境。

要坚持融入中心、服务大局，积极推进“1050 工程”，广泛开展富有时代特点和唐钢内涵的党内特色活动，擦亮党建品牌，发挥党建工作优势，发挥群团组织作用，把广大党员干部的思想和行动、把职工全员的智慧和力量，统一和凝聚到公司新一年的工作部署上来，为公司实现 2020 年目标任务提供坚强的思想、政治、组织和纪律保证。

同志们，新的一年已经到来，公司的任务和目标光荣而艰巨，唐钢正经历一个重大的历史转折点，全体唐钢人站在了新的起跑线上。让我们认真贯彻河钢集团工作部署，深入落实公司本次大会精神，进一步解放思想，创新突破，敢为人先，开拓奋进，努力创造生产经营和改革发展新业绩，为集团建设最具竞争力钢铁企业作出更大的贡献！

河钢唐钢党委2018年工作总结及2019年工作部署讲话

（2019年1月28日）

公司党委书记、董事长　王兰玉

同志们：

为落实集团党委一届三次全会精神，切实做好公司党委2019年各项工作，利用今天月末例会的时间，我们对过去一年的党委工作进行总结，对新一年的党委工作作出总体部署。

2018年，在集团党委的坚强领导下，公司党委深入学习贯彻习近平新时代中国特色社会主义思想和党的十九大精神，切实扛起管党治党、从严治党的政治责任，着力加强党的领导和党的建设，为公司完成全年生产经营任务提供了坚强的政治保证。年内，公司党委被授予省国资委系统“先进基层党组织”称号。

一年来，公司党委主要做了以下工作：

一、认真学习习近平新时代中国特色社会主义思想和党的十九大精神，以此武装头脑、指导实践

把学习贯彻党的十九大精神作为首要政治任务，加强政治建设和理论武装，积极开展专题讲座等系列学习培训活动，引导各级党组织和广大党员，提高政治站位，树牢“四个意识”、增强“四个自信”、做到“两个维护”，在思想上、政治上、行动上始终同以习近平同志为核心的党中央保持高度一致，为公司做好各项工作提供了政治保证。一年来，公司党委中心组开展十九大精神专题学习6次，组织专题报告2场次，厂部级以上干部参加上级培训4场次，收到良好效果。

二、全面加强党的领导，充分发挥“把方向、管大局、保落实”的领导作用

加强制度建设，修订了《公司党委工作规则》，制定了《公司党政贯彻落实“三重一大”决策制度的实施办法》，完成公司和24个子公司章程修改工作，较好地发挥了党组织的领导作用。加强党建基础工作，充分利用《党委年度工作安排》、党委年度工作会议等形式，对党委工作进行总结和部署；坚持每月下发《党委工作要点》、召开党委书记办公会和月末例会，逐月部署党建重点任务；定期召开党委常委会，专题研究重大事项。全年召开党委常委会38次，研究重大议题120多项，切实把党的领导融入了公司经营管理的全过程。

三、认真落实中央和上级党委党建工作新要求，公司党建工作实现新提升

将2018年确定为“基层党建工作提升年”，着力加强党的组织建设，创新开展“双强双促”基层党建提升年活动，细化党建工作制度清单、台账清单和整改清单，党建工作标准化、规范化水平全面提升。认真组织基层党委书记党建工作述职，谋划起草了党建工作《三年规划》，制定了党建工作责任制《实施办法》；结合完善事业部制运

营模式，先后成立各事业部党委，明确多家单位党组织关系隶属，保证了党组织设置的全覆盖；落实基层组织生活和领导干部双重组织生活制度，党内组织生活更加扎实规范。加强党员教育管理，全年新发展党员186名，党员队伍结构显著优化；融入中心，深入开展“三亮三比”党员争先锋主题活动，每季度评选市场、产品等四个系列的明星党员，较好地发挥了党员的先锋模范作用。推进党群管理工作创新，搭建了党群工作网格化管理体系；利用党建研究会平台，深入开展党建课题研究，年内有两项课题分别荣获省国企党建研究成果一等奖和三等奖。

四、加强领导班子和干部队伍建设，为公司改革发展提供了坚强保障

组织两级领导班子召开政治性警示教育、巡视整改等专题民主生活会，领导班子的政治敏锐性和政治鉴别力进一步增强。践行“五型”领导班子建设目标，健全厂部级领导班子考核机制，完成厂部级领导班子和厂部级管理人员年度考核，提升了领导班子的整体合力。严格标准，规范程序，完成74名厂部级领导干部任免调整以及涉及14家控股及参股子分公司监事、董事的任免审批工作，厂部级干部的年龄结构、知识结构进一步优化。制定实施《中青年干部挂职锻炼培养方案》，形成了科学合理的中青年干部选拔、培养、任用管理体系。

五、扎实推进宣传思想和意识形态工作，为公司改革发展提供了思想保证和精神动力

切实加强和改进宣传思想和意识形态工作，全面加强政治理论学习，引导党员领导干部以党的创新理论武装头脑、指导实践；突出抓好形势任务教育，围绕落实集团和公司重要会议精神，聚焦集团成立十周年等主题，结合“生产为用户，产就高效率”等全新理念，多形式、多角度抓好形势任务宣传教育，引导广大干部职工认清形势、明确目标、扎实工作，凝聚起全体干部职工攻坚克难、奋发作为的强大正能量。

六、压实“两个责任”，营造了风清气正的良好环境

严格履行党风廉政建设主体责任，以党的政治建设为统领，深入推进企业党风廉政建设和反腐败斗争。扎实开展政治性警示教育，深入推进反腐倡廉宣传教育，筑牢了党员干部拒腐防变的思想防线。以巡视巡察整改为契机，加强制度建设，构建了党风廉政建设长效机制。持之以恒纠正“四风”，营造了风清气正、干事创业的良好环境。全力支持纪委开展工作，在全公司保持了反腐败高压态势。

七、注重发挥群团组织作用，凝聚了推动公司发展的正能量

全面加强对群团组织的领导，大力支持和指导工会系统开展职工劳动竞赛、技术比赛、岗位创新等活动，打造了一支勇于创新、敢于担当、善于创造的职工队伍。2018年，公司共有33名职工在全国钢铁行业、省、市和集团技术比赛中获奖，特别是公司职工靳三峰、韩一杰在世界钢协第13届模拟炼钢挑战赛中分获冠、亚军，为公司争得了荣誉。指导团委加强和改进共青团工作，围绕青年思想引领、岗位建功、创新创效等“七大工程”，创新开展系列活动，收到良好效果。

八、强化政治担当，全力做好扶贫和信访工作

着力推进扶贫攻坚。公司层面年内先后31人次到三个驻村工作组调研，推进帮扶项目落实；捐助帮扶资金90多万元用于贫困村发展产业项目、改善村容村貌；组织

104 名党员干部结对帮扶 502 户贫困户，全年累计走访慰问 2510 户次，发放慰问金、慰问品合计 26 万元。公司三个工作组结合贫困村实际，积极谋划项目，扎实开展工作，树立了公司的良好形象。

全面做好信访稳定工作。实施信访积案攻坚化解行动，全年有效化解信访积案 10 件，积案同比下降 24%。健全信访督导制度和管理体系，信访服务能力显著提升。全年圆满完成全国“两会”、中央巡视等敏感时段的维稳任务，实现两个“零非访”目标，受到上级部门通报表扬。

在肯定成绩的同时，我们也清醒地认识到还有很多工作需要改进和加强。一是基层党建工作开展得还不够平衡，个别基层党组织活动的规范性还需加强。二是党的各项工作与企业生产经营的融合度还有待提高，助力作用还需要增强。三是党群工作品牌建设还需加大力度。上述问题和不足，今后要着力加以解决。

2019 年，是新中国成立 70 周年，是全面建成小康社会的关键之年，也将是集团和公司发展史上极不平凡的一年。上月召开的集团党委一届三次全会，对新一年的党委工作作出重点部署、提出总体要求。公司各级党组织和广大党员，要按照集团党委部署，认真谋划并积极做好 2019 年党的各项工作。

按照集团党委部署，公司党委初步确定 2019 年工作的总体思路是：以习近平新时代中国特色社会主义思想和党的十九大精神为指导，认真贯彻落实省国资委党委和集团党委决策部署，进一步加强企业党的领导和党的建设，压紧压实管党治党责任，开展好“不忘初心、牢记使命”主题教育活动，持续提升党建工作水平，在转型升级和打造竞争新优势中更好发挥领导作用，以高质量党建引领和推动公司高质量发展。

为此，我们要从以下几个方面做好工作：

一、充分认识新的形势和任务，进一步增强做好企业党的工作的紧迫感、责任感和使命感

党的十九大提出新时代党的建设总要求，为加强国企党建工作、全面做好国有企业党的各项工作，提供了根本遵循。在前不久全省国资委系统“不忘初心、牢记使命”党委书记活动日上，省国资委党委吕志成书记强调，要认真履行全面从严治党责任，推进新时代国企党建“强根固魂”再上新水平，并从加强党的思想政治建设、党的领导融入公司治理、企业领导人员队伍建设、基层党组织建设、党风廉政建设等五个方面提出明确要求。在上月召开的集团党委一届三次全会上，集团党委主要领导就做好 2019 年集团党委工作，提出了八个方面的指导性意见。

一段时间以来，中央和上级党委先后对国有企业党的工作作出一系列部署、提出明确要求，这充分表明中央和各级党委对国有企业党的工作的高度重视。公司各级党组织和广大党员干部，一定要充分认识做好企业党的工作的新形势、新任务，更加自觉地承担起做好工作的责任和使命，按照党的十九大指引的方向，遵循新时代党的建设总要求，一以贯之加强党的领导，凝神聚力抓好党的建设，努力把公司党的各项工作推向深入。

二、切实提高政治站位，强化管党治党政治责任

要始终坚持以党的政治建设为统领，严格遵守党的政治纪律和政治规矩，树牢“四个意识”、坚定“四个自信”、做到“两个维护”，始终在思想上、政治上、行动上同以习近平同志为核心的党中央保持高度一致，确保党的路线方针政策和上级党委决策部署在公司得到不折不扣的贯彻执行。要创

新形式，丰富内容，突出党性锻炼，强化理想信念教育，不断提高各级党员干部的政治觉悟和政治能力。要认真贯彻落实习近平总书记近期对党员领导干部提出的“六项要求”，严格规范执行新形势下党内政治生活的若干准则，切实做到知行合一。

要切实扛起管党治党的政治责任，认真落实公司党委印发的《基层党建工作责任制》，牢固树立“抓好党建是本职、不抓党建是失职、抓不好党建是不称职”的观念，切实增强抓好党建工作的责任意识。各单位党委书记，要带头履行党建工作“第一责任人”职责，重要工作亲自部署、重大问题亲自过问、重要环节亲自协调、重要事项亲自督办，做到守土有责、守土尽责。各单位纪委书记，要在党委领导下，切实履行好监督职责。广大党员领导干部，要切实履行“一岗双责”，层层压实责任，逐级传导压力，形成一级抓一级、层层抓落实的党建工作机制。各级党务部门，要充分发挥各自职能，统筹力量，密切配合，凝聚合力，推动公司党的各项工作深入开展。

三、扎实做好企业党建重点工作，推动公司党的建设再上新台阶

一是切实把党的领导融入公司治理。近年来，我们在坚持党的领导，特别是在落实党委研究重大决策前置程序等方面，做了大量探索，使党的领导作用发挥在制度上得到保障，取得显著效果。但从具体落实角度看，从严格意义上讲，还不够完善、不够规范。前段，省委专门印发《关于充分发挥国有企业党委领导作用的意见》，对全省国有企业将党的领导融入公司治理事项作出更加明确的制度安排。公司各级党组织，要认真学习、深刻领会文件精神，切实完善相关制度和运行机制，着力解决认识上的困惑和实践操作中的问题，使党的领导更好地融入公司治理。在这里，要特别强调加强混合所有制企业和海外企业的党建工作，坚持做到“把方向、管大局、保落实”，确保党的领导在公司深化综合改革和推进国际化发展中得到充分体现和切实加强。

二是认真落实基层党建《三年规划》。前不久，依据上级党委部署，公司党委制定下发了《基层党的建设三年规划》，对近三年基层党建工作作出安排，提出2018年基层党建工作以“规范化建设”为主题、2019年以“组织力提升”为主题、2020年以“全面进步、全面过硬”为主题。公司各级党组织要认真落实上述《规划》，扎扎实实地推进本单位基层党建各项工作，全面提升公司基层党的建设的质量和水平。要推进党建管理信息化，探索“互联网+党建”新模式，并持续深化“三亮三比”党员先锋行主题活动，促进党建与企业生产经营的深度融合。

三是着力抓好基层党支部标准化、规范化建设。认真学习贯彻中央出台的《党支部工作条例》，逐项对照和落实公司党委近期下发的有关建设方案，坚持以“基本组织、基本队伍、基本活动、基本制度、基本保障”为主要内容，大力推进党支部标准化、规范化建设，努力把基层党支部建成宣传党的主张、贯彻党的决定、团结动员群众、推动改革发展的坚强战斗堡垒。各单位党委要在积极推进基层支部建设的基础上，挖掘、发现、培养一批党支部建设的先进典型，并以点带面，达到遍地开花的效果。

四、切实加强宣传思想和意识形态工作，凝聚推动公司发展的强大正能量

一是要将学习宣传贯彻习近平新时代中国特色社会主义思想和党的十九大精神引向深入。各级党组织要切实抓好党委中心组和广大党员的再动员、再部署、再学习、再培训工作，充分用好公司现有的党员活动室、党建研究会、唐钢大学等学习培训阵地，在

学懂弄通做实上再加强，在转化学习成果上再深化，不断兴起学习、宣传和贯彻的新高潮，引导广大党员领会思想内涵、汲取理论力量、融入工作实践，为公司做好 2019 年工作注入强大的思想动力。

二是要认真贯彻全国宣传思想工作会议精神。深入领会“举旗帜、聚民心、育新人、兴文化、展形象”这一新形势下宣传思想工作的使命任务，结合迎庆新中国成立 70 周年，紧密联系公司生产经营和改革发展实际，统筹做好新闻舆论宣传、形势任务教育、职工思想引导等工作，拓展深化“解放思想、对标赶超”活动成果，凝聚推动公司转型升级与高质量发展的强大合力。

三是要高度重视并积极做好意识形态工作。深刻理解意识形态工作的重要性，坚持党管意识形态，按照《集团党委意识形态工作考核办法》，严格落实领导责任制，全力抓好工作落实，牢牢把握意识形态工作的领导权、主动权。

五、着力打造高素质、年轻化、专业化干部队伍，为公司高质量发展提供干部人才支撑

要认真贯彻新时代党的组织路线，坚持党管干部原则，树立正确的选人用人导向，突出政治素质和专业能力，着力加强领导班子建设和领导干部队伍建设，努力打造一支能够适应企业未来发展的高素质干部队伍。要认真落实中央、省委有关文件精神和集团党委近期部署，从政治责任、战略举措、客观需要、迫切任务等层面，充分认识干部队伍年轻化的重要意义，把推进干部年轻化摆上党委工作重要议事日程，加快建立健全选拔、培养、管理、使用全链条管理机制，并从做好顶层设计、拓宽干部来源、加强培养锻炼、抓实选拔任用、强化管理监督、注重氛围营造等多个方面，切实做好有关工作，大力推进干部队伍年轻化，努力取得突破性进展。要结合公司实际，积极探索推进优秀中青年干部挂职锻炼等新的方式和举措，持续优化公司干部队伍年龄结构，切实激发和调动广大干部的积极性、主动性、创造性，为公司发展奠定干部和人才基础。

六、坚持不懈地狠抓党风廉政建设，全力营造风清气正的良好环境

习近平总书记在前不久召开的十九届中央纪委三次全会上强调指出：要继续推进全面从严治党，继续推进党风廉政建设和反腐败斗争，取得全面从严治党更大战略性成果，巩固发展反腐败斗争压倒性胜利。习近平总书记就此提出 6 项任务。当前，公司各级党组织要认真学习贯彻习近平总书记重要讲话精神，切实加强对党风廉政建设工作的领导，大力支持纪检监察部门开展工作，在全公司进一步营造风清气正、干事创业的良好环境。

要突出抓好“两个责任”落实，着力加强对各级党组织履行主体责任的监督检查和考核问责。要重点组织好厂部级领导班子和厂部级管理人员党风廉政建设年度考核，引导各级领导干部切实增强责任意识，自觉地肩负起管党治党、从严治党的政治责任。

要深入开展上级巡视巡察反馈问题整改落实“回头看”，重点从建章立制方面固化成果，集中完善一批规章制度，不断提升公司各专业、各领域的规范化管理水平。

要深入开展廉政风险防控工作，制定并落实有效的防范措施，促进各级领导干部及关键岗位人员遵规守纪、廉洁从业，从源头上防控廉政风险的发生。

七、加强对群团组织的领导，充分发挥群团组织作用

公司各级党组织要切实加强和改进党对群团工作的领导，按照中央《关于加强和改进党的群团工作的意见》，大力支持工会

系统开展职工劳动竞赛、岗位创新、技术比赛等活动；着力引导各级团组织和团员青年，以“服务生产经营、服务青年成长”为目标，聚焦公司中心工作，奋力岗位建功，在公司中心工作中发挥更大的助力和服务作用。

八、坚定不移抓好扶贫攻坚和信访稳定工作

在扶贫工作中，要增强政治意识，全面落实省委部署和集团要求，加强通力配合，做实帮扶项目，确保所帮扶的贫困村如期脱贫出列，坚决完成扶贫攻坚任务。

在信访工作中，要全面推进信访工作规范化、标准化建设，深入开展信访积案攻坚化解行动，努力实现信访案件“清仓见底”，坚决维护信访工作的良好局面。

同志们，公司党委 2019 年工作思路和重点任务已经明确，各级党组织要以习近平新时代中国特色社会主义思想为指导，坚决贯彻集团党委部署和公司党委要求，牢记使命、担当实干，创新突破、奋勇争先，切实做好企业党的各项工作，促进和保证公司生产经营任务的圆满完成，以优异成绩向新中国成立 70 周年献礼！

行 政 工 作 报 告

——在河钢唐钢第二十二届职工代表大会第三次会议上

（2020 年 1 月 13 日）

公司总经理　田　欣

各位代表，同志们：

我代表公司向大会报告工作，请审议。

2019 年工作回顾

2019 年，是新中国成立 70 周年，是我国钢铁产量再创新高，但效益水平明显走低、企业竞争进一步加剧的一年，也是公司稳健应对困难和挑战、再创生产经营新成绩的一年。一年来，在河钢集团的坚强领导下，公司坚持以市场和产品为中心，扭住效益和效率不放松，解放思想、对标赶超、直面困难、砥砺奋进，生产经营和改革发展取得新成绩。全年实现营业收入 789 亿元，同比增长 9.03%；实现利润 14.1 亿元。

生产效率大幅提升。公司全年产铁 1608 万吨、产钢 1686 万吨、产钢材 1515 万吨，分别比上年增长 16.6%、7.9% 和 7.73%；月度钢产量最高达到 164 万吨，月产钢、年产钢双双刷新公司历史纪录。

市场开发成果丰硕。公司汽车用钢主机厂认证取得长足进步，家电用钢市场份额持续扩大，客户结构显著优化，客户忠诚度明显提高。特色战略产品首次供应新能源汽车、精密合金冶炼等新兴制造领域。全年向国家级大型工程供货达到万吨级别，公司对外品牌形象和行业知名度显著提升。

产品结构持续优化。公司产品品牌战略进一步落地，高端装备潜能得到进一步释放，品种钢比例、高端产品和特色战略产品产销量同比实现较大幅度提高。汽车钢、家电钢销量分别完成 280 万吨、135 万吨，同比分别提升 16%、23%；超高强钢、镀铝硅、锌铝镁、钢板桩等“单打冠军”产品产销工作取得明显成效。

成本费用控制明显加强。公司铁钢轧主要工序标准成本符合率显著提升，成本和费用指标与标杆企业差距逐步缩小。全年炼铁、炼钢、轧钢成本较上年均有明显降低。全年实现挖潜增效总额 41 亿元，折合吨钢增效 245 元。

智能化生产加速推进。在模型化生产的基础上，公司各区域各产线高效率生产取得明显效果，炼钢节奏明显加快，炼钢智能化水平跻身国内领先行列，公司钢铁生产正加速向智能化迈进。

新兴产业发展增添新亮点。非钢板块整体实现营业收入 129 亿元，实现利润 5 亿元，较上年提高 39%。特别是信息技术服务板块差异化优势持续扩大，装备制造与工程技术服务板块实现稳健发展，绿色产业与新型化工板块发展迈出新步伐。

职工队伍建设和管理活力迸发。职工小微式岗位创新活动蓬勃开展，创新成果更多向产线聚焦。职工奖励激励政策进一步向关键岗位和营销战线倾斜。加强职工民主管理、改善职工生活等工作扎实推进，职工与企业实现共同发展。

一年来，公司主要开展了以下工作：

一、持续发力“两个结构”再优化，市场开拓和产品升级再上新水平

公司坚定不移落实集团战略部署，持续加大力度推进客户结构优化和产品结构升级，钢铁主业加速迈向行业中高端。

加大力度推进客户开发。坚持以发展的眼光看待市场和客户，紧紧依托事业部产销研用协同机制，积极稳妥有序推进汽车主机厂认证、新兴市场开发、战略客户对接、重点工程供货、周边市场开拓等重点工作，取得丰硕成果。2019 年，公司新开发客户 93 家，已合作战略客户达 39 家，战略客户销量完成 179 万吨；一对一直供比完成 54.6%，整体客户集中度提升到 42.9%。其中，汽车板事业部年内完成宝马、福特、通用 3 家合资品牌，一汽轿车、奇瑞汽车、长城汽车等多家自主品牌的审厂工作，并基本实现批量供货，全年对主机厂供货量达到 20 万吨；汽车面板实现突破，已批量供货吉利汽车；超高强钢等高端产品稳定直供宝马等 20 家国内外知名主机厂、配套厂；实现软钢、高强钢、超高强钢供货全覆盖，780 兆帕以上超高强钢销量达到 6 万吨，较上年增长 200%。新开发镀铝硅冷成型市场，产品质量和市场占有率居国内第二，成为国内唯一具备超厚规格镀铝硅产品批量供货能力的企业。家电行业新开发富士康、松下两家合资品牌客户，实现向 5 家合资品牌稳定供货 2.3 万吨；家电用特殊表面、极限规格、压花板等专用钢新产品开发实现较大突破，年度销量达到 1 万吨。卷板事业部全年开发新客户 36 家，锌铝镁产品销售扩展到能源及民生领域，月均销量达到 5000 吨，全年销量达到 6.4 万吨，国内市场占有率居行业第一。热轧薄规格、药芯焊丝用钢、高强结构级镀锌等特色战略产品月均销量较上年均有明显提高。酸洗产品已稳定供应上汽和国内热水器龙头企业。中厚板事业部结构用钢全年销量达到 190 万吨，直供重点工程项目 160 多个，向国家会议中心等大型项目的供货量均达到万吨以上级别，成为国内钢结构行业最大供应商，“国内结构用钢第一品牌”地位进一步巩固。型线事业部大规格角钢具备电力铁塔全系列供货能力，面向国内最大铁塔制造企业连续供货近 3 万吨，占据全国 1/3 市场份额；300 大角荣获“中国钢铁工业产品开发市场开拓奖”。钢板桩实现东南亚、华南、华东市场全面拓展，其中华南地区市场占有率达到 50%。棒材直供重点工程 19 个，实现公司单体直供销售零的突破。

坚定信心推动产品结构优化升级。以打造特色战略产品和“单打冠军”产品为引领，大力度推进产品品牌战略落地，聚力生产品种、质量、技术等方面更具特点的产品，公司技术及装备优势加速向产品优势转化。2019 年，公司开发新产品 40 多个；品种钢比例完成 76.3%，同比提高 2.6 个百分点；高端产品完成 800 万吨，同比增长 26%；特色战略产品完成 59 万吨，同比增长 125%；“单打冠军”产品完成 338 万吨。其中，汽车板事业部开发多类满足用户特殊需求的超高强钢产品，连退、镀锌线高强钢产品比例分别达到 42% 和 30%，达到行业同类产线领先水平。镀铝硅实现 0.37～3.2 毫米厚度产品生产全覆盖，产品规格远超设计能力。家电板实现 0.3～3 毫米全规格稳定生产，升级开发了压花板、镀铝板、极限规格和自润滑等高端产品。开发成功高牌号工业纯铁并应用于非晶带材等高端制造领域。卷板事业部基本取消热轧普材生产，高强薄规格和低合金结构用钢年产量达到 90 万吨，较 2018 年增产 30 万吨。成功开发 1.2 毫米 700 兆帕极限高强薄规格产品。

440兆帕以上结构级镀锌产量同比增产10万吨。成功开发并批量生产2.5毫米超厚规格锌铝镁产品，锌铝镁内贸销量同比提高4万吨。中厚板事业部成功开发高建钢Q460GJ、铁路桥梁钢Q420qE、高端模具钢4140等红旗产品，高端品种进一步增加，创效能力相对较弱的碳素结构用钢月产从7万吨降低到1万吨，进一步优化了品种结构。型线事业部开发Q420C、Q460C 280~300毫米大规格角钢，其中Q460C为国内独家生产品种。自主设计开发多牌号钢板桩产品。完成600兆帕高强钢筋轧制试验，并已具备高牌号左右旋全规格锚杆钢筋生产能力。

多措并举提高服务能力和产品售价。高度关注并大力改善客户集中度、客户忠诚度等指标，坚持把拓展老客户放在更重要位置，从客户至上和工序服从角度千方百计保证按期交货，进一步增强了老客户的黏度，老客户供货量实现稳步提高。致力于实现与客户无缝对接，加快建设或改造加工配送中心项目。2019年，台州向海、天津国能、保定板材等项目取得重要进展；五矿新港项目已参与运营，公司汽车钢在长春地区销量显著提升。着力抓好客户质量代表和客户经理团队建设，积极开展用户技术研究，扎实建立以质量代表为龙头的用户技术服务模式，有效提高了快速反应市场的能力。年内，公司质量代表实现区域化配置，39个战略客户经理团队、超过200名营销人员为客户提供全流程服务，着力提高客户满意度，为持续提升产品售价创造了条件。2019年，公司整体客户忠诚度达到50%；重点用户、高端产品合同兑现率分别完成99%、97%；吨材综合售价比上年同口径提高138元，与中钢协平均售价差距缩小85元。其中，汽车板事业部搭建起33个钢种用户使用性能数据库，解决了成型、涂装、焊接等10余项技术难题，公司汽车板品牌形象明显提升。高强汽车板生产的连退、镀锌产品吨材售价同比分别提升170元、232元，已基本追平标杆企业同类产品售价。卷板事业部客户忠诚度和客户集中度同比分别提高10个百分点和12个百分点。热轧和镀锌产品吨材售价比上年同口径分别提升110元和200元。中厚板事业部客户集中度完成50%，同比提升9个百分点，连续三年、连续两年、连续6个月合作客户销量占比分别达到61%、85%、93%，单品种售价与行业差距缩小100元。型线事业部建立起“电网精品角钢”“特色钢板桩”等小微团队，大中型材产品吨材售价同比提升176元；棒材小螺纹产品吨材售价由上年较行业低100元提升到高于行业平均水平。

二、狠抓支撑体系建设和产线基础管理，为“两个结构”再优化提供了根本保障

以模型化带动智能化生产。推进信息化系统开发应用和升级改造，圆满完成铸坯自动判定等项目，为产品开发、质量控制提供了有力保障。积极开展“中国制造2025”试点，加大智能化技术应用，完成智能贴标机器人等项目，不锈钢信息化系统功能扩充等项目取得阶段性成果。巩固拓展模型化生产成果，积极推进智能产线建设，明确在6号镀锌等多条产线开展试点，制定和实施《智能制造总体蓝图规划与行动指南》，推动生产逐步向智能化迈进，为产线技术进步、产品开发、质量改进、效率释放和低成本运行提供了新引擎。2019年，不锈钢公司在以往实现转炉自动炼钢基础上，又连续实现转炉自动出钢、自动倒渣、自动摘加钢包盖等工艺技术突破，为全流程智能炼钢打下坚实基础；成功研发连铸机漏钢报警模型，有效降低了漏钢风险；建立了1580热轧线在线调宽控制模型，产品宽度合格率由70%迅速提高到95%。高强汽车板公司成功实现冷轧机组生产“一键式操作”，确保了高端汽车钢产品生产的稳定性和质量一惯

性。中厚板公司炼铁系统实施烧结机点火炉自动控制等项目，并取得预期成效；炼钢系统“一键炼钢”和冶炼命中率提高到90%以上；轧钢系统除鳞和超快冷工艺实现智能化生产，四座轧钢加热炉实现自动装钢和出钢。

全力加快技术创新。围绕客户结构优化和产品升级目标，充分发挥集团研发平台产学研协同优势，积极推广应用新工艺、新技术，积极开展了高炉智能自动喷吹等29个产学研项目，形成一大批具有自主知识产权的优势技术，已有多项成果在公司生产中得到应用。2019年，通过开展国家重点科研项目，公司实现高比例球团炼铁技术新突破；1810线连铸机实施电磁制动技术改造，拉速达到6米/分，创同类型产线国际领先水平，薄板坯连铸连轧工艺取得重大突破。高强汽车板公司镀锌、连退外板生产技术攻关取得突破性进展，高端产品陆续交付宝马、国能、吉利等战略客户；酸轧机组实现铝硅薄规格产品稳定生产，达到产线设计极限。一年来，公司荣获中钢协冶金奖1项、省科技进步奖1项、省冶金科技奖18项，部分成果达到国际先进水平。

持续强化质量保障。全面深入践行“受控、严谨、无缺陷出厂”质量方针，以汽车主机厂认证及稳定供货为抓手，积极推进质量体系内审、管理培训及项目拉练，强化质量投诉、质量异议、合同兑现、准时交货等管理，提高全员质量意识，为公司跻身国内汽车钢制造“第一梯队”奠定了基础。2019年，高强汽车板各产线产品缺陷率降低50%以上，汽车面板开始供应国内外一流汽车主机厂；公司质量体系运维水平跨入行业前列。年内，公司被授予“全国用户满意企业”“省冶金行业质量管理活动优秀企业”等称号；汽车结构用热轧钢带获评“冶金行业品质卓越产品”称号；镀锡基板被授予“产品用户满意度奖”。

继续强化人才支撑。全年市场化选聘优秀专业人才7名，均安排在重要岗位，激励他们在产品研发、市场营销等方面发挥引领作用，产生良好效果。深入实施专业技术、操作维护序列改革，落实《大学生员工招聘管理办法》，加快关键人才选拔培养，全年完成操作维护人员聘任近1.5万人，有效地激发了各类人才的积极性。通过“三星计划”、技管培训等方式，加快复合型人才选拔培养，为推进智能化生产提供了人才储备。聚焦人才素质提升，通过实施积分制管理等手段，引导和推动了高技能人才向产线、营销等关键岗位有效流动。强化专家队伍建设，增设研发、营销及大客户经理、客户质量代表、营销总监等专家岗位，专家队伍结构得到明显优化。加强人力资源优化，及时为乐亭钢铁、塞钢技改等项目统筹配置人员，为集团战略发展提供了必要支撑。

着力提升设备效能和生产效率。秉持“生产为用户、产就高效率”理念，结合“两个结构”再优化和智能产线建设，着力提高全员设备认知程度，努力将单体设备管理拓展到全产线设备综合状态管理；深入推进精益生产管理，及时有效调整生产组织方式，充分发挥在产设备运转效率，全年主体设备运行状态达到较高水平。2019年，炼铁系统基本实现“零事故”“零波动”，高炉运行状况全面改善，本部三座高炉指标恢复到历史最好水平，生铁日产具备2万吨能力；唐银单高炉日产多次刷新历史纪录。炼钢系统所有区域转炉全部具备30分钟以内冶炼能力，转炉作业率同比提高21个百分点，炉时产量同比提高17%。轧钢系统生产效率大幅提高，产品综合产销周期同比缩短10天。其中冷轧产品全流程制造周期缩短2天；1700线最高日产1.31万吨，刷新历史纪录。酸轧机组超高强钢机时产量完成208吨，跨入业内一流水平；6号镀锌产能利用率达到122%，突破设计极限；大型线最高月产达到5.3万吨，生产效率提高30%。

深入扎实推进作业长制。以加强值班作业区建设为重点，巩固提升作业长制推进成果。开展作业长研修会建设，定期组织交流研讨，作业长队伍的素质和能力全面提高。设立资深作业长岗位，建立资深作业长、作业长、后备作业长素质模型，实现作业长分级、分类、分档管理。以作业区飞检为手段，融入PDCA、六西格玛管理等管理理念和方法工具，协同解决产线问题。推动作业长制与标准化作业紧密融合，以落实工艺标准化作业为重点，积极构建生产组织管理运行体系，促进了标准化生产。2019年，公司标准化作业符合率达到97.5%，同比提高6.2个百分点。

三、以效益思维指导和推进成本管理，企业成本控制水平进一步提升

公司始终把增创效益摆在优先位置，努力将效益思维贯穿于成本管理全过程，坚决防范成本意识淡化和不计成本地推动产品高端“两种倾向”，降本增效取得新成绩。

推动全面预算管理落地。着力强化预算执行意识，围绕落实年度预算，认真做好月度预算控制、分解及跟踪工作，及时校正预算执行偏差。同时结合经营实际和形势需要，及时调高后五个月预算指标，较好地发挥了全面预算管理对公司生产经营的“指挥棒”作用，为公司完成全年主要任务指标起到了关键作用。

着力强化工序成本控制。坚持以铁前成本为重点，举全公司之力开展铁前降本攻关，通过实施对标找差、标准成本管理、优化经济技术指标等措施，千方百计提高全工序成本控制水平，取得新成绩。2019年，公司主体生产单位标准成本符合率由年初的70%提高到85%；炼铁工序可比成本、炼钢变动加工费、轧钢变动加工费分别比上年降低33元/吨、26元/吨、14元/吨。

全面加强资金管控。坚持强化现金流管控不放松，强力压减非预算、超预算和非生产性支出，严控固定资产投资，全力确保了资金合理利用和资金链安全。着力拓宽融资渠道，年内引入建信投资18.4亿元参股高强汽车板，公司整体融资结构得到优化。以集团构建金融管理体系为契机，进一步深化财务共享管理，扎实推进财务共享中心财智云平台建设及业务应用，在全公司搭建了比较完备的财务服务体系。

严控各类费用支出。牢固树立过紧日子思想，深入推进全员挖潜增效，坚持与先进企业进行专项对标，推动降本增效取得新进展。2019年，公司通过调整采购结构等措施，采购降本创效超9亿元，全年战略采购比例突破60%。吨钢物流成本全年完成310元，增创效益3.2亿元。动态实时跟踪测算废钢利用效益，铁耗控制总体上实现经济运行。公司备件备品修复率达到44%，液压润滑油品费用较2018年降低8%。

全面加强库存管控。按照“铁前原料安全应对限行限产，中间库存缩短制造周期，产成品快进快出”的工作思路，加强库存指标动态管控，动态跟踪带出品和呆滞品，加强产销运衔接，有效防止了跌价风险。公司全年生产用物资库存较奋斗目标降低1.4亿元，带出品发生率降低1个百分点，呆滞品库存降低17%。

四、强力推进企业改革，企业发展活力持续释放

加快实施“双百行动”。一年来，公司认真吸收借鉴中厚板公司实施混合所有制取得的经验，加强制度规范设计，编制《公司混改工作方案》，制定系列配套文件，加快推进股权多元化，推动“双百行动”有序落地实施。年内，高强汽车板公司完成对外引资及混改目标，自动化公司与两家投资者达成投资意向，重机装备公司、惠唐物联

公司股权多元化工作也取得重要进展。

深化全员绩效管理。持续完善优化与事业部协同机制相适应的绩效评价体系和管理模式，实施关键岗位贡献奖励办法，较好地调动了关键岗位职工的积极性。实行年度奖金总额“增人不增奖、减人不减奖”考核方式，发挥了绩效管理的激励作用。强化作业区绩效管理，优化绩效指标，规范管理流程，推动了全员绩效管理在作业区的真正落实。

持续推进“强服务、提效率、转机制”工作。重点在两级机关流程梳理、协同办公、信息化建设、机构精简等方面做工作，积极致力于转变部门职能定位，强化服务意识，形成了上下贯通、协调联动的良好局面。

五、聚焦发力现代工业服务产业，非钢系统经营发展实现快速进步

公司积极落实集团非钢产业发展总体部署，抢抓发展机遇，大力发展现代工业服务业，持续改善经营业绩，非钢系统转型发展展现出新的气象。

聚力发展现代工业服务产业。信息技术服务板块，加速推进智能制造，与国内最大独立云服务商金山云开展战略合作，人工智能、区块链等技术推广应用进一步提速。自动化公司成功研发天车摆角控制系统等多项自主知识产权产品，云计算中心助力唐山市“雪亮工程”项目建设。惠唐物联打造全新产业互联网平台，先后拓展中车、腾讯、川威、航信等高端客户，全年实现外部收入2000万元。装备制造与工程技术服务板块，深入开展核心技术攻关，检修公司轧机精度控制等关键技术取得突破。重机装备高附加值板带轧辊比例提高到42%以上。达创传导项目实现0.5毫米厚度超薄散热产品批量生产和产业化应用，填补了同类产品国际空白，市场前景广阔，已与加拿大某公司签订2亿元合作意向，与华为、小米等多家电子厂商确定合作意向。绿色产业与新型化工板块，华奥公司取得国家节能减排评估资质；气体公司外部客户开发取得丰硕成果，外销利润占比达到64%，且已向香港联交所递交上市申请，标志其上市工作取得实质性进展。资源开发板块，各单位经营业绩逆市提升，青龙炉料全年产量创历史最高纪录；唐龙唐昂全年矿渣粉销量同比提升23%，营收同比增加9000万元。现代物流板块，与全球现代产业服务商普洛斯在规划建设城市绿色物流园项目上开展了合作。同时强力推进“公转铁”加速落地，本部和不锈钢公司实现集装箱铁路发运；美锦铁路正式通车，公司铁路运输比例一举提高到48%以上。

在集团产能布局优化中抓机遇。充分发挥公司非钢系统的产品、技术和服务优势，积极拓展原有业务领域，努力在集团产业布局调整中抢抓机遇、提升能力、增创效益。年内，气体、钢源、哈斯科、唐龙等单位，积极承担乐亭钢铁气体、石灰窑、钢轧等公辅系统项目建设，取得可喜进展；承揽河钢石钢搬迁项目涉及的制氧、白灰、信息化等项目，均得到顺利推进。

持续改善现有单位经营绩效。一年来，公司非钢系统全面优化绩效管理体系，深入开展对标交流，加快推进作业长制，积极拓展国内外市场，经营业绩持续改善。2019年，非钢板块总体营业收入和经营利润较上年分别提高9亿元和1.4亿元。其中，气体和青龙炉料分别实现利润1.75亿元和1.1亿元，均创年度最好水平；能源科技、新事业、自动化公司也取得较好业绩，分别实现利润2.3亿元、3800万元和1500万元。

六、全力以赴支撑和推进集团战略发展，为集团转型升级和国际化布局提供了强大支撑

下大力抓好塞钢运营管理。以塞钢管理

团队被中宣部授予“时代楷模”称号为动力，继续全力支撑塞钢运营管理。加强生产组织管理，充分发挥工艺、装备潜力；优化炉料结构和工艺技术指标，降本增效取得新成绩；以提高镀锡板成材率为突破口，全面提升产品质量；加快集团专有技术推广，年内有26项专有工艺技术在塞钢得到应用，取得较好成效。特别是全力加速建设包括烧结机、轧钢加热炉在内的能源与环保综合改造项目，取得重要进展。2019年，塞钢完成钢产量178万吨，外售钢材155万吨，实现营业收入8.8亿美元，生产经营保持总体稳定。

全力支撑乐亭钢铁项目建设。认真落实集团关于“打造沿海精品钢铁基地”战略部署，依据建设进度需要，举全公司之力支撑钢铁项目建设，重点在项目建设、人员配置、公辅设施以及技术支撑等方面深度着力、全面推动，为项目有序推进、稳步落地提供了必要支撑。

稳妥有序推进退城搬迁。落实省委省政府、市委市政府决策部署和河钢集团要求，抢抓区位调整发展机遇，解放思想、拓宽视野、积极作为，稳妥有序推进土地规划、项目立项等工作，确保了搬迁项目的稳步推进和有序落地。

加强国际合作和产品出口。紧跟国家“一带一路”建设和国际产能合作步伐，主动融入集团在菲律宾、俄罗斯等国家的钢铁合作项目，有效助力了集团国际化发展。在国际钢铁需求持续低迷的情况下，积极拓展海外市场，着力提高汽车钢、家电钢出口比例，保证了产品出口规模的总体稳定。2019年，公司出口钢铁产品约150万吨。

七、锲而不舍地抓好安全生产和环保能源工作，充分彰显企业的责任与担当

多措并举强力抓好安全生产。公司始终践行“下沉一级抓安全”理念，以抓好人员管理为根本，加大安全问责追责力度，持续保持安全管理高压态势，各级干部安全履职意识和管理能力持续提升，全员安全意识全面增强。加快推进能源锁定和机械防护、有限空间等安全示范点建设，企业整体的安全预防与应急管理体系得到进一步强化。加强安全基础管理，积极强化“双控”机制建设，持续深化重点区域专项治理，加强较大风险作业安全管理，严格落实作业区和班组安全评价，岗位人员执规意识明显提升，安全生产隐患得到有效辨识、管控和消除。

以更大力度强化环保及能源管理。环保方面，坚持以绿色制造引领企业高质量发展，加强环保项目建设和环保技术应用推广，在污染治理、超低排放等方面持续加大管理力度，取得较好效果，总体上保持了冶金行业绿色制造领跑者的良好形象。能源方面，加力推进焦炉煤气综合利用等节能减排项目建设，完成石墨电极抗氧化节能等项目。同时，以烧结机漏风治理和提升发电机运行效率等为重点，深入开展能源利用效率提升专项工作，取得新的进展。2019年，公司总体发电量较上年提高15%；吨钢转炉煤气回收同比增加10.8立方米，吨钢能源成本同比降低17元。

八、着力加强职工队伍建设和民主管理，进一步激发和调动了全员的积极性和创造性

着力加强职工队伍建设。在全体职工中大力弘扬劳模精神和工匠精神，广泛开展劳动竞赛、技术比武等活动，职工队伍技术技能素质全面提升。年内，公司荣获“河北省职工职业技能大赛培养高技能人才先进单位”称号，公司职工在行业和省市各级各类职业技能大赛中荣获多项殊荣。

着力激发全员创新活力。聚焦全年经营目标，坚持深化技术、管理、岗位职工“三位一体”全员创新体系，重点加大职工岗位创新力度，发动全员瞄准产线和基层，

广泛开展小微式自主创新，全面营造创新创造、持续改善的良好局面，广泛凝聚全员智慧和力量，取得丰硕成果，为公司重点工作上水平提供了动力支持。

强化职工民主管理。坚持全心全意依靠职工办企业的方针，坚持严格规范召开两级职代会年度会议，认真落实董事长总经理联络员制度，逐步规范企业信息公开工作，进一步彰显了职工在企业生产经营管理中的主体地位。坚持以人为本，深入扎实持久地做好关爱职工、帮扶困难职工等工作，不断加大维权服务力度，推动构建和巩固了和谐稳定的劳动关系。

总的看，一年来，在世界经济增长明显放缓、国内经济下行压力明显加大的复杂严峻形势下，公司全体干部职工认真落实集团战略决策和公司各项部署，担当尽责，锐意进取，创新突破，推动公司取得来之不易的经营成果，产品档次和品牌知名度显著提升，企业在行业的影响力和核心竞争力进一步增强。在此，我代表公司，向一年来辛勤工作的公司全体干部职工，表示衷心的感谢！

在总结工作、看到成绩的同时，也要清醒地认识到，公司生产经营还存在一些不容忽视的问题，需要引起高度重视：一是公司整体创效能力和盈利水平，跟业内先进企业比，仍存在比较明显的差距，企业应对各种风险和挑战、在逆境中生存和发展的硬实力有待进一步增强。二是产品结构调整还有较大提升空间，产品品牌建设和售价提升工作还需要下苦功夫，“单打冠军”产品、特色战略产品在产销规模、质量稳定性、品牌知名度和影响力上还有明显差距。三是成本分析和成本管控的优势还没有完全发挥出来，尤其在重点工序结构成本优化、全流程资金费用管控、库存管理和控制上，全局观念和效益思维树立得不够牢固，还有顾此失彼的现象。四是在应对市场变化和客户服务能力建设上，还存在一些短板，尤其在下游产业应用技术研究、内部产线和市场需求匹配、客户经理团队建设上，还需全方位加大力度。五是产线支撑体系建设，还不能完全满足客户端优化和产品升级的要求，尤其在加快智能产线建设、实施“双百行动”、推动公司战略执行与落地、建立市场化经营机制上，专业管理还需要深入变革、大胆创新、全面提速。

这些问题需要我们在今后工作中深入研究，着力加以解决。

2020年的形势和任务

2020年是全面建成小康社会和“十三五”规划的收官之年，也将是公司转型发展史上具有里程碑意义的一年。日前召开的中央经济工作会议指出：2020年，经济工作将紧扣全面建成小康社会目标任务，坚持稳中求进工作总基调，坚持新发展理念，坚持以供给侧结构性改革为主线，坚持以改革开放为动力，推动高质量发展，保持经济运行在合理区间，确保全面建成小康社会和“十三五”规划圆满收官。这就为钢铁工业健康发展创造了可以预期、相对宽松的外部环境。

同时，近年来受中美经贸摩擦以及国际贸易保护主义和单边主义抬头等多种因素影响，加之我国正处在转变发展方式、优化经济结构、转换增长动力的攻坚期，结构性、体制性、周期性问题相互交织，国内经济下行压力加大，2020年经济增长对钢铁工业的支撑带动作用将相对有限，钢材市场供需矛盾必将进一步加剧，钢铁行业将进入产品供给明显过剩、同质化竞争日趋激烈、优胜劣汰全面加速的关键期，将给公司生产经营和改革发展带来巨大压力和空前挑战。面对严峻复杂的国内外经济环境，面临国内大型钢铁企业战略合作和联合重组明显加快的新态势，面对公司本部退城搬迁的新要求，公司上下必须充分做好化解危机、克服困难、应对挑战的思想和工作准备，千方百计保持公司生产经营稳定顺行，努力开创公司转型升级和高质量发展新局面。

前不久，河钢集团先后召开2020年工作务虚会、2020年度工作会议，强调要保持定力，焕发斗志，牢牢把握市场和产品两个关键接续奋斗，以更有力的举措实现新突破，推动集团最具竞争力钢铁企业建设再上新台阶，打造基业长青的百年河钢。公司作为集团核心骨干企业，要认真贯彻落实集团2020年工作部署，坚定发展信心，保持战略定力，树立强烈的风险意识和危机意识，进一步解放思想、创新突破，狠抓重点工作落地，坚决完成集团赋予的各项任务，继续当好集团各项工作排头兵和引领者。

为此，公司确定2020年总体工作思路是：

以习近平新时代中国特色社会主义思想为指引，认真贯彻集团2020年工作部署，坚持以效益为中心，以客户结构优化和产品结构调整为主线，着力建立无缝对接用户新的比较优势，以创新突破思维全力降低成本，加速推进智能制造，大力培育发展战略性新兴产业，抢抓机遇，赶超先进，深化改革创新，激发内生活力，全力开创转型升级和高质量发展新局面，为集团建设最具竞争力钢铁企业作出新贡献。

公司2020年生产经营主要目标是：

全年产铁1772万吨，产钢1800万吨，商品材坯1762万吨。

全年实现营业收入880亿元，实现利润20亿元。

全年挖潜增效50亿元，吨钢增效278元。

品种钢比例达到77%以上，高端产品结算量完成840万吨，钢材综合售价同口径提升额达到100元。

生产经营资金占用（存货占用）控制在50亿元以下。

实现长周期安全生产。

为确保完成上述目标，要重点做好以下工作：

一、坚定不移狠抓市场和产品，推动客户结构和产品结构持续深入优化

坚持以“两个结构”再调整再优化带动公司整体工作再提升，着力打造具有一定规模的战略性高端客户群和高端化、差异化、精品化的产品结构，推动公司市场和产品进入国内高端钢铁材料制造“第一梯队”。

推动客户结构再优化。认真研究市场形势变化对公司客户端带来的影响，坚持以市场为导向，抓好产线、产品和市场细分，加强市场对接和深度营销，以客户的高度带动产品的高度，最大限度地释放公司装备潜能。2020年，公司计划深入推进合作战略客户45家，战略客户全年销量达到220万吨；国内前十大终端客户销量占比达到45%；公司全年汽车钢和家电钢销量要力争分别达到280万吨和135万吨，汽车主机厂供货量达到25万吨。其中，汽车板事业部要推动热系产品客户结构由“金字塔”形向“橄榄球”形转变，2020年A、B级客户数量占比达到81%。冷系产品，推进上汽大众等汽车合资品牌主机厂认证，开展已认证通过的宝马、福特等主机厂及一级配套厂批量供货；推进吉利、上汽等国产品牌主力车型整车供应，进一步加快新零件认证，形成批量供货。冷成型铝硅产品以替代进口为目标，专注精品制造，抢占市场先机，月销量达到5000吨以上；热成型镀铝硅产品在保持国内领先的基础上，进一步抢占市场份额。超高强钢方面要深挖主机厂应用潜力，在上汽、吉利等现有合作主机厂的应用比例从10%提高到30%，并进一步拓展在客车及汽车改装车行业的应用，高强钢的比例要努力赶超标杆企业。超深冲钢要依托乐亭钢铁2050产线建成投产带来的协同优势，以IF钢为代表，重点开拓宽幅产品市场，

实现深冲、超深冲钢系列品种结构比例与行业一流企业看齐。锌铝镁依托5号镀锌线改造优势，瞄准高端家电、高端车企开展材料认证，努力实现海尔、宝马等重点用户批量供货。家电领域要重点开发外资、合资品牌客户，新增客户销量力争达到5.5万吨。卷板事业部的锌铝镁产品，要持续提高光伏行业市场份额，同时向家电、畜牧等行业扩展，全年销量要达到8万吨，继续领跑国内锌铝镁市场。酸洗汽车钢，要拓展博世等国内外知名汽车零配件配套商，全年销量要达到15万吨。药芯焊丝钢，要扩大对现代等高端用户的销量占比，全年总销量计划达到12万吨，国内市场占有率达到45%，总销量和品牌影响力力争行业第一。镀锌产品，要全面取消内贸普材销售，研发更高强度级别结构级镀锌产品，拓展振江新能源等直供用户，全年440兆帕以上结构镀锌销量达到18万吨。中厚板事业部以结构用钢和工程机械行业领军企业为目标，加大战略客户开发力度，必保华东优势市场，掌控唐山市场，重点开发山东等潜在市场，巩固扩大“国内结构用钢第一品牌”优势地位。全年力保结构用钢月均销量18万吨，新增客户10家并实现稳定供货，前20家客户销量占比达到60%。型线事业部要依托大型重点工程，优化螺纹钢订单组织，增加小螺纹、大规格高强螺纹销量占比，年内重点工程直供量达到4万吨。大力开发华东、广西、海南、东北等钢板桩市场，同时辐射东南沿海及东南亚地区，进一步提升产品品牌影响力。

推进产品结构再升级。在公司产品所覆盖领域，敏锐捕捉市场和客户用钢需求变化，加强后市场研究和引领能力建设，以产品研发为抓手，聚焦7条产线和13大类“单打冠军”产品，在打造产品高度和品牌竞争力上向标杆企业看齐，推动热系产品新突破、冷系产品上台阶。2020年，公司计划开发高端新产品30余个，全年品种钢比例达到77%以上，高端产品、特色战略产品、“单打冠军”产品分别完成840万吨、82万吨、376万吨。其中，汽车板事业部热系产品重点挖掘现有冷弯型钢产品的潜力，继续保持市场主导优势，全年高附加值品种订货比例较2019年翻一番；深度开发锰硼钢、汽车空心稳定杆用钢、厚规格汽车大梁钢、工业纯铁等产品，年内特色战略产品产量完成12万吨。以“超高强钢增量、低碳钢减量”为重点，积极调整冷系产品方向，进一步优化产品结构。抓住向宝马、吉利等主机厂供应汽车面板的机会，加大研发、调试和优化力度，力争早日跨入高端汽车板制造企业“第一方阵”。拓展超薄规格高强压花板、马氏体超高强钢等专用钢产品，满足特殊用户需求。卷板事业部充分发挥1810线薄规格产品优势，拓展高强薄规格强度级别，提高锌铝镁及热轧薄规格、酸洗汽车钢等产品生产比例，年内完成“高强薄规格10万吨、锌铝镁8万吨、酸洗汽车结构用钢15万吨以及440兆帕以上结构级镀锌18万吨”的产销目标。中厚板事业部以500级以上高建钢和桥梁钢、建筑抗震结构钢研发为引领，全力巩固“国内结构用钢第一品牌”地位；重点开发耐磨钢、低温容器板领域优势品种，提升产品高度和品种钢生产覆盖能力，年内高效益品种产销比要达到80%以上。型线事业部重点开发C级以上高强耐低温冲击角钢、高端履带型钢、4W钢板桩等产品，积极推进600兆帕高强钢筋、40号槽钢批量生产以及锚杆钢筋的全面推广，并进一步提高大规格角钢等高效品种的产销量。全年大型线产量力争实现60万吨，其中特色钢板桩和大规格铁塔角钢年产量达到40万吨。

推进与客户的无缝对接。将整合性思维融入客户服务，寻找共性规律，由点状服务向面上服务延伸拓展，重点加强用钢应用技术研究，更好地服务特定市场和专属行业，推动企业从服务用户向服务市场、引领市场转变。进一步加强客户经理和客户质量代表队伍建设，加大业务培训、评聘晋升、奖励激励力度，让更多优秀营销人才脱颖而出。加强剪切加工配送中心建设、改造及运营管理，尽可能深度融入汽车制造前端环节，为实现与客户无缝对接提供支撑。以向宝马等汽车主机厂供货为契机，着力加强供应能力建设，重点提升高端客户和特色战略产品准时交付能力，增加客户黏性，培育客户忠诚度，努力将高端产品生产能力、服务能力转化为创效能力。2020 年，公司战略客户合同交付率要达到 95%以上；一对一直供比完成 60%；客户集中度、客户忠诚度分别达到 45%、55%；高端产品交期降至 30 天以内；汽车钢、家电钢订单兑现率达到 96%以上。

着力提升产品售价。紧跟产品结构调整优化步伐，瞄准标杆企业和目标客户，建立完善更加科学合理的定价机制和定价策略，开展多维度价格对标分析，推动实现依靠网站定价向自主定价转变，更好地维护价格、服务客户。积极转变营销理念，下决心清理三方直供，力推工程直投、一对一直供等模式，认真研究寄售、锁价、竞拍等方式，采取措施鼓励销售人员提高产品售价，大力推动产品增值。2020 年，公司吨材综合售价要比 2019 年同口径提升 100 元以上，与中钢协平均售价的差距缩小到 20 元以内。

二、践行效益思维，强化成本观念，全面提升成本控制水平

2020 年，公司要始终坚持效益优先，通过落实“产就高效率”理念、加大前沿技术应用、实行项目制考核等手段，继续推动局部成本型思维向全局效益型思维转变，推进全员、全过程、全系统、全工序强化成本管控，深挖潜力，再降成本，全力争取效益最大化。

突出重点领域降成本。依托集团搭建的成本对标平台，从结构成本抓起，深化工序成本对标，加速追赶标杆企业。以高效率为牵引，树立“走钢丝”生产的意识，从最小单元抓起，强化工艺连接刚性匹配，努力把每台在产设备的效率发挥到极致，推动成本管理取得新突破。大胆推广钢铁行业新技术、新工艺，全方位多角度实施技术创新，推动成本管理上水平。强化全员岗位创新和系统攻关，加强绩效牵引，坚持正面激励，激发全员在降本增效上“捡芝麻”、深挖潜，力求“极致”降本。2020 年，焦化系统，要扎实推进工序成本改善、市场化运营、化产系统创效，大力开展优化配煤结构、降低炼焦单耗攻关，改善经营状况，提高盈利能力。炼铁工序，要大胆应用业内先进操作手段和工艺方案，推广高炉长寿技术，开展降低焦比、提高煤比等技术攻关，保高炉顺行，促增产降耗。年内，公司高炉燃料比要降低 10 千克以上。炼钢环节，要深入抓好原料结构优化和废钢应用，提高炼钢命中率，改善自动冶炼功能，推广智能连铸技术，提高无缺陷铸坯比例，减少钢铁料和合金料消耗，降低冶炼成本。轧钢系统，要坚持对标先进企业找差距，重点围绕成材率、负差率、热装比、剪切率等指标，积极应用加热炉自动燃烧等一批新技术，进一步改善指标，降低工序成本。

严格落实预算管理。致力于推动管资金向管现金流转变，全面细分资金预算项目，加强精细化管理，实现资金收支精准匹配。强化“过紧日子”思想，坚持预算管理和绩效引领，严控生产经营以外开支，强化资金管理的刚性执行。加强风险分析研判，引入风险对冲机制，强化应收账款和存货资金管控，杜绝收支不平衡，全力抵御金融风险。妥善处理好品种安排、质量控制、生产效率与效益的关系，及时稳健作出反应。完善财务共享体系，加强固定资产投资控制，

注重源头把关，锁定投资限额。拓宽融资渠道，充分利用国家减税降费政策，持续推进降杠杆、减负债工作，确保公司资金链安全。

全面强化费用管控。从费用指标预算编制、经营绩效考核等方面着手，积极引入项目制管理，减少费用消耗，大力改善费用指标。认真学习德国巴登等国内外先进企业经验，树立科学库存理念，通过提高管理能力，合理把控进料及出货节奏，优化库存结构，实现供应链刚性连接，建立低库存状态下高效率的库存平衡模式，提高库存周转效率。以大宗原料费用管控为重点，加强对标分析，规范招投标管理，大幅改善各类费用指标。优化供应渠道和采购结构，努力提高原料性价比，全力降低采购价格和采购成本；深入推进物流管理，全面落实公转铁政策，减少中间倒运，降低物流费用。结合外部市场形势变化和公司区位调整实际，兼顾当期生产及费用控制要求，聚焦大宗原燃料、备品备件、产成品等，千方百计清理消耗性材料库存，大力提倡备品备件利旧利库和修旧利废，严控采购费用支出。2020年，公司生产类库存要同比降低5%以上。

三、以智能产线建设为统领，以项目制为抓手，全面强化支撑体系建设

全力加速智能产线建设。狠抓项目制管理，推动信息自动化系统改革创新，尤其在激励引导、激发活力、吸引和使用人才上推动变革，为公司智能化改造提供支撑。以“现场操作无人化、工序作业一键化、生产安全无忧化、服务支持远程化、工厂管理精细化、质量成本可视化、制造管理集控化、供需服务协调化”为目标，在模型化生产基础上，以高强汽车板6号镀锌线、不锈钢公司转炉及连铸、冷轧薄板厂3号镀锌线等为试点，加速推进智能产线建设，推动生产由分段式模型化向全流程智能化迈进，年内力争实现转炉炼钢及精炼“一键操作”，连铸、天车、库区等少人化管理，轧区加热炉和轧线生产智能化，并紧跟智能制造一流企业，努力走在行业前列。高强汽车板要按照《智能工厂建设蓝图规划与推进方案》，加快推动100项智能化项目落地，致力于打造产品一流、装备一流、管理一流的智能化工厂。不锈钢公司在既有经验基础上，进一步推进自动装铁、自动加废钢等智能炼钢子模块开发，实现转炉生产全过程智能化自动控制，打造“智能炼钢”典范；1580线重点开发粗精轧自动调平控制模块，实现全过程模型化，并向全面智能化迈进。一钢轧厂要实现2号精炼远程自动喂线、自动炼钢、1810线连铸平台无人化浇铸。冷轧薄板厂要以无人值守、数字钢卷为目标，推进3号镀锌线实现全线顺控自动。中厚板公司以1号120吨转炉、1号120吨精炼、1号板坯连铸机为试点，努力建立智能产线。

持续强化质量保障体系建设。以智能产线建设为抓手，充分借助信息化、自动化、智能化手段，建立全流程关键质量控制模型及在线专家判定系统，减少人为操作对产品质量造成的影响。以向汽车厂供应汽车外板为契机，深入落实“受控、严谨、无缺陷出厂”质量方针，建立汽车钢质量文化培训、宣传、竞赛、分享平台，强化客户关系维护，高度关注质量异议，真正将质量异议的管理与考核落实到产线和具体责任人，形成关注细节、精益求精、持续改善的文化氛围。加强质量管理培训和项目拉练，不断引进和推广质量管理新工具新方法，推动精益生产及六西格玛项目落地。提高全员全过程质量意识，助推更多优秀质量创新成果落地。2020年，公司重点产品符合率和关键工艺要求符合率要达到100%；非计划带出品率降低1.3个百分点，一检质量合格率提高0.5个百分点。

推动技术研发系统改革创新。以项目制管理为抓手，积极稳妥有序推动公司技术和

研发系统发展规划的落地实施，重点在完善薪酬激励机制、加强人才培养和梯队建设上解放思想、寻求突破，充分激发科研和技术系统的活力。围绕智能制造，加强产线控制能力研究，谋划建立产线过程控制所和配套体制机制，从产品研发入手，引导相关专业协同研究产线智能化。抢抓装配式住宅等新兴用钢产业发展机遇，深入抓好品种开发设计、产线工艺配套和关键技术改造，培育打造更多优势品种。加强用户应用技术研究，建立汽车板材料数据库，参与汽车主机厂车型设计及材料选型，努力形成汽车轻量化设计一揽子解决方案。围绕产线技术进步、高端产品研发，做好氢能冶炼、增材制造等引领性技术研究，推进先进成熟工艺技术应用转化，加快国家专项课题项目实施，努力在科技创新上追赶一流企业。2020 年，炼铁系统重点研究推广烧结烟气循环、高炉长寿、低硅冶炼等技术，确保高炉稳定顺行。炼钢系统重点完善自动精炼功能，推广智能连铸技术，提高钢水品质和无缺陷铸坯比例。轧钢系统加快建立基于产品性能预报的过程控制点，优化生产排程，提高产品质量稳定性。

在人才支撑体系建设上再发力。坚持目标导向和市场化原则，聚焦重点领域，加大市场化选聘高端人才力度，广开渠道吸纳优秀人才。重点加强复合型人才和智能化人才引进，推动更多智能化项目落地。围绕实施“双百行动”，深化职业经理人制度，为公司综合改革提供保障。聚焦智能产线建设和“两个结构”再优化，持续深化操作维护系列改革、专业技术系列岗位体系改革和专家队伍建设，引导更多高技能人才向产线、研发、营销及智能制造关键岗位流动。高度重视产线智能化领军人才选拔培养，激励更多人才参与智能化改造，推动智能化成果落地转化。结合乐亭钢铁项目投产及公司区位调整实际，合理优化、调配、安置人力资源，为沿海钢铁基地建设提供人才保障。坚持以市场为引领、以产线为核心，全方位强化人才梯队建设。创新职工培训方式方法，推进专项技术培训体系化。加强作业长研习会建设，定期组织交流研讨，进一步提高作业长素质能力，提升作业长制五制配套管理水平。加强唐钢大学内训师队伍建设，深入开展“专家讲堂”“匠人讲堂”等活动，推动积分制管理等措施落地，建立一支适应智能化生产、满足客户端优化和产品升级要求的复合型人才队伍。

推动生产和设备系统改革创新。围绕客户端优化、产品升级和智能产线建设，以生产与设备一体化管理为目标，采取积极稳妥措施，适时将点检及检修力量融入生产作业区，努力培养一批既懂生产又懂设备，管理复合型的作业长队伍，实现生产与设备的有机融合。主动融入智能制造理念和手段，开展整线装备综合状态研究，推广远程精密点检技术应用，着力提高设备管理与工艺进步、品种优化、效率提升及智能化生产的结合度，提高整线装备管控能力。加强整线装备控制方式研究，深度应用设备在线监测系统功能，探索推行产线设备管理工程师负责制，推动设备点检管理晋档升级。创新设备检维修管理，借鉴普锐特连铸机承包模式，研究工序、产线整体承包制，提高设备检维修管理绩效水平。逐步建立以信息自动化为引领，以主体设备为支撑，协同推进智能制造的全新生产模式，打造更高质量、更有效率、更加智能的设备管理平台。结合退城搬迁条件下的设备运行特点，践行“产就高效率”理念，充分挖掘在产设备运行效率，努力实现设备经济运行和高效率生产。2020 年，全公司要进一步严控各类事故，全年整体设备故障及中断率要降低 50%。

四、强力推进混合所有制改革，持续激发企业内生动力和发展活力

高质量完成“双百行动”改革任务。

在聘请专业咨询公司开展混改指导基础上，按照“一企一策”原则，积极开拓渠道和资源，加快引入产业、资金等领域战略投资者，努力优化股权结构，力争实现强强联合或优势互补。继续深化以中厚板公司为试点的混合所有制改革，注重在混改中完善公司法人治理结构，试行职业经理人制度，探索建立厂部级管理人员任期制和契约化管理模式，制定实施差异化工资总额决定机制，探索健全和完善薪酬市场化、用人市场化和干部能上能下的市场化体制机制，为激发企业发展活力、提升市场竞争力创造良好环境和有利条件。

着力深化固化扁平化管理架构。围绕企业软环境改造深度着力，积极打破生产、设备、信息自动化等专业管理界限，实现各专业系统的协同与融合，为智能化生产创造条件。面对公司区位调整后的发展新格局，重新梳理业务流程，推行智能化办公，做到机构不重叠、职能不交叉、业务不重复，建立精干高效、管控有力的扁平化组织管理架构，促进管理效率全面提升。

持续完善市场化绩效管理机制。探索建立基于目标的项目制管理支撑体系，以项目制考核为导向，加大创新激励力度，解决从目标到方法的问题，推动各项指标快速提升。按照“市场化选聘、契约化管理、差异化薪酬、市场化退出”的原则，探索建立与混改政策和职业经理人制度相配套的绩效管理体系，为混改政策落地创造条件。积极完善以利润为核心，以“两个结构”再优化为主线，突出成本、产品等关键指标，纳入安全环保等否决项，动态评价专项工作的全面绩效评价体系，发挥绩效管理的正向引领作用。深入推进全员绩效管理，发挥作业长绩效管理主导作用，着力改善提升基层关键指标。稳妥推进薪酬体制改革，试行工资总额备案制管理，探索对研发、营销等系统实施靶向激励，充分调动干部职工的积极性和创造性。

五、以创新突破思维拓展战略性新兴产业，推动非钢板块实现更好发展

2020年，公司要以加速实施“双百行动”为契机，积极捕捉区位调整中出现的新机遇，通过体制机制变革，努力拓宽非钢板块发展空间和路径，加快构建以钢铁材料为基础、以现代工业服务业为依托的战略性新兴产业生态圈，为公司发展寻求新的支撑。

加速布局战略性新兴产业。准确研判社会发展趋势，充分吸收借鉴金山云、普洛斯等行业领军企业运营经验，加快推进精密热传导、云计算、大数据、5G和现代综合物流园区等领域的对外合作，积极引入全新产业项目和商业模式，谋划建立新业态，努力将战略性新兴产业打造成为公司发展的强大支撑。

加快推进混合所有制改革。借鉴业内外混改成功经验，积极引入优质战略投资者，加快非钢单位混改进程。特别要在职业经理人聘任、工资总额备案制管理等方面加快探索和实践，致力于构建更加灵活、高效的体制机制和运营模式，全面释放非钢板块的发展活力。

强化成本管控和产品技术研发。以绩效管理和对标管理为抓手，严格控制费用支出，提升成本管控能力。要加强新产品和核心技术研发，全面改善非钢产品质量和服务，加快开拓新兴市场和高端客户群，持续提升非钢单位经营业绩。

在集团和公司发展中抢抓机遇。统筹推进乐亭钢铁、河钢石钢有关公辅项目建设，确保按时间进度和质量要求顺利投产；做好项目运营管理工作，确保实现投资项目预期效益。紧跟公司区位调整节奏，适时稳健推进物流园等非钢项目建设，为公司在区位布

局调整中实现更好发展提供有效助力。

六、在集团国际化发展和公司区位布局调整中乘势而上，为企业未来发展提供强劲支撑

着力推动塞钢运营管理上水平。充分借助集团和公司技术、管理、创新等优势，合理优化塞钢生产组织，加快推动能源与环境综合改造工程，持续改善产品结构和市场资源投放，同时围绕下游产业链和装备制造业谋划新发展，瞄准建设欧洲极具竞争力的钢铁企业目标前进。2020 年，塞钢计划产钢 143 万吨，实现销售收入 7.5 亿美元。

着力加强国际合作和产品出口。加快推进与俄罗斯、菲律宾等国家和地区的国际产能合作，助力集团打造国际化竞争新优势。与集团外贸部门加强协作，调整出口结构，加强内外贸联动，加快开拓南美和“一带一路”沿线国家等潜力市场，力争有新的斩获。2020 年，公司钢铁产品出口总量计划达到 177 万吨以上。

高起点高质量高标准做好公司区位调整有关工作。按照省委省政府、市委市政府统一部署和集团要求，与省市有关部门密切协同、通力合作，立足当前、谋划长远，加强顶层设计，有序推进落实，化挑战为机遇，稳妥高效推进公司本部及有关子公司区位调整各项工作，努力为公司未来发展创造更好条件、奠定坚实基础。举全公司之力，以决战决胜的姿态，切实抓好乐亭钢铁工程收尾、联调联试、公辅配套、采购渠道建设及客户端布局等工作，为项目如期建成和顺利投产提供全面可靠的基础保障。

七、站在讲政治的高度大力度抓好安全生产和环保能源工作，为公司健康发展提供坚强保障

推动安全生产再上新水平。严格贯彻“党政同责、一岗双责、齐抓共管、失职追责”及“管行业必须管安全、管业务必须管安全、管生产经营必须管安全”等工作要求，切实深化全员安全责任体系建设和责任落实。积极推动“双控”机制建设，大力加强风险辨识防范和隐患排查治理，深入整治习惯性违章行为，着力抓好安全培训，提升全员安全素质和岗位执规意识，积极有效应对环保限产、退城搬迁、人员抽调等各种变化对安全生产带来的不利影响，扎实深入做好安全教育、安全管理、应急预案完善等工作，坚决确保公司安全生产长周期稳定顺行。

推进环境保护与能源管理再上新台阶。认真研究退城搬迁条件下的环保工作方案，坚持以技术进步和管理创新为手段，继续推动先进成熟环保技术推广应用，确保全部环保设备满足超低排放要求，同步运行率和排放达标率保持 100%，继续保持公司绿色制造领先地位。加强现有节能改造项目管理，适时推广石墨电极等成熟节能技术；开展氢燃料等清洁能源利用技术研究，谋划光伏发电等项目，打造唐钢节能服务品牌。统筹做好公司区域布局调整条件下的能源介质动态管控，确保公司在产设备高效运转。优化各种动力介质使用，持续改善能源指标，全年吨钢能源成本力争在 2019 年基础上再降 15 元。

八、着力加强企业民主管理和职工队伍建设，为公司高质量发展凝聚强大力量

切实加强职工民主管理。坚持以人为本，始终把职工看作企业最宝贵资源，深入落实以职代会为基本形式的企业民主管理制度，坚持董事长总经理联络员制度，组织开展好“职工民主参与月”献计献策活动，进一步提高公司职工民主管理水平，确保职工合法权益得到有效保障和深入落实。

切实强化职工服务保障。坚持开展好节期“送温暖”、暑期“双服务”、职工免费健康体检等普惠性服务活动，并积极采取新的举措，进一步增强职工的幸福感和获得感。进一步拓宽困难职工帮扶范围，加大帮

扶救助力度，全力保障困难职工生活。结合公司退城搬迁实际，围绕人员安置等新的情况，认真做好职工思想稳定工作，着力强化职工矛盾纠纷排查调处，切实维护职工合法权益，促进劳动关系和谐稳定，为公司持续健康发展创造良好氛围。

同志们，成绩属于过去，奋斗赢得未来。在新的一年里，让我们在集团公司坚强领导下，以一往无前的勇气和魄力，以更加饱满的热情，全力做好企业生产经营和改革发展各项工作，保持定力、焕发斗志，抢抓机遇、迎难而上，奋力开创公司转型升级和高质量发展新局面，为集团建设最具竞争力钢铁企业作出新的更大的贡献！

中共河钢集团唐钢公司委员会 2019 年工作总结及 2020 年工作要点

2019 年工作总结

2019 年，在集团党委的正确领导下，河钢唐钢党委深入学习贯彻习近平新时代中国特色社会主义思想，扎实开展“不忘初心、牢记使命”主题教育和省委巡视反馈意见整改工作，深入落实新时代党的建设总要求，持续加强党的领导和党的建设，实现党建各项工作新提升，为公司生产经营和改革发展、为促进集团最具竞争力钢铁企业建设，提供了重要保证。七一前夕，公司党委被唐山市委评为“先进基层党组织”，被河钢集团党委评为“十佳”先进基层党组织。

一、深入开展“不忘初心、牢记使命”主题教育，锤炼了党员干部的政治品格和政治能力

公司党委牢牢把握“守初心、担使命、找差距、抓落实”总要求，紧扣主题主线，聚焦根本任务，切实把学习教育、调查研究、检视问题、整改落实贯穿始终，收到良好效果。

加强组织领导和顶层设计。加强领导，系统谋划，扎实推进，把主题教育出发点和落脚点放在加强党性锻炼、改进干部作风、解决实际问题、推动中心工作上，为主题教育顺利开展并取得扎实成效提供了根本保证。

狠抓学习教育不放松。以“十学十增强”为抓手，坚持聚焦主题学、实时跟进学、联系实际学、现场体验学，重点组织两级党委中心组，深入开展集中学习研讨、专题培训及个人自学，推动学习贯彻习近平新时代中国特色社会主义思想往实里走、往深里走、往心里走。主题教育期间，公司党委中心组累计开展集中学习研讨 14 次，举办专题辅导培训 3 次，组织现场体验学习 1 次。

深入开展调查研究。围绕“四个紧扣”和“五个突出”要求，摸实情、出实招、破难题、求实效，组织 14 名班子成员分别深入不锈钢公司等 20 多个二级单位生产一线、车间班组以及汽车板、家电板市场和战略客户，诚恳征求各方意见，认真查找存在问题，研究确定了破解公司发展难题的全新思路、方案和举措。

认真抓好检视问题。组织两级班子成员，围绕“七个对照”，聚焦“三问三查三看”，深入检视存在问题，明确了努力方向和改进措施；严格对照党章党规找差距，收到良好效果。主题教育期间，公司领导班子围绕政治建设等五个方面，查找问题 14 条，制定和落实整改措施 15 项；14 名公司领导班子成员，围绕思想觉悟等五个方面，查摆问题 115 条，制定落实改进措施 140 余项。

切实用好专项整治抓手。着眼于解决干部作风、基层减负和违规经商办企业等突出问题，积极开展自查自纠、专项督导检查和整体完善提升等工作，认真梳理了 10 个方面的 49 个具体问题，并制定和落实整改措施 170 项，推动了企业整体管理水平的提升。

深入开展党员主题实践活动。结合落实集团党委要求，重温党员的初心和使命，聚焦公司全年生产经营目标，在全体党员中深入开展“珍惜荣誉、坚守初心，钢铁报国当先锋”主题实践活动，并延伸拓展活动

内容与形式，重点开展“三重三谈三提升”活动，引导广大党员立足岗位、奋勇争先，实现了主题教育与公司中心工作的深度融合。

狠抓海外支部主题教育。加强对塞钢直属党支部开展“不忘初心、牢记使命”主题教育的指导，组织支部党员抄写十九大报告英文版，参与我驻塞使馆主题教育党日活动，激发了全体党员的政治热情和奋斗激情，推动了塞钢的健康发展。2019 年 4 月，河钢塞钢管理团队被中宣部授予“时代楷模”称号，省委、省国资委党委分别发出向河钢塞钢管理团队学习的通知，要求全省、省国资委系统党员干部向他们学习。

认真抓好整改落实。突出主题教育的实践性，认真制定专项整改方案，合理细化任务措施，聚焦突出问题，实施靶向整改，全面集中整改主题教育中发现的问题，同时将主题教育与做好省委巡视反馈意见整改落实相结合，认真开展“回头看”，巩固拓展了主题教育成果。

二、认真抓好省委巡视反馈意见整改落实工作，取得良好效果

公司党委将巡视整改作为一项重要的政治任务，切实承担起整改落实主体责任，聚焦关键问题，以强烈的政治担当、主动的政治自觉、务实的工作作风，深入推进整改落实，取得良好效果。

统一思想认识，提高政治站位。严格履行党委巡视整改的主体责任，切实加强党委政治引领，坚持把学习贯彻习近平新时代中国特色社会主义思想作为首要政治任务，充分利用常委会会议、党委理论中心组学习等时机，认真学习中央、省委关于巡视工作的重要指示精神，及时传达学习集团党委巡视整改动员部署会和推进会精神，增强了做好巡视整改工作的思想自觉和行动自觉。

加强组织领导，狠抓整改落实。针对省委巡视组巡视集团党委反馈的 4 个方面、14 项问题、28 种具体表现，迅速成立 28 个专项整改小组，厘清责任分工，明确牵头部室和责任单位，努力将整改工作落实到具体岗位和责任人，切实压紧压实了整改责任。截至年底，公司党委完成问题整改 27 项，基本整改完成 1 项。

健全长效机制，确保整改效果。坚持将整改问题与建章立制紧密结合，有的放矢地加强制度建设，着力强化制度和机制对权力运行的刚性约束，有力推动了各项措施的扎实落地。针对省委巡视整改反馈意见，公司党委共制定整改措施 106 项。特别是印发实施了《基层党建考核评价办法》《党建工作责任制实施办法》等制度，有效地强化了基层党建工作责任的落实。

三、着力加强党的建设，较好发挥了企业党委“把方向、管大局、保落实”的领导作用

加强企业内部党的制度建设。认真贯彻《关于发挥国有企业党委领导作用的意见》，积极推进公司章程修改工作，年内完成公司层面及 33 个子公司章程的修改任务，明确了党组织在企业法人治理结构中的法定地位。按照集团党委要求，严格落实党委研究讨论前置程序，对《公司党委常委会议事规则》及公司党政《贯彻落实“三重一大”决策制度实施办法》进行了重新修订和完善，提高了公司党委参与企业议事决策的规范化水平。年内，公司党委召开常委会会议 40 多次，研究重大议题 110 多项，切实把党的领导融入了企业经营管理的全过程。

加强党的组织建设。一是实施创建“1050”党建品牌工程。强化典型引领，组织召开基层党建交流观摩会，选树党建特色品牌，以点带面，在二级单位党委和支部营造了比学赶超、创先争优的良好局面。二是推进基层党建标准化、规范化。认真落实公司基层党建三年规划，以抓实“五个基本”、推进“六个规范化”为重点，深入开

展“星级党支部评定晋级”和“标杆党支部评比选树”活动，提升了基层党建工作的质量和水平。三是健全党建工作考核评价体系。落实《党建工作责任制实施办法》，细化党建考核评价指标，加强党建日常考核、现场核查和述职评议考核，进一步强化了党建工作责任的落实。

加强党员队伍建设。一是坚持做好发展党员工作。严格入口把关，规范工作程序，进一步优化了党员队伍结构。2019 年全公司新发展党员 279 名，保持了党员队伍的活力和战斗力。二是注重发挥党员先锋模范作用。聚焦市场营销、产品升级等重点工作，深入扎实开展“三亮三比”党员先锋行主题实践活动，促进了公司全年生产经营目标的实现。三是强化党内关爱帮扶机制。在节假日前夕，坚持走访慰问困难党员和老党员，及时有效地传递了公司党组织的关爱和温暖。全年，共发放慰问款项 50 多万元。

加强党建基础工作。一是加强党建引领。坚持利用《党委年度工作要点》、年度党委工作会议、党委理论中心组学习等时机和手段，对党委工作进行全面总结和部署；坚持每月下发《党委工作要点》、召开党委书记办公会和党委月末工作例会，逐月部署党建重点任务并严格督导落实，提高了各级党组织管党治党的责任意识。二是加强党建课题研究。以确立重点课题为抓手，强化党建课题研究过程管理，增强课题研究规范性和严谨性，提高了党建课题研究的整体水平。年内，公司共有 5 项党建课题在省国企党建研究中获奖，党建研究成果创出省内评比最好成绩。坚持打造党建特色专刊《钢铁先锋》，较好地展示了公司各级党组织党建工作研究的成果。三是加强党务管理创新。推进党群系统绩效管理与考核常态化，坚持抓好党群网格化管理，提高了党群绩效管理的实效性，推动了党群工作相关责任的落地落实。四是以信息化手段推进党建工作。一方面，推动应用河钢智慧党建云平台，制定具体实施方案，明确各级党组织职责和要求，组织开展培训和交流，推动钢铁先锋 APP 注册，年内公司近 9000 名在岗党员完成注册，推进“三会一课”等组织生活线上开展，促进了党建业务的信息化、透明化、高效化。另一方面，创新搭建公司党群工作云平台，实现了公司党群工作云平台的试运行。

四、切实加强领导班子和干部队伍建设，打造了一支忠诚干净担当的干部队伍

加强领导班子建设。组织两级领导班子召开“不忘初心、牢记使命”主题教育民主生活会、2018 年度民主生活会，提高了两级班子的政治敏锐性和政治鉴别力。积极实施“五型”领导班子建设（笃于政治建设型、乐于团结协作型、勇于责任担当型、善于经营管理型、严于廉洁自律型），持续健全厂部级班子考核机制，提升班子整体合力，激发了厂部级班子干事创业的积极性。

加强领导干部队伍建设。一是按照省委巡视整改要求，积极开展领导干部不担当、不作为问题专项治理，规范个人事项报告内容，加强日常考勤管理，推动干部作风实现进一步转变。二是严格做好干部任免调整工作。坚持党管干部原则，严格标准，规范程序。全年完成 25 名厂部级领导干部任免调整，以及涉及 7 家子分公司的 20 名监事、董事及高管人员任免审批工作，进一步优化了干部队伍结构。三是结合公司推进混合所有制改革，深入学习领会上级关于职业经理人制度建设的指导思想，探索出台了《职业经理人制度建设的指导意见》。四是积极开展多层次、分形式、全覆盖的学习培训，提升了领导干部队伍的思想政治素质和业务管理能力。五是积极制定并创新实施《中青年干部挂职锻炼培养方案》，加大年轻干部培养使用力度，对优化干部年龄结构起到了重要作用。

五、扎实推进意识形态和宣传思想工作，为公司改革发展提供了坚强思想保证

切实加强意识形态工作。一是进一步加强党委对意识形态工作的领导，印发实施了《关于加强和改进意识形态工作的实施方案》，切实完善公司意识形态领域管理体系，牢牢掌握意识形态工作的领导权和主动权。二是坚持理论武装，把学习宣传习近平新时代中国特色社会主义思想作为首要政治任务，用心用情讲好新时代党的故事、国家故事和企业故事。三是密切关注舆情动态，加强网络宣传管理和评论引导，及时了解舆情走势，妥善处置重大突发事件和负面舆论，有效掌握了舆情的主动权。

全面深化政治理论学习。一是加强两级党委中心组学习。重点组织学习习近平新时代中国特色社会主义思想，跟进学习习近平总书记最新重要讲话，引导两级领导干部树牢“四个意识”，坚定“四个自信”，做到“两个维护”，以党中央的新思想、新理念武装头脑、指导实践。二是加强广大党员干部学习。重点组织学习党的十九届四中全会、全国“两会”和集团重要会议精神，引导广大党员以岗位建功的实际行动，积极投身企业高质量发展的新实践。三是全面推广应用“学习强国”学习平台。着眼于“广覆盖、常应用、深学习”目标，规范学习强国平台使用，明确学习标准和要求，切实保证了线上学习的效果。

突出抓好形势任务教育。一是深入开展“解放思想，对标赶超，实现2019年整体工作快速提升”主题实践活动。聚焦公司全年生产经营任务，加强专题宣传，关注活动效果，引导全员对标先进、查找差距，切实解决在思想观念、思维模式、工作方法等方面的问题，为推动各项工作快速突破奠定了坚实基础。二是加强重点工作宣传。结合集团和公司全年各时段面临的新情况新挑战，聚焦全年目标任务，充分利用报纸、电视、微信等形式，多层次抓好形势任务宣传教育，引导广大干部职工认清形势、明确目标、扎实工作，真正把公司党政的决策部署贯彻到基层、落实到岗位，转化为职工的自觉行动。三是加强职工思想调研。围绕职工关心关注的热点问题，组织开展技术、营销、管理等多专业及关键岗位调研，解疑释惑，回应职工关切，保证了公司决策部署在基层的贯彻落实。

坚持抓好企业文化和精神文明建设。一是深入开展迎庆新中国成立70周年系列活动。创新应用多种技术手段，制作《天空之城》全景秀、《我和我的祖国》等宣传片；通过报纸、电视、微信等媒介，系统回顾总结70年来公司的奋斗历程和光辉业绩，引导广大职工以生产经营的良好业绩向新中国成立70周年献礼。二是紧密围绕集团战略实施，积极发挥各种宣传媒体平台作用，不断强化集团品牌形象宣传。年内，结合塞钢管理团队荣获“时代楷模”称号，全方位做好相关宣传，为提升集团品牌影响力作出了重要贡献。三是积极开展学习塞钢管理团队“时代楷模”精神活动。以中央和省委权威性评价为依据，通过党委中心组学习、“三会一课”、专题宣讲等方式，全面兴起学习热潮，切实把学习成效转化为了推动公司高质量发展的新实践。四是以培育和践行社会主义核心价值观为重点，坚持不懈深化职工群众性精神文明创建活动，切实将社会主义核心价值体系落到实处。

六、持续压紧压实党风廉政建设“两个责任”，为公司营造了风清气正的良好环境

切实加强对纪检监察工作的指导。指导纪检监察系统切实履行监督职责，严明政治纪律和政治规矩，严肃党内政治生活，着力防范“七个有之”等问题，突出抓好“不忘初心、牢记使命”主题教育和省委巡视整改工作的监督检查，保证了中央和上级党

委决策部署的贯彻执行。紧盯“关键少数”，着力加强对选人用人、党员领导干部廉洁从业等情况的监督检查，并督促党员领导干部切实把“两个维护”落实到具体行动中。

认真抓好党风廉政建设“两个责任”落实。一是加强工作部署。切实把党风廉政建设纳入公司党委重要议事日程，通过召开党风廉政建设工作年度会议等多种形式，对全年及各时段党风廉政建设重点任务进行部署，为推进党风廉政建设提供了保障。二是强化督导落实。坚持每月召开党委书记办公会，每月下旬印发党委月度工作要点，并不定期开展“两个责任”落实情况巡察督导，召开党委常委会会议专题调度党风廉政建设重点事项，促进了党风廉政建设各项任务的落实。三是严肃考核问责。进一步完善落实“两个责任”实施意见和责任清单，组织层层签订《党风廉政建设责任书》，夯实了系统完善的责任体系。年初完成厂部级领导班子及管理人员党风廉政建设责任制和廉洁自律考评，对拟提拔厂部级干部进行了廉洁自律审查、廉政考试和廉政谈话。四是强化述职考核。支持纪委开展纪检监察工作述职，并根据有关情况，加强约谈提醒，年内开展党委、纪委书记集体廉政谈话120余人次，层层传导了压力。

加强党风廉政教育。一是组织认真学习十九届中央纪委三次全会、省纪委九届四次全会精神，引导各级党组织和全体党员干部充分认识新形势下国企党风廉政建设的新要求，为推进公司党风廉政建设提供了思想保障。二是强化红色教育和警示教育，弘扬党的优良传统，坚定党的理想信念，加强党规党纪教育，提高了党员干部的廉洁从业意识。三是创新教育方式和载体，构建“清风唐钢”微信群、“清廉钢城”报纸专栏、纪检监察网站、廉政文化阵地，搭建了廉政教育的全新平台体系。四是推进基层示范性廉洁文化园地建设。通过开展诗歌朗诵等特色活动，不断丰富廉政教育的内容和形式，提升了党员干部遵规守纪的意识。

持之以恒纠正“四风”。一是扎实开展纠正“四风”和作风纪律专项整治。聚焦“四风”隐形变异新动向，突出纠正形式主义、官僚主义，深入开展“五深查五整改”，推动了党员干部作风的转变。二是加强敏感时段和重点问题监督检查。采取明察暗访、交叉互查等方式，对公款吃喝、收送节礼等严禁事项开展专项检查，重点加强对公务接待、办公用房、公务用车，以及重点岗位人员收受礼金、购物卡等问题的监督检查，持续整治职工群众身边的作风问题。年内累计开展各类明察暗访500余次，有效避免了党员干部在“四风”问题上犯错误。

提高执纪审查质量标准。一是规范信访举报受理流程，推进实施“一调查双见面”机制，加大谈话和函询力度，提高了问题线索的处置效率。二是坚持重遏制、强高压、长震慑，围绕违反“六项纪律”和群众反映强烈的突出问题，深入开展专项整治，严肃查处违规违纪行为，实现了靶向治疗、精准惩治。三是着眼增强“不想腐”的自觉，有的放矢地应用转化审查调查成果，强化了查结案件的警示效果。

着力深化精准监督和效能监察。一是深入开展廉政风险防控工作。重点组织关键岗位廉政风险防控体系运行情况监督检查和“回头看”，狠抓奖金分配、选人用人等权力运行环节监督检查，公司各层面廉政风险防控体系得到全面强化。二是强化效能监察工作。聚焦物料进厂、工程项目、招投标管理等生产经营重点领域，创新立项监察方式方法，建立完善“12345”全方位流程化监察模式，注重“日常+专项”相结合，实施年度、季度、即时分层立项机制，提升了公司整体监察工作质量。

七、全面做好群团组织工作，广泛凝聚了推动公司高质量发展的正能量

扎实开展工会工作。一是深入开展职工经济技术创新活动。加大职工劳动竞赛组织力度，为公司经营指标改善提供了强大动力。年内，公司三座炉机荣获“全国优胜炉”和“全国创先炉”称号。认真组织职工技术比赛，加强与各级各类赛事的对接，大力开展岗位练兵、技术交流、师徒帮教等活动，切实提升了职工队伍的技能素质。2019年，公司荣获“中国技能大赛—河北省职工职业技能大赛培养高技能人才先进单位”称号。大力弘扬劳模精神和工匠精神，积极做好各级劳动模范和先进集体评选推荐工作，广泛宣传劳模和工匠的先进事迹，营造了尊重劳动、尊重创造的浓厚氛围。二是深入抓好保障职工生活工作。坚持开展两节“送温暖”活动，全年为职工发放慰问款物价值300多万元，凝聚了士气、鼓舞了人心。深入开展暑期“双服务”，改善了一线职工的生产生活条件。加大困难职工帮扶力度，落实各级各类帮扶政策。全年向公司1800余名困难职工发放救助资金169万元，提高了职工群众的获得感和幸福感。坚持开展职工体检等普惠性活动，职工群众满意度普遍提升。三是加大职工劳动保护监督检查力度。推广应用“唐山市职工宣教劳动保护平台”，将安康杯竞赛措施落到实处，提升了职工劳动保护的意识和能力。四是坚持抓好女工工作。广泛开展“巾帼华章助决战，献礼建国70年”等活动，充分展示了公司女工的新作为、新风尚。

加强和改进共青团工作。一是培养选树青年人才。全力推进“十百千”英才计划，依托创新创意大赛等平台，着力挖掘、培养、选树优秀青年人才。年内共培养选树优秀青年380余人。二是开展共青团品牌创建工作。持续抓好“一团一品”创建活动，推动实现了基层团支部创建的全覆盖。充分挖掘“号手岗队”新内涵，打造了青年安全生产岗位新标杆。三是推进共青团“七大工程”。围绕青年职工思想引领、岗位建功、创新创效、素质提升等“七大工程”，创新开展系列活动，提升了基层团组织的活力和团员青年的凝聚力。2019年，公司团委荣获全国钢铁行业“青安杯”竞赛优胜单位、省“五四红旗团委”等称号。

坚持抓好武装工作。一是深入开展民兵思想政治教育和形势任务教育，引导公司广大民兵始终与上级武装部门和公司要求保持高度一致。二是组织民兵开展产线创效、护厂巡逻等生产参建活动，为公司生产经营提供了有效助力。2019年，公司广大民兵通过生产参建累计创效1亿元，民兵安全哨查改事故隐患1300余项，护厂巡逻检查超过1.4万次，为保障公司生产经营稳定顺行和财产安全发挥了积极作用。三是强化民兵应急力量建设。组织开展民兵军事训练和应急培训，年内完成节假日、汛期等重点时段战备值班任务和省市军分区民兵应急拉动任务，民兵综合应急处置能力全面提升。四是进一步加强民兵整组、国防教育、拥军优属等工作，较好地完成相关任务。

八、全力以赴做好信访、扶贫和保密工作，进一步强化了公司的政治担当和社会责任

提高站位抓好信访稳定工作。围绕“信访隐患攻坚年”活动，以“事心双解”为核心，以推行包案督访机制为抓手，深入开展领导干部包联下访，建立日报告、周调度、月总结制度，跑办、驻点做好工作，“三率”稳控指标处于全市领先行列；成立化解积案工作专班，组织协调各专业部门成功化解涉及民生、改制等8件疑难案件，重大历史积案基本清零；聚焦敏感时段、关键领域、重点群体，贯彻落实“五项要求”、

开展“四项治理”、坚决保证“三个到位”，年内圆满完成全国两会、新中国成立 70 周年等重点时段维稳任务，实现了指数目标，维护了公司和谐稳定的局面。

着力推进驻村帮扶工作。贯彻集团党委部署，加强对驻村帮扶工作的领导，定期听取各驻村工作组汇报，积极组织开展结对帮扶、现场调研、志愿服务、普惠性慰问等活动，协调解决相关问题，推进产业扶贫项目落地，改善村容村貌和村民生活，公司驻村帮扶工作取得良好成效。2019 年，公司共组织 100 余名党员干部结对帮扶 500 余户贫困户，累计走访慰问 2700 户次，捐助帮扶资金 90 万元，发放慰问金、慰问品价值 40 万余元。公司驻村帮扶工作获得省国资委党委、集团党委及当地政府的高度认可。

切实加强保密管理工作。坚持党管保密原则，按照上级保密部门要求，积极开展保密自查自评、保密安全风险排查活动，提高了公司保密管理水平。配合做好河钢股份军工保密资格认定涉及公司的相关工作，动态完善公司非涉密信息设备、非涉密存储设备管理台账，做好标密文件检查及清除工作，健全完善公司宣传保密管理制度，为河钢股份顺利通过军工保密资格认定提供了重要支撑。着力强化保密宣传教育，积极开展保密常识、保密意识教育专题培训，筑牢了公司保密管理的安全防线。

在看到成绩的同时，也要清醒地认识到，公司党委工作还存在一些不容忽视的问题：一是领导作用发挥还不够充分。个别基层党组织落实党委研究讨论重大问题前置程序还有不太到位的地方。二是落实党建工作责任还不够到位。基层党建工作整体上还存在不平衡的情况，混改企业党建工作还需要加强统筹谋划。三是干部队伍年轻化还需要加大力度。四是推动党建工作与生产经营深度融合还存在差距。要进一步创新党建工作方式方法，努力打造更多、更有实效的党建品牌，促进公司基层党组织和党员作用的发挥。

2020 年工作要点

2020 年，是全面建成小康社会和“十三五”规划的收官之年，是集团建设最具竞争力钢铁企业的关键之年，也是公司推进区位布局调整、转型升级和高质量发展具有里程碑意义的一年。做好公司党委 2020 年工作，对于确保公司改革发展战略部署顺利平稳实施具有非常重要的意义。为此，公司党委确定 2020 年的初步工作思路是：

以习近平新时代中国特色社会主义思想为指引，认真贯彻党的十九届四中全会精神，深入落实集团党委一届四次全会部署，以开展“党建质量提升年”活动、巩固深化主题教育和省委巡视整改成果为抓手，持续加强党的领导和党的建设，不断夯实党建基础，着力创建党建品牌，压实全面从严治党“两个责任”，充分发挥党委领导作用、支部战斗堡垒作用、党员先锋模范作用以及群团组织职能作用，以高质量党建推动公司生产经营上水平和高质量发展，为集团最具竞争力钢铁企业建设提供坚强保证。

2020 年，公司党委初步计划做好以下重点工作：

一、深入学习贯彻党的十九届四中全会精神，将学习贯彻习近平新时代中国特色社会主义思想引向纵深

落实集团党委部署，重点深入学习党的十九届四中全会精神。同时认真学习中央经济工作会议和省委九届九次、十次全会精神，结合我公司实际，推动中央、省委和上级党委各项决策部署落实落地。一是要认真学习领会党的十九届四中全会精神的丰富内涵与核心要义，不折不扣地把党中央各项决策部署落到实处，用公司高质量发展的成功实践，充分展现中国特色社会主义制度的制度优势和治理效能。二是深刻学习领会中央

“不忘初心、牢记使命”主题教育总结大会精神，特别是认真学好习近平总书记在大会上的重要讲话，进一步巩固拓展主题教育学习教育成果，推动党员干部永葆初心、勇担使命，激发担当作为的正能量。

二、不断加强宣传思想和意识形态工作，为公司改革发展提供强大精神动力

加强政治理论学习。一是强化党委中心组的示范引领作用，重点强化聚焦主题学、实时跟进学、联系实际学，抓好两级党委中心组、基层党组织和广大党员的学习，在学懂弄通做实上再加强，为做好当前和今后一个时期的工作注入强大思想动力。重点健全完善政治理论学习计划、交流研讨等制度，抓实抓细“学习强国”学习平台推广运用，逐步建立规范化、系统化的学习机制，为抓好政治理论学习提供有力保障。二是认真组织学习党的十九届四中全会、十九届中央纪委四次全会、全国“两会”精神，推动党的创新理论入脑入心，切实把学习成果转化为推动公司转型升级和高质量发展的强大动力。三是认真落实省委和集团党委一系列重要会议精神，结合公司党的工作实际，努力将省委和集团党委各项决策部署在公司落到实处。

抓好形势任务教育。一是紧密围绕贯彻落实集团和公司重要会议精神，聚焦形势和任务，充分发挥各种宣传工具的作用，认真组织形势任务宣讲教育，加强舆论引导和氛围营造，更多开展入情入理、入脑入心的工作，引导广大干部职工知形势、明任务，以昂扬的斗志和积极的心态投身公司生产经营主战场。二是适时开展职工思想舆情调研，坚持正确舆论导向，深入细致做好稳定思想、凝心聚力、加油鼓劲的工作，全力保持职工队伍思想和公司发展大局稳定。三是加大“双百行动”、混改等政策宣教力度，推广宣传典型案例成功经验，为公司综合改革提速和落地凝聚全员智慧和力量。

强化专题宣传和意识形态工作。一是加强专题宣传策划。围绕集团发展战略和公司中心工作，创新宣传载体、形式、内容及手段，深入宣传公司生产经营和改革发展的创新实践及典型经验，扩大公司品牌影响力，增强职工归属感和认同感，更好地凝聚人心、鼓舞斗志。二是强化意识形态工作责任落实。旗帜鲜明地坚持党管意识形态，高度关注舆论导向，及时有效应对突发事件，抓牢意识形态工作领导权和话语权，切实维护公司意识形态领域安全。

加强企业文化和精神文明建设。一是加大集团愿景、使命和理念等经营价值体系的宣传与推广，从企业定位到职工素养等多方面，做好集团理念与文化的传承、创新和发扬。二是做好公司发展记忆留存工作，借助有形实物与文化传承相结合的方式，系统总结公司的建设、改革及发展变迁，注重细节、深度挖掘，全方位展现公司建厂以来的光辉历程和改革发展取得的巨大成就。三是坚持开展季评爱岗敬业“十佳”职工活动，注重引导，深挖典型，激励更多职工提高技能、立足岗位、创新创效。

三、坚持以党的政治建设为统领，全面提升公司党建工作整体水平

加强党的政治建设。一是坚决把党的政治建设摆在首位，纳入党委工作总体布局，严格落实党委主体责任、党委书记“第一责任人”职责、班子成员“一岗双责”要求，确保党的政治建设取得成效。二是把营造风清气正的政治生态作为基础性工作，严肃党内政治生活，严明党的政治纪律和政治规矩，规范执行新形势下党内政治生活若干准则，切实做到知行互促、知行合一，不断增强各级党组织的政治功能，不断提高党员干部的政治觉悟和政治能力。三是加强对党的政治建设工作的监督检查，把具体工作情况纳入党委书记抓党建述职评议和党建考核评价体系，坚持失责必问、问责必严，确保

中央关于加强党的政治建设各项任务举措落到实处。

加强基层组织建设。一是扎实深入开展“基层党建质量提升年”活动。从政治引领力、价值创造力、干部担当力、基层组织力、职工凝聚力等五个方面重点发力，实施“五大工程”，提升党建质量。进一步抓实基本组织、基本队伍、基本制度，细化标准、强化考核，挖掘和培养先进典型，着力推进基层党组织工作标准化、规范化，确保公司基层党建工作质量全面提升。二是全面开展“1050”党建品牌工程建设。坚持抓两头、促中间，加大选树标杆力度，打造更多基层党建特色品牌，实现学有目标、做有榜样；坚持问题导向，加强排查整顿，以先进典型引领公司基层党建整体水平提升。三是规范基层党组织设置。严格落实党建工作“四同步、四对接”要求，确保党组织设置全覆盖。四是严肃党内政治生活。严格执行中央关于党内政治生活的相关规定，认真落实“三会一课”、民主生活会等制度，确保党内组织生活更加规范严谨。五是加强对实施混改单位及海外企业党建工作的指导。注重解决问题、总结成绩、提炼经验、打造亮点、树立品牌，确保党的领导和党的建设在公司混改和国际化发展中得到充分体现和切实加强。

加强党员教育管理。一是加强党员党性教育。持续深化“不忘初心、牢记使命”主题教育，做好“回头看”，持续增强广大党员的党性观念和先进意识，切实把主题教育成果转化为坚定信念、砥砺党性、忠诚履职的思想自觉和行动自觉。二是深化党员实践活动。坚持聚焦“两个结构”再优化、服务能力再提升、智能制造再提速等公司中心工作，持续深化党员实践活动，动员广大党员立足岗位，开展创新、创效、争优活动，促进党建工作与公司生产经营深度融合。三是加强基层党组织书记和党务干部培训。积极探索利用“互联网+党建”“微党课”等方式，创建学习教育平台，因材施教、因地制宜，切实增强党务教育培训工作的吸引力和感召力。

加强党务管理基础工作。一是推进党建信息化建设。按照集团党委部署，全力推动河钢智慧党建云平台在公司落实落地，同步推进“河钢唐钢党群云平台”建设，重点强化平台的政治功能和引领效果，提高党建工作的质量和效率。二是深化党建课题研究。坚持运用党建研究会和《钢铁先锋》阵地，推动党建课题研究与党建管理工作深入融合，重点研究解决公司各级党组织存在的党建共性问题，提高公司党建整体水平，打造公司党建品牌。三是深化党群系统网格化管理。坚持问题导向，落实靶向整改，进一步打开“上传下达、下情上传”的工作局面。四是落实党内激励关怀帮扶机制。深入细致做好发展党员、党内表彰、困难党员慰问、党员志愿服务等工作，进一步夯实党建工作基础。

四、全面加强领导班子和干部队伍建设，努力打造高素质、专业化、年轻化干部人才队伍

加强领导班子建设。一是注重提高政治能力。将学习贯彻习近平新时代中国特色社会主义思想作为一项长期重要的政治任务，积极组织多形式、分层次的学习培训，切实提高两级班子的政治站位和政治觉悟。二是抓好“五型”领导班子创建活动。以政治建设为统领，全面落实创建活动各项要求，切实提升班子整体政治功能。三是健全考核激励机制。以强化“三个责任”落实为导向，健全完善领导班子考核激励机制，有效提高领导班子干事创业的积极性。四是强化考核结果运用。通过召开领导班子建设专题民主生活会等方式，统一思想、提高认识，促进班子整体功能充分发挥。

加强领导干部和人才队伍建设。一是加

强政治能力建设。坚持“对党忠诚、勇于创新、治企有方、兴企有为、清正廉洁”原则，引导领导干部树立政治理想，把握政治方向，加强政治历练，不断增强政治敏锐性和政治鉴别力。二是规范做好干部管理工作。认真贯彻新时代党的组织路线，坚持党管干部原则，树立正确选人用人导向，突出政治素质和专业能力，着力做好领导干部培育、选拔、管理、使用等工作，加快优化领导干部结构，持之以恒抓好干部队伍作风建设，努力打造高素质、专业化、年轻化的干部队伍。三是加强后备干部队伍建设。认真落实公司《中青年干部挂职锻炼培养方案》，重点选拔培养政治坚定、业绩突出、锐意管理变革和理念创新的中青年优秀干部。四是加强人才队伍建设。落实集团要求，结合公司实际，着力创新干部人才工作体制机制，进一步激发干部人才队伍活力，重点在干部队伍年轻化、用人机制市场化、人才培养效能化、薪酬分配差异化、业务管理制度化等五个方面实现新突破。

进一步改进机关工作作风。结合公司区位调整实际，不断赋予“强服务、提效率、转机制”工作新内涵，致力于转变机关职能定位和干部工作作风，重点在提高服务意识、梳理业务流程以及信息化建设、协同办公、精简机构等方面做工作，强化服务基层意识，提高服务基层效率，打造精干高效、管控有序的服务型机关，助力公司党委决策部署在基层的贯彻落实。

五、坚持不懈推进党风廉政建设和反腐败斗争，为公司高质量发展提供坚强的纪律保证

2020年，要按照上级部署，深入开展“强化监督年”活动，巩固提升“不忘初心、牢记使命”主题教育和省委巡视整改成果，持续推进全面从严治党，压紧压实“两个责任”，努力维护公司良好的政治生态和发展环境。

着力强化政治监督。一是坚决维护党的政治纪律和政治规矩。切实加强对践行“四个意识”、贯彻执行党章党规、执行党的路线方针政策等情况的监督检查，坚决纠正有令不行、有禁不止的行为，督促各级党组织和党员干部把落实“两个维护”体现在具体行动上。二是严肃党内政治生活。加强对《新形势下党内政治生活若干准则》等制度执行、选人用人和党员领导干部廉洁从业等情况的监督检查，着力优化企业政治生态。

着力强化“两个责任”落实。一是明确责任定位。对公司党风廉政建设进行全面部署，组织各级党委、纪委逐级签订《党风廉政建设责任书》，建立完善“党委主责、书记首责、纪委监督责任、班子其他成员和部门分工负责”的“四责协同”工作格局，推动管党治党责任全覆盖。二是强化责任考核。落实党风廉政建设报告和廉政谈话制度，全面梳理“两个责任”落实情况，开展党风廉政建设工作述职评议，切实增强考核的导向作用。三是严肃责任追究。大力支持纪检监察部门，以监督执纪问责为抓手，以问题为导向，强化对各级党组织落实“两个责任”情况的监督检查。四是强化廉政教育。充分发挥纪检监察网站、“清风唐钢”两级微信平台、报纸专刊和廉政主题文化长廊“四个平台”基层廉政文化阵地作用，广泛开展廉政微党课等活动，推动党纪党规和廉政文化深入人心。五是建立长效机制。以巩固深化省委巡视整改落实工作成果为抓手，从建章立制角度，做好经验总结和成果提炼，完善相关制度和机制，建立公司党风廉政建设长效机制。

着力强化作风建设。深入贯彻落实中央八项规定精神，驰而不息纠正“四风”。结合形式主义、官僚主义突出问题表现，持续深化纠正“四风”和作风纪律专项整治，坚持加强对公务接待、公款消费、婚丧嫁娶

等规定执行情况的监督检查，坚决维护公司风清气正、干事创业的良好环境氛围。

着力强化执纪审查。一是支持纪委以“规范信访举报筛查、规范问题线索处置、规范纪律审查流程”为抓手，坚决查处违反“六项纪律”等问题。二是运用好监督执纪“四种形态”，强化运用第一种形态分层处置模式，加大廉政谈话和函询力度，推动“咬耳扯袖、红脸出汗”成为常态，切实从源头上化解廉洁隐患。三是认真落实“一为主、两报告”制度，严格遵守《监督执纪工作规则》，进一步提高案件审理的规范化水平。

着力强化精准监督。一是强化日常监督，注重监督常态化。把日常监督实实在在做起来、做到位，使监督常在、形成常态。二是强化专项监察，注重监督精准有力。聚焦公司区位布局调整、混合所有制改革，聚焦领导干部、重点人员和重要事项，聚焦线索反映集中、职工反映强烈的问题，及时跟进，精准发力，实施专项监察。三是结合公司项目管理机制建设，围绕公司生产经营、改革发展中心任务，深入推进廉政风险防控体系建设、立项监察等工作，深化“两提一促”。

支持纪委加强队伍建设。倡导践行“转职能、转方式、转作风”工作理念，巩固提升纪检监察干部“能力强化年”成果，持续深化“大调研、大学习、大培训、大提升”系列活动，完善教育培训、管理监督、考核评价等机制，努力建设一支忠诚坚定、担当尽责、遵纪守法、清正廉洁的纪检监察干部队伍。

六、切实发挥群团组织优势，为公司转型升级和改革发展汇聚强大合力

要充分发挥群团组织职能作用，突出政治功能，加强自身建设，围绕公司生产经营和改革发展中心工作，高质量开展群团组织活动，激发职工创新创效热情，增强企业的向心力和凝聚力。

全面做好工会工作。一是积极发挥工会系统桥梁纽带作用和群众工作优势，及时掌握职工思想动态，认真倾听职工心声，着力解决职工难题，广泛凝聚职工力量。二是充分发挥职工主力军作用，紧紧围绕公司生产经营中心工作，坚持弘扬劳模精神和工匠精神，深入开展职工劳动竞赛、技术比武、岗位创新等活动，鼓励和引导职工以全新姿态融入企业转型升级和高质量发展新实践。三是全力保障职工生活。进一步提高帮扶标准，拓宽帮扶范围，加大帮扶力度，全面夯实公司职工生活保障防线，让更多困难职工充分感受到党的关怀和公司的温暖。四是坚持做好职工服务保障工作。坚持开展好暑期“双服务”、两节“送温暖”等活动，突出重点、体现特色，切实达到凝聚士气、鼓舞人心的效果。五是维护职工合法权益。强化职工民主管理，增强职工主人翁意识。强化职工民主监督，有效落实职工的知情权、参与权和监督权。

切实抓好共青团工作。一是以“服务企业生产经营、服务青年成长成才”为目标，围绕“青年素质提升”主线，深化形势任务教育和青年思想引领，强化“号手岗队”创建，广泛开展技术交流、隐患排查、创新创效等活动，团结带领团员青年在推动公司中心工作中展现新作为。二是关心关爱青年，服务青年成长成才。围绕团员青年新需求，广泛开展推优入党、导师带徒等活动，为青年成长成才搭建舞台。三是夯实团建基础，增强团组织活力。认真贯彻党中央、团中央关于共青团工作的指示精神，真正把从严治团要求落到实处。围绕支部标准化建设等活动，深入开展更具活力的专题活动，充分激发公司团组织的创新力和凝聚力。

坚持抓好武装工作。一是坚持党对武装工作的领导，将民兵生产参建、民兵应急力

量建设和民兵战备值班作为贯穿全年武装工作的三条主线，持续强化民兵思想政治教育、形势任务宣传教育、应急动员教育，组织广大民兵积极投身公司生产经营活动，为公司发展建设提供有效助力。二是针对公司区位优化布局实际，与时俱进加大民兵护厂巡逻力度，坚决守护公司财产安全。三是落实上级部门关于民兵整组、国防教育、人民防空等工作要求，高效完成各项任务，持续提升武装工作水平。

七、着力做好信访、保密、扶贫等工作，确保高质量完成各项目标任务

切实强化信访稳定工作。重点在狠抓源头治理、及时化解矛盾、争取无访和少访上实现新进步，加强在区位优化布局过程中的风险研判和稳控工作，以公司长期和谐稳定的工作局面，助力全省“首都政治护城河”建设。一是做好信访舆情分析、管控工作，更多关注职工关切问题，提高工作敏感度，及时掌握信访动态，保障企业特殊时期信访形势总体稳定。二是着力构建系统完备、科学规范、运行有效的信访工作管理体系，切实增强信访工作的预见性、针对性和时效性，力争历史积案全部清零。三是健全企地信访维稳协调沟通机制，构建与属地政府“信息共享、协同作战、问题共解、稳控共担”维稳新格局。

切实做好保密管理工作。认真学习、准确把握中央和上级部门对保密工作提出的新要求，以巩固提升河钢股份军工保密资格认定工作成果为抓手，以高度的使命感和责任感，进一步夯实保密基础管理，健全完善保密管理制度，强化保密知识培训、保密法律法规宣传教育和保密警示教育，加强保密工作规范化管理，提升全员保密意识，进一步筑牢保密管理安全防线。

切实抓好驻村帮扶工作。巩固扶贫攻坚工作成果，进一步强化政治担当，坚决完成扶贫攻坚政治任务。重点是加强入户帮扶慰问，做实产业帮扶项目，提升村容村貌，咬定目标、苦干实干，确保贫困村如期脱贫出列，确保高质量完成上级党委政府赋予的光荣使命和艰巨任务，为全省打赢脱贫攻坚战贡献唐钢力量。

HBIS GROUP 河钢唐钢 HBIS TANGSTEEL

企业概况

基本情况

【历史沿革】 河钢集团唐钢公司（以下简称河钢唐钢）始建于1943年4月，前身是日本东洋纺绩株式会社开办的唐山制钢所。1948年12月12日唐山解放，改称唐山制钢厂。1950年6月，进行机构整编，取消军管，撤销军代表和经理，唐山制钢厂改为唐山钢厂。1972年8月14日，经河北省革命委员会冀革〔1972〕89号文批准，唐山钢厂改为唐山钢铁公司。1973年唐钢正式改为公司建制，20个生产车间改为厂矿，19个职能组改为部、处、室。

1992年11月25日，组建了以唐钢为核心企业的唐山钢铁（集团）公司。1994年6月29日，唐山钢铁股份有限公司正式成立。1996年1月，依据《公司法》，经河北省政府批准，唐钢（集团）公司改制为国有独资公司唐山钢铁集团有限责任公司，并被授权经营唐钢集团的国有资产。1997年4月16日，经中国证监会批准，唐山钢铁股份有限公司在深圳证券交易所发行A股并上市。

2006年1月23日，唐钢、宣钢、承钢联合组建唐山钢铁集团有限责任公司完成注册登记，注册资本50亿元，原唐钢资产占唐山钢铁集团有限责任公司资产总额的67%。同年2月28日，唐山钢铁集团有限责任公司创立暨揭牌仪式在石家庄举行。

2008年6月24日，由唐钢、宣钢、承钢组成的唐钢集团和邯钢集团联合组建的河北钢铁集团有限公司注册成立。自此唐钢成为河北钢铁集团有限公司的骨干企业之一。2008年6月30日，河北钢铁集团有限公司在石家庄正式挂牌成立。2009年12月31日，原唐钢股份、邯郸钢铁和承德钒钛三家上市公司强强联合，通过证券市场吸收合并组建河北钢铁股份有限公司，唐山钢铁股份有限公司更名为河北钢铁股份有限公司。2010年1月5日，注册成立河北钢铁股份有限公司唐山分公司。同月15日，河北钢铁集团将其代管的唐钢集团业务划转唐钢管理，并将唐钢集团公章交由唐钢管理。2010年1月19日，唐钢恢复使用唐山钢铁集团有限责任公司印章，印章使用范围仅限于唐钢集团管辖的原唐钢口径涉及的业务。

2015年10月30日，根据河钢集团有限公司〔2015〕5号文件《关于集团更名并统一规范集团名称标识的通知》要求，河北钢铁集团唐钢公司更名为河钢集团唐钢公司、河钢唐钢。

2016年1月19日，河北钢铁集团有限公司依法在河北省工商行政管理局履行注册变更手续，更名为河钢集团有限公司，简称河钢集团。7月15日，河北钢铁股份有限公司唐山分公司更名为河钢股份有限公司唐山分公司。

河钢唐钢是中国转炉炼钢的发祥地，被誉为“转炉的故乡”，有着悠久光荣的历史文化，为中国钢铁工业的发展作出了重要贡献。解放前，唐钢最高年产钢仅有1904吨。解放初期，唐钢被国家重工业部确定为技术试验工厂，承担部分重要钢种的开发试验任务。1952年，唐钢侧吹碱性转炉炼钢法的试验成功，在我国炼钢史上具有划时代意义。当年8月，重工业部对此予以通报表扬。1964年，唐钢“侧吹碱性转炉炼钢法”被国家科委列为重大发明项目，并给予重奖。

1976年唐山大地震前，唐钢的生产能力达到了年产钢82.5万吨。1976年7月28日，唐山发生震惊世界的大地震，唐钢被夷为一片废墟，18229名职工震亡1788人、重伤1241人，固定资产损失三分之一。遭受巨大自然灾害后的唐钢职工，在党和国家的亲切关怀和全国人民的大力支援下，积极响应国家提出的“独立自主、自力更生、重建家园”的号召，在震后28天就炼出了第一炉“志气钢”，11月底全部简易恢复生产。1978年邓小平同志视察唐钢时高度称赞“唐钢工人阶级是地震震不垮的、困难吓不倒的队伍”。

震后的唐钢积极发展生产，1979年被列入河北省企业扩权试点单位，试行企业利润留成办法，当年产钢突破100万吨，跨入全国十大钢行列。1982年在全公司实行了承包经济责任制。1985年6月，实行了经理负责制。1988年唐钢晋升国家二级企业，1991年1月晋升国家一级企业。1994年，唐钢铁钢产量突破双200万吨，提前一年实现“八五”计划。这一阶段，唐钢主要解决缺铁少焦的工序配套问题，实现了生产工艺的重大改进。

1996—2000年，是唐钢加强结构调整，加快铁钢技术改造，进入历史性转折的重要时期。在这五年间，深入贯彻“三改一加强”方针，实施铁、钢、轧三大系统技术改造，大力开展学邯钢和对标挖潜等活动，经受住了市场激烈竞争的严峻考验，实现了生产的持续发展和经济效益的稳步增长。“九五”期间共产铁1459.37万吨，钢1413.86万吨，商品材坯1334.19万吨，钢材1223.97万吨，分别比“八五”期增长89.85%、52.12%、57.96%和60.40%；实现利税39.28亿元，利润12.85亿元，经济效益在同行业始终保持较好水平。其中1999年，铁钢产量双双跃上300万吨台阶，提前一年实现了省委、省政府确定的“九五”发展目标。

2001—2005年，是唐钢实现快速发展的重要时期。其间，唐钢坚持以党的十六大精神和“三个代表”重要思想为指导，落实科学发展观，相继建成了超薄带钢、冷轧一二期等一大批结构调整项目，形成了1000万吨的综合能力和板、棒、线、型的产品结构；深化三项制度改革、管理体制改革，实现了历史性转折，成为唐钢发展史上又一重要里程碑。五年间在对标的83项指标中，有14项进入行业前5名，累计降低成本41亿元。“十五”期间共产铁3306.06万吨，钢3347.97万吨，钢材3001.52万吨，分别比“九五”期增长126.54%、136.80%和145.23%；实现利税129亿元，利润62.43亿元，分别比“九五”期间增长2.28倍和3.85倍。其中2005年产钢1006.66万吨（含不锈钢公司），跻身于国内千万吨级大钢行列，提前两年完成了千万吨级大钢建设任务，成为华北地区首家钢产量突破千万吨的企业。

2006—2010年，唐钢抓住和用好重要战略机遇期，在唐钢、宣钢、承钢联合组建的唐钢集团和河北钢铁集团的正确领导下，深入贯彻落实科学发展观，加快转变发展方式，努力打造生态唐钢、绿色唐钢，在生产建设、综合管理、节能减排、厂区环境治理等各方面取得了显著成绩，实现了全面快速发展。在业内率先实施绿色转型，建成花园式工厂，成为钢铁企业吨钢占地面积小、绿化覆盖率大的钢企，被中钢协专家评价为“世界上最清洁的钢厂”，走出了一条精品唐钢、绿色唐钢和幸福唐钢的全新道路。“十一五”期间共计产铁7330.52万吨，钢7202.2万吨，钢材6345.43万吨，分别比“十五”时期增长121.73%、115.12%、111.41%；实现利税220.86亿元，利润103.25亿元，分别比“十五”时期增长71.21%、65.37%。其中2010年产钢1633.77万吨，比“十五”期末的2005年增长62.3%，年均增长10.17%。

2011—2015年，唐钢贯彻落实集团决策部署，坚持开放性思维、全行业视野、国际化定位，以建设绿色唐钢、精品唐钢、幸福唐钢为主题，把推进两个转变、实现两个提升作为做强做优企业的基本方略，创新管理模式，走进市场、服务用户，将企业优势资源向产线、研发和市场等关键领域集聚，产销研用一体化效应逐步显现，三位一体全员创新机制初步建立，生产经营和企业管理与国际接轨，市场化改革创新步伐明显加快，在装备规模、科技创新、能源利用、挖潜增效、国际化经营等方面取得瞩目成就，钢产量、营业收入、利润实现预定目标，利税稳步增长，综合竞争力显著提升。“十二五”期间共计产铁 7965.95 万吨，产钢 7716.88 万吨，钢材 7510.89 万吨，分别比“十一五”时期增长 8.67%、7.15%、18.37%。实现利税 76.17 亿元，利润 21.42 亿元，产能规模在全国单体钢铁企业中位居第四，技术装备达到国际先进水平；累计挖潜增效 227.8 亿元。尤其是 2015 年初投产的高强汽车板项目，代表了当今世界钢铁冷轧技术最高水平，依托国际化模式建设和运营，成为唐钢制造高端精品钢材的标志性生产线，带动和促进了企业结构调整和转型升级。2011 年，唐钢获得“全国五一劳动奖状”。

2016—2018 年，唐钢聚焦“市场”和“产品”两大主题，在钢材市场、原燃料市场剧烈波动的经营环境下，着力推动产品向中高端跃升、向下游产业链深度延伸，在产品结构调整、市场拓展、成本控制等方面取得突出业绩，企业效益明显好转，综合实力跃上新台阶，呈现了组织结构优化、区域分布合理、工艺技术先进、质量品牌优、经济效益好、竞争力强的发展态势。三年间，共计产铁 4095.7 万吨，产钢 4376 万吨，钢材 4075 万吨，主要包括高强度汽车板、热轧薄板、冷轧薄板、镀锌板、彩涂板、中厚板、不锈钢、棒材、线材、型材等，其中精品板材占产品总量的 80% 以上，产品广泛应用于建筑、汽车、煤炭、机械、电力、交通和家用电器等诸多领域，远销欧洲、美洲、非洲、东南亚等 150 多个国家和地区。

【2019 年概况】 河钢集团唐钢公司（简称河钢唐钢）是全国特大型钢铁企业，河钢集团的骨干企业，是我国碱性侧吹转炉的发祥地。

2019 年，河钢唐钢在集团的坚强领导下，坚持以市场和产品为中心，扭住效益和效率不放松，解放思想、对标赶超、直面困难、砥砺奋进，生产经营和改革发展取得新成绩。全年，产铁 1608 万吨，产钢 1686 万吨，产钢材 1515 万吨，分别比上年增长 16.6%、7.9% 和 7.73%；月度钢产量最高达到 164 万吨，月产钢、年产钢双双刷新公司历史纪录。

加强客户结构优化和产品结构升级，坚持聚焦“市场”和“产品”，持续加大力度推进客户结构优化和产品结构升级，钢铁主业加速迈向行业中高端。全年，新开发客户 93 家，已合作战略客户达 39 家，战略客户销量 179 万吨，一对一直供比 54.6%，整体客户集中度提升到 42.9%。开发新产品 40 多个，品种钢比例达 76.3%，同比提高 2.6 个百分点；高端产品产量 800 万吨，同比增长 26%；特色战略产品产量 59 万吨，同比增长 125%；“单打冠军”产品产量 338 万吨。开发多类满足用户特殊需求的超高强钢产品，连退、镀锌线高强钢产品比例分别达到 42% 和 30%，达到行业同类产线领先水平，镀铝硅实现 0.37～3.2 毫米厚度产品生产全覆盖，产品规格远超设计能力，成功开发 1.2 毫米 700 兆帕极限高强薄规格产品、2.5 毫米超厚规格锌铝镁产品、高建钢 Q460GJ、铁路桥梁钢 Q420qE、高端模具钢 4140 等红旗产品，品种结构进一步优化。

强化支撑体系建设，为“两个结构”再优化提供了根本保障。推进信息化系统开发应用和升级改造，开展“中国制造 2025”试点工作，加大智能化技术应用，巩固拓展模型化生产成果，推进智能产线建设，制定和实施《智能制造总体蓝图规划与行动指南》，推动生产逐步向智能化迈进；加快技术创新，围绕客户结构优化和产品升级目标，开展高炉智能自动喷吹等 29 个产学研项目，形成一大批具有自主知识产权的优势技术，获中钢协冶金奖 1 项、省科技进步奖

1项、省冶金科技奖18项，部分成果达到国际先进水平；持续强化质量保障，全面深入践行“受控、严谨、无缺陷出厂”质量方针，推进质量体系内审、管理培训及项目拉练，强化质量投诉、质量异议、合同兑现、准时交货等管理，提高全员质量意识，为跻身国内汽车钢制造“第一梯队”奠定基础，当年，被授予“全国用户满意企业”“省冶金行业质量管理活动优秀企业”等称号，汽车结构用热轧钢带获评“冶金行业品质卓越产品”，镀锡基板被授予“产品用户满意度奖”；强化人才支撑，利用市场化选聘优秀专业人才7名，深入实施专业技术、操作维护序列改革，落实《大学生员工招聘管理办法》，深化“三星计划”、技管培训，创新积分制管理，强化专家队伍建设，增设研发、营销及大客户经理、客户质量代表、营销总监等专家岗位，加强人力资源优化，及时为河钢乐亭项目、河钢塞尔维亚公司技改等项目统筹配置人员，为集团战略发展提供了保障。

加速发展非钢产业，大力发展现代工业服务业，全面优化绩效管理体系，深入开展对标交流，积极拓展国内外市场，经营业绩持续改善，非钢系统转型发展呈现出新气象。全年营业收入129亿元，实现利润5亿元，同比提高39%。

【组织机构设置】 2019年，河钢唐钢根据公司发展变化及时调整组织机构。4月，为佳华煤化工公司设置职能部门7个、作业区11个；结合美锦煤化工公司一期、二期设备工艺情况，参考佳华煤化工公司机构设置方案，为美锦煤化工公司设置职能部室7个、作业区11个。8月，下发《河钢集团战略企划部关于同意河钢唐钢设置北京唐钢宾馆的通知》，同意河钢唐钢公司设置北京唐钢宾馆（正厂部级）。

2019年末，河钢唐钢组织机构设战略管控平台1个、支撑平台3个；共有炼铁事业部、卷板事业部、汽车板事业部、型线事业部、中厚板事业部所辖主业生产经营单元11个，平台外非钢单元13个。

战略管控平台：运营改善部（董事会办公室）、人力资源部（组织部、老干部管理部、离退休职工管理部）、发展规划部、法律事务部。

公共服务支撑平台：办公室（党委办公室）、财务经营部、安全部、市场部、能源环保部、企业文化部（宣传部、统战部、党校）、监察部（纪委）、工会（团委、计划生育办公室）、非钢管理部、国际合作部、保卫部（武装部）。

生产技术支撑平台：总工程师办公室、生产制造部、技术中心、物流分公司、能源科技分公司。

信息设备支撑平台：设备机动部、信息自动化部、检修分公司、自动化信息公司。

主业生产经营单元：唐钢美锦煤化工有限公司、炼铁厂、一钢轧厂、冷轧薄板厂、不锈钢有限责任公司、高强汽车板有限公司、二钢轧厂、型钢厂、中厚板材有限公司、唐银钢铁有限公司、唐山佳华煤化工有限公司。

平台外非钢单元：重机装备有限公司、唐钢气体有限公司、钢源冶金炉料有限公司、青龙炉料有限公司、唐龙（唐昂）新型建材有限公司、唐山惠唐新事业产业发展有限公司、北京唐钢宾馆、城市服务有限责任公司（行政福利处）、房地产开发有限公司、河北华奥节能科技有限公司、唐山创元方大电气有限公司、唐钢华冶（天津）钢材营销有限公司、教育中心（河北省冶金高级技工学校、河北冶金技师学院、唐山科技职业技术学院、唐钢大学）。

河钢集团直属单位：河钢塞尔维亚公司、采购总公司唐钢分公司（采购分公司）、销售总公司唐钢分公司（销售分公司）、北京国际贸易有限公司唐山分公司（国贸分公司）、集团审计部驻唐钢审计处（驻唐钢审计处）。

附：2019年末公司组织机构图

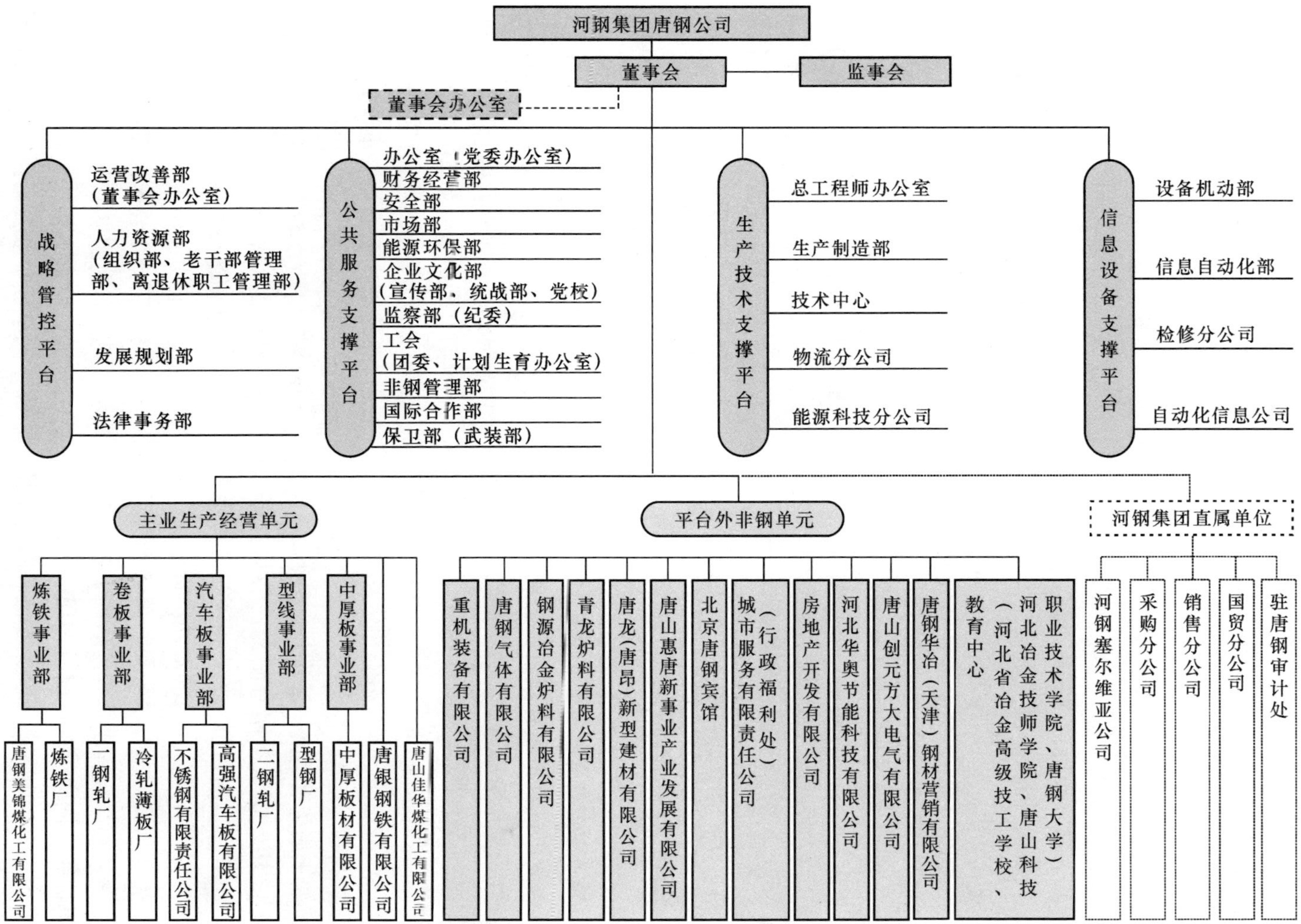

董事会与监事会

【董事会】 2019年，河钢唐钢第七届董事会由5名董事组成，下设置董事会办公室办事机构，负责公司战略管理、董事会日常事务管理、对外投资管理和资本运营管理。全年，共组织召开37次董事会，并出具董事会决议。年内，为强化董事会事前决策管理工作，制定下发《关于董事会议案线上审批的通知》，对银行融资、对外担保、对外投资、资产处置等需董事会决策的事项实行OA系统线上审批，努力从源头上防控决策风险。

附：河钢唐钢2019年董事会会议决策情况（节选摘要）

第七届董事会第一百九十五次会议 1月3日，唐山钢铁集团有限责任公司召开七届一百九十五次董事会，审议通过对台州市向海钢材加工有限公司增资4500万元项目。增资后，向海公司注册资本由1581万元增至2598万元，唐钢集团公司持股82.22%，顾永江持股17.78%。

第七届董事会第一百九十七次会议 2月18日，唐山钢铁集团有限责任公司召开七届一百九十七次董事会，审议通过对海南唐钢南方工贸有限公司及其对外出资企业——洋浦唐钢创鑫贸易有限公司、海口唐钢建材综合商场和海口琼里综合商店四家企业进行清算注销。同时，为压缩管理层级并减少四级公司，将唐山惠唐新事业股份有限公司持有的哈斯科（唐山）冶金材料科技有限公司35%股权无偿上划至公司持有。

第七届董事会第一百九十八次会议 2月27日，唐山钢铁集团有限责任公司召开七届一百九十八次董事会，审议通过唐山钢铁集团高强汽车板有限公司5号镀锌机组镀后冷却塔技术改造项目。项目总投资860万元，其中设备费440万元，建安费270万元，设计费100万元，其他费用50万元。项目主要建设内容：对5号镀锌冷却塔进行加高改造；增强镀后冷却能力，对现有镀后冷却系统进行改造。

第七届董事会第二百次会议 3月11日，唐山钢铁集团有限责任公司召开七届二百次董事会，审议通过对唐山达创传导科技有限公司增资400万元。增资后达创传导注册资本由500万元增至1000万元，其中：唐钢认缴新增注册资本400万元，占股40%；原股东任思宇认缴注册资本300万元，占股30%；原股东周辉文认缴注册资本300万元，占股30%。

第七届董事会第二百零二次会议 4月8日，唐山钢铁集团有限责任公司召开七届二百零二次董事会，审议通过将河钢股份有限公司唐山分公司炼铁北区4号烧结机的主体设备进行拆除、修复后，以资产评估值出售给河钢塞尔维亚有限公司。

第七届董事会第二百零五次会议 4月29日，唐山钢铁集团有限责任公司召开七届二百零五次董事会，审议通过公司同哈斯科中国控股有限公司对哈斯科（唐山）冶金材料科技有限公司同股比增资900万美元，其中唐钢集团公司增资315万美元，哈斯科中国增资585万美元，增资金额全部计入哈斯科唐山注册资本金。

第七届董事会第二百零六次会议 5月6日，唐山钢铁集团有限责任公司召开七届二百零六次董事会，审议通过唐山钢铁集团高强汽车板有限公司新建1条专用汽车外板重卷检查机组，项目总投资7649.75万元，其中设备及工程费7459.75万元，工程建设其他费用190万元。

第七届董事会第二百零七次会议 5月13日，唐山钢铁集团有限责任公司召开七届二百零七次董事会，审议通过唐钢美锦（唐山）煤化工有限公司增建1套脱硫系统，项目投资预计990万元，主要实施一塔式脱硫方案，采用反应槽、脱硫塔和再生塔一体式结构，内部采用塑料花环式填料，并利用原有循环泵。

第七届董事会第二百零八次会议 5月20日，唐山钢铁集团有限责任公司召开七届二百零八次董事会，审议通过唐山中厚板材有限公司3号烧结机开展氧化脱硝提标改造项目。项目总投资5392.36万元，其中设备费2837万元，建安费1528万元，调试费530万元，能源介质配套工程费497.36万元，项目工期7个月。项目主要建设内容：新增喷水降温装置、4台110千克/时臭氧发生装置、冷却循环水系统、烟道系统、臭氧分布系统、电气系统和控制系统。

第七届董事会第二百一十次会议 6月10日，唐山钢铁集团有限责任公司召开七届二百一十次董事会，审议通过公司为各驻村帮扶项目提供资金合计90万元，其中为涞源县黑山村提供帮扶资金30万元；为滦平县二道营了村提供帮扶资金20万元，同时一并提供“户户通”工程第二批资金20万元；为西岔村提供帮扶资金20万元。

第七届董事会第二百一十四次会议 7月15日，唐山钢铁集团有限责任公司召开七届二百一十四次董事会，审议通过对唐钢（香港）有限公司和唐山鸿源旅行社有限公司的清算注销等相关工作。

第七届董事会第二百一十五次会议 7月29日，唐山钢铁集团有限责任公司召开七届二百一十五次董事会，审议通过唐钢青龙炉料有限公司球团烟气氧化脱硝技术示范工程项目。项目静态投资8060.51万元，其中建筑工程费1210.04万元，安装工程费640.33万元，设备购置费5267.83万元，其他费用942.31万元。项目采用SNCR+烟气梯级氧化脱硝方案，以此降低进入臭氧氧化脱硝烟气中的NO_x浓度。

第七届董事会第二百一十七次会议 8月19日，唐山钢铁集团有限责任公司召开七届二百一十七次董事会，审议通过唐钢美锦（唐山）煤化工有限公司焦化干熄焦车间预存室放散气脱硫项目，项目预计投资769万元。

第七届董事会第二百一十八次会议 8月26日，唐山钢铁集团有限责任公司召开七届二百一十八次董事会，审议通过唐山钢铁集团重机装备有限公司厂房封闭、厂容厂貌环保治理项目，项目静态投资752.87万元，其中工程费609万元，工程建设其他费88.10万元，基本预备费55.77万元。该项目主要建设内容：对厂房开放的天窗、废钢跨四周、现有除尘系统卸灰间等进行封闭；在炼钢、轧辊作业区分别设置24小时视频监控；在作业区大门附近、厂区边界分别设置在线监测设备，厂区门口设置电子显示屏；新增洒水车，在厂区出口设置全自动洗车装置；老旧环保设施、管道等防腐、部分道路硬化等。

第七届董事会第二百二十五次会议 11月4日，唐山钢铁集团有限责任公司召开七届二百二十五次董事会，审议通过将河钢股份有限公司唐山分公司11台闲置资产和3台在用资产以协议转让的方式转让唐山佳华煤化工有限公司，转让资产原值3345.02万元，净值705.88万元，资产转让价格依据经国资委备案的资产评估值确定。

第七届董事会第二百三十一次会议 12月30日，唐山钢铁集团有限责任公司召开七届二百三十一次董事会，审议通过公司《2020年预算报告》，2020年主要经营目标：全年产铁1772万吨，产钢1800万吨，产材1658.06万吨，商品材坯1762.06万吨；全年实现营业收入880亿元，实现利润

6.66亿元；全年挖潜增效50亿元，吨钢增效278元；品种钢比例达到76%以上，高端产品产销量达到840万吨；生产经营资金占用控制在50亿元以下；实现长周期安全生产。

【监事会】 2019年，河钢唐钢监事会不断规范公司法人治理结构，健全监督机制，规避经营风险。年内，加强对公司所出资企业的监督，根据国家有关法律、法规、《公司章程》及《公司监事会及外派监事管理（暂行）办法》，积极开展工作，共参加公司董事会会议37次，参加所出资企业董事会、股东会会议82次，审阅所有议案和会议材料，对发现的问题提出独立意见和建议；牵头完成原省国资委监事会揭示问题整改，以监督检查所揭示问题为主线，组织相关单位对问题进行分析，找出管理工作中存在的不足和缺陷，有针对性地制定整改措施，出具《河钢集团唐钢公司关于原监事会揭示问题整改情况的报告》及《相关企业未整改完成问题清单》；审阅公司工作报告、财务报表和财务审计报告，出具《2018年度监事会工作报告》，揭示公司2018年度在运营管理中存在的问题和薄弱环节，提示应注意的若干事项；组织实施省委巡视反馈问题整改工作，针对“审计问题整改力度弱，整改完成率低”事项，根据审计发现的25个问题，确定责任单位并责成其制定切实可行的整改措施和完成时限，设置整改台账，做到每月追踪进度进行督导及时更新台账，在短短的一个多月时间已完成8项，其余各项取得阶段性进展。

2019年末，河钢唐钢监事会由3人组成，监事会主席1人、监事2人，其中1人为职工监事。监事会主席陶立国，监事李迎昌、闫希才，其中闫希才为职工监事。

2019年河钢唐钢领导任职名录

党　委

党委书记　王兰玉
党委副书记　田　欣
党委副书记　张小帅
党委副书记　王文德
党委常委　张洪波
党委常委　姚　力
党委常委　陶立国

董事会

董事长　王兰玉
副董事长　田　欣
董　事　李茂广
董　事　赵丽树
职工董事　孙国平

经理层

总经理　田　欣
副总经理　李茂广
副总经理　张洪波
副总经理　姚　力
总会计师　赵丽树
副总经理　武士勇
副总经理　孙国平
副总经理　宋嗣海
副总经理　高永春
副总经理　谭文振
副总经理　刘铁力

监事会

监事会主席　陶立国

纪　委

纪委书记　陶立国

工　会

工会主席　王文德

2019 年末河钢唐钢高层管理人员

王兰玉
党委书记、董事长

田　欣
总经理、副董事长、党委副书记

李茂广
副总经理、董事

张洪波
副总经理、党委常委、安全总监

姚　力
副总经理、党委常委

赵丽树
总会计师、董事

武士勇
副总经理

孙国平
副总经理、职工董事

宋嗣海
副总经理

高永春
副总经理

谭文振
副总经理

张小帅
党委副书记

陶立国
纪委书记、党委常委、监事会主席

刘铁力
副总经理

王文德
党委副书记、工会主席

主要装备及职工队伍

【主要装备与生产设施现状】 2019年，河钢唐钢主要装备分布在铁前、炼铁、炼钢、轧钢、制氧、发电、运输及机车等系统，统计口径含不锈钢公司、中厚板公司、唐银公司。其中，铁前设备有65孔7米型焦炉2座；烧结机12台，分别是90平方米烧结机2台、132平方米烧结机1台、180平方米烧结机1台、210平方米烧结机4台、240平方米烧结机1台、265平方米烧结机2台、360平方米烧结机1台。炼铁设备有高炉13座，分别是3200立方米高炉2座、2000立方米高炉1座、1780立方米高炉1座、1580立方米高炉2座、1080立方米高炉1座、750立方米高炉1座、550立方米高炉3座、450立方米高炉2座；铸铁机6台。炼钢设备有转炉13座，分别是150吨转炉3座、120吨转炉5座、100吨转炉2座、80吨转炉1座、55吨转炉2座；LF精炼炉12座，分别是150吨3座、120吨4座、100吨3座、55吨2座；150吨RH真空精炼炉1座、120吨RH真空精炼炉1座、110吨RH真空精炼炉1座；110吨脱磷炉1座；铁水预处理装置5座；连铸机16台，分别是板坯连铸机10台、方坯连铸机5台、矩形坯连铸机1台。钢压延加工设备共有37台（套），分别是1810毫米热轧生产线1条、1700毫米热轧生产线1条、1580毫米热轧生产线1条、3500毫米中厚板轧钢生产线2条、高速线材生产线6条、棒材生产线3条、中型轧钢生产线1条、热轧窄带钢生产线1条、大型型钢生产线1条、酸连轧生产线2条、酸洗生产线1条、单机架生产线1条，镀锌生产线6条、连退生产线1条、彩涂生产线1条、平整生产线1条、重卷生产线3条、罩退生产线1条、包装生产线3条。制氧系统有制氧机12套，分别是8000标准立方米/时空气分离装置1套、1.55万标准立方米/时空气分离装置1套、1.6万标准立方米/时空气分离装置2套（唐银公司）、1.7万标准立方米/时空气分离装置1套、2万标准立方米/时空气分离装置3套（含中厚板公司2套）、2.5万标准立方米/时空气分离装置2套、2.8万标准立方米/时空气分离装置1套、4万标准立方米/时空气分离装置1套。发电系统有发电机组40台，总装机容量693.8兆瓦。其中：煤气发电机组18台，装机容量397.3兆瓦；高炉余压余能发电机组15台，装机容量183.5兆瓦；转炉、轧钢饱和蒸汽发电机组2台，装机容量27兆瓦；烧结余热发电机组4台，装机容量61兆瓦；焦化干熄焦发电机组1台，装机容量25兆瓦。石灰竖炉系统有600吨麦尔兹窑3座，300立方米竖窑9座，200立方米竖窑2座，回转窑1座。

【职工队伍】 2019年，河钢唐钢以打造一支素质过硬的作业长队伍和严格执行标准化作业的员工队伍为目标，致力于人员素质的提升和人力资源优化配置，确保人员有效配置，生产效率稳步提升。当年末，河钢唐钢共有职工30642人，其中女职工5030人；在岗职工26148人，其中行政管理人员1811人，专业技术人员2318人，操作人员21925人，派驻单位人员55人。

附表　2019年末河钢唐钢职工情况一览

单　位	在册职工人数	其中	在岗职工	其中				非在岗职工
		女工		行政管理人员	专业技术人员	操作人员	派驻单位人员	
唐钢集团合计	30642	5030	26148	1811	2318	21925	55	4494
其中：主业小计	20179	3529	16185	1206	1406	13518	55	3994
炼铁厂	1801	230	1707	101	81	1525	0	94
一钢轧厂	1345	112	1257	85	80	1092	0	88
二钢轧厂	1169	55	1054	68	55	931	0	115
冷轧薄板厂	750	87	709	67	51	591	0	41
高强汽车板公司	535	41	523	47	109	367	0	12
型钢厂	633	53	628	43	18	567	0	5
不锈钢公司	3375	453	3207	112	159	2936	0	168
中厚板公司	2370	186	2288	166	158	1964	0	82
唐银公司	3350	980	3211	224	36	2951	0	139
技术中心	121	48	117	12	94	11	0	4
设备机动部	191	69	181	21	45	115	0	10
生产制造部	497	179	463	48	83	332	0	34
销售分公司	80	11	72	17	43	12	0	8
商贸公司	61	15	59	9	31	19	0	2
板材加工中心	64	4	60	3	2	55	0	4
公司机关	630	260	611	168	343	45	55	19
就业指导中心	3202	745	33	10	18	5	0	3169
塞尔维亚公司	5	1	5	5	0	0	0	0
其中：非钢小计	10434	1501	9963	605	912	8407	0	471
焦化厂	244	29	215	9	7	199	0	29
能源科技分公司	1715	308	1659	63	65	1531	0	56
物流分公司	1676	140	1578	102	52	1424	0	98
检修分公司	1413	115	1364	32	19	1313	0	49
机械装备公司	153	19	137	4	1	132	0	16
惠唐工业技术服务有限公司	353	43	350	57	70	223	0	3
信息自动化部	779	128	761	56	213	492	0	18
微尔自动化公司	129	42	126	21	78	27	0	3
微尔机电有限公司	24	4	24	1	6	17	0	0
信息科技分公司	24	11	24	3	14	7	0	0
河北华奥节能科技有限公司	23	4	23	7	7	9	0	0
重机装备有限公司	345	10	329	27	7	295	0	16
惠唐乐港金属科技分公司	83	2	81	6	2	73	0	2

续附表

单　位	在册职工人数	其中	在岗职工	其中				非在岗职工
		女工		行政管理人员	专业技术人员	操作人员	派驻单位人员	
惠唐新事业股份有限公司（含物资站）	217	52	192	35	16	141	0	25
钢源冶金炉料公司	235	55	224	25	18	181	0	11
冶金炉料厂	50	8	50	2	0	48	0	0
青龙炉料公司	234	4	232	11	5	216	0	2
气体公司	384	53	380	24	44	312	0	4
唐龙公司	80	20	78	12	12	54	0	2
唐昂公司	57	21	55	3	2	50	0	2
房地产开发公司	114	28	114	16	29	69	0	0
保定板材公司	7	2	7	2	2	3	0	0
城市服务有限责任公司（行政福利处）	775	180	693	38	38	617	0	82
保卫部	844	51	793	27	6	760	0	51
教育中心	242	155	240	17	188	35	0	2
滦县焦化	66	7	66	0	0	66	0	0
北京唐钢宾馆	5	2	5	3	1	1	0	0
佳华焦化	114	6	114	0	6	108	0	0
惠唐物联科技公司	10	2	10	2	4	4	0	0
创元方大公司	32		32	0	0	0	0	0
华冶（天津）营销公司	7		7					0
其中：改制单位小计	29	0	0	0	0	0	0	29
设计院	1	0	0	0	0	0	0	1
原轧辊公司	11	0	0	0	0	0	0	11
建筑安装公司	7	0	0	0	0	0	0	7
天马物流有限公司	8	0	0	0	0	0	0	8
时创耐火材料公司	2	0	0	0	0	0	0	2

注：创元方大、天津华冶只统计唐钢身份的职工人数。

HBIS GROUP 河钢唐钢 HBIS TANGSTEEL

大 事 记

2019年河钢唐钢大事记

1月

1月4日 河钢唐钢党委召开党风廉政建设座谈会暨集体谈话会，回顾总结公司2018年党风廉政建设和纪检监察工作，交流工作经验体会，谋划部署2019年工作。公司党委书记、董事长王兰玉出席会议并谈话。

1月7日 河钢唐钢召开二十二届职代会二次会议预备会。公司党委书记、董事长王兰玉主持会议并就开好本次职代会提出要求。总经理田欣就职代会相关议案进行说明。

1月11日 佳华公司4号焦炉桩基启动施工建设。

1月12日 冷轧薄板厂2号酸洗生产线成功开发TR440/590HE扩孔钢。

1月13日 一钢轧厂1700毫米生产线轧机每小时轧制板坯达36块，刷新历史纪录。

1月14日 河钢唐钢召开2018年度安全生产总结表彰暨2019年第一次安全生产工作会议。公司总经理田欣出席会议并讲话。

1月15日 河钢唐钢纪委印发《信访案件“一调查、双见面”的实施办法（试行）》，深入贯彻《中国共产党章程》，全面践行监督执纪“四种形态”，加强对党员和管理人员的监督管理。

1月16日 河钢唐钢223吨优质抗震螺纹钢筋发往雄安新区火车站项目工地，助力亚洲最大火车站建设。

1月18日 不锈钢公司投产以来最宽规格1500毫米卷板在1580毫米热轧线成功下线，打开了新的市场空间。

△ 卷板事业部成功开发锌铝镁TGAM-MB、TGAM-MK等牌号产品，公司锌铝镁产品进入门业市场。

1月19日 河钢唐钢召开第二十二届职工代表大会第二次会议，287名职工代表参加会议。公司党委书记、董事长王兰玉出席会议并发表讲话，公司总经理田欣作《行政工作报告》。会议审议通过《行政工作报告》等13项议案，对5项涉及职工切身利益的议案进行无记名投票表决。

1月20日 集团领导齐跃章慰问公司困难职工和先模人物。公司总经理田欣，党委副书记、工会主席王文德随同慰问。

△ 炼铁厂北区2号、3号高炉冲渣水消白项目、炼铁南区高炉冲渣水消白项目竣工投产。此项目于上年9月23日获批立项，同年9月30日开工建设，概算总投资1550万元。

1月22日 冷轧薄板厂DC51D+ZM、DC53D+ZM、HC(X)260LAD+ZM、HCT590X+ZM 4个牌号产品通过长城汽车实验室认证。

1月23日 河钢唐钢300毫米级肢宽热轧大规格等边角钢产品被中国钢铁工业协会授予2018年度“中国钢铁工业产品开发市场开拓奖”。

1月23—25日 河钢唐钢7个单位的104名帮扶责任人到结对帮扶贫困户家中开展“走亲戚”活动，为他们送去企业的关怀和新春的美好祝福。

1月24日 美锦煤化工公司二期焦化项目取得河北省生态环境厅环评批复。

1月25日 河钢唐钢举行第三届青年创新创意大赛决赛。公司党委副书记、工会主席王文德出席活动并讲话。

△ 美锦煤化工公司2号焦炉烟气回配工程投入运行。

△ 型钢厂成功轧制PU400×125毫米钢板桩，改新日铁断面，成品符合标准要求。

1月26日 河钢唐钢党委理论学习中心组组织专题学习研讨。公司党委书记、董事长王兰玉主持会议，总经理田欣及其他在家领导参加会议。

1月27日 河钢唐钢党委书记、董事长王兰玉，总经理田欣，党委副书记张小帅分组走访慰问公司离退休老领导，代表公司向他们致以节日的问候和新春的祝福。

1月28日 河钢唐钢党委召开会议总结2018年党委工作及党风廉政建设和反腐败工作，对新一年工作进行部署。公司党委书记、董事长王兰玉强调，要进一步加强企业党的领导和党的建设，压紧压实管党治党责任，持续提升党建工作水平，以高质量党建引领和推动公司高质量发展。总经理田欣及其他在家领导出席会议。

△ 河钢唐钢党委召开2018年度领导班子民主生活会。集团党委副书记李炳军出席会议，并对此次民主生活会进行点评。公司党委书记、董事长王兰玉主持会议，总经理田欣以及其他在家领导出席会议。

△ 市人大常委会副主任、市总工会主席和春军，市总工会党组书记、常务副主席张喜怀一行，来公司看望慰问一线职工和困难职工。公司党委副书记、工会主席王文德一同慰问。

1月29日 河钢唐钢党委书记、董事长王兰玉会见前来访问的俄罗斯远东招商和出口支持局执行经理马卡洛夫·鲁斯塔姆一行。公司总会计师赵丽树参加会见。

△ 河钢唐钢成功开发SGC570，标志公司600兆帕以下所有级别结构钢的开发完成。

1月29—30日 河钢唐钢2019年“迎春杯”职工竞技拔河比赛在体育中心举行，来自15家单位的200余名选手参赛。

1月30日 河钢唐钢举行离退休职工2019年春节团拜会。公司党委书记、董事长王兰玉，总经理田欣出席团拜会。公司党委副书记张小帅主持团拜会。公司老领导、离退休厂部级干部代表、离退休职工代表共60余人参加。

△ 中厚板公司2号烧结机烟气脱硫脱硝治理工程竣工投产。此项目于上年5月31日获批立项，同年6月1日开工建设，概算投资1.49亿元。

1月31日 河钢唐钢完成长春五矿新港股权收购项目。

△ 河钢唐钢下发《操作维护系列改革实施方案》。

1月 新春佳节即将来临之际，河钢唐钢党委书记、董事长王兰玉，总经理田欣分别走访慰问困难党员、困难职工和先模人物，向他们致以节日的问候，送上公司的温暖和关怀。

△ 冷轧薄板厂酸轧生产线月产达16.3万吨，环比提升2.5%，其中3日产量达7449吨、6日单班产量达2976吨，均创历史新高。

△ 河钢唐钢第二十二届职工代表大会审议通过《河钢股份有限公司唐山分公司企业年金方案》。

△ 河钢唐钢炼铁焦化区、重机装备公司、轧辊公司三个单位新增10个特殊工种获河北省人力资源和社会保障厅批准。

△ 河钢唐钢工伤保险企业缴费比例由2.73%下调至2.65%。

△ 河钢唐钢工会起草签订集体合同、2019年度职工工资及福利协议书，保障职工合法权益的落实。

△ 中厚板事业部进行新国标 Q460E 板材试轧工作，通过 460TMCP 级别验证。

△ 河钢唐钢成立轻量化技术研究中心，主要针对汽车轻量化技术研发，提供技术解决方案。

1—2 月 河钢唐钢工会开展“两节”送温暖活动，慰问职工达 2 万多人次，发放慰问款（物）300 多万元。

2 月

2 月 2 日 河钢唐钢举行 2018 年度厂部级领导班子绩效考核述职大会。公司党委书记、董事长王兰玉，总经理田欣及其他在家领导出席会议。

2 月 3 日 非钢管理部编制下发《非钢单位 2019 年经营绩效管理方案》《非钢单位 2019 年经营团队绩效评价方案》，指导各非钢单位落实集团和公司非钢产业发展战略部署。

2 月 5 日 大年初一，集团党委书记、董事长于勇深入河钢唐钢产线，看望慰问坚守岗位的一线职工，向他们致以新春的问候和美好的祝愿。公司党委书记、董事长王兰玉，总经理田欣随同慰问。

2 月 7 日 不锈钢公司 1580 轧机自动换辊时间为 8 分 32 秒，创国内同行业最好水平。

2 月 8 日 集团党委书记、董事长于勇到河钢唐钢听取工作汇报。集团副总经理王新东参加调研。公司党委书记、董事长王兰玉，总经理田欣等参加会议。

2 月 8—10 日 河钢唐钢召开 2018 年度部室管理评审会议。公司党委书记、董事长王兰玉，总经理田欣以及其他公司领导出席会议。

2 月 10 日 一钢轧厂 1700 毫米生产线精轧机换辊用时 13 分钟，创产线投产以来精轧机换辊时间新低，“一键式”自动化换辊成功实现。

2 月 11 日 河钢唐钢召开 2018 年度领导班子民主生活会情况通报会。公司党委书记、董事长王兰玉，总经理田欣及其他在家领导出席会议。公司厂部级副职以上领导干部、公司专家代表、党办负责人、公司董事长总经理联络员代表参加会议。

2 月 13 日 河钢唐钢召开 2018 年度作业长代表座谈会。公司党委书记、董事长王兰玉，总经理田欣，党委副书记张小帅出席座谈会。各职能部室主要负责人、作业长代表、研修会成员、推进办主任等 60 余人参加座谈。

△ 河钢唐钢制定《法律事务专业管理考评办法》，督促各部门履行相关职责，完善法律风险防范机制，规范法律事务管理，促进公司依法经营。

2 月 14 日 河钢唐钢 2019 年高端人才座谈会在会议中心召开。公司党委书记、董事长王兰玉，总经理田欣，党委副书记张小帅出席会议。公司引进的高端人才代表 40 余人参加会议。

2 月 15 日 河钢唐钢党委召开 2018 年度基层党建工作述职大会。公司党委书记、董事长王兰玉，总经理田欣及公司其他党委领导出席会议。

△ 中厚板事业部 1700 吨精品板材供货杭州市未来第一高楼——“杭州之门”项目建设。

2 月 16 日 河钢唐钢党委理论学习中心组开展集中学习，学习习近平总书记在省部级主要领导干部坚持底线思维着力防范化解重大风险专题研讨开班式上的重要讲话精神。公司党委书记、董事长王兰玉主持学习。总经理田欣及公司其他在家领导参加学习。

2 月 17 日 不锈钢公司停 1 号转炉，实现两座转炉供三座精炼、三台连铸机的

"2-3-3" 生产组织模式。

△ 二钢轧厂废钢连续预热项目正式投入生产运行。

2月19日—3月1日 河钢唐钢党委书记、董事长王兰玉，总经理田欣及其他公司党委领导分别到基层单位参加指导2018年度民主生活会，并作点评讲话。

2月20日 河钢唐钢制定下发《精益项目管理办法》，促进精益课题的顺利开展。

△ 美锦煤化工公司1号焦炉烟气回配工程开始施工。

2月22日 河钢唐钢党委书记、董事长王兰玉会见前来访问的北京矿冶科技集团有限公司总经理韩龙一行。

2月23日 高强汽车板有限公司成功开发宝马CR3和CR240LA，该产品表面质量要求严格，性能稳定性高。

2月25日 河钢唐钢桥梁用钢成功下线。

2月26日 河钢唐钢党委书记、董事长王兰玉会见前来访问的五矿发展股份有限公司党委书记、董事长、总经理刘青春一行。公司副总经理李茂广参加会见。

△ 高强汽车板公司CR1300/2000HS热成型钢实现爱驰汽车正式商业供货，为2吉帕热成型钢量产和市场拓展奠定坚实基础。

2月28日 一钢轧厂1700毫米生产线日产1.31万吨，日平均机时产量达605吨，均刷新历史纪录。

2月 河钢唐钢党委宣传部报送的参赛作品在河北省网络安全创新作品征集评选中，获得图片类一等奖，为全省冶金钢铁行业唯一获奖单位。

△ 河钢唐钢深冲用冷轧低碳钢带（DC05）、汽车结构用热轧钢带（700L）2项产品获2018年度冶金产品实物质量"金杯奖"。

△ 中厚板事业部为上海建工集团生产的1.1万吨优质板材用于首个落户上海的国际金融组织——金砖国家新开发银行总部大楼建设。

△ 城市服务有限责任公司（行政福利处）分离移交职工家属区（不含河茵北里小区）供电资产及管理职能，涉及16358户。

3月

3月1日 唐山市人大常委会副主任、市总工会主席和春军来河钢唐钢调研。公司党委副书记、工会主席王文德与客人座谈。

△ 高强汽车板有限公司锅炉改烧天然气项目正式投产。

3月3—7日 唐银公司通过中国船级社认证公司对其进行的管理体系认证审核。

3月5日 河钢集团总经理、党委副书记彭兆丰到河钢唐钢调研并现场督导安全环保工作。集团副总经理王新东参加调研，公司党委书记、董事长王兰玉，总经理田欣及公司领导班子成员等参加会议。

△ 河钢唐钢正式成为北京新能源汽车股份有限公司的合格潜在供应商，进入其板材生产、加工、配送零部件的招标投标名录。

△ 不锈钢公司为天津某大型钢管企业首次供货的1400吨冷弯型钢LW355B投入客户使用。

△ 唐山钢联焦化公司5号、6号焦炉环保搬迁工程开工建设。此项目2016年11月16日获批立项，概算投资16.11亿元。

3月6日 河钢唐钢召开模型化生产智能制造推进大会。公司党委书记、董事长王兰玉，总经理田欣出席会议。

△ 高强汽车板有限公司与国际知名家电厂商对接，成功按客户要求开发生产压花

镀锌家电板，用于高档冰箱外板冲压制造，填补了省内空白。

3月7日 河钢唐钢召开庆“三八”文艺演出暨表彰会。公司党委副书记、工会主席王文德出席会议并讲话。会上，对“优秀女职工标兵”“巾帼建功示范岗”“敬业奉献好家庭”进行了表彰。

△ 河钢唐钢纪委制定下发《关于开展纪检监察干部“能力强化年”活动的实施意见》。

3月8日 河钢唐钢党委书记、董事长王兰玉会见前来访问的上海桦洋建设工程有限公司董事长李新华一行。

△ 唐山钢源冶金炉料有限公司负责的河钢产业升级及宣钢产能转移配套石灰窑系统项目开工建设。

3月11日 河钢唐钢召开专题会议，传达集团战略客户管理委员会会议精神。公司党委书记、董事长王兰玉强调，要坚定信念、保持定力，坚定不移地走产业升级和产品高端路线，建立起与之相适应的营销体制和机制、客户经理团队和生产组织模式，为集团转型升级高质量发展贡献力量。公司总经理田欣及其他在家领导出席会议。

△ 河钢唐钢召开作业长制推进工作2018年度总结表彰暨2019年全面深化启动会。公司党委书记、董事长王兰玉出席会议并讲话，公司总经理田欣主持会议，公司在家领导参加会议。

△ 美锦煤化工公司1号焦炉烟气回配工程投入运行。

3月12日 河钢唐钢下发《2019年全面深化推进作业长制实施方案》。

3月13日 河钢唐钢党委制定下发《关于进一步规范和加强发展党员工作的实施意见》，进一步提高发展党员工作的规范化科学化水平。

3月14日 中国驻塞尔维亚新任大使陈波到河钢塞尔维亚公司访问。

3月15日 河钢唐钢发布《教育培训资料保密管理办法》。

3月18日 河钢唐钢2018年度总结表彰暨2019年工作推进大会在俱乐部召开。公司党委书记、董事长王兰玉强调，公司全体干部职工要振奋精神、坚定信心、解放思想、创新突破，推动公司2019年整体工作快速提升，把集团提出的“建设最具竞争力钢铁企业”和公司提出的“迈入中国钢铁行业第一方阵”的目标落到实处，以更加优异的成绩，向新中国成立70周年献礼。公司总经理田欣主持会议。公司领导李茂广、张洪波、姚力、赵丽树、武士勇、孙国平、高永春、张小帅、陶立国、刘铁力、王文德出席会议。公司领导为受表彰的先进集体和个人颁奖。

△ 二钢轧厂二棒生产线成功复产。

3月19日 河钢集团产品表面质量提升研讨会在公司召开。公司副总经理张洪波出席会议并致辞。

△ 河钢唐钢纪委制定下发《关于规范建立领导干部廉政档案的实施方案》，促进和规范廉政档案的管理。

3月20日 唐银公司2号转炉创单炉日产5415.08吨的历史最高纪录。

3月23日 河钢唐钢党委理论学习中心组专题学习《中共中央关于加强党的政治建设的意见》、习近平总书记在全国“两会”期间的重要讲话精神。公司党委书记、董事长王兰玉主持会议并讲话。公司总经理田欣及其他在家领导参加学习。

△ 佳华公司3号焦炉基础施工完工。

3月24日 高强汽车板有限公司为某知名品牌汽车研发的牌号为CR330－590DHD双相钢在镀锌作业区成功下线。这标志着公司在推进汽车用钢产品高端化方面又迈出坚实一步。

3月26日 河钢唐钢1810毫米生产线3号连铸机在生产大断面1520毫米×70毫米中碳钢SS400时，连铸机最高拉速达到6米/分，刷新世界同类产线纪录。

△ 河钢唐钢通过华晨宝马汽车有限公司3个牌号的材料认证，正式成为宝马汽车潜在材料供应商。

3月28日 不锈钢公司自主研发自动出钢模型正式投入使用，成为集团内首家实现转炉自动出钢技术工艺的单位。

3月29日 河钢唐钢汽车板深加工及高端汽车电子配件生产基地项目开工奠基仪式在台州湾集聚区举行。公司党委书记、董事长王兰玉，公司副总经理李茂广出席仪式。

△ 一钢轧厂转炉丁班2号炉班产20炉钢，创投产以来最高纪录，刷新行业内150吨转炉班产纪录。

3月30日 炼铁厂南区360平方米烧结机脱硝工程竣工投产。此项目于上年9月23日获批立项，同年9月30日开工建设，概算投资950万元。

3月 河钢唐钢在2018年度“实施用户满意工程”奖项评选中，结构用热轧钢带产品被评为“全国用户满意产品”。

△ 冷轧薄板厂为某高端客户定制开发的500余吨纯无铬耐指纹锌铝镁产品成功下线，标志着公司成为国内第二家具备该产品生产能力的企业。

△ 河钢唐钢大顺东方商务酒店更名为唐钢精品酒店。

△ 河钢唐钢为2.63万名达到医疗保险缴费年限退休职工办理停止医疗保险企业缴费。

△ 高强汽车板有限公司6号镀锌线月产4.7万吨，创月产历史最高纪录。

3—12月 城市服务有限责任公司（行政福利处）分离移交路北区物业资产及管理职能，共涉及12087户。

4月

4月2日 河钢唐钢党委书记、董事长王兰玉会见前来访问的首钢京唐钢铁联合有限责任公司党委书记、董事长邱银富一行。

4月3日 河钢唐钢党委书记、董事长王兰玉会见中冶南方工程技术有限公司总经理臧中海一行。公司副总经理刘铁力参加会见。

4月4日 佳华公司能源评价获河北省发展改革委通过。

4月7日 唐银公司棒材12螺日产3143.65吨，创该规格日产历史最高纪录。

4月8日 河钢唐钢开发汽车空心稳定杆用钢34MnB5，打破此产品长期依赖进口的局面，填补国内空白。

△ 中厚板事业部生产的第一批共计1854吨高层建筑结构用钢发往客户。产品经加工后用于雄安新区雄安站项目建设。

4月8—12日 河钢唐钢党委举办基层党委书记和党务干部集中培训班。邀请中央党校教授、国务院国资委和中组部党建专家授课，全面提升基层党委书记和党务干部的政治业务素质。

4月11日 河钢唐钢2019年度宣传思想工作推进会议在会议中心召开。公司党委副书记、工会主席王文德出席会议并讲话。

△ 河钢唐钢党委制定下发《基层党建考核评价办法（试行）》，进一步提升公司党建工作规范化水平。

4月12日 河钢唐钢531吨挂车底盘用钢QStE460TM发至上海某用户，加工后用于53英尺（约16.15米）超长集装箱车底盘。该批集装箱车将整车出口美国TEX公司。

△ 河钢唐钢制定《公司宣贯〈生产安全事故应急条例〉实施方案》。

△ 型钢厂大型线 18～25 号角钢新型成品滚动导卫投入使用，导卫更换频率大幅降低，日产量提高 15%，角钢一次合格率由 94%提高至 98%。

4 月 13 日 河钢唐钢党委理论学习中心组开展集中学习，学习习近平总书记在中央党校中青年干部培训班开班仪式上的重要讲话等内容。公司党委书记、董事长王兰玉主持学习。公司总经理田欣及其他在家领导参加学习。

△ 河钢唐钢为全球最大的光伏组件供应商定制生产的 648 吨结构级锌铝镁产品全部运抵客户产线，产品力学性能和表面质量获得客户高度认可。

4 月 14—20 日 集团境外企业管理评估小组对河钢塞尔维亚公司进行现场管理评审。

4 月 15—19 日 型钢厂大型线试验使用断面尺寸 250 毫米×360 毫米坯料轧制 105 毫米×225 毫米扁钢获得成功，各项指标满足客户需求。

4 月 17 日 河钢唐钢首届内训师微课比赛颁奖仪式在河钢唐钢大学举行。公司党委副书记、工会主席王文德出席会议并讲话。

4 月 18 日 河钢唐钢召开 2019 年工会工作会议，系统总结 2018 年以来的工会工作，安排部署下步重点工作。公司党委书记、董事长王兰玉，唐山市总工会副主席马鹤英出席会议并讲话。公司党委副书记、工会主席王文德主持会议。

△ 河钢唐钢纪委举办 2019 年度首期“砺剑讲堂”。公司纪委书记陶立国出席并进行授课。

△ 河钢唐钢 2019 年职工献血活动圆满结束。共有来自 35 家单位的 1100 名职工到唐山市中心血站献血。

4 月 22 日 不锈钢公司第一炉烘烤硬化钢冶炼成功。

4 月 23 日 河钢唐钢为某高端战略客户定制的 500 吨药芯焊丝钢顺利下线，产品经加工后用于国家重点工程深中通道的建设。

4 月 25 日 河钢唐钢党委副书记张小帅赴承德市围场县牌楼乡西岔村检查指导精准扶贫工作，对驻村队员进行慰问，并走访贫困户。

4 月 26 日 型钢厂中型线首次批量生产 40U，产品表面质量良好。

4 月 28 日 冷轧薄板厂 3 号镀锌生产线成功开发 2.3～2.5 毫米极限厚度规格锌铝镁产品，超出产线设计能力 55%。

△ 一钢轧厂 1810 毫米生产线首次成功生产屈服强度为 770 兆帕、规格为 1.2 毫米×1250 毫米高强汽车大梁钢 700L，创产线投产以来最薄规格最高强度汽车钢生产历史纪录。

△ 唐银公司轧钢日产量 1.14 万吨，创日产历史最好水平。

4 月 30 日 不锈钢公司燃气锅炉烟气脱硫脱硝项目竣工投产。此项目于上年 9 月 23 日开工建设，项目概算投资 3725.64 万元。

4 月 河钢唐钢北戴河休养院更名北戴河宾馆。

△ 河北省委、省政府作出决定，在全省开展向河钢塞尔维亚公司管理团队学习活动。

△ 河钢唐钢按照唐山市政府和唐山军分区民兵调整方案和民兵组织整顿文件要求，全面完成民兵整组，将河钢唐钢民兵编组为 1 个民兵营、12 个民兵连、16 个直属民兵排，共有民兵 2533 人。

△ 不锈钢公司超低碳钢板坯夹杂控制水平全流程合格率由上年的 39.72%提高至 57.9%，达到国内同行业领先水平。

△ 河钢唐钢在第十三届世界模拟炼钢挑战赛总决赛中，信息自动化部靳三峰、自

动化信息公司韩一杰分别获第二名、第三名。

△ 河钢唐钢工会组织3.77万名职工参加第十期唐山市职工重大疾病医疗互助活动，为职工构筑抵御健康风险的屏障。

△ 物流分公司开发的铁路运输系统正式上线，实现了调度计划在系统界面上智能化制定，实时显示调度运行状况，保障运输的高效稳定运行。

5月

5月6日 河钢唐钢召开“五四”表彰暨“奋斗的青春最美丽”青春故事分享会。公司党委书记、董事长王兰玉寄语青年职工，要弘扬“五四”精神，坚定理想信念，脚踏实地工作，为实现集团和公司的宏伟蓝图拼搏奉献。

5月7日 中共中央政治局委员、全国人大常委会副委员长王晨，率全国人大常委会水污染防治法执法检查组来公司进行执法检查。

△ 唐银公司铁区日产铁8335吨，创3座高炉单日产铁最高纪录。

5月9日 河钢唐钢召开传达团中央“学习贯彻习近平总书记在纪念‘五四’运动100周年大会上的重要讲话精神”座谈会。公司党委书记、董事长王兰玉出席会议。党委副书记、工会主席王文德主持会议。

△ 中厚板事业部为中交路桥定制的首批1400吨Q420qE高强桥梁钢发往内蒙古呼和浩特市，用于呼市金盛路重点规划项目建设。

5月10日 河钢唐钢党委在青龙炉料公司组织召开基层党建工作现场观摩会，公司各基层党委书记、党务干部80余人参加。

5月14日 共青团河北省委副书记孙贺一行来公司调研。公司党委副书记、工会主席王文德陪同调研。

△ 卷板事业部开发成功热轧700L产品，最薄规格1.2毫米，产品应用于轻量化挂车行业。

5月15—17日 河钢唐钢党委在唐钢大学组织2019年党员发展对象集中培训班，200余名党员发展对象参加培训，并进行了结业考试。

5月17日 河钢唐钢企业管理现代化创新成果评审委员会审定，135项成果获“2018年度河钢唐钢企业管理现代化创新成果奖”。其中，一等奖15项，二等奖54项，三等奖66项。

△ 不锈钢公司2座转炉日产量达10385吨，创历史最好水平。

5月20日 河钢唐钢与上海客户联合开发的首批265吨高层建筑用耐候钢发往客户。这标志着公司产品成功进入装配式住宅领域，填补了集团在此领域的空白。

△ 炼铁北区燃气锅炉烟气脱硫脱硝项目竣工投产。此项目于上年12月18日获批立项，同年12月26日开工建设，概算投资9423.48万元。

5月21日 河钢唐钢通过福特供应商质量保证能力评审。

△ 河钢唐钢为海尔生产的首批180吨规格为0.4毫米×1245毫米、0.4毫米×1205毫米的压花镀锌板在高强汽车板有限公司成功下线。此批产品彩涂后用于海尔冰箱侧板。

5月23日 河钢唐钢为华东某客户定制生产的首批500吨高硬度DR8瓶盖铁基料出口欧洲。

5月24日 河钢唐钢党委参加省国资委系统脱贫攻坚工作推进会，并作为代表在会上做经验交流。

5月26日 一钢轧厂产钢1.8万吨，打破日产历史纪录。

5 月 27—31 日 河北省国有企业基层党组织书记示范培训班在公司举办。公司党委副书记张小帅出席并致辞。

5 月 28 日 河钢唐钢生产的 5550 吨 Grade50 低合金钢直供全球重卡零部件制造商。

5 月 29 日 河钢唐钢党委副书记、工会主席王文德赴承德市围场县牌楼乡西岔村检查指导精准扶贫工作并慰问看望驻村队员。

5 月 31 日 在全国第十八个“安全生产月”来临之际，公司党委书记、董事长王兰玉，总经理田欣发表致广大职工及家属的一封信。

△ 新华社对外部主任王进业一行来公司调研采访。公司党委书记、董事长王兰玉，副总经理张洪波与客人座谈。

△ 河钢唐钢为某家电客户研发生产的牌号为 DX53D+Z 自润滑镀锌板在高强汽车板有限公司成功下线，公司成为国内仅有几家具备此产品生产能力的企业。

△ 钢轧厂 1500 吨高强汽车大梁钢 700L 在 1810 毫米生产线下线，标志该厂具备批量生产该钢种的能力。

△ 唐银公司 2 台 80 吨燃气锅炉脱硫脱硝除尘超低排放工程设备安装调试完毕，并投入使用。

5 月 河钢唐钢参加《中国冶金报》2019 年度品牌钢铁评选，获“2019 年全国卓越建筑用钢生产企业”称号。

△ 根据国家相关政策，城镇职工基本养老保险单位缴费比例由 20%降至 16%，河钢唐钢享受此项政策减少费用支出 0. 61 亿元。

△ 河钢唐钢党建研究会课题在省国企党建研究会主办的 2018 年度国企党建立项课题研究活动中，获一等奖 1 项、二等奖 1 项、三等奖 1 项、优秀奖 1 项。

△ 高强汽车板有限公司连退热成型高强汽车钢 T1500HS 产量达 2191 吨，创月产历史最好水平。

△ 冷轧薄板厂高端药芯焊丝钢产品发货量达 1. 1 万吨，创历史纪录。

△ 二钢轧厂废钢连续预热烘烤废钢达 2. 03 万吨，首次突破月烘烤量 2 万吨大关。

△ 自动化信息公司被河北省软件与信息服务业协会授予“2019 河北省软件和信息技术服务 50 强企业”。

6 月

6 月 3 日 河钢唐钢汽车板 22 个冷轧、镀锌牌号通过长城汽车股份有限公司认证。

6 月 4 日 2019 年塞尔维亚国际产能合作炼钢技术培训班开班仪式在河钢唐钢举行。公司党委副书记张小帅出席仪式。来自河钢塞钢的 34 名学员参加仪式。

△ 不锈钢公司 2 号转炉班产 26 炉，创历史最好水平。

△ 气体公司金秋助学服务团队、河钢唐钢青年代表 24 人，到遵化市娘娘庙乡大官屯小学开展爱心助学活动。

6 月 5 日 河钢唐钢召开营销工作会议。公司党委书记、董事长王兰玉出席会议。

6 月 8 日 二钢轧厂在双炉双机生产模式下，炼钢日产 8058 吨，创历史纪录。

6 月 12—13 日 河钢唐钢党委书记、董事长王兰玉，党委副书记张小帅分别到承德市滦平县二道营子村、保定市涞源县黑山村调研指导扶贫工作，并入户走访慰问贫困户。

6 月 15 日 河钢唐钢党委理论学习中心组开展“不忘初心、牢记使命”主题教育专题学习。公司党委书记、董事长王兰玉，总经理田欣及其他在家中心组成员参加学习。

6月16日 河钢唐钢党委召开“不忘初心、牢记使命”主题教育动员部署会议。公司党委书记、董事长王兰玉主持会议并作动员讲话。公司总经理田欣及公司领导班子其他成员出席会议。

6月17日 河钢唐钢直供韩国某客户的首批100吨高端镀锡基板成功打入韩国市场。

6月19日 河钢唐钢党委制定下发《关于在全公司开展“不忘初心、牢记使命”主题教育的工作推进方案》，确定主题教育的范围、重点和工作要求，扎实推进“不忘初心、牢记使命”主题教育工作。

6月20日 河钢唐钢2019年液氧储槽泄漏事故应急演练在气体公司举行。公司副总经理张洪波出席活动，集团及集团各子分公司安全管理负责人和安全管理专业技术人员观摩演练。

△ 河钢唐钢第一批238吨低合金高强钢发往客户，用于青岛市地标性建筑之一的深蓝中心项目建设。

6月21日 河钢唐钢生产的国内工程应用最高级别高建钢Q460GJ，成功应用于杭州亚运会主场馆建设。

6月23—27日 河钢唐钢领导班子开展“不忘初心、牢记使命”主题教育集中学习研讨。公司党委书记、董事长、公司主题教育领导小组组长王兰玉主持学习。总经理田欣和公司领导班子其他成员，以及党委部门主要负责人参加集中学习研讨。

6月25日 不锈钢公司自主研发连铸板坯在线质量判定系统成功上线运行，是集团首个自主研发的铸坯质量自动判定系统。

6月26日 河钢唐钢党委书记、董事长王兰玉，总经理田欣分别走访慰问公司先进党员和困难党员，为他们带去党组织的关怀，并向他们致以节日的问候。

6月27日 河钢唐钢通过长安福特汽车有限公司工厂及体系审核。

6月28日 河钢唐钢党委在李大钊纪念馆组织开展“不忘初心、牢记使命”主题教育现场体验学活动。公司党委领导、二级单位党委书记、公司主题教育领导小组办公室部分人员参加活动。

△ 河钢唐钢召开非钢单位体制机制改革及下步发展座谈会。公司党委书记、董事长王兰玉强调，要抢抓机遇，加快推进机制体制改革创新，谋划好非钢产业发展，全面激发企业发展活力。

△ 河钢唐钢唐银公司搬迁项目通过河北省发改委项目备案审批，取得企业投资项目备案信息。

6月29日 河钢唐钢党委召开庆祝建党98周年暨总结表彰大会。公司党委书记、董事长王兰玉发表讲话，总经理、党委副书记田欣主持会议。20个先进基层党组织、51个先进党支部、40名优秀党支部书记、131名优秀共产党员、44名优秀党务工作者和229个公司优秀共产党员先锋模范岗受到表彰。

6月30日 省国资委系统企业纪念建党98周年暨“不忘初心、牢记使命”党建工作现场观摩会与会人员到河钢唐钢现场观摩。公司党委书记、董事长王兰玉，公司总经理田欣出席观摩活动。

△ 唐银公司转炉产钢1.01万吨，创日产历史新高。

△ 唐银公司与曹妃甸区政府签署项目正式投资协议。

6月 河钢唐钢开展以“防风险、除隐患、遏事故”为主题的第18个“安全生产月”活动。

△ 二钢轧厂在双炉双机生产模式下，炼钢月产22.5万吨，创历史纪录。

△ 中厚板事业部签订4000吨产品合同，为国家“一带一路”秘鲁矿山项目供货。

6—8月 河钢唐钢组织开展暑期“双

服务”活动，各单位购买和维修冰箱、空调、饮水机等防暑设备1549件，购买瓜果、冷饮、防暑食品以及各类防暑药品，总投入232.05万元。

7月

7月2日 河钢唐钢通过本特勒投资（中国）有限公司供应商体系审核，公司汽车板S420MC通过其零件验证，具备供货条件。

7月3日 不锈钢公司生产的397吨高纯度原料级工业纯铁成功下线，标志着公司成功迈入精密合金冶炼新领域。

△ 美锦煤化工公司二期焦化项目正式开工建设。

7月5日 河钢唐钢党委制定下发《关于做好基层党组织和在职党员进社区开展“双报到”工作的通知》。

△ 唐银公司完成搬迁项目新址曹妃甸区庙中路南侧71.66万平方米工业用地的摘牌手续，并签署国有建设用地使用权出让合同。

7月6日 国家发展改革委副主任宁吉喆一行到河钢塞尔维亚公司参观视察。

7月8—15日 河钢唐钢党委书记、董事长王兰玉，总经理田欣及其他公司领导分别到基层单位开展“不忘初心、牢记使命”主题教育调研，并讲授专题党课。

7月10日 河北省广播电视局党组书记、局长王离湘一行就广播电视站业务及新媒体业务开展情况来公司调研。公司党委副书记、工会主席王文德陪同调研。

△ 河北省总工会调研组来公司调研。公司党委副书记、工会主席王文德与调研组成员座谈。

△ 汽车板事业部首批510吨优质单面压花镀锌家电板运抵上海某国际知名家电厂，标志着公司具有了批量生产此产品的能力。

7月11日 《中国工运》《工会信息》杂志总编吴明福一行来公司调研。公司党委副书记、工会主席王文德陪同调研。

7月12日 不锈钢公司为济南某客户量身定制并一次性生产的2000吨冷弯型钢LW355B产品，加工后经第三方权威机构检验全部合格，成功供货韩国某知名造船厂。公司冷弯型钢产品成功打入韩国航海交通行业。

7月13日 河钢唐钢党委理论学习中心组开展集中学习，重点学习习近平总书记在“不忘初心、牢记使命”主题教育工作会议上的重要讲话精神和习近平总书记在中央政治局第十五次集体学习时的重要讲话精神等内容。公司党委书记、董事长王兰玉，总经理田欣及其他在家中心组成员参加学习。

7月15日 河钢唐钢党委制定下发《关于在公司全体党员中开展“珍惜荣誉、坚守初心，钢铁报国当先锋”主题实践活动的实施方案》，进一步增强责任感和使命感，立足岗位、敬业奉献，创先创优、争当先锋。

△ 唐山钢源冶金炉料有限公司负责的塞尔维亚石灰窑项目开工建设。

7月16日 唐山市总工会党组书记、常务副主席张喜怀等到公司高强汽车板有限公司，慰问一线职工。公司副总经理谭文振陪同慰问。

7月18日 菲律宾八打雁省省长赫明兰多及夫人、亚洲钢铁董事长兼CEO本杰明·姚一行来河钢唐钢访问。集团副总经理王新东在展示厅会见客人，公司总会计师赵丽树参加会见。

△ 不锈钢公司800兆帕级扭力梁卷板首次热轧成功，标志着公司具备了这一级别扭力梁高强钢产品的生产能力。

7月19日 河钢唐钢召开学习贯彻集团重点工作分析推进会精神专题会，公司党委书记、董事长王兰玉详细传达会议精神特别是于勇董事长的讲话精神。公司总经理田欣及其他在家领导出席会议。

△ 河钢唐钢党委召开党风廉政建设工作会暨集体谈话会，传达集团纪检监察业务培训暨工作交流会精神，回顾总结公司上半年党风廉政建设和纪检监察工作，安排部署下一步重点工作。公司党委书记、董事长王兰玉出席会议并谈话，公司纪委书记陶立国主持会议。

7月22日 河钢唐钢汽车板12个牌号通过奇瑞汽车股份有限公司的材料认证。

7月23日 河钢唐钢成功生产高成型性双相钢HC440/780DHD+Z，各项性能指标满足高成型性要求。

7月24日 河钢塞尔维亚公司能源和环境保护综合改造工程开工典礼在塞尔维亚斯梅代雷沃市举行。塞尔维亚总统武契奇，中国驻塞尔维亚大使陈波，河钢唐钢、河钢塞钢董事长王兰玉出席仪式并致辞。

△ 河北省副省长、省公安厅厅长刘凯率相关部门负责人就包联重点企业和重点项目到河钢唐钢调研。公司总经理田欣，总会计师赵丽树陪同调研。

7月28日 河钢唐钢党委理论学习中心组集中学习省委常委、组织部部长、省委“不忘初心、牢记使命”主题教育领导小组副组长梁田庚到集团专题调研时的讲话精神，集团党委书记、董事长于勇在集团党委理论学习中心组集中学习时的讲话精神。公司党委书记、董事长王兰玉，总经理田欣及其他在家中心组成员参加学习。

7月30日 河钢唐钢南区1号、2号、3号燃气锅炉烟气脱硫脱硝项目竣工投产。此项目于上年12月18日获批立项，同年12月26日开工建设，概算投资5826.33万元。

7月 河钢唐钢党委书记、董事长王兰玉，总经理田欣及其他公司领导分别到生产一线慰问在酷暑中坚守岗位的职工，为他们送去公司的关怀。

△ 集团下发《关于2018年度思想政治工作优秀研究成果评选结果的通报》，河钢唐钢20项课题成果获奖，其中一等奖3篇、二等奖6篇、三等奖11篇。

△ 河钢唐钢为2.73万名退休人员调整待遇，人均月增资162.84元。

△ 高强汽车板有限公司5号镀锌线产量2.7万吨，创月产历史最高纪录。

△ 河钢唐钢在中钢协和中国机械冶金建材工会组织开展的“全国重点大型耗能钢铁生产设备节能降耗对标竞赛”中，炼铁南区360平方米烧结机、一钢轧厂1号150吨转炉获得“全国优胜炉”称号，4号3200立方米高炉获得全国“创先炉”称号。

△ 型钢厂大型线月产量达5.05万吨，首次突破5万吨，创历史最好水平。

8月

8月1日 省国资委调研组来河钢唐钢进行汛期安全生产督导和科技创新工作调研。集团副总经理王竹民、公司副总经理张洪波陪同调研。

8月2日 河钢唐钢按客户要求开发生产精密仪器轨道用钢HC500LAD-Z，性能达到行业领先水平，替代进口。

8月3日 河钢唐钢党委理论学习中心组集中学习习近平总书记在中央和国家机关党的建设会议上的重要讲话精神、《关于在“不忘初心、牢记使命”主题教育中开展专项整治的通知》精神、《关于在“不忘初心、牢记使命”主题教育中对照党章党规找差距的工作方案》精神等内容。公司党委书记、董事长王兰玉，总经理田欣及其他在家中心组成员参加学习。

8月5日 集团领导齐跃章到河钢唐钢就“不忘初心、牢记使命”主题教育开展情况进行检查和指导。公司党委书记、董事长王兰玉，党委副书记张小帅，党委副书记、工会主席王文德，以及公司主题教育领导小组办公室相关人员参加调研座谈会。

8月5—8日 河钢唐钢纪委在北京举办“贯彻全面从严治党新要求，一体推进不敢腐不能腐不想腐”专题业务培训，聘请专家授课。各级纪检监察干部共计40人参加培训。

8月6日 河钢唐钢召开先进模范代表座谈会。公司党委书记、董事长王兰玉强调，要弘扬先模精神，发挥引领作用，围绕公司重点工作贡献榜样力量。公司总经理田欣出席座谈会。公司党委副书记、工会主席王文德主持座谈会。来自公司各条战线的40多名先进模范代表参加座谈。

△ 河钢唐钢党委召开基层党支部书记党建工作现场观摩会。来自公司28个单位的50名基层党支部书记、党务干部赴青龙炉料有限公司进行实地观摩。

8月7日 河钢唐钢为美的生产的首批3.0毫米极限厚规格镀锌板发往客户，标志着公司实现了从0.3~3.0毫米全厚度规格供货美的家电。

8月7—9日 河钢唐钢发展成就参展唐山市“庆祝中华人民共和国成立70周年国企成果与艺术作品展”。

8月12日 河钢唐钢党委召开巡视整改落实工作动员部署会议。公司党委书记、董事长王兰玉出席并讲话。公司总经理田欣及领导班子其他成员出席会议。

8月14日 菲律宾贸工部部长拉蒙·洛佩兹一行到河钢唐钢访问。省国资委党委书记、主任吕志成，集团党委书记、董事长于勇与客人座谈。集团副总经理王新东，公司党委书记、董事长王兰玉，公司总会计师赵丽树参加活动。

8月15日 河钢唐钢党委书记、董事长王兰玉走访慰问困难职工家庭，并将助学金送到学子手中。公司党委副书记、工会主席王文德一同慰问。

△ 河钢唐钢为上海宝冶集团有限公司生产的400多吨结构用钢在中厚板公司下线并完成发运。这批产品应用于北京2022年冬奥会重点工程——国家雪车雪橇中心项目。

8月16日 河钢唐钢领导班子召开对照党章党规找差距专题会议。公司党委书记、董事长王兰玉主持会议。公司总经理田欣及领导班子其他成员参加会议。

8月16—17日 河钢唐钢党委组织专业医疗团队和志愿者服务队赴保定市涞源县南屯镇黑山村开展扶贫志愿服务活动。公司党委副书记张小帅出席活动启动仪式并讲话。

8月17日 河钢唐钢DX53D+AS开始供美的微波炉内胆试用并试制成功，拉开铝硅产品供高端家电企业的序幕。

8月20日 河钢唐钢总经理田欣走访慰问困难职工家庭，并将助学金送到学子手中。

8月21日 河钢唐钢召开董事长、总经理联络员座谈会。公司党委书记、董事长王兰玉，总经理田欣出席会议。公司党委副书记、工会主席王文德主持会议。来自各单位的40多名公司董事长、总经理联络员参加会议。

△ 美锦煤化工公司专用铁路正式开通。

8月24日 河钢唐钢党委理论学习中心组集中学习习近平总书记在参加河北省委常委班子专题民主生活会时的重要讲话精神、《关于第一批主题教育单位开好“不忘初心、牢记使命”专题民主生活会的通知》精神、《中国共产党的九十年》摘要等内容。公司党委书记、董事长王兰玉，总经理田欣及其他在家中心组成员参加学习。

8月26日 河钢唐钢2019年度法律风险防范专题培训在唐钢大学举行。公司纪委书记陶立国出席培训并讲话。各单位法律事务与财务管理人员共计200余人参加培训。

8月28日 河钢唐钢汽车板4个钢种通过上汽通用五菱的零件认证。

8月31日 河钢唐钢保定板材升级改造项目完工。

8月 河钢唐钢直供北汽福田产品2149吨，创历史新高。

△ 河钢唐钢980兆帕级超高强钢销量首次突破1800吨，环比增长54.7%。

△ 卷板事业部为国内某龙头焊接材料制造商发货量达6049吨，环比增长73%，取得稳定合作以来的新突破。

△ 河钢唐钢完成727名内退职工和1102名离岗职工调待工作。

△ 河钢唐钢召开企业年金管委会年度工作会议，总结上年度企业年金管理工作，部署2019年度总体工作安排。

△ 经河北省职业技能鉴定指导中心审核，河钢唐钢获得河北省首批职业技能等级试点企业资质，可开展电工、钳工、高炉炼铁工、转炉炼钢工等56个职业（工种）的技能等级评价工作。

9月

9月2日 不锈钢公司冷弯型钢产品打入南美市场。

9月3日 集团主题教育巡回指导组来河钢唐钢就“不忘初心、牢记使命”主题教育开展情况进行评估。集团党委副书记李炳军出席座谈会并讲话。公司党委副书记张小帅参加会议。

△ 河钢—浦项炼钢技术交流会在河钢唐钢召开。公司副总经理张洪波致辞。来自浦项公司、集团各子公司相关领域负责人、专家共70余人参加交流。

9月4日 河钢唐钢召开领导班子主题教育专题民主生活会。公司党委书记、董事长王兰玉主持会议并讲话。公司总经理田欣及其他领导班子成员参加会议，公司主题教育领导小组办公室有关人员列席会议。

9月15日 教育中心圆满完成2019级新生报到任务，共计报到各级各类新生1588人，再创新高。

9月16日 由河钢集团纪委主办、河钢唐钢承办的“庆祝新中国成立70周年新时代党风廉政教育漫画展”在公司会议中心举行。公司总经理田欣及其他在家领导参观展览。

9月18日 河钢集团纪委在河钢唐钢举办纪检监察业务培训，集团纪委及各子分公司纪委人员约60余人参加培训。

9月19日 全国钢铁企业纪检监察工作研究会第十五次年会在河钢唐钢召开。本次年会由中国钢铁工业协会纪委主办，集团纪委承办，公司纪委协办。公司党委书记、董事长王兰玉致辞并介绍公司党建工作情况。

△ 中国钢铁工业协会冶金设备分会一届六次理事（扩大）会议在唐山召开。会议由中钢协冶金设备分会主办，河钢唐钢、泰尔重工承办。公司党委书记、董事长王兰玉致欢迎词。

△ 型钢厂大型线成功轧制PU400×100钢板桩。

9月19—20日 由中国金属学会主办、河钢集团承办、河钢唐钢协办的2019第二届全国炼铁厂长技术座谈会在唐山召开。公司副总经理张洪波出席会议并致辞。

9月20日 河钢唐钢党委组织专业医疗队和志愿者服务队赴承德市滦平县长山峪镇二道营子村开展“强化国企担当　助力

扶贫攻坚”扶贫志愿服务活动。公司党委副书记张小帅出席活动仪式并讲话。

9 月 20—21 日 河钢唐钢承办第五届钢铁企业设备部长会议和钢铁行业智能制造发展专题会议，为促进钢铁工业高质量发展作出新贡献。

9 月 20—22 日 河钢唐钢理化检验中心顺利通过中国合格评定国家认可委员会（CNAS）的监督评审，授予认可资格。

9 月 23 日 河钢唐钢党委理论学习中心组组织集中学习，重点学习习近平在中央党校中青年干部培训班开班仪式上的重要讲话精神、中共中央关于印发《中国共产党问责条例》《中国共产党宣传工作条例》的通知等内容。公司党委书记、董事长王兰玉，总经理田欣及其他在家中心组成员参加学习。

△ 河钢唐钢为美的、格力等高端家电厂定制研发的首批自润滑产品 DC51D+Z 在高强汽车板公司 4 号镀锌线成功下线。

9 月 25 日 不锈钢公司获得国内最大汽车空心稳定杆用钢客户独家供货权。

9 月 27 日 河钢唐钢党委组织专业医疗队和志愿者服务队赴承德市围场县牌楼乡西岔村开展“强化国企担当 助力扶贫攻坚”扶贫志愿服务活动。公司党委副书记张小帅出席活动仪式并讲话。

△ 河钢唐钢举行“共祝愿祖国好 · 国庆献礼”劳模游钢城活动。公司党委副书记、工会主席王文德出席活动。公司 40 名曾获得全国五一劳动奖章、全国、省、市、公司级劳动模范称号的退休、在职职工参加活动。

9 月 29 日 河钢唐钢在七一广场隆重举行庆祝中华人民共和国成立 70 周年升国旗仪式。公司党委书记、董事长王兰玉在升旗仪式上讲话，公司领导班子全体成员出席仪式，公司党委副书记、工会主席王文德主持仪式。公司各单位、机关各部门党员干部、劳动模范、职工代表共 600 余人参加仪式。

△ 河钢唐钢纪委制定下发《关于进一步加强以招投标管理为重点的工程建设关键领域和关键环节监督工作的通知》，对以招投标管理为重点的生产经营关键领域、关键环节加强监督管理。

9 月 30 日 河钢唐钢召开专题会议，传达于勇董事长在集团 9 月经营工作例会上的讲话精神。公司党委书记、董事长王兰玉出席并讲话。公司总经理田欣及其他在家领导出席会议。

9 月 河钢唐钢扎实开展“质量月”活动。活动以识别满足用户需求、改善产线工艺质量为抓手，力求质量保证体系进一步完善和强化，推动质量管理由标准化向精益化转变，努力打造“单打冠军”产品。

△ 河钢唐钢与中国联合网络通信有限公司唐山市分公司签署固话通信系统合作协议，标志着公司固话系统正式开启社会化运营新模式。

△ 信息自动化部靳三峰、孙晓晨分别在 2019 年中国技能大赛第十五届“振兴杯”全国青年职业技能大赛河北省初赛计算机程序设计员技能比赛中，分获职工组二等奖、三等奖。

△ 河钢唐钢工会“成立岗位创新联盟，高质量推进全员岗位创新”成果获“2018 年度全省工会工作创新成果一等奖”。

△ 在中华人民共和国成立 70 周年之际，公司 107 名新中国成立前参加革命工作并健在的老战士、老同志及新中国成立后获得国家表彰奖励及以上荣誉并健在人员，获得中共中央、国务院、中央军委颁发的“庆祝中华人民共和国成立 70 周年”纪念章。

△ 冷轧薄板厂退火重点品种发货量达 4. 57 吨，环比增长 55%，创年内新高。

9—12 月 城市服务有限责任公司（行政福利处）配合公司办理河茵 22 栋楼户 1110 套不动产权证。

10 月

10 月 1 日 河钢唐钢组织集中收看庆祝中华人民共和国成立 70 周年大会、阅兵式和群众游行。公司党委书记、董事长王兰玉，总经理田欣及其他在家领导收看了庆祝大会实况直播。

△ 河钢唐钢市场部撤销重庆服务中心，抽调力量充实华南、华中地区营销队伍。

10 月 2 日 集团党委书记、董事长于勇到河钢唐钢调研。公司党委书记、董事长王兰玉，总经理田欣及在家领导班子成员参加会议。

△ 集团党委书记、董事长于勇到河钢唐钢 3200 立方米高炉生产现场，看望慰问节期坚守岗位的一线职工。公司党委书记、董事长王兰玉，总经理田欣，党委副书记张小帅等参加活动。

10 月 3 日 集团党委书记、董事长于勇到河钢唐钢看望慰问新中国成立前老党员李军，为她送去集团、集团党委的关怀和温暖，并向她致以节日的问候和美好祝福。公司党委书记、董事长王兰玉，总经理田欣，党委副书记张小帅等参加活动。

△ 河钢唐钢召开 2020 年生产经营工作务虚会，全面谋划新一年工作。公司党委书记、董事长王兰玉主持会议并讲话，总经理田欣及公司领导李茂广、张洪波、姚力、赵丽树、武士勇、谭文振、刘铁力出席会议。

10 月 5 日 青龙炉料公司球团烟气氧化脱硝示范工程及配套项目开工。

10 月 8 日 河钢唐钢召开专题会议传达集团领导国庆节期间到公司调研时的讲话精神。公司党委书记、董事长王兰玉强调，强力推进“两个结构”再优化，坚决克服“两种倾向”，大力推进市场无缝对接，提升客户服务能力。公司总经理田欣及其他在家领导出席会议。

△ 国内首条“0.5 毫米及以上厚度超薄微结构导热片生产线”在河钢唐钢成功投入运行，其 0.5 毫米厚度超薄微结构导热片填补了该厚度领域超薄散热产品的国内空白。

10 月 9 日 河钢唐钢汽车板 3 个牌号获得重庆长安汽车股份有限公司的技术认可。

10 月 11 日 河钢唐钢党委书记、董事长王兰玉，党委副书记张小帅赴承德市围场县牌楼乡西岔村检查指导精准扶贫工作，对驻村队员进行慰问，并走访贫困户。

10 月 12 日 集团党委巡视整改督导组到河钢唐钢检查指导省委巡视整改工作落实情况，并就推进下一步巡视整改工作提出要求。公司党委书记、董事长王兰玉，党委副书记张小帅，纪委书记陶立国，党委副书记、工会主席王文德等参加会议。

△ 冷轧薄板厂 DC53D+ZM 通过博世集团二方审核认证。

10 月 15 日 2019 第三届中国（唐山）国际钢铁冶金工业博览会开幕式暨主论坛“促钢铁产业升级　助企业绿色发展”2019 中国钢铁产业高质量发展高峰论坛在唐山南湖国际会展中心举办。唐山市钢铁工业协会会长、河钢唐钢党委书记、董事长王兰玉出席开幕式。

△ 河钢唐钢 644 吨高端药芯焊丝钢运抵某知名战略客户。加工后用于黄河流域标志性景观工程宁夏中卫南站黄河大桥项目建设。

10 月 17 日 河钢唐钢党委副书记、工会主席王文德赴承德市围场县牌楼乡西岔村检查指导精准扶贫工作，并走访慰问贫困户。

10 月 19 日 河钢唐钢党委理论学习中

心组集中学习习近平在庆祝中华人民共和国成立70周年大会上的重要讲话精神、习近平在中央政治局第十七次集体学习时的重要讲话精神等内容。公司党委书记、董事长王兰玉，总经理田欣及其他在家中心组成员参加学习。

△ 河钢唐钢通过博世（中国）投资有限公司的供应商过程审核。

10月21日 河钢唐钢为某高端直供客户生产的1000多吨高强度耐候钢发货。至此，公司供给北京冬奥会高山滑雪中心项目建设的近6000吨高强度耐候钢供货任务全部完成。

10月22日 不锈钢公司生产的工业纯铁成功打入印度市场。

10月23日 河钢唐钢举办“双控”机制建设培训班。公司党委书记、董事长王兰玉，总经理田欣及其他在家领导出席。公司副总经理张洪波主持培训。各单位厂部级领导，生产、技术、设备和安全等部门负责人及安全人员、作业长参加培训。

△ 河钢唐钢基层党建交流观摩会在卷板事业部一钢轧厂举行。公司党委副书记张小帅出席会议。

10月24日 河钢唐钢党委书记、董事长王兰玉会见前来访问的中国一重集团党委书记、董事长刘明忠。双方就进一步深化合作进行了交流。

△ 河钢唐钢为客户定制的TDR-2.5BA镀锡基板，其成品奶粉罐已发往国内一线乳品企业——飞鹤乳业，获得客户高度认可，打造了国企自主品牌，取代合资产品。

△ 河钢唐钢注销唐山钢鑫板材公司。

10月25日 卷板事业部高强度结构级镀锌产品S450GD+Z、S500GD+Z开发成功，获得光伏支架厂家认可。

△ 河钢唐钢注销唐山鸿源旅行社公司。

10月27—28日 河钢唐钢承办的集团第二届职工竞技拔河比赛在公司体育中心举行。来自集团16家子分公司35支代表队的252名选手，分别参加三个组别的126场竞技赛。公司总经理田欣出席开幕式并讲话，公司党委副书记、工会主席王文德主持开幕式。

10月29日 高强汽车板有限公司通过绿色产品认证。

10月30日—11月1日 河钢唐钢2019年工会干部业务培训班在河钢唐钢大学举行。公司党委副书记、工会主席王文德出席开班仪式并授课。公司各单位工会主席、工会干事、分会主席、工会积极分子共计170余人参加培训。

10月 河钢唐钢双相钢、淬火配分钢等5大系列12个牌号汽车用钢顺利通过奇瑞主机厂牌号认证，具备在奇瑞车型上的使用资质。

△ 自动化信息公司负责系统集成实施的承德钒钛薄板冷轧有限公司中间库天车无人化项目，正式投入使用。这是河钢唐钢首个外部市场无人天车项目。

△ 河钢唐钢完成财智云平台与异构前端业务数据集成报账模式研究及软件开发，实现了数据在各个系统之间高效共享。

△ 中厚板事业部成功开发高层建筑结构用钢Q460GJD及Q460GJDZ15。

10—12月 河钢唐钢工会组织开展“巾帼华章助决战，献礼新中国成立70年”女工专项竞赛，在完成全年目标任务中发挥“半边天”作用。

11月

11月1日 河钢唐钢自主研发的高强连退产线仿真系统搭建成功并完成测试，公司实现了产线仿真系统“零”的突破。

11月5日 河钢唐钢举办“守初心担使命 我和祖国共奋进”职工诵读展演活

动。公司党委书记、董事长王兰玉出席活动并讲话，党委副书记、工会主席王文德宣布表彰决定。公司各单位党委书记、团委书记及优秀青年代表共计150余人参加活动。

△ 劳瑞斯创新工作室自主研发的加热炉自动燃烧控制系统正式投入使用，标志着不锈钢轧钢区域实现了全工序全过程自动控制。

11月7日 河钢唐钢党建研究会召开2019年度党建研究课题推进会。公司党委副书记张小帅出席会议。

△ 河钢唐钢完成海马新能源汽车有限公司7个覆盖件外板自制件、2个覆盖件内板自制件的试模工作。

11月10日 中厚板事业部为某高端大客户定制生产的1500余吨精品板材全部送抵客户，产品用于国家会议中心二期项目建设。公司先后为该项目供货1万余吨。

11月11日 河钢唐钢为某高端大客户定制生产的4100余吨精品桥梁结构用钢全部抵达客户指定加工场地，产品用于建设国内最长钢结构高架桥——路泽太高架桥。

11月14日 河钢唐钢党委理论学习中心组集中学习党的十九届四中全会审议通过的《中共中央关于坚持和完善中国特色社会主义制度、推进国家治理体系和治理能力现代化若干重大问题的决定》。公司党委书记、董事长王兰玉主持会议并讲话，公司总经理田欣及在家的中心组成员参加会议。

11月15日 中厚板公司实施轧钢一线精轧机主传动系统升级技改项目竣工。此项目于当年3月20日获批立项，10月20日开工建设，概算投资990万元。

11月16日 不锈钢公司首次供货上海某汽车加工企业的94吨510兆帕热轧酸洗钢，客户端加工合格率达99.07%，较目标高出3.07个百分点，获得客户的认可，并追加订单200吨。

11月17日 河钢唐钢为吉利汽车量身定制的880吨烘烤硬化钢180H1运抵客户生产基地，用于吉利某畅销车型的面板制造。这是公司首次向主机厂批量供货面板，标志着公司已经具备批量供货汽车面板的能力。

11月18日 河钢唐钢为内蒙古乌兰察布国家级大数据产业基地定制的最新一批精品镀锌板顺利发货，助建国家级大数据基地。

△ 河钢唐钢党委举办河钢智慧党建云平台上线集中培训班，各二级单位党务干部和基层党支部书记250余人参加培训。

11月19日 河钢唐钢党委书记、董事长王兰玉会见前来访问的古冶区委书记朱文军、区长张雪梅一行。公司领导赵丽树、刘铁力参加会见。

△ 河钢唐钢为国内某知名家电企业量身定制，用于替代原镀锌板的350兆帕以上低合金高强钢新品，在广东加工完毕。这是公司加强产业链协同共发展，与客户携手致力中央空调设备轻量化材料研发的又一成果。

11月20日 集团副总经理迟桂友到河钢唐钢调研非钢产业和战略新兴产业未来发展规划情况。公司副总经理姚力参加调研。

△ 中厚板事业部签订2.2万余吨产品合同，用于国内首批钢结构桥梁示范工程、国内在建最长钢结构桥梁——路泽太高架桥项目。

11月22日 冷轧薄板厂900吨高强结构级热基镀锌板顺利下线，首次供货国内最大光伏支架生产企业。

△ 河钢唐钢开展专业技术人员2020—2021年度聘任工作。

11月24日 河钢唐钢首批350吨优质螺纹钢直供雄安新区容东安置房建设项目。

11月25日 河钢唐钢党委制定下发《关于推进落实“党建质量提升年”活动的工作方案》，重点通过抓实基本组织、基本队伍、基本制度，确保党建工作全面进步、全面过硬。

△ 唐山钢源冶金炉料有限公司负责的石钢环保搬迁改造项目石灰窑工程开工建设。

11 月 28 日 河钢唐钢按照“优中选优”原则，开展2020年专家增聘工作。

△ 唐龙（唐昂）新型建材有限公司乐亭分公司注册成立。

11 月 29 日 河钢唐钢档案馆通过唐山市档案局专家组对“河北省企业档案工作目标管理认定”复查，认定等级为“五星级”档案馆。

11 月 30 日 河钢唐钢为美的量身定制的用于替代客户进口的高端家电用镀铝板，在美的佛山基地加工完毕。这是公司加强产业链协同发展，为客户产品迭代升级专属定制的又一高端产品。

11 月 河钢唐钢生产的厚度为2.0~3.0毫米极限规格低压缩比低合金高强钢HR340LAD+Z，作为首批上汽通用认证产品从高强汽车板有限公司发出。

△ 河钢唐钢产品直供长城汽车单月突破5000吨，产品包括高强钢、镀铝板等，主要用于汽车结构件等部位。

△ 河钢唐钢成功开发非调质处理800兆帕级扭力梁产品填补国内空白。

△ 高强汽车板公司镀锌产品CR3-GI50/50、CR240LA-GI50/50正式通过华晨宝马小批量测试。

△ 河钢唐钢出版《匠人讲堂讲义汇编》，共计30多万字，普及岗位知识、汇聚专业经验。

△ 由河钢唐钢党委组织编纂的首部年鉴——《河钢唐钢年鉴（2017）》公开出版。同期出版《河钢唐钢大事记（2014—2015）》。

△ 河钢唐钢工会参加全国钢劳联第35次年会。其间，公司上报的5篇劳动保护理论研讨论文全部获奖，其中特等奖1篇、优秀奖4篇。

△ 河钢唐钢工会组织职工参加第十四届世界模拟炼钢挑战赛中国区比赛。

12 月

12 月 1 日 河钢唐钢党委理论学习中心组就深入学习贯彻十九届四中全会精神召开专题研讨会。公司党委书记、董事长王兰玉，总经理田欣和其他中心组成员，畅谈了学习体会和感受，研讨具体思路和想法。

12 月 2 日 河钢唐钢党委制定下发《关于推进落实河钢智慧党建云平台的实施方案》，成立公司云平台推进工作领导小组，确保智慧党建云平台应用推广落实落地。

△ 河钢唐钢开展多种形式的宪法法律宣传活动，公司党委书记、董事长王兰玉就本次活动发表讲话，对活动进行部署，拉开国家宪法日系列法律宣传活动的序幕。

△ 中厚板事业部120吨转炉单炉班产31炉钢，创造全国最高纪录。

12 月 4 日 河钢唐钢开展国家宪法日宪法法律宣传活动。公司领导班子成员参观了宪法宣传展板，聆听了宪法法律知识讲解。

12 月 6 日 中国电科云公司总经理王鹏达一行到河钢唐钢交流访问，公司副总经理姚力会见客人。

△ 不锈钢公司新建5万立方米煤气柜项目竣工。此项目于2014年3月14日获批立项，当年5月8日开工，概算投资3767万元，由唐钢国际设计，江苏环能工程有限公司等施工。

12 月 9 日 河钢唐钢党委召开学习贯彻党的十九届四中全会精神宣讲会。公司党委书记、董事长王兰玉作专题宣讲。公司总经理田欣及其他在家领导，公司厂部级副职以上领导干部、公司专家代表、中青年挂职锻炼干部、各单位团委书记和董事长、总经理联络员代表参加会议。

12 月 10 日 河钢唐钢通过一汽轿车股份有限公司潜在供应商评审。

12 月 12 日 上海大学杨健教授来河钢唐钢作题为《汽车板表面质量控制炼钢连铸技术开发》专题讲座。公司总经理田欣，副总经理张洪波、谭文振出席讲座。

12 月 17 日 由市公安局钢城分局组织发起，会同“唐山高校反诈联盟”志愿者宣讲团，走进唐山科技职业技术学院开展“法制宣传进校园、钢城公安在行动”法制宣传活动。河钢唐钢党委副书记、工会主席王文德出席活动。

12 月 22 日 河钢唐钢召开传达贯彻集团 2020 年度工作会议精神专题会。公司党委书记、董事长王兰玉强调，要牢牢把握市场和产品两个关键，为集团建设最具竞争力钢铁企业贡献力量。公司总经理田欣及其他在家领导出席会议。

12 月 25 日 物流分公司职工马超、张树军在中华全国总工会主办的“网上练兵”竞赛活动中，分别位居全行业内燃机车司机工种个人榜单前两名，携手晋升至竞赛最高级别——“博士”等级。

12 月 27 日 河钢唐钢 2020 年度法律事务工作会议暨法人授权培训在唐钢大学举行。公司纪委书记陶立国出席会议并讲话。

12 月 30 日 河钢唐钢召开第三十三届职工技术比赛表彰会。对 10 名获“技术状元”称号、32 名获“优秀技术能手”和“技术能手”称号的职工进行表彰。公司党委书记、董事长王兰玉，总经理田欣及其他在家领导出席会议。

△ 河钢唐钢汽车板 5 个牌号通过观致汽车有限公司的材料认证。

12 月 河钢唐钢汽车结构用热轧钢带 QStE420TM、镀锌钢带 DX54D+Z 两项产品获 2019 年度冶金产品实物质量“金杯优质产品”称号。

△ 城市服务有限责任公司（行政福利处）分离移交丰润区“两供一业”资产及管理职能，涉及 2048 户。

△ 冷轧薄板厂 2 号镀锌生产线产量 4.2 万吨，热基镀锌产品产量 2.8 万吨，均创月产历史最高纪录。

△ 河钢唐钢被列入中国节能协会冶金工业节能专业委员会委员单位。

△ 河钢唐钢能源、环境、安全管理体系通过北京国金衡信管理体系认证公司现场审核。

2019 年 河钢唐钢产铁 1608 万吨、产钢 1686 万吨、产钢材 1515 万吨，同比分别增长 16.6%、7.9%和 7.73%。

△ 河钢唐钢营业收入 819 亿元，同比增长 13%，实现利润 15 亿元；挖潜增效总额 41 亿元，折合吨钢增效 245 元。

△ 河钢唐钢开发新产品 40 多个；品种钢比例完成 76.3%，同比提高 2.6 个百分点；高端产品完成 800 万吨，同比增长 26%；特色战略产品完成 59 万吨，同比增长 125%；“单打冠军”产品完成 338 万吨。

△ 河钢唐钢汽车钢、家电钢销量分别为 280 万吨、135 万吨，同比分别提升 16%、23%。

△ 河钢唐钢新开发客户 93 家，已合作战略客户达 39 家，战略客户销量 179 万吨；一对一直供比 54.6%，整体客户集中度提升至 42.9%。

△ 河钢唐钢出口钢铁产品约 150 万吨。

△ 河钢唐钢吨钢物流成本 310 元，增创效益 3.2 亿元。

△ 河钢唐钢非钢板块整体营业收入 129 亿元，实现利润 5 亿元，较上年提高 39%。

△ 河钢唐钢主体生产单位标准成本符

合率由年初的70%提高到85%。

△ 河钢唐钢全年总体发电量同比提高15%；吨钢转炉煤气回收同比增加10.8立方米，吨钢能源成本同比降低17元。

△ 河钢唐钢党委“以提升组织力为重点 加强新时代国企基层党组织建设研究”成果被省国企党建研究会评为一等奖。

△ 河钢唐钢“以‘双强双促’和‘三亮三比’为抓手 提升党建工作质量 助推企业实现高质量发展‘四创’”项目被省国资委党委评为二等奖。

△ 钢城·春邑项目共销售住宅613套、地下室250个、车位312个，总销售金额5.58亿元。

△ 河钢唐钢新媒体推广和选送的微课作品被中华全国总工会、中央网信办授予“网络正能量微课征集作品二等奖”。

△ 气体公司爱心助学项目获“河北省志愿服务创新项目”称号，是河钢集团范围内唯一获此殊荣单位。

项目建设

基础项目及环保项目建设

【唐山钢联焦化焦炉环保搬迁工程】 2019年3月，唐山钢联焦化焦炉环保搬迁工程开工建设，项目概算投资16.11亿元，由中冶焦耐EPC总包。项目主要建设内容包括新建2座60孔JNX3-70-1式顶装式焦炉，年产焦炭130万吨；配套建设备煤系统、干熄焦系统筛焦系统、煤气净化系统和辅助生产设施及配套生活福利设施。工程预计2020年10月竣工投产。

【不锈钢公司新建5万立方米煤气柜项目】 2019年12月6日，不锈钢公司新建5万立方米煤气柜项目竣工并网投入使用。该工程于当年5月8日开工，概算投资3767.06万元，由唐钢国际设计，江苏环能工程有限公司、唐山远大承建。项目主要是在现有煤气柜东侧新建1座5万立方米煤气柜，完工后老柜原有电除尘系统利旧，煤气加压站利旧，新建煤气柜区域涉及的原有建筑物进行搬迁改造。项目建成后，不锈钢区域转炉煤气最大存储能力提高到10万立方米，两座转炉煤气柜并联，实现不停产单柜退柜检修。

【河钢产业升级及宣钢产能转移项目配套气体项目】 2019年，河钢唐钢持续推进河钢产业升级及宣钢产能转移项目配套气体项目。项目概算投资8.24亿元，由中冶京诚工程技术有限公司和唐山钢铁国际工程技术有限公司共同设计，河北省建筑安装公司承建。项目分两期建设：一期主要建设内容为6万标准立方米/时空分装置1套、6万标准立方米/时高压氧压机1台、2.3万标准立方米/时高压氮压机2台、1.8万标准立方米/时低压氮压机3台、3000立方米液氧液氮储罐各1座、2000立方米液氩储罐1座、冷却塔3座、水泵3台等设备；二期主要建设内容为4万标准立方米/时空分装置2套、3万标准立方米/时高压氧压机1台、5万标准立方米/时低压氧压机1台、1.8万标准立方米/时低压氧压机1台，1.5万标准立方米/时高压氮压机1台、1.8万标准立方米/时低压氮压机1台、冷却塔4座、水泵6台等设备。该项目于2018年7月获批立项，10月一期工程开工建设，预计2020年8月完成设备安装调试。

【河钢产业升级及宣钢产能转移项目配套石灰窑系统项目】 2019年，河钢唐钢按工程进度推进河钢产业升级及宣钢产能转移项目配套石灰窑系统项目建设。项目概算投资7.06亿元，由唐钢国际设计，河北省建筑安装公司承建，主要建设内容包括建设4座600吨/日双膛石灰竖窑生产线及1条500吨/日双膛轻烧白云石竖窑生产线，年产冶金石灰103.25万吨、轻烧白云石34.25万吨。该项目于2018年8月立项，11月开工建设，预计2020年8月完成设备安装调试。

【中厚板公司轧钢一线精轧机主传动系统升级技改项目】 2019年11月15日，河钢唐钢中厚板公司轧钢一线精轧机主传动系统升级技改项目竣工。该项目于当年3月20日获批立项，10月20日开工建设，概算投资990万元，由金自天正设计，大鸿建安实施。项目主要是对精轧机两台主电机主传动系统进行升级改造，保留精轧机主传动的定子整流变压器、励磁变压器及同步电动机，对西门子SIMADYN D变频装置及附件进行改造升级。

【不锈钢公司退城搬迁项目】 2019年，不锈钢公司退城搬迁项目整体方案设计、可研报告、总图布置进展顺利，炼铁区域详勘完毕，桩基开始施工。组织办理环评、政府部门项目备案立项审批手续（补充已备案脱磷转炉材料），呈报河钢集团审批。

【唐山佳华煤化工有限公司化工园区项目】 2019年，河钢唐钢着力推进唐山佳华煤化工公司化工园区项目建设。项目占地98.02万平方米，设计规模为年产干全焦240万吨，概算投资44.78亿元，由中冶焦耐（大连）工程技术有限公司EPC总包。主要建设内容包括建设炭化室高7米的复热式超大容积顶装焦炉，分二组共4×60孔，每组年产焦炭150万吨（干全焦157.9万吨/年），配套建设3×170吨/时干熄焦、焦处理、煤气净化、污水处理等生产装置及除尘、脱硫脱硝、给水排水、电力、电信等公辅设施。该项目于2017年11月完成备案，2018年6月变更项目建设地址，同年12月项目环境影响报告书获省生态环境厅批复，2018年11月13日开工建设，预计2020年8月竣工投产。

【唐钢美锦（唐山）煤化工有限公司二期焦化项目】 2019年，唐钢美锦（唐山）煤化工有限公司按计划有序推进二期焦化项目，于1月24日取得省生态环境厅环评批复，7月24日取得项目用地不动产权证，8月24日取得建设工程用地规划许可证。该项目为130万吨焦化项目，系依托唐山钢联焦化有限责任公司5号、6号焦炉环保搬迁工程项目兴建，位于河北滦州经济开发区内，被列为2019年滦州市重点工程。该项目由中冶焦耐（大连）工程技术有限公司EPC总承包，中国二十二冶集团有限公司、中海外交通建设有限公司等单位承建，概算投资25.2亿元，新建2座60孔7米焦炉生产线，配套建设干熄焦余热发电系统和萃取精制苯项目及唐钢气体公司LNG项目。2019年7月3日，二期焦化项目正式开工建设，至当年末，项目主要设备及进口长周期设备的招标采购工作均已结束。

【青龙炉料公司球团烟气脱硝项目】 2019年10月5日，青龙炉料公司球团烟气脱硝项目开工建设，概算投资8060万元，采用SNCR+氧化脱硝工艺，由唐钢国际工程技术股份有限公司和广东科洁环保科技有限公司联合总包。该工程投入运行后可达到国家超低排放环保要求。

【中厚板公司1~4号高炉冲渣水消白工程及竖炉烟气消白工程】 2019年3月，中厚板公司1~4号高炉冲渣水消白工程及竖炉烟气消白工程开工建设，当年9月7日竣工，通过唐山市生态环境局组织的超低排放验收。该项目于上年立项，概算投资3828万元，主体由山东泰开环保科技有限公司设计并承建。项目主要是新建3座高炉冲渣水消白设施及竖炉脱硫烟气消白设施。项目投运后，3座高炉冲渣水及竖炉脱硫外排烟气满足《钢铁、焦化、水泥行业全流程烟气达标治理工作方案》的要求。

【唐银公司80吨燃气锅炉脱硫脱硝除尘超低排放工程】 2019年2月11日，唐银公司2台80吨燃气锅炉脱硫脱硝除尘超低排放工程开工建设，5月底设备安装调试完毕，并投入使用。该工程于上年11月底立项，概算投资2030万元，由河北环科有限公司设计承建。项目主要针对锅炉燃烧系统产生的烟气新建1套脱硝装置及配套附属设备，采用催化剂喷氨装备设施进行脱硝处理，减少二氧化硫和氮氧化物排放，采取布袋除尘方式并利用部分原有排烟系统。项目改造后，锅炉排放烟气达到颗粒物小于10毫克/标准立方米、二氧化硫小于35毫克/标准立方米、氮氧化物小于50毫克/标准立方米，符合唐山市对锅炉烟气排放的环保要求。

【重机公司厂容厂貌环保治理项目】 2019年10月，重机公司厂房封闭、厂容厂貌环保治理项目开工建设。该项目概算投资752.87万元，由唐山钢铁国际工程技术股份有限公司设计，河北恒德环保科技有限公司、唐山百森电气设备制造有限公司、河北省安装工程有限公司、唐山天鸿建设集团有限责任公司承建。项目建设内容包括对厂房开放的天窗、废钢跨四周、现有除尘系统卸灰间等进行封闭；炼钢、轧辊作业区分别设置24小时视频监控；作业区大门附近、厂区边界分别设置在线监测设备，厂区门口设置电子显示屏；新增洒水车，厂区出口设置全自动洗车装置；老旧环保设施、管道等防腐、部分道路硬化等。该项目预计2020年4月竣工，项目实施后，可有效改善厂区环境。

合同能源管理项目

【河钢产业升级及宣钢产能转移项目余能利用服务项目】 2019年12月，由华奥公司投资建设的河钢产业升级及宣钢产能转移项目余能利用服务项目完成基建及主要设备安装。该项目于上年8月正式开工，系华奥公司采用合同能源管理模式投资6.25亿元建设。项目主要服务内容包括为河钢乐亭项目提供煤气系统优化平衡建议，制定富余煤气高效利用方案，组织方案论证、项目实施及技术服务；主要设备设施包括260吨/时高温超高压煤气锅炉2台、配套78兆瓦中间一次再热凝汽式汽轮机2套、80兆瓦发电机2套、主厂房1座、110千伏升压站1座、100米高混凝土烟囱及配套的双曲线自然通风冷却塔1座、循环水泵站1座、化学水箱、发配电及自控系统。根据总体规划安排，项目于2020年6月具备并网发电条件，投产后可高效利用企业生产产生的富余煤气资源，减少环境污染。

【中厚板公司烧结机漏风治理项目】 2019年8月22日，中厚板公司1号、2号烧结机漏风治理项目投产。该项目属于合同能源管理项目，于当年7月18日开工，概算投资4865万元，由唐山东铁节能技术有限公司投资并建设，主要对大烟道、机头、机尾、机头电场、灰斗、梯形箱体等处进行漏风治理。项目投产后，有效改善烧结机的机械密封效果，提升烧结烟气利用率，年产生节能效益1416万元。

【高强汽车板公司锅炉改烧天然气项目】 2019年3月1日，由华奥公司投资999.7万元建设的河钢唐钢高强汽车板公司锅炉改烧天然气项目正式投产。该项目于2018年10月开工建设，主要建设内容包括新建1座LNG气化站，2座150立方米储罐及其配套设施；每台锅炉增设2套天然气烧嘴及配套管道、阀门和控制系统。项目正式投产后，置换焦炉煤气量达4000立方米/时，确保LNG产线在运行期间的焦炉煤气稳定供应。

智能制造项目建设

【不锈钢公司智能制造项目建设】 2019年，河钢唐钢持续推进不锈钢公司智能制造项目建设，支撑制造工厂智能化转型。当年3月，“不锈钢公司1580毫米生产线三套主传动升级项目”实现稳定运行。该项目于2017年9月24日与西门子工厂自动化工程有限公司签署合同，自2018年12月10日起利用不锈钢公司大修空窗期对飞剪、精轧F2和精轧F4三套主传动升级改造为西门子SL150，并于2018年12月23日正式投入运行，有效改善系统电流和速度的跟随特性，经过2019年3个月的系统优化，实现稳定运行，下线的三套主传SIMADYN-D设备可以作为备件使用，解决主传动备件不足问题。

2019年，“不锈钢公司钢区天车定位及物流管理系统”完成炼钢19台天车硬件设备施工及安装，天车单体调试、设备联调和炼钢天车模型化项目。项目新增钢包管理模块、废钢管理模块、铁包管理模块、钢区智能调度系统基础数据，通过与MSCC进行连接调试，不断完善天车调度系统，对钢包实时跟踪，实现废钢原料使用过程的可追溯，为转炉冶炼过程的质量、成本分析提供可靠的数据基础。该项目于2017年8月与湖南千盟工业智能系统股份有限公司签署合同。该项目的实施有效提升了炼钢作业区各工业环节的沟通协调效率，加快产线生产节奏，保证天车称重计量数据的准确性，提升钢区管理效率。

2019年9月，“不锈钢公司钢区MSCC功能扩充及相关信息化接口升级项目”，除天车模块和铁包模块未完全上线外，其余功能全部上线，并与天车定位系统、MES系统进行并行测试及联合调试，上线运行后实现排产计划、钢包计划、废钢计划的自动生成。该项目于2017年11月与百时宜信息技术（上海）有限公司签署合同，项目在原有功能模块的基础上，先后开发铁包管理模块、钢包管理模块、天车计划模块、生产计划模块、温度模块、铁水预测功能提升模块。

2019年，“不锈钢公司板坯库、成品钢卷库天车定位及物流管理系统”先后完成板坯库及钢卷库全部车体改造及传感器安装，单体车手动、自动调试，车辆识别系统单体调试，运送板坯辊道系统调试等工作。年末，对库区管理系统编码电缆、激光测距传感器、无线网络等硬件设备运行的稳定性进行验证，对成品库系统在调试过程中出现的电缆卷筒、自动夹钳、变频器等问题进行攻关。天车自动作业不仅规范库区作业流程和设备操作，显著延长设备使用寿命，而且准确跟踪物料，缓解库区管理和盘库人员的压力，彻底结束库区以往大量人力长期高频盘库作业的历史。该项目为公司自主研发，逐步寻求全部功能事项的最佳解决方案，力争打造品牌产品，预计2020年上半年实现项目稳定运行。

【高强汽车板公司智能制造项目建设】 2019年3月，河钢唐钢“高强汽车板公司6号镀锌线锌锅捞渣机器人项目”全部实现锌锅区域自动捞渣作业，并根据生产需求不断调优。11月22日，启动5号镀锌捞渣机器人自主开发，研发12种模式全自动捞渣，实现锌锅捞渣无人化、提升锌层镀锌效果，降低高危区域作业风险，年底完成全部功能编程。该项目实现替代人工在高危环境下的作业，减少职业病和安全事故发生的可能性，提高工艺岗位标准化作业程度，进而提高产品质量稳定性。通过对比2018—2019年镀锌板表面质量合格率，安装机器人后镀锌板表面质量合格率提升2.2%。项目实施后，为同类型机器人在河钢唐钢其他镀锌生产线推广及扩展应用积累实践经验。

2019年，“高强汽车板公司设备状态在线诊断系统升级项目”实现80%的维修资源用于预知性和预防性维修，有效提高设备检查的效率及精准度。该项目于上年1月与普锐特冶金技术（中国）有限公司签署合同，12月调试完成并上线运行。系统自投运以来，先后发现4次关键报警，为设备维护人员提供有效的维修建议，及时处理隐患，避免事故扩大化。在线监测系统的上线，使一些复杂、隐蔽的设备隐患通过系统动态识别，节省人力成本达30%。

HBIS GROUP 河钢唐钢 HBIS TANGSTEEL

科技创新

产品研发

【高端战略产品研发】 2019年，河钢唐钢以市场需求为导向，以打造特色战略产品和“单打冠军”产品为引领，大力度推进产品品牌战略落地，提高产品的用户满意度，高端战略产品研发获得新突破。全年，开发高端新品种9个，涉及复相钢、烘烤硬化钢、高延伸DH780钢、1300兆帕级别冷成型高强汽车用钢等产品，均为研发型新产品。这一年，加大高端战略产品研究和试制工作，组织复相钢炼钢连铸与热轧工艺研究与讨论，模拟复相钢对应模型的二次冷却情况，并根据钢种热塑性确定连铸工艺，开发了系列复相钢CP780/980/1180，三个钢种均一次试制合格，力学性能和表面质量均满足标准要求；开发Nb+Ti复合成分高抗时效HC180BD+Z、HC220BD+Z和180H1烘烤硬化钢，经验证6个月后烘烤硬化值可满足宝马标准，并通过吉利远景X3外板试模；进行高延伸DH780的开发，经过试生产和工艺固化，实现稳定供货，满足用户对材料成型性能的要求；进行1300兆帕级别冷成型高强汽车用钢的开发，对含Ni钢的成分进行优化，确定30CrMnSi和15Mn2SiNi现场试验钢的化学成分和热轧工艺，完成连退、镀锌GLEEBLE模拟试验，并开展试制工作；开展镀锌热成型钢的研究及前期基础理论研究，制定开发计划，并进行了热成型加热过程中锌铁合金化过程试验。

【新产品研发标准管理】 2019年，河钢唐钢做好新产品研发标准管理工作，完善规范变更流程，发布各类标准文件，加快新产品开发进度，促进新产品工艺水平提升。年内，作为新产品研发生产的依据，批量下发各类技术标准文件，复相钢实现系列化工艺贯通，CP780、CP980、CP1180品种均一次试制成功；加强变更管理，实现公司高屈强比和高抗时效性烘烤硬化钢的工艺优化，丰富了超低碳深冲钢种类，其中180H1作为面板钢对吉利汽车形成持续批量供钢能力。

技术创新

【用户应用技术研究】 2019年，河钢唐钢加强用户应用技术研究，围绕用户技术开发、二方认证技术支持、疑难问题热线支持、产品材料数据库建设等方面，开展用户应用技术研究工作，用户应用技术课题取得新突破，研发能力大幅提升。全年，完成18家汽车主机厂和零部件制造厂的认证和试模等工作，提供105套数据、230多个数据包，开展10项技术研究，完成15个疑难问题热线技术支持，全面支持并助力汽车主机厂二方认证、产品开发等工作。这一年，针对公司重点推广产品和客户使用中出现的问题，从焊接、涂装腐蚀、成形仿真方面开展技术研究，在汽车板应用的拉延翻边等成形性研究、碰撞安全性能研究、回弹仿真研究等方面取得较大进展；焊接方面开展热冲压成形钢、双相高强钢等可焊性研究工作；涂装腐蚀方面进行自润滑产品开发、大金切口腐蚀性研究、磷化可油漆性等研究，其中，自润滑产品组织多次产线试验，稳定生产出膜厚1.0～1.2克/平方米产品，耐蚀性、焊接性、冲压性等性能良好，已为美的、格力家电厂提供认证样板，代表家电行业内最高耐蚀要求的大金切口腐蚀试验实现技术性突破；疑难问题热线技术支持工作作用凸显，协助事业部、市场部等部门解决16个技术领域的疑难问题，其中国能汽车虚焊问题，通过改变电极压力、脉冲数和焊接电流等工艺参数，提供可靠的焊接工艺方案，实施后整车焊点合格率达到98%以上，左前纵梁后段加强板供料试模前仿真预测等问题攻关，为公司产品开发、异议处理提供有力支持，提升了用户信任度；在主机厂认证试模中发挥了强有力的技术支持作用，依照二方认证管理程序，组织主机厂认证前期的试验工作及数据包制作和后期技术服务，开展高强钢延迟开裂、低温脆性、交变耐蚀性、胶黏性等非常规试验的方案制定与试验检测，推进与上汽乘用车、重庆长安汽车、长城汽车、奇瑞汽车、广汽、宝马、通用、小鹏、博郡、福特汽车等主机厂和零部件制造厂的认证和试模，提供的数据得到各主机厂认可。

【数据库建设】 2019 年，河钢唐钢持续完善数据库建设，累计完成冷轧退火和镀锌板共 14 个品种 36 个牌号数据库建设，并实现上线运行。这一年，与信息自动化部联合设计开发数据库平台软件，进行软钢类、低合金高强钢、双相钢、加磷钢退火及镀锌产品等品种、牌号用户使用性能数据的积累试验测试与数据录入工作，组织建立汽车板数据库，不断优化完善汽车板数据库平台软件的查询、下载等功能，并持续进行数据的录入与软件的维护、整改工作，逐步形成汽车板多类型产品、多性能数据基本全面覆盖，数据类型包括基础性能数据、应用性能数据与压溃、三点弯曲、拉延翻边、回弹等特色数据，基本实现所有关键汽车零件信息的数字化。加强知识库系统建设，建立涵盖专利、标准，质量改进，用户技术、产线技术、产品技术，零件信息，轻量化技术等数字化资源知识库，实现资源的共享与利用。

【用户先期介入 EVI 工作】 2019 年，河钢唐钢不断拓展 EVI 先期介入工作的广度和深度，用户先期介入 EVI 工作取得实质性突破。年内，完成定州长安轻卡车型减重降本项目、海马汽车 S5 车型轻量化设计换材 CAE 仿真分析，组织与福田汽车论证开展商用车车厢选材减重解决方案，根据福田减重要求，采用先进高强钢 T600L、T700L 等进行材料优化升级，货箱质量由原来的 892 千克减至 727 千克，同时从模态、弯曲刚度、扭转刚度、载荷等方面进行模拟仿真，仿真结果满足货箱要求；与长城等汽车主机厂合作开展难成型零部件成形模具与工艺优化，进行电池包高强轻量化技术、门环及热成形轻量化技术等项目的研究，逐步建立起轻量化设计、冲压模具与工艺设计、功能涂层产品应用等一揽子解决方案，开拓了 EVI 先期介入工作的新局面。

【产品机理研究】 2019 年，河钢唐钢深入研究产品机理，推动工艺和技术改进。年内，加强产品和工艺技术攻关，通过优化合金成分和精轧各段压缩比，改进控轧控冷工艺，改善了 610L 热轧堆钢、700L 薄规格折弯开裂缺陷和极厚规格产品冲击功-20℃下不足问题，大梁钢质量得到改善；研究超高强钢组织性能变化的影响因素，分析加热温度、保温时间、卷取温度、终轧温度变化对 W780QX 组织和性能的影响；研究退火温度对 QP980 力学性能和显微组织的影响趋势，采用连续退火模拟机进行不同加热温度的退火试验及显微组织和力学性能检测，并进行上线试验，产品实现稳定供货，性能控制良好；进行退火产品的马氏体含量表征、六种软钢的时效性评价等近二十种问题的分析，从微观组织、变化趋势等方面找出问题产生的原因，从根本上提出解决建议。

【工艺技术研究】 2019 年，河钢唐钢以炼钢产线工艺技术研究为抓手，全面加强工艺技术研究，加强产线技术服务，开展技术攻关和科研课题研究，为产品研发和工艺提升提供支撑。这一年，坚持深入产线，组织一钢轧厂薄板坯电磁制动项目高拉速攻关，通过一系列调试与试验，高拉速下投入电磁制动后，结晶器液位波动与传热稳定性明显增强、保护渣液渣层厚度分布趋于均衡，中碳钢、低碳钢系列钢种生产过程中拉速可稳定达到5.5~6.0米/分，实现预期目标；进行一钢轧厂LF炉工艺优化与模型改进，优化LF炉连用包与备用包温度模型，提升钢水终点温度命中率，并借助快速炉渣取样分析技术，初步实现脱氧造渣模型的离线生产辅助功能；开展汽车外板质量提升系统攻关，确定钢种炼钢工艺关键核心控制点，优化控制措施，开发高端汽车板新品种炼钢工艺，制定炼钢过程判定规则，提高生产稳定性，首次实现Nb-Ti系BH钢外板的批量生产，以汽车外板为代表的高端汽车板和高端用户产品质量实现稳步提升；完成中镍含量1300兆帕双相钢炼钢工艺开发，对成分的稳定控制、镍对保护渣性能及铸坯质量的影响开展深入研究，选用合理保护渣、优化二冷配水、采取弱冷、拉速按照下限控制等措施，实现顺利生产，冶炼成分及铸坯质量全部合格，打通该双相钢炼钢工艺；针对复相钢成分特点，开展全系列复相钢炼钢工艺开发及稳定生产攻关，冶炼工艺设计选用“铁水预处理转炉—LF精炼—RH真空处理—板坯连铸”的生产路线，降低炼钢出钢温度及磷含量的控制难度，同时满足成品极低硫含量的要求，连铸采用常规包晶钢用保护渣，保证顺利浇铸，并对钢中氮含量进行严格控制，降低铸坯角裂风险，通过系统性优化，复相钢生产流程更加稳定顺畅，具备批量稳定生产能力；深入参与河钢乐亭投产前工艺技术准备工作，研究制定乐钢产品研发体系和各工序技术规程、工艺通知单及新产品开发技术文件，为投产后设备稳定运行和快速达产达效提供支持。

【智能制造推进】 2019年，河钢唐钢深入推进智能制造，加强智能化产线建设，打造“工艺+设备+智能化”三位一体基础平台，建立运行高效、设备可控、质量稳定的生产组织模式，以智能制造拉动基础管理迅速提升，推动生产经营不断迈上新台阶。这一年，在总结上年模型化建设应用工作经验的基础上，提出智能化建设工作目标要求，全力组织各单位推进产线模型化智能化工作，重点加快设备智能化自主开发，建设智能化产线，进一步挖掘发挥产线潜力。指导自动化信息公司重点推进热连轧磨辊间上下辊装置及综合管理系统，完成磨辊间管理平台模拟调试并完善、编程无人天车CC系统，进行整体系统模拟实验。指导高强汽车板公司加快模型化和智能化建设向智能化生产迈进，通过对焊机精度测量调整，设备精度水平进一步提升；应用冷轧高精度模型，摸索不同轧辊表面状态对轧制后带钢表面反射率的影响，制定一系列宝马钢生产准备方案，提升宝马钢生产稳定性，实现厚度精度高度符合。信息自动化部作为公司智能制造主体实施部门，与多个产线合作，对产线实施智能化改造，围绕炼铁厂烧结矿、焦炭、煤粉等大宗原燃料质量管控，对高炉顺行诊断模型进行优化，入炉喷吹煤结构，煤粉成分、热值等主要指标得到改善，实现高炉顺行。

【产学研项目管理】 2019年，河钢唐钢强化产学研项目管理，深入开展产学研合作，不断解决制约产品升级结构调整的关键问题，公司产学研合作水平持续提升。这一年，加强集团重点产学研项目管理，组织完成11项河钢—东大产业技术研究院项目、9项河钢—科大绿色制造创新中心项目、16项河钢—重大西南研究院创新项目以及7项河钢—中国钢研产学研等平台项目上报集团。其中协助河钢—东大产业技术研究院完成在沈阳召开的结题验收会，征集河钢东大第四批技术需求，整理意向课题11项。抓好公司内部产学研项目管理，组织“转炉出钢过程喷粉精炼技术”和“汽车板应用于服务能力提升及关键技术研究”等14个项目的专家论证会，13个项目顺利通过专家评审；分别与北京科技大学、华北理工大学、东北大学、湖南大学签订“汽车面板表面线状缺陷控制研究”“稳定杆钢中夹杂物关键控制技术研究”“高拉速薄板坯结晶器冶金行为研究与保护渣开发”“面向提供FC镀锌基板的一酸轧功能精度及轧制规程优化”“高强钢碰撞安全数据库的完善及应用性研究”和“汽车外板钢材表面质量检测及改进性研究”等7项产学研项目；组织“钢包电磁引流技术的开发及应用”“高性能铁路桥梁钢的开发及应用”“LF炉工艺优化与模型改进”“超高强度钢板回弹专题研究”“拉延翻边性能数据库研究”“建立炼焦煤与焦炭新质量评价体系，优化焦化配煤与高炉用焦结构”等9个项目的阶段验收，均达到目标要求；组织7个项目的结题验收会，其中“基于原燃料的烧结—高炉配矿模型研究”“加热炉智能装出钢及智能燃烧系统开发”“一酸轧控制系统功能优化，产品质量档次提升”“高强汽车板冷连轧过程高精度数学模型开发与应用”“典型车身碰撞安全设计应用及设计指导”等6个项目顺利通过结题验收。

【知识产权管理】 2019年，河钢唐钢持续加强知识产权管理，不断增强知识产权保护意识，加大专利推广普及力度，形成一批具有自主知识产权的核心科技成果。全年，申报专利330项，其中发明专利127项；获得授权专利185项，其中发明专利46项，截至年底公司拥有有效专利1032件，其中发明专利153件，在钢铁行业中起到示范作用。年内，修订《专利管理办法》，完善管理制度，公司通过《知识产权管理体系》认证复核，并申报国家知识产权示范企业；用好国家、省、市给予的优惠政策，对公司114个专利提出申报专利资助申请，其中发明专利15项；开展软件著作权申报工作，组织各单位申报软件著作权68项，办理软件著作权登记63项，并上传OA软件证书扫描件，以备查询；开展专利推优工作，其中“薄板坯连铸连轧生产低碳铌微合金化冲压用钢带的方法”专利获得“2018年河北省专利奖三等奖”。

附表　2019年河钢唐钢专利授权一览

序号	项目名称	类型	专利号	申请日	授权日	申请单位
1	一种不易损坏的振动筛抑尘罩	实用新型	201820249671.5	20180212	20190104	炼铁厂
2	一种焦炉煤气脱硫塔顶捕雾装置	实用新型	201820436957.4	20180329	20190104	炼铁焦化
3	一种适用于狭小空间的扳手	实用新型	201820457985.4	20180330	20190104	一钢轧厂
4	一种工业高效除尘设备	实用新型	201820458232.5	20180330	20190104	能源环保部
5	一种轧钢冷床托辊拆装装置	实用新型	201820802332.5	20180528	20190104	检修分公司
6	一种脱硫塔煤气管道清洗系统	实用新型	201820262169.8	20180222	20190108	炼铁厂
7	一种具有氩封与事故闸刀的新型中包水口机构	实用新型	201820438794.3	20180329	20190108	型钢厂
8	一种圆盘给料机组装式圆盘衬板	实用新型	201820457984.X	20180330	20190108	炼铁厂
9	一种高炉炉前铁口热防护装置	实用新型	201820460720.X	20180331	20190108	炼铁厂
10	一种自卸式粉末物料吊运装置	实用新型	201820457789.7	20180331	20190108	炼铁厂
11	一种适用于大型配电室的节能照明系统	实用新型	201820620189.8	20180427	20190108	自动化信息公司
12	一种无人天车夹钳的平衡自调节装置	实用新型	201820620188.3	20180427	20190108	自动化信息公司

续附表

序号	项目名称	类型	专利号	申请日	授权日	申请单位
13	一种防止主抽风机电机轴窜轴的联轴器	实用新型	201820620033. X	20180427	20190108	炼铁厂
14	一种用于检测热冲压成形钢板镀层附着力的冲压模具	实用新型	201820620814. 9	20180427	20190108	技术中心
15	一种连铸引锭杆升降小车控制装置	实用新型	201820630167. X	20180428	20190108	不锈钢公司
16	一种可防止支撑辊油膜轴承漏油的轴承测温装置	实用新型	201820631686. 8	20180428	20190108	不锈钢公司
17	一种具有电缆保护功能的堆取料机	实用新型	201820632642. 7	20180428	20190108	炼铁厂
18	一种板坯连铸结晶器用浸入式水口对中测量工具	实用新型	201820804198. 2	20180528	20190108	不锈钢公司
19	一种天车定滑轮组钢丝绳防脱装置	实用新型	201820824390. 8	20180530	20190108	能源科技分公司
20	非调质 980 兆帕级高强捆带用热轧带钢及其生产方法	发明	201610641531. 8	20160808	20190122	不锈钢公司
21	降低轧辊用钢中夹杂物含量的冶炼方法	发明	201610953730. 2	20161026	20190122	重机公司
22	一种热轧带钢工作辊冷却工作状态的在线检测方法	发明	201710427871. 5	20170608	20190122	生产制造部
23	CQ 钢向 DP 钢过渡镀锌时的温度控制方法	发明	201710507979. 5	20170628	20190122	技术中心
24	一种混匀堆料机多点定位装置	实用新型	201820459613. 5	20180331	20190215	炼铁厂
25	一种凝汽式汽轮机	实用新型	201820823515. 5	20180530	20190215	能源科技分公司
26	一种冷轧快速更换支承辊的支架装置	实用新型	201821040127. 6	20180629	20190215	冷轧厂
27	石灰窑圆盘出灰机传动机构	实用新型	201821053951. 5	20180704	20190215	唐钢国际
28	一种点式油气润滑装置	实用新型	201820262170. 0	20180222	20190219	炼铁厂
29	一种起重机轨道润滑的装置	实用新型	201820438795. 8	20180329	20190219	一钢轧厂
30	一种可调节起重机行车轨道压紧装置	实用新型	201820601789. X	20180425	20190219	二钢轧厂
31	一种轧机出口导板	实用新型	201820620815. 3	20180427	20190219	二钢轧厂
32	一种热轧带钢输送辊道内冷辊阻水装置	实用新型	201820632636. 1	20180428	20190219	不锈钢公司
33	一种用于棒材加热炉炉辊吊装的装置	实用新型	201820802315. 1	20180528	20190219	检修分公司
34	一种方便更换皮带机胶带的装置	实用新型	201820814027. 8	20180529	20190219	炼铁厂
35	一种孔轴配合部件的装卸装置	实用新型	201820812945. 7	20180529	20190219	炼铁厂

续附表

序号	项目名称	类型	专利号	申请日	授权日	申请单位
36	一种锅炉烟气颗粒物净化装置	实用新型	201820824386. 1	20180530	20190219	能源环保部
37	一种冷轧轧机机组轧辊上线前保温的装置	实用新型	201821042322. 2	20180629	20190219	冷轧厂
38	一种高炉密闭循环冷却水的压力补水装置	实用新型	201821040126. 1	20180629	20190219	能源科技分公司
39	一种下卷小车升降控制器的钢卷传感器保护装置	实用新型	201821041396. 4	20180629	20190219	冷轧厂
40	一种用于焊接非整体式轴瓦的装置	实用新型	201821042324. 1	20180629	20190219	冷轧厂
41	一种拆卸齿式联轴器的千斤顶	实用新型	201821042713. 4	20180703	20190219	能源科技分公司
42	一种拆装高速飞剪剪刃的装置	实用新型	201821042716. 8	20180703	20190219	一钢轧厂
43	MCC 抽屉维修检测平台	实用新型	201821051921. 0	20180704	20190219	冷轧厂
44	一种烧结环冷机三段烟气利用系统	实用新型	201821052844. 0	20180704	20190219	唐钢国际
45	抗拉强度 600 兆帕级低成本高扩孔钢板及其生产方法	发明	201710447801. 6	20170614	20190222	技术中心
46	一种轴承座手动加油装置	实用新型	201820803359. 6	20180528	20190322	不锈钢公司
47	一种在线清理石灰管道的装置	实用新型	201820824389. 5	20180530	20190322	能源科技分公司
48	一种单膛石灰竖窑窑顶受料斗除尘装置	实用新型	201821051922. 5	20180704	20190322	唐钢国际
49	一种皮带清扫装置	实用新型	201821042305. 9	20180629	20190326	炼铁厂
50	一种组装式烧嘴砖	实用新型	201821041379. 0	20180629	20190326	冷轧厂
51	一种转炉出钢口结构	实用新型	201821044646. X	20180703	20190326	一钢轧厂
52	一种 800 兆帕级薄规格热轧钢带及其生产方法	发明	201710161448. 5	20170317	20190423	技术中心
53	780 兆帕级双相高强镀锌带钢及其制备方法	发明	201710235581. 0	20170412	20190423	技术中心
54	能准确控制彩涂性能的镀锌钢带及其制备方法	发明	201710249688. 0	20170417	20190423	技术中心
55	一种 TRT 透平机作动器密封装置	实用新型	201820814028. 2	20180529	20190423	能源科技分公司
56	低成本汽车结构钢 SAPH400 及其生产方法	发明	201710434394. 5	20170609	20190423	不锈钢公司
57	一种带钢板形测量及板形曲线绘制装置	实用新型	201820168728. 9	20180131	20190423	技术中心
58	一种冷轧带钢跑偏手动纠正装置	实用新型	201821011975. 4	20180628	20190423	冷轧厂
59	一种实验室用金属表面表调磷化搅拌辅助装置	实用新型	201821045532. 7	20180703	20190423	技术中心
60	一种冷轧芯轴直径测量装置	实用新型	201821394313. X	20180828	20190423	信息自动化部

续附表

序号	项目名称	类型	专利号	申请日	授权日	申请单位
61	一种 TRT 叶片积灰的在线清理装置	实用新型	201821044630.9	20180703	20190521	能源科技分公司
62	一种热冲压成形钢的连续退火方法	发明	201710031679.4	20170117	20190524	技术中心
63	一种超高强度退火钢板及其制造方法	发明	201710476301.5	20170621	20190524	技术中心
64	LF 精炼汽车钢合金窄成分的控制方法	发明	201710666752.5	20170807	20190524	一钢轧厂
65	一种高炉煤气排水器	实用新型	201820823514.0	20180530	20190524	能源科技分公司
66	一种用于连铸开浇的挡流装置	实用新型	201821042715.3	20180703	20190524	不锈钢公司
67	一种烟气催化脱硝装置	实用新型	201821166490.2	20180723	20190524	能源环保部
68	一种联轴器对中装置	实用新型	201821387070.7	20180828	20190524	炼铁厂
69	一种高效集成焦油渣排渣技术	实用新型	201821404641.3	20180829	20190524	炼铁厂
70	一种实验室用冷轧钢板样品运输装置	实用新型	201821403170.4	20180829	20190524	技术中心
71	一种三轴式椭圆等厚筛振动器相位角调整装置	实用新型	201821414484.4	20180830	20190524	炼铁厂
72	一种铁路车辆过渡心盘装置	实用新型	201821414485.9	20180830	20190524	物流分公司
73	一种冲击标样定位钳	实用新型	201821433693.3	20180903	20190524	技术中心
74	一种便携式电磁吸铁屑装置	实用新型	201821434321.2	20180903	20190524	技术中心
75	一种处理高炉风口吹管呛入焦炭处理装置	实用新型	201821434632.9	20180903	20190524	炼铁厂
76	1000 兆帕级双相高强镀锌带钢及其制备方法	发明	201710117509.8	20170301	20190528	技术中心
77	辊压成型用屈服强度 550 兆帕级冷轧钢板及生产方法	发明	201710392045.1	20170527	20190528	技术中心
78	用于连铸开浇的中间包覆盖剂的加入方法	发明	201710322197.4	20170509	20190628	不锈钢公司
79	一种组合式轧辊装配装置	实用新型	201821592571.9	20180928	20190628	重机公司
80	一种烧结机台车游板变形监测装置	实用新型	201821581430.7	20180927	20190628	炼铁厂
81	一种基于小型钻铣床的板材圆弧形疲劳试样磨抛装置	实用新型	201821634129.8	20181009	20190628	技术中心
82	一种密相塔脱硫加湿机调温加湿装置	实用新型	201821434634.8	20180903	20190628	能源环保部
83	一种带滑动块的定尺升降挡板装置	实用新型	201821641798.8	20181010	20190628	型钢厂
84	一种离线检测结晶器热电偶安装位置的装置	实用新型	201821793385.1	20181101	20190628	信息自动化部

续附表

序号	项目名称	类型	专利号	申请日	授权日	申请单位
85	一种镀锌线炉鼻子法兰密封结构	实用新型	201821593743. 4	20180928	20190628	高强汽车板公司
86	一种高炉在护炉状态下使用高比例球团的休风方法	发明	201710703445. X	20170816	20190702	总工办
87	窄带钢二辊轧机用耐磨高铬铸铁离心复合轧辊及生产工艺	发明	201710725553. 7	20170822	20190702	重机公司
88	一种冷轧酸洗快速循环节能设备及方法	发明	201710104459. X	20170224	20190809	生产制造部
89	一种铁道敞车车门外涨调修卡钳	实用新型	201821593750. 4	20180928	20190809	物流分公司
90	一种焦炉烟气污染物处理系统前置烟道开关装置	实用新型	201821592572. 3	20180928	20190809	炼铁厂
91	一种平整机风刀吹扫装置	实用新型	201821641799. 2	20181010	20190809	冷轧厂
92	提高高层建筑用钢连铸坯中心致密度的方法	发明	201710214110. 1	20170401	20190809	技术中心
93	高品质塑料模具钢特厚板连铸母坯的制备方法	发明	201710213411. 2	20170401	20190809	技术中心
94	一种化验气相色谱分析仪器的远程控制系统	实用新型	2018219539807	20181126	20190809	气体公司
95	一种焦丁振动筛筛网吹扫的装置	实用新型	201821404642. 8	20180829	20190809	炼铁厂
96	耐硫酸露点腐蚀用钢的连铸方法	发明	201710423962. 1	20170607	20190809	技术中心
97	一种随机时间间隔取样方法	发明	201710213573. 6	20170401	20190809	自动化信息公司
98	低铁水消耗转炉炼钢的提温方法	发明	201710850784. 0	20170920	20190809	二钢轧厂
99	一种旋流井污水提升装置	实用新型	201821761825. 5	20181029	20190809	能源科技分公司
100	一种转炉炼钢除尘风机叶轮冲洗水装置	实用新型	201821842897. 2	20181109	20190809	不锈钢公司
101	一种热模拟试样加工辅助夹具	实用新型	201821751512. 1	20181028	20190809	技术中心
102	一种钢包上水口直径在线测量工具	实用新型	201821491354. 0	20180912	20190809	二钢轧厂
103	一种高碳硫系易切削钢及其生产方法	发明	201810143188. 3	20180211	20190809	中厚板公司
104	TKDC 捆带用热轧带钢及其生产方法	发明	201810394049. 8	20180427	20190809	不锈钢公司
105	一种焊接长辊类部件的同步双驱动装置	实用新型	201821737748. X	20181025	20190910	检修分公司
106	卷取机进料机构	实用新型	201821760716. 1	20181029	20190910	自动化信息公司
107	开卷机上料装置	实用新型	201821772490. 7	20181030	20190910	自动化信息公司
108	一种发电机负荷两地控制电路	实用新型	201822074366. X	20181211	20190910	能源科技分公司
109	一种炉底辊辊环焊接角度调节装置	实用新型	201821739123. 7	20181025	20190910	检修分公司

续附表

序号	项目名称	类型	专利号	申请日	授权日	申请单位
110	一种减速机组合密封装置	实用新型	201821702015. 2	20181019	20190910	设备机动部
111	一种 150 毫米厚低压缩比 Z 向性能钢板及其生产方法	发明	201811142900. 4	20180928	20190910	中厚板公司
112	一种移动式卷筒前引导机	实用新型	201821760715. 7	20181029	20190910	自动化信息公司
113	称量皮带自动调整装置	实用新型	201821727379. 6	20181024	20190910	炼铁厂
114	组合式卷取机压辊	实用新型	201821760704. 9	20181029	20190910	自动化信息公司
115	一种便于测量烧结烟气各组分浓度的台车结构	实用新型	201821702016. 7	20181019	20190910	炼铁厂
116	转炉炼钢留渣冶炼开吹不着火的操作方法	发明	201710575213. 0	20170714	20190910	二钢轧厂
117	1180 兆帕级汽车用冷轧高强双相钢及其生产方法	发明	201810155557. 0	20180223	20190910	技术中心
118	卷取机张力结构	实用新型	201821760726. 5	20181029	20190910	自动化信息公司
119	一种新型螺旋冷凝换热器	实用新型	201821747944. 5	20181026	20190910	能源环保部
120	一种高磷铁水的双联冶炼脱磷工艺	发明	201710907621. 1	20170929	20190910	唐钢国际
121	一种转炉利用废钢冶炼半钢的方法	发明	201710582279. 2	20170717	20190910	不锈钢公司
122	一种用于密相塔脱硫设备单侧塔运行的装置	实用新型	201821793384. 7	20181101	20190910	能源环保部
123	一种高炉渣处理水蒸气的冲制塔烟囱回收装置	实用新型	201821720055. X	20181023	20190910	炼铁厂
124	一种避免热处理钢板因炉底辊结瘤产生质量缺陷的装置	实用新型	201821783548. 8	20181031	20190910	中厚板公司
125	一种热轧无缝钢管生产用合金辊环及其生产方法	发明	201810401454. 8	20180428	20190910	重机公司
126	电火花线切割夹具	实用新型	201821691731. 5	20181018	20190910	技术中心
127	一种减轻搪瓷钢硫偏析的方法	发明	201710801033. X	20170907	20190910	技术中心
128	一种可移动式钢板双边剪托辊梁	实用新型	201821783549. 2	20181031	20190910	中厚板公司
129	转炉检修用修炉车	实用新型	201822185587. 4	20181220	20190910	唐山科技职业技术学院
130	一种工业过程控制的快速数据存储方法	发明	201710486327. 8	20170623	20191025	自动化信息公司
131	一种易焊接预硬化塑料模具钢板及其生产方法	发明	201810154015. 1	20180222	20191025	中厚板公司
132	一种钢材冷矫直机校验矫直辊水平度的方法	发明	201810287696. 9	20180331	20191025	自动化信息公司
133	扩孔和弯曲性能优良的高屈强比冷轧钢板及其生产方法	发明	201810287381. 4	20180331	20191025	技术中心

续附表

序号	项目名称	类型	专利号	申请日	授权日	申请单位
134	一种硬度试验的球体试样固定装置	实用新型	201821751505.1	20181028	20191025	技术中心
135	一种轧甩废钢板吊运装置	实用新型	201822074926.1	20181211	20191025	中厚板公司
136	一种摇臂式料流调节阀	实用新型	201822102397.1	20181214	20191025	炼铁厂
137	一种双蓄热辊底式加热炉	实用新型	201822146050.7	20181220	20191025	一钢轧厂
138	一种对多流铸坯进行取放和移送的捞钢车	实用新型	201821941501.X	20181123	20191025	二钢轧厂
139	一种用于打开阀门的F型扳手	实用新型	201821940965.9	20181123	20191025	气体公司
140	一种薄规格钢板拉伸试样手动划刻标距装置	实用新型	201821976000.5	20181128	20191025	不锈钢公司
141	一种轧辊端盖打销器	实用新型	201821966805.1	20181127	20191025	重机公司
142	一种座式电阻点焊机防飞溅装置	实用新型	201821434319.5	20180903	20191025	技术中心
143	离心铸造冷型涂料喷涂用喷头	实用新型	201821593754.2	20180928	20191025	重机公司
144	一种便携式货运火车车厢跨桥梯	实用新型	201821722137.8	20181023	20191025	炼铁厂
145	一种带钢卷取机送料装置	实用新型	201821761836.3	20181029	20191025	自动化信息公司
146	一种烧结环冷机密封结构	实用新型	201821966830.X	20181127	20191025	能源环保部
147	一种用于型钢万能轧机压下机构的离合器	实用新型	201822082778.8	20181212	20191025	型钢厂
148	一种支架零件冲裁模具	实用新型	201822103454.8	20181214	20191025	唐山科技职业技术学院
149	一种双膛石灰竖窑双斜桥上料装置	实用新型	201822135088.4	20181219	20191025	唐钢国际
150	一种双膛石灰竖窑窑顶上料装置	实用新型	201822137692.0	20181219	20191025	唐钢国际
151	用于阀体制造的模具结构	实用新型	201821967680.4	20181127	20191025	技术中心
152	一种放空气体过滤装置	实用新型	201821932780.3	20181122	20191025	气体公司
153	便捷式震动分析仪	实用新型	201920115835.X	20190123	20191025	自动化信息公司
154	悬臂梁称重传感器检测专用卡具	实用新型	201920194314.8	20190213	20191025	信息自动化部
155	一种机动车消音片基板及其生产方法	发明	201810050524.X	20180118	20191122	技术中心
156	一种轧辊轴承拆卸吊运装置	实用新型	201821425193.5	20180831	20191122	高强汽车板公司
157	一种中间包三路氩气管路连接装置	实用新型	201821966803.2	20181127	20191122	一钢轧厂
158	一种板坯切割割炬辅助装置	实用新型	201821967679.1	20181127	20191122	不锈钢公司
159	一种加热炉蓄热体安装结构	实用新型	201822051160.5	20181207	20191122	不锈钢公司
160	一种用于型钢轧机的水雾除尘装置	实用新型	201822103377.6	20181214	20191122	型钢厂
161	一种煤气管道凝结水排水器	实用新型	201822107607.6	20181216	20191122	能源环保部

续附表

序号	项目名称	类型	专利号	申请日	授权日	申请单位
162	一种在线检查站系统带钢取样装置	实用新型	201822173214.5	20181224	20191122	高强汽车板公司
163	一种连铸结晶器漏钢预报热电偶自动智能检测装置	实用新型	201920200464.5	20190213	20191122	不锈钢公司
164	提高低合金高强度结构钢宽厚板连铸坯均质度的方法	发明	201710214109.9	20170401	20191122	技术中心
165	中小转炉干法除尘提升煤气回收量的方法	发明	201710418512.3	20170606	20191122	二钢轧厂
166	快速阻止欠酸洗缺陷产生的方法	发明	201710429038.4	20170608	20191122	生产制造部
167	一种转炉生产的高纯净塑料模具钢冶炼工艺	发明	201810031598.9	20180112	20191224	中厚板公司
168	一种锯片用钢及其热轧钢板生产方法	发明	201810032106.8	20180112	20191224	中厚板公司
169	一种瓶盖用硬质镀锡基板及其生产方法	发明	201810049988.9	20180118	20191224	技术中心
170	980 兆帕级汽车用冷轧高强 Q&P 钢及其生产方法	发明	201810144307.7	20180212	20191224	技术中心
171	一种低屈强比铁道车辆用热轧钢带及其生产方法	发明	201810403145.4	20180428	20191224	一钢轧厂
172	360 兆帕级高韧性船体结构用钢板及低成本制造方法	发明	201810531708.8	20180529	20191224	中厚板公司
173	一种不停产降低脱硫塔压力的装置及方法	实用新型	201821720034.8	20181023	20191224	炼铁厂
174	一种用于配加烧结白灰的辅助工具	实用新型	201822105229.8	20181214	20191224	炼铁厂
175	一种轧机十字轴辅助测量装置	实用新型	201822186281.0	20181225	20191224	检修分公司
176	一种圆筒式混合机打水清料装置	实用新型	201920143686.8	20190128	20191224	自动化信息公司
177	一种角钢固定压头装置	实用新型	201920191707.3	20190212	20191224	型钢厂
178	手工法划破基体表面涂层实验室用试样固定辅助装置	实用新型	201920200519.2	20190213	20191224	技术中心
179	一种转炉炉下钢包车拖缆保护装置	实用新型	201920215808.X	20190220	20191224	能源环保部
180	一种钢轨塞钉专用启钉器	实用新型	201920219885.2	20190221	20191224	物流分公司
181	一种连续焦化装置	实用新型	201920342513.9	20190318	20191224	总工办
182	一种内燃机车水泵打压装置	实用新型	201920371523.5	20190322	20191224	物流分公司
183	一种 DF10D 型机车制动单元装车定位器	实用新型	201920381524.8	20190325	20191224	物流分公司
184	温湿度采集无线传输装置	实用新型	201920616177.2	20190430	20191224	气体公司
185	一种热电偶检定装置	实用新型	201920416994.3	20190329	20191224	信息自动化部

【技术进步】 2019年，河钢唐钢坚持引进推广炼铁新工艺、新技术，使高炉各项技术指标不断改善提升。这一年，将以浙江元立为代表的高煤比技术、以中天钢铁为代表的大矿批技术、以东海特钢为代表的高顶压技术、以普阳钢铁为代表的低成本冶炼技术推介给炼铁各区域；积极探索智能炼铁，推进中厚板公司3号高炉炉温辅助控制系统与智能喷吹技术的应用，炼铁系统实施烧结机点火炉自动控制等项目，取得预期成效；与北京科技大学合作，顺利安装3号高炉智能自动喷煤项目控制程序，并研究热风炉无波动换炉等前沿先进炼铁技术，推动中厚板公司高炉进行低硅冶炼，推行经济炉料低成本炼铁，采用提高顶压、降低铁水含硅量等强化冶炼技术，入炉品位最低降至56%，高炉煤比同比提高8千克/吨。

【大气治理专项课题研究】 2019年，河钢唐钢依托国家“钢铁行业多工序多污染物协同控制技术”重点研发项目，积极开展课题研究，取得成效。这一年，在课题“烧结低温氧化脱硝技术及示范”研究中，开发臭氧梯级分布及吸收工艺，提高脱硝效率，烟气氮氧化物排放值达到50毫克/标准立方米以下水平，符合环保排放要求；“焦炉烟气多污染物协同控制技术及示范”课题，开展源头减排 NO_x 工业化中试，使焦炉烟气中的二氧化硫含量下降28.6%，课题示范线预计2020年8月施工完毕；“基于高炉炉料结构优化的硫硝减排技术及示范”课题，在高炉进行高比例球团冶炼工业试验，球团比例由12%增加到80%，公司实现高比例球团炼铁技术新突破，该课题达到国际先进水平，在中高硅镁质熔剂性球团制备、高比例球团高炉冶炼技术及污染物减排方面达到国际领先水平。

【系统优化】 2019年，河钢唐钢抓住重点持续推进系统优化创效攻关，取得成效。全年，累计系统优化攻关创效2.15亿元。年内，由总工程师办公室牵头，以炼铁事业部、卷板事业部、型线事业部、汽车板事业部、中厚板事业部、能源科技分公司、信息自动化部等7个单位部门作为公司系统优化创效的实施单位，承担公司系统优化创效的主要目标任务。重新梳理和优化系统优化创效工作的管理流程，强化对产线的服务支持和过程管控，进一步提高工作效率。年初下达全年系统优化创效计划，并向各实施单位进行分解。突出系统重点，以提高高炉煤比、提高块矿配比和钢后品种提质增效、减少冷轧带出品为重点，强力攻关，确保系统优化攻关创效目标实现。

【品种结构升级】 2019年，河钢唐钢大力推进产品品牌战略，高端装备潜能得到进一步释放，品种钢比例、高端产品和特色战略产品产销量同比实现较大幅度提高。全年，品种钢比例76.3%，同比提高2.6个百分点；高端产品800万吨，同比增长26%；特色战略产品59万吨，同比增长125%。这一年，总工程师办公室配合集团品种钢数据采集系统上线，对合同录入过程进行规范，制定品种钢分类采集规则，保证品种钢数据与实际合同相符；牵头市场部、河钢国际唐山分公司、卷板事业部，共同制定相关对策，努力提升品种钢比例。牵头各单位重点开发高端和特色战略产品，将钢板桩纳入特色战略产品范畴，参与钢板桩研发，并在不锈钢公司成功开发建筑结构用耐候钢、热处理硼钢、桥梁用钢和冷弯型钢等四个系列产品。

HBIS GROUP 河钢唐钢 HBIS TANGSTEEL

市场营销

体系建设

【营销管理体系建设】 2019年，河钢唐钢加强营销管理体系建设，成立营销系统体系提升推进组，针对事业部制下的业务分工和管控流程，梳理优化管理、执行以及评价等环节，明确各单位职责界面划分，修订、新增《市场营销管理程序》《客户服务管理程序》《顾客满意度测量管理程序》《客户服务管理办法》《客户需求确定及产品合同评审管理办法》《国内汽车板顾客特定要求管理办法》《产品质量异议管理办法》《战略客户合同兑现率考核办法》等文件。重点针对营销系统体系管理人员能力提升和管理制度落地方面进行推进攻关，规范钢材销售流程及公司客户服务活动，统一记录模板和要求，并顺利通过华晨宝马、长安福特、本特勒、一汽轿车等客户的二方审核，为公司客户结构调整和营销服务提升提供了体系支撑。

【客户服务体系建设】 2019年，河钢唐钢进一步完善客户服务体系建设，以战略客户和大客户服务为基础，策划公司大客户经理制改革方案，将优势资源向重要客户倾斜，提升客户满意度；优化售后服务工作，建立质量异议线上退换货审批流程，提高审批效率，对接收的各类质量投诉开展调查处理并积极答复，增加客户继续合作的黏度，维护河钢唐钢品牌形象。年内，大力推动客户结构调整优化，向集团推荐37个客户作为集团战略客户，为客户提供全方位支持和服务，满足客户需求，战略客户销量达到179.33万吨；开展主机厂等大客户走访服务，组织对吉利、长城、上汽、北汽、海马、华晨等汽车主机厂客户及海尔、美的、格力、奥克斯、三星、LG等家电主机厂客户走访服务，为客户解决实际困难和使用过程中的问题，通过服务增值，稳定终端客户合作关系。借鉴吸收华晨宝马、长安福特、本特勒、一汽轿车等客户的二方审核和其他内外审核中学习的先进经验，整合并规范《客户档案》《客户沟通服务记录》《客户服务计划》《客户服务总结》《客户需求信息表》《顾客特定要求清单》等服务材料的获取、传递和落实工作，逐步完善提升客户服务管理水平和服务效果。

市场开拓

【客户端优化和产品结构调整】 2019年，河钢唐钢坚定不移落实集团战略部署，持续加大力度推进客户结构优化和产品结构升级，钢铁主业加速迈向行业中高端。以打造特色战略产品和“单打冠军”产品为引领，大力推进产品品牌战略落地，在品种、质量、技术等方面做强做优，公司技术及装备优势加速向产品优势转化。这一年，充分发挥产销研用协同作用，加大优质直供客户开发力度，围绕各产线主要品种做重点开发，在保证直供客户合同稳定上量的基础上，逐步压减三方直供客户合同量，改善客户结构。全年，开发一对一直供用户95家，产品一对一直供比达54.7%，同比提高6.7%。年内，开发多类满足用户特殊需求的超高强钢产品，连退、镀锌线高强钢产品比例分别达到42%和30%，居行业同产线领先水平；镀铝硅实现0.37~3.2毫米厚度产品生产全覆盖，产品规格远超设计能力；家电板实现0.3~3毫米全规格稳定生产，升级开发了压花板、镀铝板、极限规格和自润滑等高端增效产品；开发成功高牌号工业纯铁并应用于非晶带材等高端制造领域；取消热轧常规普材生产，高强薄规格和低合金结构用钢年产量达到90万吨，较上年增产30万吨；开发1.2毫米700兆帕极限高强薄规格产品；440兆帕以上结构级镀锌产量同比增产10万吨；成功开发并批量生产2.5毫米超厚规格锌铝镁产品，锌铝镁内贸销量同比提高4万吨；成功开发高建钢Q460GJ、铁路桥梁钢Q420qE、高端模具钢4140等红旗产品，高端品种进一步增加，创效能力相对较弱的碳素结构用钢月产从7万吨降低到1万吨，品种结构进一步优化；开发Q420C、Q460C 280～300毫米大规格角钢，其中Q460C为国内独家生产品种；自主设计开发多牌号钢板桩产品；完成600兆帕高强钢筋轧制试验，并具备高牌号左右旋全规格锚杆钢筋生产能力。

【产品价格体系管控】 2019年，河钢唐钢强化产品价格体系管控，执行每日指导价机制，统一各销售网点价格管控，优化品种钢定价策略，推进汽车钢客户一户一策，切实起到规范市场秩序和引导销售价格整体提升作用。当年，在满足公司高端产品市场开发战略需求同时，公司整体售价提升140元/吨。这一年，在信息采集渠道建设及过滤分析、钢材市场价格后市预判、钢材市场实地走访、市场库存变化情况、客户心态变化情况、下游终端需求变化情况等工作上下足功夫，提高预判市场后期走势的准确率，为公司制定营销策略提供信息支撑，将后期市场走势预判转变为公司经济效益。通过制定多种组合的价格政策，优化客户结构和品种结构，增加客户多样性和直供比例，减少市场流通资源投放量，掌握市场销售价格调整主动权和话语权，引导用户多订购高质量、高售价、高收益产品，提高公司产品综合售价水平。推进稳定合作用户签订一户一策协议，逐步发挥价格政策对客户开发、渠道优化的引导作用，减少市场波动对公司合同组织的影响。全年，签订年度协议用户共计28户，协议订货量达43.7万吨以上，占汽车钢总订货量的75%，为汽车钢合同组织及产线生产顺畅提供了有力保障。

【客户满意度提升】 2019年，河钢唐钢客户满意度达94.55%，同比提升0.64%。接收客户投诉152起，其中确定质量异议19起，同比减少17.4%。这一年，加强组织协调，规范调查取样、分析过程节点，不断提高异议处理响应速度，质量异议平均处理周期为4.7天；持续跟踪大客户交付、质量和服务绩效，以解决客户痛点入手，倒逼服务体系完善，每月对大客户订单交付、产品质量和服务情况进行汇总和跟踪，对发现的问题及时与责任部门沟通协调，持续进行改进和提升，避免问题重复发生，不断提高客户满意度。

【推进与主机厂合作】 2019年，河钢唐钢在客户开发过程中与高端品牌客户强强联合，以新目标推动客户结构再优化。这一年，以事业部制为契机，全面对接产线，建立起相应的终端用户服务保障体系，统一调配优化公司内部各项资源进行战略客户开发及服务工作；组建大客户经理开发服务团队，开展客户开发工作，通过华晨宝马汽车有限公司、奇瑞汽车股份有限公司、长城汽车股份有限公司（冷轧产品）、本特勒投资（中国）有限公司、海马新能源汽车有限公司、重庆长安汽车股份有限公司、华为技术有限公司等7家战略客户开发认证，由此具备供货资质；重点推进已通过认证的主机厂汽车板销售上量工作，上汽乘用车、吉利汽车、北汽福田、长城汽车等战略客户采购量大幅度提高。年内，汽车主机厂累计订货量（含酸洗）为20.5万吨，同比增加6.7万吨，其中上汽7.5万吨、吉利汽车3.5万吨、长城汽车6万吨、北汽福田1.5万吨、菲亚特（海外）1.3万吨，有力支撑了公司汽车板产线客户和产品结构升级。

【剪切加工中心建设】 2019年，河钢唐钢积极加强供应链建设，做好重点直供客户的剪切配送服务，与战略用户生产线进行生产和技术上的无缝衔接，增加客户黏性。年内，重点推进长春五矿新港、台州向海、天津国能和保定板材4个项目的建设和升级改造，其中长春五矿新港股权收购项目及保定板材升级改造项目顺利完成，台州向海项目和天津国能项目按计划稳步推进和建设。长春五矿新港项目的实施，使得公司钢材在长春月销量由一年前的百余吨跃升至4000余吨，同时实现了自2015年建成投产以来的首次盈利；保定板材升级改造项目的建成，系保定地区第一家拥有摆剪和高强钢剪切加工能力的加工中心，提升保定板材的竞争力，并为河钢唐钢服务该地区的主机厂、配套厂奠定了坚实的基础；台州向海、天津国能两个项目按计划推进，分别投建具有领先技术优势的进口伺服落料线和激光落料线，项目投产后对河钢唐钢汽车外板等高附加值产品市场开发工作形成有力支撑。

【加强营销队伍管理】 2019年，河钢唐钢加强营销队伍建设，推动营销领域薪酬改革，在专业技术职务、薪酬绩效等级、大学生竞业津贴等方面重点激发营销人员内生动力，增强营销活力。注重发挥领军人才在开发汽车板中高端客户、提升市场占有率、深度精准服务的重要作用，点对点从产线抽调技术骨干，全力支持配合营销专家推动国内外汽车主机厂技术和营销服务、产品认证和产业链条延伸；灵活调整组织机构，依据各区域盈利测算，撤销重庆服务中心，抽调力量充实华南、华中地区营销队伍；重视营销队伍综合素质的培养，培训体系辐射公司各事业部和其他营销区域，年内组织两次大型培训，内容涉及产品、产线与质量控制、汽车板使用技术及EVI、市场营销、商务礼仪、诚信与廉政教育、风险控制等方面；注重培养国际化人才，选拔核心岗位优秀员工赴辽科大、中钢协、德高、塞钢、昆士兰大学进修深造，同时坚持多岗能力测评，促进营销队伍综合素质能力不断提升。

HBIS GROUP 河钢唐钢 HBIS TANGSTEEL

生产经营与专业管理

生产制造与质量管理

【生产经营】 2019年，河钢唐钢坚持以市场和产品为中心，扭住效益和效率不放松，进一步完善生产组织预案，合理安排铁钢平衡和产线检修，产线作业效率持续提高；开展铁前系统技术攻关，高炉实现长周期稳定生产；强力推进炼钢智能化生产，转炉、连铸作业率和机时产量明显提高；全面优化轧钢系统排产及过程控制模型化，轧机作业率和机时产量均达到较高水平，生产经营取得历史性突破。全年，产铁1608万吨、产钢1686万吨、产钢材1515万吨，同比分别增长16.6%、7.9%、7.73%，其中钢产量创历史最好水平。这一年，坚持以效益为中心，提升生产运行效率，通过组织高炉利用系数攻关竞赛、炼钢铁耗攻关竞赛和轧机机时产量攻关竞赛，生产潜力得到进一步释放；加强事故闭环管理，健全应急管理制度，夯实产线基本运行秩序，D级以上成型事故较上年同期减少34%；积极应对外部政策和季节性变化对生产的影响，全面进行纵向工序衔接协调生产组织，量化炼钢工序各生产步骤的标准时间，缩短各工序生产周期，保障公司全局生产稳定和高效运行；针对全年生产用物资库存资金目标，转变生产组织模式，加强库存指标动态管控，提高库存周转效率，降低在制品库存，保证公司生产用物资库存降低。当年，公司生产用物资库存资金42.8亿元，较目标降低1.4亿元。

【提升订单兑现能力】 2019年，河钢唐钢加强生产计划管理，对影响合同交付的生产活动进行攻关，提高产线运行效率、确保重点客户交期，缩短合同兑现周期，订单兑现能力不断提升。当年，综合合同兑现率98.5%，汽车钢合同兑现率97.3%，家电板合同兑现率98.8%；重点用户合同组织完成73万吨，兑现率98.12%，重点产品兑现率95.54%；产销周期同比缩短10天。这一年，加强计划刚性执行，生产计划管理应用APS高级排程系统，主体环节实现自动化、信息化、无纸化，在订单排产、计划执行、物流倒运、仓储管理等环节均实现全产线透明化、高效化运行，为提升产线运行效率、确保重点客户交期提供有力保证；深入推进全流程拉动式精益生产体系建设，对生产管理、交付管理、制造周期、交付周期等影响合同交付的活动展开攻关，当年组织主机厂合同生产13.93万吨，同比增长177.7%，家电合同40.16万吨，高端特色锌铝镁6.3万吨，镀铝硅铝板5.42万吨，高强钢780/980及以上6.07万吨；冷轧产品、热轧重点产品交货周期较上年缩短1天；高强汽车板冷轧产品全流程制造周期由上年的22天缩短到20天。

【生产调度组织】 2019年，河钢唐钢持续加强生产调度管理，发挥生产组织在环保限产限行期间的指挥作用，确保生产稳定顺行。当年，执行环保限产措施117天，占日历天数33.05%，影响烧结矿产量460万吨，影响铁产量72万吨，环保停限产达常态化。这一年，积极应对严峻的环保停限产形势，协调生产、采购、物流等部门快速应对，通过内部跨区域调配烧结矿、外购烧结矿、外购球团矿等方法，保证高炉系统的生产稳定，其中公司本部和不锈钢公司两区域调运烧结矿达137万吨；根据停限产情况，合理安排铁、钢、轧联合配套检修，将停限产损失降至最低；组织各单位制定停限产预案、保产方案及复产方案，确保停限产期间停产产线安全停产、复产后稳定达产，生产产线稳产高产；督导各单位将停限产预案及措施落实到日常管理中，将停限产处置措施纳入岗位常态化操作当中。积极应对限行压力，建立运输车辆动态集中管控模型和运输车辆数据库，限行期间根据生产需要动态调整各单位车辆配额，对稀缺物料组织集中拉运，协调相关部门增加铁路运输；提高厂内物料仓储，增加战略物料储备，解禁期间督促相关单位快速补充物料仓位，建立物流发货快速反应机制，确保公司环保限行限产期间的生产稳定。

【质量体系建设】 2019年，河钢唐钢加强质量体系建设，构建质量体系内部审核与“一厂一策”运行机制结合的新模式，进一步提升质量体系运行和落地水平，公司质量体系运维水平跨入行业前列。这一年，以持续完善质量管理体系和提升岗位素质能力为出发点，创新内审模式，推进“一厂一策”机制，各单位由被动接受变自主改善，提出年度推进计划制定思路，谋求提升突破，实现体系由“符合性”向“有效性”的转变，年内由5个内审组辅导，完成18家单位两个推进计划的制定；策划推进计划和月度工作评价机制，并有效跟踪各单位计划的制定和落实；改进每月召开内审组长总结评审会内容，深化内审组长的领导作用，年末内审组和18家单位进行年度总结，识别不足，固化亮点；继续开展项目制攻关，转接上年课题2项，新立项17项，培养出公司内部“卓越改善能手”12名；创新内审方式，将质量体系审核和制造过程审核，化整为零、分步实施，导入分层审核方法，构建扎实的管理运行基础，取消或减少“符合性”审核，确保质量管理体系的有效性、过程的有效性和效率及产品的符合性；完成公司组织过程审核问题项、IATF 16949质量管理体系审核（外审）问题项的整改，当年11月11—15日，BSI审核组对公司IATF16949质量体系实施年度监督审核，公司本部、不锈钢公司、高强汽车板公司顺利通过外审。

【质量管理体系培训】 2019年，河钢唐钢落实年度质量管理培训计划，采取多种形式加强能力意识培养，不断提升质量管理人员素质和业务水平。当年，组织骨干内审VDA6.3过程审核技能培训、内审员能力提升培训2次，培训27人次，提升骨干内审员实际审核水平；扩展内审组成员，培养新进内审员，对未经过系统培训考试的内审员，组织标准培训和考试，并实施“老带新”计划，快速提升新进内审员能力；组织内审组研修，包括审核计划、检查表的编制，以及审核思路、过程方法的应用，有效提升审核员的审核技巧；通过微信公众号在“汽车钢质量文化”专栏，发布35期约6万字的体系知识解读，传播汽车钢理念文化和具体实施方法。

【产品审核与专项审核】 2019年，河钢唐钢坚持以用户视角，实施产品审核与专项审核，评价产品质量，寻求改善和提高产品适用性的途径和措施，当年实施产品审核73次；对体系运行薄弱环节及用户、产品、产线具体问题，由公司内审组进行专项审核31次，发现并解决问题206项，主要包括型钢性能问题专项审核、冷轧酸轧张力辊问题专项审核、不锈钢公司热轧酸洗板质量管理专项审核等，对审核发现的不足进行纠正。通过审核，深挖各项问题背后的管理问题，有效强化了职工的质量体系思维，推动体系的贯彻执行。

【质量管理】 2019年，河钢唐钢质量管理以满足客户需求为目标，强化产品质量过程本质受控，全面深入践行“受控、严谨、无缺陷出厂”质量方针，不断完善规程、标准，强化质量保障，提升产品实物质量与管理水平。全年，产品一次检验合格率97.37%，同比提升0.6%；废次降发生率0.65%；质量异议同比降低65%。这一年，坚持质量“体系工作日常化”，针对质量问题，以体系的视角和方法分析解决问题，建立全流程过程质量预报预警机制，从各个环节推行过程管控理念，将一次检验合格率和废次品作为主线加强对产品质量的控制，分钢种进行产线监控，增加对产品质量的控制力，年内产线关键过程符合率综合完成95.12%，同比提升1.1%；强化质量投诉、质量异议管理，严格落实质量异议分析整改管理办法，关注异议分析整改新问题、新趋势，对出现产品质量异常和客户质量异议时，以整改通知单、质量事故分析的形式，组织专业攻关，及时采取措施持续改进。当年，发生各类投诉139起，同比降低42.5%，质量异议整改100%按时关闭。

【标准化作业】 2019年，河钢唐钢推动作业长制与标准化作业紧密融合，持续推进标准化作业，构建较为坚实的管理规范化和作业标准化体系。全年，跟踪检查公司级标准化作业3324项，其中3242项合格项，82项问题项，全部整改完成，公司标准化作业符合率达到97.5%，同比提高6.2个百分点；事故故障中断减少28.9%。年内，继续坚持管理体系日常检查贯彻项目清单制度，全面推行公司级标准化周检查、周报告OA审批流程及检查问题整改闭环管理信息化系统，提升标准化检查工作效率；不断深化标准化作业检查项目，融合IATF和宝马汽车厂具体要求，识别管理要素，进一步聚焦各类控制异常和问题解决的跟进，加强生产厂检查和作业长标准化作业履职和能力的检查；各厂级检查、作业区检查的问题全部建账自主完善，全系统实现PDCA，促进工艺标准化作业水平的全面提升。

【工艺消耗件费用管控】 2019年，河钢唐钢认真执行集团资金管控制度要求，加大工艺消耗件费用管控力度，取得成效。年内，加强铁前辅料、清洗剂、胶类、添加剂等4类铁前工艺消耗件费用管控，优化工艺控制参数，严格审核月度领用计划，加大费用占比较高的滤料、煤泥等大宗物料的管控力度，控制合理库存，鼓励修废利旧，加强与周边民企的对标交流，保证铁前工艺件实际发生费用降低，全年铁前工艺件费用2287万元，同比降低100万元，吨铁工艺件费用1.70元，同比降低0.14元/吨；根据生产经营计划及财务下达的归口费用总指标，对钢后工艺消耗件费用指标进行分解和测算，严格审核各单位提报的工艺消耗件费用领用计划，控制费用指标，坚持每月统计、核实、分析，保证工艺消耗件费用降低，全年钢后工艺消耗件费用1.30亿元，吨钢工艺件费用9.04元，完成吨钢9.90元指标，同比降低8.96%。

【库存管控】 2019年，河钢唐钢进一步加强库存管控，降低库存资金占用，按照“铁前原料安全应对限行限产，中间库存缩短制造周期，产成品快进快出”工作思路，加强库存指标动态管控、关联性物料合并指标管控、非计划品重点管控，降低在制品库存，动态跟踪带出品和呆滞品，加强产销运衔接，有效防止了跌价风险。当年，生产用物资库存较目标降低1.4亿元，带出品发生率降低1个百分点，呆滞品库存降低17%。这一年，抓好库存管理工作，持续消除库存浪费，高效应对外部环境变化和产销节奏变化，通过日常加大库存监管力度，各类物料库存及时预警，库存指标根据生产变化动态调整应对环保带来的不利影响，生产组织有序，区域间合理调配，实现整体库存平稳可控；努力避免原料库存积压，根据消耗和库存水平调整进料计划，控制进料节奏及进料量，针对临时外采烧结矿、球团、进口贸易矿等资源，坚持少量多批次原则，防止一次性采购量过大造成库存升高；对呆滞品库存进行重点管控，通过优化排产，技术攻关减少月非计划品产生量；加大非计划、呆滞品库存拍卖频率，保证产成品库存管控。

【优质名牌产品】 2019年，河钢唐钢持续强化质量保障体系建设，不断深化工艺控制，产品实物质量保证能力进一步提升。当年12月，公司汽车结构用热轧钢带QStE420TM、镀锌钢带DX54D+Z两项产品获2019年度冶金产品实物质量“金杯优质产品”称号。

【标准管理】 2019年，河钢唐钢加强标准管理，主持参与国家标准与行业标准的制修订，为提升企业竞争力创造条件。以第一起草单位，主持制定行业标准《家电用连续热镀锌钢板和钢带》等共2项；作为参与单位，制修订国家标准《冷轧钢板和钢带的尺寸、外形、重量及允许偏差》（GB/T 708—2019）、行业标准《连续热镀锌铝镁合金镀层钢板及钢带》（YB/T 4761—2019）等共4项。

【内控标准优化简化】 2019年，河钢唐钢持续加强内控标准管理，开展优化产品内控标准结构、简化内容工作，公司现行所有内控标准实现优化简化，内控标准执行水平进一步提升。年内，针对公司产品结构的优化和用户个性化要求的增多，公司各产品内控标准内容不断增加，内控标准较为繁杂，对内控标准进行优化简化，优化简化内容包括：对同类钢种的热轧外售钢带及转序冷轧钢带，分别制定内控标准；连浇规定及混坯判定内容由文字描述转化为矩阵表格模式，使连浇与混坯判定规则更加直观清晰，同时简化标准篇幅；取消出厂性能表，制定性能执行标准，用于索引产品的性能要求；取消出厂镀层黏附性检测弯曲试验的弯心直径表，设定出厂镀层黏附性检测执行标准；简化内控标准的“更改状态一览表”，规定每年初整理一次，并将上年度最后版归档留存，便于内控标准使用者查阅和执行。

【认证管理】 2019年，河钢唐钢加强产品认证管理，严格过程管控取得成效。年内，高强汽车板公司通过绿色产品认证年度监督审核，钢筋产品通过中冶认证年度监督审核，组织镀锌产品出口沙特SABER type3认证现场审核，热轧产品、冷轧产品出口泰国TISI认证现场审核；组织北汽新能源对公司汽车板潜在供应商评审并获通过，宝马认证模拟审核及正式审厂，福特、奇瑞、本特勒、一汽轿车审厂等认证审厂与采购和供应商管理相关资料准备和应审工作；进行公司各类产品的禁用物质检测、食品级检测等工作，检测结果满足相关标准要求。

【二方认证】 2019年，河钢唐钢坚持提高标准，积极开展二方认证，重点推进高端产品和高端客户的产品认证工作，在稳步推进国内汽车自主品牌和新能源车企认证的同时，全力开展合资品牌汽车主机厂的认证，并努力开拓国际汽车品牌。全年，通过宝马汽车、重庆长安汽车、奇瑞汽车、上汽乘用车、上汽通用五菱、上汽大通、北汽新能源、东风柳汽、国能、长安客车、广汽、海马新能源、一汽轿车等13家主机厂不同阶段认证；通过三星、美的、富士康等3家知名家电主机厂认证。这一年，密切关注二方认证内容，组织二方产品认证203项（其中上年顺延13项），认证厂家包括汽车主机厂129项，家电产品41项，汽车配套厂33项，认证牌号覆盖整个普通软钢系列、低合金系列、双相钢系列，涉及近100个牌号，150余种规格，AlSi、ZnAlMg产品的认证取得长足进步，提供认证料片约3.5万片，样卷约600吨，完成认证材料提交140项，通过认证62项。此项工作提升了公司在业内知名度，为公司汽车板生产和高端用户市场开拓打下良好基础。

【原辅料管控】 2019年，河钢唐钢进一步完善原材料全面质量管控模式，健全原辅料进厂管控机制，修订原材料及供应商相关管理制度，加强原材料供应商二方审核，实现原辅材料全过程质量可控。全年，合金类一检合格率96.53%，同比提高1.43%；白灰一检合格率95.93%，实现质量目标；质量问题整改率100%；原辅材料质量指标反馈率100%；进厂原材料一检合格率98.68%，原辅料采购计划兑现率97.48%，耐材采购兑现率97.70%。这一年，不断完善原辅料管理流程和标准文件，对《原材料试验管理办法》《合金检验管理办法》《冷轧介质检验管理办法》《原材料供应商第二方审核管理办法》等4项制度文件进行修改，修订河钢乐钢原材料技术条件炼铁34份、炼钢90份，制定完善公司本部、不锈钢公司、中厚板公司原材料技术条件、内控标准24份，进一步提升质量体系运行和落地水平；以生产使用单位、采购部门为依托，开展原材料采购、原材料供应商评价、原材料仓储等15项支持工作，按照《原材料管理程序》和原材料供应商第二方审核计划，对49家原材料供应商进行第二方审核，涉及耐材供应商26家、辅料类供应商9家、合金类供应商12家、介质类供应商2家，并进行对审核问题项整改反馈，有力助推原材料质量保障能力提升；加强原材料试验评审及协议管理，年内对各生产使用单位提出的涉及52项耐材、40项合金辅料类原材料试验评审项目进行全面审核，对各阶段试验项目过程进行跟踪，签订下发相关技术协议，促进工艺进步和成本降低；积极开展原材料OA审批流程推进工作，当年10月OA系统原材料管理相关业务审批上线试运行，各生产使用单位原材料相关申请材料的提报均在OA系统流程进行正常审批，共审批项目26项；加强原材料实物抽查及质量检验，年内合金抽检36次、白灰抽检24次，保证产品检验的及时性和准确性，提高实物质量的稳定性。

【废钢管理】 2019年，河钢唐钢持续加强废钢管理，保证废钢质量可控，为生产顺行提供支撑。这一年，考察废钢资源12次，举行废钢招议价会16次，开展废钢质量巡查118次，其中物流分公司废钢库区31次、生产单位7次、供应商现场80次，对13家供应商进行处罚，其中停止发货整改17次、扣吨28.62吨、降级处置8次、退货20车、暂停议价2次，有力维护了公司废钢管理秩序；加大废钢危险品管理力度，强化源头管控，废钢危险品得到有效控制，年内共测试废钢出水率106炉次，均为特级破碎料，平均出水率91.93%。

【炼钢工艺质量管理】 2019年，河钢唐钢加强炼钢工艺质量管理，建立健全相关管控措施，为炼钢工艺质量提升提供支撑。全年，炼钢废次降指标综合完成0.29%，同比降低0.13%。这一年，修订完善炼钢程序文件、管理办法，修改一钢轧厂13个钢种、二钢轧厂8个钢种的控制计划；下发技术通知单9个，工艺管理整改通知单9个，板材整改通知单1个，判定通知单1个；下发整改通知单反馈及时率100%，各厂整改措施落实100%。围绕工装管理，修订《生产工装管理程序》（TGCX-Q-18），完善工装管理流程，以及对工装使用质量的供应商评价准则，坚持对1700毫米、1810毫米生产线结晶器管理进行月度两次抽查，抽查合格率100%；加强工艺检查，遏制炼钢工艺事故发生，年内发生工艺事故33次，同比减少20次，降低37.7%；事故时间同比降低50.4%，为生产稳定顺行创造有利条件；重点围绕工艺执规、典型质量问题整改措施落实跟踪、体系推进、生产事故措施验证等内容开展标准化检查422项，其中问题项12项、一般问题项4项、严重问题项1项，全部整改完毕。

【水质管理】 2019年，河钢唐钢加强水质日常管理工作，全年未发生因水质影响生产事件。年内，制定水质合格率、水温等目标，紧盯水质指标波动情况，及时组织各单位进行处理，并验证措施效果；积极与相关部门单位沟通协调，解决转炉除尘水悬浮物指标超标、除尘水硬度超标等生产工艺问题，开展冷却水塔防护柳絮网安装、定期抽检跟踪转炉除尘水污泥含锌量、修改二钢二冷水控制方式、除尘水深水池清理、协调新事业污泥拉运等具体工作，提升公司各工序用水指标稳定性，保证生产顺行。

【智能制造建设】 2019年，河钢唐钢以模型化带动智能化生产，将设备和工艺的优势与信息化手段和模型化建设融会贯通，开展智慧制造关键技术、技术难点攻关以及示范应用，努力提高产线智能化水平。年内，公司连续实现转炉自动出钢、自动倒渣等工艺技术突破，高强汽车板实现冷轧机组生产“一键式操作”，中厚板公司炼铁系统实施烧结机点火炉自动控制等项目，“一键炼钢”和冶炼命中率提高到90%以上，轧钢系统除磷和超快冷工艺实现智能化生产。这一年，充分借鉴同行业、相近行业智能制造成功应用案例，深度挖掘制约产线效能提升和质量稳定性的关键“痛点”，根据各单位具体实际情况，实施“一厂一策”智能化推进工作；坚持以“智能制造2025”行动纲要为指导，制定和实施《河钢唐钢智能制造总体蓝图规划与行动指南》，推动生产逐步向智能化迈进，为产线技术进步、产品开发、质量改进、效率释放和低成本运行提供新引擎；充分识别国内钢铁冶金行业智能化要素，根据公司实际引导提出智能制造需求清单，共收集智能制造项目课题47大项、268小项；积极组织企业对标和产学研规划，与国内先进的钢铁企业进行人员配置、设备管理、智能制造发展规划、企业管理规划、风险应对和挑战等多维度对标工作，先后与宝钢股份、宝信软件、首自信公司、台湾中冠、台湾中钢、普锐特、海康威视进行交流8次、开展现场调研6次，并立足产线需求将科研技术理论与智能化制约问题结合起来，切实解决智能控制、模型优化、设备检测、智能影像等存在的问题。截至年末，完善智能化项目30余项。

【炼钢工序信息化建设】 2019年，河钢唐钢加强炼钢工序信息化建设，围绕钢区质量管控与最终产品质量对接，开发三条产线连铸坯等级自动判定系统并上线，实现铸坯在线质量分级判定。这一年，围绕炼钢工艺过程铸坯等级自动判定模型系统的研发与应用，对1580毫米、1700毫米、1810毫米生产线铸坯判定系统进行升级改造，将炼钢工艺异常事件纳入铸坯质量等级判定，制定分钢种、分异常事件的铸坯等级判定规则，打通事件采集系统流程，完善QMS铸坯判定界面，制定异常事件规则编辑器，通过对该系统以及围绕该系统支持系统运行情况跟踪，实现对有数据铸坯计算准确率100%，系统计算及时率99.93%。支撑河钢乐钢信息化建设，进行钢区工艺信息采集，梳理各工序需要采集项；与PSI结合，解决出钢记号、OD系统钢区设计、铸坯判定实现与应用问题；制定钢区二级系统取样编码规则等；加强ODS系统维护，年内维护OD系统共计25个钢种、33个产线工艺参数，推动公司信息化精益管理水平全面提升。

【质量检验】 2019年，河钢唐钢全方位推进质检标准化作业，持续提升质检作业标准化水平和在线产品质量检验人员能力，全年月质检标准化率稳定在99.5%以上，一次检验及时率100%，成品错漏检事故为零。年内，以相关规程及规定为基础开展找碴活动，不断完善各质检岗位的岗位规程，以质检报告系统大数据为抓手，提升成品一检及时率和质检标准化率；全面落实表检攻关，全流程对照完善缺陷数据库，提升表检“两率”和全流程分析能力，各产线缺陷检出率和分类率分别达到99%和85%以上。

【通过CNAS监督评审认证】 2019年，河钢唐钢持续提升检化验综合能力，为高端产品生产和质量提高提供保证。当年9月，公司理化检验中心顺利通过中国合格评定国家认可委员会（CNAS）的监督评审，授予认可资格。这一年，秉承客观公正、及时准确、服务客户、持续改进的质量方针，持续提升理化检验中心的管理和技术运作能力，对质量手册、程序文件、质量记录等管理体系文件进行3次审查修订，增补、修改文件记录82项；根据各作业区实际业务需求，修改作业指导书、原始记录102项，组织授权检测人员进行管理体系文件、记录、方法标准等专项培训32次，组织参加能力验证项目10项、26个参数，所有参数评定结果为“满意”。年内，发出报告差错率为零，检测结果及时报出率和标准化率均大于99.5%，客户综合满意度评定97.5分，实现CNAS质量管理体系的总体质量目标。此次评审，经现场按认可标准完善、聘请专家指导、现场评审等工作，针对不符合项进行整改，评审范围包括理化检验中心所有作业区，评审内容覆盖认可准则（ISO17025）的全部要素，共计45个检测项目和83个参数。

财务经营管理

【财务经营管理】 2019年，河钢唐钢加强财务经营管理，优化内部机构设置和职能划分，建立规范、科学、高效运行的财务管控体系，实现战略财务和业务财务的转型和业务融合。年内，抓好公司财产清查工作，按照国家清产核资有关制度及政策要求，本着对历史负责的态度，研究公司区位调整实现资产对冲和债务结构优化途径，谋划做好各类政府部门对公司财务状况的审计检查工作，为公司顺利实施区位调整创造有利条件；做好纳税筹划工作，加大财务参与力度，加强对重点投资和基建项目的效益评估和风险评估，参与两个焦化项目等重点基建项目涉及的重大合同招标、评审工作，依据公司管理制度进行管控，并提出财务意见，保障项目建设。

【财务共享体系建设】 2019年，河钢唐钢加强财务共享体系建设，进一步丰富完善自身服务内容，促进财务管理水平提升。年内，自主创新应用RFID技术，建立共享中心单据可定位、可追溯、可借阅的电子档案平台，实现单据有效跟踪及查询；引入航信发票集中管理平台，全面集成共享中心相关业务系统，实现发票开具、发票认证自动化及发票管理可视化，增值税管理及时性和有效性进一步提高；抓好财智云平台与异构前端业务数据集成报账模式研究及软件开发，实现了数据在各个系统间高效共享；加强资金共享平台建设，优化开发支付数据集成系统，实现从支付指令到资金付款数据不落地，提升资金支付效率，为实现资金管理智能收付和智能对账提供支撑；扩大共享中心业务范围，平台30多家公司单体报表由共享中心批量生成，完成合并报表测试，工作效率进一步提升。

【标准成本管控】 2019年，河钢唐钢进一步创新管理思维，坚持从成本型思维向效益型思维转变，加强标准成本管控，降本创效工作取得明显成效。当年，公司主体生产单位标准成本符合率由年初的70%提高至85%；炼铁工序可比成本、炼钢变动加工费、轧钢变动加工费分别同比降低33元/吨、26元/吨、14元/吨。年内，紧密结合市场原材料和产品价格变化形势，组织各事业部、市场部和生产制造部等多部门进行效益测算，适时调整各产线铁耗，实现创效6253万元；准确研判市场形势，做好每周和阶段性成本效益测算排序，从产品区域投放、客户结构、产品结构、效益排序和生产组织五个方面分析研判公司经营方向，确定月度经营预算；全面整合成本核算业务，梳理成本结算流程，将成本核算业务从二级核算转为一级核算，实现月结落地；注重提高成本管控人员素质能力，重新划分成本管理岗位，制定完善岗位职责，组织加强理论知识学习，力促财务管理水平提升；抓好生产成本过程控制，根据生产日报编制日成本报表，并与日清日结成本报表核对，跟踪分析差异数据，制定有针对性解决措施，指导生产现场实际成本管理；根据主要原料价格、生产技术工艺变化情况，及时修订标准成本，重点提高标准成本的科学性和可操作性，使标准成本体系发挥指导生产作用。

【全面预算管理】 2019 年，河钢唐钢强化战略管理，按照体系思维开展预算管理，搭建全面预算管理体系，为完成生产经营任务和挖潜增效计划提供支撑。年内，加强信息化管理，优化财智云系统，建立费用预算管理平台，实现费用预算全面控制；根据市场等外部环境变化情况，组织编制年度和月度预算，采用月中指标控制分析、月初评价上月完成情况等方式，持续跟踪改善程度和总结固化，实现全面预算体系有效运转；做好预算全流程财务和经营状况分析，以预算目标为依据建立各部门预算考核体系，每月初依据预算对上月完成情况从价格、成本、利润、费用和资金等方面进行分析，对各单位成本利润完成情况、归口费用完成情况、重点专业管理工作完成情况、购销部门完成情况、库存完成情况进行绩效评价，找出差距提出改进措施并持续跟踪改善状况，促进指标不断完善。

【运营资金管理】 2019 年，河钢唐钢贯彻执行集团关于资金管控制度要求，借助河钢资金预算管理平台，按时做好月度资金计划编制，月末出具资金预算执行分析，及时对比检查预算执行情况，修订次月资金预算，保证公司重点原材料采购及公司重点项目支出，有效防范了资金风险。年内，进一步改善融资结构，控制融资成本，引入建信投资计划 18.4 亿元，参股高强汽车板公司；利用唐山钢联 5 号、6 号焦炉环保搬迁工程获得进出口银行 8 亿元项目融资；进口矿信用证到单 15.30 亿欧元，融资成本年化利率为 0.48%，比选择人民币控制融资成本支出 1.21 亿元。这一年，严格执行以收定支原则，加强成本预算对接，在确保现金流前提下，合理压缩支出，科学安排采购支出，为公司生产经营提供有力的资金安全保障；结合当前融资环境，深入推进资金运作，全面分析考虑公司及各子公司融资规模及融资成本，合并融资规模 712.01 亿元；加强企业风险控制，及时调整融资节奏，避免个别月份到期融资过于集中带来的资金压力，累计倒贷 578.95 亿元，保证了资金链安全；调整融资期限，积极与银行沟通协调，增加银行借款，转换调整票据为流贷，提高资金使用效率。

【指标体系建设】 2019 年，河钢唐钢进一步强化指标体系建设，改进绩效评价模式，提高指标控制力。年内，制定各单位关键绩效指标，按照规范统一、科学有效原则，建立绩效评价标准，将炼铁工序关键绩效指标设定为高炉利用系数，炼钢工序关键绩效指标设定为钢铁料消耗，轧钢工序关键绩效指标设定为成材率，动力系统关键绩效指标设定为各主体工序动力成本单位降低额，物流系统关键绩效指标设定为吨钢物流费用，非钢单位采用利润数作为关键绩效指标，销售部门关键绩效指标设定为售价提升额，根据其完成情况评价各单位工作，指导生产，提高成本管理水平，确保指标体系更趋合理；加强成本指标分析体系建设，全面分析企业历史成本数据、同行业同类型标杆企业数据，进一步查找公司在成本控制上存在的问题，提出并落实相应的解决方案，降低公司在生产经营控制上存在的风险。

【落实税收优惠政策】 2019 年，河钢唐钢落实国家减税降费优惠政策，加强政策法规研究，及时了解并掌握税收政策变化，确保公司利益最大化。年内，积极对接国家政策规定，按照财政部、国家税务总局、海关总署联合发布的《关于深化增值税改革有关政策的公告》，认真解读文件精神，于 4 月 1 日将现行增值税税率由 16%和 10%分别降到13%和9%，并试行期末留抵税额退税等政策，增值税税负明显降低，减少资金支出2.9亿元。抓好降费工作，针对国家自5月1日实施的下调城镇职工基本养老保险单位缴费比例政策，用足用好税收优惠政策，缴费比例由20%降至16%，公司享受此项政策减少费用支出0.61亿元；按照年初实施的《个人所得税法》，个人所得税起征点从3500元提高至5000元，增加六项专项附加扣除，首次建立综合与分类相结合的个人所得税制，公司职工全年预缴个人所得税同比降低3451万元，增加了职工可支配收入。

【完善价格管理体系】 2019年，河钢唐钢进一步完善价格管理体系，合理控制库存资金占用，经营工作水平持续提升。年内，建立快速反应机制，梳理发布《产品价格备案制管理办法》《销售后评价管理办法》《客户开发奖励办法》和《信息员建设管理办法》等管理内容，加强公司销售后评价管理、强化客户开发管理，适应市场变化；改变并完善定价方式，结合钢铁网站定价、内外部竞争对手价格、价委会询价等因素，按照不同权重加权制定基价，于8月通过网上平台发布指导价格，其中发布的板材指导价格按照35%的权重比例（两网均价占比65%）参与协议户月末结算，迈出了从依据网站定价转向自主定价的关键一步；严格执行公司购销后评价管理办法，全面分析销售订单，科学合理评价产品区域投放、客户结构、产品结构、效益排序和客户贡献等内容，助推“两个结构”实现再优化；严格控制库存资金占用，研判原燃材料与钢材市场价格走势，结合生产需要，对中间库存、产成品库存、原燃材料库存调整提出合理建议；优化库存结构，加强对重点库存和有效库存动态管理，将海陆在途资源纳入重点存货管理，加速存货周转，把握生产所需存货消耗量，计算相关周转天数，将4天、10天所需库存量确认为存货指标上、下限；合理利用期货，利用中远期合约价格预测钢材价格、大宗原料未来的价格走势，建立期货现货基差走势模型，分析判断价格趋势变化，形成信息化、模型化的数据支撑体系，以81.5美元买入9月底到期铁矿石掉期合约锁定采购成本，实现盈利25万美元。

【经营评价】 2019年，河钢唐钢以销售分析评价为抓手，发挥经营职能，聚焦产品和客户，围绕“两个结构”再优化，做好经营评价，不断提升产品售价和效益。年内，组织月中、月末两次经营预算预备会，把控经营方向，指导和促进产品及客户结构优化升级，保证效益高产品在价格较高地区投放比例；分析预测市场价格，引入社会库存、规模以上工业增加值、全国固定资产投资、房地产开发投资、进出口总值及一些货币政策等影响市场变化因素，深度预测市场、把控市场；优化接单价格，由事后评价优化为事前评价接单，通过市场各项因素平衡比价，保证接单价格高于市场平均水平；优化产品结构，螺纹钢增加直供、Ⅳ级螺纹和小螺纹销售比例，中型材注重稳定矿材销量，大型材重点增加南网、国网角钢销售比例，冷板增加汽车板、家电板销售占比，热板增加低合金和薄规格销售比例，并根据市场形势及时转换螺纹、热板等品种产能，保证了公司产能效益最大化；优化客户结构，家电板、角钢客户忠诚度达90%以上，螺纹钢、热卷客户忠诚度均在75%以上，角钢、矿用钢等集中度达80%以上。

设备管理

【体系建设】 2019年，河钢唐钢进一步完善设备管理体系，结合质量、能源、环境、安全、测量五大管理体系认证标准及作业长制管理要求，重新修订设备管理程序3个、管理办法44个，明确设备及备品备件的分类标准，规范设备精度、检修管理，为生产顺行及产品质量提升提供可靠保障；优化设备全生命周期管理系统，为设备管理提供真实、完整数据支撑；持续开展设备管理检查，全年通过隐患排查、专项检查、定期抽查等方式，整改设备深层次问题和隐患共计300余项，有效减少设备故障时间。

【主要指标】 2019年，河钢唐钢从精细管理、设备运维优化、降低消耗等方面入手，统筹规划设备管理、技术服务、物资采购等工作，关键指标进一步优化，保证各生产线的稳定运行。全年，机械电气类设备事故故障时间累计342.94小时，同比降低36.8小时，降幅9.69%；入库采购资金累计发生9.15亿元，较指标节省304万元；备件辅料资金占用9371万元，以上指标均达行业领先指标水平；备件修复率45.2%，比目标提升3.2%，内部修复占比21.1%。

【设备检修管理】 2019年，河钢唐钢以降低生产内部质量缺陷、提高产品质量为切入点，科学制定检修模型，提升设备功能精度，检修工作在项目、质量、安全、费用、工期等方面得到有效管控，为公司产品升级和效益提升提供必要保证。全年，组织大修、炉役、清炉、改造等24次，定修364次，包括二钢轧厂1号棒材生产线大修、型钢厂中型生产线大修、不锈钢公司2号转炉炉役、高强汽车板公司连退生产线清炉、一钢轧厂3号连铸机电磁制动改造等项目。这一年，在高强汽车板有限公司推行通用设备功能性承包，由检修分公司承接功能性承包水泵、风机等通用设备，专业管理水平进一步提升；检修项目采用精细化管理，精准制定检修流程及时间，组织产线检修工作，在产线设备整体功能精度恢复的前提下检修费用较指标降低17.55%。

附表　2019年河钢唐钢设备大修情况一览

大修名称	起止时间	大修产线	备件费/万元	检修费/万元
二钢轧厂1号棒材线大修	1月7—18日	1号棒材线	155	167.1
中厚板公司轧钢2号线大修	2018年12月28日—2019年1月15日	2号转炉、1号连铸机、轧钢2号线	1246.34	785.8
不锈钢公司2号转炉炉役	1月6—21日	2号转炉、2号连铸机	384.62	565.9
一钢轧厂3号连铸机电磁制动改造	2月27日—3月20日	2号转炉、3号连铸机、4号连铸机、1810毫米生产线	377.56	573.93
一钢轧厂1号转炉炉役	3月27日—4月4日	1号转炉、2号连铸机	432.75	244.13
高强汽车板公司连退线清洁生产	4月24—30日	连退线	177.11	84.65
不锈钢公司3号转炉炉役	4月24日—5月2日	3号转炉、2号连铸机	299.63	165.49
二钢轧厂3号转炉炉役	5月24—29日	3号转炉、6号连铸机	145	107.11
冷轧薄板厂三镀锌清洁生产	6月15—20日	三镀锌	78.41	169.32
不锈钢公司2号转炉炉役	6月11—19日	2号转炉、1号连铸机	318.25	283.07

续附表

大修名称	起止时间	大修产线	备件费/万元	检修费/万元
型钢厂中型线大修	7月4—17日	中型线	404	424
二钢轧厂1号转炉炉役	7月17—27日	1号转炉、5号连铸机、2号棒材线	265	147.09
高强汽车板公司4号镀锌线清炉技改	8月19—29日	4号镀锌线	304.12	109.84
高强汽车板公司6号镀锌线清炉技改	9月23日—10月2日	6号镀锌线	230.03	117.88
不锈钢公司3号转炉炉役	9月26日—10月2日	3号转炉、3号连铸机	227.51	256.27
一钢轧厂1700毫米生产线1号加热炉大修	9月29日—10月8日	1700毫米生产线1号加热炉	120.36	26.61
中厚板公司3号转炉炉役	9月27日—10月8日	3号转炉、3号连铸机	286.34	253.95
型钢厂大型线大修	10月9—24日	大型线、4号连铸机	345	319
一钢轧厂1号转炉炉役	10月29日—11月6日	1号转炉	366.8	190.84
中厚板公司轧钢1号线大修	10月29日—11月18日	2号转炉、1号连铸机、轧钢1号线	1524.65	763.73
中厚板公司1号转炉炉役	12月5—23日	1号转炉、2号连铸机	240.53	364.3
一钢轧厂3号转炉炉役	12月13—21日	3号转炉	276.05	158.06
不锈钢公司2号转炉炉役	12月23—30日	2号转炉、2号连铸机	204.79	298.08
合　计			8409.85	6576.15

【综合状态管理】 2019年，河钢唐钢以高强汽车板公司为试点，稳步推进产线工程师负责制的产线状态管理模式，实现产线综合状态动态管理。制定《产线设备工程师负责制实施方案》，建立由专业技术人员担任产线设备工程师，在线检测系统、点检、检修、生产岗位等为支撑的管理架构，全面评估、把控产线各环节设备运行情况，提升产线整体功能精度，满足品种钢生产需求。

【特种设备管理】 2019年，河钢唐钢持续加强特种设备管理，依法依规严格管理特种设备及其操作人员，注重操作人员技能水平提升培训，开展特种设备专项检查整治，保障特种设备的安全、稳定、经济运行。全年，检验起重设备457台，检验锅炉以及水质化验水处理设备20台，检验压力容器211台；办理新装特种设备使用登记证10台；定期开展特种设备安全隐患排查整治，阶段性抽查各单位起重机隐患大排查开展情况；制定环保设备本体及管道检查标准，持续加大对环保设备检查力度，保证公司特种设备安全稳定运行。

【设备点检管理】 2019年，河钢唐钢强化设备点检管理，升级三级点检系统，新增岗位点检模块，优化设备点检标准、流程，推行设备点检、检修标准化作业，专业点检员、岗位点检、检修人员依据标准、流程，实施作业与管理，及时掌控设备运行状态，分析设备劣化趋势，避免出现设备欠修、过修，在检修效率提升的同时维修成本进一步降低。全年，点检员月平均点检近 130 万条，8 小时点检异常处理率指标完成 99.92%，点检质量明显提升，为公司安全生产提供有力保障。

【标准化管理】 2019 年，河钢唐钢全面推广点检、检修、液压标准化管理，制定标准化管理实施方案，对点检、检修实施分类分级管理，按照 PDCA 原则，完善点检、检修标准化作业流程，提升点检、检修的实效性；成立液压标准化推进小组，制定可量化的检查标准 66 项，建设液压标准化站室 211 个，全面提升液压管理水平，为产品质量升级、精度达标提供保障，全年液压润滑油品费用同比降低 11.75%。

【物资采购管理】 2019 年，河钢唐钢充分利用 ELM 系统严格控制物资采购计划，结合公司退城搬迁规划，执行需求计划申报原则，避免使用高大上设备、备件，同时综合考虑各单位当月采购资金指标、遗留问题、在途合同、修复合同签订等情况确定各单位当月采购计划申报指标。每月根据合同交货期落实交货进度，针对交货日期在上年 12 月 31 日前应交未交货在途合同全部终止，全年终止合同条数 1.11 万项，合计金额 9420 万元。当年，梳理备件供货渠道，配合集团完成供应链系统上线运行，成功与 ERP 系统并轨；执行集团联采相关政策要求，对除尘布袋、皮带、电缆等备件进行联采招标；打造战略联盟，与唐山冶金锯片有限责任公司等关键备件厂家签订战略合作协议，确保备件优质高效采供。

【备件修复管理】 2019 年，河钢唐钢加大备品备件修复管理力度，细化备件修复业务流程，明确修复项目确认书上报时间、修复件返厂时间及先签订合同再修复等相关要求，保证合同签订的及时性。修复结算执行月结算预算管理，交货情况清晰透明，增强合同管理的严肃性，提高各单位修复计划的准确性。结合公司退城搬迁计划，针对修复费用高、修复工期长的待修备件，在充分考虑其装机量、库存备件情况后再组织修复，严禁无修复价值或通过更换设备主体部件进行修复的备件，减少不必要费用的发生。全年，备件修复率（含内部修复）45.2%，备件修复产值为 3.67 亿元，其中内部修复重机装备公司完成 6646 万元，检修分公司完成 1884 万元。

【经验交流】 2019 年 9 月 20—21 日，中钢协冶金设备分会一届六次理事（扩大）会议在唐山市召开。河钢唐钢作为承办方组织本次会议，公司党委书记、董事长王兰玉出席会议并代表公司致欢迎辞，中钢协领导就钢铁行业智能制造发展作主旨演讲，设备机动部代表河钢集团介绍设备管理经验，宝武集团、泰尔重工等单位代表分别发言。河钢集团设备管理工作会议同期召开，集团副总经理王竹民参加会议并讲话，集团领导就设备指标统计分析及产线对标工作做出安排。当年，公司与首钢京唐、河钢承钢、河钢宣钢、河钢石钢、宝钢、涟钢等企业开展对标，就设备、检修、费用控制、计划、采购等方面进行交流，学习管理经验。

安全管理

【安全责任落实】 2019 年，河钢唐钢强化一级包一级、一级对一级负责的安全责任链条，形成全员强化安全管理格局。年内，贯彻落实《安全生产责任制度》和《包联责任制》工作要求，公司领导班子带头到生产一线检查安全工作，听取安全工作改进意见，起到良好示范作用；各单位厂部级、科室、作业区、班组、岗位全部参与安全管理，形成全员抓安全的氛围；强化履职尽责意识及能力考核，将安全履责考试贯穿全年的履责检查，年内组织对公司领导、各单位厂部级领导共计208人进行安全履责考试，抽查各级人员1597名，对89名履责不合格人员进行考核；各单位采取现场问询、集中考试等形式，查验全体职工安全职责落实、岗位风险及应知应会掌握情况，实现履责检查全覆盖；全年因发生事故或存在严重问题考核厂部级责任领导141人次、科级人员及作业长310人次，累计考核614万元。

【安全预防体系建设】 2019年，河钢唐钢加强安全预防体系建设，开展“双控”机制信息化平台搭建，完善预防体系，坚持有变则辨，动态管控。年内，全面搭建涵盖风险管理、隐患排查治理、大数据分析、移动端管理等模块的安全管理信息化平台，将中厚板公司、高强汽车板公司作为试点，通过风险在线实时监控、个人移动端即时提醒、二维码技术运用等手段，实现风险管控和隐患排查治理规范化、标准化、便捷化、智能化，为安全预防体系建设提供信息化专业支撑；聘请专家开展“双控”机制建设相关知识培训，利用两级安委会、班前班后会等形式开展多层次的危险源辨识培训，根据岗位风险特点编制200余套试卷，组织覆盖全员的“实战化”考试，提升各岗位危险源辨识能力；针对岗位人员变动、脱硫脱硝项目的“四新”和常态化环保限产，组织新风险辨识与培训，保证风险动态管控，巩固公司安全预防机制；落实公司27个重大危险源的评估、备案和钢联焦化、佳华焦化等项目的“三同时”，严格设计、严格监理、严格施工，确保新项目源头上不产生隐患；对炼铁、炼钢新版规程进行解读培训，全面完善各类体系文件，实现安全生产标准化与职业健康安全管理体系有效融合；深化集团的安全生产示范点建设，不锈钢公司自主研发视频摄像智能判定、违章操作信息智能采集系统，一钢轧厂、冷轧薄板厂、美锦煤化工公司新增示范点顺利通过集团验收。

【作业区和班组安全建设】 2019年，河钢唐钢将安全管理重心下移，全面强化作业区和班组安全建设。年内，公司直接对管理落后的作业区、专业科室开展专项评审，通过约谈、专题汇报等方式督促指导相关负责人推进作业区、班组安全建设；多措并举提升基层管理人员的安全素质，对827名在职作业长、科级人员进行安全评价，对185名新任职作业长及以上人员进行安全培训和考试，对上年发生工伤事故的73名责任作业长、班组长进行警示教育；依照作业区、班组安全管理核心要素，对基层开展日常检查和“飞检”，强化作业区、班组人员的危险预知、安全确认、应急处置的自主管理水平；每月对各单位1780个班组的安全自评价结果进行抽查验收，并对不合格班组进行帮扶指导，持续提升班组安全管理能力。

【隐患排查治理】 2019年，河钢唐钢实行隐患闭环管理，确保隐患排查覆盖率和整改率100%。年内，坚持高强度、高频次的隐患排查，并对发现的严重问题立即组织相关责任人召开现场会，分析原因、制定措施，杜绝重复问题发生，全年共查改问题5327项，考核49.8万元；各单位厂部级领导带队安全检查937人次，专业科室安全检查8696次，作业区每周、班组每班开展隐患自查自改，形成全员查改隐患的良好局面；开展煤气、有限空间、涉爆粉尘专项整治，消除除尘器灰仓、皮带系统、涉辊道作业、涉煤气作业、危险化学品、安全销、高压电气系统等方面的安全隐患；开展防雨防汛、防寒防冻、设备设施、交通运输、定置管理等专项检查；将作业活动易发生的习惯性违章及管控措施汇编成册，下发岗位供职工学习，加大对习惯性违章行为的检查与考核力度，提升职工的执规意识；对钢联焦化、佳华焦化以及废旧设备拆除等项目安全预案进行论证，定期组织相关部门、单位进行检查，共计清退严重违章作业人员25名，清理不合规施工机械13台（套），处罚19.5

万元；强化对检维修作业过程的监督检查，全年对45次大中修、482次定修进行过程监管，实现检修管控全覆盖。

【安全教育培训】 2019年，河钢唐钢注重因需施教、因岗施教，结合岗位、专业、工种特点，做实安全教育培训，提升职工安全技能。年内，编制260余套差异化安全培训教材，并对安全内训师开展专项培训，为全员安全培训提供支撑。采取分期培训、集中考试、教考分离的方式，严肃培训过程组织，统一考试、统一阅卷，共组织培训381期3.1万人次，对培训、考试过程进行全程监管，对26名违规作弊人员进行通报、考核，确保培训的实效性；将标准化作业、应急处置纳入实操培训，录制较大危险作业标准化视频课件，专业部门定期组织实操培训效果验证和随机拉动演练，保障实操培训效果；组织公司294名厂部级负责人和安全管理人员参加河北省安全资格培训考试，组织1632名特种作业人员、850名班组长进行起证、换证或复审培训，确保“三项”岗位人员全部依法依规持证上岗；举办职业健康安全管理体系、消防、应急管理、职业卫生等专项培训，共培训相关人员3233人次，有效提升各级人员专业素质。

【职业卫生、消防和应急管理】 2019年，河钢唐钢加强职业卫生、消防和应急管理，配合唐山市卫健委开展职业病人员摸底调查，对22家具有职业危害的单位进行现状评价和年度检测，组织1.91万名接害职工进行年度职业健康体检，与903名新入厂和转岗接害职工签订《职业病危害告知书》，职业危害因素检测率、职业健康体检率、职业危害告知率均达100%；强化消防安全管理，检测易燃易爆场所可燃气体报警、电气安全设施，改造唐钢宾馆等12处重点防火部位，采取增加温度检测连锁、水喷雾灭火系统等措施，对360台（套）内部有可燃填料的环保设备进行防火改造；对化产设备拆除、酸连轧排烟管道清理等70余项特级动火作业进行现场监护，安排消防车全程保驾，确保动火安全；每月对24个消防控制中心进行评价打分，确保自动消防设施维护到位、运行良好；不断提高全员防范事故应急意识，提高应急救援能力，按照新版《生产安全事故应急条例》，制定河钢唐钢生产安全事故应急条例实施方案，编制应急救援常识手册，修订重大危险源管理制度、应急管理制度，优化26项综合预案、167项专项预案和全部岗位的应急处置方案，全年组织开展各类安全应急演练3628次，有效增强职工现场应急处置的实战能力。

发展规划管理

【基建技改工作】 2019年，河钢唐钢按照项目建设目标，编制工程总体控制网络计划，强化全过程管理，推进基建技改项目建设。全年基建技改立项33项，项目投资83.5亿元，其中公司本部立项4项，子分公司立项22项，上年结转9项，共计竣工13项，未开工5项，在建15项；开工项目计划投资75.57亿元，实际投资47.17亿元。年内，对经集团批复的项目，导入绩效管理，提高计划执行力；推行指挥部下的项目经理负责制，明确项目经理的责、权、利，充分发挥项目经理作用；强化项目前期设计方案优化、论证，提高投资风险意识和管理水平；推进施工过程管理，从严控制工程变更和不合理施工签证，确保每个环节科学合理，规范项目建设；开展项目后评价，对项目的安全、质量、工期、费用控制、实际效果等进行综合评价，促进所有在建项目达到良好运营状态；加大环保治理项目工程组织力度，克服资金紧张不利条件，按期实施公司本部、不锈钢公司、中厚板公司的环保治理项目31项，共计投资7.88亿元；全面支持河钢乐亭项目建设，着力建设公辅系统项目，保障一期工程顺利推进。

【工程招投标管理】 2019年，河钢唐钢强化工程招投标管理，严格资质审查，规范工程承发包合同，推进工程施工招投标管理依法有序进行。年内，组织修订《河钢唐钢工程建设招标投标管理细则》和《河钢唐钢建设工程施工单位资质管理办法》，完善相关管理制度并细化考核标准；严格按照相关法律法规组织开展招投标工作，全年组织招投标90次，其中公开招标34次；签订合同116份，签订合同补充协议307份，其中非标准范本合同全部按公司管理规定履行合同预评审流程；依据财政部、税务总局《关于调整增值税税率的通知》及《关于深化增值税改革有关政策的公告》，对当年及以前年度的未付款合同累计降税5855.36万元。

【工程质量监督】 2019年，河钢唐钢创新工程管理监督模式，对设计、施工、材料供应等依法进行监督，确保工程质量。这一年，根据相关法律法规，严格做好工程建设项目质量监督工作，全年组织现场检查100余次，发现资料及实体问题点600余项，下发整改通知书3份；开展“质量月”活动，有效控制工程实体质量；针对河钢乐亭项目在建工程、中厚板公司新建120吨VD真空脱气精炼炉工程、佳华公司化工园区等重点工程项目，共办理工程报监手续73项，核验单位工程164项；创新管理监督模式，成立乐亭钢铁质量监督分站，负责河钢乐亭项目在建工程质量监督，有效保证河钢乐亭项目建设的工程质量，同时配合冶金工业工程质量监督总站对河钢乐亭项目部分在建工程进行检查，获得肯定。

【工程预算编审和结算管理】 2019年，河钢唐钢严格执行国家定额编制和集团资金管控、固定资产投资等管理制度，强化工程造价控制。年内，加强对公司工程预算人员管理，对图纸不详或有争议情况，及时与设计、监理部门沟通，深入施工现场核实；克服美锦一期固定资产清算遇到的项目跨越时间长、人员变动大等困难，按时办理项目清算。全年共审核114项单位工程预算，审定值11.04亿元，核减额8280.53万元，审减率7.5%；编制29项单位工程标的，金额8920.29万元；以合同为单位，完成201项工程结算，结算额21.08亿元；上报审计246项工程结算，报审金额20.25亿元。

【退城搬迁及前期投资规划】 2019年，河钢唐钢按照进度要求，有效推进公司本部、唐银公司、不锈钢公司退城搬迁相关工作。当年，确定退城搬迁及前期投资规划总体布局为河钢唐钢本部退城搬迁至唐山市乐亭县经济开发区，在保持河钢乐亭项目一期工程实施方案不变的基础上，建设河钢乐亭项目二期工程，统筹实施，系统布局，同时利用不锈钢公司和唐银公司现有铁钢产能，分别退城搬迁至唐山市曹妃甸中小企业园区，建设不锈钢公司退城搬迁项目和唐银公司退城搬迁项目；三个退城搬迁项目均采用全新的设计理念，本着最大限度利旧的原则，全部采用产生直接经济效益的成熟先进工艺、低碳经济的制造流程，突出能源循环经济利用最大化，以信息化、自动化、智能化为支撑，按照高效、扁平化原则构建组织架构，确保项目投资规模合理、投产即盈利，全力打造世界一流的绿色化、智能化、品牌化的新一代流程钢铁制造基地；制定三项退城搬迁项目总体方案，办理项目产能置换、备案、燃煤替代方案、节能审查意见等批复手续；推进城市设计规划工作，协调路北区、开平区、丰润区、高新区进行国土空间规划调整、控制性规划编制，推进小地块动态维护，办理相关协议出让手续；开展地籍核实、土地价值评估、地质探测工作，专题研究开平区后屯地块，推进环评、土地批复手续办理；协调丰润区、财政局、债券发行等地方部门，确定收储协议条款，提出发行土储债的申请，落实发行额度，办理土储债发行；组织制定税务筹划具体内容和工作计划，整理各输入变量，启动税务模型编制；确认不动产办证流程，整理完善固定资产处置流程；组织相关单位统计公司资产，根据地块划分整理对应土地上的资产数据，进行地上房屋、建筑物、构筑物（铁路）建筑面积、水平投影面积数据收集、统计工作，同时组织公司地下建筑数据收集。

【河钢塞钢基建技改工程】 2019 年，河钢唐钢围绕打造“一带一路”样板工程，创新项目组织模式，建立高效沟通机制，有序推进塞钢基建技改工程项目建设。年内，制定《河钢塞钢烧结技改项目包装运输监管办法》和《河钢塞钢技术改造项目设备出厂验收管理办法》，有效控制海运费用及采购设备质量；创新招标采购模式，主要设备以相同的暂估价进行组价，结算时以实际价格进行调差，缩短组价时间，提高招标效率；组织出口报关退税专业人员对项目部及相关单位进行出口退税专题讲座，争取最大退税额；先后派出 6 批近 70 人次赴塞钢实地交流塞钢技改项目相关技术问题，解决涉及能源利用、炼钢连铸及一包到底等项目的 210 余项技术问题；开展现场调研，咨询当地中资项目部、律师事务所，取得国内劳务队伍进行现场施工的许可。截至年末，烧结机项目、加热炉项目进入现场施工阶段，炼钢连铸项目完成 EPC 招标公告发布，能源利用项目、煤气柜项目、鼓风机项目完成 EPC 招标，进入技术文件的确认及商务合同谈判阶段。

信息化管理

【“两化”融合管理体系建设】 2019 年，河钢唐钢深化“两化”融合体系建设，推进体系工作标准化和技术人员知识融合，重新梳理 18 个体系文件，补充完善专业管理制度，组织开展体系贯标，为产线强化质量保证提供支撑。年内，进一步梳理能源报表核算工作，编制《对数调差方法手册》等 8 个操作手册和 6 个工作说明书，制定能源曲线日点检方案，实现报表知识结构固化和流程标准化，为公司每日生产运营分析提供准确的能源信息；组织梳理数据维护业务，编制数据维护手册，采用换岗交叉维护方式进行科室内数据维护工作专业融合，实现了所有数据维护人员均可维护平台内各类数据；组织开展“两化”融合内审，对 12 个部门进行体系文件审核，对 5 个生产现场 175 个检查点进行现场审核，制定相应管理措施，提出完善方向及方法；针对 APS、QMS、ODS、各厂 MES 等系统，举办为期三个月的信息化系统操作培训，从系统使用、常见问题处理、系统联动、信息化基础知识四个方面进行操作培训及随堂考试，参加培训考试及旁听人数共计 1175 人，加强了系统操作的熟练性和规范性。

【信息化项目开发】 2019 年，河钢唐钢围绕“两个结构”再优化，以智能工厂建设为核心，加强信息化项目开发，为公司战略新部署提供支撑。这一年，配合建设集团供应链平台项目、集团 DAC 营销管理平台项目；开发公司 SAP 系统个税改革项目；开发技术中心科技项目管理、APQP、用户知识库等 5 个系统，为公司技术研发提供系统支撑。结合人力资源管理需求及公司现有整体信息化平台，实施人力资源共享中心配套改造项目，运用信息化手段推进 S-HR 共享平台建设，实现人力资源管理模块化、流程化、标准化及办公无纸化。该项目于上年 12 月 18 日立项，2019 年 9 月竣工。

【测量管理体系建设】 2019 年，河钢唐钢测量管理体系坚持以准确计量服务生产为核心，全面加强计控专业规范化、精细化管理，为公司产品质量管理和生产经营提供有力的数据支撑，实现以信息化手段对测量设备及测量过程的管控。年内，加强对产线测量设备的管理，重新梳理测量管理体系台账，为设备在生产中的稳定运行提供依据；先后组织检定校准人员培训、高度测量过程培训、测量体系系统培训等3次测量管理体系培训，使公司测量专业相关人员的理论知识和实际操作能力得到有效提升。全年，公司各主体产线测量仪表完好率达98%，能源产用差量控制在3%以内，因设备原因造成的物资计量异议为零，仪器仪表运行完好率达到99.83%，实现一氧化碳报警仪的自主校准，节省设备外送检费用200余万元。加强测量管理体系内、外审整改情况监督检查，完成全部管理体系文件的换版工作，为体系复审提供可靠保障。当年10月28日，通过中企认证公司现场审核，专家组对公司测量管理体系运行情况给予高度评价。

【特殊仪表管理】 2019年，河钢唐钢加强特殊仪表基础管理，组织编制热轧、冷轧大型特殊仪表维修作业标准和技术标准以及应急预案，开展单体设备技术攻关，形成BFI版型辊、ABB张力计、IMS测厚仪等数十部技术手册，提高作业区对单体设备层面的认知。编制《特殊仪表专业运维手册》，内容包括各测量系统的原理介绍、关键部件的技术参数、日常点检内容与标准、周期检修内容及标准和系统故障应急预案，是公司首次整体规划实用性较强的运维手册。开展公司纠偏及表面检查设备专项治理和特殊仪表设备隐患治理，升级改造轧机老旧轧制力测量系统，解决仪表测量中出现的问题。

【信息技术开发与应用】 2019年，河钢唐钢加强信息技术的开发应用，以高强汽车板区域系统间信息的一致性为主线，尝试数据分析工作。通过对高强汽车板区域SAP、APS、QMS、工厂数据库、二级系统等系统间跨传递信息的研究，自主开发数据监测平台。该平台搭建高强汽车板MES物料移动与APS同步、高强汽车板MES中入口步进梁非正常甩卷、计质量下线卷的质检委托接收等共计11个监控模块。通过主动运维平台对接口数据进行检测，对每日错误数据进行分析并跟进处理，从系统功能及业务流程角度进行优化，减少数据差错。全年，共接到有效报修230起，同比下降54.3%，其中系统问题99起，同比下降58.2%。

【智能制造项目建设】 2019年，河钢唐钢加快推进智能制造项目建设，助力模型化生产。年内，圆满完成铸坯自动判定等项目，为产品开发、质量控制提供有力保障。当年，深入开展高强汽车板公司、不锈钢公司、中厚板公司自动化、信息化系统建设，支撑制造工厂智能化转型。加大智能化技术应用，巩固拓展模型化生产成果。“不锈钢公司加热炉自动燃烧模型的开发与应用”，实现温度自动控制和“一键式”操作；“不锈钢公司1580热轧宽度控制模型优化”，完成粗轧SSC操作画面设计，优化粗轧宽度自动修正功能，使产品宽度合格率由70%提高至95%；利用系统仿真及虚拟化技术，创新性进行高强板镀锌仿真系统建设，“高强汽车板连退物料跟踪仿真平台搭建”，实现整条产线的控制功能仿真，彻底解决了产线物料跟踪混乱的问题。截至年末，高强汽车板公司、不锈钢公司、中厚板公司三个区域立项的10个智能制造项目，大部分已上线，运行良好。

【应用虚拟技术探索自动化系统远程运维模式】 2019年，河钢唐钢利用现有虚拟服务器资源，自主实施远程运维访问平台的搭建，使技术人员能够采用任意终端通过互联网开展系统运维工作，增加VPN入口资源访问控制，对远程资源访问加装堡垒机设备，使公司远程访问过程透明化，提升信息安全性。截至年末，高强汽车板公司冷轧各产线、不锈钢公司1580毫米热轧线、一钢轧厂1700毫米热轧线、中厚板公司炼钢各产线自动化系统实现远程访问，工程师可通过网络随时处理产线问题，工作效率显著提高。

【自动化系统升级改造】 2019年，河钢唐钢推进自动化系统升级改造，开展课题研究，促进生产管控水平提升。其中“一钢轧厂1810毫米生产线薄规格精轧拉窄”课题研究，重点对精轧抛钢过程中的降速轧制、辊缝抬起功能和活套小套量控制进行分析，对3号、4号活套小套量执行时序进行优化，测试常规控制模式和ILQ控制模式，尾部拉窄低于公差下限的情况基本消除；“1700毫米生产线二级系统优化”，解决精轧温度控制缓存溢出、处理ADH服务器数据库超限、MVS进程不能监控的问题；“1810毫米生产线网络课题攻关”尝试病毒检测、流量监控分析、网络硬件排查、备用服务器测试等多种方案，网络基本处于可控状态。

【加强产线状态实时监控】 2019年，河钢唐钢聚焦信息数据流，以信息系统日常点检为重点，构建信息化主动运维机制，开发产线状态实时监控系统。年内，数据中心对每日能源介质数据进行分析平衡，为财务部门分析能源成本提供数据依据；对信息系统业务主数据和接口错误数据进行分析处理，保证客户需求信息准确无误传达到产线，产品过程信息全程有效追踪，为公司质量体系运行提供有效的数据支撑；通过监控产线关键参数，判断异常停机信号，实时监控产线异常停机情况，及时触发应急响应，提高响应速度，减少事故处理时间；推进系统运维从被动向主动转变，通过主动运维平台对接口数据进行检测，从系统功能及业务流程角度进行优化，减少数据差错；利用Tibco微信监控平台实现24小时在线监控接口数据，保证公司订单数据、报产数据、能源数据的实时性、准确性；贯彻远程运维理念，依托IBA软件系统先进的数据采集处理平台，通过公式添加与计算等处理方式，实现异常数据自动报警功能，提高产线运维效率。

科技研发管理

【研发体系建设】 2019年，河钢唐钢持续加强研发体系建设，加强新产品研发管理，优化设计开发文件，提高产品研发效率，推动各产线新产品研发尽快落地转化，为公司贯彻汽车板文化、提升品种质量、开拓关键战略用户奠定坚实基础，成为公司质量管理体系的核心支撑。年内，设计开发过程四个指标竞争性用户销量、总体项目开发进度符合率、总体项目试制过程产品合格率、总体项目按时间节点提交PPAP比例均达到目标要求。这一年，执行一厂一策体系推进工作，推动新产品研发体系管理体系工作重心由符合性向有效性转变，重新梳理优化研发体系管理架构和管理流程，对APQP程序完成策划、产品设计、过程设计3个阶段共39个环节的梳理优化，研发效率进一步提升；加强对用户要求识别，逐步建立客户需求档案，从市场需求、风险到用户信息及对产品要求均有较详细的记录，建立滚动需求进行规范化管理，跟踪增加新用户、产品用途转变和部分客户对产品性能提出的更高要求，提升新产品开发精准度，滚动需求表更新率达100%，客户满意度90%以上；强化存在高风险环节的变更管理，提高研发项目变更管理稳健性，按照《变更管理程序》和《新产品项目变更管理办法》在发生产品和工艺变更时，对变更情况从申请、实施、验证进行重点监管，所有产品和工艺变更均按照管理程序实施，当年变更符合率达100%；加强在研新产品项目的密切跟踪，编制修订《TGCX-Q-13 项目管理程序》和《JSZY-Q-03 特殊特性管理办法》，做好研发过程 KPI 管控，保障新产品研发的有效管理，推进在研产品快速转化和相关工艺的不断进步。

【科研管理】 2019 年，河钢唐钢以科研课题项目制为基础，加强科研管理，强化科研产出对经济效益的支撑，促进科技成果转化，科技进步水平进一步提升。全年，1 项成果获中钢协冶金科学技术奖三等奖；1 项成果获河北省科学技术进步奖三等奖；18 项成果获河北冶金科学技术奖，其中一等奖 2 项、二等奖 6 项、三等奖 10 项；完成省级科技计划项目验收 1 项；申报成功省级科技计划项目 1 项，组织申报科技项目评价 3 项，全部通过评价，整体科技水平均达到国际先进。这一年，实施科研课题项目制管理，修订完善《科技项目管理办法》程序文件，建立科研课题立项、过程、验收全流程管理机制，科技项目立项 273 项，其中重大项目 15 项、重点项目 25 项、焦点项目 233 项。当年 11 月 28 日，组织结题验收评审，分为 8 个组共计 68 位专家，分别是铁前组、炼钢组、热轧材料组、冷轧材料组、电气及信息自动化组、机械与设备组、能源与环保组、用户技术及其他组等，最终 12 项重大项目、12 项重点项目、89 项焦点项目通过结题验收评审。

附表　2019 年河钢唐钢科技成果一览

序号	项目名称	中钢协冶金科学技术奖	河北省科学技术进步奖	河北冶金科学技术奖
1	3500 毫米中厚板产线高效生产技术		三等奖	
2	高强汽车板冷轧产线关键技术集成、创新与应用	三等奖		
3	新一代中厚板材制造关键技术开发及应用			一等奖
4	基于客户需求的汽车用钢应用技术研究			一等奖
5	高性能基础建设用结构钢的研制与开发			二等奖
6	1810 热轧线设备功能优化实现半无头轧制			二等奖
7	800 兆帕级以上高强钢冷轧生产关键技术创新与应用			二等奖
8	纯电动车用电池壳钢的开发与应用			二等奖
9	超高强双相钢退火全流程柔性化工艺控制			二等奖
10	经皮微波消融子宫肌层良性病变的临床研究			二等奖
11	高铝钢炼钢—连铸关键技术研究			三等奖
12	复吹转炉关键技术优化与应用			三等奖
13	700 兆帕以下高品质汽车钢工艺改性技术研究与推广			三等奖
14	先进高调质度 DR 材的开发与应用			三等奖
15	1500 兆帕级别热冲压成型用钢基材开发及关键工艺研究			三等奖
16	冶金铸造起重机设备优化与创新			三等奖

续附表

序号	项 目 名 称	中钢协冶金科学技术奖	河北省科学技术进步奖	河北冶金科学技术奖
17	冷轧—镀锌自动化系统升级改造			三等奖
18	镀锌线自动控制系统的研发与应用			三等奖
19	炼钢智能综合系统的研发与应用			三等奖
20	设备全寿命管理系统开发及应用			三等奖

【“高强汽车板冷轧产线关键技术集成、创新与应用”成果】 2019年8月，河钢唐钢“高强汽车板冷轧产线关键技术集成、创新与应用”成果获得2019年冶金科学技术奖三等奖。该项目开发了具有自主知识产权的板形平直度不大于3IU的高强钢冷连轧模型化控制技术，实现高强钢的板型、尺寸精度的稳定控制，对酸洗模块化控制进行优化，实现高强钢的酸洗稳定生产。开发基于温控数学模型的高强钢性能稳定性控制技术，首创具有热轧来料、退火制度系统辨识功能的高强钢精确温控系统。开发控制连退高强钢表面元素富集的成套技术，解决连退高强钢黄锈及磷化膜尺寸不均的难题；发明预防炉辊结瘤的新装置，解决连退高强钢炉辊结瘤问题。开发镀锌高强钢表面质量、性能稳定及耐蚀性的控制技术，解决镀锌高强钢耐蚀性差的问题；通过控制锌液中的渣量，提高锌液的纯净度，解决镀锌高强钢表面质量问题，形成了一套FC镀锌板生产技术。通过集成和优化信息化技术及工具，实现过程可视化，结果可追溯，完成轧钢系统生产质量体系贯通，构建了以质量稳定性为核心的全流程质量管控信息化平台。该项目实施以来，高强汽车板有限公司实现超高强双相DP1180、DP980及淬火配分钢QP980连续稳定轧制及生产，生产DC01－DC07、T170P1－250P1、HC180B－260B、DP590－1180、HC260－600LA，T1500HS系列产品200多万吨，创效7.69亿元；产品先后通过吉利、上汽乘用车、欧洲菲亚特、北汽集团、北汽新能、博世、本特勒等主机厂及知名零部件商的认证并实现批量供货，同时完成有关汽车用高强钢企标10多个。

【“3500毫米中厚板产线高效生产技术”成果】 2019年10月25日，河钢唐钢“3500毫米中厚板产线高效生产技术”成果获得2019年河北省科学技术进步奖三等奖。该项目依托公司3500毫米中厚板产线，从炼钢、连铸、热轧、冷却、自动化等各个环节入手，实施全流程工艺—装备—产品一体化关键共性技术靶向式技术研发，构建高效率生产体系，提高生产效率和产品品质，实现3500毫米中厚板产线高效低耗生产，达到国际领先水平，为行业绿色转型升级提供示范。首次开发了轧制道次间中间即时冷技术，实现同类轧机低压缩比厚板的稳定生产，同时提高了轧机作业效率；首次开发钢板矩形化在线识别智能调整技术，集成先进中厚板轧机自动化控制系统，实现高成材率的平面形状控制；开发基于VSG智能控制的超快冷TMCP轧后冷却技术，实现冷速无级调节，冷却均匀，冷却速度快，完成中厚板产品的合金减量化；开发了高品质铸坯生产技术，采用LF高效去除夹杂物技术和RH精炼高效生产技术，建立了洁净钢平台；开发出“二冷区水冷双相变”等新工艺装备和技术及中厚板连铸板坯多段轻压下技术，实现较低中心偏析的优质铸坯稳定生产。研究成果自2016年6月开始在中厚板公司应用，累计生产高附加值产品173万吨，新增销售收入58亿元，新增利润6.5

亿元，高附加值产品比例提升至62%，实现中厚板材产品的升级、品种结构的提升以及中厚板产品的高效生产。

【公司年度科技项目】 2019年，河钢唐钢持续推进技术创新、管理创新，加强科技项目研究攻关，充分发挥科技人员在工艺技术、产品开发、智能制造、质量管理、精度控制、降低成本等方面的支撑作用，91个科技项目获公司科学技术奖，共设一等奖15项、二等奖30项、三等奖46项。其中“3200立方米高炉高效长寿生产技术创新及应用”“薄板坯连铸高拉速关键技术的研究与优化”“特厚板内部质量的提升与工艺优化”“河钢唐钢炼钢工艺过程铸坯自动判定系统的研发与应用”“热轧U型钢板桩系列产品开发及推广应用”“2吉帕高韧性热冲压钢的生产技术开发及市场推广”“锌铝镁镀层钢板工艺优化及应用研究”“冷轧全流程产线关键核心模型研究和应用”“供水系统质量指标影响因素分析及优化方法探究”“空压机系统节能技术优化创新与应用”“河钢唐钢1740酸连轧机组关键设备性能改进与提升”“超薄微结构导热片产品的技术研发及产业化”“热轧板坯库无人天车自动控制系统”“支撑中厚板公司钢区智能生产关键模型功能提升与应用”“能源隔离和机械防护安全本质化的实践与应用”等项目被评为公司科学技术奖一等奖。

【合理化建议管理】 2019年，河钢唐钢注重加强合理化建议管理，广泛开展群众性合理化建议活动，进一步完善合理化建议工作流程管理，明确合理化建议备案制度，保证合理化建议工作始终具备可控性，促进公司技术创新工作开展。全年，各单位提出合理化建议4732条，采纳2408条，实施1254条，建议涉及工艺优化、技术改进、设备功能完善和加强管理等方面内容，助力公司技术创新、降本增效。

【科协管理】 2019年，河钢唐钢科协聚焦市场和产品，注重发挥联系科技工作者的桥梁和纽带作用，积极开展学术交流活动，推动科技进步知识创新，助力科技人员成长素质提升。年内，不断适应公司科技进步和提高科技人员专业素质、开阔视野的需求，培育良好的学术氛围，邀请国内知名专家、学者来公司开展专题技术讲座和技术交流活动，组织澳大利亚伍伦贡大学、中信金属、西南研究院、河钢—浦项专家教授进行汽车板、炼钢技术交流；举办技术讲座，北京科技大学教授作题为《低合金结构钢耐蚀性调控基础理论与关键技术》的学术报告，并针对公司研发过程中遇到的问题进行交流；组织参加集团“核能制氢技术进展及用于氢冶金前景初探”“为什么要参与国际标准化”“集团视频科技大讲堂（第十三期）”“集团与武汉科技大学技术交流”等科技视频大讲堂；开展学术交流活动，组织参加第十一届国际轧制大会、第十二届中国钢铁年会、2019年全国冶金烧结节能减排关键技术研讨会、2019年钢铁行业环保专题培训交流研讨会、2019年全国冶金节水与废水利用技术研讨会、能源管理中心建设与能源智能优化管控技术研讨会、2019科技成果直通车进唐山暨唐山市科技成果对接活动、中国钢铁冶金涂装发展论坛及冶金耐腐蚀钢防护新技术交流会等学术会议；加强能力培训，组织轧辊技术人员、作业区管理人员、探伤工等进行轧辊降耗方面的技术培训，参加中钢协举办的高校轧制先进工艺技术与产品开发高级研修班、连铸工艺技术优化及铸坯质量控制高级研修班、汽车用钢深加工专业高级技术人才培训班，科技人员业务素质和管理水平进一步提升。

【平台建设】 2019年，河钢唐钢注重发挥科技引领作用，重视相关平台建设，完善国家级技术中心管理，年内根据国家和省级部门要求，开展2017—2018年度国家级企业技术中心评价相关工作并顺利通过评价；加强省级院士工作站建设，实时进行工作总结，实施绩效考核，河钢唐钢院士工作站通过市科技局最终审核，评价结果为优秀，并获得市政府20万元的运行和建设资金支持；完成“河北省高品质连铸工程技术研究中心”三年建设与运行的绩效总结评估工作，并于当年7月结束答辩，8月通过省科技厅验收，获得省专项经费60万元；持续创建河北省技术创新示范企业，报送2016—2018年度技术创新工作总结，公司顺利通过河北省技术创新示范企业验收；组织高强汽车板公司成功申报国家级高新技术企业，高强汽车板公司获“高新技术企业”称号。加强科技支撑项目验收，当年6月14日，由河北省科技厅组织相关专家，对公司承担的省级科技计划“面向智能制造的钢铁企业‘两化’融合实践”项目验收会召开，与会专家一致认为，项目达到并超过预期目标，经费使用合理，同意通过验收；组织公司科技人员申报2019年唐山市科技计划项目（创新团队），“唐山市冷轧超高强汽车钢研发及应用技术创新团队”“唐山市表面工程技术在冶金设备再制造中的研发与应用技术创新团队”2项技术创新团队项目，“高等级汽车面板表面线状缺陷控制研究”重点研发项目被市科技局批复立项，并获得市级专项经费支持60万元。

【检测分析管理】 2019年，河钢唐钢进一步加强检测分析管理，开展新方法的研究与改进工作，提升检测技术能力，为产品研发提供实验分析数据支持。这一年，建立健全规范操作标准流程，发布并实施《优质钢非金属夹杂物纯净度检测方法》（Q/TBW06—2019）等企业标准；进行产线各种试验15项，包括马氏体钢研发试验，多个品种钢的热模拟试验并进行力学性能和组织检测，供管道用耐酸钢Q345NS表面缺陷原因分析，六种软钢的时效性评价，评价终轧温度和罩退工艺对TYH产品力学性能的影响，1580毫米生产线Q355NHGC耐候钢试样及供美的镀锌板DX51D+Z-MD的中性盐雾试验，C、Mn、Si系列双相钢780冲压开裂原因分析，一钢轧厂提拉速试验保护渣的选用分析，疑难试样及非常规项目的方法研究与试验等项目，为产线生产、工艺制定与管控提供数据支持，同时做好为内外部客户提供技术抽查和仲裁检测服务，赢得客户的高度信任与认可；为汽车厂认证提供技术支持，年内先后通过长城、奇瑞、上汽、北汽新能源、长安、国能、福特、宝马等主机厂认证的耐盐雾腐蚀、显微组织、力学性能、化学成分检测等试验工作，在二方认证中发挥了积极作用；加强实验室认可及认证管理，8—11月，进行CNAS认可体系换版，完成质量手册、程序文件、作业文件、见证性文件的修订、发布及实施，保证实验室管理体系持续满足认可体系要求，开展测量体系、职业健康、安全和环境各管理体系内部审核和管理评审，对发现的2个不符合项进行分析和整改，确保符合要求，加强试验记录和样品的控制，提高了试验数据可追溯性。

【知识管理】 2019年，河钢唐钢有序开展公司内部知识管理工作，进一步规范知识管理流程，加强对公司生产经营管理等专业的知识管理，按照程序文件要求，坚持每季度组织各单位对责任范围内的相关知识进行识别、评审及汇总，形成《知识清单一览表》，在公司OA网站统一发布，并负责联系查阅相关详细知识。年内累计更新2000余条内外部知识，实现知识全员共享，提高了公司产品研发水平和技术创新能力。

【参与轻量化技术与产品巡展】 2019年，河钢唐钢积极开展轻量化技术合作，组织参与轻量化技术与产品巡展五次。其中5月7—9日，参与奇瑞与江淮汽车的产品巡展与交流活动；7月17—23日，参与由汽车轻量化创新技术战略联盟、中国汽车零部件技术创新组织及中国智能网联汽车产业创新联盟组织的福田、北汽、长城汽车的产品巡展与交流活动，聚焦轻量化、零部件、智能网联等内容。期间，公司汽车板产品与用户技术研究情况，展示推介应用河钢唐钢2吉帕热成型产品、DP1180产品加工的典型零件与应用公司980兆帕、780兆帕级高强钢加工的前纵梁等4个总成件，受到各大汽车主机厂的关注，并与参展的主机厂工程师进行互动交流，加深了汽车主机厂对公司的了解，增进互联互通。9月18—21日，参加在江苏扬州举办的2019年（第十三届）国际汽车轻量化大会暨展览会，公司接受汽车轻量化专题访谈，介绍公司在汽车用钢领域的研发成果，并为“河钢唐钢杯”汽车轻量化设计奖颁奖。10月14—17日，公司参加在唐山南湖国际会展中心举办的2019第三届中国（唐山）国际钢铁冶金工业博览会，对公司的系列产品进行了宣传交流。公司党委书记、董事长王兰玉向与会者介绍了公司在汽车轻量化材料研究领域取得的成果。10月22—24日，参加在上海举办的2019中国汽车工程学会年会暨展览会(SAECCE2019)，与来自汽车行业的众多参会嘉宾和代表就汽车用钢研发进行深入交流。

【科技信息管理】 2019年，河钢唐钢注重科技信息管理，精心维护OA科技信息版块，努力创建优质信息共享平台，针对公司生产、研发、市场、销售需要，在相关网站检索、筛选、整理、上传有关国外钢铁热点资讯、市场分析、节能环保、科技创新、专题技术等信息4500余条，为专供公司领导参阅的《国内外钢企动态》提供精简信息1200余条，建立移动信息交流平台，分享科技信息1500余条，为公司新技术新工艺应用、新产品开发以及生产经营决策发挥了信息支撑作用。当年，聚焦市场和产品及公司发展形势，密切关注世界钢企，跟踪国外信息资源，翻译外文信息；浏览日本钢企官网及日本各大门户网站有关政策法规、节能环保、企业经营理念、动态、投资方向、产品研发等方面信息，筛选有价值的信息进行翻译、纠正、整理日文信息400条左右；坚持提供多种服务，方便科研人员资料查询，开设科技信息委托查询服务，全年承担11项委托任务，查询检索110余篇文献资料，为科技研发提供信息支撑。

【编辑出版时效性刊物】 2019年，河钢唐钢面对世界钢铁形势，密切跟踪行业动态信息，坚持时效性刊物的编辑出版。年内，出版《信息快报》47期、《钢铁技术》4期、《唐钢科技》4期，为公司领导、科技人员和职工了解钢铁行业现状及发展动态提供服务支持。全年围绕国内外重点钢企，浏览各类网站，收集整理相关信息，编辑周刊《信息快报》，并上传公司OA网站的科技信息版块，提供每周钢铁相关信息，传递公司领导及职工；《钢铁技术》开设“新技术新工艺”“新产品”和“专题聚焦”3个栏目，作为专业技术较强的刊物，主要为公司领导及科技人员提供钢铁前沿技术信息情报，助力提高认识，拓宽思路，加快科技研发节奏；《唐钢科技》编辑工作坚持精益求精，打造科技交流平台，接收作者论文120篇，指导论文作者修改45篇，对52篇合格论文及时送编委审阅，结合公司形势，分别在封二封三上登载一钢轧厂、二钢轧厂、冷轧薄板厂等单位情况；与河钢集团主办的《河北冶金》开展合作，为其推荐《唐钢科技》已发表稿件3篇，均被录用；同时开展2019年度《唐钢科技》发表论文评优工作。

【档案管理】 2019年，河钢唐钢强化档案管理，档案收录归档、整编著录工作进一步规范，确保接收档案的齐全完整。坚持查看工程实体，参加基建工程项目竣工验收会5次32项，指导43个施工单位189个基建及设备安装单位工程竣工档案交工，保证公司新建、改扩建基建工程项目档案真实完整；全年，共接收基建、设备、会计、产品科研、新闻书稿、文书等各类档案8000余卷（件）。加强档案专业化管理，做好档案的整编著录，按照《档案分类编号规则》，将接收的档案分类、整理、排序、编制档号、界定保管期限，整编基建、设备、会计、产品科研、新闻书稿、文书档案共计7400余卷（件）；整理档案全宗卷，新增全宗卷档案114件。这一年，坚持从源头抓起，修订《归档文件整理细则（修订）》，下发《会计档案销毁管理办法》等档案管理文件，按照《关于公司2019年档案归档工作安排的通知》，对各单位、机关各部室档案归档工作做出安排，加强检查指导，不断提高公司档案管理水平。年内，公司档案馆通过市档案局专家组的“河北省企业档案工作目标管理认定”复查，认定等级为“五星级”档案馆。

【档案利用】 2019年，河钢唐钢档案利用工作不断增强，为公司基建技改项目、产品研发和生产经营提供优质服务。全年，查阅提供利用基建、设备、会计、产品科研、新闻书稿、文书等各类档案7700余卷，复印7200余张，为13个公司二级单位提供基建及设备安装竣工档案副卷205项1944卷。

【专家（重点）课题管理】 2019年，河钢唐钢加强专家课题管理，严格按照《专家课题管理办法》突出抓好课题立项，充分发挥专家改革创新的引领作用，发布公司重点课题25项、专家课题134项，持续推动公司科技进步。这一年，根据公司对专家课题的管理要求，在加强课题管理的同时，逐步纵向延伸到专家管理，建议调整专家讲堂形式，提升专家的参与度和讲堂效果，同时组织对公司专家讲课材料的评审工作；逐步推进学术交流活动，遴选有价值的外部学术会议，组织专家参会，开拓专家视野；组织完成25项公司重点课题和134项专家课题的立项、跟踪及阶段评价工作，评价结果为优秀25项、良好66项、合格67项、待改善1项。充分发挥集团研发平台产学研协同优势，开展产学研课题研究，与北科大合作的高炉工长炉温控制辅助系统完成软件编制和试运行，该系统与高炉自动喷煤系统相衔接，实现对炉温的闭环控制；镁质熔剂性球团焙烧固结机理及生产技术研发课题，有效降低了青龙炉料公司生产熔剂性球团时的回转窑结圈程度；烧结—高炉配矿模型的技术研究，不仅降低两矿的配矿成本，而且极大改善本部烧结矿的低温还原粉化率指标；与华北理工大学合作的建立炼焦煤与焦炭新质量评价体系，优化焦化配煤与高炉用焦结构，在确保焦炭质量前提下，有力促进焦化配煤成本和高炉燃料成本降低。

【铁前工艺技术管理】 2019年，河钢唐钢全面开展铁前对标，积极推进铁前标准化作业，加大工艺抽查力度，为炼铁各区域高炉稳定顺行和技术指标提高创造有利条件。全年，本部高炉利用系数2.28吨/(立方米·天)，同比提高0.02吨/(立方米·天)；燃料比535千克/吨，同比增加11千克/吨；煤比149千克/吨，同比提高7千克/吨。中厚板公司高炉利用系数2.79吨/(立方米·天)，同比提高0.07吨/(立方米·天)；燃料比537千克/吨，同比增加13千克/吨；煤比142千克/吨，同比提高8千克/吨。不锈钢公司高炉利用系数3.66吨/(立方米·天)，同比降低0.13吨/(立方米·天)；燃料比537千克/吨，同比降低9千克/吨；煤比132千克/吨，同比降低1千克/吨。年内，进一步优化高炉技术指标，通过跟踪铁前原燃料质量情况、本部3座高炉合理操作炉型的调整、中厚板公司高炉低品位冶炼攻关、不锈钢公司高炉造渣制度优化、降低煤比攻关等技术工作，做好中厚板公司1号高炉大修停炉、不锈钢公司2号与4号高炉炉缸长寿等项工作，并组织关键技术指标对标工作，持续完善铁前工艺规程，促进炼铁各区域高炉稳定顺行和技术指标的优化。

【高炉长寿管理】 2019 年，河钢唐钢强化高炉长寿管理，对高炉长寿状况进行不间断跟踪，针对出现的问题及时采取措施，为高炉长周期稳定顺行夯实基础。年内，通过加强监护、配加钛球、加长风口、强化冷却、堵风口控制冶强、使用含钛炮泥等综合护炉措施，公司本部 3 座高炉、不锈钢公司 2 号和 4 号高炉、中厚板公司 3 号高炉炉缸长寿问题均处于可控状态；对大修的中厚板公司 1 号高炉进行炉缸侵蚀调查，分析炉缸侵蚀原因，严格审核把关。指导新炉缸的结构设计、耐材选型、砌筑施工等环节；制定下发炭素捣打料施工规范；进一步加强高炉长寿理论研究，初步形成了较成熟的炉缸长寿技术体系。

能源环保管理

【能源管理】 2019 年，河钢唐钢持续加强能源基础管理，开展以烧结机漏风治理和提升发电机组运行效率为重点的能源利用效率专项提升工作，促进能源指标进一步优化，降低能源成本。全年，吨钢综合能耗 577.96 千克标准煤，同比降低 17.61 千克标准煤；能源成本 155.34 元/吨，同比降低 17.2 元/吨；转炉煤气回收 112.88 立方米/吨，同比增加 10.82 立方米/吨；吨钢新水消耗 2.56 立方米，同比降低 0.05 立方米，创历史最好水平；吨钢发电量完成 247.64 千瓦时，同比增加 9.62 千瓦时。年内，优化公司内部煤气系统平衡，开发外部焦炉煤气资源，解决了煤气资源短缺的问题，为 LNG 正常生产创造有利条件；开展外购电成本工作，高强汽车板有限公司、钢源冶金炉料有限公司等 5 家单位参与电力直接交易，电直交总量为 4.61 亿千瓦时，外购电费同比降低 782 万元；评价分析塞钢能源系统能效利用状况，制定塞钢能源系统规划方案，为塞钢后期降低能源成本打下基础。

【能源管理体系建设】 2019 年，河钢唐钢能源管理体系以扁平化、集中一贯制管理为方向，分三个阶段梳理完善体系运行管理。年内，组织能源管理体系内审员培训学习 ISO50001:2018 能源管理体系标准，以及河钢唐钢能源管理体系管理手册、管理程序、管理办法等，确保内审员熟练掌握审核标准和公司能源体系运行管理标准，为公司能源管理体系内部审核及能源管理水平提升打下良好基础。深化产线能源基础管理，编制《2019 年度能源管理体系 PDCA 运行实施计划》，协助重点用能作业区梳理完善岗位规程，组织从生产运行活动和管理活动两个维度识别能源变量，提炼能源管理要素，将能源管理分解至各个作业区，打破传统的三级监管机制，形成作业区自我管理的高效运转平台。当年 10 月，组织开展能源管理体系内部审核，整改问题 50 项；12 月，北京国金衡信认证有限公司对公司能源管理体系进行审核，发现不符合项 1 项、观察项 15 项，不符合项、观察项分别于 12 月 31 日、2020 年 1 月 22 日整改完毕，公司整体能源管理水平进一步提升。

【环保管理】 2019 年，河钢唐钢不断提高政治站位，深入贯彻落实全国、全省生态环境保护大会精神，聚焦行业先进技术，加大精细化管理和生产全过程控制力度，确保各项环保指标达标，为公司整体生产经营顺行提供坚实保障。全年，吨钢颗粒物排放 0.52 千克，同比降低 14.76%；吨钢二氧化硫排放 0.32 千克，同比降低 48.39%；吨钢氮氧化物排放 0.73 千克，同比降低 29.81%；吨钢 COD 排放 0.033 千克，同比降低 5.72%；吨钢氨氮排放 0.0014 千克，同比降低30%，均超额实现污染物减排目标。年内，多次与首钢迁钢、首钢京唐等先进企业对标，学习应用先进做法，开展降低环保运行成本专项攻关，优化现有烧结机脱硫脱硝工艺，以消石灰替代生石灰作为烧结机脱硫剂，大幅降低原辅材料使用量和能源介质消耗量，烧结矿运行成本降低8元/吨，颗粒物、二氧化硫、氮氧化物排放浓度长期稳定在10毫克/立方米、35毫克/立方米、50毫克/立方米以下，二氧化硫、氮氧化物同比分别降低58%、55%，环保税同比减少480万元。

【环境管理体系完善】 2019年，河钢唐钢持续完善环境管理体系，重新识别适用公司环境类的法律、法规、标准90个，编制《2019年环境目标指标管理方案》，重新梳理评审环境管理体系文件40个，更新体系文件9个。坚持每月检查体系的现场运行情况和目标指标完成情况，并督促整改问题点，确保体系有效运行。组织开展环境管理体系内审和外审工作，内审发现不符合项1项、观察项15项；外审发现不合格项1项、观察项25项，已全部整改。通过贯彻执行环境管理体系标准，进行体系审核，公司整体对环境管理体系工作的认识进一步提高，环境质量及现场环境状况有较大改善，得到各级环保部门的充分肯定。

【节能减排项目】 2019年，河钢唐钢持续关注绿色节能领域，积极推广节能技术，实施项目改造，提升能源综合利用效率，降低污染物排放。这一年，加强节能项目建设，实施一钢轧厂150吨转炉钢包烘烤技术改造，采用富氧高效旋流烧嘴技术，低热值转炉煤气烤包温度由650℃提升至800℃，节约焦气2.5立方米/吨，节约电耗0.6千瓦时/吨，年创效384万元；实施锅炉烟气脱硫脱硝项目，有效解决锅炉烟气超标的问题，优化机组配置，高炉煤气放散率下降1%，转炉煤气拒收量下降72%，折合发电效益575万元；开发退火炉燃烧系统自动控制功能，提高退火炉燃烧控制系统的智能控制水平及稳定性，4号、5号、6号镀锌焦气单耗降低16立方米/吨，年创效1080万元；实施中厚板材有限公司1号、2号烧结机漏风治理项目，提升烧结烟气利用率。

【固废危废管理】 2019年，河钢唐钢加强工业固废危废管理，本着“减量化、资源化、无害化”管理原则，坚持贯彻工业固废危废检查、督导及考核制度，修订固废危废应急预案，充分合理处置、利用固废危废，实现固废危废规范化管理和综合利用。年内，积极拓宽废弃电池的销售渠道，将公司多年存放的废弃电池集中在河钢云商公开拍卖；努力提升废油品质，全年废油外售价格同比增加580元/吨，废油产生量同比降低104吨；积极调整销售策略，捋顺锌渣销售网络竞拍定价机制和流程，建立价格快速反应机制，将锌渣以现货形式进行不定期销售，减少有色金属行情对锌渣价格波动影响，全年锌渣销售收入3256.67万元，实现公司废物资源利用效益最大化。

附表1　公司能源环保指标一览

指标名称	单位	完成情况
发电量	亿千瓦时	32.75
能源成本	元/吨	155.34
转炉煤气回收量	立方米/吨	112.88
节能改造费用	万元	2754.32
污水处理费	万元	5375.08
基本容量电费	万元	42609.13
吨钢综合能耗（以标煤计）	千克/吨	577.96
烧结工序能耗（以标煤计）	千克/吨	52.86
炼铁工序能耗（以标煤计）	千克/吨	413.12
炼钢工序能耗（以标煤计）	千克/吨	−15.43
轧钢工序能耗（以标煤计）	千克/吨	37.52

附表 2　公司本部污染物吨钢排放量指标一览

指标名称	2019 年实际/千克	2019 年目标/千克	2018 年完成/千克	比 2018 年降低	
				千克	%
颗粒物	0.52	0.55	0.61	0.09	14.76
二氧化硫	0.32	0.40	0.62	0.30	48.39
氮氧化物	0.73	0.80	1.04	0.31	29.81
COD	0.033	0.04	0.035	0.002	5.72
氨氮	0.0014	0.0018	0.002	0.0006	30

附表 3　公司本部污染物总排放量及减排情况

指标名称	2018 年排放量/吨	2019 年排放量/吨	减排量/吨
颗粒物	3776	3628	148
二氧化硫	3828	2436	1392
氮氧化物	6495	5249	1246
COD	223	222	1
氨氮	12.79	9.82	2.97

物流管理

【生产经营】　2019 年，河钢唐钢践行集团战略，围绕“两个结构”再优化工作，聚焦“效率物流”“效益物流”两大板块，努力打造工业企业物流服务，精细管控物流费用，物流成本持续保持集团内一流水平，为生产经营提供了工序衔接顺畅、过程组织高效的全新服务支撑。全年，物料到达总量 1124 万吨，铁路总运量 3128 万吨，产品装卸总量装 1.84 万车、卸 15.8 万车，发货总量 144.74 万吨；实现利润 2950 万元，较目标增利 450 万元，较上年同口径增利 1497 万元；现金流 4718 万元，同比增加 1438 万元；全面完成集团下达的物流成本、厂内物流成本和“铁铁智运”上线量三项指标；实现挖潜增效 3.27 亿元；物流归口费用 2.67 亿元，较目标降低 956 万元。

【创新物流组织模式】　2019 年，河钢唐钢将深化改革创新提升作为推动现代物流企业建设的核心动力，大力推进运输结构再优化，确保“公转铁”运输进一步增量。年内，根据公司生产节奏变化，积极适应转型发展趋势，创新物流组织模式，释放运输资源潜能，推出“铁路、集装箱、公路和库区”灵活组合的多方式联运物流模式，确保原燃物料正点准时供应。协调组织好进厂物料保供、工序转储保产、产成品外发，全力保证产线顺行；对外承揽铁路设备检修、郅易商贸钢材储运等业务创效 938.19 万元，市场化创效能力稳步提升；现代物流园区项目取得重要进展，为物流良性发展提供支撑。

【物流组织效率提升】　2019 年，河钢唐钢加强原燃物料物流组织，为公司“两个结构”调整提供重要物流服务支撑。这一年，物流系统适应公司生产节奏调整变化，形成适应环保政策常态化的长效机制，积极协调船期和要料计划，合理安排进口矿布港 1545 万吨，在港口频发封港累计达 42 天的情况下，灵活组织进口矿疏港 1702 万吨，原燃物料物流组织效率大幅提升；落实重点物料临时采购计划，相继完成不锈钢公司至本部、中厚板公司至本部和不锈钢公司，以及外购安丰、利丰烧结矿，印度球和乌克兰球 106.84 万吨，高效满足公司降低结构成本下的生产需求；进一步强化钢材储运管理，适应模型化生产组织模式，钢材储运各物流节点对接用户订单，保交期，特别是四季度在环保压力下，迅速采取钢材发运开通临时通道、产成品移库转储、厂际间供料铁路倒运，以及新增承运车队等措施，降库存保产线，短时间内钢材高库存降至合理水平。

【智能化信息化建设】　2019 年，河钢唐钢大力推进物流智能化、信息化体系建设，运用科技手段，优化作业流程，提高人工劳效，加速智能物流成为满足新发展需求的重要支撑。年内，公司所有具备上线条件的物流业务均实现平台运行，集团“铁铁智运”平台上线量超 362 万吨，“铁铁智运”和“郅易达”平台线上业务，降低运费1430.59 万元。这一年，集中优势力量自主开发子分公司铁运管理，以及相关方和承运商外库管理系统，开发智能点检、行车安全监控等系统，推广运用于生产实践，大幅提高了现场作业效率和信息化保产能力，“冶金企业铁路运输停时费用管控系统”等 5 项系统获国家版权局颁发的计算机软件著作权登记证书；按照公司大力推进智能制造、打造“无人工厂”的总体安排，编制高强汽车板物流专项设计方案。

【物流服务】 2019 年，河钢唐钢积极探索新型保供运输模式，加强“公转铁”及铁路集装箱运输工作，为高质量发展提供绿色物流服务。全年，路企合作总包协议量较好完成，天津港和曹妃甸港进口矿、自产焦炭，分别完成年协议量的 102.5%、116.1%和 103.55%；石人沟铁矿精粉实现全部铁路进厂；钢材铁路发货量达 144 万吨，同比提高 40 万吨，实现应发尽发。这一年，协调公司相关部门，不断调整主要进厂原燃物料、出厂产成品运输方式，推动铁路运输资源增量，积极发展集装箱铁路运输模式，出台集装箱接卸方案，优化集装箱接卸线路，延长改造厂内货位，拓展绿色物流空间，确保铁路集装箱运输组织稳定顺畅，年内公司本部焦炭、喷吹煤，以及不锈钢区焦炭实现集装箱厂内接卸，增加收入 1679.6 万元；扎实推进铁路专用线规划布局，与北京铁路局签署《铁路专用线共用运输协议》，实现进口矿曹妃甸铁路疏港运费下调 30%，合理利用市政府铁路办政策，协调推进高强汽车板“公转铁”专用线建设方案论证、不锈钢区域铁路专用线的规划、完善；以集团和北京铁路局全面深化战略合作为契机，研究利用“1+4+N”“公转铁”新业态，规划参与其中的物流节点，发展壮大铁路运输业务。

【物流成本管控】 2019 年，河钢唐钢常态化推进物流业务再优化，加强厂内物流费用管控，物流成本持续保持集团最好水平。全年，吨钢物流成本 309.31 元，分别比计划和目标降低 22.69 元、2.69 元；厂内吨钢物流成本 27.7 元，较计划降低 7.3 元。这一年，针对本部区域物料外环路断交期间绕行、产线检修期间配套生产用车等不同时期的运输状况，有效控制运费，对子分公司铁区原料场地进行升级改造，不锈钢区域和中厚板区域生产用车承包费分别由吨铁 3.37元和 5.52 元降至 3 元和 4.99 元，减少厂内倒运费 553.7 万元；加强大宗物料保供物流组织，围绕“司家营—青龙—本部”原燃料业务，转变运输模式，青龙球团与司家营精粉汽运业务实现“重去重回”，提高物流效率，降费 207.81 万元；优化业务流程，充分利用北区焦炭仓，合理安排接卸，焦炭直供比例达到 86%、同比提高 6%，北区 3号高炉喷吹煤月均直供率同比提高 4.61%，有效降低二次倒运及整理费用；严格管控物流设备系统费用，充分利用现有库存及机旁备件，大力压减铁路备件采购费用；深入挖掘国企重点大客户优势，公司公务车及生产厂用汽油、柴油采购价格分别享受低于中石油市场零售价 0.5 元/升和 0.4 元/升的优惠政策，内燃机车燃油采购享受低于中海油挂牌批发价 194.55 元/吨的优惠，保证公司利益最大化。

【美锦铁路项目开通运营】 2019 年 8 月 21日，河钢唐钢美锦铁路正式开通运营，为公司生产顺行开辟新的绿色通道。经过不懈努力、多方协调推动，年内美锦铁路相继取得铁路局开通电报和调度命令，以及货运增项服务审批电报。美锦铁路开通运营，彻底结束了美锦焦化原燃料全部公路运输的历史，开启了“公转铁”运输新模式，不仅保障了企业内部物流服务，也为环保新形势下的公司生产经营，以及滦州地区发展打通了一条新的铁路通道。8—12月，共接卸焦煤123列、发运焦炭71列，实现物流服务收入2510万元。

【汽运业务】 2019年，河钢唐钢加强汽运业务管理，坚持管理创新，优化派车流程，量化费用指标，汽车运营收入较目标增加193.5万元，10辆吸引压送罐车收入657.72万元；强化车辆运营过程管控，不断挖掘降费潜力，进一步降低人工成本，吸引压送罐车驾驶员兼任吸排工工作，节省人工成本108万元。

【重点项目推进】 2019年，河钢唐钢加快企业物流转型发展，稳妥有序推进现代物流园区项目，为加速布局战略性新兴产业创造条件。这一年，抢抓公司区位调整历史机遇，推进物流业务市场化转型，积极谋划现代智慧物流园区，当年3月18日组建现代物流园区项目组，融合物流行业前沿技术，以轻资通融的战略组合策略，规划大宗物料物流、城市生活和工业物资分拣配送、数字工业服务等园区项目，政策解读、实地勘察、市场调研、产业会议学习交流、对接多家知名物流企业及规划设计院论证等工作相继铺开，并选定城市生活物资末端配送组织试运营，积累产业运营经验；选定与全球知名现代物流产业服务商普洛斯开展战略合作，编制项目可行性研究报告，努力为现代物流企业良性发展增添后劲。

检修管理

【设备维检】 2019年，河钢唐钢深挖AB角检修模式潜力，打造“升级版”AB角管理，实现分级管控，打造检修品牌。全年，完成定修438次，其中铁、钢、轧联合定修15次（本部8次、不锈钢7次），单体设备大修及联合设备大修25次。这一年，根据检修计划高效组织定修、大修工作，进一步细化大修、定修、日修项目安排，确保安全质量。强化外委施工队伍管理，保护核心设备维检自主创新技术诀窍，项目实现全过程、标准化管控，内部支援检修617次，达22万工时，与产线结合减少重叠检修18次，在为公司节省外委费达978万元的同时检修工期缩短、设备使用周期延长，在紧急、大规模检修面前体现出计划排布和工程组织方面的高效性，经受住了国庆期间大规模密集检修的考验。年内，承接并圆满完成中厚板公司3号高炉、不锈钢公司265平方米烧结机、高强汽车板二期投产项目的施工及维保工作，保障了产线顺行；进一步完善维修作业标准，对设备系统、设备精度全面掌控，推行小班无责巡检、梳理长期重复性检修项目，联合产线以焦点课题形式解决难题，在二高线推行点检定修试点，以专业性整体承包模式承接设备维保项目，利用自动化和信息化手段，减少设备检修频率，实现预防性有节奏检修，形成设备维护维修管理向设备状态管理延伸，建立集“修、造、管”一体的新型设备技术服务模式；加强外委结算工作，梳理结算流程，制定《外委结算管理办法》，确保各项目完工后5日内完成结算工作，提高工程组织效率。

【管理体系建设】 2019年，河钢唐钢进一步夯实基础，创新管理，通过实施确认表分级、碎片工作系统化等管理手段，作业标准化、管理标准化及现场标准化水平跃上新台阶，顺利通过2019年度中国船级社质量管理体系监督审核。这一年，坚持管理标准化与作业标准化并行，以确认表为落脚点，开展确认表分级、纠错辨识、实操培训、梳理

82项严重性违章行为、推行管理点检等工作，实现快速爬升，1.3万项标准实现分级并上网运行，安全、质量和作业水平得到有效管控，得到中国船级社的高度评价，通过抓实抓牢精益管理，职工素养不断提升，年内选出22个最佳检修现场、32个参评库房，涉及劳效提升、安全改善、专用工具的自主改善项目平均月增200个，现场管理焕然一新；推进重组碎片化工作，将管理中的碎片有效串联、归纳起来，以问题为导向，按照系统化思维对各项管理工作进行分类和拆分，辨识梳理安全、设备、综合及工程等各项管理程序，形成管理体系，促进管理动作规范、标准，“职、责、权、利”轨道化运行，消除“乱管—管乱”的问题，同时将检查计划表、管理确认表有效组合，进行科学化管理，向先进企业迈进，实现管理高效、流程缩短、管理层级减少的精益化管理。

【信息化管控平台建设】 2019年，河钢唐钢大力推进信息化管控平台建设，打造智能化生产组织模式。这一年，维检单元建立自有自用的设备管理系统，并在公司办公自动化系统上线运行，系统涵盖外委管理、固定资产管理、设备档案、维修保养记录等内容；机加单元以梳理制定的工艺标准为承载、以精益管理为列车、以信息化建设为轨道，变中心主导排产为交期主导的组织模式，铺设追踪系统，实现科学管理、动态排产，在7000余项标准化工艺基础上，实现产品交期、计划管理、质量追踪等全流程线上管控，产品单元综合一次检验合格率同比提高0.27%；耐材单元信息化平台，对一钢轧厂生产工艺过程中的耐材跟踪和物料管理，从管理层面对耐材使用、耐材状态、耐材库存的实时展现功能，对耐材的相关数据实时采集；积极投入不锈钢公司信息化建设，与信息自动化部、不锈钢公司共同完成对转炉、RH精炼、冷修、铁包、连铸线下和连铸线上6个耐材跟踪模块的培训和耐材采购、车辆进厂、库存管理、耐材质检、耐材退库5个耐材模块操作培训，不锈钢公司管控平台于当年10月8日开始，各模块逐步试运行上线；外委工单实现上线审批，并运用财务共享系统实现审批业务及转账流程的线上快速办理；产品单元开发信息化线上系统，将原有承接订单统计表、生产制造流程表、送货单、修复计划及方案等以及生产计划室的所有工作内容全部上线，进而与产品质量室的工艺检验、车间加工等环节形成一个闭环，做到各项流程可查可控，各环节有人负责，线上建立成品库、半成品库、坯料库和废旧利用库4个库房，加强生产信息流和实物流匹配，工作效率明显提高。

【耐材管理】 2019年，河钢唐钢进一步加强耐材管理，加大关键指标攻关力度，扎实推进标准化作业，严格成本管控，部分技术指标跻身行业前列，耐材管理水平持续提升。全年，事故率同比降低81%，吨钢耐材成本降低0.8元，铁沟通铁量、中间包寿命、钢包包龄指标全面提高，钢包自开率达到行业先进水平，平均提高0.19%；产品一次检验合格率同比提高0.95%，未发生因产品质量问题导致的公司级质量事故(故障)，实现质量目标。这一年，重新规范耐材管理流程，以汽车板认证和体系外审为契机，梳理管理流程，完善涉及岗位、供应商管理评价、检验、采购、试验等多项管理办法，制定实施《耐火材料采购风险管理和控制及应急预案管理办法》，对采购业务进行风险识别，为产线提供稳定、高质量、高性价比的耐材保障；耐材管理技术创新取得突破，通过技术攻关，成功掌握浇注料调整和透气砖改进关键技术，解决二钢轧厂炉后加喂丝工艺改进后对浇注料包产生的影响，浇注料钢包包龄由85炉提高到100炉，塞棒事故由8次降为零，并全面推广使用改进塞棒，中间包使用寿命由 24 小时提高到 32 小时，钢包自开率提升至 99.47%，达到历史最好水平；浇注低碳钢所用的中间包寿命由不足 8 炉提高到 20 炉以上；确立的中厚板公司中间包上水口炸裂问题的研究与措施攻关课题，彻底解决了上水口问题。

【市场开拓】 2019 年，河钢唐钢围绕产品和市场两大主题，贴紧产线，服务产线，积极开拓检修内外部市场。年内，加大钢结构及相关金属结构制作业务，成立建模团队，为公司提供搭建技术模型 2000 余吨，依据模型绘制、调整、校核、发放钢结构构件制作图纸 1.1 万张、零件制作图纸 5.8 万张，根据标准化作业要求编制数据切割机床排版下料图纸 3800 余张，摆脱依靠外委拆图建模的局面；承接整包制作生产项目 32 项，完成钢结构综合产品制作 7500 余吨，协调管理带料加工、包工料项目原材料进出厂、出入库 1.2 万吨，累计发送运输材料及产品 300 余车次，出具管控生产工序标准化清单 800 余张、工艺交底 50 余项，与 10 余家工程建筑企业形成紧密合作和信息共享，维系好部分重要客户包括省安装工程有限公司、中材集团、中铝集团等国内知名企业；以河钢乐亭项目建设为核心，与包括省安装工程有限公司、中海外建设集团等公司合作，共同承接河钢乐亭外网 1 号、5 号、7 号三条主要管道线整体钢结构制作任务，以及原料区铁粉仓、溶剂仓、长输送廊道等项目，承担公司重点项目乐钢辊道架项目，总产值 339 万元，乐钢钢水包项目，总产值 704 万元；佳华焦化供辅系统搬迁改造项目，产值 1860 万元，民营钢铁企业双赢集团平车及铁包项目，总产值 170 余万元，成功打开外部市场；下大力气将热轧板带生产线卷取上、下夹送辊的离线修复技术推向外部市场，先后承担不锈钢公司、吉林通化钢铁股份有限公司卷取上夹送辊离线修复业务，签订备件修复合同 131 万元，创效 50 余万元。

【修复技术应用】 2019 年，河钢唐钢瞄准行业前沿技术，以现场问题解决方案为切入点，积极推广修复技术现场应用，在为客户创造价值的前提下，实现服务品牌价值。全年，组织制定加工工艺 2760 项，修复工艺 500 余项，在芯轴修复、扁头套激光熔覆修复、冷轧沉没辊稳定辊修复技术攻关应用等项目取得突破。这一年，加大攻关力度，成立机加工卷曲芯轴修复技术攻关小组、表面产品研发攻关小组，每周召开专题会议，分析总结课题进展情况，保证研发工作有序开展；针对一钢轧厂 1810 毫米生产线第一根芯轴使用过程中出现的延伸轴轴承问题，组织开展修复技术攻关，按照系统化思维对芯轴系统进行分类拆分，将润滑系统拆分为 7 个单体子系统，制定 88 个润滑出油点的测试标准，将总装精度尺寸链分步拆解，梳理出影响芯轴装配精度的重要尺寸链 30 项，避免质量问题发生；按照芯轴工艺路线流程进行系统总结，形成作业文件工艺执行确认表 33 个，安全加工作业标准确认表 36 个，检测表 39 个，成品检验表 38 个，截至年末成功修复一钢轧厂卷曲芯轴 2 套；冷轧沉没辊稳定辊修复技术，对沉没辊稳定辊喷涂设备和工艺进行系统梳理和改进，根据不同辊系粗糙度要求，建立沙子型号和粗糙度对应标准，实现辊面粗糙度不同范围的调节，基本实现喷涂系统工艺参数固化，喷枪备件清理，更换标准和更换周期全部标准化，形成沉没辊稳定修复技术档案，成功完成一镀锌沉没辊稳定辊的整周期修复，得到用户认可，实现历史性突破；扁头套激光熔覆修复技术，解决扁头套激光熔覆层的熔覆缺陷，形成成熟工艺，修复的一钢轧厂 3 件扁头，产品质量稳定；组织棒材短应力轧机架修复技术攻关，修复的二棒材 1 套机架上线使用后效果良好。

自动化信息管理

【产品研发】 2019年，河钢唐钢以打造“人无我有、人有我优”的拳头产品为目标，实施品牌战略，坚持“研发—推广—创效”理念，强化市场观念、超前谋划，严抓产品质量管理，加大产品推广力度，提升技术服务水平，打造企业良好的品牌形象。年内，加大智能板坯库控制系统、信号无线传输设备、智能磨辊间系统、AGV小车控制系统、5G在企业控制中应用等项目开发力度，成功研发智能板坯库控制系统、信号无线传输设备，取得7项实用新型专利、1项发明专利。截至年末，拥有专利60项，著作版权213项，形成涵盖铁、钢、轧、动力、云计算、智能制造等专业领域的39种拥有自主知识产权的产品；无人天车、智能计量、智慧物流、智能设备管理、统一通信等技术达到国际或国内先进水平，在多家钢企相继实施，并推广到港口物流等领域，受到用户广泛好评。

【市场开发】 2019年，河钢唐钢充分发挥技术优势，积极拓展外部市场。年内，承接河钢承钢天车项目、黄骅港码头信息化项目、河钢乐亭项目无人天车、不锈钢无人天车项目、液压传动、智能计量等辅助及控制系统的安装调试等智能制造项目。云计算领域主要面向企事业单位、学校、医院及政务云市场，包括美国苹果公司在内的多家企业、政务领域的客户入驻云计算中心。

【微尔云计算中心】 2019年，河钢唐钢紧抓大数据发展商机，不断解放思想开拓思路，充分发掘微尔云计算中心可提供私有云平台、机柜及服务器托管、整机房承包等业务优势，开发潜在市场。当年，实施苹果二期工程、深圳几点到科技公司超算项目、北京火种信息传播公司项目、唐山路北区雪亮工程、唐山背街小巷工程、唐钢人力资源共享系统、河钢财务公司桌面云系统、承钢设备管理二期等项目，并取得增值电信业务经营互联网数据中心业务许可证（IDC执照）和增值电信业务经营互联网接入服务业务许可证（ISP执照），具备电信经营资格。

综合事务管理

【文稿起草】 2019年，河钢唐钢全力抓好文稿起草，严格遵循公文格式、结构和语言规范性要求，力求创作有思想、有内涵、有高度的精品文字材料，撰写汇报、报告、讲话、致辞等材料200余篇。年内，先后撰写公司党政领导在唐山市工业经济发展暨“四个一”行动座谈会、唐山市考评结果兑现大会、全国钢铁企业纪检监察工作研究会十五次年会、中钢协冶金设备分会一届六次理事会议、第五届钢铁企业设备部长会议、全国钢铁企业炼铁技术交流会、全省运输结构调整推进会议、集团季度党群工作例会、台州市向海钢材加工有限公司奠基开工仪式、河钢塞钢能源与环境保护综合改造工程开工典礼、集团第二届职工竞技拔河比赛的讲话和致辞等材料；高质量撰写公司重要会议所需材料，起草公司党政领导在公司职代会年度会议、公司2018年度总结表彰暨2019年工作推进大会、迎庆建党98周年暨总结表彰会、庆祝新中国成立70周年升旗仪式、河钢乐亭钢铁基地项目二部工程开工仪式、宝马潜在供应商评审首次会和末次会、月中月末例会等重要会议及活动涉及文字材料；协助公司专业管理部室，撰写和修改党风廉政建设座谈会暨集体谈话会、公司庆祝“三八”妇女节暨总结表彰会、公司“五四”表彰暨“奋斗的青春最美丽”青春故事分享会、2019 年安全生产工作会议、作业长制推进工作会、公司董事长总经理联络员座谈会等重要会议涉及文字材料，严把公司整体文字关，提升了公司文秘工作的整体水平。

【信息编发】 2019 年，河钢唐钢围绕“两个结构”再优化、智能产线再提速、服务能力再提升等全年重点工作，立足于及时反映公司生产经营、改革发展工作动态和鲜活做法，编发《唐钢信息》《工作简报》《唐钢通讯》《国内外钢铁动态》《班组活动日情况报告》等信息刊物。其中《国内外钢铁动态》增设“智能制造前沿”专栏，专门刊发行业内外智能制造发展典型经验和新鲜做法；《唐钢通讯》增设“公司智能产线建设情况”专栏，及时搜集反馈公司各单位智能产线建设推进情况，为公司领导及时准确掌握行业发展和内部情况，科学指导企业智能制造转型提供了重要参考。全年，编发《唐钢信息》114 期、《工作简报》66 期、《唐钢通讯》47 期、《国内外钢企动态》25 期。年内，向省国资委办公室、市委信息中心等报送党群信息及生产经营信息超过 120 篇，其中 30 多篇被省国资委简报、市委信息中心《唐山快报》采用为头条，公司信息工作在省国资委党委、市委考核中始终保持先进水平，被中国钢铁工业协会、唐山市党委系统评为“信息工作先进单位”，同时受邀参加 2019 年钢铁行业信息年会，较好地展示了公司作为国内特大型联合钢铁企业的对外形象。

【会务组织】 2019 年，河钢唐钢按照《会议管理办法》，从严从细抓好会务组织和服务保障工作，坚持由小处着眼，关注关键过程和细节，确保各类会议和活动顺利进行。全年，组织党委常委会、董事会、经办会共 109 次；月中、月末工作例会 24 次，各种专业会议 300 余次；国际视频会议、省国资委及集团公司视频会议 50 余次；大型会议和公司重点活动 40 余次。

【接待服务】 2019 年，河钢唐钢坚持勤俭节约、热情周到、耐心细致、规范有序的服务宗旨，严格执行《接待管理办法》规定的接待范围、接待标准、审批和报销程序以及管理考核等工作流程，确保接待工作规范、标准、节约。全年，接待来访 468 批次 4256 人次。其中调研 44 批 412 人，检查工作 9 批 87 人，外宾 43 批 502 人，日常接待 277 批 1587 人，交流学习 79 批 680 人，会议 16 批 988 人。规范接待人员工作标准，组织集体培训与学习 3 次，并通过网络、新闻、媒体等进行自学，全面提高接待人员业务能力素质，提升接待标准化水平；持续提升外事接待能力，注重尊重不同国家和区域客人生活习惯与信仰，从饮食各个方面照顾客人心理，以精细化的管理、强烈的责任意识，组织了对俄罗斯、乌克兰、朝鲜、菲律宾等国家和印度塔塔、亚洲钢铁、德国宝马、通用汽车、韩国浦项等国际友好单位来访接待工作，赢得国外来宾赞誉。

【外事工作】 2019 年，河钢唐钢严格按照省外办、省国资委《关于对省国资委管理的部分企业因公出访审核审批程序调整的通知》及集团公司外事有关文件要求，认真做好外事工作。全年，办理公司外事出访团组 55 批 197 人次，外国技术专家在华居留、居住延期等工作 8 件 26 人次，为公司加强国际交流与合作提供了保障。在因公出访审核、审批过程方面，严格把关出访计划，未发生违规出访问题；克服出国手续办理时间紧、团组较多、团组人数较多等困难，积极主动与省外办协调沟通，从速办理各种手续，保证公司各项出访任务按计划成行，未出现时间偏差、违反程序等问题。

【印章管理】 2019 年，河钢唐钢严格执行公司《印章管理标准》，根据公司机构变化及时启用或废止印章，按规定使用加盖印章，并做好登记，确保印章规范管理、正确使用。全年，加盖各类印章约 3 万份；刻制、启用党群系统印章 1 枚、废止 1 枚。

企业运营管理

【全员绩效管理】 2019 年，河钢唐钢坚持战略导向原则，优化绩效要素设计，以市场化、平台化提升全流程全产业链创效能力为主线，完善优化与事业部协同机制相适应的绩效评价体系，坚持差异化原则，加大对关键岗位人才激励力度，确保公司全年经营目标的实现。年内，制定实施《2019 年经营绩效管理方案》《关键岗位贡献奖励办法》《客户开发奖励办法》，持续聚焦市场和产品，重点奖励关键产线、重点岗位员工及营销人员，充分调动关键岗位职工的工作积极性，提升各事业部及产线的生产效率，助推创效能力提升。以绩效为引导，调整并落实事业部绩效管理模式，加大市场开拓、客户服务、产品研发、质量提升等产线关键岗位激励力度，促进公司优质人力资源向产线关键岗位优先配置，实现产销研一体化高效协同。强化作业区绩效管理，指导各单位对各作业区绩效指标进行调整优化；重点审查关键绩效指标与上一级绩效指标的承接关系，确保下一级指标对上一级指标起到支撑作用；针对指标选择、权重设置、目标值设定、指标数据来源、指标评价标准等加强培训与辅导，为作业长提供相关的工具和方法，帮助作业区完善绩效管理制度、规范绩效管理流程，解决绩效管理过程中出现的问题，使基层管理者成为绩效管理的主角，推进全员绩效管理在作业区的真正落地。

【精益管理】 2019 年，河钢唐钢持续推进精益管理，制定下发《精益项目管理办法》，明确项目立项、项目过程管理、项目结题评审、项目后评价、项目奖励、项目资源提供等过程流程，促进精益课题的顺利开展。年内，各单位结合公司年度重点工作、客户需求、部门存在的瓶颈问题，选定精益课题 20 项。至 9 月底，“缩短转炉冶炼周期”“锌铝镁产品质量提升”“罩退产品表面清洁性提升”“延长后处理线清洗段辊子轴承使用寿命”“提高热成型铝硅产品后切边比例”“降低铸坯边裂比例”“提高卷板宽度控制精度”等 7 项课题成果顺利结题，课题关键指标明显改善。10 月，新立项“缩短精炼冶炼周期”“降低锌铝镁产品锌流纹缺陷”“一冷酸洗带钢产品质量提升”“降低 4 镀锌生产带出品”“消除酸轧带钢表面乳化液斑迹”“全流程宽度优化及酸轧成材率提升”“高炉提高煤比降低燃料比”等 7 项课题。每月组织专家对精益项目开展辅导，组织项目组骨干、内训员开展有针对性的培训，提升项目组人员工具、方法运用能力。项目组在专家辅导结束后两周内，完成布置的月度工作任务，并上传进度，推进各课题顺利开展。

【现场管理】 2019 年，河钢唐钢强化 5S 管理季度联查、日常抽查，持续提升现场管理水平。加强定置管理和两源治理力度，对存在问题举一反三进行自查整改，保证效果最大化。分层次建立 5S 工作群，利用微信群反应迅速、覆盖面广特点，对现场进行全面监控和管理，保证现场环境满足清洁生产要求，厂容现场闭环管理再上新台阶。炼铁厂通过深化 5S/TPM 管理工作，加大内外环境治理力度等方式，提高作业区自我管理能力，使现场管理始终处于可控状态。一钢轧厂牢固树立“全员管理、管理全员”的全员参与厂容管理理念，以 1700 产线 5S 示范作业区为标准提升现场管理水平，打造 1700 产线“无泄漏”产线。高强汽车板公司以宝马认证、一汽认证、BSI 外审为契机，对液压阀台治理、酸洗除尘系统及乳化液排烟系统清理、轧机机架及封闭进行全面改善，实现各机组清洁生产。

【自主管理】 2019年，河钢唐钢搭建自主管理学习交流平台，每季度分主业、非钢两个场次召开自主管理课题交流发布会，对课题进行交流分析，拓宽选题立项思路，分享解决问题的方法，鼓励职工充分利用现有资源进行现场改善。有效界定自主管理课题，对点的问题或单一性的问题以改善提案的方式进行，加快改善进度；对系统、复杂性课题鼓励职工采用自主管理十步法方式进行，从选题立项、现状调查、原因分析、要因确认、措施制定、对策实施等方面层层分析，解决现场问题，提高自主管理课题质量。加大自主管理课题的辅导力度，针对各单位课题薄弱环节，组织专家对自主管理主管人员、主要课题人员进行培训，有针对性地解决课题实施过程中的难点问题。全年，完成自主管理课题922项，在职工中形成浓厚的自主创新氛围。

【管理体系建设】 2019年，河钢唐钢强化制度管控，按照《管理文件控制程序》，结合公司管理工作实际，对公司级管理文件进行全面系统梳理，为公司发展提供有力的管理体系支撑。顺应公司管理创新和改革发展的要求，各专业管理部门加强体系文件的完整性、时效性管理，结合实际运行中遇到的各种问题，及时对体系文件内容予以优化，对管理文件中不符合管理实际的内容适时予以修订，不断完善，使管理体系真正贯彻落实到岗位。截至年底，各专业管理体系共形成公司级管理文件461个，按照管控对象分为20个专业59个管理类别，全部上传至公司管理体系网，实现公司管理体系文件的线上浏览、查询功能。

【招投标管理】 2019年，河钢唐钢优化招投标全过程管控，从规范流程开始，紧盯开标、评标重要环节，对公司招标采购进行现场监管，指导各单位按照规范流程组织开标、评标，协助处理临时出现的各种问题和突发事件，形成投标人和工作人员有序开标、评标委员会诚信评标、监督部门依法监督的良好氛围。年内，制定下发《关于流程优化的通知》，组织相关单位对各自负责的采购流程进行逐项梳理，对流程的各环节按照必需、需要、可研究论证，分析是否存在多余环节，组织相关单位研讨、完善，并要求线下运行的流程能够在线上运行的环节在OA系统运行，缩短审批时间，提高工作效率。持续开展采购对标活动，结合对标发现的供应商选择推荐范围窄、市场开拓不充分、推荐供应商数量有限等问题，有针对性地完善《非招标采购形式管理办法》，倒逼和引导采购人员充分了解市场、开拓市场，通过多种渠道收集供应商信息，选择优质、有行业代表性的供应商，确保采购价格贴近市场。实施招投标管理季度检查及日常抽查，发现问题与解决问题并行，保证所有采购项目依法合规。全年，参加非竞争性采购论证会30次，现场监管询比价、谈判81次，办理供应商业务233次；审核批复招标审批表36个，参加招标项目开标评标90次，保证招投标开标和评标的合法性和合规性。

【厂容绿化】 2019年，河钢唐钢持续优化提升主厂区绿地景观效果，制定下发《关于加强春季绿化养护管理工作的通知》，督导各单位按照精细、精致、精美的原则进行绿地管理，依据各种植物特征和长势适时做好浇水、修剪、病虫害防治等工作，确保植物生长旺盛，用精细化的养护管理不断提升绿化观赏性。完善提升“四园一山一带”即钢铁花园、水系生态园、文化广场、华新公园及以贾家山和防护林带为核心的主厂区自然式生态园林景观，在绿地内栽植色块2000平方米，在林下栽植耐荫性植物4万平方米，补播白三叶和冷季型草坪5万平方米，栽植四季海棠等各色草花17万盆，助力公司绿色发展。年内，以生产、生活、设备、环保、消防安全、能源六大现场督导检查为抓手，对厂容现场实现24小时管控，及时发现问题，限期整改，使厂容现场管理工作实现闭环。全年综合检查发现问题1417项，各单位自查问题2899项，考核89.69万元，督导各单位按期整改，确保公司厂容环境水平持续提升。

【管理创新】 2019年，河钢唐钢结合生产经营实际深入开展管理创新工作，实现创新课题与实际工作的高度整合，取得显著成效。全年，39项管理成果获得省级及以上创新成果奖，其中一等奖11项、二等奖12项、三等奖16项；“钢铁企业基于微观流程图的全员改善管理”获国家级企业管理现代化创新成果奖二等奖。年内，切实发挥好管理创新课题对公司生产经营的引领作用，严把课题质量关，结合集团和公司重点工作认真筛选课题，立项审批，做到宁缺毋滥，过程管控跟踪重点亮点项目，做到有的放矢。深入开展对标交流，组织参加全国企业管理创新工作大会、冶金企业管理现代化创新工作研讨会，与其他企业进行经验交流，并结合公司实际进行推广落实。选派专业人员参加河北省企业管理现代化创新成果撰写培训辅导班暨优秀创新成果交流推广会议，通过专家授课培训辅导和典型创新成果案例经验交流，提高管理创新水平，使创新成果申报材料全面科学地反映企业管理现代化创新的全过程及取得的经济效益、社会效益和生态效益。

附表 2019年河钢唐钢获得省级和冶金行业管理创新成果奖一览

项目名称	单位	河北省企业管理现代化创新成果奖	中国钢铁工业协会企业管理现代化创新成果奖
大型钢铁企业全员创新体系的构建与实施	运营改善部	一等奖	
国有企业非招标采购形式的探索与创新	运营改善部	一等奖	三等奖
大型钢铁企业废钢管理体系的构建与实施	生产制造部	一等奖	
以供给侧改革为导向的大型钢铁企业人力资源优化与配置	人力资源部	一等奖	三等奖
基于事业部制的研发管理体系创新	技术中心	一等奖	三等奖
钢铁企业“事业部改革”的探索与实践	人力资源部	一等奖	
加强过程管控降低采购成本	设备机动部	一等奖	
构建中厚板公司的科学经营管理模式	运营改善部	一等奖	
铁前全流程数据管控模块集成与应用	炼铁厂	一等奖	
以管理创新推动技术进步提升中厚板产品创效及市场竞争力	中厚板公司	一等奖	
以市场为导向的钢铁企业法律风险防范体系的构建与完善	法律事务部	一等奖	
以安全风险管控和事故隐患排查治理为导向深化作业区安全管理	安全部	二等奖	
以激活非钢产业发展内生动力为核心的绩效管理创新与实践	非钢管理部	二等奖	
构建基于风险管理的原材料质量管控体系	生产制造部	二等奖	
钢铁企业“两化”融合体系建设研究与实践	信息自动化部	二等奖	

续附表

项目名称	单位	河北省企业管理现代化创新成果奖	中国钢铁工业协会企业管理现代化创新成果奖
客户需求识别流程优化与创新	市场部	二等奖	
新常态下国有大型钢铁企业人才体系优化	人力资源部	二等奖	
以信息化平台为依托的知识管理体系建设	不锈钢公司	二等奖	
非钢单位应对严峻市场形势的降本增效管理	能源科技分公司	二等奖	
新常态模式下的铁前资源优化与控制	炼铁厂	二等奖	
钢铁企业厂内物流系统性优化及成本控制	物流分公司	二等奖	
新常态下建立精细化管理体系提高轧钢产量	中厚板公司	二等奖	
以效率提升为核心的精益管理	不锈钢公司	二等奖	
基于信息化的精益高效的生产管控体系的创建和实践	生产制造部	三等奖	一等奖
建立订单跟踪系统提升运营水平和交付能力	信息自动化部	三等奖	
以统筹理念为基础的固废资源化管理创新	能源环保部	三等奖	
基于费用控制与服务优化的商旅服务及管控平台	财务经营部	三等奖	
战略支撑型管理模式的构建	唐银公司	三等奖	
精益管理项目的推进与实施	运营改善部	三等奖	
以降低非计划品为核心的生产过程探究	一钢轧厂	三等奖	
探索基层自主管理能力提升的重要途径	运营改善部	三等奖	
企业工伤管理方法的优化与提升	安全部	三等奖	
棒材产线以提高产品应用领域为核心的管理创新	二钢轧厂	三等奖	
销售物流系统的资源整合与优化	物流分公司	三等奖	
市场为导向拓宽型钢产品结构	型钢厂	三等奖	
创新设备健康指数模型科学评价设备运行效率	设备机动部	三等奖	
以优化企业成本控制为目标的提升物流计量精准	二钢轧厂	三等奖	
依托自动化监控系统优化整合提升能环设备管控能力	能源科技分公司	三等奖	
设备检修综合体系的构建与实施	检修分公司	三等奖	

【对外投资管理】 2019年，河钢唐钢深化对外投资项目前期论证及风险评估工作，做好项目尽职调查和可行性研究，严格执行集团及公司对外投资管理制度，切实履行内部投资决策程序。年内，组织完成五矿新港49%股权收购项目、对台州向海公司增资4500万元项目、合资设立铁铁物联项目、入股唐山达创传导科技公司项目、对保定板材增资项目、对哈斯科（唐山）增资项目、重整佳华项目二期注资和设立天津汽车板加工中心等8个项目。公司在台州、长春、天津、保定等地投建钢材加工中心，解决汽车板直接进入汽车厂和配套厂销售的瓶颈问题。

【产权管理】 2019年，河钢唐钢规范公司产权登记基础管理，加大产权监管力度，对有关对外投资及产权管理事项的实施情况、决策审批程序、产权登记、过程文件等进行全面自查、梳理，建立健全产权管理台账及档案，及时更新完善省国资委产权登记管理信息系统数据，确保产权系统数据准确无误。年内，办理唐山市生产力促进中心有限公司产权注销登记、台州市向海钢材加工有限公司占有及变动登记、五矿新港长春钢材加工有限公司占有登记、哈斯科（唐山）金属科技有限公司占有及变动登记、唐山钢铁集团高强汽车板有限公司变动登记、唐山达创传导有限公司占有登记、唐山鸿源旅行社有限公司注销登记等9项产权登记工作。强化国有资产评估监管，防止国有资产流失，按照《公司资产评估管理暂行办法》，对资产评估项目进行监督检查，确保评估过程的合规性和准确性，办理投资入股台州市向海钢材加工有限公司、收购五矿新港长春钢材加工有限公司部分股权、唐山佳华煤化工有限公司部分资产处置、唐山钢铁集团高强汽车板有限公司债转股、投资入股唐山达创传导科技有限公司、出售炼铁北区4号烧结机主体设备等6项资产评估备案。

【治理机制建设】 2019年，河钢唐钢从严督导各对外投资企业建立完善的公司治理制度，保障对外投资企业治理结构中各层级科学高效决策和顺畅运行。强化对外投资企业重要事项决策管控，加强对对外投资企业股东会、董事会的监管，明确年度和半年度会议需审议的议案，指导和监督对外投资企业进一步规范股东会、董事会会议组织召开的程序，促使对外投资企业规范运作。充分调动外派董事、监事的履职积极性，维护公司合法权益，根据《外派董事管理办法》，建立外派董事行权联审汇报机制，对对外投资企业提交的议案进行联审并形成审核意见后，提交公司董事会审议并形成表决意见，出具《外派董事行权意见书》，规范外派董事严格按照公司意见行权，规避外派董事行权风险。年内，办理8家对外投资企业共计22名外派董事、监事的变更，协助唐钢国际、时创高材、钢源炉料、唐曹铁路、开滦炭素化工等5家对外投资企业董事会、监事会换届工作。

【工商管理】 2019年，河钢唐钢按照《公司证照管理办法》，规范公司证照使用程序，及时进行公司工商变更登记，协助、指导并监管各子分公司及对外投资企业的工商管理工作。年内，完成唐钢集团修订“三规则、一办法”公司章程工商备案、唐钢集团及河钢股份唐山分公司2018年度企业年度报告公示，注销唐山钢鑫板材有限公司、唐山鸿源旅行社有限公司、海口琼里综合商店、海口唐钢建材综合商场、洋浦唐钢创鑫贸易有限公司、唐山钢铁国际贸易有限公司承德分公司，协调“三供一业”移交工作、大顺东方酒店更名、高强汽车板公司引入战投、河钢股份唐山分公司经营范围变更等相关工作。

【全面风险管理】 2019年，河钢唐钢按照省国资委及集团公司要求，编制《河钢唐钢全面风险防范化解工作方案》，督导各单位开展风险识别，落实防范化解风险措施。这一年，全面推动全面风险管理与公司现行质量管理体系、环境管理体系、安全与职业卫生管理体系的深度融合，编制《河钢唐钢2018年全面风险管理工作报告》《河钢唐钢防范化解风险隐患台账》《河钢唐钢2019年全面风险管理工作计划》，组织各相关单位推进落实，开展全面风险管理督导、检查、评价工作。依据河钢集团《“不忘初心、牢记使命”主题教育各项专项整治工作方案》，制定《河钢唐钢防范化解重大风险专项整治工作方案》，并对所列风险进行督导、整改，重点解决经济、科技、社会稳定、公共安全、生态环境、意识形态、党的建设等七大领域19个重要风险事项的防范、化解工作。

【土地资源管理】 2019年，河钢唐钢加强土地资源管理，规范土地登记事宜。年内，持续推进乐钢项目用地审批工作，按照跨长河物流通廊设计要求，完成透水构筑物海域使用权审批，黄海路南侧 146.67 万平方米土地内涉及的农用地转用审批完毕，完成黄海路北侧厂前区地块 91.27 万平方米挂牌出让，及高炉地块 50.87 万平方米挂牌出让，完成乐亭 50 万站至河钢乐亭院内输电线路征地，办理黄海路南侧四个地块用地规划许可证。协助美锦焦化项目部办理二期用地转用审批和出让手续，完成二期 20.2 万平方米土地挂牌出让工作。办理高强汽车板公司用地事宜，完善高强汽车板公司二期 32.53 万平方米用地手续和土地挂牌出让及登记工作。

【"双百行动"】 2019 年，河钢唐钢深入开展国企改革"双百行动"，推动企业混合所有制改革。组织编制《河钢唐钢混合所有制改革工作方案》，相继制定一系列改革管理办法。主要包括：《董事会决策程序》《员工持股方案》《员工持股有限合伙协议》《职业经理人管理办法》《职业经理人聘任协议》《职业经理人年度绩效合同》《关于激励干部职工改革创新、担当作为、干事创业建立容错纠错机制的实施办法（试行）》《工资总额预算及备案管理办法》《市场化薪酬激励机制》等。年内，推进股权多元化及混合所有制改革，总体进展顺利。高强汽车板公司引资 18.4 亿元，投资方为建信金融资产投资公司；微尔自动化公司拟引入唐钢国际、渤海国信两家投资者，并达成初步投资意向；重机公司拟引入中钢邢机和正欣实业等两家公司进行投资；惠唐物联公司与众能青岛供应链公司达成股权融合意向，与唐钢国际、兴瑭集团等公司洽谈混改事宜。

人力资源管理

【"HR 三支柱"结构调整】 2019 年，河钢唐钢按照"强服务、提效率、转机制"工作要求，全力推进"三支柱"管理体系建设目标，稳步推进人力资源"三支柱"模式改革，成立专家、共享、业务伙伴三个中心，为员工"一站式"服务提供可靠保证，实现管办分离、立足服务、效率提升、机制先进、流程标准、人员精干的目标。这一年，努力提升人力资源系统专业化程度及自身运转效率，形成以客户为导向的人力资源管理组织结构。下发《河钢集团唐钢公司关于人力资源部组织机构设置及管理岗位职责调整的通知》，以"HR 三支柱"组织架构理念为指引，重新构建人力资源管理体系，组建 HR 专家中心（HRCOE）、HR 共享服务中心（HRSSC）、HR 业务伙伴（HRBP）管理机构。其中，HR 专家中心（HRCOE）设规划创新管理、人才开发管理、薪酬福利管理三大模块，主要负责人力资源战略规划、体制机制创新、政策制定、工具研发与指导、人力培养培训、预算管控、流程优化以及公司级人力资源项目策划和主导等工作；HR 共享服务中心（HRSSC）设人才、培训、薪酬、社保、信息化五个服务板块，形成"业务咨询+服务交付"人力资源共享业务平台，实施"信息化+流程化"统筹运行模式，实现一站式窗口服务；HR 业务伙伴（HRBP）改革现行派驻制管理模式，对钢铁主业（事业部）及双职能部室等单位实行派驻主管负责制，对非钢单位实行新定员下的自主管理，为各单位提供一站式 HR 解决方案，满足个性化 HR 需求。

【操作维护系列改革】 2019 年，河钢唐钢全力推进操作维护系列岗位体系改革，对操作维护系列岗位进行全面重塑，建立规范化、职业化、梯队化的操作维护系列岗位体系和完善的配套制度，岗位、职数设计、发展路径更加科学合理，实现"三大系列"相匹配的改革效果。年内，制定完善相关制度，1月31日正式下发《操作维护系列改革实施方案》等管理办法，编制单位岗位定员台账，从全员角度对公司现有专业、工种、岗位名称进行规范、分类别管理，从关键区域技术引领角度对领军人才进行评估、梯队化管理，从人才培养角度加大公司自主培养考评力度，鼓励一专多能，优化岗位设置，岗位由4725减少到2046个，对1.77万名操作人员进行聘任，其中一级作业师477人、二级作业师1632人、三级作业师8272人、四级作业师2702人、五级作业师4583人，员工总量逐年减少，人均劳效大幅提升；在SAP系统中进行4725个岗位信息的调整，包括岗位基础数据、编制定员、级别岗序、系统分类、关键岗位类别、职业工种、岗位班制等属性，做好各单位操作维护系列岗位体系改革后的SAP系统变岗审批，核减炼铁厂、不锈钢公司、高强汽车板有限公司、一钢轧厂、二钢轧厂、物流分公司、检修分公司、城市服务有限责任公司等单位操作维护系列改革后SAP系统中的老旧岗位，实现公司整体人力资源队伍的良性发展。

【深化“强服务、提效率、转机制”工作】 2019年，河钢唐钢在两级机关、双职能部室范围内，深入开展“强服务、提效率、转机制”工作。这一年，对标宝钢、首钢等行业先进水平，推进以产线为独立市场单元的组织结构扁平化变革，除管理幅度在2000人以上单位外，均取消了分厂层级建制；强化“强服务、提效率、转机制”工作落地，优化流程，明晰职责，精干人员配备，合并、精简科级机构317个，建立起以价值创造为导向的资源配置方式和生产经营模式，提高企业运营效率，全面激发和释放企业活力；持续优化内部岗位，通过专业技术系列改革和操作维护系列改革，建立科学、标准、梯队的岗位体系，培养知识型、技能型、高效型、创新型人才队伍，构建规范化、职业化、梯队化的岗位体系，优化岗位半数以上，人均劳效大幅提升。

【推进作业长制】 2019年，河钢唐钢持续以打造一支素质过硬的作业长队伍和严格执行标准化作业的员工队伍为目标，以提升职能部门间协同服务为重点，以作业区飞检督导制度落地为手段，以夯实标准化作业为基础，深入开展作业长制推进工作。全年，聘任作业长160人，其中调整50人，新聘110人。这一年，对科室、作业区检查评价方式、作业长研修会组织机构等进行调整，重塑作业长研修会组织架构，在公司层面和各事业部、二级单位层面均设置研修会组织机构，同时增设以事业部为中心的研修分会，并在推进单位内按区域设置专业分会，年内开展各层次作业长研修活动107次；不断完善管理制度，制定《2019年河钢唐钢全面深化推进作业长制实施方案》，修订《示范作业区评选管理办法》等制度，加强作业长队伍管理，依据《作业长管理办法》，不断完善作业长体系建设，建立资深作业长、作业长、后备作业长素质模型，增加资深作业长岗位，打通“三大系列”人才通道，不断提升作业长素质能力，组织培训613人，推行职务与资格双轨制度，坚持持证上岗，形成以素质能力提升、逐档晋升为主的激励机制，选拔能力强、懂产线的职工充实到作业长岗位；改变以往飞检组织形式，梳理检查标准，形成“五制配套”相关专业管理要素，重构检查组，分主题对科室、作业区进行检查，坚持深入现场帮助作业长解决管理问题，传授提升基础管理工作方法，年内开展专项检查8次，累计辅导时间51天，检查时间89天，检查作业区106个，检查问题1456项；不断完善督导作业区基层管理制度，提升五制相关专业管理水平，公司作业长制推进工作进入巩固提升阶段。

【人力资源优化配置】 2019年，河钢唐钢根据战略部署和生产经营需要，积极稳妥开展人力资源优化配置工作，最大限度发挥人力资源优势提高生产效率，实现人岗匹配和高素质人员向产线转移的目标，人力资源优化配置工作更加科学规范。全年，实现人员优化900余人。年内，全力支持河钢乐亭项目建设，根据项目人力资源供需计划，统筹分析钢铁行业特点和现代用工形式，制定《公司人力资源规划》，采取机构扁平化、流程再造、集中管控、岗位合并、一专多能、素质能力提升等措施，优化人力资源，不断满足公司生产和区位调整需求。当年，分7个批次抽调267人到河钢乐亭项目，分2个批次抽调136人到佳华项目，确保人员有效配置，生产顺行。

【人员动态调整机制】 2019年，河钢唐钢积极落实集团加快推进专业人才市场化和干部队伍年轻化战略，以专业技术序列改革和操作维护系列改革为抓手，不断完善“三支队伍”建设，加快实现人才队伍建设新突破。严把选拔流程和聘任标准，配套操作维护系列改革，修订《操作维护系列人员管理办法》，落实《科级人员管理办法》《作业长管理办法》《专业技术人员管理办法》，加强对管理序列、技术序列、操作序列“三支队伍”的管理、监督与考核，将考核结果纳入人才培养、职位晋升、聘任免考察指标中，科学遴选人才，做到人岗匹配，实现人才“能上能下、能进能出”的动态调整机制。当年，备案科级243人，聘任作业长160人，未出现违规现象，80后科级达336人，占比36.88%，80后作业长242人，占比37.99%，成为公司承上启下的中坚管理团队，在公司生产经营活动中发挥重要作用；落实专业技术职务化管理，不断强化产线、研发、营销等关键岗位的政策倾斜，对突出人才破格聘任，激发专业技术队伍创新活力。

【人力资源信息化管理】 2019年，河钢唐钢立足人力资源管理要求，加强人力资源信息化管理，实现由“职能+管理”向“服务+管理”模式转变。这一年，积极探索现代化人力资源管理模式，以现代化人力资源管理“HR三支柱”组织架构理念为指引，改变原有各业务模块间的职能化壁垒，重新规划整合业务流程，组建成立HR专家中心、HR共享服务中心、HR业务伙伴三大管理机构，实现原有职能转换，管办分离。公司组织机构设置及管理岗位职责调整以“HR三支柱”组织架构下的HR共享服务中心—员工服务中心建设为主要落脚点，以员工服务中心、SHR办公系统的“一厅、一网”为载体，实现模块化、流程化、标准化、无纸化的移动办公要求；新的员工服务中心在原职工服务大厅的基础上改造建成，根据对未来业务的模拟运行，共划分为四个区域、12个服务窗口单元，业务涵盖员工的入转调离、培训、薪酬、保险及证照办理等，面向各单位及员工个人开展一站式人力资源业务服务；在服务中心、东门服务区、北门服务区配备相关自助终端设备，员工可凭身份证件办理信息查询、证明打印等一系列业务。员工服务中心的投入运营，为企业提供专业化和标准化的人力资源管理服务，有效减少事务性服务工作在人力资源管理中的比重，在服务员工的同时实现人力资源管理部门的工作重心向人力资源规划、公司战略支持等方向转移，进一步提升人力资源管理部门的战略定位，使之与公司战略和业务发展规划紧密衔接。

【SHR办公系统和微信平台】 2019年，河钢唐钢在充分调研基础上，配套建设人力资源办公系统（SHR办公系统）。这一年，随着系统的建设，根据综合业务流程及配套管理文件，重新梳理业务流程，优化整合有关业务，进一步简化操作、提高效率，业务流程由165项精简到96项，主线业务流程由32项合并为8项业务联动流程，废弃原审批表格41个，更改各类单据表样77个，原

36枚各类业务用章废弃27枚，系统的上线运行，将人力资源业务从纸质签单中解放出来，实现规范业务标准化流程流转，各类联动业务统一驱动，及时输出标准、规范、准确的业务结果；升级公司HR微信平台，在原有企业微信平台新增业务办理和业务预约服务，员工在微信端提前预约业务办理，员工服务中心根据预约业务量合理安排人员及工作时间，加快业务办理速度、减少员工等待时间；新版微信平台使用范围从在岗在册人员扩大到在岗在册人员、非在岗人员、劳务派遣人员、退休人员，受众员工增加近三倍，率先实现公司模块化、流程化、标准化、无纸化、移动办公新要求。

【积分制管理】 2019年，河钢唐钢加强绩效能力积分制管理，力促绩效管理体系和员工素质绩效能力积分制有效融合。年内，不断完善绩效管理和积分制管理两大体系制度流程，成立积分制管理领导小组、工作小组和管理推进小组，修订下发《河钢集团唐钢公司员工素质绩效能力积分制管理实施办法（试行）》及三个配套的专项积分实施细则，编制下发《员工素质绩效能力积分制管理推进程序》，为积分制管理提供制度支撑；先后对49个单位（部门），采集基本素质信息和综合绩效信息23万人次，并成功开展全员积分模拟运行，有效解决了试运行中发现的问题和不足，确保全面推广顺畅，为公司人才培养、使用、评价、激励提供量化数据；积极推进公司积分制项目的实施，组织8期766人次积分制系统培训，对系统各项功能的操作进行更深入的讲解，结合系统上线以来各单位的使用情况，对各单位在系统操作方面存在的问题进行重点解答。当年，公司积分制共计核算31.96万人次，实现公司积分制整体工作目标。

【人力资源培训】 2019年，河钢唐钢深化人力资源培训体系建设，搭建培训平台、创新培训模式，为实现高质量发展提供智力支撑，全员素质实现新提升。全年，共举办培训班1632批次，培训9.22万人次，人均68课时。其中管理类办班72批次，培训6209人次，人均30学时；技术类办班249批次，培训8734人次，人均25学时；操作类办班1311批次，培训7.73万人次，人均55学时。这一年，依照《2019年培训体系建设和全员素质提升培训实施方案》，不断完善《教育培训计划》和《培训合同》等各项制度，提高培训管理水平，不断完善SHR系统培训模块运行状态，形成以点带线、以线带面的培训格局；深化推进能力学习地图“三个系列、四个层次、四个级别”相对应的量化指标，共开设培训项目910项，办班1521批次，培训9.19万人次，总课时5.87万学时，培训计划完成率97.34%，促进职工能力素质整体提升。不断加强培训管理工作，规范公司教育培训管理流程，完善教育培训计划的制定及流程调整、教育培训实施管理及评估，提升教育培训经费使用效益，规范使用公司培训资料资源，保护公司知识产权，防止公司培训资料内容外传，制定《教育培训资料保密管理办法》并于3月15日发布；在原有培训的基础上广泛征集，拓宽课程资源渠道，建立手机端、PC端课程超市；细化类别，落实重点培训项目，开展五大体系专项培训，围绕作业长资格培训、作业长素质提升培训、三星计划、匠人讲堂、专家讲堂等开展系列培训工作，加强技管人员素质能力提升培训和专业培训，组织编写专业基础知识教材14本近500万字、发放教材2120本，组织录制微课，13家单位制定自身学习方案，1063人次参加基础知识培训，编制13个专业1.7万道题库，举办专业和通用知识考试780人次，对578名作业长、汽车板营销人员、人力资源人员等进行素质能力提升培训，助力各专业业务水平提升；组织公司首届内训师微课大赛，评选出30部优秀作品；海外培训工作取得良好效果，为河钢塞尔维亚公司开展培训8期，包括来华进行的转炉全工艺、热轧全工艺、冷轧全工艺、设备维护与务实、IT实务培训5期125人，选派优秀管理、技术人员赴河钢塞尔维亚公司进行质量绩效和标准实务、现代化物流管理与实务、软实力管理改进培训3期共计1050人，得到塞钢和商务部研修学院的肯定，为河钢塞钢员工队伍能力建设提供智力支撑和人才保证。

【高端人才引进】 2019年，河钢唐钢加大高端人才引进力度，拓宽选人用人渠道，大力推行市场化选聘和职业经理人制度，依据产线需求精准锁定高端人才，有效提升人才引进效率和效果。当年，共引进高端人才7名，涵盖信息模型化、汽车板产品研发、材料成型领域等，为公司推进智能制造提供了强有力的智力支撑。

【专家队伍建设】 2019年，河钢唐钢注重加强专家队伍建设及专业技术职务工作，努力打造公司专业技术核心队伍。年内，依据《专家管理办法》，不断加强完善专家队伍培养和使用机制，当年共聘专家60人，其中新聘首席专家2人、新聘资深专家18人、新聘专业专家40人，同时，组织完成2018年度公司在聘专家年度考评工作；加强专业技术职务工作，科学配置人才，积极落实专业技术职务化管理，不断强化产线、研发、营销等关键岗位的政策倾斜，对突出人才破格聘任，激发专业技术队伍创新活力。当年，公司共有在聘专业技术人员2162人，其中主任师160人、主管师598人、专业师1099人、协理305人。

【专家讲堂】 2019年，河钢唐钢创新培训模式，持续开展专家讲堂活动。这一年，专家讲堂采取线上选课、线下授课、录制微课模式，共开展12期，47名专家授课，优秀课程制作成微课上传至公司在线视频学习平台，累计上传微课43门，线上点击量达2000多次，线下参训人数达3600余人次。

【匠人讲堂】 2019年，河钢唐钢积极推进“匠人讲堂进基层”活动，分别在中厚板公司、不锈钢公司、物流分公司、检修分公司、能源科技分公司等7家二级单位开展。“匠人讲堂”采取线上选课，线下进基层模式，共录制40门课程至课程超市，整理、编纂讲义近25万字；经过现场有针对性的授课，200名基层职工就关注的现场技术问题进行讨论，授课老师查看现场后给予解决方案，解决现场诸多实际问题。当年，共举办讲座43期，43名匠人登上唐钢大学讲堂授课，约2000人接受培训。

【“三星计划”推进】 2019年，河钢唐钢持续深入推进“三星计划”，为公司培养未来高级管理人才、高级技术人才和高级操作人才储备力量。年内，共组织集中培训4次，每次2个工作日，累计48学时，内容涵盖经营战略、管理体系、市场营销、专业技术等课程。经过集中培养，62名学员提职为科级或作业长，晋升比例达31%。

【职业技能鉴定】 2019年，河钢唐钢积极做好职业技能鉴定组织及考前培训工作，职业技能鉴定工作再上台阶。当年，经河北省职业技能鉴定指导中心审核，公司获得河北省首批职业技能等级试点企业资质，可开展电工、钳工、高炉炼铁工、转炉炼钢工等56个职业（工种）的技能等级评价工作。这一年，职业技能鉴定共报名1935人，其中技师、高级技师811人。技能鉴定初级、中级、高级工1124人，涉及电工、钳工、锅炉操作工、高炉炼铁操作工、煤焦车司机、炉外精炼工、转炉炼钢工、轧钢工、轧钢精整工等24个职业（工种）；组织考前培训班80余期，培训3600余学时，共有1085人成绩合格，其中技师、高级技师490人，初级、中级、高级工666人；经过培训备案、鉴定考试督导、成绩和证书核实等一系列核准工作，当年，公司领取技师培训补贴176.10万元，职工个人领取技能鉴定补贴160.75万元。

【承办“唐山工匠”职业技能大赛部分工种比赛】 2019年，河钢唐钢在唐山市举办的第二届唐山工匠职业技能大赛中，承办天车工和设备点检员两个工种的技能比赛。此届技能大赛，公司派出180人参加18个职业（工种）的比赛，有70名选手进入决赛，获得6金4银3铜的优异成绩；公司获得“优秀组织单位”称号。

【专业技术职务评审】 2019年，河钢唐钢圆满完成专业技术职务评审工作，并首次承接政工类考试。年内，通过初聘、考试和评审等方式，公司有21人取得工程类正高级专业技术职务资格，215人取得工程类高级专业技术职务资格，181人取得工程类中级专业技术职务资格，107人取得工程类初级专业技术职务资格；3人取得经济类正高级专业技术职务资格，35人取得经济类高级专业技术职务资格；4人取得政工类高级专业技术职务资格，9人取得政工类中级专业技术职务资格；7人取得卫生类专业高级技术职务资格。

【社会保险管理】 2019年，河钢唐钢认真贯彻执行国家、省、市有关养老保险政策规定，夯实基础管理，提升服务质量，职工保险管理工作持续增强。这一年，遵循面向职工、服务职工、方便职工宗旨，努力做好养老保险、医疗保险、失业保险、工伤保险、企业年金管理等工作，为职工提供精准服务。年内，为2.7万名退休人员进行年度养老金待遇调整，人均增资162.84元，并为离退休人员发放企业补贴及军转干部补贴3850万元，保证离退休人员按月享受待遇；积极配合社会保险征缴体制改革，顺利实现由社保征缴向税务征缴变动，及时核定调整养老、失业、工伤、医疗、住房公积金、生育保险等各项保险缴费基数，全年按时足额缴纳各项社会保险，总计社保费用成本支出10.27亿元；及时调整相关险种缴费比例，当年1月工伤保险缴费费率由2.73%下调至2.65%，5月养老保险缴费比例由20%下调至16%；提前收集整理退休职工医疗保险缴费基本信息，及时为当年3月2.63万名达到缴费年限退休职工停止医疗保险企业缴费，为企业节约成本4930.26万元；加强工伤、医疗保险管理，全年工伤门诊医疗费结算3272万元，职工异地及省外急诊、住院医保报销249人次，结算456万元，职工生育保险报销及生育津贴结算199.42万元；认真做好企业年金实施方案调整工作，召开企业年金管委会年度工作会议，重新修订完善公司企业年金实施方案相关条款，并经公司第二十二届职工代表大会审议通过，办理年度退休人员企业年金待遇支付工作，发放待遇4889.19万元；持续推进特殊工种专业工作，为炼铁焦化区、重机装备、轧辊公司三个单位新增10个特殊工种，以及2018年度特殊工种备案等申报工作，向上级提出《关于特殊工种提前退休有关问题的报告》，争取政策支持。

【薪酬制度优化与薪等调整】 2019年，河钢唐钢坚持完善薪酬管理机制，适时调整薪酬运作模式，推动薪酬管理逐步向激励型转变，薪酬管理水平持续提升，实现激励效用最大化。年内，落实河北省《关于提高技术工人待遇的实施意见》，对操作维护系列薪酬制度进行优化调整，提高作业师、关键岗位待遇，操作维护关键岗位计奖系数由1.0调整为1.1~2.15之间，大幅增加操作维护关键岗位的奖金总额，提高操作维护关键岗位收入水平，人均年收入增长10%，公司年增加工资总额4500万元；在年度薪等升降时，对操作维护系列中关键系统、重点系统岗位人员晋升指数给予15%、10%倾斜，调动员工工作积极性。当年，薪等调整共涉及在岗职工薪等晋升指标6670个，薪等降低指标241个，纯增岗位工资555.47万元；劳务派遣职工薪等晋升指标969个，降低指标21个，纯增工资81.91万元，激励机制作用得到充分发挥。

【部门职责与岗位说明书修订】 2019年，河钢唐钢加强部门职责管理，对19家公司机关和职能部室、5个事业部、22家二级单位的职责予以修订。7月2日，正式下发《河钢唐钢部门职责管理办法》，明确组织及各部门管理职责，充分发挥组织功能，理顺公司上下级和部门间的协作效率关系，保证公司高质量发展；5月，对《岗位说明书管理办法》进行修订，除明确岗位工种外，新加入一专多能工种，为操作维护系列改革落地打下基础；完成公司47家单位的行政管理系列、专业技术系列、操作维护系列三大系列岗位的岗位说明书修订、审查、备案工作。

【非在岗人员管理】 2019年，河钢唐钢坚持统筹管理公司厂内退休、离岗休养等非在岗人员。当年末，就业指导管理中心共有厂内退休1907人、离岗休养1166人、其他各类人员146人。年内，接收厂内退休、离岗休养人员261人，并为3220人进行调待，接收档案331册，整理各类表格2300余份，为各类人员发放补助费近20余万元，涉及330余人；开展“援企稳岗”专项资金申报工作，累计到账资金1247万元，在一定程度上缓解了公司经营压力；开展大病帮扶工作，共补助64人次，对127人次困难职工发放补助费；开展按比例安置残疾人就业年审工作，实现免缴残疾人就业保障金目标，节省150万元。

【开展混改工作】 2019年，河钢唐钢持续开展“双百行动”相关工作，深入贯彻国企改革“1+N”政策，积极进行混合所有制改革，根据公司股权及主要业务特点，选定自下而上的混改方式，通过产权转让、增资扩股、合并、出资新设、认购可转债等，对唐山惠唐工业技术服务有限公司、微尔自动化有限公司、城市服务有限责任公司、唐山惠唐物联科技有限公司、唐山唐钢房地产开发有限公司等全资子公司进行混改。

法律事务管理

【法律事务管理体系建设】 2019年，河钢唐钢注重发挥协同作用，将法治思维和理念嵌入公司重点业务流程，实现法律事务管理制度化、流程化。年内，修订下发《2019年法律事务专业管理考评办法》，明确考核项目和考核标准；优化涉及法律审核、合同管理、案件管理等11项业务流程，全面覆盖各个环节法律风险点；优化法律事务管理体系线上运行流程2项；加强对涉诉案件执行的跟踪监督，协调财务部门捋顺涉诉案件付款流程，制定《涉诉生效法律文书付款管理办法》，有效避免公司因不能及时、全面履行生效法律文书产生的风险；指导协助各子公司修订完善各项法律事务管理制度，构建完善法律事务管理体系，在重点子公司建立法律事务管理专门组织机构，设置专职法律事务管理人员，指导协助唐银公司、惠唐物联公司、威立雅公司等7家单位，完善法律事务管理制度，针对子公司法律事务管理人员组织专项培训16次；逐步建立、完善法律事务部集中监管下业务归口、分级管理便捷高效的法律事务管理体系，在全公司范围内实现有效落地，形成横向到边、纵向到底的全覆盖网格式管理架构，三大子公司法律事务管理与公司同步组织开展，各非钢单位和职能部室法律事务工作各具特色。

【重大项目法律支撑】 2019年，河钢唐钢持续跟进公司重大投融资项目，深度参与前期结构设计、尽职调查、风险评估与论证、参加谈判、起草审核法律文件、出具法律意见书，对项目推进过程中出现的法律问题及时分析、论证，提供建设性意见和建议，切实防范法律风险，为公司重大经营决策保驾护航。年内，全程参与公司退城搬迁项目、佳华重整项目、气体公司上市、俄罗斯还原铁项目等9个重大投融资项目，为公司重大经营决策提供法律支撑。

【合同管理】 2019年，河钢唐钢稳步开展合同管理工作，整合优化合同管理业务流程，推进合同管理规范化。年内，全面审核合同文本，出具法律意见，制定并推广各类合同范本，有效规避因合同条款违规违法引起的法律风险；动态监管重大合同签订与履行全过程，降低合同法律风险产生的概率；加强授权管理、合同专用章管理、合同台账等基础性管理工作，定期检查、强化考核。全年，共规范审查合同285份，出具法律意见书66份，报送合同审查率100%，检查合同1700余份，动态监管合同1万余份，公司未出现因合同条款存在漏洞引发的纠纷。

【案件管理】 2019年，河钢唐钢深挖诉讼与非诉讼案件反映的现行管理制度的缺点和不足，以案促管，及时堵塞漏洞，形成解决一个案件、完善一批制度、防范一类风险的良性循环。这一年，受公司退城搬迁及产业结构转型升级等一系列因素的影响，公司处理诉讼案件与非诉案件75起，为公司挽回经济损失977万元；应对严峻法律事务管理形势，规范案件管理，解决涉诉案件付款审批环节多、周期长的难题；针对小额无争议案件，与财务部门、涉诉业务单位建立联动机制，促进纠纷各方达成调解、和解，全年该类案件调解结案率达50%以上，为公司挽回高额利息和诉讼费损失。

【构建普法宣传长效机制】 2019年，河钢唐钢充分利用各种新媒体宣传平台，开展形式多样的普法宣传活动，坚持普法工作常态化、个性化，构建普法宣传长效机制。年内，紧紧围绕《河钢集团唐钢公司关于开展法治宣传教育的第七个五年规划》精神，制定《2019年度普法工作计划》，通过OA信息化平台、河钢唐钢微信公众号“法在身边”专栏、河钢·唐钢版推送普法宣传文章，发放普法宣传材料、实用法律工具书千余册，全年共组织各类法律培训110次，其中大型培训13次，受众达3.5万人时；4月12日，举办2019年度法律事务管理人员培训，讲授新诉讼时效制度、签订电子合同的法律风险、套路贷应对方法等实用法律知识，切实提高公司法律事务管理人员防范法律风险意识和管理水平；8月26日，举办河钢唐钢2019年度法律风险防范专题培训，就公司生产经营过程中常见财务、管理法律风险及其防范进行全面授课，提高公司法律事务管理人员和财务人员应对各类法律风险的意识和能力；12月2日，按照《公司关于开展国家宪法日系列法律宣传活动的通知》安排，开展多种形式的宪法法律宣传活动，制作宪法宣传展板、挂图，在中心食堂、各服务区进行巡展，向公司干部、职工免费发放宪法法律宣传海报、实用法律工具书共计1200余册，设立公益法律咨询台，为员工解答各类法律问题200余人次，组织员工参加河北省国资委宪法知识有奖竞赛网上答题，组织公司经营管理人员参加全市公职人员宪法法律知识考试；12月27日，组织召开年度法律事务工作会议暨法人授权培训，对全年法律事务管理体系运行情况进行通报并对2020年工作进行部署，48家职能部室、子分公司合同承办人员参加2020年度法人授权考试。

非钢产业管理

【聚力发展现代工业服务产业】 2019年，河钢唐钢抢抓发展机遇，积极探索培育新产业、新业态、新模式，大力发展现代工业服务产业，推动非钢产业升级和结构优化，为非钢发展注入新动力，非钢系统转型发展呈现新气象。这一年，信息技术服务板块，加速推进智能制造，与国内最大独立云服务商金山云开展战略合作，人工智能、区块链等技术推广应用进一步提速，自动化信息公司成功研发天车摆角控制系统等多项自主知识产权产品，云计算中心助力唐山市“雪亮工程”项目建设，惠唐物联打造全新产业互联网平台，先后拓展中车、腾讯、川威、航信等高端客户，全年实现外部收入2000万元；装备制造与工程技术服务板块，深入开展核心技术攻关，检修分公司轧机精度控制等关键技术取得突破，重机装备有限公司高附加值板带轧辊比例提高到42%以上，达创传导项目实现0.5毫米厚度超薄散热产品批量生产和产业化应用，填补同类产品国际空白，市场前景广阔，与加拿大某公司签订2亿元合作意向，与华为、小米等多家电子厂商确定合作意向；绿色产业与新型化工板块，华奥公司取得国家节能减排评估资质，气体公司外部客户开发取得丰硕成果，外销利润占比达64%，且向香港联交所递交上市申请，上市工作取得实质性进展；资源开发板块经营业绩逆市提升，青龙炉料公司全年产量创历史最高纪录，唐龙（唐昂）公司全年矿渣粉销量同比提升23%，营收同比增加9000万元；现代物流板块，与全球现代产业服务商普洛斯在规划建设城市绿色物流园项目上开展合作，同时强力推进“公转铁”加速落地，本部和不锈钢公司实现集装箱铁路发运，美锦铁路正式通车，公司铁路运输比例提高到48%以上。

【抢抓集团产能布局优化机遇】 2019年，河钢唐钢充分发挥非钢系统产品、技术和服务优势，积极拓展原有业务领域，努力在集团产业布局调整中抢抓机遇、提升能力、增创效益。年内，非钢管理部组织公辅项目承接单位与河钢乐亭项目相关部门开展密切合作，协调推动河钢乐亭气体、石灰、钢渣、水渣项目建设，解决各项目建设过程中遇到的问题，期间与主管部门和政府部门积极沟通为非钢单位争取资金和政策支持，确保项目顺利实施；组织新事业公司、物流分公司等单位承接河钢乐亭项目相关业务，谋划与之长期深度合作；承揽河钢石钢搬迁项目，大力输出非钢优质技术、产品，组织8家非钢单位与河钢石钢就制氧、白灰、水处理、节能环保、信息化等项目开展对接洽谈，钢源冶金炉料有限公司、唐钢气体有限公司、河北华奥节能科技有限公司、自动化信息公司等单位分别与河钢石钢签署合作协议或达成合作意向。

【绩效管理】 2019年，河钢唐钢加强非钢系统绩效管理，全面优化非钢绩效管理体系，以全产业链价值创造为核心，以管理体制变革为抓手，以产品升级和结构调整为切入点，着眼非钢主营业务和未来发展，从产品和技术研发、成本费用管控、外部市场开拓、重点项目建设等多方面精准设置评价指标，引导非钢系统各单位持续改善企业经营关键要素，全面提高非钢单位市场化运营、自主管理平台化运作水平和能力，助力非钢系统经营实现全面提升。当年，气体公司、青龙炉料公司分别实现利润1.75亿元和1.1亿元，均创年度最好水平；能源科技分公司、唐山惠唐新事业产业发展有限公司、自动化信息公司分别实现利润2.3亿元、3800万元和1500万元，经营业绩进一步提升。

【对标管理】 2019年，河钢唐钢加强非钢单位对标管理，对标学习先进企业发展思路与经营模式，持续优化各项经营指标，使公司管控和企业内部运营更加适应市场化需求，不断增强非钢发展活力。这一年，以核心业务对标管理为抓手，组织各单位将生产经营管理流程中的关键指标充实到对标指标体系中，作为各单位重点追踪的对标指标，按月分析并持续跟踪改进，促进非钢单位各项指标改善。年内，开展大型对标活动3次，赴首钢地产和中冶时代置业就房地产企业绩效管理以及相关的集团管控、企业运营、市场化改革等方面进行对标交流，结合房地产公司实际，编制《房地产公司市场化运营改革方案》，为该公司体制机制改革提供重要参考；赴邯钢科弘公司就其组织架构、运营模式、薪酬体系和钢材深加工业务客户服务与市场开拓等方面进行对标考察，认真总结其经验和做法，为非钢单位自主经营、选人用人以及以客户为中心流程塑造等方面的改革创新提供有益借鉴；先后两次赴邯钢公司针对非钢产业经营发展及外部市场开拓方面进行对标，持续跟踪外部创收指标完成情况，确保完成集团考核任务。当年通过对标，持续跟踪的101项指标中有60%得到改善，涉及质量、能耗、生产、人力资源等企业经营管理各个方面，实现管理创效1407万元。

【助推新兴产业快速发展】 2019年，河钢唐钢积极推动新兴产业发展，为非钢发展培育新的创效增长点、注入新动力。这一年，协调云计算中心积极参与"智慧唐山"建设，加强与河钢集团子分公司以及公司相关单位联系，做好市场攻关和市场开发工作；推动惠唐物联业务转型，对管理体系规划设计及管理制度文件编制进行指导和修订，通过各专业部室全面审核，并协调落实其员工薪酬发放事宜，有效支撑经营管理工作顺利开展；邀请北京金山云公司高管和专家团队来公司与相关单位进行多次对接交流并达成战略合作意向，与公司正式签署战略合作框架协议，助推公司云计算大数据、智能制造、互联网产业发展。

【用足用好产业支持政策】 2019年，河钢唐钢积极研究争取产业支持政策，引导非钢单位用足用好各级政府相关产业支持政策和资金，助力非钢产业发展。年内，针对唐山市2019年修订下发的《推进环渤海地区新型工业化基地建设40条支持政策》及其实施细则，通过联系对接工信、科技、人社等政府部门落实支持政策的申报标准、范围和申报流程，下发通知组织相关非钢单位学习申报，协助符合条件的非钢单位争取支持资金，先后为气体公司、惠唐物联公司、唐钢国际等单位申报、落实奖补资金140万元。

【市场化运营】 2019年，河钢唐钢加强非钢系统体制机制创新，加快非钢系统市场化进程，企业创效能力持续增强。当年，气体公司利润同比提高3330万元，能源科技分公司利润同比提高3254万元，物流分公司利润同比提高2485万元。这一年，继续在气体公司、唐龙（唐昂）公司试行工资总额预算管理，进一步激发两单位全员创效活力；组织修订《新增外部市场收入奖励办法》，引导非钢单位加速参与外部竞争步伐，推动非钢企业外部市场化进程再上新台阶。

【非钢产品国际市场开拓】 2019年，河钢唐钢积极拓展海外市场，加大非钢产品国际市场开发力度，提高产品出口能力并实现产能输出，出口创收水平进一步提高。当年，钢源炉料公司抓好钢源塞钢新建项目，确保项目如期投产；重机装备公司轧辊出口产量达6060吨，同比提高33%，超额完成公司考核指标任务，出口产品拓展到欧洲、美洲、亚洲、非洲等地区。同时，发挥非钢系统业务协同效应，积极开展项目协同、资源协同、市场协同，年内组织非钢单位参加2019年第三届中国（唐山）国际钢铁冶金工业博览会、2019年冶金企业智能制造发展论坛暨第三届冶金自动化与信息化技术高级研讨会等大型展会、研讨会，对非钢系统国内外市场开发、提高知名度起到促进作用。

【非钢经营团队培训】 2019年，河钢唐钢强化非钢经营能力锻造，学习借鉴先进企业管理模式、管理理念、发展经验和优秀企业文化，创新开展非钢经营团队能力素质提升培训，提高非钢经营管理人员对战略机遇把握、运营管理和企业文化塑造等方面的综合素质和能力。年内，针对业务及管理团队任职变化，深入调研各单位管理人员对自身素质提升方面的需求，量身定制素质提升培训课程，组织实施先进管理企业考察培训和领导力提升培训项目。其中，创新开展的先进管理企业考察培训，采取考察交流和现场授课相结合方式，走进位于深圳的华为、美的、万科等国内先进管理企业，系统学习企业文化与核心价值观塑造、先进管理模式和企业战略规划等方面课程和成功经验，进一步夯实经营团队运营管理的理论基础。

国际化经营

【俄罗斯远东钢铁项目合作】 2019年，河钢唐钢积极推进俄罗斯远东钢铁项目合作，做好公司前期尽职调查和集团审批工作，取得积极进展。该项目是基于俄罗斯巨大的能源与资源优势，在俄罗斯远东地区海参崴新建500万吨还原铁生产基地，为河钢提供有价格优势的冷料，以解决河钢面临的大气环保压力。项目位于俄罗斯联邦滨海边疆区，一期建设年产500万吨还原铁厂、240兆瓦发电厂、20万吨泊位专用码头和工业园生活区；二期规划为年产300万吨电炉炼钢厂。年内，在前期调研及框架协议签订基础上，深入交流沟通，于9月初步确定成立合资公司，议定公司名称为“河钢集团远东有限公司”，推进项目公司国内审批手续、项目报批等工作，确定合资合作方式，投资方分别为河钢唐钢、中国交通建设集团有限公司全资子公司中交产业投资控股有限公司和远东国际招商集团，确定了注册资金与初始股权分配比例。

【印尼钢铁项目合作】 2019年，河钢唐钢抓好印尼钢铁项目合作，配合中冶科工集团以及陕西煤化集团完善铁钛钒综合利用项目可研报告，确定铁前工艺为直接还原铁工艺，多次与中冶恩菲探讨直接还原铁工艺，项目逐步向纵深推进。该项目是以富海印尼钢铁有限公司在印尼投向纳资建设的世界上最大的钒钛磁铁海砂矿（年产1500万吨铁精矿）为原料，开展钒钛磁铁矿的综合利用，以闲置生产线与设备综合利用进行投资合作，并提供技术和管理支撑，从而降低投资成本和项目风险，助力钢铁厂实现产能转移与升级。印尼矿石、天然气、煤炭等自然资源丰富，工业用地充裕，劳动力资源丰富，有发展钢铁的天然条件，钢铁市场前景巨大。项目最终规划为设计产能750万吨，一期建设280万吨，分两个阶段实施，第一阶段年产90万吨螺纹钢、60万吨型材，建设期1.5年；第二阶段年产130万吨宽厚板材，建设期1.5年。该项目得到印尼政府高度重视，被列为国家重点发展项目，将享受资源优先配置以及税收、进出口等优惠政策。

【乌克兰钢铁项目合作】 2019年，河钢唐钢集中力量抓好与乌克兰第聂伯河冶金厂合作的乌克兰钢铁项目。该厂有高炉3座，转炉3座，日产铁3200吨，为全模铸钢材，需开坯轧制，计划新建一条连铸生产线，公司以合理利用、盘活闲置产线与设备，竞标乌克兰第聂伯冶金厂为出发点积极谋划该合作项目。年内，完成乌克兰项目六机六流连铸机项目的设计方案，投标报价交予乌方审查。

【运营管理河钢塞尔维亚公司】 2019年，河钢唐钢继续协助河钢塞尔维亚公司利用好公司内部技术、管理与人才优势，深入挖掘企业自身潜力，做好生产运营管理，支持其经营业绩持续提升。年内，利用前期建立的联络渠道和汇报机制，定期收集、监管其生产情况，每周汇报生产情况总结和月度情况，整理汇总日产量、设备检修情况、销售库存等情况，制定可行性措施，确保该公司生产经营目标实现，助力其全年完成钢产量175.6万吨，粗钢169万吨；深入对接集团海外事业部，落实集团文件和要求，协调河钢塞尔维亚公司提供日常运营情况，协调安排河钢塞尔维亚公司人员来公司交流学习相关事宜，做好服务支持。

【支撑河钢塞尔维亚公司技改项目】 2019年，河钢唐钢积极协助河钢塞尔维亚公司做好产品升级改造、技改投资建设，确保项目按计划有序推进。年内，及时收集中塞两地技改项目相关信息，跟踪项目进展情况，做好项目协调和督促工作，每周向河钢塞尔维亚公司技改项目指挥部汇报，并组织协调相关单位与部门，制定具体措施推动项目进展，包括烧结机利旧设备的资产处置、评估、CE认证、出口报关、技术资料编辑等事宜，以及新建加热炉项目的技术交流、招标、设计、合同签订和资料的交换等工作。7月，烧结机完成施工审批。同月27日，项目开工建设，年末，完成烧结机主厂土建基础施工，环冷机基础底板支模60%工程量。做好塞钢新增项目调研工作，组织河钢国际唐山分公司、能源环保部、炼铁厂、一钢轧厂等单位组成考察团，对塞钢现状及后续投资规划进行调研分析，调研团分为三组，分别调研炼铁、炼钢、能源环保、螺纹钢生产线、新烧结机建设等情况，为新项目立项与可研奠定基础。

【开拓国际合作新项目】 2019年，河钢唐钢积极寻找“一带一路”沿线国家新合作伙伴及合作机会，加快推进公司国际化步伐，为公司“走出去”开拓新机遇。年内，重点对泰国进行调研，收集整理相关资料。

HBIS GROUP 河钢唐钢 HBIS TANGSTEEL

战略管控平台

运营改善部（董事会办公室）

【概况】 运营改善部（董事会办公室）是公司管理体系、全员绩效管理、系统创新、招投标管理和厂容绿化的管控部门，同时是公司战略、集团管控、对外投资、资本运营、国有产权管理、投资企业监管、土地资源管理、全面风险管理以及董事会日常事务管理的战略管控部门。

2019年1月，将投资管理科与产权管理科合并，进一步理顺投资管理及产权管理职能，减少中间过渡环节，提升投资及产权管理效率。年末，运营改善部（董事会办公室）设专家2人；下设企业管理科、绩效管理科、系统创新科、厂容绿化科、招投标办公室、投资管理科、全面风险管理科、土地管理科和证券部（挂靠）等9个科室，共有职工31人。

【主要工作】 2019年，运营改善部（董事会办公室）紧紧围绕公司生产经营重点工作，完善绩效激励机制，构建与事业部协同机制相适应的绩效评价体系，全面推进管理创新，优化招投标全过程管控，加强资本运营管理，实施“双百行动”，出台一系列改革管理办法，开展混合所有制改革，持续改善经营管理各项工作，管理效率进一步提升。

人力资源部（组织部、老干部管理部、离退休职工管理部）

【概况】 人力资源部（组织部、老干部管理部、离退休职工管理部）是公司人力资源规划、招聘、劳动组织、薪酬、人才培养、教育培训、职业技能鉴定管理，公司党组织建设和干部队伍管理、领导班子建设、专家管理、离退休职工管理、就业指导等综合职能部门。

2019年末，人力资源部设部长1人，机关党工委书记1人，副部长3人；下设员工管理科、薪酬管理科、规划创新科、博士生管理科、科技培训科、劳动保险科、就业指导管理中心综合科、就业指导管理中心服务管理科、就业指导管理中心人力开发科、组织科、干部科、综合办公室（关工委）、离退休干部管理科、退休工人管理科、机关党工委办公室等15个科室。共有职工141人，其中干部113人，工人28人；行政管理人员25人，专业技术人员58人，操作岗位职工24人，派驻各单位人力资源科32人。

【主要工作】 2019年，人力资源部（组织部、老干部管理部、离退休职工管理部）紧密围绕集团和公司高质量发展对人力资源管理和党的组织建设提出的新目标、新要求，持续推进“强服务、提效率、转机制”工作落实，不断深化公司人力资源系统体制机制变革，全面提升公司各级党组织的组织力，为公司圆满完成生产经营目标任务，充分发挥集团核心企业的示范引领作用，提供了坚强有力的人力资源支撑和组织保证。

发展规划部

【概况】 发展规划部是承担公司固定资产投资计划、发展规划、基建技改固定资产投资项目招投标合同、施工预算、工程施工、工程质量监督等工作的综合职能管理部门，在公司事业部制体系架构属于战略管控平台。年内，增设海外项目管理科，加强公司海外项目基建、技改工程管理，拓展海外事业；增设开发经营财务科、城市设计规划科和资产处置管理科，确保公司退城搬迁工作顺利推进。

2019年末，发展规划部设部长1人，副部长4人；下设综合管理科、规划科、工程管理科、合同科、预算科、工程质量监督科、海外项目管理科、城市设计规划科、资产处置管理科、开发经营财务科等10个科室，共有职工47人。

【主要工作】 2019年，发展规划部创新优化管理流程，践行新发展理念，全面加强投资风险管控，强化基建技改项目管理，在项目招投标、合同预算、工程管理、质量监督、投资控制、退城搬迁等工作中，严格履职，依法依规，严控工程安全、质量、投资、进度四大关口，确保公司基建技改项目顺利推进。

法律事务部

【概况】 法律事务部是公司合同管理、案件管理、法律审核、普法宣传等法律事务管理的综合职能部门，全面负责管理、协调、审核公司各类法律事务工作，正确执行国家法律法规，构建公司法律风险防范管理体系，有效预防、控制公司生产经营管理过程中的各类法律风险，依法维护公司合法权益。

2019年末，法律事务部设部长1人；下设合同管理科、案件协调科、法律审核科3个科室，有职工8人。

【主要工作】 2019年，法律事务部践行周定点办公、月例会总结、季度动态通报、年度督导检查相结合的法律事务管理工作监督检查常态化机制，以新的标准、新的措施，管理、协调、审核公司各类法律事务工作，构建法律风险防范管理体系，优化合同管理业务流程，推进合同管理规范化；注重发挥协同作用，参与公司对外投融资、产权转让、改制、重组等重大经济活动和谈判项目，出具法律意见；提高法律专业服务水平，加强普法宣传，大力提升全体职工的法治意识。全年定点办公36次，召开法律事务管理员月度例会12次，组织专项整改会议20余次。

HBIS GROUP 河钢唐钢 HBIS TANGSTEEL

公共服务支撑平台

办公室（党委办公室）

【概况】 河钢唐钢办公室（党委办公室）是公司行政（党委）的办事机构，负责公司综合文字、会务组织、接待服务、外事管理、信访稳定、机要保密管理，党群服务与管理、调研督导、党史厂志编纂，以及公司办公费、印刷费、招待费归口管理等工作。

2019年，公司办公室（党委办公室）设主任2人、副主任2人；下设综合科、秘书科、接待科、信访科、调研督导科、党群工作科6个科室。共有职工36人，其中干部31人，工人5人。

【主要工作】 2019年，公司办公室（党委办公室）深入贯彻落实党的十九大精神，紧紧围绕公司党政工作中心和阶段性工作重点，坚持“强服务、提效率、转机制”管理思路，服务上级部门、公司领导和基层单位以及来访、考察、交流的各界人士，协调党群系统开展工作，保证了公司各项工作的顺利开展，发挥决策参谋、运转中枢职能作用，为公司提升综合竞争力、树立良好企业形象，发挥了积极作用。

财务经营部

【概况】 财务经营部是公司财务运作及生产经营谋划的专业管理部门，其主要职责是反映公司生产经营活动及经营成果管控，施行全成本控制，谋划组织公司经营运作措施，为公司领导提供决策依据，促进企业生产经营持续改善。

2019年末，财务经营部设部长1人，副部长2人；下设成本管理科、资金管理科、共享中心、费用管理科、会计统计科、经营科、资产科、税务管理科、综合科等9个科室；统管炼铁厂、一钢轧厂、二钢轧厂、冷轧薄板厂、高强汽车板有限公司、能源科技分公司、型钢厂及惠唐乐港公司、市场部、创元方大公司、物流分公司、城市服务公司、重机装备公司、检修分公司、中厚板公司、不锈钢公司、唐龙（唐昂）公司、惠唐新事业公司、钢源炉料公司、房地产公司、青龙炉料公司、惠唐物联科技公司等21家单位财务科。共有职工123人。

【主要工作】 2019年，财务经营部以公司总体工作思路为指引，持续进行管理创新，不断优化财务共享体系，高标准建设全面预算管理体系和标准成本管理体系，完善价格管理体系，防范资金风险，确保资金链安全，财务管理水平得到全面提升，助力公司生产经营取得历史性突破。

市场部

【概况】 市场部是公司构建直面市场的营销模式，实现产品服务增值、产品技术增值、销售环节增值的营销战略目标，持续提高公司品种钢市场占有率、公司品牌价值和影响力的综合管理及服务部门。主要负责公司营销管理、市场开发策划及客户服务能力提升、供应链规划及管理等业务，参与公司销售价格管理，同时负责公司各驻外网点的销售业务。

2019年末，市场部设部长1人，由公司领导兼任；党委书记1人，副部长2人（其中1人由公司总经理助理兼任）；下设综合办公室、采购供应科2个科室，营销管理中心、客户服务中心、战略客户开发中心、供应链发展规划中心4个管理推进中心，上海服务中心、广州服务中心、山东服务中心、杭州服务中心、唐山服务中心5个销售服务中心。营销业务范围覆盖华北、华中、华东和华南地区，涵盖汽车用钢、家电类用钢、大型基建和生产装备制造用钢等领域。共有在岗职工107人；干部88人，其中科级干部15人、资深专家1人、专业专家2人、外聘专家3人；工人19人。

【主要工作】 2019年，市场部按照公司“强服务、提效率、转机制”要求，进一步简化服务及管理流程，提升公司营销系统的管理效率，助力各事业部营销系统高效开展工作。这一年，树立品牌和效益理念，以进一步提高产品市场占有率和产品集中度为目标，以主机厂增量、高端客户开发和依托剪切加工中心的渠道建设为抓手，推进高端产品上量，推动公司两个结构调整迈上新台阶。全年，公司开发新产品40多个；品种钢比例完成76.3%，同比提高2.6个百分点；高端产品销量800万吨，同比增长26%；特色战略产品59万吨，同比增长125%；“单打冠军”产品完成338万吨。

【党群工作】 2019年，市场部党委以公司基层党建工作提升年为契机，加强党的组织建设及党建基础管理，不断提升基层党组织科学化水平，以党建带动工会、共青团组织建设，促进党群工作再上新水平。全面加强意识形态工作，常态化开展政治理论学习，组织党委中心组集中学习18次，党委委员下基层宣讲16次；利用“学习强国”平台组织党员学习，党员注册率达到100%，各支部每周开展集中政治理论学习，党员干部理论水平明显提升。强化宣传思想工作，发表宣传报道60余篇，实施一项思想政治研究课题。落实党建工作责任制，组织召开13次党委会、12次政工例会，讨论党委重大事项，研究谋划基层党建工作。加强基层组织建设，对照标准化规范化党支部建设台账开展自查，完善相关党建基础管理制度、工作档案及台账，推进党建工作制度、工作台账、工作流程标准化、规范化，努力创建“1050”党建品牌。发挥纪检监察作用，签订党风廉政建设责任书，开展监察立项和廉政防控体系建设，全年开展各种形式的廉政教育12次。在职工中开展劳动竞赛、岗位创新、献计献策、职工服务、文体活动及宣传教育活动；共青团工作围绕“七大工程”开展丰富多样的岗位建功、创新创效、志愿服务等青年活动，发挥团员青年的生力军作用。年内，多个基层党组织、团组织获得河钢唐钢先进荣誉称号，两项党建研究成果获奖，市场部加强党员队伍建设的经验做法在公司《钢铁先锋》刊发。

安全部

【概况】 安全部是公司安全管理的职能部门，全面负责公司安全生产、职业卫生和消防工作的综合管理，对公司其他部门和各二级单位安全、职业卫生和消防工作进行指导、协调、监督、检查、评价和考核。

2019年末，安全部设厂部级干部3人；下设综合科、监督科、技术科、消防科4个科室。有在岗职工23人，其中干部22人，工人1人；专业专家1人，科级干部5人；中共党员18人；正高级职称1人，高级职称11人，中级职称5人。

【主要工作】 2019年，安全部贯彻落实国家、省、市和集团关于安全生产的各项工作部署，坚持“一切事故、隐患可防可控”的理念和“有变则辨，动态抓安全”的工作原则，落实安全职责，管理重心下沉到作业区、班组，坚持高频次、全方位隐患排查治理，严控作业过程管控，为公司生产经营提供稳固的安全支撑。

能源环保部

【概况】 能源环保部是公司能源环保专业管理组织架构编制、发展战略规划编制、体系管理、标准和指标管理及节能减排管理、能源平衡管理、固体（危险）废弃物管理、行政审批（或许可）等管理的综合职能部门。

2019年末，能源环保部设部长1人，副部长2人；下设项目管理科、环保管理一科、环保管理二科、能源管理一科、能源管理二科、环境监控科6个科室。共有职工39人。

【主要工作】 2019年，能源环保部秉持生态优先、绿色发展理念，持续加大污染治理、超低排放等方面管理力度，坚持以科技进步和管理创新为手段，提升能源利用效率，降低能源成本。强力推进“强服务、提效率”工作，由“职能+管理”向“服务+管理”转变，从“实现绿色制造”向“实现制造绿色”转变，助力公司绿色化转型升级。

企业文化部（宣传部、统战部、党校）

【概况】 企业文化部（宣传部、统战部、党校）是公司推进企业文化建设、宣传思想工作、精神文明建设及统战等工作的综合职能管理部门。

2019年末，企业文化部（宣传部、统战部、党校）设部长1人、副部长1人；下设宣传文化科、外宣科、新闻中心、办公室（统战科）4个科室。有干部27人，工人6人。

【主要工作】 2019年，企业文化部（宣传部、统战部、党校）深入学习宣传习近平新时代中国特色社会主义思想，坚持守正创新，与时俱进，围绕企业生产经营中心环节，着力构建宣传思想文化工作新格局，全力推进部门角色由“职能+管理”向“服务+管理”转变，坚持以高标准、高质量、高效率为目标，以创造精神价值、文化价值、品牌价值为导向，解放思想，拓宽思路，细化措施，强化执行，闭环管理，构建以网格化、智能化办公为支撑，关键节点信息有效管控的流程驱动型管理架构，形成全覆盖、高效率的宣传思想工作体系，推动各项工作取得新进步。

监察部（纪委）

【概况】 纪委与监察部合署办公，实行一个机构两块牌子，是公司党委纪律检查和企业监察职能部门，在集团纪委和公司党委的双重领导下开展工作。

2019年末，公司纪委设书记1人，由公司领导担任；监察部（纪委）设纪委副书记、监察部部长1人，副部长1人；下设监察室、纪律检查室、信访审理室、办公室4个科室。有专职纪检监察干部10人。

【主要工作】 2019年，监察部（纪委）以习近平新时代中国特色社会主义思想和党的十九大精神为指引，以政治建设为统领，围绕企业中心任务，坚持稳中求进、实事求是、依规依纪，聚焦主责主业，不断拓宽监督监察领域，提高执纪审查质量，驰而不息正风肃纪，努力提升监督执纪问责能力，协助公司党委扎实开展“不忘初心、牢记使命”主题教育，积极配合省委巡视并抓好反馈意见整改，持续推进全面从严治党向纵深发展，营造风清气正良好政治生态，为公司转型升级和高质量发展提供坚强的纪律保障。

工会（团委、计划生育办公室）

【概况】 工会（团委、计划生育办公室）是在公司党委领导下，独立负责地开展工会、共青团、计划生育管理各项工作。工会是公司党委联系职工群众的桥梁和纽带，是维护会员和职工利益的代表，在公司党委和上级工会领导下，按照《中国工会章程》独立开展各项活动。

2019年末，公司工会设主席1人（公司级领导）、常务副主席1人（厂部级正职），副主席2人（厂部级副职）；下设办公室、生产保护部、生活女工部、组织民管部、宣教文体部5个部室，有在岗干部15人；团委设副书记1人，青工部副部长1人，组宣部干事1人，青工部干事1人；计划生育办公室设科长1人，干事2人。

【主要工作】 2019年，各级工会组织认真学习贯彻习近平新时代中国特色社会主义思想、党的十九大和全总十七大精神，充分发挥桥梁纽带作用，聚焦产品和市场，广泛凝聚全体职工的智慧和力量，充分调动职工的积极性和创造性，团结带领广大职工攻坚克难，深入挖潜创效，有力保证了公司生产经营和高质量发展取得新突破。

2019年，团委在公司党委和上级团委的正确领导下，切实发挥“服务企业生产经营，服务青年成长成才”两大职能作用，聚焦“两个结构”再优化，以全面深化共青团改革为契机，加强团员青年思想政治引领，围绕品牌创建、“七大工程”、阵地建设等重点工作，组织团员青年开展一系列契合市场和产品两大主题活动，团结带领广大团员青年助力生产经营攻坚任务，充分发挥生力军和突击队作用，获“全国钢铁行业五四红旗团委”“河北省五四红旗团委”“省国资委五四红旗团委”称号。

2019年，公司计划生育工作认真宣传贯彻落实国家、省、市人口和计划生育政策，聚焦生育关怀与家庭健康，落实人口和计划生育奖励政策，完善计划生育信息管理平台，加强人口和计划生育政策宣传，加大精准孕情服务力度，深入推进专业管理改革创新，营造更加和谐稳定的人口环境。全年，男女职工生育330人，其中一胎生育159人，二胎生育169人，照顾三胎生育2人；人口和计划生育奖励政策落实率100%。

非钢管理部

【概况】 非钢管理部是公司非钢产业发展规划制定，协调非钢产业资源，负责非钢产业运营管理，监督非钢企业合法合规经营，监控非钢企业经营风险，推动非钢产业体制机制创新的综合管理部门，在公司事业部制体系架构中划分于公共服务支撑平台。

2019年末，非钢管理部设部长1人，首席专家1人，专业专家1人；下设企划发展科、业务协同科、运营管理科3个科室。有在岗职工10人。

【主要工作】 2019年，非钢管理部深入贯彻落实集团、公司非钢产业发展战略方针，坚持以效益为核心，科学制定非钢发展支撑措施，深度激活非钢单元企业运营活力，以打造独立市场单元为目标，将非钢单元由传统依附于主业辅助单元，重新定位到独立面向内外部竞争的市场单元，持续加快非钢单元市场化进程，强力拓展国际市场，全面提高非钢产业发展质量和全链条创效能力，出口创效成果显著，实现非钢板块市场和产品“两个结构”再优化快速提升。

国际合作部

【概况】 国际合作部是公司对外进行国际项目开拓、技术交流、合作等相关事务及海外企业、落地项目运营监管职能的归口管理部门。负责开拓、组织公司跨地区、跨行业、多层次的国际合作，为公司多元化发展搭建国际合作平台。

2019年末，国际合作部设部长1人，副部长1人，海外调研资深专家1人，技术管理资深专家1人；下设业务拓展科、经营管理科、海外项目管理科3个科室。有在册职工8人。

【主要工作】 2019年，国际合作部切实把握国家“一带一路”总体布局和国际产能合作重大机遇，积极践行集团“全球拥有资源、全球拥有市场、全球拥有客户”的战略以及建设“世界的河钢”发展目标，加快公司国际化发展步伐。在钢铁合作项目方面深耕细作，推进俄罗斯远东钢铁合作项目、印尼钢铁项目、乌克兰钢铁合作项目，密切关注海外钢铁行业动态，进一步拓宽国际合作领域；抓好河钢塞尔维亚公司日常运营管理，提供支撑服务，协助其推进项目建设，确保生产经营目标顺利实现。

保卫部（武装部）

【概况】 保卫部（武装部）属同一机构、两块牌子。保卫部系非钢板块单位，承担公司治安防范、交通管理、门禁管理、要害部位与剧毒化药管理、消防战斗出动等任务；武装部是负责公司民兵组织建设、政治教育、民兵军事训练、武器装备管理、人防管理、拥军优属、国防教育等职能的党群部室。

2019年末，保卫部（武装部）设部长1人、党委书记1人、党委副书记1人、副部长1人；下设综合办公室、生产保卫科、监控指挥中心、宣教室、作训人防科、政工动员科等6个机关科室以及消防大队等20个科队。共有职工845人，其中男职工794人，女职工51人；中共党员460人；干部25人，其中科级干部19人；专业技术人员6人，其中高级职称1人，中级职称6人。职工中有研究生4人，大学本科74人，大学专科220人，中专154人，高中及以下393人。

【治安体系建设】 2019年，保卫部持续开展治安综合整治，以重要岗位为点，以施工现场为线，以各生产单位为面，建立横到边、纵到底的高密度、网格化治安监管和责任体系。年内，管辖治安区域进一步扩大，先后接管佳华公司、乐钢公司等单位消防、安保工作，实现对全公司十七大区域的全面接管，坚持“接管一区、巩固一区、完善一区、提高一区”的工作方法，从生活办公区准军事化管理，到门卫和巡逻标准化上岗、标准化行进步伐、标准化交接班仪式，体现高标准保卫管理特色；以增设电子巡更机设备为契机，强化经警队员的训练，实行准军事化管理标准，提高队伍维护秩序、打击犯罪的能力；全面落实新的环境形势对保卫工作提出的新要求，深化三道治安防线建设，加强人防、物防、技防“三防”体制落实，通过保卫业务延伸与产线业务的对接、对重点区域进行集中治理整顿等有效手段，进一步堵塞管理漏洞，实现年度治安隐患整改率100%的目标。全年，共检查整改治安问题73项，查处违法治安案件6起，移交公安机关处理1起，治安拘留2人，治安罚款1万余元，为公司挽回直接经济损失5万元，实现主厂区及外围单位等17个接管区域重点易发案部位及剧毒化药案件为零的年度目标。

【门禁交通管理】 2019年，保卫部实施新门禁管理制度，细化出厂维修设备返厂管理办法和各种货物、废墟出厂监装管理、循环卡副卡使用等规章制度。年内，完善电动车编号上牌、定期验车、专车专用、规定行驶路线等工作，规范出厂设备维修返厂管理，避免车辆夹带情况发生，杜绝套牌车辆倒卡进厂行为；加大货物门物料管控力度，清理临时维修的出厂物资到期不返厂情况，发现问题100余项，均落实责任、责令追回；以“平安厂区”建设，实现“降事故、重安全、保畅通”为目标，增强巡逻、蹲守工作的机动性和灵活性，形成让不法人员无处下手的震慑态势；开展为期百日的公司交通安全联查活动，加强交通治理和道路监察，围绕车辆超速、违章停车、路面飘洒和溢漏等违规情况，开展有针对性的专项治理；滨河路开通后，特别加强对二钢门、滨河门所辖停车场、上下班高峰期的车辆管理，强化对职工进出厂区的过程管控。全年共计查车2万余台次，共处罚违章车辆382台次。

【安全管理】 2019年，保卫部以抓薄弱环节为突破口，以落实整改措施为出发点和落脚点，强化安全监管，消除安全隐患。年内，联合安全部、设备机动部对各二级单位进行专项联合检查，对各重点单位（部位）电缆封堵、安全通道、设备设施、灭火器材进行全方位摸排，提出整改意见；针对行人和机动车闯道口违规行为，与安全部联合开展交通违章专项整治活动，共纠正行人闯道口行为26人次，机动车闯道口违规行为12辆次，罚款2300元；“消防安全月”期间，消防大队以加强管辖区域防火自救能力为切入点，与二级单位开展消防演练12次，提升职工自救互救能力；深入辖区各单位，落实消防安全巡查制度，对辖区内的消防水源、道路、消防设施等进行全面检查和巡视，发现隐患8项，及时整改，保障辖区消防安全。

【应急演练】 2019年，保卫部妥善处置环保检查及突发情况，每月进行应急预案演练，提升全员实际应急处突能力，提高驾驭复杂局面、处理复杂问题的本领。年内，根据以往经验和预测，列出可能发生的各种突发异常情况，如货物门突然断电、货物门电子杆被车撞坏、门前遭遇水灾、人员及车辆闯门、车辆堵门和群体性事件等，有针对性地拟定预案；针对预案制定《应急演练管理办法》，规范应急演练流程和权限，开展应急预案学习和演练，有效提升基层科队应急能力、处置能力和协调能力，维护公司财产、职工人身安全及公司对外良好形象；全面提高班组长以上人员的应急指挥和应急处理能力，提高全体岗位执勤人员的应变能力、快速反应和实战能力，及时果断处置，全力维护公司治安秩序稳定和正常的生产经营与办公秩序；对环保督查、检查组人员执行“亮证进厂”制度，全年合理处置环保检查106次。

【安保服务】 2019年，保卫部强化服务与保障作用，打造纪律严明、作风优良、素质过硬、能战能胜的保卫队伍。年内，加大对护厂队员的岗位执勤情况的监管力度，从关键门岗、厂容监控队员的警容风纪与姿势规范入手，以消防战斗员、巡防队员的规范化训练为切入点，提升安保服务水平；接待马鞍山钢铁公司保卫部、湘潭钢铁公司保卫部对公司主厂区各执勤岗点、军事化训练、三大管控平台运行分析的业务对标；高质量保障外事参观、来宾考察及公司大型重要活动的安保任务，实现参观、考察“零隐患”“零事故”。全年，圆满完成客人来访、大型会议等安保任务78次。

【党群工作】 2019年，保卫部党委持续加强基层党组织建设，扎实开展“钢铁报国当先锋”活动，推动“不忘初心、牢记使命”主题教育取得实效。年内，修订《保卫部党委工作规则》，发挥党委“把方向、管大局、保落实”的领导作用，确保方针政策、重大决策部署的有效实施；推进基层党支部标准化、规范化建设，切实把基层党支部建设成为宣传党的主张、贯彻党的决定、领导基层治理、团结动员群众、推动改革发展的坚强战斗堡垒；全面推行“一支部一品牌”创建活动，通过开展品牌创建活动，积极探索新形势下加强党建工作的新方法，探索发挥党员先锋模范作用的新途径，使各支部拥有一至两个叫得响、有影响、上档次的党建品牌，起到示范、引领、辐射带动作用；不间断开展廉洁警示教育，筑牢全体干部职工廉洁从业意识防线；大力开展宣讲活动，厂部级干部对所有科级干部、科级对分管班组长、班组长对本班组职工每月至少进行一次形势任务宣讲，形成级级讲责任、层层抓落实的工作机制；举办“光辉历程·砥砺奋进”图片展览、开展“信仰的力量”重读入党志愿书演讲比赛活动，多角度、全方位展示钢城卫士积极向上的精神风貌。

HBIS GROUP 河钢唐钢 HBIS TANGSTEEL

生产技术支撑平台

总工程师办公室

【概况】 总工程师办公室是公司科技发展战略规划、重大技改项目论证的参谋部门，系公司铁前工艺技术的综合职能管理部门，负责公司产品升级规划、新技术推广、系统优化创效和创新体系建设等工作的专业管理。

2019年末，总工程师办公室设主任1人，副主任1人；下设铁前工艺科、系统优化科、新技术推广科和战略发展科4个科室，有职工13人；公司创新委员会办公室设在总工程师办公室。

【主要工作】 2019年，总工程师办公室深入贯彻落实集团和公司战略部署，持续关注市场和产品，围绕铁前工艺技术管理、品种结构升级、产线对标、系统优化创效攻关、绩效管理和创新体系建设等方面开展工作，为公司解决关键技术问题提供技术支持。

【产线对标工作】 2019年，总工程师办公室根据集团战略部署，进行对标工作安排。配合集团开展二次专业对标，组织产品表面质量对标会，针对用户反应的质量共性问题，展开专题讨论和分析，并制定具体措施以满足客户要求；组织召开炼铁对标会议，着重讨论高炉稳定顺行、指标提升及节能减排的改进措施和解决方案，为高炉生产指标提升和节能减排工作提供依据。落实公司本部和各子分公司的对标计划，牵头各主体单位开展全方位对标工作，炼铁区域重点进行南区3200立方米高炉对标、不锈钢公司高炉对标营钢炼铁厂、中厚板公司高炉与文丰和营口五矿对标，通过对标改进高炉冶炼工艺，持续优化指标，降低成本；一钢轧厂与公司内部不锈钢公司及河钢宣钢、涟钢、利尔耐材开展对标活动，促进在转炉爬坡砌炉技术、热轧工艺改进等方面取得较好效果；二钢轧厂与贵航钢铁、长江钢铁、德龙钢铁、津西、东华、春兴钢铁开展对标工作，找到差距并制定落实改进措施；不锈钢公司通过与加拿大多法斯科、宝钢等国内外钢铁领军企业对标，开阔视野，促进多项指标实现快速突破；高强汽车板公司对标蒂森、宝日、奥钢联等先进汽车外板生产企业，提升外板生产控制水平；中厚板公司对标营口五矿、中普、方大九钢、杭萧钢构、东南网架等钢企和客户，产品质量和品种研发取得长足进步。

生产制造部

【概况】 生产制造部是公司生产、质量一贯制管理及公司生产组织、计划安排、工艺质量管理、质量检验和理化实验室管理等工作的专业管理部门。

2019年末，生产制造部设部长1人，党委书记（纪委书记、工会主席兼副部长）1人，副部长2人；下设综合（安全）科、总调值班室、生产计划科、检验技术科、生产技术科、质量标准科、一贯制板材科、一贯制汽车板科、一贯制中厚板科、工艺管理科、信息化管理科、炼钢辅料检验作业区、铁水检化验作业区、长材质检作业区、热板质检作业区、冷板质检作业区、化验检测作业区、物理检测作业区等18个科室、作业区。共有在岗职工465人，其中干部129人，工人336人。

【主要工作】 2019年，生产制造部围绕“两个结构”再优化，解放思想、创新发展，高标准提升生产运行效率，持续消除库存浪费，统筹做好效益型生产组织管理；坚持技术创新，保障公司核心产品品牌化建设；推行模型化生产、智能化制造，制造管理全面信息化；强化产品质量过程本质受控管理，全员践行“严谨、受控、无缺陷出厂”的质量方针，持续提升产品质量；秉承生产为用户理念，承诺即兑现，交期更快捷；对标行业一流，制造全面管理业务提效率、快节奏，推动公司运营效率和整体效益提升。

【党群工作】 2019年，生产制造部党委坚持以习近平新时代中国特色社会主义思想和党的十九大精神为指导，以“不忘初心、牢记使命”主题教育为契机，从基层党支部标准化、规范化工作着手，积极探索党建工作着力点，切实抓好党群各项工作，为生产经营提供坚强的思想、政治和组织保障。这一年，修订完善《生产制造部党委会议事规则》，建立前置研究讨论和议事决策程序机制，加大对“三重一大”特别是年度工作规划和人事任免工作的监管力度；根据省委巡视反馈中的14项问题28个具体问题表现的内容，运用PDCA管理方法，开展全面对照和梳理，逐项落实主管领导和责任人，并在整改限期结束后进行“回头看”检查，形成闭环管理。开展“不忘初心牢记使命”主题教育，制定《关于开展“不忘初心、牢记使命”主题教育的工作推进方案》，厂部级领导干部利用中心组学习、个人自学和参加双重组织生活等方式，支部采用“三会一课”形式，全面开展学习教育，领导班子和支部书记讲专题党课10人次；开展以“牢记初心使命，以楷模精神促效率效益双提升”为主题的专题调研，与支部书记、党员代表进行谈话，到产线与职工面对面沟通，掌握工作现状，查找存在问题，征求意见建议，确定整改措施，对所属支部从组织设置、班子建设、运行机制、组织生活、党员队伍、发挥作用和工作保障等方面进行全面摸底和检查，采用动态管理方式适应支部动态变化；开展“珍惜荣誉、坚守初心，钢铁报国当先锋”主题实践活动，全面推进提升基层党组织服务中心工作的能力，年内24名党员被评为“三亮三比”岗位创效明星。全面推进党风廉政建设和反腐败工作，制定《生产制造部领导班子成员2019年党风廉政建设职责范围和重点工作分工》，利用党委会、领导班子会和科级例会等组织讨论党风廉政工作方案，与各支部签订党风廉政建设责任书，对重点任务和工作责任分解细化、责任到人；建立健全权力运行监控机制并制定《纪检监察制度》，制定梳理风险防控流程图和风险防控措施，对7项重点职权、17个风险点，对照37项管理措施、廉洁防范措施定期开展检查，形成齐抓共管党风廉政建设的良好氛围。全年进行各类警示教育27次，受教育干部职工500余人次，检查风险点161次，为公司高效组织生产和效益水平提升提供支撑。

技术中心

【概况】 河钢唐钢技术中心隶属生产技术支撑平台板块，是公司特色战略新产品研发、用户应用技术研究、工艺技术优化与支持，基于产品研发、工艺优化等所需的检测技术分析研究、轻量化技术研究，公司新产品研发项目管理、科研课题与知识产权管理、信息档案管理等工作的专业部门。

2019年末，技术中心设常务副主任1人（由公司领导兼任），副主任1人（享受正厂部级待遇），党委副书记（纪委书记、工会主席、副主任）1人，副主任2人（其中1人为公司总经理助理兼任）；下设品种研发中心、工艺技术研究中心、用户应用技术研究中心、检测技术研究中心、轻量化技术研究中心、新产品管理科、科研管理与知识产权科、信息档案科、综合办公室等9个科室。共有在岗职工117人，其中男职工69人，女职工48人；干部105人，其中科级干部15人；管理及专业技术职工106人，其中专业技术职工94人，高级职称40人，中级职称33人；工人12人，其中技术工人10人，高级技师1人，技师1人。

【主要工作】 2019年，技术中心坚持以市场和产品为中心，以提升全流程全产业链创效能力为目标，积极推进技术进步和管理创新，着力推进高端战略品种研发，提升品种开发效率，加快推进产品结构优化，用户应用技术研究水平不断提升，各方面工作取得快速进步。

【安全工作】 2019年，技术中心全面强化安全工作，加强规章制度宣贯和培训教育，不断提高职工安全意识，全年未发生安全问题。年内，对相关安全制度进行梳理和修订，共修订作业文件3个，职业健康安全管理体系15个，组织对业务范围内的危险源进行重新辨识，梳理C级和D级危险源60余项，无重大危险源，并全部在安全受控状态；组织职工进行“一岗双责”“双控机制建设”等10余次专项安全知识培训及考试，接受培训职工近千人次，帮助职工了解并掌握更多岗位相关的安全知识，做到防患于未然，全年组织14次安全检查，发现问题25项，全部按时完成整改。

【党群工作】 2019年，技术中心党委坚持以习近平新时代中国特色社会主义思想和党的十九大精神为指导，不断加强和改进党的建设，认真抓好党群各项工作，为中心健康发展提供强有力的政治保障。这一年，扎实开展“不忘初心、牢记使命”主题教育，将主题教育与产品研发等核心业务紧密结合，引导党员切实增强初心意识、筑牢理想信念，坚持开展“三亮三比”“珍惜荣誉、坚守初心，钢铁报国当先锋”主题实践活动，发挥党员在研发创新、服务用户等方面的示范引领作用，助推“两个结构”再优化；贯彻落实《中国共产党支部工作条例（试行）》要求，各支部标准化和规范化水平进一步提升，有力推动了中心各项职能作用发挥；加强宣传思想工作，持续进行形势任务教育，围绕市场和产品两大主题，在公司内外媒体宣传报道中心各方面经验和成绩，激发干部职工奋勇拼搏、履职尽责的工作热情；进一步抓好党风廉政建设，夯实“两个责任”，落实“一岗双责”，建立完善自上而下的党风廉政建设责任体系和廉政风险防控体系，开展多种形式的廉政教育，通过学准则条例、规范制度、监督检查，从源头上防控廉政风险的发生，筑牢廉政防线，营造廉洁自律的氛围；发挥群团工作优势，全方位推进职工岗位创新，广泛开展劳动竞赛、不断丰富职工创新工作室、“职工技术大讲堂”“导师带徒”等工作内容，落实职工健康体检、“暑期双服务”“送温暖工程”等暖心活动，让广大职工切实感受到企业的关怀，干部职工凝聚力进一步增强。

物流分公司

【概况】 物流分公司主要负责原燃物料进厂、厂内生产保障和产成品外发环节的物流组织，同时承担河钢唐钢物流业务优化、物流费用管控及物流项目发展规划的管理职能，是公司物流运行及物流管理的主管部门。2011年5月6日，物流分公司在原运输部的基础上正式挂牌成立，依托河钢集团的品牌和临港、临资源优势，通过优化整合，成为集运输、仓储、加工、装卸、搬倒、配送、信息服务、特种设备维检为一体的大型现代化物流企业。2019年末，企业固定资产总额3.61亿元。

2019年末，物流分公司设厂部级干部5人；下设管理科室7个、分厂5个、作业区

23个。共有在册职工1676人，其中男职工1536人，女职工140人；中共党员764人；干部102人，其中科级干部39人，作业长56人；管理及专业技术职工154人，其中专业技术职工52人，高级职称8人，中级职称35人；工人1424人，其中专业作业师2人，一级作业师10人，二级作业师64人。职工中有研究生17人，大学本科127人，大学专科267人，中专58人，高中及以下1207人。

【计质量管理体系建设】 2019年，物流分公司按照体系管理要求，加强计质量管理体系建设，严格A类测量设备管理，取得成效。全年，送检A类测量设备82台次，中国计量院外检2台次，石家庄计量院外检3台次，B类测量设备外检40台次，在用A类和B类测量设备周期检定率均达100%。年内，按公司计划进行测量管理体系内审和检定校准人员的相关培训，为检定校准人员取得资质证书提供支持，实现检定、校准不合格记录均控制在1.0%以内，因不合格测量设备产生的安全、质量等重大事故为零，所有高度控制测量过程均受控的计量质量管理目标。

【职工自主管理】 2019年，物流分公司坚持“员工是企业不可复制的竞争力”理念，不断创新优化自主管理模式，全力支持技术、管理和岗位三方协同创新，促进整体基础管理工作不断提升。这一年，引导专业专家、创新工作室团队、大学生下班组结对子，凝聚创新合力，破解生产工艺难题；下发“优秀岗位创新成果”评比活动安排意见，挖掘培养职工各方面技能素质，鼓励岗位职工以创新的思维，着眼于提高效益、降低成本等方面进行小微创新，立足现场实际发现和解决问题，不断激发全员创新、创造、创效活力。年内，申报职工自主管理课题101项，实施职工小微课题137项，获软件著作权2项，获国家实用新型专利13项，对解决一线难题起到助推作用。

【人力资源管理】 2019年，物流分公司前瞻性研判区位调整人员安置去向，人力资源管理工作呈现新局面。年内，推出人力资源安置管理办法，为新业务平稳过渡做好充分准备，促成85名职工到保卫部的岗位置换，内部挖潜顶替内退和离退休岗位以及支援新项目126人，职工队伍更加精干；加强人才管理与培养，14名业绩突出的优秀大学生和年轻干部进入作业长及管理岗位，干部队伍结构更趋合理。

【设备管理】 2019年，物流分公司建立健全设备系统管理体系，加强设备全寿命管理，形成设备管理制度化、制度流程化、流程智能化创新管理体制，实现机车经济稳定运行。年内，按照示范作业区评价标准，梳理完善各类设备管理办法33项，修订《起重机械管理办法》《机车点检、隐患排查管理办法》《设备事故管理办法》，制定《物流分公司改善提案管理办法》《设备隐患管理办法》和《物流分公司功能精度管理办法》；积极推行“三位一体”设备管理模式，推动生产方与检修方建立分工协议，开展三级点检活动，加强点检过程管控，对易出现问题设备进行倾向化管理，推进智能化点检，开发的信息化点检系统正式上线运营，提高现场管理水平和检修作业效率；建立微信群加强沟通协调，及时解决岗位发现的问题及设备隐患，提升设备保障能力。

【安全管理】 2019年，物流分公司站在讲政治的高度，强化安全管理，落实安全生产责任制，组织开展安全基础管理大提升活动，职工自主安全管理意识进一步增强，安全标准化建设迈上新台阶。年内，修订完善应急管理预案、安全管理制度23项，查处治理各类隐患332项，追责问责科级及作业长35人次，落实责任考核11.63万元。这一年，建立更加高效的安全生产工作机制，提高安全培训效率，安全实操培训线上管理功能正式上线运行，安全管理更加有迹可循；常态化组织开展事故案例警示教育、全员危险源辨识和安全检查，深化机车电子添乘检查模式，并推广到天车岗位；扎实开展“双控”机制建设、有限空间作业、消防安全和外委施工等专项整治，全面排查整治安全工作薄弱环节，确保安全运行。当年，被唐山市安委会评为“安全生产月”和“安全生产凤凰行”先进单位，被公司授予职业卫生和消防工作先进单位称号。

【对接河钢乐亭物流项目】 2019 年，物流分公司按照集团部署和公司要求，根据河钢乐亭钢铁项目进展情况及自身发展需要，市场化推进乐钢项目物流业务对接，做强传统物流业务。这一年，从规划开始，积极参与网络布局设计、跟进项目规划施工，提出相关设计缺陷改进建议；紧跟项目节点，调整各区域物流资源配置，完成 6 台内燃机车的配备，并做好职工调配工作；结合乐钢生产需求，进行多次对接交流，尽快介入铁水运输、厂内生产、产成品仓储发运、铁合金仓储供应等四大类物流业务，并提供最优的物流服务运营方案，推进乐钢配套物流项目开展。

【作业长制推进】 2019 年，物流分公司以深入推行作业长制作为强化基础管理的有利抓手，坚持“一个都不能放弃，一个都不能落后”工作理念，贴近生产实际，多维度深化作业长制管理模式，多措并举，创新推进。这一年，制定《2019 年作业长制推进实施方案》，全面对接产线需求，以作业长制推进为工作重点，将标准化作业、点检定修制、自主管理、计划值管理、深化服务标准体系管理等元素，与各专业管理体系融合推进，“五制配套”管理模式不断完善，利用日常专业指导、月度飞检、体系认证等手段，打造一支过硬的作业长队伍，深层次解决生产现场存在的薄弱环节；本着“工序服从、集中一贯”的推行原则，侧重培养从专业科室到作业区、班组“一以贯之”的能力，为加快生产组织响应速度、提升服务产线能力打下坚实基础。

【党群工作】 2019 年，物流分公司党委以习近平新时代中国特色社会主义思想和党的十九大精神为指导，以“不忘初心、牢记使命”主题教育为契机，全面提升党建工作水平。这一年，健全完善党委议事决策机制，建立健全本单位《党委工作规则》《贯彻落实“三重一大”决策制度实施办法》，保证党的路线方针政策得到全面贯彻执行。注重党建工作计划性，超前谋划抓党建，制定《党建工作三年规划》《关于推进基层党支部标准化、规范化建设的实施意见》《党建工作责任制实施办法》《推进落实“党建质量提升年”活动的工作方案》等 8 个文件，定期召开党委会、阶段性党建工作推进会、政工例会，认真研究谋划，推动党建重点工作落实。扎实开展“不忘初心、牢记使命”主题教育，制定主题教育实施方案，组织领导班子成员专题集中学习 10 次，以党支部为单位，依托“三会一课”“主题党日”“学习强国”等平台，组织全体党员深入学习贯彻习近平新时代中国特色社会主义思想，强化理想信念教育和党性教育，筑牢思想之基，为发展蓄力赋能。以会议流程标准化、教育管理标准化、档案资料标准化、考核项目标准化 4 个“标准化”为抓手，提升基层党建质量，制定《2019 年度党员学习教育培训计划》，不断扩大党员教育管理覆盖面，着重规范党组织换届、组织生活会、民主生活会、发展党员等工作流程，使党内组织生活更规范；制定《党建工作责任制实施细则》，对基层党支部工作内容进行指标分解，明晰责任，量化管理，进一步提高党支部履职尽责的能力；打通党建与生产经营融合“最后一公里”，围绕“两个结构”再优化工作，打造党建品牌，开展“双效物流党员先锋行”“党员先锋岗竞赛”

"珍惜荣誉、坚守初心，钢铁报国当先锋"等红色物流主题实践系列活动，凝聚党员力量，发挥模范作用，促经营指标创佳绩，其中双效物流活动创效500余万元。狠抓党风廉政建设，进一步强化领导干部"一岗双责"和从业意识，全面落实党风廉政建设责任制，与22个党支部分别签订党风廉政建设包保责任书，全方位开展岗位廉政风险防控体系建设，确定18个重点廉政风险领域防控点，强化教育、着力监督、狠抓落实，当年获"集团党风廉政建设和纪检监察先进集体"称号。注重发挥群团组织作用，依托中国机冶建材系统网上练兵平台，组织职工开展网上练兵专项竞赛活动，内燃机车工种成绩包揽全国前五名；关注职工思想动态，引导职工积极主动做好本职工作，同时用足用好公司政策，为职工安置谋思路、找出路，组织冬"送温暖"、夏"送清凉"，为职工办好事、解难事，企业凝聚力持续增强。

能源科技分公司

【概况】 能源科技分公司是承担公司钢铁主业动力介质供应及相关设备维检，环保设施运营维检，能源环保综合利用技术的研发、推广和咨询等专业职能单位。2019年末，固定资产原值62.75亿元，净值28.65亿元。共有设备1.4万余台（套），主要大型设备分别为锅炉19台、汽轮机18座、透平机7座、转炉煤气柜3座、焦炉煤气柜1座、高炉煤气柜3座、除尘设备125台（套）等，设备运行状态良好。

南区（钢后）装备：锅炉发电机组6套和低温余热发电机组1套，总装机容量为14万千瓦，年发电总量7.74亿千瓦时；水处理中心系统；10万立方米焦炉、高炉煤气柜各1座，8万立方米和5万立方米转炉煤气柜各1座；空压机站3个；变电站3座，其中滨钢220千伏变电站、铁北110千伏变电站为中央站系统，总装机容量为36.6万千伏安。

南区（铁前）动力装备：综合供水泵站1座，其中采用国内先进技术的纯水密闭循环系统，水重复利用率达到99.99%以上；鼓风机站1座；烧结余热发电站及TRT发电站各1座，其中南区3200立方米高炉干式TRT发电系统，日均发电32万千瓦时左右，年发电量超过1.1亿千瓦时；供电系统1套，均采用双路供电方式。

北区动力装备：TRT发电机组2套，日发电总量51万千瓦时；15万立方米高炉煤气柜1座；空压机站1座；以高炉煤气为燃料的锅炉10台；220千伏中央变电站1座；锅炉发电机组4套，总装机容量8.7万千瓦，年发电总量7.89亿千瓦时，发电量占总供电量的69.7%。

不锈钢动力装备：高炉鼓风机5台；TRT透平发电机4台，利用高炉煤气压力做功发电；高炉循环水泵站4座；供电变电站4座；130吨/时锅炉2台；5万立方米转炉煤气柜1座；10万立方米高炉煤气柜1座；空压机11台，日供应压缩空气100万立方米。

2019年末，能源科技分公司设厂部级干部4人；下设科室6个、分厂2个、中心2个、作业区14个。有职工1972人，其中男职工1637人，女职工335人；中共党员521人；干部124人，其中科级干部59人；管理及专业技术职工65人，其中高级职称29人，中级职称56人；工人1848人，其中资深作业师1人，专业作业师3人，一级作业师46人，二级作业师178人。职工中有博士1人，研究生14人，大学本科240人，大学专科384人，中专81人，高中及以下1252人。

【生产经营】 2019 年，能源科技分公司以安全、稳定、务实、创新为目标，强化基础管理，提高生产效率，加强生产组织和设备管理，围绕各事业部生产节奏，重点抓好质量、服务、保供工作，跟进产线统筹安排，较好完成公司下达的费用、内利指标和生产保供任务。全年，实现考核利润 2.41 亿元，比计划增利 6159.96 万元；累计发生备件材料费、供应处辅料费 4882.2 万元。主要产品产量、指标优化提升，累计总供电量 54.40 亿千瓦时；回收利用高炉煤气 122.06 亿立方米，转炉煤气 10.89 亿立方米，焦炉煤气 3.95 亿立方米；生产压缩空气 15.46 亿立方米；外购电 32.85 亿千瓦时；发电 21.75 亿千瓦时；外购水 3246.18 万吨。完成 11 台（套）锅炉、所有烧结脱硫脱硝改造，实现环保超低排放。

【动力介质供应】 2019 年，能源科技分公司以提升服务质量为契机，将服务、保供理念渗透到工作程序中，超前准备，统筹安排，满足各事业部产线需求，实现动力介质稳定供应。这一年，进一步完善质量管理体系，开展 ISO9001、IATF16949 和 VDA6.3 培训，通过公司内审和外部审核，配合公司完成博世、宝马二方审核，IATF16949 三方审核，质量体系审核无不符合项及不合格项，为供应优质产品提供支撑；科学组织生产，提高生产效率，针对煤气发电系统受环保影响较大，通过分机组负荷调整，保证运行效率较高的锅炉负荷稳定，提升整体能源利用率，保持锅炉和机组处于高参数下运行，稳定机组发电效率，同比增加发电量 1015.15 万千瓦时，锅炉燃耗（折合高炉煤气）降低 27.1 立方米/吨；水系统持续为生产用户提供合格的各种水质，先后完成改善一钢转炉除尘水悬浮物及硬度超标、提高 1700 连铸系统一冷二冷水指标等攻关项目，水质指标达标率实现 99.2%，动力介质综合达标率 99.8%，满足各产线工艺对水质的要求，吨钢耗新水由 0.9 吨降至 0.8 吨，新水消耗指标进一步优化；供电系统坚持春秋两季的供电线路擦拭和预防性试验工作，对南区 22 万站负荷进行调整，实现 1700、1810 产线主传动分段运行，保证公司近百条线路的安全性和可靠性，为安全稳定供电创造了有利条件。

【环保管理】 2019 年，能源科技分公司大力度强化环保管理，着力保障环保设备状态，实现环保治理达标排放。年内，加强环保项目建设和环保技术应用推广，提高环保工作标准，响应唐山市环保要求，对 11 台（套）锅炉、烧结机进行脱硫脱硝项目改造，实现烟气超低排放标准；加强环保设备点巡检，将除尘风机纳入周期性精密点检范畴，定期做劣化趋势分析，消除南区供返料风机震动异常等重大隐患 25 项，保证环保设备正常运行。

【费用管理】 2019 年，能源科技分公司加强费用管理，改善工艺设备，推进备件修旧利废，促进各项费用降低，降本增效成效明显。年内，重新修订水系统化药承包技术协议，与供应商谈判运营价格，在各产线产量和品种大幅提高，对水质指标提出更高要求的情况下，吨钢化药费实现 3.06 元，同比下降 0.19 元，降幅 6%；烧结脱硝系统通过改善工艺设备，试验更换吸收剂，督促运营单位增加备用系统和设备等措施减少药剂消耗，加强精细化管理，不锈钢公司 265 平方米烧结机脱硝运营费降低 880 万元，公司本部烧结机脱硝运营费降低 2055 万元；大力开展备件修旧利废，对旧设备、旧备件进行评估，将可用的零部件充分利用，降低设备备件成本及消耗。

【设备管理】 2019 年，能源科技分公司坚持完善四大标准，加强以点检定修为基础的设备管理，保证设备稳定安全运行。全年，设备隐患发现率达 99%，消除南区烧结机尾除尘风机轴承老化、北区 3 号 TRT 煤气泄漏量大等重大隐患35项，隐患消除率99.2%，其余0.8%均处于受控状态。这一年，坚持落实岗位巡检、专业点检、精密点检相结合的三级点检制度，审核修订《点检定修管理标准》《给油脂标准》《维修作业标准》《维修技术标准》四项标准，优化32条点检路线，调整点检周期，完善、梳理现场设备情况，整理设备数量1.22万台（套），BOM数量12.13万条，消除点检死角；对汽轮机及配套鼓风机等91台（套）A类设备建立检修模型，购置VB7频谱分析仪，周期性地对汽轮发电机组、钢区、铁区主线环保设备等57台（套）大型设备实施精密点检，准确把握设备技术状况，保障设备完好率、运行率稳定提升。

【安全管理】 2019年，能源科技分公司践行“下沉一级抓安全”理念，持续推进双控机制建设，强力抓好安全生产，全年实现安全生产目标。这一年，坚持关口前移、源头管控、预防为主、综合治理的安全生产风险管控与隐患治理工作原则，以安全风险辨识与分级管控为基础，以隐患排查治理为手段，从源头做起，识别风险、控制风险、发现隐患、治理隐患，年内重新辨识安全风险247条，修订《危险辨识与风险管控》《有限空间作业管理办法》等安全管理制度35个，排查治理习惯性违章作业、煤气管理等重点安全隐患146项，为安全生产提供保障；坚持开展全员安全培训和作业区班组实操培训，提高职工安全技能和安全素质，安全管理水平不断提升。

【推进作业长制】 2019年，能源科技分公司按照作业长制推进方案，从思想认识、推进策划、管理实施、实施效果四个方面稳步推进。年内，坚持以作业长制为核心，狠抓基础管理，各管理科室针对五制配套分管项目，对照管理要素进行内部飞检，保障推进目标实现；加强作业长研修会建设，将28个作业区按照专业分为四组，围绕生产经营中心工作，定期开展研修活动，协同解决检修后1700轧机过滤器堵塞等现场问题，形成管理案例20个，为生产顺行提供支持；建立后备作业长培养制度，制定下发《后备作业长管理办法》，当年共组织后备作业长培养1300余次，有27名后备作业长取得作业长资格证书。

【绩效管理】 2019年，能源科技分公司发挥绩效管理的激励导向作用，推进以成本为中心的计划值管理，效果显著。年内，完善与公司取费指标相适应的绩效评价模式，修订对科室、作业区、职工的绩效管理考核指标，细化考核内容和标准，考核的科学性、系统性进一步增强；加大成本考核力度，严格按照成本控制管理办法，每月对各作业区成本指标完成情况及时准确汇总、分析，为考核提供依据；持续推进层级检查考核、层级评价基础管理模式，当年由分公司领导带队检查84次，查处问题225项，考核7.16万元；专业科室检查问题点2145项，其中整改974项，考核1171项，考核38.5万元；各作业区、分厂自查问题点9857项，整改4085项，考核5772项，考核5.98万元；加强自主管理，通过改善提案、自主管理、卓越贡献三段阶梯式职工改善通道，充分调动职工积极性，职工自愿结成小组，根据制定的工作目标，针对共同关心的问题，选定课题，运用PDCA工作方法实施，当年职工提出改善提案4.69万项，129项自主管理课题立项并发布，完成脱硫烟道清灰改造等5项卓越贡献改进项目，创效4574.76万元。

【职工技术创新】 2019年，能源科技分公司针对生产系统设备、工艺变化，持续推进新技术、新工艺应用与创新，职工技术创新成效显著。全年，系统优化实现效益700.54万元，超目标372.58万元；PYT除尘机械输灰系统工艺优化等79项合理化建议被公司采纳，申报“一种再生废液回收利用装置”等18项专利及著作权，完成供水系统质量指标影响因素分析及优化方法探究等5项科技成果，推进动力设备运行方式优化及效率提升等5项2020年先进工艺立项及14项2020年科技成果立项，16个职工创新工作站室完成课题研究23项，有力支撑了生产经营稳定顺行。

【支持公司战略发展】 2019年，能源科技分公司全力支持公司战略发展，为公司转型升级作贡献。年内，成立专家组参与塞钢能源与环保综合改造项目，做好橡胶模式高炉煤气柜建造、电拖鼓风机改造、双超高炉煤气发电机组建设等3个项目的招标和技术协议修订工作，协助制定烧结机、加热炉、炼钢连铸等生产线动力系统改造方案；支持河钢乐亭项目建设，通过整合岗位，合并作业区等手段，抽调114人支援乐亭钢铁；配合公司退城搬迁工作，抓好高强汽车板公司公辅系统接入方案的确定及利旧设备统计、不锈钢搬迁项目公辅系统方案确定及利旧设备统计、镍金利旧项目利旧设备的统计，加快公司转型升级步伐。

【党群工作】 2019年，能源科技分公司党委以习近平新时代中国特色社会主义思想为指导，认真贯彻落实党的十九大精神，努力做好党群各项工作。深入开展“不忘初心、牢记使命”主题教育，进一步加强党建与生产经营深度融合，带领广大党员在服务产线、降本增效、改革创新活动中当先锋、创佳绩，为推动各项工作提供坚强的政治和组织保证；坚持开展“3X+1”宣讲活动，针对公司新一轮挖潜增效计划，组织领导班子成员开展决战后四个月确保全年目标任务实现等专题宣讲，引导职工知形势、明责任，立足岗位作贡献；加强党风廉政建设，进一步健全廉洁风险防控机制，落实防控工作实施方案，在解决问题上下功夫，在建立长效机制上做文章，年内开展监察36次，发现问题10项，全部得到整改，层层签订党风廉政建设责任状，对提职和关键岗位干部进行提醒教育约谈，组织观看《砥砺的征途》等典型案例专题片，开展党委书记上“廉政党课”等系列活动，切实提高党员干部和重点岗位人员廉洁从业意识；发挥支部的战斗堡垒和党员示范引领作用，认真落实“三会一课”制度，开展党员特色活动，成立3个由党员专家组成的专业组，全面系统梳理工艺系统现状、操作规程、设备隐患，制定具体有效的解决方案，进一步满足产线需求；发挥工会组织作用，开展“送温暖”活动，全力为职工帮扶解困，建立职工重点帮扶对象档案，制定不同的救助措施，借助公司大病帮扶及市大病互助保险平台，年内为55名职工办理大病互助保险，申请补助10.83万元，走访慰问困难职工、退休劳模、离退休职工，企业凝聚力持续增强。

HBIS GROUP 河钢唐钢 HBIS TANGSTEEL

信息设备支撑平台

设备机动部

【概况】 设备机动部是公司设备专业综合管理职能部门，负责公司设备运行维护管理，设备检修、基建技改等工程项目管理，以及公司固定资产、生产备品备件、基建技改项目设备采购供应和管理，同时负责公司备品备件库房管理。位于唐山市路北区东工房 11 段，南靠路北区东工房居民生活区，北邻开滦矾土矿，西接唐山天马物流有限公司车队，东至唐山市开平区国各庄，占地面积 9 万平方米，建筑面积 2.29 万平方米。

2019 年末，设备机动部设厂部级干部 4 人；下设科室 16 个，班组 24 个。共有职工 191 人，其中男职工 122 人，女职工 69 人；中共党员 107 人；干部 66 人，其中科级干部 18 人；专业技术职工 64 人，其中高级职称 39 人，中级职称 15 人；操作序列 115 人，其中高级技师 2 人，技师 6 人。职工中有研究生 2 人，大学本科 76 人，大专 29 人，中专 6 人。

【主要工作】 2019 年，设备机动部秉承“受控、高效、零缺陷运行”理念，以创新驱动发展为指导，从精细管理、设备运维优化、降低消耗等方面入手，统筹规划设备管理、技术服务、物资采购等工作，搭建更加规范、高效的设备管理运行体系，为公司产线效率提升、产品优化升级提供强有力支撑。

【技术服务】 2019 年，设备机动部致力于技术改造，对滨钢 22 万站 35 千伏供电系统负荷进行优化改造，一钢轧厂 1700 毫米生产线和 1810 毫米生产线轧机分别在 1 号、3 号主变运行，两条主轧线分开，隔断产线间影响；研究抑制电磁暂态发生的电力系统中性点接地方式，改造滨钢 22 万站 35 千伏母线小电阻接地系统，解决因电缆接地短路而引起的电网电压波动问题，大幅提升南区电网运行可靠性。

【职工培训】 2019 年，设备机动部围绕职工业务提升需求，组织全公司 780 多名设备技管人员进行素质提升学习、考试，并发放机电、液压专业等一系列专业书籍，促进设备技管人员素质及水平进一步提升。年内，组织公司 16 家涉及防雷业务单位参加唐山市气象局举办的雷电危害与防雷安全培训，23 名专业技管人员参加培训，进一步丰富技管人员在雷电及其危害、防雷措施、防雷设施的维护与管理、防雷检测等方面的知识。

【党群工作】 2019 年，设备机动部党委认真学习贯彻习近平新时代中国特色社会主义思想和党的十九大精神，做好党群各项工作。年内，深入开展思想宣传工作，定期组织党委委员进行政治理论学习，开展“3X+1”形势任务宣讲活动，宣贯集团和公司形势任务，利用媒体及时报道部门工作亮点、典型事迹，传播正能量。夯实党建基础，修订《党建工作责任制》进一步压实党建工作责任，组织开展党内特色活动，激励广大党员立足岗位，争当先锋。强化党风廉政建设，制定《重点职权廉政风险防控方案》，对招投标、供应商管理及固定资产处置等重点行权岗位进行全方位廉政风险排查，坚持每季度对采购系统开展专项检查，找准差距堵塞漏洞，规范采购行为；落实省委巡视反馈意见整改落实工作，开展自查自纠活动，助推招投标工作依法、依规、有序开展；每季度召开党员干部及关键岗位人员廉洁从业教育大会，构建风清气正的工作氛围。充分发挥群团组织的优势和作用，通过开展“解放思想大讨论活动”“提质增服青年当先”“质量攻关青年当先”等主题活动，引导青工提升业务水平，激发工作热情；开展暑期“送清凉”、健康体检、计生普查等活动，关心职工身体健康，提高幸福指数。

信息自动化部

【概况】 信息自动化部是公司双职能部室，负责公司信息化、自动化、计量控制等三大专业的管理及运维，承担三大专业相关工程项目的整体规划、设备选型及费用归口管理，履行公司测量管理体系、“两化”融合管理体系等职能。

2019年初，将信息化管理科和自动化管理科进行合并，对技术管理人员进行重新配置。当年5月，信息自动化部机关办公地点整体搬迁至河钢乐钢指挥部大楼，办公面积950平方米。

2019年末，信息自动化部设部长1人，党委书记兼工会主席1人，副部长2人；下设综合管理科、生产计划科、信息自动化管理科、计控管理科、传动模型室等5个管理科室，信息中心、数据中心、校准实验室、网络通信中心等4个运维车间，高强汽车板公司维检站、计量维修站、炼焦维检站、炼铁厂维检站、一钢轧厂维检站、冷轧薄板厂维检站、二钢轧厂维检站、中厚板公司维检站和不锈钢公司维检站等9个维检站，31个作业区。共有职工779人，其中男职工651人，女职工128人；中共党员299人，共青团员28人；干部379人，其中科级干部52人（含作业长32人）；管理及专业技术职工379人，其中高级职称101人，中级职称212人；工人400人，其中高级技师43人，技师61人。职工中有研究生59人，大学本科332人，大学专科130人，中专114人，高中及以下143人。

【主要工作】 2019年，信息自动化部紧紧围绕公司“两个结构”再调整，以智能工厂建设为核心，以深化专业体系建设和专业平台应用为推手，强化专业基础管理，深化专业技术与模型应用，探索远程运维新模式，推进自主技术研发，全面提升专业服务保障能力，为公司实施“智能化、绿色化、品牌化”战略，实现企业高质量发展，提供强力技术支撑。这一年，不断深化信息自动化支撑体系建设，加强技术研发，激发产线智能化潜能，推进自动化系统改造升级和智能制造项目建设，突出抓好信息化系统深度应用；依托专业信息平台推进点巡检规范化，加强隐患专项治理，有效压减设备事故；深入推进专业体系建设，全面加强计控专业规范化、精细化管理，为公司产品质量管理和生产经营提供可靠的数据支撑。全年，实际发生部门费用1.59亿元，完成公司下达的预算指标；专业归口费用实际发生5313.9万元，比计划节约1299.7万元；故障时间累计33.9小时，同比减少32.7小时，降低49.2%，其中1月、2月、12月三个月实现“零事故”目标。

【订单跟踪平台搭建】 2019年，信息自动化部结合河钢国际唐山分公司（国贸分公司）物流货运管控业务，搭建信息化平台，实现订单接单、组货、发货、结算的全流程物流、信息流、资金流闭环同步管控。根据需求组建项目攻关小组，进行业务调研、数据梳理、程序设计及实施。11月底，以SAP系统创建订单为业务流程起点，业务覆盖计质量发货、港口收货及港口装船、报关等，共设计包括合同信息管理、港口库存管理、港口装船、付款管理、报关单管理、报表查询6大模块，15个子模块的国贸订单跟踪平台基本搭建完成，进入上线试运行阶段，实现国贸分公司出口业务物流及财务流全流程管控。

【河钢乐亭项目信息化建设】 2019年，信息自动化部深入贯彻落实集团关于打造沿海精品钢铁基地战略部署，全力支撑乐亭项目建设，根据各项目部投产时间节点，持续优化信息化、自动化、仪表施工方案，按照信息化整体规划，搭建信息化网络与信息安全等系统，ERP、设备管理等部分系统具备投入条件。

【基础管理】 2019年，信息自动化部结合自身专业特点，全面深化基础管理。年内，灵活运用PDCA科学方法推进作业长制工作，以“五制配套”为依据，以作业长制研修会为抓手，严格按照策划、实施、分析、提高的顺序，使研讨的难点、热点及焦点问题得到全面解决，固化作业长制管理措施，提升作业区自主管理的能力和水平；加强安全管理，实施网格化管理制度，将506个责任区域落实到人，全年修订安全管理制度及综合应急预案25项，制定异常作业指导书2273项，辨识危险源点2589个，排查隐患1019项，考核项417项，岗位人员执规意识明显提升；强化预算执行意识，严格预算控制、分解及跟踪管理，当年自动化检修费支出4089.9万元，比计划节约1096.1万元，通信费用支出439.1万元，比计划节约110.9万元，检定费支出160.3万元，比计划节约89.7万元。

【隐患排查和专项治理】 2019年，信息自动化部以问题为导向不断加强事故管控及信息传递管理，持续开展隐患排查和专项治理，全年发现风险隐患291项，关闭隐患225项，为产线稳定高效运行提供保障。年内，按照分类分级管理原则，以“双控机制”建设为契机，开展专项治理工作，完善各级人员隐患排查清单，实施网格化管理制度，建立标准化机制，对设备进行周期性检查，先后推进DP网络和光纤系统排查、UPS供电系统治理以及主辅传动系统专项治理等工作，有效遏制信息化设备事故发生。

【推进员工素质能力建设】 2019年，信息自动化部深入推进信息化专业员工素质能力建设，完成教材编写及培训课程制作，助力专业技术人员能力水平提升。年内，举办技术研讨会，先后开展光纤通信和光整机单体设备研讨，安排各专业主管工程师对控制原理、系统组成及设备特性进行讲解，对设备运行易发生故障进行讨论，实现运维经验共享，激发职工学习热情；制定《改善创新微成果管理办法》《焦点课题管理办法》，激励职工岗位创新创效，全年有现场改善类项目392项参加评选，经专家测评，共评出一等奖3项、二等奖66项、三等奖92项。

【党群工作】 2019年，信息自动化部党委以习近平新时代中国特色社会主义思想和党的十九大精神为指导，围绕智能产线建设、系统运维管理、服务保障能力建设等重点工作，全面加强党群各项工作，为企业高质量发展提供有力保障。扎实开展“不忘初心、牢记使命”主题教育，在全体党员中开展党建知识答题、重温入党誓词、党员承诺践诺、党委书记和支部书记讲党课等系列活动，增强广大党员政治自觉。加强党建基础管理，以信息中心党支部为重点，尝试推进“新时代e支部”品牌建设，探索基层党支部管理新模式，有效提升支部标准化、规范化水平。结合省委巡视反馈意见整改等重点工作，制定下发《信息自动化部党建工作责任制》，修订完善《党委会工作规则》，规范《党委中心组学习制度》《政工例会制度》等，为落实党建责任提供制度保障。组织开展“创新创效强服务”党员先锋赛、“珍惜荣誉、坚守初心，钢铁报国当先锋”主题实践活动，广大党员带头实施技术改造80余项，课题攻关18项，为生产顺行提供保障。加强党风廉政建设，落实党风廉政建设责任制，加强重点风险防控，强化招投标工作执纪监督，有效杜绝违规违纪现象发生。

检修分公司

【概况】 检修分公司系为公司各单位提供

设备维修服务、备件修复以及耐材维护等的专业服务单位，具备机电安装工程施工总承包二级资质。

2019年12月，唐山惠唐工业技术服务有限公司有人员353人，在市人力资源和社会保障局用工备案51次。

2019年末，检修分公司设厂部级干部10人；下设科室10个，维检中心17个，作业区56个。共有职工2486人，其中正式工1921人，劳务派遣129人，集体工370人，不锈钢公司身份职工66人；其中男职工2300人，女职工186人；中共党员541人，共青团员21人；干部162人，其中科级干部41人，作业长45人，专家11人，其中首席专家1人，专业专家5人，操作专家4人，外聘专家1人；管理及专业技术职工90人，其中高级职称17人，中级职称32人；工人1759人，其中高级技师107人，技师299人。职工中有研究生17人，大学本科181人，大学专科260人，中专96人，高中及以下1456人。

【生产经营】 2019年，检修分公司深入贯彻公司工作部署，围绕为用户创造价值目标，保证设备长周期、高水平、低费高效运行，实现精度检修、精度控制、精度制造，创效创新能力和品牌影响力迈上新台阶，利润达到历史最好水平。全年，维检单元收入同比增长7.83%，机加产品单元同比增长5.38%；综合外部市场收入9579万元；实现考核利润6444万元，同比提高12.5%，比年初制定的目标增加244万元，创历史最好水平；通过优化惠唐乐港各项管理机制，大力开发钢结构等业务，内外部业务提质增效，利润同比增加180余万元。这一年，加强生产物料全过程管控，全面完成现金流及库占指标，其中维检单元库占指标较公司下达指标降低37.65万元；机加产品单元库占资金较公司下达指标降低411万元；加大非生产性物料耗材管控，四个产品中心耗材比上年同期降低185.32万元，总体万元产值耗材率由上年3.62%降至2.3%。加强废旧物资回收管理，降低采购成本，制定下发《废钢管理办法》，年内回收废钢389.86吨，金额77.97万元，同比增加75.75万元。

【课题攻关】 2019年，检修分公司加强职工自主创新，联合产线广泛开展课题攻关，强化工业服务能力，为公司各产线提供坚实的技术保障。全年，实施科技项目12项，与一钢轧厂、炼铁厂、不锈钢公司、高强汽车板公司、技术中心等生产单元及部门联合开展焦点课题26项，获得国家授权专利8项；评审合理化建议182项，确保各产线生产顺行。这一年，坚持为产线提供预防性精密检测服务，与炼铁厂开展烧结机漏风治理攻关，3号烧结机漏风率由年初50.71%降至38.1%，综合台时产量增加30吨；与一钢轧厂确立液体天车、轧机间隙、精度和液压治理等四批43个焦点课题，其中卷取机课题攻关使过钢量从40万吨提升到60万吨；与不锈钢公司确立6项课题，通过三维建模和空间对比，实现连铸机在线高精度弧度调整，1580毫米产线轧机刚度控制课题，使刚度差小于10%的概率达到95%以上，为产线稳产高产提供高精度的设备保障；与冷轧薄板厂和高强汽车板公司开展全线辊系精度控制课题，保证辊系空间位置精度；振动测量业务全年漏报率、误报率为零，检测水平不断提升；在自研自制设备开发方面先后完成平车转台设计制作、扁头套自动焊接专机设计制作、10T动平衡机系统修复和沉没辊旋转加热炉的设计工作，节省60万元的设备采购费用。

【业务结构优化】 2019年，检修分公司贴近产线加速高端产品技术攻关，不断优化业务结构，加大激光修复和喷涂等成型再制造业务生产能力，拓宽高附加值产品营业范围，提高产品市场占有率及品牌影响力。年内，高精度空间测量业务已覆盖公司各产线，创效335万元；高硬度表面处理方面，掌握轧机传动扁接头激光熔覆修复技术、短应力轧机机架修复技术，镀锌沉没辊稳定辊开始批量修复，站稳内部市场。在掌握轧机牌坊在线加工技术的基础上，承担不锈钢转炉托圈三点吊挂支撑的在线加工，工期提前8小时，打破大型设备长期外委修复的局面，并占据检修技术的“头部”业务，为推向外部市场奠定基础。

【结晶器振动稳定性调整项目】 2019年，检修分公司在连铸机结晶器检修方面取得突破，在1810毫米生产线联合大修中，连铸机振动单元体精度达到历史最好水平。当年3月，不锈钢维检中心首次承接一钢轧厂3号、4号连铸机液压伺服振动精度恢复调整项目，单体模拟试车与整体热试均取得成功，曲线效果创出历史最好水平。该项目满足了设计之初的最高拉速生产需求，目前拉速控制在4.5~5米/分之间，为1810毫米生产线单机日产5000吨提供支撑，有效改善铸坯裂纹偏析现象，为一钢轧厂产能提升、板型和卷型的改善，设备稳定运行提供了有力保障。

【推行作业长制】 2019年，检修分公司坚持系统性原则，有节奏地推行作业长制，不断深化作业长制内涵，加快与公司现有体系的融合，作业区管理水平在飞检验收、整顿改善、对标学习的闭环管理中实现螺旋上升。这一年，着重做好作业长资格培训及素质能力提升工作，组织45名在聘作业长参加作业长素质能力提升培训，43人合格，合格率95.6%；组织作业长资格培训，71人取得作业长资格，考试合格率95%；组织开展与兄弟单位作业长制对标交流活动，促进作业长素质能力和管理水平提升。当年择优备案后备作业长28名，有14名后备作业长走向作业长岗位；着力构建以作业区为核心的扁平高效的管理架构，按照“整体谋划、因地制宜、分步实施、全面推广”的原则，撤销原来的车间级建制，压缩管理层级，划分作业区，重新设置管理科室，年内调整完善组织机构6次，实现管理重心下移；认真做好作业长制飞检和帮扶工作，对部分作业区开展17次作业长制验收及复查，对各中心作业区给予指导与帮扶，作业区管理水平进一步提升。

【质量管控】 2019年，检修分公司秉承质量是企业的生命宗旨，加强质量管控，不断细化检修作业标准化、规范化，提高设备检修质量，保障设备稳定运行。这一年，进一步完善《安全维修作业标准确认表》，用标准规范职工的检修行为，推行层级管理构架，设定层级管控方式，对不同种类的检修项目进行分级把控，对所有质量控制点进行分级负责，优化质量验收记录、质量管控流程，完善质量管控体系规划，建立健全技术记录及技术档案，严格执行公司三级质量管理，通过检修标准化作业有效管控检修过程的质量控制点，当年成型定修和大修共形成检修质量验收单1.46万项，检修中间过程数据记录表131项，职工提交的自主创新、自主管理课题336项，上交公司主管科室18项。

【安全生产管理】 2019年，检修分公司坚持“安全第一、预防为主、综合治理”安全生产方针及公司“一切安全事故、隐患可防可控”安全理念，加大安全管理工作力度，开展安全隐患排查，环境因素、危险源寻宝活动，安全事故明显下降，轻伤事故同比下降25%，有效保障了职工安全生产。这一年，按照碎片工作系统化要求，将安全生产工作梳理成安全管理、消防管理和职业卫生管理三大类别，将其重点工作细化、拆分成外协管理、安全培训管理、工伤管理、双控机制建设、应急管理、特种作业人员管理、安全防护用品器材安全投入及劳保管理、有限空间作业管理、基础管理和标准化现场管控等10个专业管理项目，并对专业管理项目拆分到最小单元，编制工作流程69项，安全系统化管理初显成效；以实操培训方式开展车间（班组）级全员安全教育培训，修订《实操培训管理办法》，明确各层级职责，明晰实操培训各管控细节要求，对现场培训过程监督把控，培训教案严格按照《安全维修/加工作业标准确认表》中的有关工序、技术质量标准进行编写，将互保对子纳入实操培训，提升职工实际操作技能及现场应变能力；开展危险源寻宝活动，提高职工辨识能力和参与度，制作现场作业危险源寻宝图片示例，组织职工进行辨识学习，形成良性循环，职工的安全意识、自我防护意识和能力普遍增强。

【职工队伍建设】 2019年，检修分公司持续深化人力资源管理，努力打造工匠型职工队伍和高素质管理队伍，提升团队竞争力。年内，涉及部门间调整81人次，各中心内部调整195人次，充分调动职工积极性。这一年，组织开展职工技能提升活动，加强基层技术培训，提高内部比武活动频次，激发比学赶超热情，当年6名职工参加公司职工技术比赛钳工比赛，包揽前三名，5人进入前六名；针对人员老化、检修力量不足等问题，制定《员工培训、激励管理办法》，对操作员工以集中培训、高级技师带徒等方式培养精通现场操作技术人才和工程管理人才，以内部培训、外请讲师内训、技术交流、外出培训等多种形式，先后组织开展32场内部培训，以“请进来”的方式组织设备监测中心振动培训，先后有15人考取国际认可的振动师资格证；重视大学生员工培养，做好人才储备，建立人才工作会议和人才成长档案机制，实行透明、量化的“积分制、档案制”管理，搭建公平、公开的职业上升平台，进行轮岗培训，实现动态管理，年内全部大学生员工进入班组实习，4名专业技术人员进入管理科室轮岗培养，8名大学生走上作业长岗位；对干部队伍进行阶梯式培养，建立“棘轮”机制，从工作流程梳理到执纪问责实行一系列措施，促进各级干部履行职责、创业干事。

【推行作业标准确认表制度】 2019年，检修分公司全面推行作业标准确认表制度，指导职工开展标准化作业。这一年，在不断推进职工安全培训的基础上，组织修订完善各项安全规章管理制度，加强对设备安全操作的监督检查，对经常组织的重点项目转炉烟罩更换、风机检修、备件修复、大型结构件制作进行安全维修作业标准确认表编制执行，年内共制订《安全检修作业标准确认表》2000余篇，在找碴纠错中固化经验成果，逐步达到安全、准确、高效的作业效果；安全维修、加工作业标准确认表推广工作实现全覆盖，在检修作业、岗位操作以及外委施工中均使用确认表对作业进行标准化指导；对确认表内容逐步完善，将确认表分为A、B、C三个等级，各等级由相关科室进行纠错、完善，并建立确认表统计、备案、纠错网上系统，其中《安全维修作业标准确认表》1.18万篇，《安全加工作业标准确认表》97篇；在确认表中加入对作业现场第一类危险源和第二类危险源的辨识照片，将现场危险源辨识的详细结果纳入作业工序开始位置，直观反映出作业现场危险源的种类、等级和数量，大幅提高职工危险源辨识能力和危险源寻宝水平，在确认表加入纠错、实操培训以及检查计划表的制定等相关内容，将确认表通用化，切实发挥服务指导作用。

【党群工作】 2019年，检修分公司党委坚持以习近平新时代中国特色社会主义思想为指导，党政相融双轮驱动，不断加强思想作风建设、纪律建设和队伍建设，助力企业高质量发展。这一年，按照公司党委部署，深入开展“不忘初心、牢记使命”主题教育，在全体党员中开展“承诺践诺”活动和重学党章、重读入党志愿书、重温入党誓词的“三重”活动，举行“学习时代楷模，打造检修铁军”思想研讨会，下发《关于在全体党员中开展“珍惜荣誉、坚守初心，钢铁报国当先锋”主题实践活动的实施方案》，强化理想信念教育和党性教育，筑牢思想之基；围绕提高产线效率、增加效益等中心工作，推进党支部标准化、规范化建设，下发《推进基层党支部标准化、规范化建设的实施意见》，制定标准化党支部考核标准和“五好”党组织要求，落实《中国共产党支部工作条例（试行）》，充分发挥基层党支部战斗堡垒作用和党员先锋模范作用，规范“三会一课”，深入班组、作业区，与党员面对面谈心谈话，解决实际困难，基层党支部的战斗力和凝聚力不断提升，形成党建与经营互融互促的良好局面；成立管理攻关小组15个，完成管理攻关课题16个，瞄准产线，开展小微自主创新，年内申报岗位创新成果158项，7项成果获公司科技创新奖；进一步加强党风廉政建设，全面落实党风廉政建设责任制，印发《检修分公司深化纠正“四风”和作风纪律专项整治推进方案》，开展“知敬畏守规章”主题活动，营造企业良性健康发展氛围；注重发挥工会组织作用，关爱帮扶职工，全年走访慰问23户困难职工家庭、201人次，为65名职工争取补助金8万余元。

自动化信息公司

【概况】 唐山钢铁集团微尔自动化有限公司（简称自动化信息公司）是公司自动化设备大修和技改、通信设备的维检工作、自动化系统的工程建设，同时解决产线自动化疑难问题的专业单位。自动化信息公司是河北省科技厅认定的高新技术企业和河北省工业和信息化厅认定的软件企业，具备设备维修企业专业类一级资质、咨询类一级资质、计算机信息系统三级资质以及机电设备安装工程承包二级资质，通过软件企业认证和ISO9001质量管理体系认证。主要经营自动化的系统集成、机电工程安装，信息化系统方案设计实施，电子衡器的设计安装调试，通信网络工程、监控系统安装调试维护，数据处理和存储服务，电子专用材料制造，信息技术管理咨询服务等业务。2019年末，自动化信息公司注册资本5000万元。

2019年末，自动化信息公司设厂部级干部4人；下设综合部、财务经营部、供应部、生产安全部、自动化事业部、信息化事业部、智能制造事业部、通信事业部、云事业部等9个部门，以及云运维中心、自动化检修中心、电子设备厂。共有职工194人，其中男职工129人，女职工65人；中共党员87人，共青团员3人；干部145人，其中科级干部20人；管理及专业技术职工102人，其中正高级职称3人，高级职称46人，中级职称41人；工人92人，其中高级技师1人，技师10人。职工中有研究生23人，大学本科104人，大学专科30人，中专5人，高中及以下32人。

【经营管理】 2019年，自动化信息公司实施企业混合所有制改革，被河北省国资委选定为员工持股试点单位。这一年，在进行体制改革的同时，开展市场化机制变革，企业发展内生动力得到全面释放。积极拓展外部市场，开拓智能制造领域市场，打造自主品牌，发展云计算，全年营业收入8453.27万元，创效1241.79万元，实现公司经营目标。

【安全管理】 2019年，自动化信息公司加强安全消防管理，严格落实安全管理责任，有力保证自动化、信息化系统的安全运行。实行机关干部包保班组工作制；举办6期全员安全教育培训，共198人次参加，提高职工安全和法规意识；结合岗位实际，每周组织一次主题安全实操培训，全年共培训350个小课题，职工安全实操水平进一步提升；持续开展隐患排查，组织安全检查71次，查出安全隐患310项，考核18次，问题全部整改；开展危险源辨识培训24次，组织3次厂级、11次车间级应急演练，提升职工对突发事件的应急能力和处置能力。

【UTCP制造项目】 2019年，自动化信息公司对接高新企业，建设UTCP生产线（超薄微结构导热片生产线），开拓新兴领域市场，实现公司多元化发展。UTCP生产线于当年3月11日开工建设，改造厂房3000平方米，建设十级无尘车间，达到年产80万片超薄微结构导热片生产能力。10月16日试生产。该项目核心技术颠覆了现有的热管和石墨烯导热散热技术，目前只有日美两家企业具有，但均未实现规模化的生产应用。该项目投产填补本厚度领域超薄散热产品市场空白。UTCP产品广泛应用于LED、手机平板、锂电池、CPU散热等领域。目前已有国外企业订单，并与国内外多家企业达成合作意向。

【党群工作】 2019年，自动化信息公司党委认真贯彻落实上级党委工作部署，深入推进“不忘初心、牢记使命”主题教育，抓好党群各项工作，为完成公司下达的各项任务提供有力保障。开展“3X+1”宣讲，宣传贯彻企业生产经营形势和公司工作精神，传达公司理念，激发职工爱岗敬业热情；落实省委巡视反馈意见整改工作，结合日常工作中发现的突出问题，抓好整改落实；加强“五型”领导班子建设，转变观念，创新思路，把主要精力放在市场和产品上，在各项工作中争先锋、作表率；开展“三亮三比”主题实践活动，制定科技研发、市场开拓、营销人员相应激励政策，充分调动党员干部和职工群众服务企业、发挥作用的积极性。加强党风廉政建设，成立党风廉政建设工作领导小组，签订党风廉政建设责任书，开展廉政教育和典型案例警示教育，筑牢拒腐防变的思想防线；完善招投标工作的管理监督，修订《招投标监督管理办法》《廉政风险防控体系》等制度，识别廉政防控风险点，建立风险点登记台账，制定风险防控措施，责任到人，层层落实，有效保证监察效果；修订《“三重一大”事项决策制度》，深化权力公开透明运行机制建设，使权力运行内容规范、程序完善、秩序严密，营造风清气正的工作氛围。抓好群团组织各项工作，及时调整健全团组织机构，创新培训模式，开展技术比武，组织志愿者活动，展现青工精神风貌。

河钢唐钢 HBIS TANGSTEEL

主业生产经营单元

炼铁事业部

附一　美锦煤化工公司

【概况】 唐钢美锦（唐山）煤化工有限公司（简称美锦煤化工公司）位于滦州循环经济园区。2012年8月，由河钢唐钢与山西美锦焦化有限公司合资注册设立，系依托唐山德盛煤化工有限公司环保搬迁手续建设的独立焦化厂，由备煤、炼焦、干熄焦、回收工序组成，拥有2座65孔7米型焦炉，配套190吨/时干熄焦设施1套及25兆瓦发电机组，以及备煤、筛贮焦、煤气净化、除尘、脱硫、化产回收、苯精制、煤气深加工公用辅助设施等，年产焦量150万吨、焦油5.3万吨、轻苯1.8万吨、外送煤气3.18亿立方米，产值达20亿元。

2019年末，美锦煤化工公司设厂部级干部4人；下设科室10个，车间6个，班组32个。共有职工841人，其中男职工786人，女职工55人；中共党员279人；干部59人，其中科级干部25人；管理及专业技术职工32人，其中专业专家6人，主任师6人，主管师7人，专业师14人；技术工人738人，其中高级技师20人，技师60人，高级工172人，中级工91人，初级工395人。职工中有研究生7人，大学本科51人，大学专科258人，中专34人，高中及以下491人。

【生产经营】 2019年，美锦煤化工公司在日益严峻的市场经营形势和环保常态化双重压力下，聚焦市场和产品两大核心工作，不断深入分析市场形势，加大与周边焦化企业的对标学习力度，更新营销理念，提高外销产品市场销售定位，同时在保障焦炭质量的前提下，根据原料市场变化及时调整配煤结构，降低生产成本。日常生产组织，以稳定生产秩序、优化能源介质利用为核心，细化生产系统基础管理，落实岗位责任，全面提升企业运行效率和产业链创效能力，在保证公司煤气需求和冶金焦炭产量、质量的前提下，取得预期经营业绩。全年，生产焦炭148.1万吨，焦油5.19万吨，硫铵2.26万吨，轻苯1.74万吨，外售煤气3.08亿立方米，自发电1.5亿千瓦时。这一年，生产及能源管理水平进一步提高，全年焦炉作业率达98.63%；平均单孔产焦量31.65吨，高于设计水平；循环水使用总量同比降低408万吨，能源消耗和产品产量均完成公司下达的生产任务。

【安全工作】 2019年，美锦煤化工公司坚持践行“以人为本，生命至上”理念，强化安全生产责任落实，不断夯实安全基础管理，不折不扣落实集团、公司及政府相关部门的各项专项整治工作，突出抓好风险辨识管控和隐患排查治理，进一步强化检修作业管理和外委施工管理，组织开展“安全生产月”和“消防安全月”等活动，营造浓厚的安全生产氛围。全年实现安全、消防、职业卫生安全生产目标。年内，创新安全培训，编制关于典型违章作业、危化企业事故案例的教学课件，聘请专家专题授课，提高职工学习积极性，教学效果明显改善；采取以案说法方式剖析典型事故，利用厂调度会、安委会等会议向各级管理者传达安全事故信息，明确并警示“一岗双责”的安全责任；按照双控机制建设要求对区域内危险源点进行全面辨识，对具有重大、较大风险的危险源点制定有针对性的管控方案，完善区域风险分布图、告知卡、公示栏；有序推进能源隔离示范点建设，当年5月开始组织能源隔离推广，共梳理隔离点4693个，完成作业指导书431份，通过对标学习，不断完善，使能源隔离工作有效运行，并于12

月18日通过集团验收。

【环保工作】 2019年，美锦煤化工公司始终坚持“生产服从环保”的原则，提高站位、及时优化环保管理、不断适应环保新常态，为打造绿色煤化工标杆企业奠定坚实基础。年内，根据环保形势要求不断加强环保管理，完善《应急处置预案》《环保设备工艺技术规程》《环保事故现场处置预案》《环保事故分级及考核标准》，制定《洗车平台使用管理制度》《分电计量管理制度和应急操作方案》，认真落实环保设备和现场环境责任制并加大考核力度，确保环保管理体系有效运行；持续开展污染源治理，改善环境质量，集中治理脱硫脱硝冬季运行存在的问题，及时更换除尘器滤袋，对焦仓东西两侧实施密封改造，组织实施焦炉烟气回配工程、煤气精脱硫改造、干熄焦预存室放散气治理，确保大气污染物持续稳定超低排放；推进库区、硫铵VOCs治理系统升级改造，实现VOCs不外排；安装11套危险废物智能监控设备，在备煤、回收车间安装在线监测设备，并与唐山市生态环境局联网上线运行；开展第二轮清洁生产审核，于10月14日通过唐山市生态环境局组织的专家评审，12月20日通过验收；编制二期焦化项目环评报告书，通过河北省生态环境厅专家评审，并取得环境影响报告书批复文件。

【基础管理】 2019年，美锦煤化工公司结合生产实际，持续完善管理制度和标准，进一步明确职责分工，保证各项工作有章可循、有条不紊，为生产稳定和指标领先保驾护航。顺应产品质量和升级结构优化需求，重新梳理质量管控流程，建立原料管控—生产监控—过程调控三位一体的管理体系。构建包括管理制度变更审核机制、课题激励机制、长效对标机制、重点指标竞赛等制度保障体系；深入扎实推进作业长制和标准化作业，于4月召开作业长制推进启动大会，全面推进作业长制，制定作业长制推进管理办法，并4次邀请宝钢专家进行专项辅导，为作业长制推进提供支持和保证。鼓励职工参加作业长取证培训，累计42人取得作业长资格证书。

【科技进步】 2019年，美锦煤化工公司以高炉满意为标准，践行铁前大成本理念，按高炉生产需求调整焦炭冷热强度。年内，焦炭质量灰分、硫分、M_{40}、M_{10}、CSR分别达到12.71%、0.91%、89.78、5.82、68.53；焦炭$M_{40} \geqslant 89\%$达标率为100%，$M_{10} \leqslant 6.0$达标率、$CSR \geqslant 67\%$达标率分别为100%，为炼铁高炉的稳产、高产提供了可靠保障。这一年，美锦煤化工公司共有5项科技成果获奖，其中“焦炉煤气回收净化关键技术创新与应用”成果获河北省科学技术奖三等奖，“干熄焦系统控制与运行优化”成果获河钢集团科学技术奖三等奖，“焦炉设备新技术研发与应用”“焦化源头治理及减排协同控制技术”“7米焦炉焦炭质量稳定性提升”成果分别获河钢唐钢科学技术奖一、二、三等奖；6项自主研发技术获得国家实用新型专利授权，19项专利申报被受理。

【焦炉烟气回配工程】 2019年1月25日，美锦煤化工公司2号焦炉烟气回配工程投入运行，同年2月20日1号焦炉烟气回配工程开工建设，3月11日投入运行。该工程于上年10月立项，12月17日开工建设，概算投资430万元，由中冶焦耐（大连）工程技术有限公司总承包，工程内容主要包括新建1号、2号焦炉烟道气回配装置及配套的辅助设施。1号、2号焦炉烟气回配工程投入使用后，有效减少焦炉在高温燃烧过程中生成的氮氧化物，提高烟气温度、降低脱硫脱硝装置负荷，使焦炉烟气排放浓度达到河北省大气污染物超低排放标准要求。

【党群工作】 2019年，美锦煤化工公司党委以习近平新时代中国特色社会主义思想和党的十九大精神为指导，紧密结合“不忘初心、牢记使命”主题教育以及省委巡视整改要求，以规范基层组织体系建设、提高党员干部职工队伍素质为重点，以党支部建设为基础，全面提升党群各项工作水平。开展“珍惜荣誉、坚守初心，钢铁报国当先锋”“三重三谈三提升”“初心永在 放歌祖国”职工合唱比赛、“我和国旗合个影”红色教育、党员承诺践诺等系列活动，增加教育活动的多样性、趣味性和实效性，调动学思践悟的积极性；每月组织党员志愿服务主题党日等活动，充分调动全体党员立足岗位攻坚克难的积极性、主动性和创造性，建立发挥党员引领示范、辐射带动作用的长效机制，有效推动党群工作与生产经营的深度融合，确保基层党组织的战斗堡垒作用和共产党员的先锋模范作用得到充分发挥。扎实推进廉政风险防控，全面梳理重要领域关键岗位的重点职权，找准廉政风险点，制定并落实风险防控措施，构建起廉政风险防控体系，形成防控廉政风险的长效机制。按照党风廉政建设责任范围和重点工作分工，逐级签订党风廉政建设责任书，形成一级抓一级、层层抓落实的责任体系；多措并举深化廉政宣传教育，提高红线意识和底线思维，扎实推进廉政文化建设再上新台阶；加强党员干部廉政教育，利用中心组学习、微信、宣传栏等多种形式，组织学习《习近平关于党风廉政建设和反腐败斗争论述摘编》《中国共产党廉洁自律准则》《中国共产党纪律处分条例》，重申中央“八项规定”、集团“十一个严禁”、公司“十不准”等刚性约束、提醒和警示；建立领导干部廉政档案，切实加强对选人用人和领导干部廉洁从业情况的监督，进一步严肃党内政治生活，全面提升党风廉政建设工作质量，营造风清气正的良好环境。

附二　炼铁厂

【概况】 炼铁厂由原料、烧结、高炉工序组成，系以生产铁水为主要产品的生产单位。生产厂区包括炼铁北区、炼铁南区和不锈钢铁区，具有年产生铁1150万吨、烧结矿1500万吨生产能力。2019年末，共有设备8579台（套），总质量22.42万吨，其中北区有3200立方米高炉1座、2000立方米高炉1座，210平方米烧结机2台、265平方米烧结机1台，建筑面积约8万平方米封闭原料场1个，建筑面积3.97万平方米封闭混匀料场1个，建筑面积1.55万平方米封闭煤场1个，容积5000立方米的焦炭筒仓10个；南区有3200立方米高炉1座，360平方米烧结机1台，容积16万立方米的地下原料库1个。

2019年末，炼铁厂设厂部级干部9人；下设科室7个，作业区36个，班组294个。共有职工1801人，其中男职工1571人，女职工230人；中共党员962人，共青团员24人；干部186人，其中科级干部28人；专业技术职工81人，高级职称57人，中级职称70人；工人1543人，其中技术工人1391人，高级技师27人，技师86人。职工中有博士3人，研究生32人，大学本科174人，大学专科253人，中专68人，高中及以下1271人。

【生产经营】 2019年，炼铁厂直面困难和挑战，在环保响应常态化及产能区位转移特殊时期，围绕“保供应—稳结构—降成本”经营主线，通过实践摸索、调整优化，构建常态化环保限产条件下的高效生产组织模式，生产总体稳定性大幅提升，达到公司设定的“高炉零事故”的年度目标，南北区3座高炉指标恢复到历史最好水平，生铁日产具备2万吨能力。全年，产铁943.31万吨，其中本部产铁684.61万吨，不锈钢铁区产铁258.7万吨，本部高炉平均利用系数2.282吨/(立方米·天)、燃料比534.9千克/吨、喷煤比149.71千克/吨、生铁合格率100%，不锈钢区高炉平均利用系数3.8

吨/(立方米·天)、燃料比542千克/吨、喷煤比134千克/吨、生铁合格率100%；产烧结矿1191.8万吨，其中本部产烧结矿824.32万吨，不锈钢铁区产烧结矿367.48万吨，内部共计调配烧结矿资源50.78万吨。

【成本管控】 2019年，炼铁厂着力在优化高炉生产工艺、改善配矿结构、实施清库降费等方面挖掘成本潜力，加大管控力度，铁前成本持续降低。全年，本部铁成本同比降低60.39元/吨，标准成本符合率69%，同比提高21.89%；不锈钢区铁成本同比降低48.81元/吨，标准成本符合率74.68%，同比提高38.51%。这一年，面对日益严峻的环保形势，主动适应原燃料质量变化，优化高炉生产工艺，进一步降低燃料比；完善高炉操作制度，在保高炉生产长周期稳定顺行的基础上，研究探索提升指标降消耗的新途径，促进高炉指标优化、产量提升；优化配矿结构，寻求高性价比的替代资源，降低结构成本，有效推动铁成本不断降低；实施集中管控，提高效率降库存，在全体干部职工中树立“库存就是浪费”理念，加强备品备件的库存管理，深入开展清库降费活动，在保证设备稳定可靠运行的基础上，提高资金利用效率，降低库存占用。

【环保管理】 2019年，炼铁厂严格执行国家各类环保法律、法规、标准，坚持生产服从环保的原则，执行精细化管理和生产全过程控制，同时对生产设备实施环保改造，为铁前工序生产经营顺行提供坚实保证。当年，工业废水处理率、外排废水达标率，工业固体废弃物处置率、利用率，环保设施同步运转率、完好率，烟粉尘、二氧化硫、氮氧化物、COD排放达标率，岗位粉尘合格率均达到100%。年内，持续完善环境管理体系，重新修订《烧结烟气污染应急预案》《处理环保设备故障应急预案》《放射源应急预案》《重大污染事故应急预案》4个应急指导作业文件，进一步规范环保事故发生时职工应急行为，减小事故影响。严格落实上级部门制定的空气质量保障措施，坚决执行停限产指令，全年环保限产207.53天，影响烧结矿产量280.07万吨。加强环保治理，对北区所有的通廊、转运站、厂房及1~3号烧结机环冷进行密封治理，有效控制无组织粉尘排放；在一次原料棚内安装六个抑尘雾炮，改善岗位工作环境的同时满足环保部门要求；对南北区三座高炉冲渣循环水产生的乏汽进行降湿消白治理，有效改善高炉冲渣水循环系统乏汽飘散的问题；对烧结大烟道进行整体密封，使烟道内气体含氧量稳定在16%以下，满足《钢铁烧结、球团工业大气污染物排放标准》（GB 28662—2012）修改单规定的基准含氧量标准要求。

【安全管理】 2019年，炼铁厂认真贯彻落实国家、省、市及公司的各项安全工作部署，强化安全基础管理，持续完善安全体系建设，深入开展各项安全专项活动，为职工健康安全和生产经营顺行保驾护航。当年，工亡事故、重伤事故、重大设备事故、重大交通事故、重大火灾事故、新发职业病及生产A级事故均为零，轻伤事故小于2‰，特种设备检验达标率、特种作业人员持证率、安全设施设备完好率、隐患整改率、有毒有害场所检测合格率及全员安全教育培训合格率均达100%。年内，加强安全基础管理，按照《河钢唐钢班组标准化建设评价标准》要求，对294个班组基础管理展开全面评价；深入开展危险源辨识工作，对现有危险源辨识表逐级审核、查缺补漏、修订完善，共辨识危险源2214项，其中A级危险源103项、B级危险源193项、C级危险源612项、D级危险源1306项；坚持高频次安全检查，查出现场隐患及违章、违规行为问题601项，并做好整改落实工作；开展皮带系统专项检查，申请专项资金58万元用于北区皮带系统隐患治理；积极开展消防安全月活动，组织消防安全专项检查，开展消防安全专项应急演练4次，组织全员消防安全知识培训，提升全体职工的消防安全意识。重视职工安全培训教育，加强职工安全、设备和工艺技术培训，共组织30期全员安全培训教育，1642人接受培训；按照《煤气专项整治工作方案》《有限空间专项整治工作方案》开展专项培训，共组织培训涉煤气岗位人员232人、涉有限空间作业人员694人。

【烧结工艺改善】 2019年，炼铁厂全力克服环保响应常态化所带来的频繁启停机、物料供应受限、物料结构频繁变化等困难，通过推行厚料层作业，积极优化配矿结构，及时调整烧结过程参数控制及烧结混合料水分控制标准，减少烧结系统漏风，增强烧结过程稳定性，确保烧结矿质量指标稳定。全年，北区烧结矿产量491.82万吨，一级品率96.36%、同比提高2.44%，固体燃料消耗58.75千克/吨、同比降低0.39千克/吨，综合工序能耗50.99千克标准煤/吨、同比降低2.66千克标准煤/吨；南区烧结矿产量332.51万吨，一级品率99.91%、同比提高1.03%，固体燃耗58.86千克/吨、同比降低0.87千克/吨，工序能耗50.08千克标准煤/吨、同比降低0.86千克标准煤/吨，全年整体能源成本在低位运行基础上再次降低。这一年，烧结创新工作室“3号265平方米烧结机栏板加高改造及厚料层烧结技术的应用”成果，通过研究及应用节能新技术，累计创效1992万元；“超低排放背景下炼铁清洁生产新技术研究”分析烧结过程中氮氧化物的生成规律，通过大数据拟合出整个烧结过程的氮氧化物等污染物的排放规律曲线，研究三高一厚烧结技术，控制烧结烟气污染物氮氧化物含量，成果应用后，铁前固定成本降低30.65元/吨，节约高炉煤气17.5万立方米，烧结固体燃耗降低0.95千克/吨。

【稳定高炉炉况】 2019年，炼铁厂以确保高炉长周期稳定为中心，克服环保响应常态化、物料供应紧张、北区两座高炉炉缸侵蚀加剧等因素的影响，紧盯原燃料质量、加强筛网管理、细化炉内操作、持续优化炉料结构、及时检查分析入炉原料波动对高炉带来的不利影响，全年高炉炉况整体稳定顺行。其中北区2号高炉生铁产量166.14万吨，平均利用系数2.319吨/(立方米·天)，燃料比545.12千克/吨，喷煤比147.73千克/吨，一级品率67.29%；北区3号高炉生铁产量232.92万吨，平均利用系数2.149吨/(立方米·天)，燃料比546.17千克/吨，喷煤比146.3千克/吨，一级品率67.97%；南区高炉生铁产量285.55万吨，平均利用系数2.481吨/(立方米·天)，燃料比519.77千克/吨，喷煤比153.64千克/吨，一级品率73.26%。这一年，北区两座高炉在自身问题和外部因素影响下，上半年高炉指标同比有所退步，下半年随着高炉顺行状态、稳定性的不断提升，高炉指标持续进步，接近或者超过历史最好水平；南区4号高炉在原燃料质量不断下滑的大环境下，通过送风制度、布料制度等不断优化，使高炉炉况长期处于相对稳定的状态，高炉指标持续向好，平均利用系数同比提高0.211吨/(立方米·天)，一级品率同比提高9.44%。

【对标先进】 2019年，炼铁厂面对环保限产导致的原燃料质量下滑及高炉设备老化炉缸温度过高等不利局面，积极同行业先进企业开展对标，学习先进的生产经验，开阔工艺思路，通过创新生产组织方式和操作方法，高炉各项经济技术指标得到明显改善。当年2月，组织技术人员到武钢对标学习，制定优化高炉配煤结构、以低硫优质白煤代替原有白煤加入炉内的工艺技术方案，该方案实施后，炉缸活跃度明显提升，高炉炉况恢复稳定运行，各项指标水平显著改善，其中5月南区4号高炉燃料比为吨铁527千克，较3月下降8千克/吨；高炉利用系数2.58吨/(立方米·天)，较3月提升0.08吨/(立方米·天)。6月，组织技术人员到鞍钢对标学习，制定采用含钛料护炉同时减少风口的技术处理方案，该方案实施后，有效降低炉缸温度，为高炉安全稳定运行、指标优化打下良好基础。

【设备管理】 2019年，炼铁厂深入贯彻"以保高炉稳产高产为核心，以工艺链条为主线，以恢复提升设备功能精度保证工艺精度控制为重点，严格控制各项设备费用"的设备管理理念，通过管理前置、重心下移，以问题为导向，合理组织设备检修，做好设备维护保养，及时消除设备隐患，为炼铁生产系统高效稳定顺行提供保障。年内，对机械、电气、润滑及备用设备坚持高频次专业检查，确保设备安全稳定运行。组织特种设备职工培训及证书复审，当年新增取证人员17人，厂内所有特种设备作业及管理人员均做到持证上岗。开展"清库降费"盘点清理工作，摸清实际库存情况，共清查大小库房116个，按统一口径逐一核实库存账目明细，做到账物相符，各区域自管库存4337.67万元，供应集中管理库存4630.14万元，各作业区清理不用件680.39万元，在途合同781.71万元。库存同比降低1129.49万元，降幅10.48%；备件辅料同比降低费用2965.28万元，降幅达60.54%。

【推进作业长制】 2019年，炼铁厂按照作业长制与管理体系全面融合的推进思路，制定《作业长制与管理体系融合管理办法》，由厂领导、专业专家和专业科室科长及主管人员组成推进领导小组，全面负责作业长制和管理体系深度融合工作的督导检查。强化专业科室一贯制管理作用，抽调骨干人员成立飞检工作组，采用"专业飞检"+"综合飞检"的形式，坚持问题导向，不定期检查33个主体作业区，助力作业长管理能力全面提升。实行作业长月度履职评价制度，全年共评选出优秀作业长24人次，对排名落后的作业长进行绩效谈话，分析存在问题，帮助制定整改措施，并列入下月厂级飞检的重点辅导对象，从根本上提升作业区管理水平。组织专业科室对213个专业管理制度进行集中评审，废止4个管理制度，新增《推进作业长制与管理体系全面融合的管理办法》《应急预案管理办法》等6个管理制度，修订《自主管理课题管理办法》和《改善提案管理办法》等12个管理制度；梳理作业区级管理制度800余个；持续开展岗位规程找碴工作，对全厂95个岗位规程进行评审、修订，确保专业管理体系的有效性和系统性。全面梳理厂级、作业区两级管理要素，形成量化的、表单式的管理要素清单，确定厂级管理要素46条、评价指标77条，生产类作业区管理要素32条、评价指标52条，设备类作业区管理要素18条、评价指标36条，捋清专业管理和作业区管理要点，促进专业管理体系与作业长制全面融合。

【绩效管理】 2019年，炼铁厂持续完善绩效管理体系，根据财务预算指标，将产量、标准成本符合率、产品质量等重点指标分解、细化为每名职工的绩效目标和岗位任务。当年，在总结分析上年度绩效体系运行情况和各项指标完成情况基础上，调整全年绩效评价体系；修订《全员绩效管理办法》，从服务主动性、服务及时性、服务有效性、服务创新性四个方面，进一步完善专业科室和作业区双向评价机制；调整烧结、高炉关键工序、关键岗位的绩效管理制度和绩效评价指标，检查奖励发放情况，全年检查560人次，确保关键岗位职工奖励的落实，有效激发产线生产活力，提高生产效率；运用"PDCA+认真"原则，建立《关键绩效指标月度评价分析报告》《季度和年度绩效分析》等制度，以业绩导向为重点，构建评价—分析—总结—完善的绩效体系，保证全员绩效体系的闭环管理和持续改进，实现年度产量、质量双提升的管理目标。

【自主创新】 2019年，炼铁厂“岗位创新+管理创新”工作，立足基层产线，为生产稳定运行和节能降耗出力献策。在岗位创新方面，采用四级创新激励体系，即“现场持续改善奖—有效异常处置奖—自主管理课题奖—厂长创新奖”四级奖励体系，着重解决作业区生产过程中的重点难点问题，从成本、产量、质量、安全、环保、现场管理等方面挖掘创新点。全年，四级创新1.65万项，其中改善提案1.23万项、有效异常处置4021项、自主管理课题137项、厂长创新奖4项，共创效400余万元，为严峻环保形势下高炉的稳定顺行提供有力支撑，极大地降低成型事故的发生率。管理创新方面，全年共申报管理创新课题15项，其中8项获公司批准立项，课题内容从管理工具控制图的应用创新、工艺质量链的稳定、环保废弃物的超低排放、设备管理保生产提质增效等方面进行管理上的创新实践，从多个角度阐述、提炼、总结炼铁厂管理创新的具体做法，为实现管理经验传承奠定基础。

【现场治理】 2019年，炼铁厂进一步加大现场环境治理力度，从细节处着手，围绕生产、设备、环保、检修施工、生活、安全“六大现场”加强内外环境管控，全面提升现场管理水平。在厂区环境自主提升工作中，根据公司厂区治理统一部署，确定炼铁北区现场环境治理项目328项，涉及内外建筑物漆化、粉刷5600平方米，现场清理面积3.18万平方米，建筑物外墙冲洗1.6万平方米；利用烧结系统停产机会，开展现场治理活动，共治理影响环境问题150项，封堵设备漏点60处，清理不要物、积灰、积料70余吨，上交废钢34吨，治理备件区10处，更换各类标识380个；治理北区裸露地面，共栽种紫穗槐2.5万平方米，修补厂区破损路面2300平方米。炼铁南区重点对高炉矿筛平台、焦筛平台、进料汽车卸料给料机、烧结梭式布料等部位封堵补漏148处、改造112处，有效缓解现场扬尘、洒料现象；开展厂容现场提升活动，共治理128项环境问题，清理区域达2.31万平方米，漆化2728平方米，冲洗外墙钢构1.21万平方米，粉刷5100平方米，清理上交废钢、废旧件350吨，清理外运工业废墟212吨；更换各类标识1150个。

【专利管理】 2019年，炼铁厂加强专利管理，加大知识产权保护宣传力度，引导职工立足岗位，在生产管理、技术改进以及“五小”活动中发挥聪明才智，解决生产实际问题，全厂整体管理水平提高。全年，45项发明创造被国家知识产权局授权专利，其中实用新型专利38项，发明专利和实用新型专利双授权7项。

【党群工作】 2019年，炼铁厂党委坚持以习近平新时代中国特色社会主义思想和党的十九大精神为指导，认真落实公司党委各项决策部署，充分发挥党委领导作用，把方向、管大局、保落实，为全年生产目标的实现提供坚强保证。当年，被集团党委授予“先进基层党组织”称号。这一年，以实施“党旗引领工程”，深化“不忘初心、牢记使命”主题教育为重点，坚持每月召开党委工作例会，谋划部署党委工作，落实党建工作联系点制度，制定《党建工作责任制实施细则》，扎实推进党支部科学化、制度化、规范化建设。开展“五个一”活动、“扛旗争先锋”特色活动、“三亮三比”星级党员评选，将党建工作与生产经营重点相结合，丰富党建活动载体，建立科学有效的考核评比办法，充分激发党员岗位奉献新动力，形成“比党性、比业绩、比奉献”的浓厚氛围。强化思想引领，通过“班组活动日”“5+X”主题党日等活动，将公司及本单位生产经营现状、面临的形势任务以及关系职工切身利益的决定、措施等及时传达到职工，消除职工思想障碍，凝聚职工攻坚克难的战斗合力。狠抓党风廉政建设，加大原燃料进口管理力度，切实把党风廉政建设融入服务生产经营大局之中，通过增加监察力量、交叉轮换和暗访检查等方式，提高监督监察效果，严防违规违纪问题发生；切实抓好奖金使用管理，在持续深化“三公开”制度落实的基础上，进一步完善《全员绩效管理办法》《厂长创新奖使用管理规定》等制度，筑牢内控机制，营造风清气正的生产经营环境。强化服务意识，引导党员干部深入生产一线提供贴心服务，做好专业指导和沟通协调，切实帮助生产一线解决实际问题，围绕职工群众思想、学习、工作、生活实际需求，组织开展技能竞赛、暑期“双服务”、落实困难帮扶等工作，切实把企业的关怀和温暖送到职工身边。

卷板事业部

【概况】 卷板事业部依托一钢轧厂、冷轧薄板厂组建，是以产线为独立市场单元，围绕市场和产品，集党建、产、销、研等工作于一体，以发挥“利润中心”角色为目标，协同产线生产合格钢水、连铸板坯、热轧卷板、冷轧卷板、镀锌板、退火板等产品的生产经营机构。

2019 年末，卷板事业部设总经理、党委书记 1 人（由公司副总经理兼任），厂部级干部 11 人；下设科室 3 个、作业区 26 个。共有职工 2220 人，其中男职工 2015 人，女职工 205 人；中共党员 710 人；干部 353 人，其中科级干部 94 人；管理及专业技术职工 259 人，其中高级职称 68 人，中级职称 154 人；工人 1867 人，其中高级技师 81 人，技师 123 人。职工中有博士生 1 人，研究生 52 人，大学本科 356 人，大学专科及以下 1811 人。

【生产经营】 2019 年，卷板事业部深入贯彻落实公司决策部署，聚焦产品和市场，进一步解放思想、对标赶超，用“新思维、新方法、新视野、新标准、新高度”持续提高产品市场占有率和产品创效能力，生产经营各项工作取得新业绩。全年，产钢 482.8 万吨，产材 475.5 万吨，冷轧产品销售量 214.5 万吨。这一年，持续优化生产组织模式，强化设备管理，应用多项模型化项目，合理安排错峰生产，产线效率大幅提升，机时产量、冶炼周期均创历史最好水平。

【打造特色产品】 2019 年，卷板事业部以打造特色战略产品和“单打冠军”产品为引领，大力度推进产品品牌战略落地，品牌建设实现新突破。全年，锌铝镁产品销量 6.3 万吨，销售范围扩展到能源及民生领域，实现对国内知名企业 300 兆瓦光伏电站独家供货，新型锌铝镁系高耐蚀镀层创新研发团队被集团授予“最佳研发团队”称号；重点产品产量 223 万吨，同比提高 53 万吨，其中，高强薄规格和低合金结构用钢销量达 85 万吨，同比提高 25 万吨，冷轧产品 440 兆帕以上结构级镀锌产品销量同比提高 8.6 万吨，锌铝镁内贸销量同比提高 4 万吨；热轧产品、镀锌产品售价同口径较上年分别提高 120 元/吨、230 元/吨，产品售价大幅提升。

【新产品开发】 2019 年，卷板事业部持续推动产品结构优化升级，加快新产品开发，重点在热轧高强薄规格、锌铝镁和结构级镀锌等新产品开发上着力，产品结构调整取得新进展。全年，开发 700L、ZJ500、S500GD+Z、S450GD+Z、S390GD+ZM、S450GD+ZM 等 13 个新产品。年内，基本取消热轧普材生产，1810 毫米生产线成功开发 1.2 毫米热轧 ZJ500、700L 等高强薄规格产品，实现批量生产，获得客户好评，薄板坯连铸连轧生产线实现不同强度级别产品全覆盖，增强了高强薄规格品牌影响力；成功开发2.0~2.5毫米极限厚度规格S450GD+ZM、S500GD+ZM结构级镀锌产品，用于太阳能光伏支架行业，树立了唐钢结构级镀锌产品品牌；镀锌铝镁产品开发S390GD+ZM、S450GD+ZM、TGAM-MB、TGAM-MK等新牌号，其中390兆帕级强度结构钢首次在锌铝镁产线生产，为知名门业研发定制的TGAM-MB、TGAM-MK两个钢种，成功开拓锌铝镁门业市场；针对保定长城汽车摆臂托架用TCX510L酸洗汽车结构钢进行新成分和工艺开发，研发生产铁贝双向TCX510L新产品，良好的扩孔性和成型性得到客户认可。

附表　2019年河钢唐钢卷板事业部新产品开发一览

类别	品种	牌号	规格/毫米	主要用途
本部热轧板材	汽车大梁钢	700L	1.2~8.0	汽车横梁、纵梁、车桥等
	结构钢	ZJ500	1.5~12.0	建筑结构用、制管等
冷轧板材	镀锌结构钢	S500GD+Z	1.0~3.0	建筑结构用、光伏支架等
	镀锌铝镁结构钢	S450GD+ZM	0.4~2.5	建筑结构用、光伏支架等
	门用镀锌铝镁	TGAM-MB、TGAM-MK	0.4~2.0	高端门用

【客户服务】　2019年，卷板事业部以“建立新型客户关系，增强客户黏度”为工作目标，以客户需求辨识、需求过程管控、需求满足为主线，加强产线全流程全过程高效管控，不断提高产线支撑保障能力，满足客户个性化需求。全年，开发新客户36家，一对一直供比52%、客户忠诚度65%、客户集中度38%，同比分别提高12%、10%和12%，客户服务水平明显提高。年内，完善客户服务保障体系，打破原有质量保障小组与交期保障小组的客户保障模式，组建32个产线支撑保障团队和84个客户保障团队，按照客户等级为每一个客户设置对应的客户经理、质量代表和技术支撑、研发支撑、生产支撑的技术骨干；完善客户服务保障各项制度，进一步明确客户服务涉及各环节的工作内容及评价标准，对客户服务过程进行跟踪评价，持续提高服务效率，客户满意度达97.23%，同比提高0.08%；以战略客户交货期管理为抓手，促进生产单元管理工作提升，战略客户综合按期交货率达98.3%，同比提高2.2%。

【技术创新】　2019年，卷板事业部围绕“两个结构”调整优化，全力推进科技创新和技术进步，积极推广应用新工艺新技术，效果显著。一钢轧厂以打造“世界一流薄板坯生产线”为目标，开展全员创新，1810毫米生产线3号连铸机实施电磁制动技术改造，拉速达6米/分，创同类型产线国际领先水平，薄板坯连铸连轧工艺取得重大突破。冷轧薄板厂针对锌铝镁产品质量提升开展锌锅控灰技术、抑渣技术等攻关课题，彻底消除薄规格产品的锌灰、锌渣缺陷；深入开展清洁生产工作，持续优化工艺控制模型，实现行业公认的黑点缺陷在单一规格可控，产品合格率达95%以上，为产品上量和产线效率提升打下坚实基础。

【管理效率】　2019年，卷板事业部充分发挥“协同、规范、引领、集中”作用，研产销用一体化运行效率持续提升。全年组织召开事业部领导班子会42次，审议并通过113项议题，制定下发69项管理制度。年内，严格贯彻“杜绝工伤，杜绝事故故障，满足下道工序需求，所有管理工作满足PDCA”四个标准，指标改善效果显著；深化作业长制和管理体系融合，促进管理规范化和作业标准化在各产线、各岗位落地落实，管理重心由作业区层面下沉到班组、岗位，以履职清单为纽带，实现作业区自主管理能力和科室专业管理融合；组建31个协同团队，开展153项协同攻关课题项目，通过作业区现场点击等快速反应机制，解决产线问题370多项，生产稳定性、质量稳定性、客户保障能力显著提升；构建完善规程体系和质量管理体系，顺利通过本特勒二方审核、CE认证、沙特（SABER type3）认证、博世认证、泰国TISI认证，参加公司三次专项审核和质量体系内审，组织34次自主过程审核，内部管理短板得到改进。

【大客户经理团队建设】 2019年，卷板事业部加强大客户经理团队建设，坚持完善客户经理部日常管理制度，制定完善《客户走访管理办法》《价格审批管理办法》《客户丢失预警与问责管理办法》等8项管理规定，为大客户经理团队建设提供有力支撑。以锌铝镁产品销售为抓手，建立并实施“销量明星”“千里马”“客户开发能手”等奖励制度，对销售业绩突出的营销人员进行激励，有效推动了内贸锌铝镁产品的销售。坚持开展业务培训，根据销售人员实际需求，组织培训24次，内容涉及产线产品、生产排产、系统应用、社交礼仪、营销案例、营销技巧等六个方面，培训结束后进行考试，并将考试成绩纳入个人绩效，保证培训效果。

【党群工作】 2019年，卷板事业部党委以习近平新时代中国特色社会主义思想为指导，全面加强党的建设，为高质量发展提供坚强保证。依托“学习强国”平台，坚持党员学习教育常态化、制度化，不断提升党员干部的政治理论水平；充分发挥宣传思想工作优势，开展生产经营形势任务宣讲，把干部职工的思想统一到完成全年重点工作任务上来；创新性实施“零一二三”工作法，扎实开展党建工作，促进党的建设与生产经营深度融合，被公司党委授予首批党委层面党建品牌；组织制定《卷板事业部党委党员领导干部联系点制度》《党建工作责任制实施办法》《推进党支部标准化、规范化建设的实施意见》《制度落地落实督导检查制度》等党建基础管理制度，把PDCA管理工具运用到党建工作中，夯实党建基础，提升党建水平；充分发挥党支部战斗堡垒作用和党员的先锋模范作用，在持续开展“品牌创建”和“当先锋创佳绩树品牌”主题实践活动基础上，开展“党员课题接单”活动，破解生产经营难题。深化从严治党、从严治企，加强党员干部廉洁自律教育，认真落实主体责任，在各党支部设置纪检委员和党风廉政建设监督员，把贯彻落实中央八项规定精神作为“常规动作”，构筑坚固的反腐倡廉“堤坝”，对党员干部履职情况调研督导及“四风”检查23次，为健康稳定发展营造风清气正的良好氛围。深入推进全员岗位创新工作，实施公司级创新项目371项、事业部级创新项目2000余项；专利申报65项，同比增幅130%。关心关爱职工，坚持暑期为高温岗位“送清凉”，全力保障一线职工需求；加大对患大病职工的帮扶力度，为24名职工申请公司患大病帮扶补助，为12名职工申请唐山市职工大病互助补助，帮助困难职工102人次，企业凝聚力不断增强。

附一　一钢轧厂

【概况】 一钢轧厂是由炼钢、连铸、轧钢工序组成，以生产热轧板材为主要产品的生产组织单位。2019年，主要设备有150吨顶底复吹转炉、LF精炼炉各3座，RH真空精炼炉1座，连铸机4台，1810毫米生产线、1700毫米生产线各1条，平整生产线2条，年设计生产能力500万吨，主要生产厚度0.8~12.7毫米、宽度850~1680毫米的中高端热轧板卷。

2019年末，一钢轧厂设厂部级干部3人；下设科室5个，作业区15个。共有职工1355人，其中男职工1247人，女职工108人；中共党员363人，共青团员47人；干部171人，其中科级干部45人；管理及专业技术职工126人，其中高级职称31人，中级职称95人；工人1184人，其中高级技师50人，技师135人。职工中有研究生31人，大学本科203人，大学专科290人，中专82人，高中及以下749人。

【生产经营】 2019年，一钢轧厂以聚焦产品和市场、聚焦效率和效益、聚焦精益和创新“三聚焦”为核心，落实以“高效率”创造“高效益”工作理念，深入推进“两个结构”再优化，以“树品牌、做宽度、创效益”为主线，以实现“52666”五个突破为目标，提高产线运行效率和产品创效能力，产品影响力和市场占有率稳步提升。全年，产钢482.8万吨，同比提高7万吨；产材475.5万吨，同比提高4.6万吨；重点产品产量184万吨，同比提高28%。这一年，持续优化合同组织，减少非标断面产品，全力激发产线潜能，通过推行“17+”生产组织模式和20多项模型化项目在产线的成功应用，产线效率大幅提升，创出日产钢1.8万吨、1700毫米生产线日产材1.31万吨的历史最高纪录，转炉单炉座班产连续打破纪录，最高实现20炉，冶炼周期达到24分/炉；1700毫米轧机机时产量673吨/时，酸轧产线机时产量273吨/时，均创历史新高，创同行业最好水平。

【成本管控】 2019年，一钢轧厂坚持效益为先，从“成本思维”向“效益思维”转变，加强成本管理，加大成本、资金和费用控制，全年标准成本符合率90%，同比提高27%。年内，强化全成本控制，以降低钢铁料消耗和油品管理为切入点，实施从钢水到热卷全链条成本管控，通过对标先进，应用新技术新工艺，狠抓自动化炼钢、连铸拉速、铁水消耗、提高轧机机时产量等课题攻关，重点做好工序成本过程控制和资金刚性管控，不断加大挖潜增效力度，钢铁料消耗1082千克/吨，同比降低10.32千克/吨；石灰消耗50.25千克/吨，同比降低2.83千克/吨；氧气消耗53.09立方米/吨，同比降低3.09立方米/吨；煤气回收116.81立方米/吨，同比增加12.7立方米/吨。

【产品和市场】 2019年，一钢轧厂以市场为导向，结合产线特点，进一步明确产线定位和市场开拓方向，加大产品结构和客户结构调整力度，深入挖掘产品的“宽度”和“高度”潜力，为调结构提供强力支撑。这一年，落实产销研协同运行机制，加快药芯焊丝钢、酸洗压缩机壳钢等重点产品集中上量；热轧高强薄规格主要开发山东、上海及其周边区域主机厂和下游配套厂商等三大板块高端客户，重点推广2.5毫米以下高强薄规格产品并迅速占有市场，实现合作的终端客户有5家，月均订货量达到5000吨；充分识别高强汽车钢产品市场需求，新开发诸城兆丰、唐山连创、迁安恒业等7家直供客户，形成稳定合作客户2家，产品订单持续上量；进一步调整产品结构，取消热轧普材销售，扩大高强薄规格和低合金结构用钢销量占比，全年销量达90万吨，同比增加30万吨，品种结构的改善，拉动售价水平提升，热轧产品售价同口径较上年提高110元/吨；充分发挥产线装备优势，持续加大薄规格钢种上量和质量攻关，1810毫米生产线成功开发1.2毫米热轧ZJ500、700L等高强薄规格产品，实现批量生产，获得客户好评，高强薄规格品牌影响力显著增强。

【客户服务】 2019年，一钢轧厂牢固树立“对老客户拓展比开发新客户更重要”理念，以战略客户交货期管理为抓手，加强客户服务能力提升建设，形成交货期闭环管理，全年战略用户交付率达98%以上。年内，着力提升客户保障能力，以1700、1810两条产线为核心，加强质量代表队伍建设，充分发挥厂部长、专家、产线技术人员协同作用，成立“厚规格板形质量研究与改善”“酸洗用钢质量研究与改善”质量保障小组，梳理保障小组职责与工作流程，提升用户问题解决能力，为客户经理团队开展工作提供有力支撑；以客户质量投诉、抱怨为问题导向，明确客户抱怨处理过程中的职责分工与责任人，依托研产销用一体化平台，着力解决客户提出的问题，重点为客户解决厚规格低合金板形控制、酸洗用钢表面质量问题，满足客户要求；持续提高高端产品生产稳定性，严格按照客户质量要求定制生产，组建14个作业区协同团队和6个设备协同团队，针对产线焦点、难点问题，快速协调解决，提高产线运行效率，以稳定的产品质量和交期赢得客户信赖。

【3号连铸机拉速刷新全球同类产线纪录】 2019年，一钢轧厂进一步解放思想，坚持“别人能做，我们也能做，而且能做得更好”的理念，以打造“世界一流薄板坯生产线”为目标，持续推进技术进步和科技创新，促进产线高效、经济、平稳运行。3月26日，3号连铸机生产大断面1520毫米×70毫米中碳钢SS400，最高拉速达到6米/分，创投产以来最好水平，刷新全球同类产线纪录。薄板坯连铸机拉速一般为4~5米/分（全球同类产线中，意大利阿维迪公司该指标最优，为5.8米/分）。这一年，以阿维迪公司为标杆，瞄准顶尖水平开展系统攻关，注重连铸机拉速与产品质量的同步提升，依托集团技术研发平台，与达涅利、普锐特、华北理工大学深度合作，专家团队提供技术指导，全面夯实基础管理，落实标准化操作，产线管理水平和钢水质量稳步提升；强化设备支撑，在优化扇形段设计，实现结晶器振动国产化修复，调整自动化生产模型的基础上，成功实施3号连铸机电磁制动等多项技术改造，并针对影响拉速的核心要素逐项攻关。3号连铸机实现6米/分拉速后，产线生产组织更加顺畅，产品质量进一步改善，为产线效率提升提供强劲支撑。

【设备管理】 2019年，一钢轧厂持续强化设备管理，提高点检水平，全年事故次数和事故时间同比下降77.14%和84.86%。年内，将提高设备精度、完善设备功能作为设备管理重心，建立22个全员设备管理小组，对全厂设备功能、精度进行梳理，明确精度功能管控责任人，进行系统跟踪和及时完善，确保设备上线运行效率，为提产夯实基础；识别检修全流程过程控制点，建立检修AB角制度，管理职责具体到人；制定产线状态监测项目标准，不断完善产线状态项目的数值预警和报警功能，保证设备安全运行。

【推进智能化模型化产线建设】 2019年，一钢轧厂积极推进智能化模型化产线建设，助推产品质量稳定性提高，促进技术经济指标持续改善。全年，实现板形、卷形类产品质量“零抱怨”。这一年，以打造“3号转炉—2号LF炉—3号连铸机—1810线”智能产线为目标，建立炼钢区域、连铸区域、轧钢区域三个模型化小组，确立“3号转炉自动出钢模型的研究与应用”“LF炉模型化自动炼钢的研究与应用”“1号、2号连铸机质量在线、管控判定模型的开发与应用以及模型化”等33个模型项目，其中炼钢开发应用自动溅渣、终渣R和终渣MgO自适应、低铁耗补热剂、低废钢比的冷料加入、精炼远程控制等8项模型化项目，碳温命中率提高至95%以上，转炉单班单炉座冶炼炉数达24炉，完善精炼冶炼模型，温度控制精度由80%达标率提至90%以上；连铸系统开发应用电磁制动控制、保护渣自动加渣、结晶器液面异常自动处置等6项模型化项目，铸坯夹渣率由1.35%降至0.78%，为3号连铸机实现无人浇钢奠定基础；在热轧机上开发应用厚规格板形控制等9项模型化项目，一检合格率由95%提至99.7%。

【作业长制推进】 2019年，一钢轧厂深入推进作业长制，加快管理规范化、作业标准化进程，推动“两长”履职及向值班作业长和班组长延伸落实工作，提升基层管理人员自主管理能力。年内，进一步规范标准化作业管理，完善《标准化作业管理办法》，个性化设计值班作业长、班组长履职工作标准，细化班组级标准化作业检查要求，明确作业区内部标准化作业的层级自主管理执行依据，各专业提取标准化作业关键核心要素1580项，明确责任追究与落实标准，并坚持对作业区、岗位的全面宣贯和指导；加强专业科室、作业区按标准检查，落实日通报、周点评、月分析制度，年度各专业标准化作业检查问题9438项，落实绩效考核7111项，问题整改验证完成率达100%；深度推进管理重心下移和权力委让，建立16个协同团队，开展93项协同攻关课题项目，全部达到目标要求；组织11次厂级作业长研修会活动，37项现场难点问题得到解决，并对“五制配套”35项管理要素进行解读，促进作业长制管理水平提升。

【安全能源环保管理】 2019年，一钢轧厂强化安全、能源环保体系建设，确保生产经营稳定运行。这一年，以创建“双控”标杆单位为目标，围绕“防风险、除隐患、遏事故”主题，扎实开展“双控”机制建设工作，组织进行全员风险辨识活动，建立风险信息管控台账，明确风险层级管控责任，建立厂、作业区、班组、岗位四级隐患排查清单，把风险控制在隐患形成之前，把隐患消灭在事故发生之前；结合作业区、岗位存在的风险，组织开展覆盖全员的应急预案演练，提高职工应对突发事故的快速反应能力和实战能力；组织15个安全专业监察组开展安全事故隐患排查及隐患整改工作，重点从煤气管理、基础管理、有限空间等方面进行安全检查，确保专项安全检查取得实际效果。加强能源环保管理，将能源成本指标纳入作业区绩效评价，多举措鼓励岗位参与防错活动，有效降低能源成本。

【职工素质能力提升】 2019年，一钢轧厂全方位大力度强化人才支撑，加快人才培养步伐，促进其素质能力提升。年内，坚持人才“引得进、留得住、用得好”原则，持续推进“师带徒”机制，提升人才培养效率，先后有6名新入职大学生在经验丰富的老师指导下，快速掌握本岗位专业技能；加强学习培训，组织科级管理人员、作业长、专业技术人员开展集中培训8次，培训涉及质量管理体系中工具方法的运用、成本和质量管理、安全管理等内容，促进理念更新和工作标准的提高；推进技管干部包保班组活动，给予班组长现场指导，协助班组长运用新理念、新方法、新工具，提高班组长的管理能力，通过集中培训、阶段测试、案例分析等方式组织专业技术人员开展专业教材学习，技能水平不断提升，在“第二届唐山工匠技能大赛”天车组中，参赛职工包揽前五名，在公司技术比赛转炉炼钢工比赛中获得第一名，连铸工比赛获第三名，热板轧钢工比赛分获前两名。

附二　冷轧薄板厂

【概况】 冷轧薄板厂是酸轧、退火、镀锌等工序组成，具有冷轧和热轧深加工能力的生产单位。总投资31亿元，占地面积16万平方米，共有11条主生产线，具备230万吨冷轧和热轧深加工产品的生产能力，向市场提供热轧酸洗、热基热镀锌、冷硬、连续退火、罩式退火、冷基热镀锌、冷基镀锌铝镁、冷基热镀铝锌、电工钢和彩涂等各类产品，出口产品遍及世界150余个国家和地区。

2019年末，冷轧薄板厂设厂部级干部4人；下设科室7个、生产辅助作业区6个、点检作业区5个，班组55个。共有职工816人，其中男职工724人，女职工92人；中共党员269人；干部136人，其中科级干部13人；管理及专业技术职工109人，其中高级职称26人，中级职称52人；工人680人，其中高级技师36人，技师36人。职工中有研究生11人，大学本科138人，大学专科及以下667人。

【生产经营】 2019年，冷轧薄板厂以“树品牌、做宽度、创效益”为目标，激活体制机制，推进全员创新和智能化产线建设，充分发挥技术和人才优势，持续优化产品结构和客户结构，提高成本控制力和客户服务保障力，打造产品和产线单打冠军，产品创效能力全面提升。全年，商品销售量214万吨；重点品种产量110万吨，占比52%，其中440兆帕以上结构级镀锌产品15.6万吨，同比增长123%；药芯焊丝钢10.3万吨，同比增长10%；酸洗汽车用钢28.8万吨；积极推动产品出口工作，出口钢材80万吨；优化生产组织，狠抓产线效能提升，12月2号镀锌生产线产量达4.2万吨，其中热基产品产量2.8万吨，双双打破月产纪录。

【市场开拓与产品升级】 2019年，冷轧薄板厂围绕产品和客户结构优化升级，加快战略特色产品锌铝镁市场开拓步伐，打造单打冠军产品。全年，锌铝镁产品突破6.3万吨，市场占有率全国第一，客户群体由光伏发电、畜牧业成功拓展到门业、家电以及汽车配件等多个行业。这一年，在国际市场低迷的形势下，以客户需求为引领，加快新产品研制开发，全力开拓国内市场，锌铝镁产品月均销量由200吨提高到月均5000吨，取得突破性进展，先后代替后浸镀锌、铝锌硅、锌铁合金、5%锌铝、进口锌铝镁、不锈钢等产品，实现普碳钢、深冲钢、超深冲钢、结构钢、低合金高强钢等品种结构全覆盖，成功开发并批量生产2.3~2.5毫米极限厚度规格锌铝镁产品，超出产线设计能力55%，填补河北省新型涂层产品空白，产品质量达国内先进水平；2号酸洗生产线开发2.0~3.5毫米TR440/590HE扩孔钢，成功向国际知名汽车配件厂商本特勒供货170吨；DC53D+ZM牌号通过博世集团二方审核认证，DC51D+ZM、DC53D+ZM、HC(X)260LAD+ZM、HCT590X+ZM四个牌号产品通过长城汽车实验室认证；超深冲级镀锌产品突破上量，年内生产2.6万吨，同比增加2.5万吨；打通2号酸洗生产线至2号镀锌生产线工艺路径，S450GD+Z热基结构级镀锌产品实现批量生产，全年产量7600吨，全部供货国内最大光伏支架生产企业。借助卷板事业部产销研用一体化优势，坚持“引导+培育”理念，发挥客户服务小微团队作用，持续跟踪客户产品使用情况，第一时间识别客户需求，从工艺改进、辅料使用、质量提升等多个方面，支撑服务客户。

【智能产线建设】 2019年，冷轧薄板厂以打造“数字钢卷”为目标，大力推进智能化模型化产线建设，推动产品质量与产线效率提升。全年，完成自动擦辊系统设备技改，开发应用深冲钢退火温度控制、锌铝镁黑点缺陷控制、矫直机自动控制等15项模型化项目，实现三镀锌FB级品率99.5%的奋斗目标。年内，与东北大学合作，优化轧机张力控制模型、弯辊对轧制力补偿模型，有效解决了启停车、动态变规格断带问题；轧机1架秒流量功能的投入，使稳态轧制下厚度控制精度提高；优化板形控制模型，调整轧机12条板形曲线参数，提高控制精度；建立DC53+Z等深冲产品力学性能退火模型，提升性能稳定性，为锌铝镁产品在高端门业市场推广提供有力支撑；运用超厚规格锌铝镁黑点控制模型和锌流纹控制模型，满足光伏行业客户对2.3~2.5毫米厚规格产品的需求；优化炉鼻子加湿模型，提升锌液纯净度，锌铝镁产品锌灰、锌渣缺陷得到有效控制。

【技术创新】 2019年，冷轧薄板厂加强技术创新，突破国外专利封锁，根据3号镀锌生产线现场实际，通过实验室模拟实验和现场生产试验，在不进行较大改造的前提下，形成一整套锌铝镁产品生产技术。其中锌锅控灰技术、抑渣技术等课题攻关，彻底消除薄规格产品的锌灰、锌渣缺陷；锌铝镁成分稳定控制技术、高表面锌铝镁生产技术、锌铝镁黑点控制技术、异种镀层快速切换生产技术等综合控制技术，解决行业内共性、难点问题10余项。

【管理体系建设】 2019年，冷轧薄板厂全力推进管理体系建设，强化产品过程质量管控，运用体系思维开展管理评审活动。年内，制定《经营管理例会制度》，围绕市场、售价、成本及重点过程指标完成情况进行分析总结，输出制约当前产品质量及售价提升的关键问题，分析管理原因，并跟踪整改进度，全年组织管理评审8次，输出整改项63项；加强月重点工作计划管理，按照PDCA思路组织计划审核并跟踪完成情况，评价完成效果，全年输出重点工作项目455项；推进体系、作业长制融合，成立飞检小组检查和辅导专业管理、基础管理在产线落地落实情况，管理要素覆盖率达到90%以上。

【成本管控】 2019年，冷轧薄板厂以精细管理为依托，以效益思维加强成本管控，提高产线效率，促进成本控制力提升，全年标准成本符合率82%，同比提高35%。这一年，关注关键指标成材率、锌耗、辅料成本完成与预算的差距，分析原因、持续跟踪优化；坚持每周做好效益测算，指导接单方向，根据市场价格条件，及时对锌铝镁、药芯焊丝钢、结构级镀锌、压缩机壳钢等高端品种进行效益评价，提升创效能力和整体售价水平；加强能源介质管控，落实能源介质用量监督及数据分析，年内能源成本同比降低0.73元/吨；以提高成材率为抓手，细化成材率管理，坚持对单卷成材率异常进行分析，严格控制起停车废品、切头尾产生量，每月调整成材率目标值，全年综合成材率95.97%，同比提升0.16%；努力推进设备自修，降低检修费用，检修费同比降低111.49万元。

【产品品质提升】 2019年，冷轧薄板厂以清洁生产、辊系管理、功能精度管理为三大抓手，强化质量保障，深入开展全流程质量管理工作，提升产品品质。年内，实施清洁生产，组织制定全工序清洁生产项目及验收标准，持续优化工艺控制模型，实现行业公认的黑点缺陷在单一规格可控，产品合格率达到95%以上，全年FB级品产量达16.5万吨，同比增长94%，0.4～1.5毫米薄规格产品表面达到FB判定标准，FB级品率97%以上，冷硬产品表面残油残铁分别由279毫克/平方米和86毫克/平方米降低到212毫克/平方米和41毫克/平方米，酸轧产品表面反射率由72.68%提至75.21%，退火产品表面反射率从90%提至95%，达到行业先进水平，实现全流程的产品表面清洁性再提升；加强辊系管理，建立全厂辊系清单，对每根辊进行独立管理，优化辊系使用周期，实施辊系异常预防机制，酸轧工作辊在线使用周期提高20%，镀锌线因辊系原因导致的质量事故减少50%；开展酸轧焊机攻关课题，提高设备功能精度，酸轧焊缝断带率由3‰降至0.8‰，实现1.8～2.0毫米厚规格超深冲钢、2.0～2.5毫米极限厚度规格S450GD+ZM、S550GD+ZM结构级锌铝镁批量生产。

【生产组织】 2019年，冷轧薄板厂以客户为导向进行生产组织，将战略客户意识贯穿到整个产线，通过多种形式宣贯活动增强职工保产意识，坚持每日对非计划品产生原因逐卷分析，全年战略客户订单兑现率月均

98.5%以上，非计划品率为2.5%；加强信息化管理，从生产统计报表、单卷钢成材率、交货期限、销售客户等方面对MES系统进行优化11次，以信息化促进生产高效运行，年内顺利通过公司信息化内外审认证，“两化”融合管理达到标准化水平。

【安全生产】 2019年，冷轧薄板厂坚持“安全第一、预防为主、综合治理”原则，全面落实安全生产责任制，深入贯彻省政府关于“双控”机制建设要求，开展隐患排查，深化隐患治理，隐患整改率达100%，全年实现五种重大事故为零目标。这一年，认真落实一岗双责，重点抓制度落实、责任落实和各级技管人员的履职，开展岗位作业安全行为评价和作业长上岗实作，减少异常作业项，杜绝习惯性违章；开展有限空间作业示范点建设工作，重新辨识有限空间，新增有限空间8个，删除2个，有限空间由原来的131处增加到137处，其中A类125个、B类12个，重新编制有限空间作业及应急指导书，修订有限空间作业指导书137个，编制有限空间作业专项预案1项，作业区现场处置方案6个，于12月26日有限空间作业示范点通过集团验收；加强安全教育培训，提高安全防护意识与技能，组织全员安全培训12期701人次，实操培训2000多次，有限空间、煤气等专项培训305人次，组织应急演练241次，接害职工年度职业健康体检326名；修订完善行为观察管理制度，借助关键岗位的工业监控和专业安全管理人员现场观察，覆盖全厂重点区域（岗位）、班组和时间段，督促职工养成标准化、规范化作业行为；梳理在线安全销556个，编写安全销作业指导书；借助生产计划协调、事故管理、库存管理、信息化管理等手段，生产事故同比降低58%，产线运行稳定性显著提升。

【环保工作】 2019年，冷轧薄板厂认真落实《蓝天保卫战三年行动计划》，狠抓管理，加大现场环保治理和检查力度，保证环保设备全部正常投入使用。年内，实现重大环境污染物事故为零，固废、危废综合处理率100%，气体排放抽样合格率100%，废水综合处理率100%，环保设备完好率、同步运行率100%的环境保护目标。年内，开展环境因素辨识工作，识别出环境因素988个、重要环境因素6个、重要环境岗位22个，组织修订作业文件9个，保证其具有适用性和可操作性；加强大气排放污染因子治理，粉尘排放浓度持续下降，摸索镀锌线退火炉在各种工况下的污染物浓度，治理洗涤塔类环保设备跑冒滴漏现象，将乳化液室外排烟风机地坑清理周期由每年一次更改为每季度一次，当年酸再生颗粒物检测值减至3.27毫克/立方米。

【作业长制推进】 2019年，冷轧薄板厂以打造一支素质过硬的作业长队伍和严格执行标准化作业的员工队伍为目标，以提升科室服务产线、服务产品能力水平和作业区自主管理能力水平为重点，加大作业长制推进力度，夯实标准化作业基础，基础管理水平稳步提升。年内，制定整改提升计划29项，修订完善制度、文件15项，促进科室、作业区管理进一步提升；定期开展科室与作业区互评，制定科室级标准化检查项目727项，整改达标率91.6%，解决作业区点击科室问题241项，有效提升科室专业管理对产线和产品的支撑力度；组织各级研修会活动22场次，就班前会管理、交接班管理、作业长安全履职等方面进行研修；输出管理经验分享案例、论文10项，作业区协同攻关课题26项，累计创效850万元；评选“明星值班作业长”26人次，值班作业长争先意识得到有效激发。

【绩效管理】 2019年，冷轧薄板厂按照公平、公正、公开原则，深化全员绩效管理，激发职工工作积极性，绩效管理水平进一步提高。当年，统一组织对五个点检作业区绩效的调整，重点抓好作业长及后备作业长绩效计划制定，将管理项目评价由评价作业区改为评价作业长，增加安全履职评价；开展一级组织绩效修订，新增废钢回收、锌锭消耗、异议、一检合格率、酸轧表面反射率、3号镀锌生产线FB级品率、断带率、成材率、能源管理、入厂备件质量检验等评价项目及产量挂靠评价项；发挥绩效引领作用，坚持每月分析KPI项目完成情况，产量、重点品种、成材率、订单计划兑现率、机时产量、锌铝镁产量及合格率等主要项目持续改进；本着量化评价、指标牵引、权重匹配、指标持续优化的原则，确定专家绩效评价项目和指标，引导专家强化产线服务意识和能力，发挥专家在产线技术（管理）创新、重点攻关、短板提升、技术传承、品种调整、系统优化、挖潜增效中的重要作用。

【人才培养】 2019年，冷轧薄板厂注重人才培养，成立厂专家聘任管理小组，选拔掌握前沿技术和理论、充分发挥专业作用、促进公司发展的专业技术人员充实到专家队伍，年内，聘任8名专家、晋升1名专业专家和1名操作专家；贯彻执行公司大学生员工成长"三星计划"，选拔推荐符合条件、表现优秀的大学生员工竞选岗位之星，其中2人获评"岗位之星"、3人获评"岗位银星"、1人获评"岗位金星"。

汽车板事业部

【概况】 汽车板事业部依托唐山不锈钢有限责任公司、高强汽车板有限公司组建，是以产线为独立市场单元，围绕市场和产品，集党建、产、销、研等工作于一体，以发挥"利润中心"角色为目标，协同产线生产钢水、连铸板坯、热轧卷板、冷轧卷板、镀锌板、退火板等高档家电板、汽车板产品为主的生产经营机构。

2019年末，汽车板事业部设总经理、党委书记1人（由公司副总经理兼任），常务副总经理1人（由公司总经理助理兼任），副总经理3人（分别由公司总经理助理、不锈钢公司总经理、高强汽车板有限公司总经理兼任），党委第一副书记、工会主席1人，党委副书记、纪委书记1人，营销服务中心总经理1人，研发中心总经理1人；下设产品营销服务中心、产品研发中心、党群工作部等3个部门和不锈钢公司、高强汽车板有限公司，共有职工2449人。

【生产经营】 2019年，汽车板事业部坚决贯彻落实集团及公司决策部署，以营销为核心，坚持产品高端化，着力推进结构优化、产品升级和市场开拓，生产经营水平全面提升。全年，热轧单元产钢275.6万吨，同比提高16.04万吨；产材274.2万吨，同比持平。冷轧单元产品产量167.5万吨，同比增加17.89万吨；汽车用钢销量111万吨，同比提高12.48%；重点品种销量135万吨，增幅28.57%，实现年度经营目标。

【新产品研发】 2019年，汽车板事业部深入挖掘产品创效能力，大力实施品牌战略，坚持以高强汽车用钢和汽车专用钢及600兆帕级以下钢种为方向，持续推进新品种开发工作，品种结构不断优化。年内，热轧单元立足市场与产品两大主题，推进汽车空心稳定杆用钢、工业纯铁、汽车扭力梁钢等10种市场需求量大、创效水平高的产品生产，并实现批量化销售。成功开发汽车空心稳定杆产品，填补国内空心稳定杆用钢产品空白，并实现批量生产，用于比亚迪、上汽、通用、神龙等车型；开发电磁行业用工业纯铁原料，具备99.94%级别纯铁批量供应能力；开发800兆帕级扭力梁用钢，采用特殊成分及工艺控制，具有高强度及高伸长率、成品成型性能和抗扭转疲劳性能，实现批量化生产，打破国外企业对该类产品的长期垄断。冷轧单元镀锌新产品成功研发深冲用双相钢HC340/590DPD+Z，供菲亚特深冲及超深冲产品CR04、CR05、CR06，加磷高强钢IFC210Y340T，低合金高强钢LAC340Y410T，双相钢FE450DPF、DPC330Y590T；可替代热轧产品的低合金高强钢HR260LAD+Z、HR340LAD+Z、HR420LAD+Z，高表面质量的结构级镀锌产品SGC440、SGC570；连退产品有双相钢HC330/590DH，比原590级别双相钢，扩孔率提高64.7%，满足复杂零件冲压要求，减少冲压开裂率；拓宽热冲压钢供货范围，开发专用牌号St37-2G产品；开发750~1300强度级别马氏体钢系列产品，填补公司空白。

附表　2019年汽车板事业部新产品开发一览

类别	品种	牌　号	规格/毫米	主要用途
板材（高强汽车板公司）	镀锌低合金高强钢	CR240LA、CR300LA、CR340LA、CR380LA、CR420LA、LAC340Y410T、HR260LAD+Z、HR340LAD+Z、HR420LAD+Z	(0.7~3.0)×(900~1450)	汽车用地板骨架、车顶纵梁
	镀锌双相钢	HC340/590DPD+Z（高深冲）、DPC330Y590T、FE450DPF	(0.8~3.0)×(900~1400)	汽车用防撞梁、前纵梁、A柱、B柱、门槛等
	镀锌超低碳深冲钢	CR04、CR05、CR06	(0.5~3.0)×(900~1550)	家电板、汽车覆件
	镀锌高强IF钢	IFC210Y240T	(0.5~2.5)×(900~1400)	汽车内板及内板加强件
	镀锌结构钢	SGC440、SGC570	(0.5~1.5)×(900~1300)	结构件
	连退增强型双相钢	HC330/590DH	(0.7~2.5)×(900~1400)	后地板左/右纵梁左/右前纵梁外板
	马氏体钢	HC600/850MS、HC750/980MS、HC1050/1300MS	(1.0~1.6)×(1000~1300)	结构管件
	热冲压钢	T1500HS	(0.8~2.5)×1550	防撞梁、门槛等安全部件
	低合金高强钢	St37-2G	1.45~1.98	结构件
不锈钢公司	汽车空心稳定杆用钢	34MnB5	4.0~6.0 1110~1120	汽车空心稳定杆
	工业纯铁板坯	CT05-2、CT05	200 1000~1300	钕铁硼、非晶、阴极扁钢的冶炼
	汽车扭力梁用钢	TS800TB	4.0~6.0 1000~1450	汽车扭力梁
	冷弯型钢	LW355、LW420	2.0~12.0 950~1500	方矩管、冷弯结构件

【市场开拓】 2019年，汽车板事业部坚持以高端产品营销为核心，持续推进产品高端化，加强重点客户开发，大力优化客户结构，压缩中低端客户群，增加中高端产品市场投放量，提高产品售价水平，取得良好成效。这一年，热轧单元重点客户比例达22%，同比提高6个百分点；用户集中度达54.75%，其中汽车用高强钢、镀锡基板和冷弯型钢产品销量居前五的大客户占总销量比例分别达94.2%、85.72%和88.3%，同比提高0.4%、0.72%和0.8%。冷轧单元主机厂销量16.3万吨，同比增加6.4万吨，增幅64.65%，万吨级供货汽车主机厂由1家增至4家；通过宝马、福特、通用3家高端合资品牌及奇瑞、华晨、上汽通用五菱、一汽轿车4家国内知名品牌主机厂认证，卡斯马、博世2家国际知名零部件供应商认证；实现面板批量供货汽车主机厂。

【党群工作】 2019年，汽车板事业部党委以习近平新时代中国特色社会主义思想和党的十九大精神为指导，深入贯彻落实公司党委决策部署，全面抓好党群各项工作，实现党的建设与生产经营深度融合，为打造世界一流汽车板产销基地提供坚强保障。以"不忘初心、牢记使命"主题教育为统领，坚持常态化组织两级领导班子学习研讨，增强班子"守初心、担使命"的政治自觉；建立健全《贯彻落实"三重一大"决策制度的实施办法》《党委会议事规则》等制度，制定《加强和改进意识形态工作的实施方案》，充分发挥党组织在重大决策中的主导作用；开展"不忘初心跟党走、牢记使命勇担当"主题演讲、廉政诗朗诵等活动，使党员党性得到充分锤炼与提升；在全体党员中开展"讲政治、转作风"思想承诺，"高效率、高标准履职尽责"工作承诺，"党员无违章、身边无事故、岗位无隐患"安全承诺，"廉洁自律，无违规违纪"廉洁承诺，公开践诺措施和争创目标，引领全体职工亮事迹、创佳绩；开展岗位练兵比武活动，4名职工获公司技术比赛"优秀技术能手"称号，2名职工在世界模拟炼钢比赛中国赛区比赛中分别取得第四名、第十三名的成绩；开展岗位创新活动，提报改善提案共计1.25万条，涌现出74个跨区域、跨流程的改善小组，全员创新改善蔚然成风；深化"送温暖"工程，开展大病帮扶、金秋助学、暑期"送清凉"等活动，开展新年新目标实现新跨越元旦长跑比赛、庆祝新中国成立70周年职工篮球赛等活动，丰富职工业余文体生活。这一年，汽车板事业部党委分别被集团党委、公司党委授予"先进基层党组织"称号；四项党建研究课题获奖，其中"建立健全党建工作责任制，完善党建考核评价体系的研究""落实'四同步'要求，加强事业部制下基层党建工作机制创新的研究"获公司党建研究课题成果一等奖。

附一　不锈钢公司

【概况】 唐山不锈钢有限责任公司（简称不锈钢公司）是集原料、烧结、高炉、炼钢、连铸、轧钢于一体的生产单位，是河钢唐钢管辖的三大子公司之一。该公司由唐山钢铁集团有限责任公司、中国第二十二冶金建设公司、衡水京华制管有限公司、开滦集团有限责任公司和潮州市锦峰物资有限公司等五家不同所有制企业投资组建，控股股东为唐山钢铁集团有限责任公司。位于唐山市古冶区，注册资本20.8亿元，2019年末，拥有132平方米烧结机1台、265平方米烧结机1台、450立方米高炉2座、550立方米高炉2座、100吨脱碳转炉3座、110吨脱磷转炉1座、110吨LF精炼炉3座、110吨VOD精炼炉1座、110吨RH真空冶炼炉1座、单流板坯连铸机3台、1580毫米热轧生产线1条及相关的公用辅助设施。具备年产铁280万吨、钢300万吨、卷板300万吨的生产能力，主打产品为高强钢、深冲钢、镀锡基板。

2019年末，不锈钢公司设厂部级干部4人；下设科室10个，炼钢分厂、轧钢分厂2个分厂，生活服务中心1个，作业区25个、班组165个。共有职工3375人，其中男职工2922人，女职工453人；中共党员620人，共青团员60人；共有干部667人，其中科级干部43人，作业长79人；管理及专业技术职工159人，其中高级职称31人，中级职称237人；工人2708人，其中高级技师18人，技师799人。职工中有博士2人，研究生29人，大学本科636人，大学专科606人。

【生产经营】 2019年，不锈钢公司深入践行解放思想、聚焦改善的发展理念，扎实推进“两个结构”再优化，生产效率、持续创新能力和综合竞争力显著提升。全年，产铁258.86万吨、同比增长14.15%，产钢275.65万吨、同比增长6.33%，产钢材273.54万吨；自销品种钢142.29万吨，品种钢比例达87.35%，完成目标的100.81%。年内，创新性实施2座转炉对3座精炼、3台连铸机的高效生产组织模式，6月4日转炉班产26炉创出国内同级别转炉班产最高纪录，3号连铸机满拉速率由上年的58%提升至83%；1580毫米热轧线11.8米定尺坯料小时条数突破36条，单班产量突破5000吨；累计开发客户21家，其中大梁钢客户4家、高级别汽车用钢客户5家、工业纯铁客户6家、冷弯型钢客户5家、马口铁客户1家，顺利通过宝马、福特等国内外多家知名汽车主机厂审厂认证；6项成果获河钢唐钢科技进步奖，11项成果获国家实用新型专利授权，5项成果获国家发明专利授权；结构用热轧钢带700L获评“冶金行业品质卓越产品”。

【市场开拓和产品升级】 2019年，不锈钢公司持续发力“两个结构”再优化，新品种研发与推广力度不断加大，产品升级迈上新台阶。这一年，在对市场形势充分调研和综合研判的基础上，结合考量自身设备装备能力，瞄准汽车空心稳定杆用钢、工业纯铁、汽车扭力梁钢等市场需求量大、创效水平高的高端品种，累计开发10种自销新品种并实现量产。小口径厚壁焊管用钢得到国内汽车稳定杆生产企业标杆单位的认可，并获得2020年两种新车型独家供货权，打破国外企业对该类产品的长期垄断，填补了国内产品空白；新开发的工业纯铁产品，迅速打开市场，实现高端工业纯铁的批量化生产；汽车扭力梁用钢填补800兆帕级液压成型扭力梁产品的国内空白，并成功推广至一汽、奇瑞、吉利等汽车主机厂，实现国产扭力梁用钢的批量供货。将镀锡基板、工业纯铁和小口径厚壁焊管用钢作为“单打冠军”产品，全力打造企业未来效益增长点和品牌形象支撑点。全年，镀锡基板产量81.3万吨，同比增长15%；小口径厚壁焊管用钢完成660吨，在用户中树立良好口碑；工业纯铁实现零的突破，产量完成5400吨；特色战略产品11.71万吨，同比提高328.94%；高端产品116.39万吨，同比提高12.44%。

【深入开展客户服务】 2019年，不锈钢公司打破传统的营销思维定式，以提升客户满意度、增强客户黏度为落脚点，开启服务营销改革。在服务硬增值方面，围绕提高产品宽度精准控制能力，实现下游客户不切边轧制等客户关注的焦点，大力实施改进优化，主动为下游客户成本降低、效率提升创造条件；在服务软增值方面，推出专家团队专项服务输出特色服务，以技术和管理输出为核心，依靠自身经验优势针对下游客户对工艺技术、基础管理等方面的薄弱环节和改进需求，从降本增效、技术升级等方面，为客户提供产线诊断、技术咨询和管理服务等软增值服务，使技术服务品牌独立化，推动“技术服务”和“产品质量”双线品牌建设。年内，先后开展产线诊断、技术咨询和管理服务、驻厂服务等特色增值服务68次，累计协助指导22家客户降本增效400余万元。

【智能化产线建设】 2019年，不锈钢公司以实现产线智能化为目标，依托模型化、自动化、信息化等手段，围绕产线难点、痛点问题，持续加大智能化产线建设力度，实现产线由“制造”向“智造”转变。年内，持续推进“一键全流程智能炼钢”项目，陆续掌握自动出钢、自动倒渣、自动溅渣等多个国内领先的模型化控制技术；重点实施粗轧宽度自动控制、加热炉一级自动燃烧，以及1580毫米热轧线终轧、卷取温度精度控制等模型化项目，持续提升产品质量；实施煤气重点区域、天车作业过程等实时监控智能报警改造，全力营造现场安全工作环境。同时，通过搭建改善创新交流平台，提升全员改善创新能力，确立了捞渣质量自动判定模型、转炉炉嘴溢渣图像识别技术开发、合金成本最优计算模型等多个由岗位职工自主提出、独立实施的优秀模型化攻关项目，加快了公司模型化、智能化项目进程。

【成本管理】 2019年，不锈钢公司树牢经营思维意识，狠抓成本费用不放松，调整工作思路，从强化全员经营意识入手，细化分解挖潜增效目标，降本增效成果显著。这一年，努力降低库存资金，盘活企业现金流，大力推进库占资金压减工作，梳理各类合金、辅料库存，优化合理库存指标，动态调整物料进厂节奏；实施合同分类管理，建立和优化合同匹配模型，提升半成品周转效率，截至年底，半成品库存从上半年的3万吨降至1.5万吨，待匹配坯料库存从1.3万吨降至0.6万吨，累计释放库占资金6600万元。实施“投入—产出”全流程全要素生产管控模式，对污泥、除尘灰、氧化铁皮、精炼渣等含铁物料进行循环再利用，全年吨钢成本同比降低40元。强化流程管理、细节管理和标准化管理，不断挖掘降本降费新空间，下半年合同带出品和调宽坯比例同比分别降低37%和32%；全年转炉煤气回收热值达1633千卡/立方米，同比提高34%；转炉吨钢煤气回收量完成101.77立方米，同比提高3.45立方米；11—12月，1580毫米热轧线躲峰生产在用电谷段的产量占比达40%，同比提升5%，实现降本增效67.4万元。

【改善创新】 2019年，不锈钢公司以作业区为单位，全面推进改善创新活动。年内，聚焦改善项目，建立改善小组季度评选、优秀改善提案分享、改善提案座谈等多项机制，成立职工“群英荟”交流、分享创新经验和改善心得，大幅提升改善活动的全员参与度，促进基层职工专业知识能力、工作协调能力、问题发现与解决能力等各项能力快速提升；改善提案人均参与率由上年0.1条提升到0.6条，共计提报1.25万条，同比增长5倍；涌现出74个跨区域、跨流程的改善小组，实现对安全、质量、成本、智能制造等方面的全覆盖。改善创新工作的全面铺开，带来生产、技术指标的一系列新突破。

【质量保障】 2019年，不锈钢公司以提升高强汽车板产线保供能力为抓手，组织开展质量体系审核，加大标准化作业检查力度，促进产品质量提升。年内，重点围绕深冲钢夹杂、高强钢翘皮等客户关注的核心问题开展联合攻关，SPHETi-36系列产品全流程综合合格率同比增长近十个百分点，铌-钛复合系烘烤硬化钢过剩碳目标含量命中率达90%以上，氧化铁皮压入、氧化膜脱落、卷型等常见质量难点均得到明显改善。全年，累计向宝马、吉利等知名汽车主机厂供应面板钢5.25万吨，全流程综合质量合格率达65%。

【IF 钢生产无缺陷控制技术】 2019 年，不锈钢公司不断满足客户对洁净钢的高质量要求，减少因质量原因造成的成本损失，为冷轧工序提供高质量的合格产品，自主研发 IF 钢生产无缺陷控制技术。此项技术通过对转炉出钢、RH 精炼过程进行连续取样，运用显微镜、普通 SEM 扫描电镜、Aspex 自动扫描电镜等设备详细评估钢中夹杂物；通过氧氮分析仪测量钢中总氧、氮元素含量变化及钢中铝和钛等元素的变化规律；通过模拟研究不同连铸工艺参数如吹气量、拉速、断面尺寸及水口浸入深度等对结晶器内流场的影响，确定拉速、水口浸入深度、吹气流量、铸坯断面尺寸等因素与结晶器内双环流和单环流的关系，优化现场连铸工艺参数，总结降低卷渣发生概率的工艺参数组合；使用插钉板和不锈钢板研究结晶器内流态和表面流速，确定连铸参数与结晶器内双环流和单环流的关系及对结晶器卷渣的影响，依据模拟结果总结不同连铸工艺参数对结晶器内流态的影响，直至建立不同工艺参数对三种流态相互转变的关系图。此项技术的应用使得 IF 钢在稳态浇铸条件下结晶器液面波动小于 ±5 毫米的比例由之前的 70% 提高至 85.6%。

【炼钢工艺过程铸坯自动判定系统的研发与应用】 2019 年，不锈钢公司以实现质量全过程控制为目标，自主研发炼钢工艺过程铸坯自动判定系统。该系统是以质量为中心的全过程最优化质量控制系统，通过建立和完善过程判定规则，实现铸坯质量在线判定，自动判级率达 100%。铸坯在线质量判定系统以 L1、L2、MES、PI、ODS、QMS 为基础，将生产过程工艺参数、钢种成分、生产控制要求、过程异常数据、设备状态、头尾坯、混坯等重要的板坯质量等级决定性因素进行采集处理，基于炼钢记号的标准规格，对数据进行分析和逻辑评估，提供判定铸坯所需的全面质量评估和决策架构。该系统代替人工经验避免主观性失误，实现上下工序信息联通，提升质量控制能力，节约生产成本。

【转炉自动溅渣模型的优化及自动倒渣模型的开发】 2019 年，不锈钢公司深入推进转炉自动化炼钢程序开发，在操作全流程自动控制的背景下，启动自动倒渣模型与自动溅渣模型的开发。自动倒渣模型开发的第一阶段是自动溅渣模型的优化，包括考虑手动溅渣时长、枪位、底吹流量、物料加入数据采集，通过数据分析溅渣枪位、物料、底吹的差距，在一级操作界面根据炉衬侵蚀部位，设计制定标准溅渣模型，包括溅渣时间、枪位、入炉物料、降低炉况维护波动，并自由切换。该模型的投入使用实现生产过程的精准控制，提升生产过程的防错能力，同时降低岗位职工的劳动强度，改善工作环境，缓解人员紧缺问题。

【转炉炉下设备自动控制系统开发】 2019 年，不锈钢公司持续提升生产效率、改善员工工作环境、实现本质安全化，提升自动化控制水平，对转炉炉下钢渣车进行自动定位控制系统开发。在钢渣车定位成功基础上，实施钢包自动加盖摘盖控制改造，取消现场人工操作，实现炉下封闭。

【设备管理】 2019 年，不锈钢公司以提高设备功能精度为抓手，实施设备精度项目分级管理。全年，A 类精度设备合格率达 100%，轧机刚度偏差符合率由 72% 提升到 93%，测量符合率达 100%。自主开发连铸机对弧精度预测模型，实现对连铸机对弧精度劣化趋势、精度保持时间进行预测，并在设备全生命周期系统中增加连铸机对弧精度检测模块，实现按周期进行监控及维护功能，3 台连铸机对弧精度标准由±0.5 毫米提高到±0.3 毫米。

【安全环保管理】 2019 年，不锈钢公司以本质安全为目标，坚持生产服从环保的原则，持续加强安全环保管理。年内，优化现场安全生产环境，推进能源隔离、电子栏杆等先进安全管理手段；加大安全问责力度，将安全考核落实到岗位，增强安全警示效果；健全完善双防双控机制，强化安全基础管理和隐患治理，加强应急管理体系建设，确保安全生产警钟长鸣、常抓不懈。强化环保管理，大力开展厂容环境综合治理，主动适应环保督查新常态，持续加强与各级环保部门政策沟通，提前谋划、统筹建立环保快速响应机制，厂容环境和环保管理水平明显提升。

【体系建设】 2019 年，不锈钢公司践行体系能落地、岗位可执行管理思路，整合质量、安全、能源、环保四个体系。制定四合一体系手册、修订核心程序文件 20 份，避免出现体系管理两层皮现象；运用微观流程图，将作业过程分为正常和异常两种状态，明确关键操作、质量检查、必要步骤、人机工程、关键技巧等操作要点，编制并发布 469 个标准作业程序，促进岗位标准化作业。

【党群工作】 2019 年，不锈钢公司党委全面加强党群各项工作，为生产经营再上台阶提供有力支持和坚实保障。落实党组织在法人治理结构中的法定地位，进一步完善《党委会议事规则》《贯彻落实“三重一大”决策制度的实施办法》等制度；深入开展“不忘初心、牢记使命”主题教育，用习近平新时代中国特色社会主义思想和党的十九大精神武装头脑、指导实践、推动工作；按照《河钢唐钢基层党的建设三年规划》，进一步夯实党建基础工作，着力打造特色鲜明亮点突出的党建品牌；树立正确的选人用人导向，努力建设高素质、年轻化、专业化的干部和人才队伍，为企业发展提供人才保证；落实全面从严治党要求，压紧压实党风廉政建设“两个责任”，持之以恒正风肃纪，营造风清气正的生产经营环境；开展劳动竞赛、岗位练兵、技术比武等活动，大力弘扬劳模精神和工匠精神，提升干部职工的职业素养；扎实开展暑期“双服务”、节期“送温暖”“金秋助学”等活动，做好困难职工帮扶工作，让广大职工感受到企业的关怀和温暖。

附二　高强汽车板有限公司

【概况】 高强汽车板有限公司是酸轧、退火、镀锌等工序组成，以生产退火板、镀锌板等高端家电板、汽车板等冷轧产品的生产组织单位。位于开平工业园区，西距公司本部 2.8 千米，占地面积 53 万平方米。于 2013 年 7 月 8 日注册成立，其产线是公司“十二五”时期兴建的单体投资最大的产品升级项目。2019 年末，高强汽车板公司有酸轧机组生产线 1 条、连退机组生产线 1 条、镀锌机组生产线 3 条、重卷机组生产线 1 条、半自动包装机组生产线 3 条及相应配套公辅设施。设计成品产量 180 万吨，产品定位为国际一流水平的高强汽车板、深冲板和家电板，规格为厚度 0.18~3.0 毫米、宽度 900~1600 毫米，连退产品最大抗拉强度 1400 兆帕，镀锌产品最大抗拉强度 1000 兆帕，热成型产品最大抗拉强度达 2000 兆帕，广泛应用于汽车结构、机械制造和高档家电等领域。产品形成以 DP 双相钢、QP 钢和热成型钢为代表的高强汽车板产品结构，成功开发 DP1180、QP980、T1500HS 等先进高强钢产品，开展高强塑积汽车钢研究开发，助力汽车板轻量化、节能环保和安全性能提升。

2019 年末，高强汽车板有限公司设厂部级干部 5 人；下设科室 6 个、作业区 11 个、班组 26 个。共有职工 484 人，其中男职工 449 人，女职工 35 人；中共党员 194 人；干部 157 人，其中科级干部 12 人；专业技术职工 51 人，其中高级职称 15 人，中级职称 49 人；工人 327 人，其中高级技师

17 人，技师 21 人。职工中有博士生 1 人，研究生 24 人，大学本科 132 人，大学专科及以下 327 人。

【生产经营】 2019 年，高强汽车板有限公司坚持用新标准、新视野，对标行业标杆，对接世界顶级汽车板客户，着力开发代表企业高度的红旗产品，品牌价值日益凸显，生产经营实现新突破。全年，产品加工总量 328.7 万吨，同比增加 50 万吨；商品销售量 167.5 万吨，同比提高 21%，实现公司目标；汽车板发货 110 万吨，同比增长 42%；家电板发货 46.7 万吨，同比增长 24.5%。这一年，牢固树立“生产为用户、产就高效率”理念，优化生产组织，瞄准高端市场需求，推行自动化数字模型生产方式，产线效率大幅提升，多项指标创历史最好水平，5 号镀锌生产线产能利用率同比提高 51.6%，7 月达到历史最好水平；6 号镀锌生产线产能利用率突破设计极限，同比提高 36.1%，其中 3 月产量达到历史最好水平；酸轧超高强钢机时产量同比提高 13 吨/时，达到京唐公司生产水平。

【产品结构升级】 2019 年，高强汽车板有限公司在对接市场、对接客户上持续发力，追求技术创新，加快打造单打冠军产品，推进“两个结构”再优化。全年，重点品种量达 146.2 万吨，占比 95.6%；特色战略产品量 14.5 万吨，占比 9.5%，同比提升 86%；开发新品种 28 个，成功开发 1180 兆帕级双相钢，实现先进高强钢 1200 兆帕以下所有钢种系列供货，连退、镀锌生产线高强钢产品比例分别达到 34.1%、23.2%，镀铝硅产品实现 0.37~3.2 毫米厚度全覆盖，家电板实现 0.3~3 毫米全规格稳定生产，升级开发压花板、镀铝硅、极限规格和自润滑产品。年内，前瞻性研究分析用户需求，挖掘产线优势和能力，差异化产品开发生产取得突破，新增商用车用马氏体钢 750MS、980MS 及 1300MS，实现常规连退产线、低成本马氏体钢生产并批量供货，支撑超高强钢产品市场推广上量；开发厚规格合金钢 420LAD+Z，首次实现常规镀锌产线热基热镀锌高强钢产品生产并交付通用汽车认证；开发超薄规格冷成型镀铝产品 DX53D+AS，成为国内第二家批量供货全规格镀铝产线；加大改进型、增量型产品开发力度，汽车板产品类别和规格实现拓展，汽车家电实现十二大类产品 2000 兆帕强度级覆盖，开发增强型双相钢 DH590、相变诱导钢 TRIP590、车门用钢 DC06 等产品，部分产品规格突破产线设计能力；DX53D+AS 开始供美的微波炉内胆试用成功，拉开铝硅产品供高端家电企业的序幕。

【客户开发】 2019 年，高强汽车板有限公司树立“用户欠交就是最大事故”理念，积极走访市场、服务客户，努力开发具有高端产品需求和行业领导地位的客户，推进知名企业对接和国家重点工程供货，在行业内树立良好的企业形象。全年，新开发一对一高端直供客户 42 家，超额实现公司下达的直供比 45% 目标。这一年，在树品牌上聚焦发力，深入抓好汽车板主机厂认证，成功通过华晨宝马、长安福特、长城、奇瑞、一汽轿车等审厂，并实现宝马、菲亚特、吉利等知名汽车主机厂及配套厂批量供货，汽车板月订货量突破 8 万吨，年销量达到 109.7 万吨；家电钢领域实现向 LG、三星、美的、格力等 5 家合资品牌和 9 家自主品牌供货，其中美的、格力、奥克斯均实现全厚度规格万吨级订货，家电板累计销量达到 46.6 万吨；主机厂销量达 16.3 万吨，同比增加 6.4 万吨，增幅 64.65%，万吨级供货汽车主机厂由 1 家增至 4 家，实现面板批量供货汽车主机厂。

【产品质量控制】 2019 年，高强汽车板有限公司营造“受控、严谨、无缺陷出厂”的汽车板质量文化，推进技术协同攻关，优化工艺技术流程，取得良好成效。全年，综合带出品率7.4%，同比降低5.5%；订货量过万吨主机厂综合合格率93.4%，同比提高4.3%。年内，以酸轧高强钢板形控制和机时产量提升为契机，开展技术攻关，优化产品质量保障流程，降低带出品率，提高成材率，力促产品质量提升；以确保汽车板实物质量为目标，从高表面产品开发、镀铝板表面提升、镀层质量提升等方面，协同研发及质量等部门，深入对标交流，开展公司级课题8项，精益管理课题5项，自主管理课题47项，申报专利27项；通过6个主机厂二方工厂认证及IATF16949质量体系转版复审认证，修订完善规程文件25项，制定作业文件7项，组织质量体系培训15次，推进产品质量及技术人员能力双提升。

【优化设备功能】 2019年，高强汽车板有限公司持续优化设备功能，加强工艺装备管理，为开发高端产品提供保障。全年，检修工时同比降低7.67%，事故时间同比降低69.04%。年内，实施4号镀锌生产线喷码机改造项目及排渣炉鼻子改造项目、6号镀锌生产线塔顶辊抛光器项目，以及4号、6号镀锌生产线涂油机改造项目；组织产线定修68次、清炉同步检修3次。组织设备系统二方审核、质量体系外审及环境、能源、职业健康安全管理三合一外审；组织设备状态评估，结合风机和泵承包维保，完善设备评估流程，根据评估结果和现场设备实际应用情况，调整检测周期，将低转速低载荷且检测无问题的设备延长检测周期，对于高转速重载荷且存在潜在问题的设备适当缩短检测周期；按照可持续发展和循环经济理念，坚持预防为主、防治结合，严格执行岗位点检和专业点检标准，规范管理制度、严格落实考核，确保环保设备正常运行，设备完好率及同步运行率均达到100%。

【智能化建设】 2019年，高强汽车板有限公司围绕市场和产品两大主题，全力推进智能化建设，为产品升级和市场开拓提供新引擎。年内，出台《智能制造总体蓝图规划与行动指南》，加大智能化技术应用，实施智能贴标机器人、捞渣机器人、新型排渣炉鼻子等项目，推动生产逐步向智能化迈进，为产线技术进步、产品开发、质量改进、效率释放和低成本运行提供强力支撑；依托跨专业、多专业融合的模型组核心团队，以现场问题为导向开展攻关，共完成无人值守天车红绿灯系统、5号镀锌生产线捞渣机器人系统、生产准备智能磨辊间系统等20项智能化改造项目，生产稳定性大幅提升，产线效率有效释放，6号镀锌生产线产能利用率突破设计极限，产能连续刷新纪录；以宝马钢生产为切入点，积极巩固拓展模型化生产经验成果，大力推进冷轧高精度模型、激光焊机焊接参数模型、退火炉燃烧控制模型、镀锌机组光整机闭环控制模型等技术攻关，打造无人值守智能化工厂。

【成本管控】 2019年，高强汽车板有限公司以降本增效为目标，系统梳理优化作业区各项成本指标，提升产线成本控制能力。全年，综合成材率94.55%，同比提高0.46%；综合锌耗正差率17.69%，同比降低2.75%；标准成本符合率79.89%，同比提升32.35%。年内，加强对各产线、各工序成本管控分析，整理对比实际数据，筛选平均值及历史最好指标，综合制定符合各产线实际及产品结构的辅料消耗目标，设立成本攻关课题，执行计划值管理，关注关键KPI指标追踪，成本管控能力持续提升。

【推进质量体系建设】 2019年，高强汽车板有限公司提出内部“一厂一策”措施，挖掘质量体系建设过程中关键环节，确定年度重点工作，并分解成月度推进计划，以每月项目拉动方式提升质量管理水平。这一年，制定《在线机械性能检测系统使用维护管理办法》《涂油机使用维护管理办法》《事故管理考核办法》《供应商管理办法》

等7个作业文件，修订完善25个作业文件，明确、细化各项管理过程具体业务，为实现质量管理体系落地提供参考和依据；加大对产线工艺执行抽查力度和频次，加强操作人员标准化作业意识，提升产品质量稳定性；开展标准化检查443人次，检查项目1.65万项，发现问题540项，按照问题分类全部进行整改。

【产品认证】 2019年，高强汽车板有限公司持续推进产品认证，通过供应商现场审核7次，包括华晨宝马、长安福特、上汽通用等3家高端合资品牌，北汽新能源、一汽轿车等2家自主品牌，本特勒、博世等2家国际知名汽车零配件供应商。高端合资品牌供应商现场审核的通过，标志着高强汽车板公司质量管理体系水平和产品质量控制水平进入国际先进行列。

【人才梯队建设】 2019年，高强汽车板有限公司不断优化、整合工作岗位，形成高效精干的人才梯队，并为作业长队伍注入新鲜血液，提升技术岗位人员支撑产线水平。年内，根据生产、发展需要，开展定岗定员工作，合理配备职工岗位，对127名员工进行岗位调整，确保职工队伍高效精干；选拔任用6名优秀大学生、生产骨干为科级、日班作业长、值班作业长，充分调动职工尤其是大学生职工的积极性；按照公司统一部署安排，晋升技术专家1人，新增技术专家3人，晋升操作专家1人，新增操作专家3人，提升人才储备力量，保证人才潜能最大限度发挥；解读公司相关政策，组织职业技能鉴定7次，涉及107人；12月组织镀锌工首次技能评价，对镀锌工持证上岗创造条件，并为技能提升创造良好平台；组织对操作人员、班组长、测量体系内审员等各类人员进行培训，共培训563学时，培训职工921人次；组织关键岗位人员能力提升培训19次、379人次，提升产线人员工具方法使用能力和意识，为推动产品质量和档次提升打下坚实的基础。

【管理创新】 2019年，高强汽车板有限公司以机制创新为动力，以严格标准为核心，以跟踪落实为途径，以现代化管理手段为载体，强化职工与企业休戚与共的理念，为企业发展提供动力源泉。年内，从高起点、严要求出发，探索科学有效的企业管理方法，使各项工作在有目标、有计划、有方法、有步骤中稳步开展，力求为企业的发展创造最大效益；组织各作业区、科室挖掘立项课题，深入开展现代化管理创新活动，共立项课题24个，比上年立项课题提高480%；督导课题实施，以精细化的工作打造精品岗位、精品班组、精品生产线。

【作业长制管理】 2019年，高强汽车板有限公司构建作业长培养体系和晋升机制，提升产线管理效率。年内，明确基层人员晋升后备作业长流程及渠道，建立量化、客观、可执行的评价标准和培养方式，通过管理制度支撑，保障机制有效落地；针对作业长制“形似神不似”的问题，明确值班作业长对作业长制管理推进的重要性，开展提升值班作业长思想、意识、知识水平等方面的一系列工作，明确量化评选评价机制，促使日班作业长向值班作业长日常管理工作“权力委让”，提升值班作业长履职能力。

【安全环保管理】 2019年，高强汽车板有限公司强力抓好安全生产和环境保护工作，生产经营保持和谐稳定的良好局面。年内，坚持高强度、高频次安全隐患排查，作业区坚持开展隐患自查自改，对发现的问题立即分析原因、制定措施，形成全员排查消除隐患的良好局面；安全教育培训工作不断深化，将标准化作业、应急处置等纳入实操培训，实施危险源辨识到岗位，促进安全管理向作业区、班组和岗位的延伸；推进一期能源隔离机械防护建设，实现能源隔离全覆盖；修订完善12项环保作业文件，识别环保相关法律法规70项，相关标准17项，年度环保监测全部合格，污染物达标排放，全年未发生突发环境事件；12 月通过北京国金衡信认证有限公司环境保护外部审核。

【党群工作】 2019 年，高强汽车板有限公司党委认真学习贯彻习近平新时代中国特色社会主义思想和党的十九大精神，全面加强企业党建工作，以党群工作的全面活跃有效开展，为实现生产经营目标提供保障。坚持常态化中心组理论学习研讨，提升领导班子思想政治建设水平；加强党员学习教育，从厂部到作业区、班组建立三级学习教育专栏，按月编写栏目内容和班组宣讲提纲，广泛开展学习教育，并建立微信群，抓好党员集中学习和党性教育；扎实推进“不忘初心、牢记使命”主题教育，围绕学习教育、调查研究、检视问题、整改落实，实施多项推进方案，确保主题教育有序推进；开展“解放思想，对标赶超，实现整体工作快速提升”主题活动，引导全体干部职工对标塔塔、浦项、宝马、大众等世界一流企业，打破思想桎梏、提高工作定位，实现自我超越和突破；开展“迎五一·廉政文化进车间”诗朗诵比赛、“清廉河钢”漫画、廉政微视频和公益广告征集和“廉政之声”简报撰写活动，提升广大干部职工的廉洁自律意识，营造风清气正的良好氛围；开展作业区指标提升、重点产品销售、“提产保产”等多种形式的劳动竞赛，调动职工积极性和创造性；关心职工生活，坚持“两节”期间走访慰问病困职工、生产骨干、先模人物，为困难和患大病职工提供病困帮扶，切实让职工感受到企业的关怀。

型线事业部

【概况】 型线事业部依托二钢轧厂、型钢厂组成，是以产线为独立市场单元，围绕市场和产品，集党建、生产、销售、研发等工作于一体，以发挥“利润中心”角色为目标，协同产线生产优质钢水、连铸坯、型材、棒材、线材等产品的生产经营单位。

2019 年末，型线事业部设总经理、党委书记 1 人（由公司副总经理兼任），党委第一副书记、工会主席、党群工作部部长 1 人，党委副书记、纪委书记 1 人，副总经理 2 人（分别由型钢厂、二钢轧厂领导担任），营销服务中心总经理 1 人；下设营销服务中心、产品研发中心、市场服务中心、党群工作部等 4 个部门及二钢轧厂、型钢厂。共有职工 1944 人，其中男职工 1813 人，女职工 131 人；中共党员 698 人。

【生产经营】 2019 年，型线事业部直面困难和挑战，坚持以市场和产品为中心，扭住效益和效率不放松，解放思想、对标赶超，生产效率大幅提升，整体运营水平不断提升。全年，产钢 223.74 万吨，产材 263.78 万吨；其中棒材产量 167.15 万吨，中型线产量 46.60 万吨，同比增加 3.8 万吨，创现有坯型生产最好水平；大型线产量 50.03 万吨，同比增加 24 万吨，创历史最好水平；炼钢系统班产、日产不断刷新历史最高纪录，最高日产达 8058 吨；实现利润 4720 万元，整体创效能力实现快速提升。

【市场开拓】 2019 年，型线事业部持续推进客户结构优化，加大市场开拓力度，坚持以发展的眼光看待市场和客户，发挥产销研用协同机制作用，积极有序推进新兴市场开发、战略客户对接、重点工程供货、周边市场开拓等重点工作，取得丰硕成果。全年，开发型材直供用户 8 家，新增合同量 7 万吨，成功对接深中通道、国网特高压工程等国家重点工程项目；钢板桩全年产销量 15.2 万吨，实现东南亚、华南、华东市场全面拓展，其中华南地区市场占有率达 50%；大规格角钢具备电力铁塔全系列供货能力，面向国内最大铁塔制造企业连续供货近3万吨，占据全国1/3市场份额，其中300大角钢获“中国钢铁工业产品开发市场开拓奖”。棒材产品新开发直供重点工程19项，覆盖冬奥会配套项目、北京行政副中心、雄安新区、装配式住宅、重点民生项目等工程及应用领域，实现公司单体直供销售零的突破。

【产品研发】 2019年，型线事业部全力推动产品结构优化升级，以打造特色战略产品和“单打冠军”产品为引领，大力度推进产品品牌战略落地，聚力生产品种、质量、技术等方面更具特色的产品，将技术及装备优势加速向产品优势转化。年内，自主设计开发SY295Al、SY295、SY390三个牌号U型钢板桩和Q420C、Q460C280~300毫米大规格C级角钢，其中400系列钢板桩填补集团空白，Q460C大角钢为国内独家生产，220~300毫米大角钢和400系列钢板桩以较强品牌影响力和创效能力，被公司确定为“单打冠军”产品；完成ϕ12~32毫米600兆帕高强钢筋和含钛钢筋轧制试验，并具备MG400、MG500左右旋全规格锚杆钢筋的生产能力。

【客户服务】 2019年，型线事业部多举措提高客户服务能力，关注改善客户集中度、客户忠诚度等指标，从客户至上和工序服从角度千方百计保证按期交货，老客户供货量稳步提高，促进了产品售价提升。年内，集中优势资源与客户无缝对接，强化客户经理团队作用，建立起“电网精品角钢”“特色钢板桩”等特色小微团队，不断推进完善产品供应链建设，进一步提高产品和服务标准，跟踪新成分体系和特殊定制用户使用情况，组织编制相关产品用户使用说明，贴近用户需求、加强专业指导，全面提升用户认可度和忠诚度，为持续提升产品售价创造条件。当年，大中型材产品吨材售价同比提升176元；棒材小螺纹产品吨材售价由上年较行业低100元提升到高于行业平均水平。

【技术创新】 2019年，型线事业部加快技术创新步伐，围绕客户结构优化和产品升级目标，广泛推广应用新工艺新技术，深入开展技术攻关，进一步挖掘产线潜能，打造竞争新优势。年内，型钢厂编制角钢、钢板桩企业标准，自主设计钒微合金化、铌微合金化产品成分，并通过优化铸坯矫直温度，有效降低大矩形连铸坯角部30~50毫米内矫直缺陷，避免轧制大角钢表面微裂纹；二钢轧厂开发国内第一套转炉废钢连续预热系统，全力推进降低钢铁料消耗等3项重点项目，提高轧钢成材率等5项创效项目，创效1000余万元。

【质量管理】 2019年，型线事业部加强质量管理，强化质量保障，全面深入践行“受控、严谨、无缺陷出厂”质量方针，以体系认证及稳定供货为抓手，扎实推进质量体系内审、管理培训，强化质量投诉、质量异议、合同兑现、准时交货等管理，提高全员质量意识，提升全过程质量管控能力。当年，型钢厂制定并完善质量体系作业文件、管理规定38份，下发技术通知单、技术联络单21份，对4号连铸机、大型与中型技术规程换版和各作业区岗位规程换版；二钢轧厂对27个作业文件、7个技术规程、17个岗位规程进行评审、修订、完善，通过公司关于事故管理的专项审核和公司质量管理体系内部审核，质量管理水平显著提升。

【智能化生产】 2019年，型线事业部以模型化带动智能化生产，推进信息化系统开发应用和升级改造，巩固拓展模型化生产成果，下大力气推进智能产线建设，为产线技术进步、产品开发、质量改进、效率释放和低成本运行提供新引擎。这一年，炼钢系统开发连铸生产防错系统，开发转炉智能装料产线项目，以及中包寿命提升、棒材铌钒复合微合金化等6项模型项目，固化棒材微合金工艺模型15种，实现生产模式随市切换，吨钢创效10~15元；型钢产线以大型线一键式轧钢为主体，重点依托自动化、MES系统、设备优化等持续推进智能制造项目，开发加热炉双排布料模型、轧机自动轧制模型等多项智能化项目，提高产品质量稳定性，实现高效生产；棒材产线着力推进棒材产品重量偏差精准控制、轧机调整等模型项目，负差控制水平较上年提高 0.10%，轧机调整时间缩短 50%，事故率降低 80%。

【管理创新】 2019 年，型线事业部持续推进“强服务、提效率、转机制”工作，坚持市场导向，从组织机构调整、业务流程优化、工作效率提升三方面，全面加强自身资源整合，系统推进管理创新，实施在线管理，突出技管人员岗位前置，充分发挥管理单元、职能科室服务支撑作用，全力提升管理效率。坚持完善总经理联络员、作业长座谈会和产销研用工作每周汇报等制度，促进产销环节之间、作业区与职能科室之间、生产单元与管理单元之间无缝衔接、高效沟通，增强快速响应市场的能力，为建设最具竞争力钢铁企业提供有力支撑。

【党建工作】 2019 年，型线事业部党委认真学习贯彻党的十九大精神，加强党建责任落实，不断提升基层党建工作水平。年内，制定党建工作责任制实施细则，持续健全主体明晰、责任明确、有机衔接的党建工作机制，相继出台年度党委工作要点以及《贯彻落实“三重一大”决策制度实施办法》《党委会议事规则》等管理文件，“三重一大”等决策问题严格由事业部党委会讨论决定，保障党和国家方针政策、公司重大决策部署的贯彻执行；将全面从严治党的总要求落实到每一项具体行动之中，党委书记自觉履行第一责任人职责，当年主持召开 39 次事业部党委会会议，坚持党建重要工作亲自部署、重大问题亲自过问、重点环节亲自协调，领导班子成员积极履行“一岗双责”，将全面从严治党要求融入各项分管工作；严细规定动作、丰富自选动作，不断提升基层党建水平，深入开展“不忘初心、牢记使命”主题教育，迅速出台推进方案，制定“双十”学习计划，广泛开展以“十学十增强”为主要内容的“双十”学习教育，组织厂部级领导人员深入基层开展精准调研，开好民主生活会；以“三重三谈三提升”“三对照三查找三确保”和“全体党员承诺践诺”活动为主要内容，在全体党员中开展“珍惜荣誉、坚守初心，钢铁报国当先锋”主题实践活动，引导全体党员在改革创新等重点工作中当先锋、做表率、创佳绩；强化基础管理，推行党建绩效闭环管理，创建基层党委党建品牌，全面推广“五队创建”成功经验模型，实现基层党建与生产经营工作深度融合，全面打造 3521 基层党建品牌；以星级支部评定晋级和标杆支部评比选树为抓手，以创建品牌支部为特色，扎实推进“党建质量提升年”活动，为推进事业部高质量运营提供坚强组织保证。

【党风廉政建设】 2019 年，型线事业部党委落实党风廉政建设责任制，重点抓好党风廉政三级责任体系的督导落实，不折不扣落实监督责任。年内，加强党风廉政宣传教育和廉洁文化建设，开展以“清廉河钢”为主的漫画、公益广告以及视频影像征集活动和纪检监察论文征集活动，组织开展党纪条规教育和警示教育活动；抓好“关键少数”的日常监督，使奖金管理规范化、绩效公开化、面谈制度常态化，形成风清气正的生产经营氛围。

【工会工作】 2019 年，型线事业部着力加强职工队伍建设，在全体职工中大力弘扬劳模精神和工匠精神，广泛开展劳动竞赛、技术比武等活动，职工队伍技术技能素质全面提升。年内，在唐山市第十八届职工技能大赛转炉炼钢工比赛中，事业部参赛选手包揽前三名；在第二届“唐山工匠”电气点检比赛中，谷海波获“唐山工匠”称号。这一年，着力激发全员创新活力，聚焦全年经营目标，坚持深化技术、管理、岗位职工“三位一体”全员创新体系，重点加大职工岗位创新力度，瞄准产线和基层，广泛开展小微式自主创新，全面营造创新创造、持续改善的良好局面，谷海波创新工作室岗位创新成果运用LF炉激光测距仪，实现钢水车精确定位，获“河钢唐钢职工岗位创新成果一等奖”；强化职工民主管理，坚持全心全意依靠职工办企业方针，严格规范召开事业部职代会年度会议，认真落实总经理联络员制度，逐步规范信息公开工作，进一步彰显职工在生产经营管理中的主体地位；深入扎实做好关爱职工、帮扶困难职工等工作，不断加大维权服务力度，构建和谐稳定的劳动关系。

附一　二钢轧厂

【概况】　二钢轧厂是由炼钢、连铸、轧钢工序组成，以生产棒材、线材为主要产品的生产组织单位，其产品在建筑工程中广泛应用。2019年末，二钢轧厂主要装备有55吨转炉2座；方坯连铸机3台；55吨LF精炼炉2座；轧机4套，其中棒材轧机2套，高速线材轧机2套；固定资产61.09亿元。

2019年末，二钢轧厂设厂部级干部3人；下设科室3个，作业区10个。有职工1169人，其中男职工1114人，女职工55人；干部115人，其中科级干部45人；管理及专业技术职工70人，其中高级职称34人（含正高2人），中级职称41人；工人1054人，其中高级技师23人，技师53人。职工中有博士1人，研究生14人，大学本科129人，大学专科181人，中专51人，高中及以下793人。

【生产经营】　2019年，二钢轧厂围绕市场和产品持续发力，认真践行“产就高效率”理念，坚持科技创新、管理创新，产线综合竞争力持续增强，产量水平、成本控制等工作取得长足进步。全年，产钢223.7万吨；产材167.1万吨，综合成材率100.57%。这一年，坚持市场导向，加强生产组织，针对铁钢平衡生产排序，动态调整生产组织模式和生产工艺，结合棒材品种多规格、切换频繁的生产特点，坚持保合同、保效益最大化原则，制定详细的月产、日产、班产计划，加快转炉节奏，减少冶炼辅助时间，不断优化转炉、连铸机、轧线整体运行匹配，提升产线效率，炼钢班产、日产连续创历史最高纪录，其中最高日产达8058吨，比上年最高水平提高701吨；6月炼钢产钢22.5万吨，比上年最好月份增加1277吨。当年5月，废钢连续预热烘烤废钢达2.03万吨，首次突破月烘烤量2万吨大关；12月，钢铁料消耗1054千克/吨，创转炉改造后最好水平；二棒开创性复产，3月18日开车后至3月31日产材3.91万吨，比计划超产2062吨，其中最高班产1100吨，三次实现日产3000吨目标。

【产品研发】　2019年，二钢轧厂全力推进“两个结构”再优化，加大产品升级和结构调整力度，加快产品研发进度，不断满足市场需求。年内，积极开展600兆帕高强钢筋、锚杆钢筋的全面推广，成功轧制试验ϕ12~32毫米600兆帕高强钢筋，各项指标均满足国家标准GB/T 1499.2—2018要求，具备小批量生产能力；实现小批量生产20毫米左右旋锚杆钢筋，具备生产MG400、MG500牌号，左右旋全规格锚杆钢筋能力；加强36螺、40螺大规格产品生产，全年生产36螺191.8吨，40螺6803.4吨，其中HRB400E牌号6494.6吨，HRB500E牌号187.6吨，产品化学成分、尺寸、性能、包装质量等全部满足标准要求。

【智能产线建设】　2019年，二钢轧厂加强智能产线建设，从经济、安全、周期、风险等方面进行充分论证，加强与自动化信息公司沟通，开发转炉智能装料产线项目，制定改造方案，并对称重系统、天车系统、控制系统等进行智能化改造。这一年，开发连铸生产防错系统，对影响连铸生产的工艺参数和设备参数进行详细梳理，设置报警值和报警信息，开发报警信息的语音和视频报警输出，以全方位的多媒体信息向操作人员传递报警信息，使操作人员第一时间掌握生产状态，做出相应处置，从而避免错误发生，保证连铸生产顺利进行；运用计算机技术、网络技术和数据库技术，对历史炉次吹氧时氧含量数据进行收集，统计分析，拟合规律曲线，实时比较氧含量与曲线符合度，对转炉着火与否进行判断和预警，避免转炉吹氧不着火导致的安全和环保事故发生；结合二棒复产，与信息自动化部协作推动二棒关键部位变频器升级改造，二棒1号裙板辊道变频器升级为西门子品牌，彻底消除辊道变频器误动作、跳闸等事故影响。

【模型化生产】 2019年，二钢轧厂坚持抓好模型化生产，开展涉及成本控制、耐材质量监控、中包寿命提升、钢水温度控制、棒材铌钒复合微合金化、棒材产品重量偏差精准控制、轧机调整等6项工艺、操作模型项目，所有模型均完成结题。当年，通过模型化生产，滑块中间包寿命提升6小时；铌钒复合微合金化技术解决含铌钢筋屈服点不稳定的难题，使微合金化工艺模型更加完善；棒材负差控制水平同比提高0.10%；轧机调整时间缩短30%，事故率降低40%；与专业公司紧密合作，对连铸机定重供坯系统的重量模型进行研究，利用大数据统计方法，分析钢坯重量与长度的动态关系，实现对生产中定尺切割进行自动调整及全自动定重供坯生产。模型应用的良好效果，快速推进了模型化生产工作。

【废钢连续预热项目】 2019年2月17日，二钢轧厂废钢连续预热项目正式投入生产运行。该项目由河北亚吉工程技术有限公司设计、承建，设计产能30吨/6分，废钢烘烤时间小于24分钟。该项目利用燃烧转炉煤气的方法，直接对物料进行加热，提高热能利用率和加热效率，在转炉上应用，为国内首创。该项目投入使用后，钢铁料消耗降低2.8千克/吨，铁耗降低34.3千克/吨，在低铁耗生产模式下，废钢比提高至40%以上。受废钢及螺纹钢市场变化影响，该项目于8月15日暂停使用，其间累计烘烤废钢13.5万吨，增产3.24万吨。

【废钢连续烘烤项目完善】 2019年，二钢轧厂坚持对上年12月20日正式投入使用的废钢连续烘烤项目进行完善。主要包括管道加装人孔，及时清理管道内杂物；出料口加装挡烟板，防止烟尘外溢；布料器改进，保障进入烘烤仓布料均匀；下料门改进，保障炉门开关稳定；链板机下料板改进，保障布料到链板机中部位置，避免漏料；链板机制动改进，加装制动轮，防止链板下滑、损坏等，达到稳定运行，生产环境得到改善，实现单班预热废钢17炉，单重15吨，温度650℃，有力保障了吨钢铁耗控制在900千克以下。

【6号连铸机提高拉速改造】 2019年5月，二钢轧厂6号连铸机提高拉速改造完工。6号连铸机提高拉速改造主要是利用检修时间敷设、安装三次冷却系统，共敷设管路150米、安装水调6套、流量计6套、编制程序以及附属设备等。项目投入使用后，连铸机165毫米方铸坯拉速由2.1米/分提高至2.5米/分，产量提高15%。

【设备管理】 2019年，二钢轧厂持续加强设备基础管理，依托设备管理体系和全生命周期管理系统，积极应对生产模式频繁变化，转变观念，随时调整管理策略，以保设备功能精度和隐患管理为主线，提升设备管控能力，满足生产工艺和质量需求。全年，共安排设备检修50次，全部按公司定修模型执行，检修计划执行率和项目完成率达

100%。其中3号炉炉役检修工期，在保障施工质量、安全的前提下由原来的8天缩短到5天；1号炉炉役在更换烟道的情况下，施工工期由原来的16天缩短到10天，均创工期历史最好水平。这一年，积极推进“三位一体”设备管理模式，提升点检与检修管理水平。5月，自主研发特种设备周期管理系统，对全厂特种设备分级管控，到期检验设备提前预警，实现所有特种设备检验率100%，杜绝漏检；缜密研究检修项目、检修时间和备件更换，优化施工方案，严格按检修计划执行，杜绝设备过修和备件未到使用周期更换，先后完成一棒大修、二棒复产、1号和3号炉炉役大修；通过精密点检和设备劣化趋势分析，及早发现和处置设备隐患，杜绝设备事故和故障的发生，实现设备管理全覆盖，保证产线高效率、高产量。挖掘现有装备潜能，重点消耗库存和在途备件，通过提高备件修复率、延长备件使用周期和扩大精密点检范围保证设备功能，满足高负荷生产要求。年内，备件计划申报额度始终控制在260万元以下，同比降费30%以上，备件修复量较上年月均增加96.05%，机旁备件库存由上年末的1248.75万元降至107.9万元，降幅达91.36%；备件在途量由上年末的1548.75万元降至1186.12万元，降幅23.42%。

【工艺技术攻关】 2019年，二钢轧厂全面推进工艺改进及新技术应用，锁定生产经营、科技创新焦点课题，通过对标学习及自主创新，开展多项技术攻关。年内，先后开发并完善转炉氮氧混吹增氮技术、低合金提碳降锰技术、铌钒复合微合金化技术、棒材提硅降钒技术、HRB400钛微合金化技术、高氮钒铁使用技术，摸索成形的棒材微合金工艺模型达15种，在全国处于领先位置，形成以钒、铌、氮、钛多种微合金工艺为基础的低成本生产体系，随时根据市场原料价格切换微合金化工艺，吨钢创效10~15元。

【质量管理】 2019年，二钢轧厂全面加强质量管理，着力强化质量支撑，不断完善质量管理体系建设，全面提高全员规则规范意识和体系运行思维，保证产品质量满足市场需求。这一年，坚持体系文件的评审、修改和完善，提高文件的执行力，对27个作业文件、7个技术规程、17个岗位规程进行评审，对操作性不强的文件内容进行修订、完善；加大标准、规程培训力度，组织各作业区作业长、技术管理人员学习IATF16949标准知识，对各作业区关键岗位进行技术规程培训，培训成绩全部合格；开展体系自评工作，提升体系运行水平，坚持每月检查体系运行情况并动态调整检查方案，对自查中发现的问题，以及公司飞检、一厂一策、体系内审发现的问题，认真分析原因，制定切实可行的纠正措施，运用PDCA过程管理模式跟踪辅导，督促问题项全部整改，全年无质量异议；当年8月，通过公司关于事故管理的专项审核，9月，顺利通过公司质量管理体系内部审核；实施高产量模式下质量监控，其中棒材品种实行窄成分控制工艺，根据气候和性能变化及时调整合金加入量；对供重点工程用钢，在冶炼、浇铸、负差控制、装货运输等方面严格要求，保证及时供货、质量稳定；供中型用坯方面，根据各钢种特点，调整普碳钢、矿用钢、角钢的配水制度，密切跟踪轧制过程，全年未发生批量质量事故。

【成本管控】 2019年，二钢轧厂强化效益思维，加强成本、资金和费用控制，优化生产组织，降低钢铁料消耗及炼钢综合成本，成本控制水平不断提升。全年，炼钢变动熔炼费560.63元/吨，同比降低94.01元/吨；棒材变动加工费30.86元/吨，同比降低14.13元/吨。这一年，坚持提产降本，积极对标贵航、瑞丰、东华等钢铁企业，学习其高产、高效的生产经验，转炉冶炼周期降至26分40秒，同比缩短5分20秒；采用铁水一包净、铁块补炉等技术，转炉作业率提高1.4%以上；倡导低温快铸理念，对6号连铸机进行三冷水改造，日产量提高200吨以上，连铸制约产量问题得到有效改善；持续降低钢铁料消耗及炼钢综合成本，充分发挥废钢预热系统优势，通过调整冷料结构、造渣料与冷料加入时机、供氧强度等参数，炼钢综合成本明显下降，其中11月转炉工序钢铁料消耗1041千克/吨，灰耗33千克/吨，两项指标均为新厂区投产以来最好水平，钢铁料与造渣料综合成本较年初降低10元/吨以上。不断优化生产组织，提升成本控制水平，棒材生产着重考虑直供、热供，利用拉下间隙进行换品种和检修操作，待坯前把库存钢坯全部轧制成材，逐步由整炉供坯过渡按支供坯，降低库存资金占用；根据客户订单需求，科学合理制定设备检修及生产计划，针对棒材生产多规格、小批量、客户特殊定制的特点，合理排产，把换品种次数降到最低，减少热钢坯下线，用电峰段换品种，降低电费，增加作业率，提高生产效率，降低生产成本。年内，棒材直供率达65%，定重率达80%以上，有效降低吨钢能源消耗。

【全员创新】 2019年，二钢轧厂深入推进全员创新工作，集中优势力量开展全员创新活动，引导基层职工群众积极投身创新实践，不断提高广大职工创新水平，助力生产经营。全年，实施创新项目50项，创效300万元；实施合理化建议80条，创效400万元；组建QC小组10个，创效600万元；取得专利授权8个，创效800万元；申报公司科技项目2项，集团项目2项。年内，严格贯彻落实公司岗位创新工作要求，以创新工作室为依托，围绕设备保障、产品质量提升、降低成本开展攻关，坚持问题发生在现场、解决在现场理念，优化生产指标，破解生产难题，当年自主立项并实施设备技术攻关项目35项，包括6号连铸机增加三次冷却系统、废钢连续烘烤优化和功能完善，确保设备稳定运行，保障铁耗控制水平；开展全员修旧利废活动，由科室引领及技术支撑、各作业区推进、全员参与，通过技改、修配闲置件、报废件，减少新备件的采购，其中四季度修旧利废49项，减少备件采购资金206万元。

【液压润滑标准化管理】 2019年1月，二钢轧厂推行液压润滑标准化管理，当年7月通过设备机动部验收，液压润滑管理水平有效提升。这一年，编制《液压系统概述及故障诊断、排除》《液压站的岗位点检培训课件》《棒材液压操作工液压、润滑站的点检培训课件》3套课件，开展培训12期162人，提高职工液压润滑技能水平，实现液压润滑设备可视化、作业标准化，为液压润滑设备可靠、可控、长周期稳定运行提供有力保障。全年，共进行液压润滑专项检查8次，查出隐患36项，并全部按节点整改。

【能源环保与安全管理】 2019年，二钢轧厂提高自身站位，进一步强化能源、环保和安全管理，根据形势变化及时完善管理措施、调整工艺设备，为生产经营顺行提供有力保障。这一年，加强能源管理体系建设，坚持精细化管理，介质能源利用效率进一步提升，根据工艺、气温等因素变化，动态调整能源使用方案，促进能耗降低；以煤气回收及电耗作为炼钢能源管控重点，在炼钢工艺变化情况下，转炉煤气回收热值及回收量大幅提升，其中10月，煤气回收实现132立方米/吨，热值达1600千卡/立方米（6697.6千焦/立方米）以上，电耗10.13千瓦时/吨，均创历史最好水平；炼钢区满负荷生产，产能得到充分释放，介质能源利用率进一步提升，全年炼钢能源成本平均15.59元/吨，同比降低2.13元/吨，增效245万元。坚持“生态优先、绿色发展”环保理念，进一步加强环保管理，重新修订《环境检查考核管理制度》，加大环保管理与检查考核力度，实行厂领导级、设备机动室（科室级）和各作业区级三级管理与检查监督制度，确保各项环保管理制度有效落地；适应不断提高的环保要求，根据工艺变化，先后对5号、6号连铸机，废钢烘烤区域除尘系统进行优化改造，有效避免开吹泄爆造成环保事故；在转炉基本全铁炼钢期间，制定不同温度、成分下的铁水入炉后转炉及干法除尘控制操作策略，有效避免环境风险。深入践行安全工作高于一切的理念，强化安全管理，夯实安全管理基础，完善安全管理责任体系，从严落实安全管理“一岗双责”；建立安全“双控”机制，对危险源辨识进行动态管理，当年共辨识危险源2309项；加强安全隐患排查和治理，开展职能科室、作业区、班组三级安全检查和安全专项整治排查，全年共组织安全检查69次，排查出隐患问题201项；加强职工安全知识培训和安全意识教育，指导职工标准化作业，全员安全意识进一步提高。

【特种设备管理】 2019年，二钢轧厂加强特种设备、人员管理，开展专项排查整治活动，为安全生产提供保障。年内，特种作业人员证复审1人，起重机指挥培训取证7人；起重机检验47台、余热锅炉检验2台、压力容器检验2台、安全阀检验16个、各类报警器检定268台，设备检验率达100%，合格率100%；通过唐山市计量测试所检定强检压力表58块；煤气管道测壁厚使用的超声波测厚仪通过唐山市计量测试所校准；连铸作业区使用的辐射防护剂量仪经中国计量科学院检定。

【绩效管理】 2019年，二钢轧厂持续加强绩效管理，建立健全绩效管理体制机制，坚持公平、公正、公开原则，将经营管理指标层层分解至科室、作业区和岗位，形成树状层级管理，实现从绩效计划制定、绩效辅导与执行、绩效评价、绩效反映与绩效结果应用的全过程管理，构建全员绩效管理体系优化机制，在生产经营与日常管理中发挥了导向、激励作用。

附二　型钢厂

【概况】 型钢厂由连铸、轧钢、加工、精整等工序组成，系以生产大、中型型材为主要产品的生产单位。2019年末，型钢厂大型线固定资产原值19.87亿元，净值17.45亿元，拥有主要设备22台（套），总质量约1万吨，其中：12米弧一机四流大矩形坯连铸机1台、31米蓄热步进梁式加热炉1座、高压水除鳞机2套、ϕ1100毫米开坯粗轧机2架、ϕ1050毫米精轧机2架、冷床入口热锯1台、78米步进式大冷床1个、1350~1800毫米可变节距9辊双支撑矫直机1台、定尺冷锯机2台、码垛机3台、方圆钢冷床2个，定尺热锯机2台，垛捆收集装置2套，年生产能力约50万吨。中型线固定资产原值4.53亿元，净值2.68亿元，拥有主要设备23台（套），总质量5157吨，其中：22米蓄热式推钢加热炉1座、ϕ650毫米三辊轧机1架、ϕ630毫米横列式轧机3架、高压水除鳞机2台（套）、热锯3台，链式型钢冷床3个、800矫直机1台、900矫直机1台、自动码垛机1台、型钢打包机3台、轻轨铣钻床2套，年生产能力40万吨。

2019年末，型钢厂设厂部级干部5人；下设科室4个，作业区11个，班组28个。有职工763人，其中男职工687人，女职工76人；中共党员227人，共青团员5人；干部42人，其中科级干部11人；管理及专业技术职工31人，其中高级职称10人，中级职称23人；工人721人，其中技术工人591人，高级技师12人，技师28人。职工中有研究生5人，大学本科80人，大学专科68人。

【生产经营】 2019年，型钢厂紧紧围绕市场和产品两大主题，以生产顺行为中心，以合同兑现为主线，在树品牌、做宽度上持续发力，强化生产计划安排和调度生产组织，合理协调品种规格与实际生产状态，保证生产动态平衡，提升产线效率和产品质量，产销水平不断提高。全年，中型线产量46.6万吨，同比增加3.8万吨，创现有坯型生产最好水平；重点产品产量38.6万吨，同比增加1.9万吨，重点产品比例82.8%；品种钢产量41.4万吨，同比增加3.7万吨，品种钢比例88.8%；净利润8662万元。大型线产量50.03万吨，同比增加24.1万吨，创历史最好水平；集团战略产品产量21.5万吨，战略产品比例42.9%；重点产品产量38.2万吨，同比增加19.5万吨，重点产品比例76.4%；品种钢产量41.85万吨，品种钢比例83.7%；净利润2937万元，产线创效能力显著提升。

【产品研发】 2019年，型钢厂狠抓产品创新，推动产品升级和结构调整上水平。全年，自主开发SY295Al、SY295、SY390三个牌号400毫米×100毫米、400毫米×125毫米、400毫米×170毫米U型钢板桩，280~300毫米大规格C级角钢，225毫米×105毫米、215毫米×110毫米、210毫米×110毫米三个大规格电极扁钢，其中400系列钢板桩填补集团空白，Q460C大角钢为国内独家生产，大规格角钢具备电力铁塔全系列供货能力，面向国内最大铁塔制造企业连续供货近3万吨，占据全国1/3市场份额，300大角钢获"中国钢铁工业产品开发市场开拓奖"；220~300毫米大角钢和400系列钢板桩以较强品牌影响力和创效能力，被公司确定为"单打冠军"产品。这一年，扎实推进角钢系列产品开发，协调优势资源，优化成分设计，改进工艺路线，调整轧制孔型，不断改进产品内在质量和外形尺寸，年内批量生产高强韧性Q355C、Q355D、Q420C、Q460C角钢5.4万吨，中型生产深中通道重点工程125毫米×80毫米、160毫米×100毫米超长定尺角钢2800吨，22~30号大角钢产销量达10.2万吨；加快钢板桩系列产品开发，为深中通道重点工程生产21米、24米超长定尺钢板桩1400吨，全年钢板桩产销量15.2万吨，河钢唐钢成为国内钢板桩主要供应商之一；中型实现60鱼尾板试轧，为新中型产品开发做好技术储备。

【客户服务】 2019年，型钢厂突出营销引领、技术服务支撑作用，加强客户服务能力建设，全面加速客户端优化和产品结构调整，努力提升用户认可度和忠诚度，不断推进完善型钢产品供应链体系建设，确保产销各环节之间无缝衔接、高效沟通，快速响应市场，实现整体高效运营。年内，开发型材直供用户8家，新增合同量7万吨，成功对接深中通道、国网特高压工程等国家重点工程项目；钢板桩系列产品开发及大规格角钢的优化改进，把客户需求转化成生产要素，满足国家重点工程钢板桩及国网特高压工程大角钢需求，提高河钢唐钢钢板桩及大规格角钢品牌影响力，全面拓展钢板桩华南、华东及东南亚市场，大规格角钢有力支撑了河钢集团与山东电工电气集团之间的战略合作。

【设备管理】 2019年，型钢厂持续推进设备、工艺技术攻关改造，开展全流程各工序效率攻关，实施工艺设备自动化协同提升项目30余项，不断提高生产效率，提高机时产量，降低制造成本。当年，角钢机时产量达80吨/时，钢板桩机时产量平均由55吨/时提高到88吨/时，最高月产达5万吨。年内，加强耐材管理，优化中包结构和结晶器流场，中包浇钢炉数稳定在18炉以上；改造轧机控制程序，通过优化调整轧机顺控程序，缩短轧制间隙时间，产品轧制效率大幅提升，其中钢板桩轧制周期由原来的3分20秒缩短为2分钟；进行大冷床控制程序改造，优化大冷床步进程序，冷床步进周期由原来的52秒缩短到30秒，解决冷床不同步造成的钢料弯曲现象及其对生产节奏的制约问题；实施冷锯提速改造，优化锯切程序，调整保护参数，各品种锯切效率提高30%；先后推进精轧机F2后增设气水喷淋装置、码垛机提能改造、收集装置控制改造等项目，提高设备稳定性和运行精度。中型线开展角钢产销协同攻关，实现生产单元、营销中心与用户充分对接，合理确定角钢剪尺，全年中型角钢产销量8.1万吨，带出品比例降低为0.2%；进一步加大设备日常点检、专业点检力度，提高设备运行稳定性，保证中型产线的高效生产；开展轧辊、导卫等备件的修旧利废，降低生产成本。

【智能产线建设】 2019年，型钢厂加强智能产线建设，持续开展以大型线为主体的智能化推进工作，强化信息化、自动化、智能化支撑。这一年，紧密结合产品结构优化调整，加强智能化、信息化基本数据维护工作，重点依托自动化、MES系统等进行智能制造，围绕生产稳定运行、标准化操作、功能精度提升、系统完善、技术改进等内容开展攻关，通过模型化推进，开展一系列产线创新活动，从加热炉出钢到轧制成品实现一键式轧制；推进连铸浇钢、轧机调整、矫直调整模型化、标准化作业，开发中包浇注单流双根、双流双根捞钢模型、加热炉双排布料模型、加热炉温度曲线控制模型、轧机自动轧制模型、矫直模型等智能化项目，减少人为操作干预，达到标准化操作，提高产品质量稳定性，实现产线高效生产。

【质量管理】 2019年，型钢厂强化质量管理，按照管理控制程序加强过程控制，质量管理体系运行平稳且不断进步。年内，开展对质量体系文件的梳理修订，共制定完善作业文件、管理规定38份，下发技术通知单、技术联络单21份，完成4号连铸机、大型与中型技术规程和各作业区岗位规程换版，通过优化生产工艺，孔型改进，合理调整轧制温度、轧机速度和轧机导卫等，在确保生产高效稳定运行的同时，不断改进产品规格，满足用户使用需求，产品质量达到国内先进水平，市场占有率不断提升；开展“一厂一策”质量管理体系提升工作，制定年度与月度重点工作计划，与内审组学习交流，稳步提升质量管理水平。

【工艺技术优化】 2019年，型钢厂加强技术管理，持续优化工艺技术，为产线稳定生产提供支撑。年内，抓住GB/T1591低合金高强度结构钢标准换版实施契机，编制角钢企业标准，优化改进角钢生产工艺，对高强韧性Q355C、Q355D、Q420C、Q460C角钢进行集中攻关，取得效果；自主设计SY295Al、SY295、SY345、SY390等钢种应用于不同工况使用要求的钢板桩，编制钢板桩企业标准；自主设计钒微合金化、铌微合金化产品成分，自主设计400毫米×100毫米、400毫米×125毫米、400毫米×170毫米系列钢板桩孔型及轧制工艺，成功开发400系钢板桩，填补集团产品空白；优化铸坯矫直温度，通过二冷、三冷室密封铸坯保温，铸坯高精度、定点测温，实时动态调整冷却工艺，有效避免奥氏体向铁素体转变的第Ⅲ脆性温度区，降低大矩形连铸坯角部30~50毫米内矫直缺陷，避免轧制大角钢表面微裂纹。

【成本管控】 2019年，型钢厂强化效益思维，加强成本、资金和费用控制，全年大型线标准成本符合率75.7%，轧钢工序变动成本376元/吨，固定费用331元/吨，成本费用同比降低227元/吨；中型线标准成本符合率70.86%，轧钢工序变动成本238元/吨，固定费用144元/吨，成本费用同比降低26元/吨。这一年，坚持每周进行成本测算、比较分析影响成本的每一个指标，对于异常变化的指标及时与作业区沟通、跟踪，找出方法、快速解决；制定计划指标时保证客观、合理及可完成性，同时将总体指标逐级分解到归口管理科室、作业区、班组和员工，确保指标承接和落地；进一步梳理工艺制度，完善设备功能，降低事故率，稳步提升产能水平，持续降低钢铁料消耗和能源介质消耗，加大事故控制力度，减少中包大块、漏废等项目；提高铸机设备精度控制水平，严格执行各项工艺参数，减少废品量，提高金属收得率，降低生产成本。

【人才管理】 2019 年，型钢厂注重人才管理，加强专家技术（管理）创新工作，积极开展职工培训，满足人才需求。年内，严格专家队伍管理，根据工作需要，调整专家岗位设置，认真做好专家的评聘、绩效管理等工作；充分发挥专家技术（管理）创新带动和引领作用，对专家承担项目（课题），加强前沿技术、管理工具或理论跟踪，先后组织专家参与大规格角钢开发调试、钢板桩开发等工作，提出成品使用滚动导卫建议，解决大规格角钢腿端划伤问题；根据集团和公司战略布局，为河钢乐亭项目提供人才支撑，抽调工艺技术、机械设备、电气、综合管理等专业生产骨干支持项目建设；坚持开展职工培训，及时征集员工培训需求，从培训计划、培训实施、效果反馈及评价等方面，分层次分岗位开展员工培训和作业长培养工作，从专业基础知识提升、管理能力提升、综合素质能力提升各方面做好后备作业长、值班作业长、日班作业长的培养。全年共组织职工培训 48 次，4909 人参加。

【体系建设与改善创新】 2019 年，型钢厂深入落实“强服务、提效率、转机制”要求，践行用制度管理、用能力服务工作理念，针对构成体系支撑的各类文件进行梳理，着重检查全面性和适用性，查缺补漏，保证体系文件全覆盖，可执行性强。年内，强化职能科室业务和素质培训，不断提升职能科室人员的能力，将服务意识转化为服务行为，确保各项工作有效落实；建立职能科室人员包保产线制度，并由产线对包保人员的服务意识和服务能力进行评价，与绩效挂钩，进一步调动职能科室人员服务产线的工作积极性；积极推动管理体制机制变革，构建扁平高效的运行体制，将优质资源配置到产线，把技术人员安排到产线，实行双重管理，让每一名技术人员直接参与产品生产和市场服务；充分发挥技术骨干和产线工程师的作用，实现产销研用无缝衔接，推动产品质量和品种升级；强化产线创新意识，坚持改变就是改善的原则，提升技术人员产线创新主观能动性，年内采纳实施合理化建议 100 余项，QC 质量管理攻关课题 6 项，岗位创新小微成果 50 项，青年创新创意大赛 2 项等多类型技术创新成果。

【能源环保与安全管理】 2019 年，型钢厂站在讲政治的高度，进一步强化能源环保和安全生产管理，坚持完善能源、环境管理体系建设和各种管理制度，落实安全生产责任制，确保生产经营顺畅。年内，按照要求，梳理能源环保体系文件，进一步完善《能源环保考核管理办法》，加快设备的节能环保改造，抓好重污染天气的应急响应及采暖季限产期能源环保管控措施落实，加大能源环保检查与考核力度，实行厂部、科室、作业区循环检查，定期更换除尘机滤网保证烟尘排放达标。坚持“安全第一，预防为主，综合治理”方针，牢固树立安全发展理念，持续抓好人的本质安全、现场本质安全和事前预防，贯彻落实“双控”机制建设，进一步规范安全生产风险分级管控和隐患排查治理双重预防机制，形成风险自查、隐患自改、责任自负的长效模式；根据有变则辨、动态抓安全的预防原则，细化危险源辨识，当年合并减少危险源 279 项；开展隐患排查治理，年内共排查整改问题 1569 项；严格落实“一岗双责”安全管理责任，做好技术指导及设备保全，加强属地安全管理；将体系管理落实到日常工作，加强班前、班后会安全提示与警示教育，做好全员分期培训及考试工作，提升全员安全素质。

【作业长制推进】 2019年，型钢厂作为作业长制重点推进新单位，转变跟进定位，把作业长制推进作为强化管理、提高效率的主要抓手，厂部级干部直接面对作业区开展工作，减少管理层级，提高工作效率，制定厂长负责包保推进办并统筹全局、班子成员包保作业区制度，抓好组织并强力推进；建立完善作业长制体系相关文件，采取走出去、请进来的方式学习借鉴先进单位推进经验，开展灵活多样的专业管理培训，推动作业长制不断深入，作业长队伍素质得到有效提升。年内，11名骨干取得公司作业长资格合格证。

【绩效管理】 2019年，型钢厂进一步深化绩效管理，持续完善优化与事业部协同机制相适应的绩效评价体系和管理模式。年内，创新完善绩效评价机制，实行职能部门绩效考核与作业区挂钩，发挥绩效管理的激励引导作用，进一步增强职能部门的服务意识和服务实效；加强专业管理，建立以督导为主、奖励考核为辅机制，奖罚并举，规范职工标准化作业，鼓励更多职工参与自主创新。

中厚板事业部

【概况】 中厚板事业部是依托中厚板材有限公司（简称中厚板公司）组成，以产线为独立市场单元，围绕“国内钢铁行业效益一流企业”和“中国结构用钢第一品牌”两大目标，制造铁水、钢水、连铸板坯、中厚板材等产品的经营部门。位于唐山市乐亭经济开发区，唐港高速公路出口500米处，占地面积365万平方米，建筑面积32.16万平方米，距京唐港4千米。2019年末，其主要设备包括1580立方米高炉2座、1780立方米高炉1座、210平方米烧结机2台、240平方米烧结机1台；铁水预处理装置1座、120吨转炉3座、LF精炼炉3座、RH精炼炉1座、板坯连铸机4台（其中2号连铸机兼具电磁搅拌及重压下功能）；蓄热式加热炉4座、3500毫米双机架轧制线1条、3500毫米单机架轧制线1条、中间坯即时温控、超快冷装置等。具有400万吨商品材坯的生产能力，其产品涵盖碳素结构钢、低合金高强度结构钢、高层建筑用钢、桥梁结构用钢、模具用钢、船体结构和海洋工程机械用钢、锅炉和压力容器用钢、管线钢等为主导八大类140余个牌号。钢板规格覆盖厚度6~120毫米，宽度800~3200毫米，长度3000~15000毫米，广泛应用于国内重点工程项目、城市标志性建筑以及“一带一路”项目建设，通过ISO 9001质量体系认证、欧盟CPR和PED认证、新加坡BC1认证，以及ABS、BV、CCS、DNVGL、KR、LR、NK、RINA等八家船级社船板认证。

2019年末，中厚板事业部设厂部级干部5人；下设部室16个、作业区49个。共有职工2361人，其中男职工2178人、女职工183人；中共党员726人；干部383人，其中科级干部62人；管理及专业技术职工230人，其中高级职称31人，中级职称203人；工人1973人，其中技术工人1272人，高级技师31人，技师128人。职工中有博士3人，研究生25人，大学本科455人，大学专科447人，中专153人，高中及以下1278人。

【生产经营】 2019年，中厚板事业部锚定“国内钢铁行业效益一流企业”和“中国结构用钢第一品牌”两大目标，突出市场和产品两大主题，以效益为中心，以对标为手段，持续加大降成本、提效率、增效益力度，助推“两个结构”再优化，生产经营稳定顺行，在市场下行情况下保持了盈利势头。全年，产铁437.45万吨，产钢460.12万吨，产钢材279.89万吨，小方坯95万吨，矩形坯56万吨，铁水和小方坯产量创历史纪录；实现利润5.41亿元，获“河钢最佳经营团队”称号；在保证铁钢生产平衡的同时，产线效率持续提升，其中12月，120吨转炉创出班产31炉的国内最高纪录，板坯连铸机创一个中包连浇30小时26分、48炉钢、5915吨的国内板坯连浇最高纪录。

【市场开拓】 2019年，中厚板事业部认真落实集团战略部署，强化客户服务能力及营销体系建设，持续深化以大客户为核心的客户服务营销机制，以拓展重点用户为切入点，努力开拓新客户，抢占中高端市场，确保大型终端及重点用户销量提升。全年，重点用户销量124.8万吨，同比提高10.2万吨，前16家大客户直供产品150万吨，总体客户集中度达54.07%，同比提升14%。这一年，深挖用户需求，提升服务水平，与中冶集团、中材集团、华电集团、中建集团、上海建工、中船集团及小松集团、住友建机、胜代集团等国内外重点知名企业建立战略合作或业务合作关系；强化客户服务能力建设，优化管理过程和激励机制、完善营销团队功能，确保客户交货期，努力提升营销管理水平和产品市场竞争力，当年连续三年合作客户销量占比达到60%，连续两年合作客户销量占比70%，连续六个月合作客户销量占比为92%，客户忠诚度稳步提升。

【产品结构调整】 2019年，中厚板事业部不断强化“中国结构用钢第一品牌”建设，确定以桥梁钢、工程机械用钢、高层建筑结构用钢、高端模具钢、项目结构用钢为主的高端产品序列，切实提高创效产品占比，力促产品创效能力提升。当年，结构用钢销售量188.62万吨，月均投放量15.72万吨，总体销量同比增长5%；成功开发高强钢、桥梁钢、高强建筑用钢、高端模具钢、管线钢、船板等六大系列16个品种38个规格产品；累计发货262.38万吨，品种钢发货223.72万吨，品种比例达85.27%。其中船板、模具耐磨钢、容器板、桥梁板、高建钢、工程机械用钢、管线钢等重点品种钢产量为146.39万吨，占比55.79%；实现高强钢强度、规格升级、桥梁钢系列化延伸、高建钢规格化覆盖、高端模具钢批量稳定供货。与中铁山桥、燕山大学合作的铁路桥梁钢项目，完成铁路桥梁用钢冶炼、轧制及组织性能分析；国内工程应用最高级别高建钢Q460GJ进行8~60毫米厚度规格的工业化试制，成功应用于雄安新区建设。

附表 2019年中厚板事业部发展战略引领产品一览

产品名称	规格/毫米	产品牌号	执行标准
建筑结构用钢板	8~100 800~3200	Q345GJ系列 Q390GJ系列 Q420GJ系列 Q460GJ系列	GB/T 19879
厚度方向性能钢板	15~100 800~3200	Z15、Z25、Z35	GB/T 5313
桥梁用结构钢	8~80 800~3200	Q345qC/D/E	GB/T 714
	8~60 800~3200	Q370qC/D/E Q420qD/E	GB/T 714
桥梁用结构钢（美标）	8~80 800~3200	A709-50T-2	ASTM A709/A709M
低合金高强度结构钢	6~100 800~3200	Q420A/B/C/D/E Q460C/D/E	GB/T 3274 GB/T 1591

【智能制造和模型化生产】 2019年，中厚板事业部聚焦设备自动化、工艺模型化、操作一键化“三化”，抓好智能制造和模型化生产，助力效率提升与质量稳定。这一年，炼铁系统稳步推进操作模型化，实施烧结机点火炉自动控制项目，基于点火炉温进行煤气、空气流量的自动控制，降低煤气成本；

引入料场自动控制项目，实现整个料场的取料、配料、流程输送全过程自动化控制。炼钢系统与湘钢、武钢等企业就自动化模型进行对标，结合实际建立“高铁耗自动炼钢模型”“精炼成分预报模型”“连铸下渣检测系统”“连铸智能化浇铸模型”等14个推进模型，模型建设日趋走向系统化；通过对自动炼钢模型的不断攻关，副枪投入率由1月的99.60%提高至99.91%，C/T双命中率提高至94.66%，直接出钢率提高至88%以上；精炼合金模型投用率100%，窄成分合格率达99.2%以上，较人工操作成本降低3.2元/吨。轧钢系统在除鳞、轧制、预热矫、超快冷工序智能制造方面，进一步完善热喷标在线识别系统、加热炉自动装出钢系统、加热炉智能燃烧系统，并实现关键设备运行参数在手机上远程监控；两条轧线、4座加热炉实现装钢、出钢自动化；物料跟踪系统贯通全生产线。

【质量管理】 2019年，中厚板事业部坚持全流程一贯制质量管理，强化质量管控，提高产品质量。这一年，加强技术、质量基础管理工作，贯彻落实公司《作业标准化评价管理基准》《质量废次降管理办法》《质量体系推进落实管理基准》《重点产品特性控制能力》《产线关键工艺过程符合率管理办法》5个基准文件，推行标准化作业，不断满足市场需求，实现与客户的无缝对接；进行新国家标准《改善成形性高强度结构用调质钢板》（GB/T 36171—2018）的起草和定稿，并于2月1日始实施；完成欧标产品18个钢号、79个规格认证，最高强度级别为S460NL，厚度规格达到80毫米；进行LR、CCS、ABS、BV船级社8~50毫米DZ35、EZ35、DH36Z35、EH36Z35、EH40Z35的船板认证工作，促进产品质量稳步提升。

【直供重点工程】 2019年，中厚板事业部狠抓重点工程销售，不断提升直供用户及终端用户销量。全年，实现直供重点工程项目164个，销量118.54万吨，同比提高30%。主要包括北京国家会议中心，上海进出口博览会国展中心，雄安高铁站，冬奥会高山滑雪项目，国家雪车雪橇中心项目，冬奥会冰雪小镇项目，2020年亚运会网球馆、游泳馆、综合训练馆项目，浙江石化项目，北横通道二期，杭州之门，富力广场，京东总部大楼，山西108国道高架桥项目，路泽太高架桥项目，大连星海湾金融中心等重点工程。其中国家会议中心、上海国展中心、呼市海拉尔大街改造项目等大型工程高端产品订货量均在万吨以上，对冬奥会高山滑雪、国家雪车雪橇中心、雄安新区工程、亚运会场馆项目等国家重点工程，实现持续供货。

【设备管理】 2019年，中厚板事业部狠抓设备基础管理，以全面消缺为目标，完善检修作业审批流程和检修应急预案制度，加强设备周期性维护，努力降低设备维检费，将设备功能精度管理融入定修管理中，实现设备稳定运行和维检费用的不断降低。全年，发生设备事故故障19起，同比减少93起；发生设备维检费4.39亿元，折合吨钢102元，较当年财务指标降低12.82%。这一年，从思维理念、岗位履职和专业管理等方面着手，梳理职责分工、流程、制度，利用点检及时发现隐患，依靠日修和定修及时解决隐患，努力降低各类事故；检修部门转变思路，减少外委项目，由辅助施工向专业承包服务转变，主动承接整体外委任务，年内完成制作安装轧钢火切台架2座、预制安装1~3号烧结混合料仓蒸汽伴热管道、轧钢一线除尘管道、更换铁料地仓衬板等项目，减少外委139项，节省外委费用390余万元；积极开拓市场，通过实地考察和全面评估，引入23家业绩优秀的供应商参与采购竞争，非标备件采购费用同比降低13.77%，节约采购资金587万元。

【能源管理】 2019年，中厚板事业部加强动力介质消耗管理，能源管理全面升级，能源成本不断降低。全年，自发电量达 8.09 亿千瓦时，同比提高 1.21 亿千瓦时，吨钢发电 175.61 千瓦时，同比升高 28.13 千瓦时/吨；高炉煤气回收 69.04 亿立方米，同比多回收 5.18 亿立方米；转炉煤气回收 5.26 亿立方米，较上年多回收 1800 万立方米。这一年，着力改善设备运行参数，清洗两台热电机组真空系统，精准控制蒸汽温度和压力，提高汽轮机效率，增加发电量；烧结余热发电对凝汽器进行高压水枪疏通，对射水箱连补连排进行改造，做到能源的梯级利用；提高高炉煤气和转炉煤气回收量，建立炼铁热风炉倒炉制度，合理平衡煤气用户，加大锅炉烧转炉煤气用量，吨铁高炉煤气回收同比提高 31 立方米，吨钢转炉煤气回收同比提高 6.2 立方米。开展节水攻关，控制发电循环水浓缩倍率，降低补水量，提高反渗透进水温度、反渗透软水产量和回收率，将炼钢泵站管廊内地下渗透水进行回收利用，减少新水消耗，当年吨钢耗水 2.61 立方米；减少吨钢耗电量，通过对部分水泵进行节能改造，改进设备能耗，关停不必要的备用设备，降低空载设备消耗等措施，年内吨钢电耗 486 千瓦时，同比降低 8.85 千瓦时/吨。

【对标降本工作】 2019 年，中厚板事业部强化效益思维，深入开展产线对标，加大挖潜降本和效益提升力度，成效显著。这一年，炼铁系统紧盯营钢、成渝先进指标，持续优化烧结配料结构，调整高炉入炉结构，优化结构成本；实施低硅冶炼，适当提高炉渣碱度，提高脱硫能力，降低燃料成本，全年燃料比 537.72 千克/吨，煤比 141.57 千克/吨，同比提高 6.71 千克，炼铁成本与营钢差距从 64.61 元/吨缩小至 24.91 元/吨。炼钢系统对标营钢、湘钢，通过优化废钢配比、副枪模型，细化脱氧剂加入量、增大转炉底吹气量，降低终渣氧化铁含量等措施，各项消耗达到业内较好水平，其中炼钢综合熔炼费 575.93 元/吨，同比降低 35.21 元/吨。轧钢系统以提高成材率、作业率，降低可控消耗为重点开展对标挖潜，全年变动加工费 175.62 元/吨，同比降低 7.96 元/吨，降幅 4.3%；作业率 77.86%，综合成材率 92.84%。

【混合所有制改革】 2019 年，中厚板事业部按照河钢集团和公司决策部署，积极探索中厚板公司混合所有制深化改革，导入民营企业灵活的体制机制及成本控制能力，激发企业活力，力促进口原燃料采购、备品备件材料采购及“三外”费用控制取得突破，各项费用同比降低 15%～20%。这一年，深化混合所有制管理模式，完善以产线为独立市场单元的扁平化组织架构，调整机构，理顺流程，成立物流中心，不断强化铁、钢、轧、动力全系统，研产供销一体化，设备点检、维检管理高度协同、快速反应的经营机制；建立与混合所有制相适应的激励机制，改进激励方式，将优胜班组的奖金直接发放到班组员工，充分体现对重点岗位员工的激励性。围绕全面提升产线效率，设立破纪录奖，引领各项指标追赶行业先进，不断突破自我；强化“爱岗敬业奖”“改善提案奖”“自主管理课题奖”“卓越贡献奖”四大奖励平台建设，多层面、多角度激励技管人员及一线职工立足岗位、创新创效，为企业保持良好的效益水平奠定坚实基础。

【推进作业长制】 2019 年，中厚板事业部深入推进作业长制机制变革，完善各项制度，制定《职能部门与工作部、作业区双向评价管理办法》，将作业区对科室的评价纳入绩效，强化科室服务支撑作用发挥。年内，对作业区管理要素进行全面梳理，根据管理要素每月组织开展内部“飞检”活动，对发现的问题遵循 PDCA 原则进行整改，提升基础管理水平。完善“金牛”“银牛”“铜牛”“蜗牛”作业区评比机制，月末进行总结评比、计划制定，实现持续推进、稳步提升，蜗牛作业区数量同比减少11个。重塑研修会组织架构，将信息自动化部作业长纳入其中，强化各专业的横向协作；定期围绕成本降低、典型质量问题等主题开展作业长研修活动，共同协商解决产线问题。强化作业区自主管理，通过日常辅导和季度培训，作业区达到每季度完成一项课题的目标；开展值班作业长、班组长培训，加强培养，坚持开展“后备作业长训练日”活动，提升基层管理者的能力素质。

【全员绩效管理】 2019年，中厚板事业部围绕深化混合所有制改革这一中心工作和“两个结构”优化、效益提升目标，优化全员绩效管理机制，完善四级绩效管理体系，确保KPI对“两个结构”调整、成本、产量、质量等管理工作全覆盖。这一年，对营销部门的绩效指标进行调整，提高“售价提升”权重，助力售价提升；根据每月与行业标杆企业五矿营口中板公司全方位、无缝对标，制定全新的对标攻关绩效管理办法，以及与效益、成本、费用直接相关的对标攻关项目，查找差距、持续追赶、落实激励，支撑盈利能力提升。

【安全环保工作】 2019年，中厚板事业部强化安全环保管理，狠抓安全生产和环保达标，积极创建安全、绿色工厂，完成集团下达的安全控制指标。这一年，制定执行《安全生产专项整治工作实施方案（2019—2021年）》，严格落实安全生产“一岗双责”，强化“五落实、五到位”规定，深入开展安全生产专项整治行动、深化安全生产大排查大整治攻坚行动，对高温熔融金属吊运、煤气、淘汰禁止使用设备、有限空间作业、粉尘涉爆、检维修作业和外委施工队伍安全管理、职业健康等方面进行专项整治，遏制各类安全生产事故的发生；高度重视员工安全教育培训工作，开展安全管理人员培训、特种作业人员培训、实操培训、职业卫生培训、消防知识、有限空间作业、双控机制、外委人员等各项专题培训和考试，组织全员培训139期，培训职工3661人；组织各班组每周学习事故案例、警示教育视频、应急预案、安全生产标准化作业、岗位应知应会等内容，切实提高职工的安全防范意识，实现从“要我安全”到“我要安全”的转变；强化安全履职检查，通过约谈和培训，提升作业长的安全意识和管理水平。坚持以新建环保项目稳定高效运行为重点，提升环保管理水平，打造“绿色工厂”。当年铺设路缘石4600米，对重点道路铺设沥青，进一步改善厂区环境；结合环保设施升级改造，加大现场环保监督检查力度，对环保设施运行、放射源使用及安全防护、烟气在线监测装置运行等进行定期和不定期检查，实现减排工作目标。年内79个有组织排放口全部实现达标排放，环保设施同步运行率、完好率均为100%。

【轧钢1号线精轧机主传动系统升级技改】 2019年3月，中厚板事业部轧钢1号线精轧机主传动系统升级技改工程立项，同年7月开工建设，11月竣工。项目概算投资990万元，由唐山天鸿建设集团有限责任公司承建，北京金自天正智能控制股份有限公司设计、供货。项目主要是对原西门子SIMADYN D变频装置及附件进行改造升级，使全数字控制系统SINAMICS SL150的结构设计更合理、性能更稳定，故障处理更加方便。

【党群工作】 2019年，中厚板事业部党委坚持以习近平新时代中国特色社会主义思想为指导，深入开展“不忘初心、牢记使命”主题教育，切实加强企业党的领导、党的建设，努力做好党群各项工作。这一年，深化政治理论学习，组织广大党员干部和职工群众认真学习贯彻习近平总书记系列重要讲话和十九届四中全会精神，进一步强化学习成果指导实践、破解难题的针对性；抓实制度建设，建立完善《党委会议事规则》《党支部标准化规范化实施方案》等一系列文件制度，在实践中积极探索深化与混改相适应的党建工作举措，有效推动党建工作再上水平；打造党建特色品牌，结合自身实际，开展“混改先锋”党建品牌创建工作，着力构建“党委有主题、支部有项目、党员有指标”的品牌建设运行机制，根据不同时期生产经营重点，开展形式丰富的主题实践活动，使党建工作与中心工作进一步深度融合，营造“党建护航、助力发展”的良好氛围，涌现出一批优秀共产党员，3个岗位获省国资委“优秀共产党员先锋模范岗”称号，4个岗位获集团“优秀共产党员先锋模范岗”称号；加强党风廉政建设，把廉洁从业警示教育作为纪律作风专项整治重点，通过举办警示教育大讲堂、开展学习讨论交流等特色活动，对关键岗位人员进行警示教育，营造风清气正的生产经营环境。年内，事业部党委先后被市国资委和公司党委授予“先进基层党组织”称号，党建研究课题获省国有企业党建课题评比二等奖、公司党建课题评比一等奖。

唐银公司

【概况】 河北唐银钢铁有限责任公司（简称唐银公司）是集烧结、炼铁、炼钢、轧钢于一体的生产单位，产品以长材、带材为主，系河钢唐钢三大控股子公司之一。2019年末，产能规模为240万吨/年，主要设备有180平方米烧结机1台，90平方米烧结机2台，1080立方米、750立方米、550立方米高炉各1座，120吨炼钢转炉2座、8机8流小方坯连铸机2台，1.6万立方米/时制氧机2台，年产100万吨高速线材生产线2条（共用一个加热炉），年产100万吨棒材生产线及年产100万吨带钢生产线各1条。主要生产线材、盘螺和带钢，固定资产39.64亿元。

2019年末，唐银公司设厂部级干部6人；下设部门20个、作业区78个、班组191个。共有职工3505人，其中男职工2539人，女职工966人；中共党员480人，共青团员33人；管理及专业技术职工291人，其中高级职称16人，中级职称92人；工人3243人，其中高级技师11人，技师41人。职工中有研究生8人，大学本科403人，大学专科742人，中专981人，高中及以下1371人。

【经营管理】 2019年，唐银公司紧紧围绕市场和产品，以倾力打造“最强经营管理阵线”为经营目标，全面落实“极限化、双向化、创新化”思维，强力推行“三大理念、三个概念、四种结构一个全工艺链成本”的经营策略。全年，产铁227.5万吨、钢243.2万吨、材232万吨，同比分别增长21.09%、12.9%和21.37%；实现营业收入85亿元，利润4.4亿元，现金流增加4.6亿元，效益实现最大化。年内，坚持向进口端要“过程效益”，密切跟踪市场变化，准确预判价格走势，发挥资金储备优势，运用期货化理念和极限化思维，最大限度争取进口端价格涨跌之间的“过程效益”；向销售端要“变化效益”，全面落实以销定产，以效定品种原则，坚持创效高的产线优先、创效高的品种优先、创效高的规格优先，将营销工作重点放在产品高售价和高效益上，争取销售端最大的市场“变化效益”；向四大板块要生产工艺过程中的“结构效益”，对烧结配料结构、高炉原燃料结构、转炉熔剂料结构和能耗控制及产品结构等四大板块进行日常扫描式分析与测算，建立科学、经济、创效的结构组合，充分挖掘四大板块结构效益；不断强化“化学反应”功能，努力实现全工艺链成本最低目标，将经营创效目光投放到全区域、各产线单元，打通多个经营管理的支路增效点，其中设备利旧改造、动力节能、原燃料库存及周转率、机时产量、棒材负差率、银行存款、理财等成为新的创效点。

【生产突破】 2019年，唐银公司面对严峻的环保停限产形势，以“产就高效率”为主线，创新生产理念，统筹安排，科学组织，生产在稳定运行基础上不断取得突破。这一年，严格落实“铁三率”要求和物料供应的“一次符合率，二次复合率，三次稳定率”的三率检验与考核制度，有力保证各种物料质量和性能稳定性。通过与先进企业对标，完善高炉核心数据库管理，制定科学的装料制度、送风制度，合理调整好球矿配比等措施，各生产工序产量屡破纪录。铁区4月29日4号高炉日产铁2346吨，5月9日3号高炉日产铁4025吨，7月8日2号高炉日产铁2082吨，均创各炉座日产历史最高纪录，5月7日铁区日产铁量8335吨，创三座高炉单日产铁最高纪录；钢区6月30日产钢10088吨，创历史新高；轧区4月7日生产12螺3143.65吨，4月14日生产18螺3932.95吨，4月28日轧钢总产量1.14万吨，均创日产历史最高纪录，4月棒材总产量10.15万吨，月产首次突破10万吨大关。

【钢轧高质量提速】 2019年，唐银公司着力“打造单打冠军”产线，加强基础管理，狠抓关键点，最大限度挖掘设备潜能，助力钢轧系统高质量提速。年内，钢轧区域注重加快生产节奏，强化铁水、钢水调度管理，保障炉机匹配，执行低温快注工艺路线，连铸平均拉速由2.10米/分提高到2.40米/分；每包钢水平均浇铸周期由以前的38分钟降至34.5分钟；棒材轧制速度由13.5米/秒提高到14.5米/秒；高线在对双线共用的PF线进行加固和改进活套稳定性后，轧制速度由70米/秒提高到77米/秒，各工序均突破产线生产极限。为保障提速后的产品质量，技术部门密切跟踪、动态指导提速轧制，收集大量的钢水成分控制与轧制历史趋势对比数据，加强薄弱环节管控，通过推广使用石油焦增碳剂、改进轧槽水冷，确保成品材性能稳定，杜绝大型质量异议。全年异议损失吨钢仅0.005元，为历史最好水平。

【市场营销】 2019年，唐银公司坚持以市场需求为风向标的经营理念，精准把握市场脉搏，创新营销模式，产品市场占有率进一步提升。全年，销售产品248.9万吨，其中螺纹104万吨、盘螺103.3万吨、带钢32.4万吨、钢坯9万吨。年内，按照创效高区域优先原则，全部建材产品实现在售价最有优势本地销售；在品种上突出创效高的螺纹钢销量，其中售价最高的ϕ12~14毫米小螺纹销量占全部七个规格总量的52%，为销售效益极限化提供强力支撑；带钢和钢坯等产品销售作为阶段性补充，其效益高于线螺产品予以排产；销售模式改变以往单一协议户方式，大量增加高利润散单销售，使销售方式更加灵活，实现销售利润最大化。

【带钢产品以带代板】 2019年，唐银公司以精品钢生产理念对带钢产品开展以带代板攻关。年内，设立带钢板型控制和表面质量控制两个研究组，在转炉系统运用大数据统计优化钢水成分设计，采用钢水炉后钙脱氧处理，浇注前定氧等措施，保证钢水流动性；连铸系统通过全程保护浇注，避免钢水二次氧化，采用大容量中间包、连铸坯分级管理等措施，减少铸坯夹杂物及缺陷；轧钢工序对加热炉炉型结构升级改造，采用蓄热式热回收和换向燃烧技术，保证连铸坯加热各向均匀性；采用高压水除鳞技术，改造卷曲五辊矫直机，优化标牌打号系统等措施，使带钢产品全部从卷管用料向冷轧镀锌深加工用钢转变，进一步拓宽带钢销售市场。

【工艺技术优化】 2019年，唐银公司以技术为先导，精准发力，系统施策不断优化工艺路线，改进穿水工艺，热轧钢筋实现低成本、高质量、无缺陷生产。这一年，由于新国标对建筑用钢提出更高质量要求，原强穿水轧制工艺被废除，导致冶炼时合金用量大大增加。在执行新国标过程中不断对原强穿水轧制工艺进行优化改进，摸索出合理的水量、水压、水段长度，成功实现弱穿水新工艺，产品吨钢成本降低8元，同时克服热轧钢筋上冷床易弯曲的缺陷，内在质量明显优于国标要求。大力推广增氮降钒新工艺，成为华北地区最早采用向钢中喂氮合金线增氮的生产企业，使吨钢贵重金属钒铁消耗量降至最低，大大压减冶炼成本；通过对含量45%氮化钒铁、30%高氮钒铁、微氮合金、进口钒氮合金等进行不同配比试验组合，寻找出性价比高的合金，使ϕ12~16毫米规格螺纹钢成本降低40元/吨；优化低合金钢生产工艺路线，通过采取窄成分范围控制、强化底吹控制、推广石油焦应用等措施，提高配碳精度，有效稳定螺纹钢各项性能指标，实施提碳降锰减合金的生产工艺，锰含量降低0.05%，年创效达500多万元。

【取得国家级高新企业证书】 2019年5月，唐银公司取得国家级高新企业证书。年内，发动全体技术人员进行技术创新，组织技术开发项目和科技攻关立项，按照高新企业要求围绕高新产品，确定攻关课题17项，确定课题进度安排，并督导实施，其中铁粉化验室无人值守系统、白灰窑无线通信布料小车、焊丝颜色在线检测装置、消防联网系统等四项实用新型专利技术获得国家知识产权局授权；顺利通过市级、区级税务和科技部门审核，享受减免企业所得税政策优惠4926万元。

【设备管理】 2019年，唐银公司围绕生产经营中心，全面推行设备三级点检和三级漏检率检查考核体制，确保设备运行良好。全年共抽查1100余项，设备联查及抽查60次，设备事故率大幅降低，未发生重大及管理性设备事故，各生产线设备运行稳定。年内，设备检修严格落实先行模拟推演、理论检修，后行实际作业的刚性要求，在模拟推演、理论化检修过程中，作业方案的合理性、安全性、工期保障性等得到进一步完善和检验，所有检修项目全部保质保量按期完成且未发生一起安全事故；备件管理以全面盘清用尽废旧料为主导，珍惜现有资源，用新理念对待老旧设备和老生产线，通过小革小改、加强维护、精心操作，实现变旧为新、变废为宝，确保设备功能完好，年度备件库存占用资金同比降低2373.91万元。

【特种设备管理】 2019年，唐银公司严格按照国家特种设备管理相关规定，加强对特种设备的双控管理。年内，组织检验起重设备47台、压力容器88台、电梯6部、压力表251块、安全阀186个、煤气报警仪1275块；完成130吨锅炉内检及三台锅炉的外检；申报起重机械指挥人员起证16人、起重机械司机起证10人、锅炉工起证3人、特种设备安全管理人员起证3人，完成特种作业证复审4人；组织并完成5台冶金吊加监控系统的改造及炼钢蓄热器裂纹修理，全年实现特种设备事故为零的目标。

【基础管理】 2019年，唐银公司全面梳理完善和落实各项基础管理工作，为高质量发展提供支撑。年内，对42个基础规章制度及227个相关规定进行梳理完善，使制度内容更全面，条款更清晰，涵盖更广泛，可执行性更强；突出政策的激励与导向作用，编制《经营绩效管理方案》，实施特别贡献奖、创效金点子奖和合理化建议奖，定期安排述职式汇报与“三级讲评做法”，摸清各部门、各层次落实工作的优劣，精准互评，找出不足，完善提升，全年共发放单项攻关奖246.35万元，评选先进个人111人，发放个人评先奖5.27万元；发挥新三板经济责任制的“助力、强心、兴奋”作用，实现经济杠杆的撬动效应，完善薪酬奖励机制与绩效考评机制，最大限度地调动职工积极性；完善“1+X”绩效考评干部管理体系，打破以往一次测评定优劣的弊端，使干部队伍真正实现能者上、庸者下的用人机制，促进干部队伍高素质专业化；扎实推进素质体检机制，掌握重点岗位员工及相关管理人员的实际工作状况及素质能力，促使产线员工不断提升工作效率，打造一支业务精干、素质优良、具有高度凝聚力和团队精神的人才队伍；全面开展岗位应知、应会、应用、应急“四应”知识培训，着力打造岗位全能复合型员工；坚持各类事故5W分析体制，事故分析组在查明事故原因、分清责任、严肃考核的同时，开出对症方子、拿出有效措施，避免重复事故发生；全面提升六大现场管理水平，坚持高频次、无死角检查，对查出问题进行通报并督促整改，开展优秀站室和较差站室评比，表彰一批现场治理优秀站室，通报现场水平相对落后的较差站室，推动现场综合治理水平再提升，在河钢唐钢四个季度现场管理5S评比中，唐银公司均取得A标。

【安全管理】 2019年，唐银公司坚持“安全第一，预防为主，综合治理”方针，扎实开展大排查、大整治、“双控”机制建设、煤气及有限空间作业、安全生产专项整治等一系列活动，强化现场监督监管，安全生产实现标准化、规范化、系统化的方式推进，企业本质化安全水平不断提高，实现七种重大事故为零的目标。年内，组织各级人员签订安全生产责任状和承诺书，深化推进一岗双责、失职追责的制度落实；开展全过程危险源辨识，共辨识各级危险源点6531个；布点进行职业危害检测428处，组织2599名接触职业病危害因素的职工参加体检，建立职业健康监护档案，实现职业危害检测覆盖率100%、职工健康监护建档率100%的“双百”目标；强化安全教育培训，组织主要企业负责人培训2人，安全管理人员培训78人，特种工取证、复审换证培训601人，全员安全培训3122人，安全生产大培训3092人，有限空间专项培训1836人，危险化学品培训281人，双控机制建设培训2566人，重大危险源培训714人，煤气专项培训1120人，应急救援培训1686人，消防专题培训2848人，进一步提高职工安全管理意识，夯实基层安全管理基础；完善应急管理，组织各类应急演练，增强应急保障能力，组织综合应急演练2次、专项应急演练24次、现场处置方案演练794次；参加6月唐山市应急比武大赛，取得初期火灾处置科目第二名、带压堵漏科目第三名、应急救援科目第三名，提高了预防和处置突发事件的实战能力。

【环保管理】 2019年，唐银公司牢固树立“环保线就是生命线”理念，全力推动超低排放。年内，优化环保管控指标，实施全流程、全过程环保管理，制定重污染天气应急响应及强化管控实施方案，实施环保密封治理工程，新建2台80吨燃气锅炉脱硫脱硝除尘，多措并举全方位减少污染排放。全年，主要大气污染物排放总量大幅降低，二氧化硫排放量1051吨、颗粒物排放量1415吨、氮氧化物排放量1904吨，同比分别下降607吨、467吨和148吨，工业废水处理率、外排废水达标率、工业固体废弃物处置率、利用率均达100%，完成污染物总量控制指标，实现污染物超低排放。

【新唐银筹备】 2019年，唐银公司以搬迁为企业重塑契机，在新唐银建设中，突出智能化、模型化、信息化、自动化、标准化理念，千方百计解读并利用现有政策，用尽多方资源，集合前沿理念和信息技术，努力将新唐银建设成为规划先进、装备现代、技术领先、产品一流的国内先进钢铁企业。年内，完成搬迁项目产能置换手续，河北省工信厅对产能置换结果予以正式公告；搬迁项目通过河北省发展改革委项目备案审批，取得企业投资项目备案信息；新唐银项目节能评估报告、煤炭减量替代方案通过省发展改革委审批，并取得批复文件；完成曹妃甸区新址庙中路南、北两侧 131.89 万平方米工业用地的摘牌手续，并签署国有建设用地使用权出让合同，取得用地规划许可证。

【党群工作】 2019 年，唐银公司党委坚持以习近平新时代中国特色社会主义思想为指导，不折不扣执行上级党委决策部署，稳步推进党群各项工作。始终坚持把党的政治建设摆在首位，全面落实党建工作责任制，党委书记履行抓党建第一责任人，分管领导直接责任、其他班子成员履行"一岗双责"的要求，研究党建工作新思路、新目标、新举措，不断提升党建工作水平；扎实推进"1050"党建品牌工程建设，努力打造独具特色的基层党委和基层党支部品牌，提高党支部建设规范化、标准化水平，燃气车间党支部的"五零"支部建设入选河钢唐钢党建品牌工程建设；组织开展"不忘初心、牢记使命"主题教育，紧密围绕企业生产经营中心，组织党员持续深入开展"珍惜荣誉、坚守初心，钢铁报国当先锋""三亮三比"主题实践活动和纪念建党 98 周年系列特色活动，引导广大党员充分发挥先锋模范作用，以饱满的热情参与企业生产经营和改革发展，当年，唐银公司党委获河钢唐钢"先进基层党组织"称号，获得河钢唐钢党委表彰的党员和支部达 24 个，有 3 名党员和 1 个基层党支部获省国资委党委表彰；做好全国党员信息系统、集团党建智慧云平台的有关工作，推动党建业务和党员管理信息化、智能化，新发展党员 15 名，党员总数达 480 人，党员队伍结构进一步优化。从提高思想强化责任担当、坚持问题导向、明确查纠重点、强化监督检查形成持续震慑入手，采取多种举措做好正风肃纪、廉洁从业教育；扎实落实省委巡视河钢反馈意见整改工作，相应制定 17 项整改措施，完善 8 项制度，建立整改清单和台账，有效压实"两个责任"。大力弘扬劳模精神和工匠精神，深入开展职工劳动竞赛、技术比武，2 名职工在河钢唐钢技术比武中夺冠，3 名职工在世界模拟炼钢大赛（中国赛区）中进入前十名；关心职工工作生活，扎实开展"冬送温暖夏送清凉""暖胃"工程、金秋助学和各种文体活动，使广大职工切实感受到企业的关怀和温暖，职工的幸福感、获得感进一步提升。

佳华公司

【概况】 唐山佳华煤化工有限公司（简称佳华公司）位于唐山市海港经济开发区，是河钢唐钢全资子公司，系河钢产业升级及产能转移配套建设项目，设计规模为年产干全焦 240 万吨。佳华公司成立于 2004 年，是一家中外合资企业，主要经营业务为加工和销售焦炭、煤气、焦油等产品。2016 年 1 月佳华公司向唐山市中级人民法院申请破产清算，2017 年 5 月唐山市中级人民法院裁定佳华公司进入重整程序，2018 年 8 月 22 日，唐山市中级人民法院裁定批准河钢唐钢对佳华公司的重整计划。2018 年 8 月 23 日，佳华公司重整计划批准暨恢复生产启动仪式在河钢唐钢举行，佳华公司管理人、河钢唐钢、佳华公司代表签署重整计划执行框架协议。2018 年 10 月 10 日，唐山佳华煤化工有限公司营业执照正式颁发，成为河钢唐钢全资子公司。2019 年，遵循"先进、节能、降耗、环保、自动化程度高"的原则，开工建设 4 座 7 米顶装超大容积焦炉及其辅助设施，开启打造"品牌化、绿色化、智能化"焦化企业之路。

2019 年末，佳华公司设厂部级干部 2 人；下设科室 7 个，车间 9 个。共有职工 177 人，其中男职工 161 人，女职工 16 人；

中共党员69人；干部32人，其中科级干部14人；管理及专业技术职工18人，其中高级职称11人，中级职称16人；工人145人，其中，高级技师3人，技师9人。职工中有大学本科26人，大学专科8人。

【管理体系建设】 2019年，佳华公司规范工艺要求和管理程序，推进基础管理制度化、流程化、标准化，促进工程质量全面提升。年内，构建技术管理制度体系，对制度标准、技术规程、作业指导书等进行修订完善，覆盖技术管理、知识产权、自主管理等方面，促进管理制度形成统一标准；设计制度流程图，形成可操作性的管理程序；制定生产岗位操作规范，按岗位标准化作业程序和岗位作业指导书对岗位操作人员进行培训；强化设备管理，建立健全《设备检维修安全管理制度》，完善岗位与专业点检标准、给油脂标准、维修技术和作业标准等各类标准；强力推行全员绩效管理，提高员工个人工作绩效和组织绩效；完善信息传递和协调联动机制，强化生产协调联动；建立微信企业号平台，实现覆盖安全、生产、工艺、设备、人事等方面的微信管理平台。

【安全管理】 2019年，佳华公司紧紧围绕项目建设，强化干部和职工的安全红线意识，严格落实“一岗双责”，层层抓好安全管理责任，提高安全管理水平。年内，佳华公司逐级签订安全生产责任状，干部职工之间建立联保互保机制；加强外委施工人员的安全管理，与佳华项目建设的53个建设单位签订安全协议；加强施工现场隐患排查，安全人员每天进行巡查，每周组织监理、施工单位开展安全联查，全年共计检查问题3800多项，考核300多万元；落实建设项目“三同时”管理制度，工程建设前期组织对项目进行安全条件审查，确保通过审批；开展“安全生产月”活动，组织施工单位在施工现场悬挂安全提示条幅、粘贴宣传画、制作展板；组织以煤气泄漏发生中毒应急救援为主题的应急救援演练。

【环保管理】 2019年，佳华公司适应环保新常态、新要求，借鉴国内焦化环保、节能的先进工艺技术，提升环保管理水平。年内，制定完善《焦化环保管理制度》《拆除期间环保管理办法》《拆除环保应急预案》，设立《环保检查台账》《危险废物管理台账》；制定《拆除环保方案》，9月通过唐山市专家论证，10月通过河北省专家论证；坚持每日进行拆除现场检查，及时发现解决环保问题和隐患；考察国内焦化环保节能方面智能控制的先进工艺、技术、设备，组织环保技术交流，借鉴焦化污水处理、焦炉废气脱硫脱硝、低品质硫黄及副盐废液焚烧制酸、荒煤气余热利用、全厂VOC的收集处理等节能环保技术，打造焦化项目亮点；在工艺流程上选择国内外技术先进的备煤、炼焦、干熄焦和煤气净化工艺；与海港区环保部门接洽，将焦化施工厂区列入港区施工正面清单，做到施工“六个百分百”，保证施工的顺利进行。

【党群工作】 2019年，佳华公司党支部以习近平新时代中国特色社会主义思想为指导，深入贯彻落实公司党委决策部署，开展体现焦化特色的党建系列活动。利用“三会一课”、钢铁先锋智慧党建云平台开展各项活动，树牢“四个意识”、坚定“四个自信”、做到“两个维护”；组织党员干部和广大职工开展“我是大钢创业者”“钢铁报国当先锋”“五大提升工程综合治理”“主题党日活动”，提升党员队伍素质，充分发挥党支部的战斗堡垒作用，争创基层先进党支部。

河钢唐钢 HBIS TANGSTEEL

平台外非钢单元

重机公司

【概况】 唐山钢铁集团重机装备有限公司（简称重机公司）系河钢唐钢非钢单元装备制造产业单位，位于河北省唐山市丰南沿海工业发展集中区，占地面积 33 万平方米，建筑面积 23 万平方米，距曹妃甸港和天津港 55 千米、京唐港 84 千米，周围高速公路交叉纵横，航空、铁路便利通达。2019 年末，重机公司拥有 40 吨高功率电弧炉 1 座、45 吨双工位 LF 炉 1 座、45 吨 VOD 炉 1 座、五工位 90 吨 VC 真空浇注系统 1 套、1～20 吨中频感应炉 8 台、300～1600 毫米离心机 7 台、差温炉及喷淬装置 2 台、5～100 吨天车 56 台，各种立车、卧车、铣镗床、磨床、钻床等加工机床 72 台（套），拥有多种化验检测设备，热处理设备、理化、探伤检测设备均达到国内先进水平。拥有热轧板带轧辊、棒线轧辊、型钢轧辊、锻造合金钢锭、大型冶金备件等五大类上百个品种的产品，具备年生产各类大、中、小型轧辊及辊环 2 万吨，大中型铸件 1 万吨，钢锭 2 万吨的生产能力，年机加工能力 1.5 万吨，是目前国内高水平的冶金轧钢和机械备件生产企业。

2019 年末，重机公司设厂部级干部 4 人；下设综合办公室、生产设备安全室、技术质量室、经营销售室 4 个科室，机加工作业区、轧辊作业区、炼钢作业区、铸造作业区、检修作业区 5 个作业区。共有在编职工 349 人，其中男职工 339 人，女职工 10 人；中共党员 129 人；干部 33 人，其中科级干部 22 人；专业技术职工 32 人，其中高级职称 9 人，中级职称 9 人；工人 316 人，其中高级技师 1 人，技师 16 人。职工中有研究生 6 人，大学本科 22 人，大学专科 66 人，中专 38 人，高中及以下 217 人。

【生产经营】 2019 年，重机公司聚焦市场和产品，优化生产组织，推动“两个结构”再优化，生产经营各项工作稳步提升。年内，加强生产组织过程计划性与协调性的管控，在全年环保限产 185 天的环境下，生产轧辊 1.63 万吨，比上年提高 22%；钢锭 1.02 万吨，铸件 1164 吨，电炉生产常法辊 5428 吨，同比增产 2694 吨，实现翻番；主导产品均创历史新高，市场地位、话语权明显提升，热轧辊年产量跻身行业前十，成功迈入国内大型轧辊企业序列；年度考核口径实现利润 -1.28 亿元，比公司计划减亏 823.76 万元；全年收款 2.84 亿元，其中外部收款 1.87 亿元，占比达 66%，外部市场尤其是国际市场逐渐成为销售主体，前景广阔。

【市场开拓和产品升级】 2019 年，重机公司推进市场开拓和产品升级，瞄准高端客户开展一对一服务，满足其差异化需求，出口产品已拓展到欧洲、美洲、亚洲、非洲等地区。年内，面对轧辊急剧起伏的市场，力保全年产销量，在降低市场风险的前提下加大外部市场拓展力度，通过多渠道、多手段市场运作，轧辊出口产量达到 6060 吨，比上年提高 33%；板带工作辊产量 1.01 万吨，同比增加 12%，离心辊占比达 62%，形成板带辊为主，型钢轧辊和棒线轧辊为辅的产品结构；电炉炼钢抓住常法辊订货量增加、价格稳定的时机，瞄准营口精锻、济南中航等高端客户和大客户，采取半钢轧辊真空脱气，高质量钢锭专项攻关，提升产品档次，借助质量体系推进，提升用户满意度；瞄准高端客户开展营销服务，主攻镍钼合金钢为主导的高端产品，利用新 VD 真空脱气设备和合金废辊资源，提高利用效率，挖掘质量成本潜力，镍钼钢产量 4723 吨，同比增加 1568 吨；为河钢钢研院开发高端新产品，试制产品产量 97 吨，超额完成公司指标。

【成本管控】 2019 年，重机公司坚持创新驱动，推进成本控制，持续改善经济技术指标。这一年，轧辊原材料市场价格长期居高不下，为适应市场，提高盈利水平，采取优化炉料结构节省合金加入量、优化生产节奏减少动力耐材消耗等措施，降低成本提高价格竞争力；加强成本核算，即时更新材料价格，密切贴近市场，掌握市场价格变化趋势，在价格战中保持主动；拓展市场区域，扩大产销规模，提升边际利润；电炉炼钢在“双联工艺”基础上实施电炉炉容改造，提出“三三三”时间管理组织模式，对中频炉、电炉、精炼炉同步管理，电炉各项指标明显改善。

【科技创新】 2019年，重机公司坚持科技创新，推进技术进步，提升职工操作技能水平。当年，“窄带钢二辊轧机用耐磨高铬铸铁离心复合轧辊及生产工艺”“一种热轧无缝钢管生产用合金辊环及其生产方法”“离心铸造冷型涂料喷涂用喷头”“降低轧辊用钢中夹杂物含量的冶金方法”等4项成果获得发明专利，“一种组合式轧辊装配装置”“一种轧辊端盖打销器”获实用新型专利，“新型改进型热轧板带轧辊的工艺优化与创新”项目获公司科学技术奖一等奖，“大型合金球墨铸铁轧辊的工艺优化”项目获公司科学技术奖二等奖。

【安全环保管理】 2019年，重机公司践行“一切安全事故、隐患可防可控”理念，落实政府蓝天保卫战分级管控要求，持续提升安全环保管理水平。年内，以“双控”机制建设为抓手，结合生产特点抓好岗位联保互保，落实干部包联制度，有效履职尽责，推进作业区和班组安全建设；有针对性开展“反三违”、有限空间专项检查整治，做到事故四不放过，问题举一反三；组织开展安全应急管理和事故警示教育，加大安全投入，消除薄弱环节；以源头治理抓消防，提升“四个能力”，化解火灾风险；落实环保责任制，执行应急响应一厂一策措施，合规处置危固废，实施铸造行业烟气达标治理，确保环保设施良好运行，保证达标排放。

【基础管理】 2019年，重机公司夯实专业基础管理，强化质量体系建设，确保各项工作落地。年内，强化特种设备管理，对特种设备专项应急预案进行重新梳理，对设备连锁点进行重点管理，制定《设备连锁保护装置管理制度》，梳理出连锁点1509个，做到有效管控；加强设备点检定修和周期性保养，实施设备问题排查整改，强调月检修计划的针对性，减少热停机时间；培育以“受控、严谨、无缺陷出厂”为核心的质量文化，提升各级技管人员使用质量管理工具的能力，推进高附加值产品的开发，产品质量合格率保持95%以上；以“五制配套”为核心，切实推进作业长制，抓好作业长履职、岗位规程及自主管理，着力改善工作方法，强化监督检查，确保各项工作有效落实。

【党群工作】 2019年，重机公司党委深入学习贯彻习近平新时代中国特色社会主义思想和党的十九大精神，努力推进党群各项工作。根据实际情况修订完善本单位《党委工作细则（试行)》《党委会议事规则和决策程序》《处置不合格党员工作办法（试行)》《党支部“三会一课”工作制度》《主题党日工作制度》《民主评议党员工作制度》《组织生活会工作制度》《谈心谈话制度》《“学习强国”学习平台积分考核和绩效管理办法》《党建工作责任制实施细则》等10项党建工作制度；推动5个党支部换届选举，配强支委会委员，为党支部标准化、规范化建设打下良好基础；规范发展党员程序，严格党员发展公示制、票选制，尤其注重在一线职工、重点岗位和35岁以下青工中发展党员，年内接收预备党员4名，确立重点培养发展对象3名；加强廉政建设，针对物资采购、外委外协、招标投标、业务招待、公务用车、奖金分配、选人用人，以及“三重一大”事项等廉政风险易发多发重要领域，梳理出重点职权9个，绘制流程图13个，确定风险点17个，制定廉政风险防控措施40项，全年检查120次，针对发现问题，制定、落实整改措施；拓宽困难职工帮扶范围，加大救助力度，提高帮扶标准，全力保障困难职工生活，切实维护职工合法权益，促进劳动关系和谐稳定。

气体公司

【概况】 唐山唐钢气体有限公司（简称河钢唐钢气体公司或气体公司）隶属河钢唐钢平台外非钢单元，是一家集气体生产、运输、销售、技术咨询服务和气体生产设备研制为一体的大型专业化气体公司，主要生产氧气、氮气、氩气、氢气、医用氧、天然气、二氧化碳等产品，注册资本7.78亿元，属国家高新技术企业。2019年末，拥有空分设备10台（套），其中4万标准立方米/时空气分离装置1套，2.8万标准立方米/时空气分离装置1套，2.5万标准立方米/时空气分离装置2套，2万标准立方米/时空气分离装置3套，1.7万标准立方米/时空气分离装置1套，1.55万标准立方米/时空气分离装置1套，8000标准立方米/时空气分离装置1套，空分能力达21.85万标准立方米/时；液化装置3套，液化产量700吨/日；制氢设备2套，氢气产能1400标准立方米/时；液体二氧化碳装置1套，年产量6万吨；焦炉煤气制液化天然气装置1套，年产能10万吨。通过质量、环境、职业健康安全“三合一”管理体系、GMP医用氧、二氧化碳和氮气的食品添加剂等认证。

2019年末，气体公司设厂部级干部3人；下设科室5个，分公司6个，子公司3个，分处公司本部、炼铁北区、玉田、乐亭、滦州等地。共有职工384人，其中男职工331人，女职工53人；中共党员159人，共青团员5人；干部68人，其中科级干部18人；管理及专业技术职工50人，其中高级职称16人，中级职称34人；工人316人，其中高级技师14人，技师28人。职工中有研究生11人，大学本科63人，大学专科76人，中专67人，高中及以下167人。

【生产经营】 2019年，气体公司持续强化生产组织及设备管控，提升生产效率和产品创效能力。年内，充分发挥点检定修平台作用，通过指标考核、现场指导等方式，提高点检维护人员技能和责任心，保证设备处于良好运行状态；合理匹配各机组运行方式，深度挖掘设备操作极限，在用户频繁调整氧氮氩氢等介质用量的复杂生产情况下，以最经济的生产运行模式，根据用户需求，提供充足货源。全年，共生产氧气16.04亿立方米、氮气19.67亿立方米和氢气626万立方米，分别比上年增长25.4%、31.3%和10.79%；制氧综耗实现0.804千瓦时/立方米，同比降低0.008千瓦时/立方米；主要液体产品外销29.22万吨；实现销售收入12.1亿元，利润1.82亿元，经营业绩取得历史性突破。

【市场开拓】 2019年，气体公司不断完善以市场开发、工程设计、现场施工及终身售后服务为一体的全流程服务体系，赢得客户信赖，唐钢气体品牌影响力显著提升。这一年，积极应对市场变化，抓住有利时机，成功与奥科宁克（中国）铝业有限公司、天津新港船舶重工有限公司等优质大客户签订供货合同。全年新签终端客户30家，签订食品级液氮合同4项，干冰合同2项，为新产品外销创效开辟了道路；实现液体产品外销收入2.47亿元，外销利润1.1亿元。

【技术创新管理】 2019年，气体公司加大创新和研发力度，取得一批知识产权，为公司发展注入活力。年内，省级重点项目“基于私有云的空分远程智能控制系统建设”顺利通过项目验收，获得省重点项目专项资金100万元；高新技术企业换证复审顺利通过，继续享受国家税收优惠政策；组织开展专家课题、创新工作室、小微课题立项、攻关、申报等各项工作，全年申报公司课题7项，“铁钼加氢催化剂不停车更换及硫化系统的优化”项目获公司科技进步奖三等奖。

【信息化建设】 2019年，气体公司微尔云计算中心服务器、操作系统、数据库以及基础网络等信息化架构的结构搭建成功，实现OA、人力资源、财务三个主要系统的上线运行，具备快速实施与推进的条件。同时，持续优化CGII信息化建设方案，不断完善信息化实施方案及内容，为新项目信息化顺利推进铺平道路。

【推进CGII上市】 2019年，气体公司努力推进CGII上市，满足香港联交所要求，先后完成股权重组、法律尽职调查、合规函开具、第三方访谈、内控制度建立等一系列工作。制定上市时间表，按照工作计划推进CGI以现金965万美元对CGII增资的集团、国资委审批工作，完成增资资产评估备案，正在开展上市行为的省政府审批工作；完成境内合规的尽职调查，以满足出具法律意见书要求；完成关联交易梳理及归类框架协议定稿；12月31日顺利向港交所递交IPO招股书。

【安全管理】 2019年，气体公司作为危化品生产企业，始终把保障公司和员工的生命财产安全放在首位，筑牢安全根基，为企业发展保驾护航。年内，明确安全管理目标，细化分解管理责任，逐级签订安全生产责任状和承诺书，夯实各级人员安全管理职责，按照“管业务必须管安全”和“一岗双责”的原则，持续推进全员安全履责检查，全年累计检查700余人次；严格遵照有关法律法规和行业规范要求，组织更新重大危险源评估，健全事故防控体系，通过改进液氧储槽紧急切断装置、封闭加固制氧主控室门窗等具体措施，有效防范重大事故；深化“双控”机制建设，推进风险辨识管控和隐患排查治理，全年共排查各类事故隐患500余项，并全部整改，实现生产现场的本质化安全。

【党群工作】 2019年，气体公司党委以习近平新时代中国特色社会主义思想和党的十九大精神为指导，紧紧围绕中心工作，全面加强企业党的领导和党的建设。扎实开展“不忘初心、牢记使命”主题教育，通过中心组学习研讨、支部党课及个人自学等方式，提升各级干部的政治素养；深入开展主题调研，围绕设备零缺陷运行、设备智能化制造及党支部标准化规范化建设等方面，认真检视问题，共查找问题4条，制定措施4项，实现“了解基层，掌握实情，拿出实招，破解难题”的目标；发挥党委“把方向、管大局、保落实”的领导作用，修改唐钢气体和滦县唐钢气体公司章程，明确党组织在企业法人治理结构中的法定地位；规范领导班子决策行为，制定气体公司《党委会议事规则》及《贯彻落实“三重一大”决策制度实施办法》，针对需要党委前置研究讨论的事项，严格履行党委前置程序，防范决策风险；开展党支部品牌创建活动，以炼钢分公司“产线保供先锋”品牌建设为契机，强化典型引领，开展“三亮三比”主题实践活动，发挥党员在生产经营中的模范带头作用；规范党员发展程序，新发展党员5名；加强党风廉政教育，集中教育7次，累计326人次，提升各级干部的廉洁自律意识；推进效能监察，现场参与招标流程监督16次，并以监控合同审核为切入点，防范法律风险，避免经济损失；搭建岗位练兵平台，进一步提升职工技能工作水平；发挥员工之家作用，提升员工幸福指数；开展

“慰问一线员工、帮扶困难员工、情暖退休员工”的走访慰问活动，全年累计发放款项40余万元，传递企业的关心与温暖。

钢源冶金炉料有限公司

【概况】 唐山钢源冶金炉料有限公司（简称钢源冶金炉料有限公司）系河钢唐钢非钢单元资源开发与综合利用产业单位，是生产销售石灰并对外输出麦尔兹窑技术的合资企业，由河钢唐钢与唐山开平富鑫通源灰料厂合作建立，位于唐山市开平区，占地面积112万平方米。主体设备有600吨麦尔兹窑3座及相关配套设施。

2019年末，钢源冶金炉料有限公司（含冶金炉料厂）设厂部级干部5人（含合资方1人）；下设办公室、安全室、设备室、供销室、项目开发部、生产技术室等部室6个，北区、南区、采剥、检修等作业区4个。共有职工285人，其中男职工222人，女职工63人；中共党员96人；干部33人，其中科级干部11人，作业长12人；管理及专业技术职工48人，其中高级职称4人，中级职称16人；工人252人，其中技术工人143人，高级技师10人，技师10人；职工中有研究生2人，大学本科27人，大学专科49人，中专14人，高中及以下193人。

【生产经营】 2019年，钢源冶金炉料有限公司围绕市场和产品，紧抓效益和效率不放松，对标赶超，创新发展，科学化管理体系建设进一步完善，企业综合创效能力全面提升。全年，生产销售石灰73.37万吨，实现销售收入3.88亿元，利润1056.81万元，同比增长21.92%；资金占用243.7万元，比目标降低206.38万元。这一年，坚持“产就高效率”生产理念，以质量、效率提升、保产保供、技术输出综合创效为目标，抓好生产经营、市场开拓、改革创新，适应常态化环保限产，优化生产组织模式，优化产品结构，做好供产销运与检修的有序衔接，圆满完成生产保供任务；持续提升研发能力，拓展窑炉技术服务输出业务，成功研发出牛腿结构800吨双膛窑炉，并在山西阳泉落地建设，全产业链全流程创效能力有效提升。

【基础管理】 2019年，钢源冶金炉料有限公司继续深入推进“基础管理提升年”建设，基础管理水平持续提升。实施动态修订与静态落实相结合的制度体系管理，充分发挥绩效管理的激励导向作用，全年建立完善管理制度20项，管控体系进一步完善，为生产经营顺行提供强有力的体系支撑；以全年贯标、闭环管理、职工培训、实操演练等活动为抓手，多形式推进安全标准化建设，以“公司、作业区、班组、个人”四级网络为依托，严格贯彻落实安全生产责任制，扎实推进风险分级管控、隐患排查治理双重预防工作机制，警示提醒、防查联动、意识能力提升多措并举，为生产顺行提供坚实安全保障；持续优化错峰生产响应措施，适应常态化环保限产的生产组织模式，深度治理生产现场和厂容环境，整改影响环境问题107项，顺利通过企业环境绩效分级B级企业验收；积极开展智能化生产探索，试验煤粉自动调整程序，通过调整煤粉喷吹量和出料台温度控制，实现精细化智能生产。

【质量管理】 2019年，钢源冶金炉料有限公司强化工艺质量管理，不断完善管控流程，构建从原料入厂、生产工艺过程控制、产品仓储运输到客户回访全流程闭合质量管控体系，加强设备管理，为产品质量及装备利用率提升打下坚实基础。当年，产品合格率稳定在95%以上。年内，通过加强工艺技术攻关，成功摸索利用麦尔兹窑实现冶金石灰和轻烧白云石两种产品的交替生产模式，为质量管理再提升创造良好条件。

【设备管理】 2019年，钢源冶金炉料有限公司持续强化设备管理，通过开展关键设备的精密点检，以预知检修为支撑，利用错峰生产间隙组织设备检修维护，深挖设备潜能，实现设备高效满负荷运转，为保产保供任务完成提供有力保障；充分发挥创新工作站（组）作用，深挖内部潜能，恢复已停产近十年的消石灰生产线，开发出适用于烟气环保处理的消石灰，升级改造生产线控制系统，实现一键操作自动化生产；对生产辅助系统进行自动变频控制改造，最大限度延长设备使用寿命、降低维修费用，实现设备运行效率、产线效益“双效”提升。

【成本管理】 2019年，钢源冶金炉料有限公司进一步深化全流程成本管理，加强对物料采购及设备修旧利废管理，针对原料、煤、电等关键指标，深入对标挖潜，开展专项攻关。全年，高钙灰变动成本476.47元/吨，比标准成本降低4.98元/吨。

【党群工作】 2019年，钢源冶金炉料有限公司党委认真贯彻河钢唐钢党委各项决策部署，扎实开展“不忘初心、牢记使命”主题教育，以基层党支部标准化规范化建设、党员“三亮三比”活动为抓手，全面推进党的十九大精神落地落实，实现党委各项基础管理水平持续提升。加强制度建设，修订完善《党委会议事规则》《贯彻落实“三重一大”决策制度实施办法》，全面提升党委参与企业议事决策的规范化水平；建立完善监察制度17项，实施“主管领导—部门负责人—责任人”三级联保，明确管理职权及廉政风险点，多措并举开展纪检监察工作，营造风清气正的生产经营氛围；以教育引导、专业培训、素质提升、党员竞赛、献计献策为重点，有效提升党员队伍建设水平；畅通联络渠道，突出职工代表作用，有效实施民主管理，切实抓好安全监督、职工体检、北戴河休养、慰问困难伤病职工，传递温暖关爱，企业凝聚力、向心力进一步增强。

青龙炉料公司

【概况】 唐钢青龙炉料有限公司（以下简称青龙炉料公司）系公司专业生产氧化球团矿产品合资子公司，属于平台外非钢单元。由河钢股份有限公司和唐山竞鼎实业集团有限公司两家企业投资建设，控股股东为河钢股份有限公司，位于秦皇岛市青龙满族自治县祖山镇山神庙村，注册资本1.5亿元，河钢股份持股90%。2019年末，拥有国内先进的链箅机—回转窑生产线1条，具备年200万吨氧化球团矿生产能力。

2019年末，青龙炉料公司设厂部级干部3人；下设科室4个、作业区3个。共有职工233人，其中男职工229人，女职工4人；中共党员100人；干部16人，其中科级干部8人，高级职称3人，中级职称6人。职工中有大学本科及以上文化20人。

【生产经营】 2019年，青龙炉料公司始终聚焦市场和产品，解放思想、更新理念，以新标准、新目标、新举措深入扎实推进各项工作，球团矿年产量、月产量和连续生产时间均打破投产以来历史纪录，生产经营取得历史性突破。年内，根据河钢唐钢客户需求进行产品结构调整，重点生产具有护炉作用的含钛球团矿；实施造球盘盘边、刮刀等设备的技术改造，优化海砂、柏泉精粉添加配比，含钛球团产量实现大幅提高，日产稳定在7000吨以上。全年，生产球团矿212.68万吨，创投产以来历史最高水平，实现利润1.11亿元，超额完成公司下达的目标任务。

【产品研发】 2019年，青龙炉料公司不断完善新品种球团生产工艺，持续推进产品结构升级。年内，钛球、镁球和碱性球等新品种球团的工业化生产达到行业领先水平，为应对激烈的市场竞争形势，拓宽销售渠道，提高特色产品市场占有率和竞争力提供坚强保证；深入研究回转窑结圈的化学反应机理，将镁质酸性、熔剂性球团生产中有效缓解回转窑结圈问题列为重点技术攻关课题，持续完善热工控制工艺；改善生球质量平衡皂土添加配比，减少焙烧过程中生球爆裂，降低入窑粉率，延长生产周期。全年，生产镁质球团 95.99 万吨，占比 45.12%；钛球 72.93 万吨，占比 34.28%；普通球团 43.82 万吨，占比 20.6%。

【设备管理】 2019 年，青龙炉料公司推行设备全生命周期管理，实现设备稳定经济运行。这一年，强化设备日常维护保养，确保设备长周期运行，产线设备首次实现不停机作业 73 天，创投产以来设备连续稳定运行最长周期纪录；加强电气专业设备管理，完成厂区高压预防性试验、防雷接地测试等项目；实施受料槽设备技术改造，降低职工劳动强度，改善职工作业环境；改造计量系统，成品仓加装称量皮带，提高成品发料自动化水平，优化发料程序，发料效率提高 4 倍；通过小微创新奖励机制，调动职工积极性，全年小微改造项目 14 项，获得公司奖励 6 项。

【成本管控】 2019 年，青龙炉料公司强化生产过程精细化管理，落实全成本管控理念，摸索每道工序成本构成，持续提升成本管控力。年内，严把原料进口关，实时跟踪精粉、熔剂料质量，减少质量波动，为生产顺行奠定基础；密切关注市场行情，以性价比测算为指导，寻求优质精粉辅料资源；开通火车集装箱钟摆运输业务，确保原料与成品双向物流顺畅，实现原料供应、产量、销量平衡稳定，降低运输成本；制定改造造球盘、改善生球质量、优化链箅机控制参数、增加料厚、降低机速等措施，提高热球入窑强度，减少热量损失，降低能耗；优化配矿结构，实现各品种球团最优配比，添加红土矿，吨球原料结构成本降低 4.6 元，创效 980 万元；利用低价海砂生产钛球，吨球原料结构成本降低 9.6 元，创效 2030 万元；配加转炉炼钢污泥 1.38 万吨，创效 830 万元；通过造球盘盘边、刮刀设备技术改造，合理调整造球盘角度等措施，实现产线设备高效经济运行，吨球电耗同比降低 3.11 千瓦时，创效 330 万元。

【安全管理】 2019 年，青龙炉料公司强化双控管理机制，消除安全隐患，实现安全生产。当年，组织双控机制建设专项培训，增强管理人员及岗位员工分级管控及风险辨识意识，提升隐患排查治理等级；以安全消防月为契机，吸取邯郸兴华钢铁皮带火灾事故教训，组织全员安全消防培训，制定启、停机排料方案和灰返皮带管控方案并分班次演练；投资 25 万元在厂区铁路路口增设过桥，减少火车运输、装料环节存在的安全隐患；投资 40 万元排查整改厂区安全护栏，对破损护栏和没有护栏处予以修复或安装。

【党群工作】 2019 年，青龙炉料公司党委深入开展“不忘初心、牢记使命”主题教育，团结带领广大党员和职工群众围绕生产经营中心，全面加强党的建设，实现党建工作与生产经营深度融合。组织召开“不忘初心、牢记使命”主题教育动员会，下发主题教育推进方案和学习教育安排，先后组织 7 次集中学习，按照守初心、担使命、找差距、抓落实的总要求，不断深化主题教育；坚持“常规工作有特色、重点工作出精品、整体工作创一流”的党建工作理念，创建“365+标准化”党建品牌，实现党的政治、思想、组织、作风和纪律建设的全面进步，该项党建品牌被公司党委授予“优秀党建品牌工程”，成为公司首家党建样板品牌；以融入中心为导向，抓实党建创新载体，按照公司党委“三亮三比”主题实践活动要求，开展“戴党徽、亮身份、当先锋、作贡献”竞赛活动，促进生产经营持续健康发展；深化党员岗位创新管理，制定《党员岗位创新管理办法》，调动广大党员和基层职工岗位创新的积极性；以廉政风险防控体系为抓手，严格落实全面从严治党主体责任，按照“一岗双责”和“谁主管、谁负责”原则，扎实开展廉政风险防控；做好“冬送温暖、夏送清凉”活动，元旦、春节、中秋期间，对家庭困难职工、有病住院职工和工伤职工进行走访慰问47人次；助力“职工之家”建设，建立职工阅览室，开展读书交流会等活动，使之成为职工丰富精神文化生活和实现自我素质提升的重要载体。

唐龙（唐昂）公司

【概况】 唐龙（唐昂）新型建材有限公司简称唐龙（唐昂）公司，系河钢唐钢以高炉炉渣为原料生产经营矿渣微粉的合资子公司，属于平台外非钢单元。由河钢唐钢与新加坡昂国企业有限公司共同出资组建，控股股东为河钢唐钢，投资比例60%，新加坡昂国企业投资比例为40%。2019年末，拥有矿渣微粉生产线3条，立式磨机3台，产能规模为180万吨/年，主要生产S95级矿渣微粉，广泛应用于水泥厂、搅拌站。2019年末，固定资产2.1亿元。

2019年末，唐龙（唐昂）公司设厂部级干部2人；下设综合科、财务科、专家室、营销科、人力资源科等科室5个，作业区2个、班组10个。共有职工135人，其中男职工96人、女职工39人；中共党员33人，共青团员2人；干部35人，其中科级干部11人；管理及专业技术职工40人，其中高级职称5人、中级职称6人；工人100人，其中技术工人24人，技师2人。职工中有研究生1人、大学本科27人、大学专科28人、中专10人、高中及以下69人。

【生产经营】 2019年，唐龙（唐昂）公司面对环保限产限行和复杂的市场形势，打破惯性经营思维，强化基础管理，提高生产运行效率，加强成本管控，提高产品售价，取得良好经营业绩。年内，与政府相关部门沟通协调，争取政策支持，最大限度地降低因限行政策给两个区域生产连续性造成的影响。坚持整体效益最大化原则，综合统筹两个区域的生产和营销，充分利用一季度市场优势，盘活两个区域在冬季的生产营销困局，实现八年来一季度利润首次扭亏为盈；坚持差异化生产和差异化营销策略，牢牢把住产品质量关，利用产品的质量及品牌优势稳定产品售价，最大程度获取利润。全年，生产矿渣粉151.45万吨，销售150.37万吨；经营收入3.09亿元，同比增加8598.71万元，利润1093.01万元，到12月末库存资金1.13亿元，比年初增加1072万元。

【客户开发】 2019年，唐龙（唐昂）公司结合搬迁后新基地区域优势，提前做好市场铺垫，先后三次到上海、江苏、浙江等地考察，开发浙江台州、绍兴，山东蓬莱船运等散装新客户。全年新客户累计发货8.9万吨，创效30万元。

【机构调整】 2019年，唐龙（唐昂）公司针对企业经营现状、难点问题，整合现有管理资源，创新管理机制，减少管理层级，消除管理重叠，充实生产一线的管理及技术力量；设立专家室，按照专业人管专业事的原则，将安全、环保、设备管理职能划归专家室管理，消除中间梗塞，重新明确管理职责，各项专业管理工作取得显著成效。

【项目建设】 2019年，唐龙（唐昂）公司第四届董事会第十六次会议讨论同意建设河钢产业升级及宣钢产能转移项目配套水渣加工矿粉项目，新建两条年产量为100万吨的立磨生产线，总产能为200万吨，分两期建设，每期100万吨，一期投资总额控制在1.2亿元以内。项目可行性研究报告已编制完成，5月22日项目场地围挡开工建设，6月1日围挡施工结束。

【环保管理】 2019年，唐龙（唐昂）公司站在讲政治、保生存的高度，坚持环保红线意识，不断提升环保管理和现场治理工作水平，形成常态化、制度化工作模式。年内，实施唐昂成品仓周围地面硬化、磨机厂房修缮、水渣通廊封闭及加热炉烟气脱硝治理等环保治理工程，减少颗粒物无组织排放和氮氧化物排放；加强日常环保管理，重点对放料冒烟、设备跑冒滴漏、渣场苫盖等进行治理，同时加大现场检查曝光频次及考核力度、提高检查标准，促进现场治理水平进一步提升。年末，唐昂区域取得重污染天气下免于停限产的资格，为产线2020年能够长时间维持有序生产状态创造有利条件。

【安全管理】 2019年，唐龙（唐昂）公司狠抓现场安全隐患排查和整治，加大对"三外、三违"的处罚力度及安全投入，全年轻伤以上事故为零，获得公司年度"安康杯"竞赛先进单位称号。年内，通过公司安全联查及自查，共查出安全隐患及违章、违规行为220项，其中隐患整改91项，考核129项；充分利用限产停机的机会，优化唐龙一线煤气管道，加固变形支架，更换全部被腐蚀的煤气排水器，更换唐昂作业区2号皮带通廊腐蚀的地板及主配电室墙面屋板，消除潜在的重大安全隐患；强化职工安全教育及实操培训，对特种作业人员、煤气岗位人员、新入厂人员、外协外雇人员进行重点培训，其中特殊工种复审、取证14人，组织四期全员安全培训，共计101人次参加，组织两次全员危险源辨识考试，宣传消防知识，开展消防应急预案演练，职工的自主安全防护意识逐步提升，安全管理水平进一步提高；加大安全项目改造投入力度，全年安全投入近30万元，同比增加11万元。

【党群工作】 2019年，唐龙（唐昂）公司党总支坚持以习近平新时代中国特色社会主义思想和党的十九大、十九届四中全会精神为指导，贯彻落实上级党委各项决策部署，稳步推进党群各项工作。落实党组织在法人治理结构中的法定地位，修订《党总支议事规则》《"三重一大"决策制度实施办法》；深入开展"不忘初心、牢记使命"主题教育，不断增强"四个意识"，坚定"四个自信"，做到"两个维护"；推进"党建质量提升年"活动，进一步提升党建基础水平；广泛开展"三亮三比""党员之星""党员创效之星"等多种主题活动，激发党员工作热情，充分发挥示范引领作用；按照"四责协同"原则，抓好党委的主体责任和纪检监督责任落实；完善廉政防控体系，建立科级干部廉政档案，召开警示教育专题会，部署新项目建设期间的廉政工作，做好招标过程监督，防止"工程建起来、人员倒下去"的严重违纪现象发生；充分发挥工会职能作用，开展绩效提升立功竞赛和"岗位之星"评选活动，激发职工创新创效积极性，开展节期"送温暖"、暑期"双服务"、女工体检、职工疗休养、困难职工慰问、春节文体等活动，使广大职工充分感受企业的关怀和温暖，增强企业凝聚力。

新事业公司

【概况】 唐山惠唐新事业产业发展有限公司（简称新事业公司）是公司综合性实体集合发展的非钢单位。位于唐山市路北区钢厂道25号，由唐山惠唐新事业产业发展有限公司、唐山惠唐新事业股份有限公司、唐山钢铁集团金恒企业发展总公司三个法人单位组成。2019 年 3 月 5 日，唐山惠唐新事业股份有限公司召开临时股东大会，同意将所持哈斯科（唐山）冶金材料科技有限公司 35%股权整体无偿转让给唐山钢铁集团有限责任公司，4 月 1 日完成工商变更登记。2019 年末，新事业公司拥有固定资产原值 2.43 亿元，其中新事业产业和新事业股份 1.53 亿元，金恒 0.90 亿元；净值 1.12 亿元，其中新事业产业和新事业股份 0.90 亿元，金恒 0.22 亿元。拥有主要设备 21 台（套），其中压球机 2 台、轮碾机 3 台、纵剪线 1 条、铁内外护角自动成型机 4 台、纸护角生产线 1 条、数控板料开平线 5 条、压滤机 4 台、废钢压块机 1 台、冷板边丝收集生产线 1 条。

2019 年末，新事业公司设厂部级干部 6 人；下设安全科、生产保障科、设备机动科、财务经营科、人力资源科、综合办公室 6 个科室，产品制造、加工贸易、建材检修、工序服务 4 个业务单元，21 个实体单位，67 个班组（作业区）。共有在册职工 1985 人，其中河钢唐钢身份职工 217 人，集体身份职工 1340 人，代管划拨集体工 428 人；男职工 872 人、女职工 1113 人；中共党员 300 人，共青团员 1 人；干部 51 人，其中科级干部 28 人；管理及专业技术职工 44 人，其中专业技术职工 16 人，高级职称 4 人、中级职称 5 人；工人 1934 人，其中技术工人 79 人，高级技师 2 人、技师 3 人。职工中有研究生 7 人，大学本科 59 人，大学专科 140 人，中专 53 人，高中及以下 1726 人。

【生产经营】 2019 年，新事业公司以管理创新为动力，抢抓市场机遇，强化业务拓展，推动项目建设，生产经营和改革发展取得良好成效。全年，实现营业收入 12.85 亿元，其中唐山惠唐新事业产业发展有限公司和唐山惠唐新事业股份有限公司营业收入 8.89 亿元，取得外部收入 5.2 亿元，金恒公司营业收入 3.96 亿元；实现利润 3991.7 万元，其中唐山惠唐新事业产业发展有限公司和唐山惠唐新事业股份有限公司利润 3866.31 万元，金恒公司利润 125.39 万元。年内，加工贸易单元精准捕捉市场信息，准确调整销售节奏，维护老客户扩大业务宽度，开发新客户树企业品牌，精准对接重点客户实现产品直供；引进全新钢铁液压和润滑维保模式，逐步扩大服务空间；工序服务单元快速适应主体厂管理模式的转变，脱硫脱硝设备维保技术、新型钢卷包装操作和材料使用技术手册，逐步归纳完善，提升企业竞争软实力；产品制造、建材检修单元不断提升精细化管理水平，大处着眼，小处着手，积极承揽业务，确保稳定创效。

【混合所有制改革】 2019 年，新事业公司持续推进混合所有制改革。年内，面对国企改革和河钢唐钢产能搬迁给企业生存和发展带来的双重冲击，全面分析企业现状，推演由此产生的风险和机遇，树立借此机会让新事业公司脱胎换骨、良性可持续发展的决心和信心，明确以混改为切入点，以转换体制和机制为目的的改革方向；谋划设计以金恒公司作为战略投资者的新事业公司混改方案，具体安排资产、人员和资本运作路线，形成集体资产和国有资产混改的初步方案和实施路径。

【工程项目建设】 2019 年，新事业公司启动多项工程项目建设，储备新业务，积蓄发展新动能。年内，矿渣棉项目工艺改造工程进展顺利，1 月完成原有设备拆除进入施工阶段，年末主体施工结束，仅余后期电气安装部分，该项目合作方为山西交城义望铁合金有限公司；铁红制备磁粉压制磁件项目同北矿磁材达成初步合作协议，待土地落实后实施；脱硫脱硝项目确定合作对象，活性炭工艺、技术具备生产条件，将根据唐山各地产能分布情况落地实施；提铁提锌项目，拟以租赁或委托加工形式选择合适的回转窑，打通全工艺路线，服务河钢乐亭项目和周边钢铁企业，实现变废为宝和循环利用。

【基础管理】 2019年，新事业公司强化基础管理，苦练内功，提升管理效能。这一年，充分发挥四大平台、经营实体与管理科室的协调联动效应，以主体单位高效化生产需要为目标，根据增减变化情况，按区域及时拆分、合并相关业务，提高企业运营效率；构建安全管理双控机制，全年检查发现隐患325项，整改率100%，连续四年获得公司“安康杯”，连续两年获得公司“职业卫生管理先进单位”称号；转变招标采购方式，全面推进询比价平台采购，流程整体运行效率提高20%，采购降价的品种比率达30%，全年运费挖潜23万元，备品备件采购降费40万元，主辅物资采购降费167万元。

【工序服务】 2019年，新事业公司树立“要想有地位必须有作为”的工作理念，提升工序服务质量，打造工序服务品牌。当年，围绕产品包装、天车运行、装载发货、除尘维检、液压维护等多项工序服务内容，快速响应主业生产所需，不断强化生产组织，提升运行效率；持续推进规范化操作，热板卷发货吊运质量明显提升，吊伤率由上年的0.49%控制在0.22%以下，发货准确率保持100%，全年为主体厂减耗达100万元；组织热板卷发货20.5万卷，火车装载加固1.6万车；主业产品累计包装量，冷轧薄板厂作业区22.5万包214.9万吨，高强汽车板作业区20万包162.9万吨，一钢轧厂热轧板534.6万吨，不锈钢公司热卷367.2万吨，冷热板包装抽查合格率99.97%。

【转型升级】 2019年，新事业公司拓展钢材深加工及其他服务产业的深度和宽度，推进转型升级，形成新的创效点。年内，探索“资产轻量化”经营模式，产业转型重点项目冷轧切边卷取拔丝和冲压件加工，实现全流程稳定生产，切边卷取项目共收集边丝1.35万吨，销售冷拔丝8900吨，冲压件加工量超1000吨，并逐步从单品生产向总成组装发展；开拓“微转型”项目，实施包装材料镀锌板制作电缆桥架、下脚料加工打包带和打包扣、边角废料压块等项目；金恒储运探索销售模式转型，实现高强汽车板公司铁红销售直发；文化传媒实现从传统印刷向多维布展的转型。

【环保管理】 2019年，新事业公司强化环保管理，主动分担公司环保压力，筑起“河钢唐钢清洁生产的最后一道屏障”。年内，作为公司重点固废处置单位，负责管理公司含铁料、废料、炉料及现场清理近40个品种100多个作业点，业务涉及公司本部、炼铁北区、中厚板公司、不锈钢公司多个区域。面对困难，坚持顾全大局，主动为主业承担环保责任和风险，制定运输车辆达标升级、黄牌车和蓝牌车运力互补、临时转储和正常物流互备、日间和夜间异常作业等一整套环保保产方案，确保公司主业各产线在环保常态化下的生产顺行。

【党群工作】 2019年，新事业公司党委围绕生产经营和改革发展，开展党建质量提升年活动，推进党建和生产经营双双迈上新台阶，获得公司“先进基层党组织”称号。开展“不忘初心、牢记使命”主题教育，严肃认真开展巡视巡察督导反馈意见及回头看、政治性警示教育、党内政治生活制度专项检查等活动；建立健全党委会议事规则、董事会议事规则和总经理办公会议事规则，制定落实“三重一大”决策制度实施办法，将党建工作明确写入公司章程，实现党委“把方向”清醒坚定、“管大局”担当作为、“保落实”坚决有力；坚持党建重心前移，把党建“主体责任”压到基层支部，形成“支部组织力、车间执行力、板块深度推进和整体创效提升”相互促进的良好局面；强力推进党支部标准化、规范化建设，实现组织建设全覆盖、党建责任全覆盖；深入开展“三亮三比”“党员承诺践诺”“珍惜荣誉、不忘初心，钢铁报国当先锋”等党员主题实践和特色活动，突出绩效目标管理，形成党员绩效提升工作机制；开展职工岗位创新创效，鼓励每一位职工成为深化生产经营活动的骨干；创新激励机制，以星级支部、党员之星、岗位之星，带动“全员化、小型化、不间断、由点及面”，形成浓厚的争先创优氛围；研究党建创新课题，《河钢唐钢新事业公司党委强化党建引领 助推经营上水平》刊发于《国企党建》2019 年 2 月总第 247 期；加强对工会、共青团、等工作的指导，在服务职工中注入党建工作新活力。

城市服务有限责任公司(行政福利处)

【概况】 唐山钢铁集团城市服务有限责任公司（简称城市服务有限责任公司）、行政福利处属同一机构、两块牌子，系对内服务与对外经营不同称谓，属于平台外非钢单元，是公司生活后勤服务单位，承担职工餐饮、洗浴、大学生公寓、厂容绿化管理、维修服务、小区物业管理、幼儿教育、饮品蔬菜供应、职工通勤车服务、职工康养、宾馆酒店接待服务、房产管理、户籍管理等业务的综合服务管理部门。

2019 年末，城市服务有限责任公司（行政福利处）设厂部级干部 5 人（含驻村干部一人）；下设科室 23 个（含公司派驻的人力资源、财务部门 2 个科室）。共有职工 775 人，其中男职工 595 人，女职工 180 人；中共党员 316 人；干部 76 人，其中科级干部 33 人（含公司派驻的人力资源、财务部门）；管理及专业技术职工 38 人，其中高级职称 3 人，中级职称 15 人；工人 699 人，其中技术工人 212 人，高级技师 12 人，技师 31 人。职工中有研究生 5 人，大学本科 78 人，大学专科 83 人，中专 56 人，高中及以下 553 人。

【服务经营】 2019 年，城市服务有限责任公司（行政福利处）认真贯彻执行集团和公司的决策部署，围绕“提质”“创效”两大中心任务，主动出击，攻坚克难，后勤管理迈上新台阶。全年，增收工厂物业维修费、管理费 320 万元；入户清缴自管小区陈欠费 437.6 万元；暑期冷食对外销售增收 10.66 万元；唐钢宾馆签约客户达 327 家，协议客户同比上升 11.92%，入住率同比上升 29.89%，顺利通过唐山市旅游局星级评定及河北省安全生产监督管理局安全生产标准化商贸二级企业复审；精品酒店引入职业经理人，销售业绩稳步提高，同比增利 22 万元，实现扭亏为盈，两家酒店均成为 2019—2020 年度唐山市党政机关会议接待定点场所中标单位；幼教管理推出特殊看护、延时服务等暖心服务，引入优秀教育资源，幼儿入园率同比上升 10%，同比减亏 15 万元；大学生公寓为 96 名外来培训实习人员提供住宿，增收 15 万元。

【成本费用管控】 2019 年，城市服务有限责任公司（行政福利处）聚焦全年挖潜目标，从动力介质、物料消耗、维修费和人工成本等关键指标查找和解决问题，实现挖潜增效新突破。加大自检自修力度，食堂、浴室维修费同比减少 90 万元，汽车修理费同比下降 8.52%；提高备件、物料修旧再利用比率，采购成本同比下降 10%。全年，累计实现收入 1.79 亿元，整体发生成本费用 2.08 亿元，同比减少 3085.44 万元，实现利润 -2905.45 万元，同比增利 1094.19 万元。

【基础管理】 2019 年，城市服务有限责任公司（行政福利处）坚持以服务为本，在创新理念上持续发力，提升服务水平，强化基础管理，狠抓管理措施落地，推动服务质量持续提升。当年，制修订《组织绩效考评办法》《外协单位安全管理办法》和《安全生产经济责任制》等十余项管理制度，加大日检查、周反馈、月考核监管力度，有效保障服务经营工作质量；及时了解职工生活后勤需求，增加售饭窗口和主副食品种，开展特供窗口及招牌特色美食展销等活动；增设调整职工通勤车站点 15 个，为职工上下班乘车提供便捷服务；成立供暖保驾 24 小时应急抢修队，接报修电话 900 多次，进行夜间抢修 30 多次，更换暖气片 1520 组、管道 800 余米、地下外网 300 多米。

【安全管理】 2019 年，城市服务有限责任公司（行政福利处）坚持“不忘服务初心，牢记安全使命”原则，突出抓好安全责任落地，通过教育培训、举办活动、督导检查等手段，提高职工安全责任意识，夯实安全生产基础。年内，举办厂级全员安全教育培训班 5 期，培训职工达 1000 人次，班组实操培训千余期，实现在岗职工全覆盖；举办以“健康生活，快乐工作”为主题的急救知识讲座，开展以“防风险、除隐患、遏事故”为主题的安全演讲比赛和以“防范火灾风险，建设美好家园”为主题的消防竞赛，提高职工的安全意识、防范意识和应急能力；坚持高频次、全方位隐患排查治理，组织各类安全检查 240 余次，查找整治安全隐患 447 项，有效遏制事故发生，全年实现轻伤以上事故为零的目标。

【食堂管理】 2019 年，城市服务有限责任公司（行政福利处）以提升服务质量，提高创效创新能力为目标，加强食品安全管理，丰富餐类品种，职工群众的满意度持续提升，收到表彰锦旗 20 面，并被评为公司级先进集体。全年，在保障职工三餐供应的基础上，提供接待用餐 377 次，检修用餐 7.6 万人次；开设“三八”妇女节和“五四”青年节窗口，提供定制套餐，传递公司关爱；春节食品展销自制食品 120 多种，定制春节家宴半成品套餐 513 份；自制中秋“钢城元素”系列月饼，增强公司职工归属感和幸福感；落实食品安全精细管理，严防严管严控全过程食品安全风险，自上而下构建食品安全组织网络，切实做到食品安全人人有责，事事有人管，把“让职工吃得放心”要求真正落到实处，守护职工“舌尖上的安全”。

【饮用水及暑期冷食供应】 2019 年，城市服务有限责任公司（行政福利处）整合优势，听取用户意见，提升产品质量，累计供应（销售）桶装水 31.43 万桶，瓶装水 5.2 万件。6—9 月，向生产一线职工供应冷食 8.23 万箱（329.4 万支），为公司暑期生产稳定运行提供有力后勤保障。同时，制定冷食、饮用水发放流程和应急预案，确保及时供应；组织人员定期到开平新井川水厂、唐山利民伟艳美食品有限公司冷食厂家现场检查生产情况，确保供应商生产饮用水、冷食的食品安全。

【职工康养】 2019 年，城市服务有限责任公司（行政福利处）以服务职工为根本，努力做好离退病职工康养工作，为康养职工提供温馨服务，全年累计接待康养职工 1416 人。年内，升级客房内硬件设施，将房间内家具更换为组合客房家具，改善客房居住环境，将无线网覆盖到每个房间；加强服务人员教育培训，提高管理与服务水平，为康养职工提供贴心周到的服务，把企业对职工的关怀落到实处。

【房产管理】 2019 年，城市服务有限责任公司（行政福利处）强化责任意识，抓实基础管理，着力提高房产管理水平。年内，梳理业务流程，完善各类资料档案，夯实住房管理基础；按照唐钢自管小区三供一业移交要求推进移交准备工作，有序落实核对房屋各类资料数据，开具公建房产证明，核对未出售房屋信息，办理停租等工作；协助办理河茵小区不动产权证，经多次与市政府协商，解决小区居民20年无不动产权证的问题，共发放不动产权证1110户、产权档案200户。

【厂容环境管理】 2019年，城市服务有限责任公司（行政福利处）加强厂容环境管理，确保厂区内环境整洁优美。认真履行绿化养护监管职能，合理调配人员和机械作业车辆，提高机械作业利用率，优化作业路线、方法和人机配合模式，重点抓好道路洒水抑尘及雨雪、大风等恶劣天气的清扫保洁工作。全年，共完成道路除雪铲冰2次、雨后推水清淤18次、秋冬季落叶清理清运480余车；严格执行垃圾日清制，共清运生活垃圾约1.6万吨、检修垃圾0.11万吨，干净整洁的厂区环境和高标准的厂容绿化，赢得社会各界及中外参观宾客的广泛赞誉。

【浴室与宿舍管理】 2019年，城市服务有限责任公司（行政福利处）以为职工提供暖心服务为目标，强化管理制度落实，扎实做好浴室、住宿管理工作。全年，接待职工更衣洗浴310万余人次，洗涤工作服7.5万余套，工装绣号2000余套，织补工作服1万余件，修复混水阀130余个，修复更衣箱120余个，为职工提供良好的后勤保障；完善日常管理制度，定期核对住宿人员信息，加强三栋职工宿舍楼现场卫生管理，为680名职工提供优质住宿服务和舒适的住宿环境。

【幼儿教育】 2019年，城市服务有限责任公司（行政福利处）认真贯彻执行《幼儿园教育指导纲要》精神，转变经营理念，初步实现由服务型向经营服务型的转变。当年，3所幼儿园全部通过路北区教育局的年度检查；参加市、区教委观摩学习20余次，组织教师培训60余次，拓宽教学思路，提升教师教学水平；园所添置空调、操场地面、户外体育器械等设备设施，为幼儿提供良好的生活学习环境；开设舞蹈、美术、篮球、围棋、英语等拓展课程，多方面培养幼儿兴趣爱好；开展体游嘉年华亲子运动会，大班毕业典礼、国庆节、亲子消防等活动，丰富幼儿园学习生活内容，促进亲子关系；根据幼儿的年龄特点，精心制定幼儿食谱，确保儿童健康茁壮成长；严格执行卫生保健制度，落实幼儿入园晨午晚检制度，重点做好园内幼儿学习和活动场所、日常生活用品及教玩具的清洁消毒工作，加大对大中型玩具及室内外设施安全检查力度，保障园内儿童安全健康。

【党群工作】 2019年，城市服务有限责任公司（行政福利处）党委以习近平新时代中国特色社会主义思想和党的十九大精神为指导，践行“常规工作有特色、重点工作创品牌、整体工作争一流”的党建工作理念，制定“四个一”党建工作目标，积极开展“双强双促”基层党建质量提升年活动，充分发挥党员和党组织在攻克服务经营重点难点中的关键作用，实现基层党建与后勤改革发展双促进双提高。开展“不忘初心再出发”主题党日特色活动，结合每月工作重点开展“党性体验”“以赛促学 以赛促建”“传承红色文化”等自选动作，组织300多名党员干部参加“义务劳动”党日活动；结合“三亮三比”党员先锋行主题实践活动，开展党员先锋岗、党员示范岗，党员责任区创建、争当“岗位服务明星党员”等活动，形成“比党性、比业绩、比奉献”的浓厚氛围，评选出集团、公司级优秀共产党员19名；全面落实党风廉政建设主体责任，加强党风廉政宣传教育，推进廉政风险防控，切实落实廉洁从业和作风建设有关要求，营造风清气正的干事氛围。当年，获公司“先进基层党组织”称号。

房地产公司

【概况】 唐山唐钢房地产开发有限公司

（简称房地产公司）是具有独立法人资格的经济实体，主要经营范围包括房地产开发经营、房屋信息咨询、房屋租赁等业务。2010年9月14日，房地产公司在唐山市工商行政管理局注册，取得企业法人营业执照，注册资本1亿元，注册地点为唐山市路北区滨河路9号，办公地点位于唐山市路北区龙泽南路55号。2012年11月，取得四级开发资质，具备开发面积10万平方米能力。2013年5月，经营项目增加房屋租赁一项。2016年10月，取得三级开发资质，具备开发面积15万平方米能力。

2019年末，房地产公司设总经理1人、党总支副书记兼工会主席1人、总经理助理1人；下设综合室、规划室、工程室、销售中心、水岸物业服务中心等科室5个。共有职工114人，其中男职工86人，女职工28人；中共党员51人；干部44人，其中科级干部14人；管理及专业技术职工44人，其中高级职称8人，中级职称19人。职工中有研究生1人，大学本科40人，大学专科22人。

【费用管理】 2019年，房地产公司认真分析研判房地产市场形势，准确进行房地产项目定位，提升房地产项目管控水平，实现了公司下达的挖潜增效目标。全年，发生费用1152万元，比年度目标减少48万元。

【钢城·水岸项目】 2019年，房地产公司销售钢城·水岸商业用房11套，总销售金额1384.51万元。钢城·水岸项目是房地产公司开发的第一个项目，于2011年4月开工建设，2013年8月交付使用，总建筑面积24.65万平方米，其中住宅面积18.8万平方米。可售住宅已全部售罄。

【钢城·春邑项目】 2019年，房地产公司按计划稳步推进钢城·春邑项目一期工程建设，全年销售住宅613套、地下室250个、车位312个，总销售金额5.58亿元。钢城·春邑项目是房地产公司继钢城·水岸项目之后进入良性发展轨道的关键项目。项目总建筑面积57.89万平方米，采用经理全面负责制，分三期开发，一期工程于2017年4月开工建设。这一年，在保证满足政府环保要求的基础上，及时调整施工网络计划，制定科学的施工方案，强化人员、材料和机械设备的组织，加快施工节奏，全力克服重污染天气应急响应对施工造成的影响；加强同市自来水、燃气等专业公司的沟通与协调，合理安排外网管道施工顺序及交叉衔接，确保小区配套管网建设进度。当年，钢城·春邑项目一期开发面积27.8万平方米，开发住宅2254套，完成分户验收。

【基础管理】 2019年，房地产公司全面夯实基础管理工作，优化工作流程，强化质量管理和费用管控，进一步完善以项目前期规划、工程、销售、物业管理为一体的项目一贯制管理体系。强化职工队伍建设，多措并举提升职工业务能力，用心打造一支专业素质过硬的房地产开发管理团队。认真贯彻落实河钢唐钢关于混改工作的相关要求，及时组建混改工作组，明确混改总体思路、原则、路径及战略投资者选择条件，并制定资产处置预案、职工安置预案、股权设置预案等，稳步推进混改工作。

【物业管理】 2019年，房地产公司进一步提升钢城·水岸物业服务中心管理水平，以客服中心为依托，以精细化管理为抓手，构建钢城·水岸社区物业服务体系，全力打造干净整洁、环境优美、服务周到、管理有序的社区环境。全面推进标准化作业、规范化服务，组织开展智能化社区创建工作，物业服务质量和服务水平进一步提高；积极倡导人性化管理，加强与业主的协调沟通，及时解决诉求、化解矛盾，业主满意度不断提高，全年物业费收费率达到90%，在全市物业管理系统中居于前列。

【服务创新】 2019年，房地产公司以服务创新促进服务质量持续提升，创建钢城·水岸物业服务中心“红色物业”品牌。年内，以钢城·水岸物业服务中心为试点，开展物业、社区、业主三位一体共建“和谐平安”社区活动。转变服务理念和管理模式，依托物业客服创新工作小组“物业网格化管理”课题，按照“小网格，大服务”思路，坚持因地制宜、规范管理、服务升级的原则，按院、楼、单元、住户四级的方式逐级分格，以格定人定责定标定权，细分优化网格管理职责及流程，健全网格管理制度，创新物业管理模式；组织开展劳动竞赛、技术培训等活动，全面提升职工服务技能，为居民提供优质服务，打造“唐钢地产”物业品牌；充分发挥物业、社区、业主三位一体作用，开展安全隐患排查、消防安全演练、志愿服务等活动，营造“和谐平安”社区环境。

【党群工作】 2019 年，房地产公司党总支以习近平新时代中国特色社会主义思想和党的十九大精神为引导，以“党建质量提升年”为契机，积极组织开展特色活动，全面提升党群各项工作水平。以创建“五型领导班子”为依托，讲理想、明责任、勇担当、抓创新，突出领导班子在党建工作中的集体领导地位和主体责任；以“组织力提升”为主题，夯实党建基础管理，健全组织体系，圆满完成党总支换届选举；修订《党总支委员会议事规则》《贯彻落实“三重一大”决策制度实施办法》等制度，切实履行全面从严治党主体责任；以河钢塞钢“时代楷模”为榜样，通过学习强国、钢铁先锋和红旗飘飘唐钢地产党员群等学习平台，开展“不忘初心、牢记使命”主题教育，倡导坚守钢铁报国初心，全面营造比学赶帮超的氛围；以“三亮三比”“爱岗敬业十佳职工”评选，纪念建党 98 周年、迎庆新中国成立 70 周年，“匠心五月”“安康杯”“决战四季度”劳动竞赛等党员特色活动为载体，营造“唐钢地产”红色品牌文化氛围。以作风建设和廉政建设为抓手，实现纪检监察工作与经营管理工作深度融合，强化领导班子执行力，夯实党风廉政建设“两个责任”；多种形式开展廉政党课、廉政谈话和答题等活动；狠抓廉政风险点，规范权力运行，加强对重要领域、关键岗位、重点人员的防控督查，紧密结合钢城·春邑项目阶段性建设工作确定季度性效能监察课题，形成风险明确、责任到人、动态监督的廉政风险防控机制，确保权力运行和关键岗位制约机制落地见效。

华奥公司

【概况】 河北华奥节能科技有限公司（简称华奥公司）系河钢唐钢全资子公司，成立于 2013 年 12 月，注册资本 1 亿元，是专业从事节能环保服务的科技型、服务型产业公司。主要以合同能源管理（EMC）、工程项目总承包（EPC）、投资—建设—运营（BOO）、环境第三方治理等商业模式承接钢铁行业节能减排、污染治理及节能环保技术咨询等业务。在二次能源高效发电技术、全流程能源智能管控技术、生产用水利用城市再生水全替代技术、高炉煤气干法除尘技术、钢铁流程界面技术等方面拥有优势，专有技术涵盖炉窑、除尘、石墨电极、生物质天然气等环保和能源领域，取得 4 项国家专利技术，相继取得国家工信部节能公司认定，入选工信部推荐 117 家工业和通信业节能服务公司名单、《工业节能诊断服务行动计划》节能诊断单位，入选河北省 30 家节能环保产业骨干企业名录。

2019 年，华奥公司设厂部级干部 2 人；下设综合经营管理部、能源产业部、环保产业部、水资源产业部、监测产业部等 5 个部门。共有职工 23 人，其中男职工 19 人，女职工4人；中共党员13人，民建1人；共有干部13人，其中科级干部5人；管理及专业技术职工14人，其中高级职称5人、中级职称8人；工人10人，其中高级技师3人，技师1人。职工中有博士1人、研究生2人、大学本科9人、大学专科2人、中技6人、高中及以下3人。

【生产经营】 2019年，华奥公司强力推进管理优化，积极参与河钢集团及河钢唐钢重点项目中的能源综合利用及节能减排项目建设。以合同能源管理模式投资建设河钢产业升级及宣钢产能转移项目余能利用服务项目，参与河钢唐钢焦炉煤气综合利用项目及河钢石钢环保搬迁节能减排项目建设；在不锈钢公司和中厚板公司推广应用石墨电极抗氧化浸渍技术；不断拓展节能咨询服务范围，当年8月成为河北省工业节能诊断服务公司中标单位之一，截至年底对省内6家非钢铁企业进行节能诊断，并出具诊断报告，同期完成唐山市热力公司低温工业水项目；投资建设并已进入效益分享期的河钢唐钢炼铁北区1号、3号高炉煤气除尘系统湿法改干法工程节能项目、动力部循环水系统节能改造工程，按照年度计划返还投资。全年营业收入4350万元，实现公司下达的经营目标。

【低温水余热采暖项目】 2019年，华奥公司与唐山市热力公司合作运营低温水余热采暖项目。该项目以热电车间冷却循环水作为热源，采用热泵技术汲取未充分利用的低温水余热，用于居民采暖。项目主要建设内容包括总热泵站1座、6台制热量10.7兆瓦的水源热泵，设计供热面积350万平方米。该项目建成后运行状态良好，回收热量折标煤达7200吨/年，年内采暖季盈利149.51万元。

【石墨电极抗氧化浸渍技术应用推广】 2019年，华奥公司大力推广节能环保技术在生产厂的应用，在不锈钢公司和中厚板公司成功推广应用石墨电极抗氧化浸渍技术。该技术可提高石墨电极的高温抗氧化性和强度，减少炼钢电弧炉及LF精炼炉用石墨电极的消耗，LF炉电极降耗率最高可达40%以上。截至年末，为两家公司共处理高功率石墨电极1440.57吨，节能降耗收益1410万元。

创元方大公司

【概况】 唐山创元方大电气有限责任公司（简称创元方大公司）系河钢集团唐钢公司控股的国有股份制公司，是生产销售高低压成套电气设备、高低压电器断路器、高低压电线电缆、智能电测仪表、LED照明灯具的非钢单位。位于唐山市开平区现代装备制造工业区南路6号，占地面积10万平方米，建筑面积7.5万平方米。2019年末，固定资产3.86亿元。

2019年末，创元方大公司设厂部级干部2人；下设综合部、经营财务部等9个部室、3个产品事业部、2个专业车间，设唐钢浦项（唐山）新型光源有限公司子公司。共有职工428人，其中男职工270人，女职工158人；中共党员22人；干部8人，其中科级干部6人；管理及专业技术职工144人，其中专业技术职工37人，高级职称6人、中级职称3人；操作人员284人。职工中有大学本科及以上81人，大学专科117人，中专179人，高中及以下51人。

【生产经营】 2019年，创元方大公司紧紧围绕公司非钢产业发展目标，积极调整发展战略，转换营销思路，提高成本控制能力，加强产品质量管控，取得较好的经营业绩。全年，生产高压柜886台、低压柜602台、配电箱903台，营业收入1.82亿元，利润150万元，完成全年生产经营目标任务。年内，强化资金管控，加大应收账款的回收力度，降低经营风险，保障企业的安全可靠运行；优化物资采购模式，规范招投标管理制度及管理流程，降低采购成本；严格质量管理，严肃质量标准与工艺纪律，实行全过程检验机制，确保产品无缺陷、出厂合格率100%。

【市场开拓】 2019年，创元方大公司在保持和不断提升主导产品地位和盈利水平的同时，积极调整市场结构，重点提升对央企、国企、国际合作企业及优质民企等高端客户的服务质量，提高创效能力，形成协同发展、市场多元、客户稳定的经营局面。这一年，紧紧围绕河钢乐钢项目建设，签订合同5.24亿元，其中照明总包项目2.69亿元，高低压成套开关柜及线缆2.55亿元；社会市场方面，新增客户10家，跟踪客户20多家；国际市场方面，从塞尔维亚钢厂入手，跟踪其他海外业务，当年签订塞钢相关合同1400余万元。

【管理变革】 2019年，创元方大公司转变管理思路，调整内部机构，实施短流程、扁平化管理，提高工作效率。缩减管理人员编制，充实生产一线力量，提高生产加工制造能力，有力保障销售合同执行率；整合销售力量，充分发挥销售的龙头作用，将多个销售部门整合为两个专业销售部，业务人员分工负责，指标明确，按新修订的经营绩效奖励办法及时兑现销售奖励，提高销售业务人员的主观能动性，为实现全年生产经营目标打下坚实基础。

【党群工作】 2019年，创元方大公司党总支以党的十九大和十九届四中全会精神为指导，认真贯彻落实上级党委工作部署，全力做好党群各项工作。深入开展“不忘初心、牢记使命”主题教育，强化党员思想信念和党性教育，引导广大党员牢固树立“四个意识”，确保每名党员思想过硬，在产品创新、市场服务等方面发挥先锋模范作用。加强党建工作，以“基层党建质量提升年”活动为契机，健全落实党建工作责任制，积极推行党支部工作标准化、规范化。加强“五型”领导班子建设，紧紧围绕公司生产经营和改革发展中心任务，讲理想、明责任、勇担当、抓创新，进一步创新工作思路，推进企业走进市场、服务用户，提升应对市场的能力。落实全面从严治党要求，压紧压实党风廉政建设“两个责任”；开展反腐倡廉宣传教育，把党风廉政建设和反腐败宣传教育工作纳入党的宣传思想和党员干部教育培训工作中，落实党总支中心组、廉政党课等学习制度，提高干部职工廉洁自律意识，营造风清气正的良好环境。

附　唐钢浦项（唐山）新型光源有限公司

【概况】 唐钢浦项（唐山）新型光源有限公司是由唐山创元方大电气有限责任公司和韩国浦项LED公司共同投资设立的合资公司，位于河北省唐山市开平区现代装备制造工业区南路6号。该公司倡导绿色智能光环境理念，全力打造LED新型绿色光源，产品具有节能、长寿、高效等特点，品种涉及九大类170多个规格，广泛应用于冶金、石油、化工、道路照明等领域。2019年末，固定资产646.24万元。

2019年末，唐钢浦项（唐山）新型光源有限公司下设综合管理部、财务经营部、技术研发部、生产管理部、采购部、品质部、销售部、社会市场部等8个部门。共有职工69人；中共党员8人；高管3人，管理人员29人，专业技术人员7人，操作人员30人。

【生产经营】 2019年，唐钢浦项（唐山）新型光源有限公司紧紧围绕年度工作目标，以“打造新时代绿色钢铁照明”为主线，坚持以市场为导向，优化产品结构，丰富产品种类，使企业在激烈的市场竞争中得以发展和提升。在对河钢乐亭项目、邯钢三期照明改造等项目顺利供货过程中，在冶金领域照明改造集成服务、产品选型、节能方案设计、施工组织等整体综合服务的优势不断显现，职工队伍得到了锻炼，人员结构更趋向科学合理。全年，主营业务收入 2933.79 万元。

【产品与市场开拓】 2019 年，唐钢浦项（唐山）新型光源有限公司积极研发满足客户安全需求的新产品，新增应急三防灯产品序列；改进 NBL 散热器，增加 PCB 固定孔，使 PCB 与散热器能够更紧密贴合；对 GBL150 样品进行信赖性测试实验；研发工矿灯，使用环境温度从传统的 45℃ 提高至 60℃。年内，向河钢邯钢供工矿灯、投光灯、防爆灯等灯具 5527 盏；以河钢乐钢项目为契机，打造“新时代钢铁”绿色、高效照明典范工程为目标，全年送灯 6000 余盏。

唐钢华冶公司

【概况】 唐钢华冶（天津）钢材营销有限公司（以下简称唐钢华冶公司）是集钢材加工、现代仓储、钢材交易、运输配送和信息系统于一体的特大型深加工及仓储物流基地。位于天津市空港经济区，东邻京津塘高速，南距 G25 长深高速 15 千米，西至天津滨海机场，北靠津汉公路 5 千米。该公司于 2011 年 12 月 14 日成立，注册地址为天津空港经济区领航路 8 号，注册资本 3 亿元，其中河钢唐钢出资 70%，上海华冶出资 30%。主要经营热轧、冷轧、镀锌、彩涂、电工钢、型材、线材等各类钢材的加工配送业务。2019 年末，唐钢华冶公司共有设备 10 台（套），冷、热带钢横、纵开平剪切生产线 9 条，焊接 H 型钢制作生产线 1 条，起重设备 30 台（套），热轧仓储及加工、冷轧仓储及加工仓库 2 个，每个仓库面积近 6 万平方米，冷轧库容 20 万吨，热轧库容为 30 万吨。

2019 年末，唐钢华冶公司设厂部级干部 4 人，其中唐钢身份 3 人，华冶方 1 人；下设财务部、采购部、管理部、销售部、安全部等科室 5 个，加工中心 1 个。共有在职职工 107 人，其中男职工 79 人，女职工 28 人。职工中有研究生 2 人，大学本科 32 人，大学专科 37 人，高中及以下 36 人。

【生产经营】 2019 年，唐钢华冶公司积极调整营销结构，稳固销售渠道，提升加工承接能力和仓储能力，加大品种钢和重点品种开发增量力度，开辟多渠道市场资源，全方位加强供应链管理系统建设，取得较好经营业绩。全年，销售钢材 28.26 万吨，加工板材 26.11 万吨，网价平均价以上销售量达到 50.08%，同比提高 10.73%，销售毛利实现 766.34 万元；品种钢销售比例 85.23%，达到 24 万吨，同比提高 9.04%，重点品种销售比例 8.17%，同比提高 0.43%；提升对加工仓储物流的市场定位认知，寻求建立稳固的加工渠道，年内车间独立承揽的业务量达 15.58 万吨，同比增长 3.36 万吨，增长率 27.49%。

【营销策略调整】 2019 年，唐钢华冶公司大力实施营销策略调整，建立以备货为支撑渠道的新销售模式，搭建多资源渠道营销框架，推进全员销售，全年期货备货销量 5.84 万吨，同比增加 1.85 万吨。这一年，不断优化库存结构，大力实施降库工作，库存量由高峰时期的 2.51 万吨，降至年末的 1.23 万吨，降低 51%，有效缓解了经营资金压力；定位长远发展，全面加大多渠道资源开发，对天津周边、河北、山东等地区的

54家企业进行等级分类评审，先后与承钢、唐钢不锈钢公司、唐钢中厚板公司、唐山纵横、黄骅中铁、鞍钢天铁等多家大型钢企建立合作关系，至年底实现8次合作。

【成本费用管控】 2019年，唐钢华冶公司实施成本渠道固化管理，不断创新举措，持续推动降本工作开展。当年，辅料备件成本费用同比下降7.16万元，加工吨钢成本下降0.08元/吨，办公费用等在上年度降低15%的基础之上再降6%，车辆费用降低11%；通信费用降低23%。

【信息化管理体系建设】 2019年，唐钢华冶公司努力建设新的ERP系统管理平台，推动运营思维和管理流程科学升级。年内，新的ERP系统顺利上线运行，有效弥补了传统管理存在的风控漏洞，带动和促进整体营销模式和管理理念再上新台阶，实现人、物资源更加科学合理化配置、全方位管理；坚持以人为本，加强基础管理，严格制度落实，持续推进制度建设，对整体制度管理体系开展全面梳理排查，结合实际需求进行完善和修订，对《员工外出的相关规定》《车辆使用管理规定》等11项管理制度和管理办法进行补充修订，做到有据可依、有制可循。

【安全管理】 2019年，唐钢华冶公司强化安全管理，以提升职工安全意识和安全素养为切入点，营造浓厚的安全氛围。这一年，坚持开展每日安全检查、每周安全培训以及每月安全主题活动，共排查安全隐患330项，考核1.33万元；结合生产经营需求，修订职业卫生安全管理制度17项，安全管理规章规程36份，修订《起重作业管理规程》6份，以及修订完善9条剪切线的安全操作规程，安全工作得到地方管委会和公司的充分肯定，被公司授予“2019年职业卫生管理先进单位”称号。

【职工服务】 2019年，唐钢华冶公司加强职工队伍建设，加大职工服务力度，增强企业凝聚力，打造唐钢华冶特色企业文化。年内，关注职工热点问题，针对职工用餐满意度开展两次问卷调查，针对性开发“特色菜品投票”等手机程序，做到提前确定就餐人数、提前点菜等环节可控，在提升职工满意度的同时减少浪费，有效降低食堂成本；针对职工住宿标准、暑期一线送清凉等工作，加强服务力度，提高服务水平，受到职工的普遍欢迎和良好反馈，职工队伍凝聚力持续增强。

【市场定位】 2019年，唐钢华冶公司坚持内抓管理，外树形象，发挥合资企业的市场优势，聚力打造质量最好的服务，以建立知名品牌为目标，以发展成为区域市场龙头企业为方向，狠抓内部基础管理，进一步开拓外部市场，树立守承诺、讲诚信、做规范的良好口碑，全面扩大在本地区的市场影响力，吸引大量客户主动上门寻求合作。全年，新增客户186家，总成交客户达到658家。

【党群工作】 2019年，唐钢华冶公司党总支以习近平新时代中国特色社会主义思想和党的十九大精神为指导，全面做好党群各项工作。深入开展“不忘初心、牢记使命”主题教育，引导党员干部牢固树立“四个意识”，坚定“四个自信”、做到“两个维护”；加强领导班子建设，严格作风标准，规范党内政治生活，打造尊重、包容、干净、规矩的政治生态，领导班子下基层工作制度化，年内进行生产、安全、现场等管理方面的专项检查41次，促进生产经营顺行；坚持将党建工作同生产经营各项重点指标任务一同研究、一同部署、一同落实，每月召开政工例会，研究部署下一阶段党群工作；加强党员队伍管理，各支部每月定期开展集中学习，通过集中讨论、观看视频教育片等形式，提升党员队伍素质；组织开展支部书记讲党课活动，围绕中心工作，理论与实践相结合，让每名党员都明白自己应该做什么，怎么做；在全体党员中开展“立足岗位、寻找初心”活动，引导党员立足本职、对标先进、找出差距、盯住问题、作出承诺，为生产经营发展作贡献；强化党风廉政建设，组织学习《准则》和《条例》，加强党员党纪党规教育；每月组织编写《唐钢华冶通讯》，设置“党员阵地”专栏，扩大基层党建工作影响；从严落实“两个责任”，加大监控机制建设，针对敏感岗位实行定期轮换制度，预防长期业务往来等易发不廉洁问题，确保“两个责任”落地；开展党内专项监督，对涉及千元以上的采购招标安排纪检专员参与，年内监督检查涉及采购部、管理部、安全部等部门的备品备件、办公用品等招标 19 次，询价比价 28 次，进一步强化纪检监察管理，筑牢廉政风险防控体系。

【“私车公养”问题专项整治】 2019 年 4 月，唐钢华冶公司党总支按照上级要求，开展“私车公养”问题专项自查整治工作。唐钢华冶、保定板材两单位针对 11 辆公务车辆开展自查整改活动，修订完善《车辆使用管理规定》《派车申请单》《费用申请单》等 12 项管理制度和相关管理流程，制定整改措施 11 项，全面规范公车管理行为，严格堵塞公务车辆管理漏洞，确保廉洁从业。

教育中心

【概况】 教育中心（河北省冶金高级技工学校、河北冶金技师学院、唐山科技职业技术学院）以下简称教育中心，是集学历教育、职工培训、应用研究、技术开发和职业技能鉴定为一体的综合办学实体，系公司平台外非钢单元教育类产业，与唐钢大学合署办公，位于河北省唐山市路南区警钢路 68 号，紧邻唐山南湖环城水系。占地面积 13. 19 万平方米，总建筑面积 7. 2 万平方米。2019 年末，固定资产总值 1. 88 亿元，教学仪器设备总值4249 万元。

2019 年末，教育中心设党委书记（副厅级）1 人，院长（副厅级）1 人，厂部级干部 3 人；下设党委工作部、学院办公室、教务处、学生工作部、招生就业指导处、安全工作处、总务处、材料工程系、智能制造系、信息多媒体系、铁道经管系、轨道交通系、思政体卫部、继续教育部、技能鉴定部、校办工厂等部、处、室 16 个。教职工总数240 人，其中男职工 87 人，女职工 153 人；中共党员 188 人；干部 204 人，其中科级干部 17 人；专职教师 109 人；工人 36 人，其中技师 4 人；专任教师中高级职称 70 人，中级职称 39 人；管理人员中高级职称 44 人，中级职称 51 人。专任教师中有研究生 45 人，大学本科 64 人；管埋人员中有研究生 6 人，大学本科 82 人，大学专科及以下 7 人。

【体系建设】 2019 年，教育中心全力聚焦招生和培训两项中心工作，以“不忘初心、牢记使命”主题教育、教学诊断与改进工作为重点，结合学院发展实际，持续健全决策机制，修订完善《学院章程》《关于进一步规范和加强发展党员工作的实施意见》《党建工作责任制实施办法》《领导班子成员沟通协调制度》《学生考核管理办法》《学生学籍管理规定》《劳动实践课程实施办法》《国家奖学金、励志奖学金、助学金评审实施细则（修订稿)》《家庭困难学生认定管理办法（修订稿)》等一系列规章制度，形成系统全面、相互衔接、务实管用的长效管理机制，保证各项工作合规、有序进行。

【专业设置】 2019年，教育中心紧密围绕国家高等职业教育发展战略和区域发展实际需要，对接“双高计划”，持续深化课程改革，优化专业和课程设置，切实做到与企业生产实际无缝对接。年内，依据学院《专业和课程建设“后十三五”规划》，继续着力黑色冶金技术、机电一体化技术、无人机应用技术等7个骨干专业建设；按照先进制造业与现代服务业共同主导、传统产业与新兴产业双轮驱动的专业发展格局，主动契合经济社会发展需要，布局区域主导产业发展和民生服务相关专业，不断提升专业结构与产业结构的匹配度、人才培养结构与行业企业需求结构的契合度。当年，开设黑色冶金技术、轧钢工程技术、电厂热能动力装置、煤炭深加工与利用、环境监测与控制技术、理化测试与质检技术、机电一体化技术、数控技术、机电设备维修与管理、自动化生产设备应用、供用电技术、智能控制技术、液压与气动技术、港口机械与自动控制、无人机应用技术、铁道交通运营管理、铁道供电技术、铁道信号自动控制、铁道物流管理、动车组检修技术、城市轨道交通运营管理、计算机应用技术、计算机网络技术、数字媒体应用技术、物流信息技术、广告设计与制作、移动应用开发、会计、旅游管理、市场营销、会计信息管理等31个专业，涵盖7个专业大类，形成以装备制造业为重点，冶金制造业为特色，交通运输业为依托，多专业协调发展的专业教学体系。

【招生情况】 2019年，教育中心继续深入推广“互联网+”招生策略，积极营造全员参与、齐抓共管的良好氛围。面向市场主动出击，全年招生1588人，其中高职学生1487人、技校学生101人，招生范围覆盖河北、辽宁、内蒙古、甘肃、青海、山东、陕西、宁夏、河南、湖北、贵州等全国10多个省区。年末，各层次教育在校生4383人，学院在校生人数逐年增长。

【就业情况】 2019年，教育中心秉承以就业为导向的办学理念，逐步推广校企深度合作、共同育人、互利共赢、产教深度融合新模式，紧密围绕京津冀地区协同发展战略，拓宽人才输送渠道。全年，毕业生总体就业率达到93.6%。这一年，与青岛海尔、SMC（中国）有限公司、力神电池、东港安全印刷、瑞丰钢铁、九江线材、纵横钢铁、万达洲际酒店等8家合作单位进行订单式人才联合培养；打通沧州中铁国丰收购项目和北车集团铁路类专业用人渠道，为铁道类专业的学员搭建专业就业平台；加强对学生职业生涯规划的引导教育，通过毕业生跟踪调查，多方联系企业，举办招聘会等方式提高就业质量，提升学生职业竞争力；搭建辐射北京、天津、山东、青岛、唐山及周边地区的学生实习就业区域，涉及钢铁冶金（首钢京唐、首钢京唐西山焦化、瑞丰钢铁、九江线材、纵横钢铁）、装备制造（青岛海尔、中车唐车、SMC（中国）有限公司）、新能源制造（天津力神电池）、铁路运输（天津铁路客运段、中铁三局运输公司）、港口物流（曹妃甸港口集团）、电子商务（苏宁易购、北京东港瑞云、天津链家）、餐旅服务（万达洲际酒店、紫天鹅庄）等领域知名企业；依托海尔集团班组长培养基地全国首家试点单位的经验和模式，成功与世界500强、中国第一大钢铁联合体企业——宝武钢铁集团达成联合招生、定向培养、一体化育人的框架性合作意向，迈出现代学徒制建设工作的新步伐，实现人才培养质量和水平的新提升。

【对外服务】 2019年，教育中心充分借助自身人才优势、培训教育资源、技能鉴定职能及实验实训设备资源，积极拓展外部市场，全力提升服务产业和服务社会能力。年内，面向公司内部开展各类职工培训4764

人次，培训收入 109.5 万元；组织 5 个工种 900 人次的中、高级技能鉴定；选派 30 名教师，为公司编写《主体产线技管人员素质能力提升》教材和题库；开展多形式、多层次的成人教育，为公司职工、社会在职人员及在校生开展继续教育；开发冶金实训中心对外服务功能，承接对外实验项目 30 个；自主研发天然矿块爆裂测定，成为唐山地区目前唯一具备承接此项检测能力的院校。

【教书育人】 2019 年，教育中心本着学识教人、品德育人的教育原则，全面加强学生思想政治教育。这一年，以习近平新时代中国特色社会主义思想和党的十九大精神为指导，以落实全国、全省教育大会和高校思想政治工作会议精神为重点，以弘扬社会主义核心价值观为主线，丰富思想教育形式和内容，通过组织学生政治理论学习、观看习近平总书记在纪念五四运动 100 周年大会上的讲话实况、举办“爱我中华 · 强我国防”国防教育主题演讲大赛和“青春为祖国歌唱”高校拉歌等一系列活动，弘扬爱国主义精神，不断深化教育活动内涵，发挥校园文化在育人方面潜移默化的功能，全面增强新时代大学生的使命担当意识；将国防教育与学生思想政治教育相结合，扎实推进大学生征兵工作，鼓励学生积极响应国家号召，当年有 79 名学生应征入伍；加强专兼职学管队伍建设，全力提升学管队伍服务水平，首次试行兼职辅导员、班主任选聘制度，将 28 名优秀专任教师充实进学管队伍，有效提升学生管理工作的实效性；继续深入开展辅导员“大家访”活动，以家庭经济困难、学习困难、心理问题严重或思想行为偏激、孤儿或单亲家庭学生为重点，通过实地走访、家中慰问、座谈调研，维系筑牢学生家长与学校的感情纽带，努力构建家校合力育人的良好局面。

【安全教育和管理】 2019 年，教育中心始终坚持“安全第一、预防为主、综合治理”的工作方针，不断强化安全教育和管理。全面落实“党政同责、一岗双责、失职追责”的安全管理责任制，实行安全隐患排查网格化管理；开展法制、安全教育讲座，组织“法制教育主题班会”等教育活动，不断提高师生安全意识和法律知识水平，全年未发生影响正常教育教学秩序的恶性事件，平安和谐校园建设成效显著。

【教学改革】 2019 年，教育中心以教学诊断与改进工作为抓手，高标准推进创新发展行动计划实施，引领教育教学高质量发展。年内，强力推进质量保证体系诊改工作，全面落实教育部规范办学要求，全力提升人才培养工作质量，建立由学院主要领导为组长，各部门负责人为成员的诊改工作领导小组，成立诊改工作办公室，搭建诊改工作组织保障体系，修订办学规章制度、部门职能和岗位职责，完善工作标准和流程，编制学院总体规划和七个专项规划，编写骨干专业建设方案，迎接 2020 年省级检查验收。紧密围绕立德树人根本任务，强力推进“课程思政”试点项目建设，将工匠精神、创业意识融入课程教学，郑久强炼钢技能大师工作室和无人机组装在线精品课程再次成功申报立项，获批省级专项资金 60 万元，计算机文化基础课程再次获批省级精品课程。持续推进信息化教学，以泛雅平台和尔雅通识课程为载体，进一步完善精品开放课程、重点建设课程、专业核心课程的网络教学平台资源，继续推广蓝墨云班课和《学习通》软件辅助教学，形成相对完整的慕课体系，全面实现网上选课和线上线下混合教学。

【教科研成果】 2019 年，教育中心积极落实教育部《关于进一步推动高校落实科技成果转化政策相关事项的通知》及省教育厅相关政策要求，充分发挥政策引领导向作用，调动广大教科研人员的积极性，科研成果丰硕，项目类别、数量均创历史新高。全年，获得省高等学校科学研究项目立项5项、省人力资源和社会保障厅课题研究项目立项4项、中国职业技术教育学会教学工作委员会2019—2020年度职业教育教学改革课题省级立项3项、省职业教育科学研究"十三五"规划2019年度立项3项、省教育科学研究"十三五"规划2019年度课题立项1项、2019年省职业院校外语教学改革研究与实践项目立项1项、唐山市社科联立项3项，其中中国职业技术教育学会教学工作委员会2019—2020年度职业教育教学改革课题、省教育科学研究"十三五"规划2019年度立项课题、省职业教育科学研究"十三五"规划2019年度立项、2019年省职业院校外语教学改革研究与实践项目四类课题为首次成功立项；省高等学校科学研究项目2项结题、省人力资源和社会保障厅项目3项结题、唐山市社科联项目3项结题。

【奖助学金发放与专项资金支持】 2019年，教育中心进一步规范学生国家奖助学金评审发放工作，修订《学院奖助学金评审办法及实施细则》，完善学生资助管理组织机构，明确系部、学生工作部、纪委等相关部门的职责任务，切实保障奖助学金评审发放工作公平、公正、公开，共发放专项资金350.98万元，涉及学生1875人次。这一年，面对企业退城搬迁、资金紧张、投入持续降低的困境和压力，积极寻求上级主管部门的帮助和支持，争取国家财政专项资金757万元，同比增加187万元，有效弥补办学经费不足，切实保障各项工作有序开展。

【学院维修改造工程】 2019年，教育中心贯彻《党中央、国务院关于推进北方地区冬季清洁取暖》的重要指示精神，落实环保工作要求，实施取暖方式更新升级工程，将原有自行取暖燃烧生物质锅炉改造为清洁环保的空气源热泵机组，有效保证废气排放达标和冬季供暖工作的正常开展。

【党群工作】 2019年，教育中心党委认真贯彻落实上级党委工作部署，以基层党组织建设为抓手，全面做好党群各项工作。深入开展"不忘初心、牢记使命"主题教育，聚焦立德树人根本任务，围绕改革工作重点，践行"守初心、担使命、找差距、抓落实"工作方针，切实做到学做一体、查改贯通；全力做好意识形态和宣传思想工作，始终坚守党管意识形态、党管宣传思想工作的政治原则，全面加强意识形态和宣传阵地的统一管理；践行"三全育人"理念，充分发挥思想政治理论课主阵地、主渠道作用，全面推行十九大精神进校园、进课堂、进头脑，把思想政治教育融入学生学习生活、成长成才全过程，引导学生树立正确的世界观、人生观、价值观；加强党风廉政建设，将廉洁自律和警示教育融入党员干部日常工作和生活之中，弘扬正能量、唱响主旋律，积极营造风清气正的良好环境；广泛开展党建品牌活动，组织党员干部参观李大钊纪念馆，观看优秀影片《我和我的祖国》和《榜样4》，集中学习"全国优秀共产党员"张富清和"时代楷模"黄文秀先进事迹，开展一系列爱国主义教育活动，切实引导党员干部进一步坚定理想信念，增强宗旨意识，强化使命担当；认真贯彻党中央、省委、集团和公司脱贫攻坚工作的重要部署，全力做好脱贫攻坚帮扶工作，严格落实精准扶贫、结对帮扶工作要求，共安排结对帮扶责任人（全体中层干部）先后6次赴承德市围场县西岔村走访、慰问、结对子，通过宣传国家扶贫政策、发放慰问金、消费扶贫等多种形式，帮助西岔村顺利通过河北省委脱贫退出的成效考核和第三方评估，实现全村贫困户"两不愁、三保障"的总体脱贫目标。

附表1　2019年教育中心获得的集体荣誉

获奖单位	类别及等级	授予部门	发证时间
唐山科技职业技术学院	河北省高等职业院校市场营销技能大赛团体三等奖	唐山市旅游局、河北省教育厅、河北省工业和信息化厅	2019年4月
	河北省高等职业院校学生市场营销技能大赛团体三等奖	河北省教育厅、河北省人力资源和社会保障厅、河北省工业和信息化厅	2019年4月
	2019年河北省职业院校大学生礼仪技能大赛团体二等奖、三等奖	河北省教育厅	2019年4月
	第二十三届全国教育教学信息化大奖赛河北赛区高等教育组三等奖	河北省教育厅	2019年9月
	优秀指导教师“上海合作组织国家职业技能大赛”银奖	山东省教育厅、山东省人力资源和社会保障厅、首届上海合作组织国家职业技能大赛委员会	2019年11月

附表2　2019年教育中心获得的个人荣誉

类别及等级	获奖人员	授予部门	发证时间
河北省师德标兵	娄志刚	河北省教育厅	2019年9月
唐山市优秀教师	关晓光	唐山市教育局、唐山市人力资源和社会保障局、唐山市总工会	2019年9月
河北省第20届大学生运动会“优秀教练员”	田宇	河北省教育厅	2019年9月
第九届河北省教育系统优秀志愿者	张建华	河北省教育厅	2019年11月
河北省职业院校技能大赛教学能力比赛二等奖	苑葵、池丹丹、胡文彬	河北省教育厅	2019年9月
第二十三届全国教育教学信息化交流展示活动河北赛区获二等奖	王玉娟	河北省教育厅	2019年10月

附表3　2019年教育中心获得的省级科研课题及奖项

序号	奖项	完成人	成果题目	评奖机构	时间	等级	备注
1	结题项目	郑思思	基于“工匠精神”的高职“双创”人才培养模式探究	河北省教育厅	2019年3月	省级	
2	结题项目	张杰	基于“互联网+”背景下高职会计专业人才培养模式的研究与实践	河北省教育厅	2019年3月	省级	
3	结题项目	王玉	基于工作幸福感的高职院校青年教师激励机制优化研究	河北省人社厅	2019年3月	省级	
4	结题项目	陈俊东	以核心价值理念为抓手，提高高职院校学生的职业素养	河北省人社厅	2019年3月	省级	
5	结题项目	徐海芳	大国工匠精神融入高技能人才培养模式的研究	河北省人社厅	2019年3月	省级	

附表4　2019年教育中心获得的省级以上竞赛项目

序号	奖项	完成人	成果题目	评奖机构	时间	等级	备注
1	竞赛项目	苑葵、池丹丹、胡文彬	2019河北省职业院校技能大赛教学能力比赛团体二等奖	河北省教育厅	2019年9月	省级	
2	竞赛项目	谷明月、刘艳、何媛媛	2019河北省职业院校技能大赛教学能力比赛团体三等奖	河北省教育厅	2019年9月	省级	
3	竞赛项目	袁芳、董秀娟、宋亚静	2019河北省职业院校技能大赛教学能力比赛团体三等奖	河北省教育厅	2019年9月	省级	
4	竞赛项目	高玲、李文艳、王小沐	2019河北省职业院校技能大赛教学能力比赛团体优秀奖	河北省教育厅	2019年9月	省级	
5	竞赛项目	王迎春、牛苗苗、张素梅	2019河北省职业院校技能大赛教学能力比赛团体优秀奖	河北省教育厅	2019年9月	省级	
6	竞赛项目	许超、张瑾瑜、田宇	2019河北省职业院校技能大赛教学能力比赛团体优秀奖	河北省教育厅	2019年9月	省级	
7	竞赛项目	陈屹	指导学生河北省大运会获得100栏亚军	河北省教育厅	2019年7月	省级	
8	竞赛项目	张瑾瑜	指导学生河北省大运会获得男子100米第四名	河北省教育厅	2019年7月	省级	
9	竞赛项目	许超	指导学生河北省大运会获得男子跳远第四名	河北省教育厅	2019年7月	省级	
10	竞赛项目	于强	指导学生河北省大运会获得男子三级跳远第五名	河北省教育厅	2019年7月	省级	
11	竞赛项目	郑思思	指导学生获“上海合作组织国家职业技能大赛”二等奖	山东省教育厅	2019年11月	省级	
12	竞赛项目	郑思思	指导学生获“上海合作组织国家职业技能大赛”三等奖	山东省教育厅	2019年11月	省级	
13	竞赛项目	王小花、康华	指导学生获华北5省及港澳台计算机应用大赛三等奖	北京市教委、河北省教育厅	2019年11月	国家级	
14	竞赛项目	王小花	指导学生获华北5省及港澳台计算机应用大赛三等奖	北京市教委、河北省教育厅	2019年11月	国家级	
15	竞赛项目	包磊	河北省职业院校学生技能大赛优秀指导教师奖（指导学生获得职业礼仪高职组二等奖）	河北省教育厅、省人社厅、省工信厅	2019年3月	省级	

续附表 4

序号	奖项	完成人	成果题目	评奖机构	时间	等级	备注
16	竞赛项目	张育洁	2019 年河北省职业院校市场营销大赛三等奖	河北省教育厅、河北省人力资源和社会保障厅、河北省工业和信息化厅	2019 年 4 月	省级	
17	竞赛项目	张育洁、王小沐	第二十三届全国教育教学信息化大赛河北赛区三等奖	河北省教育厅	2019 年 10 月	省级	
18	竞赛项目	关晓光	第二十三届全国教育教学信息化大赛河北赛区三等奖	河北省教育厅	2019 年 10 月	省级	
19	竞赛项目	赵宁	第二十三届全国教育教学信息化大赛河北赛区三等奖	河北省教育厅	2019 年 10 月	省级	
20	竞赛项目	李素静	第二十三届全国教育教学信息化大赛河北赛区三等奖	河北省教育厅	2019 年 10 月	省级	
21	竞赛项目	刘艳	第二十三届全国教育教学信息化大赛河北赛区三等奖	河北省教育厅	2019 年 10 月	省级	
22	竞赛项目	王玉娟	第二十三届全国教育教学信息化大赛河北赛区二等奖	河北省教育厅	2019 年 10 月	省级	

唐钢大学

【概况】 河钢唐钢大学（简称唐钢大学）是公司集企业战略文化研究、管理落地、文化建设、党建研究、职工培训等工作于一体的综合性企业大学，与教育中心（河北省冶金高级技工学校、河北冶金技师学院、唐山科技职业技术学院）合署办公。校委会作为唐钢大学的领导机构，主要负责唐钢大学发展规划制定、重大事项决策以及对唐钢大学的工作进行监督与指导。

2019 年末，唐钢大学下设综合管理处、培训管理处、创新管理培训中心、战略文化研究中心（党建研究会、党建培训中心）、技术技能培训中心（职业技能鉴定中心）。共有职工 22 人，其中男职工 8 人、女职工 14 人；中共党员 19 人；干部 19 人，其中科级干部 5 人；管理及专业技术职工 19 人，其中高级职称 3 人，中级职称 12 人；工人 3 人，其中技术工人 2 人，技师 1 人。职工中有研究生 4 人，大学本科 13 人，大学专科 4 人。

【体系建设】 2019 年，唐钢大学持续完善培训体系，努力营造学习型企业氛围。这一年，强化培训课程体系建设，新增培训课程 136 门，《培训体系及课程清单》在册课程共 431 门，涉及专业包括管理类、技术类、企业文化类、素质提升类等方面，根据各项培训需求，进行培训项目策划，设定培训目标，制定培训流程，确定具体课程及师资安排。随着知识技术的不断更新，对培训内容提出新需求，在培训形式上寻求突破，以实用性、指导性为原则，减少理论讲授，增加案例分析比重，在面授上尝试翻转课堂、头脑风暴等多种授课手段，提升课程与学员的适配性，在网络课上创新运用多种剪辑制作方法，运用场景模拟、动作仿真等，进一步提升培训效果。强化培训师资体系建设，打造精英师资团队，围绕“两个能力”建设要求，根据四支师资队伍的专业特性，将每支队伍的课程开发方向加以分类，定向挖掘培养；专家队伍面向公司技能研究人员，在启迪创新的同时解决工作中的实际问题；匠人队伍面向技术操作人员，主要是传授经验，提高员工的技术熟练度；内训师队伍涵盖众多专业，根据学员特征定制课程；学院专职教师队伍则站在专业角度，推动授课水平和课程开发能力提升，形成唐钢师资梯队。充分优化培训管理体系组织流程管理，强化服务型品牌建设，围绕培训系统性和模块化建设，进一步优化培训组织流程设计，加强过程管理，将大数据应用到培训工作各方面，推动培训工作迈入信息化、智能化、模型化运行，努力打造唐钢企业大学品牌。

【办好《河钢唐钢大学学报》】 2019年，唐钢大学认真办好《河钢唐钢大学学报》，搭建全新交流平台。这一年，坚持创新学报内容，既有公司战略方针的传递，又有基层实践经验的交流，既有成熟理论成果介绍，又有阶段性经验探讨，整体风格呈现兼容并蓄、多元竞放特点，旨在搭建一个开放的平台，通过思想碰撞与经验交流，为领导决策提供参考，为基层单位工作提升提供帮助；当年主要开设侧重于政令传达的“特别关注”，侧重文化传承的“专家讲堂”“匠人讲堂”；侧重思想交流和理论研讨的“专题策划”，侧重成果展示的“工作交流”“管理天地”和“他山之石”等栏目。全年共出版《河钢唐钢大学学报》2期。

【内部师资队伍管理】 2019年，唐钢大学加强内部师资队伍管理，促进人才培养工作落实。年内，由内部培训师承接的培训项目共143项，占培训总量的83%，为企业人才培养提供强有力支撑。这一年，加强能力素质开发，针对内训师岗位技能过硬、授课能力较弱，对课程开发缺乏系统性认识的状况，自主设计具有针对性的培训，强化内训师个人能力水平提升；加强科学管理，制定《内训师管理办法》，规范管理流程，科学规划发展路径，提升内训师队伍管理水平；大力推行慕课、微课等新型培训手段，在内部组织首届内训师微课比赛，选送优秀作品参加中钢协组织的第八届多媒体课件大赛和全国总工会组织的网络微课征集比赛，参赛作品取得优异成绩，激发内训师积极性和工作热情。

【服务全员素质提升】 2019年，唐钢大学按照公司两个结构调整工作要求，将工作重点放在培训服务建设上，助力全员素质提升。全年，共举办党建类培训10项，企业文化类培训1项，技能提升类培训62项，专业管理类培训54项，产品与市场类培训13项，素质提升类培训28项，通用管理类培训5项，培训量173个班次，培训学员1.54万人次。这一年，特色培训项目取得良好效果，其中组织开展“专家讲堂”18期，70位专家进行线下授课，线下培训学员近3000余人次；组织“匠人讲堂”98期，其中“匠人讲堂进基层”56期，线下学习人数1600余人，线上学习达2000人次，编撰30万字《匠人讲堂讲义汇编》，内容涵盖所有关键岗位的技能知识及实践经验，形成专业分类清晰、内容丰富完善的知识传承体系，有效帮助一线人员改善工作方法、提升工作效率、提高工作质量，促进工匠精神的薪火相传；“三星计划”培训开展三年间，共有80多名三星学员走上技术和管理基层领导岗位，占学员总数的55%；作业长系列培训师资首次全部采用内部培训师，学员反响良好，组织编写《作业长资格培训教材（2019版）》，编辑作业长任职学习的八门基础课程，被列为公司作业长资格培训的首部规范入门教材，年内有527名作业长取得资格证书，考试及格率达92%。

附表　2019年河钢唐钢各类培训一览

培训大类	培训项目名称	课时	人数
素质提升类	市场部系列培训	40	1004
	人力资源部素质能力提升系列培训	76	560
	质量管理体系	44	295
	作业长资格培训	64	3248
	检修管理体系思维	4	150
专业管理类	测量管理体系培训	40	789
	能源环境管理体系培训	20	290
	积分制管理培训	2	123
	法律风险控制培训	6	330
	法律事务培训	4	150
	工会培训	24	433
	安全管理体系培训	8	370
通用管理类	三星计划	96	2419
	内训师培训	16	550
	继续教育	64	1040
	作业长研修会	2	30
技术技能类	冶金换证、复审培训	16	260
	SHR软件应用培训	40	200
	Oracle软件应用培训	8	30
	2019年技术比武实操培训	4	30
	匠人讲堂	26	133
	专家讲堂	172	658
产品与市场类	中厚板营销管理	32	101
党建类	2019年党员发展对象培训	24	1981
	党建云平台使用	8	200

【深化“不忘初心、牢记使命”主题教育】 2019年，唐钢大学按照公司党委“不忘初心、牢记使命”主题教育安排部署，将“守初心、担使命、找差距、抓落实”的总要求和自身岗位职责相结合，加强学习，加深对中央重要指示精神的领会，寻找差距，探索工作方向与改进举措。以“不忘初心 钢铁报国”为主题，对新中国成立以来公司党的建设情况进行回顾，并将研究成果在《钢铁先锋》上刊登，引导公司广大党员不忘钢铁报国初心，牢记钢铁强国使命，增强守初心、担使命的思想和行动自觉，为推动企业高质量发展贡献力量；创立开办“初心讲堂”，以党建类培训为主，邀请公司基层党组织书记、党建专家、优秀共产党员为讲师开展理论宣讲和思想交流，同党群各部门建立合作关系，依托党员发展对象培训，加强“初心”教育，在课题设置上贯穿党史、党章的学习教育，不断探索“初心讲堂”培训体系建设，加强对内对外交流，深挖党员培训需求，初步建立有侧重、有层级、有培训模块格局，使“初心讲堂”更具实际意义和可操作性。

北京唐钢宾馆

【概况】 北京唐钢宾馆系河钢唐钢平台外非钢单元服务单位，负责集团、公司在京接待服务工作。2019年1月12日，经公司研究决定原划归公司办公室管理的河钢唐钢北京宾馆独立运营。当年8月，根据《河钢集团战略企划部关于同意河钢唐钢设置北京唐钢宾馆的通知》，设置北京唐钢宾馆（正厂部级）。

2019年末，北京唐钢宾馆设厂部级干部1人；下设3个部门。共有职工22人，其中男职工7人，女职工15人；中共党员4人；干部3人，其中科级干部2人。

【主要工作】 2019年，北京唐钢宾馆积极落实集团提出的非钢产业发展方针，围绕“宾客至上，服务第一”宗旨，创新管理运营模式，进一步提升服务理念，细化服务措施，经营管理迈上新台阶。年内，共接待1.13万人次，其中接待公司和集团召开的会议20余次，餐饮接待会议用餐22次，火车站、机场接送外宾及相关人员85次，安全行车9万千米。

【基础管理】 2019年，北京唐钢宾馆全面加强基础管理工作，制定完善各项规章制度，建立健全内部组织系统，使宾馆日常工作逐步纳入管理系统；加强职工队伍建设，定期举办各类业务培训，提升职工业务能力，打造一只综合素质过硬的服务团队；建立明确可行的工作目标，制定工作制度和应急工作预案，做到日常工作有计划，突发事件有方法，提升宾客满意度及认知度。

【安全管理】 2019年，北京唐钢宾馆以"安全是宾馆的生命线"为方针，重点抓好消防安全、饮食安全、安全保卫等工作。年内，坚持安全自查自纠、隐患排查、监督整改，确保各项安全措施落实到位；严格落实"一岗双责"，逐级建立安全生产责任制，签署职工安全承诺书，确保安全责任落到实处；完善宾馆内安全设施，安装消防安全烟雾报警自控系统和高清摄像设备；组织安全教育培训，进一步提高职工安全管理意识，为各项工作的顺利开展提供有效的安全支撑。

河钢唐钢 HBIS TANGSTEEL

河钢集团直属单位

河钢塞尔维亚公司

【概况】 河钢塞尔维亚公司曾是塞尔维亚唯一国有大型支柱性钢铁企业，其前身为塞尔维亚斯梅代雷沃钢厂，始建于1913年，拥有220万吨配套钢铁产能，2016年由河钢集团收购、河钢唐钢负责托管运营。河钢塞尔维亚公司分设厂区3个，其中炼铁、炼钢和轧钢厂位于斯梅代雷沃，镀锡机组位于沙巴茨，库切沃区域设有采石场和石灰生产线。2019年末，主要生产设施包括75平方米烧结机2台，90平方米烧结机2台及配套原料场；1088立方米、1617立方米高炉各1座；80吨转炉3座；板坯连铸机2台；2250毫米热板轧机1台，轧制厚度为1.5~15毫米，宽度为720~2050毫米；冷轧系统有酸洗生产线2条，五机架四辊轧机生产线1条，罩退生产线1条，连退（带脱脂功能）单机架平整生产线1条，双机架平整生产线1条，横切生产线2条，纵切生产线1条；镀锡机组包括电镀锡生产线1条，横切生产线2条，打包生产线2条。主要产品包括热轧卷（含热轧横切板）、酸洗卷、冷轧卷（含冷轧横切板）、电镀锡板，其产品80%出口周边的欧盟国家。

2019年末，河钢塞尔维亚公司共有职工5231人，其中中方职工9人，均为管理人员，设执行董事1人，总经理1人；外方职工5222人。

【生产经营】 2019年，河钢塞尔维亚公司贯彻集团部署及公司安排，持续加强生产组织，充分挖掘工艺装备潜力，努力降低生产成本，优化炉料结构和各项工艺技术指标，进一步加强设备维护维修，推行预防性维修，减少设备故障造成的各类影响；坚持完善工艺操作规程，优化工艺技术操作，保证均衡稳定生产。全年，生产烧结矿120.34万吨、生铁157.55万吨、钢水175.58万吨、钢坯166.40万吨；热轧产品108.14万吨、酸洗产品14.69万吨、冷轧产品19.33万吨、镀锡产品12.01万吨，成品材总量154.17万吨；销售总量156.77万吨，实现销售收入8.94亿美元。这一年，7—8月间组织1号高炉为期39天的大修，更换部分冷却壁和部分炉衬耐材。其间，严细规划、严密组织，保证大修按期、高质量完成，并制定了严细的恢复操作方案，确保高炉顺利恢复生产。下半年开始，由于市场形势急剧恶化，为减少损失、达到成本控制的最佳点，适当减少低价订单数量，控制了生产节奏。当年产量比年度计划减少8万~10万吨，但仍达到上年历史最好水平。

【市场开拓】 2019年，河钢塞尔维亚公司积极应对欧盟产品配额政策，确保销售订单满足生产要求。这一年，坚持以客户为中心、以市场为导向，深入优化销售系统的组织体系和业务流程，建立客户档案和客户分级标准，完善合同评审流程和客户服务体系，加大与客户沟通的力度，通过培育关键客户、签订长期合作意向巩固现有客户群和市场份额，不断优化客户结构和产品结构；加大新客户、新产品开发力度，根据各产线产品研发特点和进度，推进相应开发计划，为新品种、品种钢的试用创造机会；销售部门与技术、生产部门紧密衔接，充分发挥技术、生产部门在产品结构调整和高端客户开发中的生产技术支撑作用。年内，新开发低合金酸洗产品投放到意大利市场。细致谋划各区域市场产品投放数量，努力开拓市场、保生产稳定，减少价格下滑的影响，热轧和酸洗产品控制好全年订单和发货节奏，充分利用好“全球配额”；镀锡产品开拓北非、俄罗斯、白俄罗斯、土耳其等新的欧盟外市场，控制好全年“特殊配额”和四季度“全球配额”；依据市场和成本情况，努力优化产品结构，采取提高镀锡产品产量、减少冷轧产品产量等调整措施，保证产品市场地位；在区域市场拓展方面，加大巴尔干区域内的非欧盟国家的市场开发，进一步提升区域市场的主导地位，当年巴尔干区域市场销售总量增至60%以上；继续推进与德高的合作，努力开拓美国、北非等欧盟外市场，提升意大利等已有市场高端客户比例，利用德高商务平台满足主要镀锡客户的信用保证需要，扩大销售量。

【产品质量提升】 2019年，河钢塞尔维亚公司以提高镀锡板成材率为突破口，全面提升产品质量。年内，优化镀锡厂组织机构，外聘一名高端人才任职镀锡厂部门经理，促进产品质量提升；加强与各部门密切沟通，从抓细节、抓落实入手，保证原料供应、质量稳定、设备维护及时到位，全方位提升镀锡生产的稳定性、提高产品质量；加强镀锡原料质量管控，开展质量攻关，以十个质量攻关项目组为抓手，积极推进与集团钢研院、衡板公司等专业技术人员的交流学习与合作，细致查找各工序影响质量的关键问题，确定未来的合作模式和攻关课题；推进优化销售合同评审流程，加强客户需求与各生产工序的衔接，以客户需求引导工艺的优化，提高客户满意度，降低成本。

【人力资源结构优化】 2019年，河钢塞尔维亚公司不断优化人力资源结构，为高水平发展提供支撑。当年，聘请贝尔格莱德大学人员对人力资源结构和人力资源管理体系进行专业、全方位的深度评估，制定人力资源结构和管理体系优化的方案并陆续开始实施，深入挖掘人力资源对提升生产经营效率、提高管理水平的潜力；继续推进与贝尔格莱德大学、斯梅代雷沃职业高中等教育机构的合作，制定实施关键岗位后备力量培养计划，加快培养后备力量；以市场化手段，从外部聘请高端技术或管理人才，充实到迫切需求的关键岗位，促进关键技术或管理问题的快速解决；年内组织与工会的新一轮集体劳动协议谈判，在当地法律框架下完善协议条款，为减少加班比例和加班费用、实施绩效管理创造条件。

【技术进步】 2019年，河钢塞尔维亚公司坚持推进技术进步，加快集团专有技术在塞钢的推广和移植。当年，有26项河钢集团的专有工艺技术在塞钢得到应用，其中高炉配加块矿比例达到15%，优化煤气管网运行参数减少高炉煤气放散，取得较好经济效益；同时发表专业技术论文7篇，有五项技术已申报欧盟或塞尔维亚专利。这一年，加强技术管理学习培训，在商务部、集团及唐钢公司的大力支持下，举办8期培训班，涉及工艺质量管理、挖潜增效措施、物流管理等多个专题，培训员工500多人次，有效促进了集团技术管理经验在塞钢的推广；与河钢唐钢、衡板公司、集团钢研院等部门密切沟通，就能源管理优化、镀锡产线工艺提升、产品质量优化等多个专题进行技术攻关，并申报了集团攻关课题，建立长期技术研发攻关机制。

【技改项目】 2019年，河钢塞尔维亚公司认真组织重点技改项目的技术方案和施工，全力推进技改项目的实施。当年7月，烧结机项目完成基本设计，获得政府主管部门的施工许可，同月24日举行开工仪式；利旧设备拆除、修复工作已完成，资产转移、海运等合同均已签订；河钢唐钢发展规划部作为项目施工组织的主管单位，安排专人抵达塞尔维亚，负责现场施工的组织协调工作。加热炉项目，8月初进行用地审批重新申报，9月初办理新的用地许可，并向政府主管建设部门项目评审管理委员会提交基本设计资料，获得项目施工许可，国内设备采购制作均在按计划执行。

【优化炉料结构】 2019年，河钢塞尔维亚公司从抓实细节入手，优化炉料结构和各项工艺技术指标，降低成本。这一年，欧洲钢铁市场形势持续恶化，原材料持续走高、钢材价格一路下滑，为此积极转变思路，组织开展 CCIP（成本持续改进项目）活动，大力调整炉料结构，最大限度化解原料涨价带来的不利影响。年初努力提高烧结矿产量，烧结矿在高炉炉料结构中的配比由上年的不足 40%提高到 45%，8 月进行配比烧结矿 65%~70%的试验；同时，高炉增加块矿配比，由上年的 3%提高到上半年的 7%，三季度达到 12%以上，高价球团用量大幅度减少，全年减少近 40 万吨球团用量；加大力度实施内部挖潜增效措施，7 月开展降低高炉煤气放散的生产试验，制定实施减少煤气放散、降低天然气消耗为重点的节能措施，烧结系统最大限度使用循环废料，高炉系统优化大修恢复操作流程减少损失，炼钢系统努力提高废钢比、降低冶炼过程损耗。

【荣获“时代楷模”称号】 2019 年 4 月 25 日，中央宣传部在中央广播电视总台《时代楷模发布厅》向全社会公开发布河钢集团塞尔维亚公司（以下简称河钢塞钢）管理团队的先进事迹，授予他们“时代楷模”称号。国家发展改革委副主任宁吉喆、中央宣传部副部长梁言顺等出席发布仪式。发布仪式现场宣读了《中共中央宣传部关于授予河钢集团塞尔维亚公司管理团队“时代楷模”称号的决定》，梁言顺为河钢塞钢管理团队代表颁发“时代楷模”奖章和荣誉证书。集团党委书记、董事长于勇，集团领导刘键、齐跃章出席活动。

2016 年 4 月，集团以“代表民族工业，担当国家角色”为使命，主动参与“一带一路”建设，收购塞尔维亚斯梅代雷沃钢厂并组建河钢塞钢，派驻由 9 名河钢唐钢管理人员组成的团队负责运营管理。该团队牢记习近平总书记视察河钢塞钢时的嘱托和要求，因地制宜、艰苦奋斗、锐意进取，接手后仅用不到半年时间就扭转钢厂连续 7 年亏损局面，使河钢塞钢成为塞尔维亚就业人数最多的企业和第一大出口企业，被誉为“一带一路”建设和国际产能合作的标志性工程，受到中塞两国领导人和民众的高度评价，展现了国企职工的责任担当和中国人民的良好形象。《中共中央宣传部关于授予河钢集团塞尔维亚公司管理团队“时代楷模”称号的决定》指出，河钢塞钢管理团队是“一带一路”倡议和国际产能合作的忠实践行者，是参与国际竞争与合作、积极融入全球化发展的先锋模范。为深入贯彻落实习近平总书记重要指示精神，大力弘扬他们的先进事迹和高尚品格，中央宣传部授予河钢塞钢管理团队“时代楷模”称号，号召广大干部群众向他们学习。

【能源和环境保护综合改造工程】 2019 年 7 月 24 日，河钢塞钢能源和环境保护综合改造工程开工典礼在塞尔维亚斯梅代雷沃市举行。塞尔维亚总统武契奇，中国驻塞尔维亚大使陈波出席仪式。河钢唐钢党委书记、董事长，河钢塞钢董事长王兰玉在仪式上致辞。河钢塞钢能源和环境保护综合改造工程，是河钢塞钢推进节能环保、绿色制造以及智能化发展的重要工程，总投资约 1.2 亿美元。工程主要建设内容包括：对工厂的原料系统、轧钢及加热炉系统等进行系统的节能、绿色、环保综合改造；对转炉炼钢煤气系统进行能源回收、环保升级及智能化改造；全面升级改造能源系统，回收利用钢厂生产工艺过程中产生的所有二次能源，做到循环高效利用，全面提升河钢塞钢的能源综合利用水平。项目建设完毕后，钢厂能源环保系统大部分老旧建筑及设备被拆除。

【生产经营活动优化】 2019 年，河钢塞尔维亚公司周密计划，加强组织，积极应对自然和政治环境带来的各种不确定性因素，保证生产经营活动正常进行。这一年，原料供应系统和生产系统密切配合、延伸工作，在制定全年采购计划和库存计划的同时，将视线盯到原材料供应的源头，对焦炭、煤、球团等战略原材料质量、数量进行巡视和检查，深入了解生产厂家的基本情况，监督整个生产、检测和发运过程，落实大宗原材料供应和库存计划，保证稳定供应；物流部门密切关注气候变化和各区域政治、经济环境对河运、铁路运输等物流通道的影响，做到提前预知、提前谋划，针对匈塞铁路施工对塞境内铁路运输造成较大影响，采购及物流部门多次与塞尔维亚铁路等部门沟通，努力争取各方对塞钢原料及成品运输的支持；法务部门和销售部门加强与政府、欧盟和律师团队的沟通，及时获得各方经济政策和市场信息，努力为塞钢发展开拓空间，回避经营风险；财务系统严格控制资金风险，做好现金流控制及日常收付款工作，保证重点工程项目资金按时到位及生产资金的正常周转，并加强与银行、保险等机构的沟通与谈判，争取更多的信用优惠，降低财务费用。

【境外党支部建设】 2019 年，河钢塞尔维亚公司党支部认真贯彻落实习近平总书记重要指示精神，牢牢把握新时代党的建设总要求，以建设欧洲最具竞争力钢铁企业、打造河钢境外“金名片”和国家“一带一路”建设样板工程为统领，立足境外实际，积极探索境外企业党建工作方式方法，持续发挥党建引领作用，着力把党的政治优势转化为引领经营发展的能力，党的组织优势转化为攻坚克难的能力，企业生产经营实现了历史性突破。坚持“四个同步”，夯实境外企业党建工作基础。规范支部各项工作制度，狠抓“三会一课”制度、组织生活会制度等基本制度落实，做到境外企业党建工作标准不降低、程序不走样。坚持每月召开一次党员大会，每月召开一次支委会，每季度上一次党课，每半年开展一次组织生活会。建立党建工作日常联系推进机制，通过信息化平台加强与国内党组织的沟通。强化使命担当，打造坚强过硬的党员队伍。结合境外企业实际，突出“党在我心中、祖国在我心中”主题，组织党员围绕落实“一带一路”倡议、境外企业发展等进行学习讨论，增强党员干部作为“一带一路”倡议实践者、开拓者的自豪感和荣誉感。深入开展“珍惜荣誉、坚守初心，钢铁报国当先锋”和“三亮三比”党员先锋行主题实践活动。强化理想信念，结合“不忘初心、牢记使命”主题教育，结合海外特点，开展有针对性和创新性的学习教育，积极参加驻塞大使馆组织的“不忘初心、牢记使命”主题党日活动，重温入党誓词，发表“珍惜荣誉、砥砺前行”的主题演讲。关心关爱中外双方困难员工，在塞尔维亚新年和圣诞节前后，开展走访慰问当地困难职工、退休老职工、塞方职工子女和市区残疾儿童等活动，积极组织中方职工参与当地社会公益活动，为斯梅代雷沃中学开办汉语课堂，捐赠电脑、投影仪、音响等设备，展示企业良好形象，凝聚员工队伍，为企业实现良好发展奠定坚实基础。

采购总公司唐钢分公司

【概况】 河钢采购总公司唐钢分公司（简称采购分公司）是河钢采购总公司在河钢唐钢的派驻机构，服务于河钢唐钢供应系统。其职能是协助总公司培育和建立大宗原燃料供货主渠道，协调统采物料的接卸、检斤、验质和库存管理，按照河钢唐钢产线需求开展废钢、铁合金、石料、冶金辅料等物料的采购业务，维护供应商战略合作伙伴关系，实现安全保供，防范采购风险，提高供货质量和服务质量。2019 年末，采购分公司设经理 1 人，党委书记 1 人，副经理 2 人（其中 1 人兼纪委书记），工会主席 1 人；下设煤炭科、焦炭科、合金科、原料科、辅料耐材料、废钢科 6 个业务科室及经营管理科、结算科、综合办公室 3 个管理科室。共有职工 53 人，其中厂部级干部 5 人，科级干部 12 人。

【生产经营】 2019 年，采购分公司以产线需求为关键点，以深化对标和转变理念为突破口，全面实施战略采购策略，加强供应商管理，提升绿色环保要求，优化采购结构，实现采购与产线联动。全年，采购总量 2017.24 万吨，总金额 294.28 亿元，其中：主要大宗原燃料 1212.36 万吨，金额 173.98 亿元；河钢唐钢口径实际降低采购成本 21.37 元/吨，比目标降低 1.37 元/吨；集团口径实际降低采购成本 51.32 元/吨，比目标降低 1.32 元/吨。

【调优采购端结构】 2019 年，采购分公司深度聚焦市场和产品，优化采购端结构。年内，根据市场走势及汇率变化，深化进口煤性价比分析，适时适度调整国内外资源采购比例，抓住价格利好时机采购进口焦煤 40.13 万吨，创效 4815 万元；与首迁、本钢、唐银等单位开展全方位对标，查摆制约成本的关键因素，结合产线特点调整用料结构，采用高磷铌铁替代铌铁、进口钒氮合金代替国产氮化钒铁、石油焦增碳剂代替煅煤增碳剂等措施，大幅降低结构成本，创效 300 万元。全年，优化采购端结构创效 5115 万元。

【优化采购方式】 2019 年，采购分公司以效益为导向，多措并举，优化采购方式。年内，依照物料特点采取不同的保供措施，将石料库存外延或以压车代替仓储；强化市场科学理性分析，把握价格走势波段，全年错峰采购 8 次，涉及废钢、萤石、合金等多个品种，累计创效 1508 万元。

【差异化招标采购】 2019 年，采购分公司创新工作思路，推进差异化招标管理，建立起服务生产、同步市场的招标模式。年内，结合不同时期的价格走势，进行分期分批招标采购，5 月在钒铁市场下行区间及时组织招标采购 30 吨，创效 65 万元；针对烧结矿等生产急需且市场呈上行趋势的物料，适时锁量锁价，有效控制采购价格，全年共计采购烧结矿 46.5 万吨，保供同时创效 1085 万元；创新进口煤炭询比定价方式，采取分别测算灰分、硫、水的含量细化定价依据，同比综合定价传统方式降低 30 元/吨，全年累计创效 283 万元。

【调整库存结构】 2019 年，采购分公司按照公司盘活资金部署，主动与使用单位沟通，调整库存结构，降低库存。年内，针对公司生产配比方案，综合原料产地、供货数量等因素，实施动态采购与弹性管理，化解资源紧缺和铁路运输不畅等难题，保持合理的库存水平及结构；根据生产节奏进行物料采购，有效利用现有库存，盘点积压物料，清理积压库存 635.97 吨。

【供应商管理】 2019 年，采购分公司围绕公司产品升级要求，优化供应商管理，推进供应链向价值链的转变。年内，根据供应商质量稳定性、供货及时性、合同执行率等供货业绩、资质条件以及环保限产的变化，制定全年供应商开发方案，针对生产需求以及资源地理位置总体情况，开发煤炭、焦炭、锌铝镁合金等 13 家供应商；完善供应商管理机制，开展定期综合考评并实时跟踪，适时增加供应商变更和供货价格的跟踪考评，通过持续改进，不断提升供应商的级别，全年供应商提档 7 家，其中由 B 类提到 A 类 4 家，由 C 类转为 B 类 3 家；依据行业特征和企业发展方向，完善供应商准入标准及日常管理，加强业务流程节点的风险防控，保证采购管控流程顺畅，实现与 IATF16949:2016 汽车质量管理体系标准的有效对接，增强体系执行力，提升供应商管理水平；以焦炭采购为重点，在供需深度合作的基础上，督促焦炭供应商严控生产过程，改善工艺流程，热强度指标不断提升，反应强度（CSR）合格率由年初的 40%提高到 100%，创效 1572 万元。

【开拓供应渠道】 2019 年，采购分公司围绕“两个结构”再优化，开拓优质稳固的供应渠道，为公司“单打冠军”产品提供坚实的物料保证。年内，围绕高炉生产需求，加强大宗原料渠道建设，煤炭方面相继开发内蒙古蒙发、伊东、美锦东于等优质资源；焦炭开辟华润、峰岩等新资源，并建立起稳定的供货关系；针对锌锭、覆盖剂等物料渠道单一的现象，主动与生产厂结合，引进靖江新舟和北京美富球生产的锌铝镁合金、凯诺斯（中国）的覆盖剂，充实供应渠道，增强风险抵御能力；先后开拓唐山榛顺、宁夏新合源，提高渠道竞争力；开辟上海盛宝、营口庆泰等供应渠道，提升物料性价比；依托大采购平台优势，在稳固优质渠道的同时，甄选优质供应资源，发展战略合作关系，全力推进战略采购，全年战略采购比例达 72.63%，实现优质保供与市场化运作双赢，年创效 2306 万元。

【优化物流管理】 2019 年，采购分公司优化物流方式和物流结构，降低物流费用。年内，适应国家、省、市环保政策要求，相继调整运输方案，对于煤炭、焦炭等资源，采用临时更改路线和集装箱运输互补的方法，保证燃料及时供应，全年煤炭采用集装箱运输共 25 列，焦炭集装箱运输 90 万吨，节省采购费用 600 万元；增强焦煤直接进厂运输力量，降低运输费用，将焦化厂焦煤运输站点由滦州东修至菱角山直接进厂，降低火车运费 10 元/吨，降低汽车短倒进厂运费 17 元/吨，年创效 671 万元。

销售总公司唐钢分公司

【概况】 河钢销售总公司唐钢分公司（简称销售分公司）是集团销售总公司在河钢唐钢的派驻机构，承担河钢唐钢销售业务操控和过程监管，参与公司产品营销计划的编制，负责销售分析、数据统计等工作，负责普材产品的销售保产。2019 年末，河钢销售总公司唐钢分公司设党委书记兼经理 1 人，副经理 3 人，党委副书记 1 人；下设综合管理部、营销管理部、卷板业务部、汽车板业务部、长材业务部 5 个科室。共有干部职工 81 人。

【销售业务】 2019 年，销售分公司克服环保限产限行困难，发挥沟通、协调、服务、推进作用，推进客户结构和产品结构调整升级，竭诚服务客户，维护、拓展销售渠道，实现高端客户数量和综合售价全面提升。年内，新客户成功开发 38 户，客户级别 5A15B15C3D，签订合同 19.81 万吨，高端产品 19.06 万吨，高端比 96.20%，在河钢销售总公司客户开发有关指标综合评比中，名列第一；维护老客户良好合作关系，与 52 户签订合同 70.15 万吨，高端产品 50.46 万吨，高端比 78.14%，合同量分别完成年度计划的 112.30%和 120.14%。全年销售内贸材坯 649 万吨，累计保产率达到 103.55%，产销率 103.23%，提升吨钢售价 129 元。

【市场开发】 2019 年，销售分公司着力开拓市场，推进品种钢客户群体高端化，重点工程专供化，常规品种一对一直供系列化。年内，拓展汽车板市场，通过宝马、福特、通用 3 家合资品牌，一汽轿车、奇瑞汽车、长城汽车等多家自主品牌的审厂工作，实现主机厂供货 20 万吨；汽车面板销售取得突破，已向吉利汽车批量供货；超高强钢等高端产品稳定直供知名主机厂、配套厂，实现软钢、高强钢、超高强钢供货全覆盖；家电钢新开发富士康、松下两家合资品牌客户，向 5 家合资品牌开始供货；卷板围绕汽车、家电、建筑、设备制造、光热（光伏）、制管等多个行业打造“万吨级”客户群；酸洗汽车钢供货上汽集团采购平台安悦汽车；酸洗搪瓷钢供货国内热水器龙头企业广州万博；药芯焊丝钢独家供货大连铁锚、武汉铁锚；锌铝镁销售领域扩展到光伏光热、畜牧、门业、抗震支架等行业，独家供货四川通威光伏电站、杭州帷盛光伏电站等国内大型光伏项目和知名门企新多集团；长材棒材先后与二十冶集团、中冶建工集团、北京城建、中铁物贸、中交路建等建设单位合作，开发对接重点工程21项，直供直投突破10万吨，同比口径销量翻番；型材成功开发山东电工电气、中电建物资、新奥燃气3个A级客户和浙江航工等B级客户；矿用钢维护贵州盘江精煤、河南能源化工等优质直供客户销量，实现保产保效益。

【优化销售品种结构】 2019年，销售分公司推广汽车钢、家电钢替代专业普材，扩大卷板薄规格、外售冷料和低合金钢占比，销售品种结构明显改善。年内，汽车板超高强汽车钢780兆帕、980兆帕以上产品销量突破6万吨，比上年提高两倍；家电用特殊表面、极限规格、压花板等专用钢新产品开发实现较大突破，年度销量达到1万吨；热轧高强薄规格产品2.5毫米以下“700L”月均销售3000吨；冷轧“单打冠军”锌铝镁月均国内销售突破5000吨，成功进入光伏、畜牧、门业等行业，在国内锌铝镁市场占有率位居第一；新开发镀铝硅冷成型市场，成为国内唯一具备超厚规格镀铝硅产品批量供货能力的企业；长材棒材依托重点工程开展直供直投业务，高强四级钢及大规格销量占比不断提升，重点工程销售高强四级钢及大规格$\phi36$毫米、$\phi40$毫米螺纹钢12万吨；型材钢板桩、40U、大角钢等高端高效益产品形成规模销售，中型产线品种矿材销售36万吨，占中型产能79%；大型产线大角钢销售25万吨，占大型产能50%；钢板桩稳固华南市场占有率第一的位置。

【创新销售模式】 2019年，销售分公司创新销售模式，拓展业务创效途径，推动产品售价提升。年内，根据市场形势灵活调整价格策略，扩大汽车板周边资源投放，周边占比达到30%，连退一般品种售价提高11元/吨、镀锌一般品种售价提高8元/吨；卷板加大特殊用途、特殊规格用钢市场细分，热轧钢材售价同比提高110元/吨，罩退钢材同比提高70元/吨，镀锌钢材同比提高200元/吨；棒材实施旬定价旬收款，调整小螺纹比例，加大$\phi40$毫米螺纹钢销量，优化产品区域流向，售价实现由年初低于行业平均水平100多元/吨到全年达到高于行业平均水平17元/吨；型材围绕创效能力较强的品种加大市场推广力度，钢板桩全年销售15万吨，带动整体售价提升。

【电商平台运营】 2019年，销售分公司充分利用电商平台，扩大销售渠道，增创经济效益。年内，通过河钢云商销售各类产品39.84万吨，超底价创效2400万元；通过欧冶电商销售高强汽车板产品7.56万，溢价创效150万元。

【营销团队建设】 2019年，销售分公司以换思维、改做法、求突破为导向，开展多层次、全方位的营销培训，提升业务人员市场拓展能力，打造复合型营销团队。年内，多次安排厂部级、科级干部和业务骨干分批到辽宁科技大学、上海交通大学、中山大学参加营销理论培训，开阔经营视野；根据市场开发实际需求，组织全员业务培训，重点开展产线产品、客户开发、系统应用、社交礼仪、营销技能培训，提升销售人员业务能力与综合素质；推行老带新结对子，进行一对一指导传授客户开发、营销管理、产销衔接等方面的知识和经验；推进轮岗轮训，打破产线支撑人员与市场开发人员业务的界限与壁垒，提升整体营销能力和客户服务能力。

河钢国际唐山分公司

【概况】 河钢北京国际贸易有限公司唐山

分公司（简称河钢国际唐山分公司）是河钢国际在河钢唐钢的派驻机构，负责河钢唐钢进口矿采购，出口钢材及进口设备、备件的统一经营管理。2019 年末，河钢国际唐山分公司设经理 1 人，下设出口科、原料科、设备科、综合科 4 个科室，共有职工 37 人。

【原料进口业务】 2019 年，河钢国际唐山分公司以降低采购成本、争创效益为主线，着力推进进口铁矿市场和客户开发，围绕降低进口矿资金占用、优化库存结构等方面开展联合创效，全面完成保供创效任务。全年，共采购进口铁矿 1689 万吨，其中必和必拓到港 655 万吨，淡水河谷 285 万吨，力拓 206 万吨，澳洲 FMG 长协 95 万吨，期货采购 384 万吨，港口现货 64 万吨，实现进口矿采购价格比普指低 3 美元/干吨，降低采购成本 3000 万美元。年内，调整进口矿配矿结构，优化进口矿品种，用高磷巴卡等低硅低铝粉替代高溢价巴西矿，开展超特粉、澳洲 FMG 混合粉和一钢粉结构置换，用澳洲 FMG 块替代高溢价的球团矿；关注市场变化，选择适当的采购时机，进行贸易矿采购，在市场上涨期重点开发和采购高品巴卡粉、金布巴粉、澳洲 FMG 高硅块、阿特拉斯块等低价资源，取得较好成效；以市场为导向，降低进口矿库存，针对进入 8 月钢材价格快速下滑，原材料价尤其是进口矿价格下跌相对缓慢的态势，及时降低进口矿库存，拓展降库思路，采取集团内库存共享、港口共享，将库存由 80 万吨控制到 70 万吨以内，既减少沉淀库存降低资金占用，又减少跌价风险，并为冬储提供必要的增库空间。

【钢材出口业务】 2019 年，河钢国际唐山分公司围绕“市场”与“产品”，落实河钢集团德高战略统筹出口渠道，提升创效能力。全年，累计装船 156.32 万吨，收汇 7.97 亿美元，德高出口占比 75%。年内，面对严峻的市场形势，加大市场开发力度，针对价格及汇率的频繁波动，深入研究分析、判断市场走势，做到价格低谷不盲目接单，价格高峰不错过接单时机；根据国外客户对薄规格镀锌需求量，紧密与事业部沟通，适时核算低锌层薄规格镀锌产品成本，提高薄规格销量，实现在控制镀锌产能情况下增创效益；统筹组织切平板出口合同，盘活切平板线产能，发挥产能延伸产业链创效；面对汽车钢家电板出口量受欧洲配额制限制态势，努力开拓新市场，扩展出口渠道，达成 2020 年 8 万吨汽车板出口的合作意向，订单逐月提升；强化出口钢材港口管理，港口防汛、防冻工作开展顺利，公司出口产品未因货物在港口存放期间受到恶劣天气影响导致产品质量出现问题；加强港口货物的抽查管理，针对出口的汽车板、家电板等高端产品特点，积极联系公司质量、技术部门把关，消除产品在港口堆存及装船环节风险隐患，切实提升客户满意度。

【设备进出口业务】 2019 年，河钢国际唐山分公司围绕公司重点改造项目开展设备贸易工作，跟踪项目商务合同，确保项目按期投产与设备稳定运行。全年，签订进口设备备件合同 8 项，合同金额 2165.5 万美元，付款 23 笔，金额 683 万美元；出口设备合同 1 项，金额 1.37 亿元，有 5 批次货物顺利通关，进口报关金额 127.3 万美元，出口报关金额 1330 万元。年内，持续开展高强汽车板项目服务，办理二期项目设备报关、验收付款、二期税务代理相关业务，督导高强汽车板项目的技术诀窍及质量控制系统技术服务商务合同的执行；为公司本部、中厚板公司和不锈钢公司大修及日常生产签订备件合同，开立信用证、报关运输，确保项目设备及备件按合同要求到达；配合财务部门办理高强汽车板项目及不锈钢公司升级改造项目的融资和公司 5 米宽厚板项目日本 TMEIC 公司的尾款结算；推进德国舒勒进行天津剪切落料项目商务合同执行；签订德高技术服务合同，并跟踪执行；配合公司项目部签订塞钢烧结机生产线（旧）出口合同，出口塞钢烧结机生产线第一批货物在天津港集港完毕顺利通关，预计第二批货物将于2020年1月9日集港完毕，1月16日离港。

集团审计部驻唐钢审计处(公司监事会工作办公室)

【概况】 河钢集团审计部驻唐钢审计处（公司监事会工作办公室）是负责工程、财务等审计工作的职能处室，组织形式为一个机构、两块牌子合署办公。集团审计部驻唐钢审计处是河钢审计部在河钢唐钢的派驻机构，由集团审计部垂直管理；公司监事会工作办公室在监事会领导下，负责监事会日常工作。2019年末，河钢集团审计部驻唐钢审计处（公司监事会工作办公室）设处长1人，审计专员2人；下设工程审计科、财务审计科和监事会工作办公室3个科室；共有职工20人。

【主要工作】 2019年，河钢集团审计部驻唐钢审计处（公司监事会工作办公室）履行审计和监督职能，有效化解风险，保障公司健康运行。年内，内部审计按照公司战略部署，围绕经营管理的重点和热点开展工作，推动内部审计职能从单纯监督向监督与服务并重转变，审计方式从事后监督向事前、事中、事后全过程转变，审计目标从查错纠弊向内部控制和风险评估转变；审计人员按照《审计法》《国家审计准则》等法律法规和企业内部审计管理规定，采取有效的审计方法，提高审计质量，发挥审计创效作用；围绕公司做好“两个结构”再优化工作，着力开展财务审计、工程审计，对乐钢、板材深加工等重点项目及时跟进，开展跟踪审计，防范风险，化解矛盾，促进重点项目按期投产达效。监事会办公室负责监督检查公司及其所出资企业贯彻执行法律法规以及国有资产监督管理规定和制度的落实情况，监督公司章程执行情况，监督公司内部控制体系、风险防范体系及预算管理体系的建立及运行情况，推动公司稳定发展；参加唐曹铁路、青龙炉料、河钢唐钢普瑞特等合资公司的董事会会议，审阅董事会相关资料，切实履行监事职责。

【财务审计业务】 2019年，河钢集团审计部驻唐钢审计处按照审计部各项审计决策和工作安排，独立客观地监督和评价集团及其全资子公司、控股子公司、实质控制的参股公司财务收支，经济活动的真实性、合法性和经济效益，维护正常的生产、经营、管理秩序。年内，开展集团子公司资金管控审计，分别主审舞钢、石钢和衡板公司，助审矿业、唐钢公司，审计中根据实际检查情况提出相应的审计意见，审计报告提出审计问题22项；主审公司三供一业专项审计，出具审计结论；主审新事业公司财务审计；助审销售总公司唐钢分公司价格管理审计；助审销售总公司唐钢分公司非正品材销售和质量异议处理情况审计；开展公司自销钢材价格审计；参加河北省审计厅在公司开展的对河钢主要领导经济责任审计及资产负债损益情况专项审计；配合公司纪委工作，开展有关财务审计；开展公司2018年度非钢单位效益核实，审计检查15家单位；开展滦州气体公司资产负债状况审计，查处各类问题点49个，做出审计提示31条，审计建议27项。

【工程审计业务】 2019年，河钢集团审计部驻唐钢审计处拓展工程审计范围，改变过去单一的结算审计工作方式，实现工程结算审计与管理审计融合的模式，使工程审计向深度、广度延伸。全年参加公司各类招投标审计监督130人次，审计创效859万元。年内，加大工程审计力度，严格遵循政策唯一、标准统一、审计原则一致的“三个一”工作标准，充分发挥审计人员主动性、能动性和专业性，从问题线索入手，查找问题，深挖问题根源，找出问题症结，研究解决方案，创新审计工作方法，探索审计新模式；制定严格的审计流程，形成集中报审制度，在内部审计流程上实施主审+复核，增加预审，细化审计管理，由粗放式管理逐步向精细化管理转变；加强内部管控，严把审计关，及时跟踪审计进度，提高审计效率；严格执行总部下达的工作安排，开展承钢提钒炼钢转炉升级改造土建工程结算审计，按照专业、工程量进行分工，经过近4个月的努力，进行工程量计算、定额子目核对、不合理项目筛选，圆满完成结算审计，审减值1872万元，为技改工程降低投资额发挥了审计作用，体现出审计垂直管理整体作战优势，为今后更好承接审计任务锻炼了队伍。

【河钢乐亭项目跟踪审计】 2019年，河钢集团审计部驻唐钢审计处按照集团审计部《关于河钢产业升级及宣钢产能转移项目审计工作及时跟进的通知》要求，跟踪审计河钢乐亭项目。年内，配合河钢乐钢纪委进行月度检查，集思广益，群策群力，发挥团队智慧，为河钢乐钢项目管理水平的提升，特别是招投标管理的合法化、合规化及效益性起到良好的保障作用；完成乐钢招投标管理工作阶段性审计检查13次，撰写审计检查报告14份，累计揭示个别招标文件中的评标办法存在不合理的情况、评分规则设置存在人为操控风险、招标文件重要条款的逻辑矛盾、评委未按规定进行评分、招标代理公司报价得分录入错误等61个问题，提出审计意见和审计提示57条；参加乐钢招投标现场审计监督125人次，对招投标过程出现的不规范情况及时提出改进意见，为项目建设招投标活动有序、规范开展提供有力支持，检查效果深受好评。

【内控体系建设】 2019年，公司监事会工作办公室根据实际需要对《内部控制管理制度》《内部控制监督管理办法》《内部控制报告管理办法》《内部控制评价管理办法》等内控管理制度进行修订并发布实施。年内，开展对公司办公室、公司纪委、人力资源部、财务经营部等9家单位内控体系建设及运行的监督检查与评价，检查发现管理制度、内控手册缺失15项，内控手册缺陷21项，执行管理制度、内控手册不利4项，对发现的问题及缺陷提出整改建议，出具《内部控制评价报告》，经过与被评价单位充分的交流和沟通，针对确认的内控缺陷下达整改通知，组织安排相关单位进行整改；根据部门职责、管理体系文件等，梳理完善设备机动部、技术中心、生产制造部、安全部、保卫部等管理制度、管理办法及工作流程，分别建立流程及制度体系框架，建立51份内控手册，识别、评估133个风险点和216个控制点并制定控制措施，建立51个风险控制矩阵。

HBIS GROUP 河钢唐钢 HBIS TANGSTEEL

党群工作

党的领导与党的建设

【党委组织机构设置】 2019年，河钢唐钢党委深入学习贯彻习近平新时代中国特色社会主义思想，扎实开展“不忘初心、牢记使命”主题教育和省委巡视集团党委反馈意见整改工作，深入落实新时代党的建设总要求，持续加强党的领导和党的建设，实现党建各项工作新提升，为公司生产经营和改革发展、促进集团最具竞争力钢铁企业建设，提供了重要保证。年内，被唐山市委评为“先进基层党组织”，被河钢集团党委评为“十佳”先进基层党组织。这一年，坚持党的组织与行政机构同步设置，根据组织结构、管理体制机制改革和党员职工人数变化情况，及时调整党组织设置，推动基层党组织按期换届，实现了党组织全覆盖和机构健全。

2019年末，中共河钢集团唐钢有限责任公司委员会共有直属党委29个，二级党委2个，直属党工委2个，直属党总支4个，直属党支部1个，基层党支部404个。

直属党委：炼铁厂党委、卷板事业部党委、汽车板事业部党委、型线事业部党委、中厚板材有限公司党委、唐银钢铁有限公司党委、生产制造部党委、设备机动部党委、信息自动化部党委、技术中心党委、市场部党委、离退休职工管理部党委、保卫部党委、城市服务有限公司党委、教育中心党委、能源科技分公司党委、物流分公司党委、检修分公司党委、重机装备有限公司党委、唐山惠唐新事业产业发展有限公司党委、自动化信息公司党委、钢源冶金炉料有限公司党委、青龙炉料有限公司党委、唐钢气体有限公司党委、唐钢美锦煤化工有限公司党委、唐山弘慈医院党委、唐钢国际公司党委、时创耐材公司党委、河北钢建公司党委。

二级党委：不锈钢有限责任公司党委、高强汽车板有限公司党委。

直属党工委：机关党工委、就业指导管理中心党工委。

直属党总支：唐龙（唐昂）新型建材有限公司党总支、房地产开发有限公司党总支、唐山创元方大电气有限公司党总支、唐山华冶（天津）钢材营销有限责任公司党总支。

直属党支部：河钢塞尔维亚公司党支部。

附：2019年河钢唐钢直属党组织设置情况

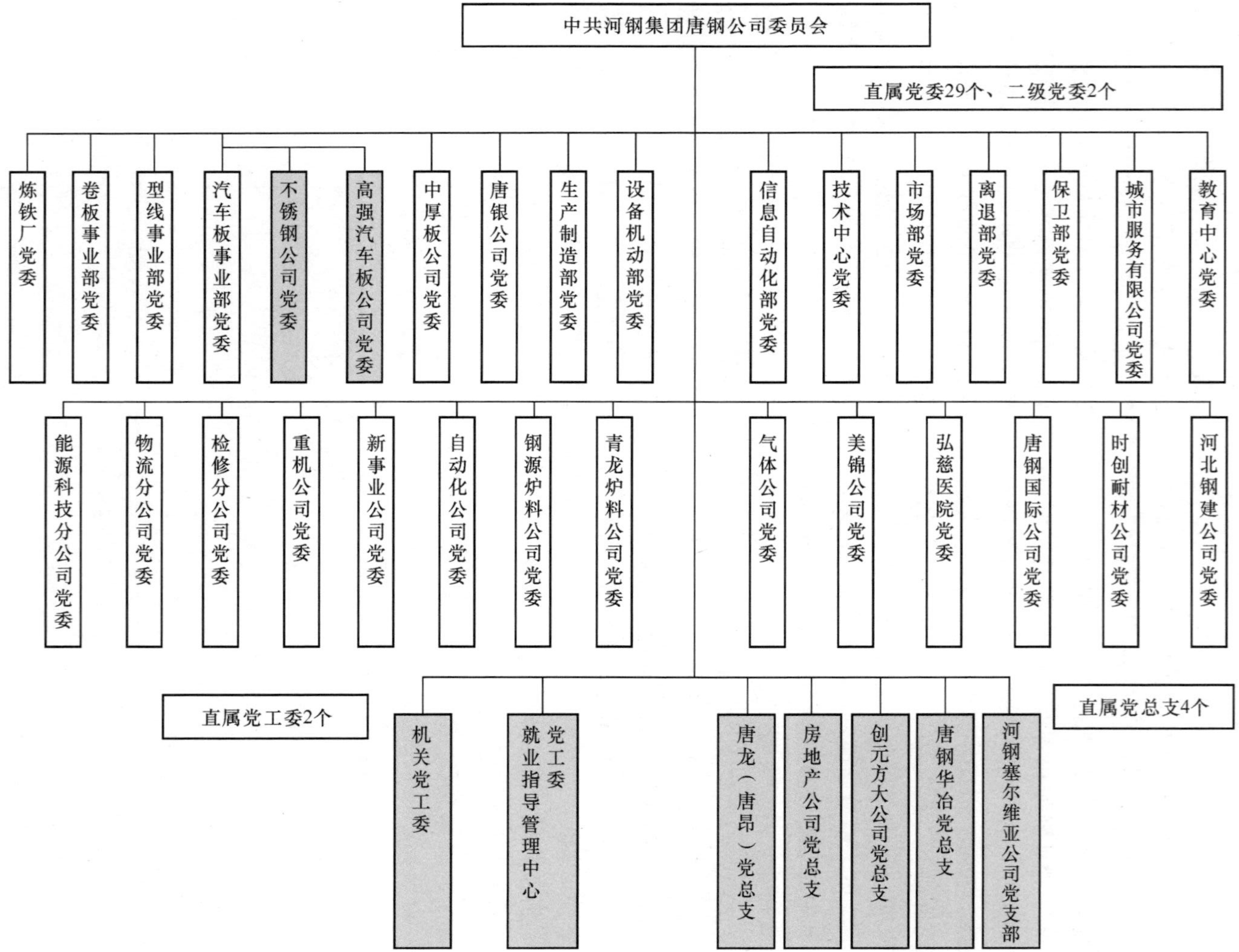

【党内制度建设】 2019年，河钢唐钢党委坚持加强企业内部党的制度建设，认真贯彻《关于发挥国有企业党委领导作用的意见》，积极推进公司章程修改工作，年内完成公司层面及33个子公司章程的修改任务，明确了党组织在企业法人治理结构中的法定地位。按照集团党委要求，严格落实党委研究讨论前置程序，对《公司党委常委会议事规则》及公司党政《贯彻落实“三重一大”决策制度实施办法》进行重新修订完善，提高公司党委参与企业议事决策的规范化水平。年内，公司党委召开常委会会议40多次，研究重大议题110多项，切实把党的领导融入了企业经营管理的全过程。

【开展“不忘初心、牢记使命”主题教育】 2019年，河钢唐钢党委按照部署，深入开展“不忘初心、牢记使命”主题教育，锤炼党员干部的政治品格和政治能力。6月19日，公司党委制定下发《关于在全公司开展“不忘初心、牢记使命”主题教育的工作推进方案》，确定主题教育的范围、重点和工作要求，并召开动员部署会议，公司党委书记、董事长王兰玉主持会议并作动员讲话。公司党委牢牢把握“守初心、担使命、找差距、抓落实”总要求，加强组织领导和顶层设计，紧扣主题主线，聚焦根本任务，把主题教育出发点和落脚点放在加强党性锻炼、改进干部作风、解决实际问题、推动中心工作上，为主题教育顺利开展并取得扎实成效提供了根本保证；以“十学十增强”为抓手，坚持聚焦主题学、实时跟进学、联系实际学、现场体验学，重点组织两级党委中心组，深入开展集中学习研讨、专题培训及个人自学，主题教育期间，公司党委中心组累计开展集中学习研讨14次，举办专题辅导培训3次，组织现场体验学习1次；深入开展调查研究，围绕“四个紧扣”和“五个突出”要求，摸实情、出实招、破难题、求实效，组织14名领导班子成员分别深入到不锈钢公司等20多个二级单位生产一线、车间班组以及汽车板、家电板市场和战略客户，诚恳征求各方意见，认真查找存在问题，研究确定破解公司发展难题的全新思路、方案和举措；认真抓好检视问题，组织两级领导班子成员，围绕“七个对照”，聚焦“三问三查三看”，深入检视存在问题，明确努力方向和改进措施，公司领导班子围绕政治建设等五个方面，查找问题14条，制定和落实整改措施15项，14名公司领导班子成员，围绕思想觉悟等五个方面，查摆问题115条，制定落实改进措施140余项；切实用好专项整治抓手，着眼于解决干部作风、基层减负和违规经商办企业等突出问题，积极开展自查自纠、专项督导检查和整体完善提升等工作，认真梳理10个方面的49个具体问题，并制定和落实整改措施170项，推动了企业整体管理水平的提升。

【省委巡视反馈意见整改落实】 2019年，河钢唐钢党委将省委巡视反馈意见整改作为一项重要的政治任务，切实承担起整改落实主体责任，聚焦关键问题，以强烈的政治担当、主动的政治自觉、务实的工作作风，深入推进整改落实，取得良好效果。统一思想认识，提高政治站位，严格履行党委巡视整改的主体责任，切实加强党委政治引领，利用常委会会议、党委理论中心组学习等时机，认真学习中央、省委关于巡视工作的重要指示精神，以及集团党委巡视整改动员部署会和推进会精神，增强做好巡视整改工作的思想自觉和行动自觉；狠抓整改落实，针对省委巡视组巡视集团党委反馈的4个方面、14项问题、28种具体表现，迅速成立28个专项整改小组，厘清责任分工，明确牵头部室和责任单位，努力将整改工作落实到具体岗位和责任人，切实压紧压实整改责任。截至年底，完成问题整改27项，基本整改1项；健全长效机制，确保整改效果，坚持将整改问题与建章立制紧密结合，有的放矢地加强制度建设，着力强化制度和机制对权力运行的刚性约束，针对省委巡视整改反馈意见，制定整改措施106项，有效强化了基层党建工作责任的落实。

【党群服务与管理】 2019年，河钢唐钢党委立足集团党委、公司党委重点工作部署，坚持“强服务、提效率、转机制”工作要求，将公司党群工作基础管理与绩效考核紧密结合，发挥组织协调作用，推动党群服务管理工作规范化、标准化、信息化。年内，持续推进公司党群系统网格化管理，针对上年度党群网格化管理过程中发现的重点问题，在党委理论学习中心组学习记录、党委工作规则制定以及工作流程等方面主动服务指导，落实靶向整改要求，确保公司各二级单位党委主体责任和党群各部门管理主责的落实。每月持续健全公司党委三级管理台账，收集公司党委、党群各部门及二级单位党委主体责任落实、党群日常管理的具体工作材料，全年共建立一级台账文件169份、二级台账文件135份、三级台账文件26份、组织协调台账12份。充分发挥党群工作平台的学习教育功能，围绕“不忘初心、牢记使命”主题教育工作重心，及时发布党中央关于主题教育的重要指示和工作安排，在“学习园地”板块持续推送权威主流媒体发布的涉及党的政治建设、思想建设、组织建设、作风建设等重要工作内容，传播党的先进思想理论；在“重要工作”“部门信息”“基层动态”“经验交流”版块上传公司各级党组织工作动态，全年共上传文件386篇。全程关注并适时调整绩效管理与考核系统，及时处理绩效考核系统运行中遇到的问题，做好考核结果的汇总和分析，年内共完成7个党群部门及30余家二级单位党组织500余次成绩数据统计和分析，切实保证各二级单位党组织及时落实公司党委重要工作部署。

【党群工作云平台建设】 2019年，河钢唐钢党委着力推动党群工作云平台搭建与试运行，积极应对河钢财智云基础平台从V8版本调整到V10版本的客观条件，及时调整工作方案，保留云平台原来设定的层级和组织架构，合并原有“消息”和“信息号”功能，新增文件管理功能，最终形成“消息联络”“同事圈”“文件传输管理”三大版块，用于实现党群工作云平台的基本使用功能，开启唐钢党群云平台的试运行模式。

【调研督导】 2019年，河钢唐钢党委着力做好上级党委巡视巡察整改工作，持续改进巡察方式方法，促进调研督导工作进一步提质。年内，组织28个整改工作小组有序推进公司省委巡视整改落实工作，指导建立27份基层党组织台账；推动整改落实工作的长效机制建立，形成11项制度成果，其中制定5项，完善6项，并督导105项整改措施的落实；会同专业部室，对公司基层党组织及机关部室“不忘初心、牢记使命”主题教育活动宣传贯彻实施情况及集团党委组织部党建调研反馈意见整改工作督导检查，制定并落实政治纪律、基层减负专项整改工作方案；常态化抓好上级党委巡视巡察整改工作，统筹协调省委巡视、集团巡察督导工作组反馈意见整改，抓好中央巡视河北相关反馈意见中涉及内容整改，健全完善各级整改台账，构建反馈意见整改长效化机制。

【机要收发】 2019年，河钢唐钢坚持抓好日常党政机要文件收发、传阅、催办和归档工作，切实保证了公司机要事务的有序高效运转。全年，收办文件约800份次，传阅文件超过800份，收办挂号件、简报、信息、机要件、传真件、特快专递以及各单位上报信息、材料约3000份次。

【党史厂志编纂】 2019年，河钢唐钢党委本着对历史高度负责的原则，广泛取材，精编严审，按计划有序推进党史厂志编纂，以文稿编纂高质量、高效率为指导，全面翔实、原汁原味还原历史。年内，完成《河钢唐钢年鉴（2018）》全书67万字内容编纂校对，并具备出版条件；启动《河钢唐钢年鉴（2019）》编纂工作，完成17个分目14万字内容编纂；配合钢铁研究总院（中央研究院）采集殷瑞钰院士相关资料，助力国家老科学家学术成长资料采集工程，查阅档案资料40余卷，整理殷院士任职调动批复文件、重要会议记录、个人荣誉、原始学术著作、工作照片及影像资料等内容资料，采访钢研所老领导并整理成口述史资料存档；梳理1949—2019年公司发展简史，进一步充实公司史志档案。

【出版首部年鉴】 2019年11月，由河钢唐钢党委组织编纂的首部年鉴——《河钢唐钢年鉴（2017）》由冶金工业出版社公开出版。全书共计60余万字，分15个部目、789个条目，设置特载、专文、企业概况、大事记、项目建设、信息化建设、科技创新、市场营销、生产经营与专业管理、河钢集团直属单位、机关部室简介、钢铁主业单元及控股合资公司、非钢单位、党群工作、附录等内容，系统记录河钢唐钢生产经营和改革发展进程，展现专业成果与发展成就。此外，《唐钢大事记（2014—2015）》同期出版。

【驻村帮扶】 2019年，河钢唐钢党委全面落实上级和集团党委扶贫工作各项要求，扛起政治责任，坚持高标准、高站位，全力做好驻村脱贫攻坚各项工作。年内，公司被中共河北省委评为优秀派出单位，公司驻承德市滦平县二道营子村工作队被评为优秀驻村工作队。这一年，落实帮扶资金，继续派出3个驻村工作组，分别到保定市涞源县黑山村、承德市滦平县二道营子村、承德市围场县西岔村开展驻村帮扶工作，为3个贫困村提供90万元的帮扶资金，用于推进产业项目、改善村容村貌和村民生活，其中保定市涞源县黑山村30万元（集团提供），承德市滦平县二道营子村40万元，承德市围场县西岔村20万元；公司领导坚持定期到各驻村工作组调研指导工作，6月12—13日，公司党委书记、董事长王兰玉，党委副书记张小帅分别到承德市滦平县二道营子村、保定市涞源县黑山村调研指导扶贫工作，并入户走访慰问贫困户，公司106名党员干部与502户贫困户开展结对帮扶，坚持每两个月入户走访慰问，捐助发放慰问金（慰问品）40.13万元，将公司和上级组织的关心送到贫困户手中；组织开展大型集中扶贫志愿服务活动，8月16—17日，公司党委组织弘慈医院专业医疗团队和公司青年志愿者服务队到保定市涞源县黑山村、承德市滦平县二道营子村、承德市围场县西岔村开展扶贫志愿服务活动，为村民提供彩超检查、心电图检查、血压测量、血糖测量、医疗咨询及理发、照相冲洗、维修小家电等志愿服务，年内累计服务2700余人次，公司驻村帮扶工作得到省国资委和集团党委以及当地政府、村民的高度认可。

【领导班子建设】 2019年，河钢唐钢党委积极创新“五型”领导班子建设，持续完善考核机制，不断提升领导班子整体功能。年内，完成上年度厂部级领导班子和厂部级管理人员考核工作，评选有突出贡献领导班子6个、优秀领导班子21个，以及75名优秀、23名比较优秀厂部级管理人员。这一年，以政治建设为核心，加强两级领导班子建设，认真落实“不忘初心、牢记使命”主题活动各项要求，进一步增强“四个意识”，牢固“四个自信”，做到“两个维护”，领导班子建设更加科学规范，按照上级党委部署，完成对公司领导班子及领导人员年度综合考核评价，组织召开公司领导班子专题民主生活会；加强厂部级领导班子建设，坚持开展年度厂部级领导班子和管理人员考核工作，修改《厂部级领导班子和厂部级管理人员三年任期激励考核办法》，制定新一期《厂部级领导班子和厂部级管理人员（2019年至2021年）三年任期激励考核办法》，激发厂部级干部干事创业的积极性；下发《开展创建“五型”领导班子活动的指导意见》，创新提出建设“五型”（笃于政治建设型、乐于团结协作型、勇于责任担当型、善于经营管理型、严于廉洁自律型）领导班子新目标，围绕建设“五型”领导班子开展多项工作，更好地提升领导班子的整体合力。

【领导干部队伍建设】 2019年，河钢唐钢党委持续加强厂部级干部队伍建设，健全机制，打造忠诚干净担当的干部队伍。年内，按照巡视整改有关要求，规范厂部级干部个人事项报告内容，开展厂部级领导干部《不存在关联交易行为的人员书写承诺书》填报工作，规范个人事项报告内容，提高厂部级干部政治意识；持之以恒开展领导干部不担当、不作为问题专项治理工作，为公司各项重点工作推进提供保障和支持；加强领导干部刷卡考勤管理，提高厂部级干部纪律意识；制定《职业经理人指导意见（试行）》，坚持以党管干部、落实董事会各项职权、身份市场化、管理契约化等为原则，初步探索建立职业经理人制度，完善公司混合所有制改革配套机制；开展多层次、多形式、全覆盖的学习培训，选派中高层干部参加集团和公司举行的一系列干部培训活动，配合做好公司作业长制、管理体系认证等业务能力培训，不断提升干部队伍的思想政治素质和业务管理能力。

【厂部级干部选拔任用】 2019年，河钢唐钢党委坚持党管干部的原则，严格标准，规范程序，年内任免调整厂部级干部25人，其中提职5人（包括调出提职2人），岗位调整8人，转专家2人，离岗休养4人，试用期满转正6人。这一年，规范公司外派高级管理人员管理流程，明确权责分工，根据董事会办公室提出的人选需求，科学遴选、规范考察，提交公司党委常委会审议通过，并出具派出函，完成对控股及参股子分公司监事、董事任免审批工作。全年共计调整7家单位，涉及20人次。

【基层党组织建设】 2019年，河钢唐钢党委扎实推进、全面加强基层党组织建设。这一年，健全完善党建工作考核评价体系，制定落实《党建工作责任制实施办法》，细化基层党建工作考核评价指标，加强党建日常考核、现场核查和述职评议考核，进一步强化党建工作责任的落实；着力推动“1050”党建品牌工程建设，组织召开两次基层党建交流观摩会，选树党建特色品牌，以点带面，在二级单位党委和支部营造比学赶超、创先争优的良好局面；以抓实“五个基本”、推进“六个规范化”为重点，认真落实基层党建三年规划，推进“星级党支部评定晋级”和“标杆党支部评比选树”，提升基层党建工作质量和水平。

【党员发展】 2019年，河钢唐钢党委坚持做好发展党员工作，严格入口把关，规范工作程序，进一步优化党员队伍结构，全年新发展党员279名，党员总数13239人，保持了党员队伍的活力和战斗力。这一年，严格按照《中国共产党章程》和《中国共产党发展党员工作细则》等有关规定，围绕“坚持标准、保证质量、改善结构、慎重发展”的十六字方针，严把推荐关，重点推荐能力强、素质高、有作为的职工，坚持在生产一线中发展党员，加强培养教育，保证新发展党员质量。

【党员教育管理】 2019年，河钢唐钢党委持续加强党员教育管理和党员队伍建设，注重发挥党员先锋模范作用，促进公司生产经营目标实现。组织广大党员围绕“不忘初心、牢记使命”主题教育，利用“三会一课”等形式，深入学习党章党规，学习习近平新时代中国特色社会主义思想，开展重温入党誓词、重读入党志愿书、党员答题竞赛等活动，广大党员不断经受政治洗礼，坚定理想信念；组织各级党组织书记、班子成员上专题党课，召开两级领导班子专题民主生活会和基层支部专题组织生活会，组织党员围绕党章党规和上级要求深入进行自查和剖析，强化学习整改效果；不断创新党建活动载体，聚焦公司全年生产经营目标，在全体党员中深入开展“珍惜荣誉、坚守初心，钢铁报国当先锋”主题实践活动，并延伸拓展活动内容与形式，重点开展“三重三谈三提升”活动及“万名党员承诺践诺”活动，引导广大党员立足岗位、奋勇争先，实现主题教育与企业生产经营深度融合，党组织和党员队伍作用得到充分发挥。

【干部日常管理和监督】 2019年，河钢唐钢党委按照集团党委要求，持续加强干部日常管理和监督。年内，加强制度建设，完善《厂部级干部选拔任用工作办法》《厂部级干部管理办法》《关于加强干部交流工作的暂行规定》等制度，并纳入人力资源管理体系之中，对厂部级干部的管理和培养更加科学、合理、规范；加强厂部级干部日常管理、监督和服务工作，进一步完善干部管理日常工作台账，建立信息档案，为客观评价、使用干部打牢基础。当年，完成厂部级领导干部及机关人员档案转递、材料归档、甄别、核实等工作，接收档案135卷、转递87卷，查阅借阅475卷，管理档案3003卷；按照省委组织部、省公安厅文件精神，以及集团党委要求，坚持对公司厂部级干部和重点岗位人员因私出国（境）证件进行核查，加强日常因私证件的保管、审批工作，其中厂部级干部因私证件239本，科级及重点岗位人员1005本；积极与弘慈医院配合，组织449名厂部级干部及专家进行体检。

【后备干部队伍建设】 2019年，河钢唐钢党委坚持后备干部队伍建设制度化、规范化管理原则，持续优化干部队伍年龄结构，加大对年轻干部的培养使用，实现干部队伍结构合理、精干高效、充满活力、开拓创新，适应公司长远发展需求。当年，新聘厂部级助理3人，续聘5人；至年末共聘任厂部级助理28人。年内，持续推进实施《河钢唐钢公司中青年干部挂职锻炼培养方案》，促使年轻干部加快成长，优化干部队伍年龄结构，激发企业活力。

【离退休职工管理】 2019年，河钢唐钢党委以“两项”建设为统领，以精准服务为理念，持续加强离退休职工管理，认真落实离退休干部政治待遇和各项生活待遇，不断提升离退休服务工作质量。截至年末，公司有离退休职工29238人，其中离退休干部4287人，包括离休干部76人，离退休党员2438人。这一年，围绕庆祝新中国成立七十周年这一主线，积极引导离退休职工增添正能量，进一步落实政治生活待遇，不断提升“两个阵地”建设水平，丰富离退休职工精神文化生活；利用两个月时间对15个离退休党支部进行换届选举，调整支部班子成员19人，调整后支部书记平均年龄65.8岁，比上一届平均年龄降低4.9岁；新一届支委班子成立后，按居住地重新调整党小组人员划分，8月1日，举办离退休党支部书记培训班，组织离退休党员干部结合《“不忘初心、牢记使命”优秀共产党员先进事迹选编》学习讨论，开展“初心讲堂”活动，从“讲初心”到“悟初心、践初心”，推进“初心讲堂”常态化、制度化，各支部选出优秀“初心故事”90篇；在全体离退休干部党员中开展大调研大走访活动，成立以15个党支部为主体、113个党小组同时行动的调研走访小组，围绕“我看新中国成立70周年”主题，倾听了解基层职工思想动态和所思、所想、所盼，共走访慰问100余人；切实加强关心下一代工作，强化工作人员服务意识和思想作风建设，学习全省关工委会议精神，扎实推进各项工作任务落实。

【退休人员社会化管理】 2019年，河钢唐钢落实中央办公厅《关于国有企业退休人员社会化管理的指导意见》和《河北省国有企业退休人员社会化管理工作方案》精神，加快推进公司退休人员社会化管理工作。年内，成立公司“退休人员社会化管理”移交工作组织机构，制定《河钢唐钢国有企业退休人员社会化管理移交方案》《河钢唐钢关于退休人员社会化管理工作移交的风险防控预案》，按进度要求，完成退休人员社会化管理整体移交协议的签订工作，保证移交工作按时间节点顺利推进。

宣传思想（企业文化、统一战线）

【政治理论引领】 2019年，河钢唐钢党委从制度构建、强化组织、创新载体、深化效果入手，持续加强意识形态建设，强化政治理论引领。年内，完善公司意识形态领域管理工作体系，制定下发3项管理文件；严格落实政治理论学习制度，全年组织两级党委中心组集中学习23次，编印《冶金信息参考》12期；密切关注舆情走向，应对突发事件和负面信息、虚假新闻3起，及时引导主流舆论，掌握舆情主动权；公司新媒体推广和选送的微课作品被中华全国总工会、中央网信办授予“网络正能量微课征集作品二等奖”，以公司新媒体运营为样本的研究成果，获评“2019年唐山市践行网上群众路线十佳典型案例”，成为唐山市唯一的企业入选案例。

【推进“不忘初心、牢记使命”主题教育】 2019年，河钢唐钢党委深入推进“不忘初心、牢记使命”主题教育，制定工作方案，扎实推进。年内，以“十学十增强”为主要内容编制《“双十”学习计划安排》，明确28项学习内容和措施；组织公司党委中心组集中学习研讨10次，下发并重点学习《习近平新时代中国特色社会主义思想学习纲要》等规定书目；组织公司党委中心组成员每人上报2篇研讨材料，同时指导各二级单位党委中心组开展集中学习研讨；组织党员干部利用“学习强国”平台，开展“每日一学”；编印《公司党委“不忘初心、牢记使命”主题教育学习参考材料汇编》，与党章电视教育片等视频一同在公司党委宣传部服务网站刊发，实现广大党员一键自学下载；推出“不忘初心、牢记使命，钢铁报国当先锋”专版3期，开设专栏，刊发报道30余篇；公司电视播发新闻35件，微信相继推出“不忘初心品味红色故事，倾听历史回响”“钢城老中青三代党员不同的入党奋斗初心故事”等连载专栏。

【“解放思想、对标赶超”主题活动】 2019年，河钢唐钢党委组织开展“解放思想，对标赶超，实现2019年整体工作快速提升”主题活动，为各项工作快速提升奠定坚实的思想基础。年内，坚持每周召开领导小组成员单位协调会，督导活动分阶段、有重点开展；组织全体公司领导深入各单位参加领导班子研讨，从解放思想、对标先进出发，围绕“五破五立”，深入查找问题，确定2019年工作目标，为全年工作实现新突破指明方向；发动全员营造氛围，编发专题简报6期，报纸、电视同期推出13期厂部长访谈，12个通讯节目，宣传高强汽车板公司、人力资源部等单位在瞄准行业先进、积极对标赶超中的新目标、新举措、新做法，为各单位互相交流、学习借鉴提供平台；选取活动的三个重要节点，配发评论员文章，深入解读主题活动内涵要求，推动公司上下切实将制定的措施落到实处；编印10余万字的活动开展汇编材料，将解放思想作为贯穿全年生产经营活动的重要法宝，以思想的大解放、观念的大转变，推动标准的大提升、思路的大拓展，助力公司各项工作快速突破、跨越发展。

【传播“塞钢故事”】 2019年，河钢唐钢党委深入开展河钢塞钢管理团队“时代楷模”精神的宣传活动，营造学楷模、比贡献的浓厚氛围。年内，组织专业团队，集中三天时间撰写19篇“塞钢故事”事迹材料，并于4月25日，组织150名优秀职工，赶赴中央电视台演播大厅，现场参加中宣部授予河钢塞钢管理团队“时代楷模”荣誉称号发布会录制；编制学习活动方案，组织公司广大党员干部以党委中心组学习、“三会一课”、专题宣讲以及学习交流活动等方式，全面掀起学习河钢塞钢管理团队先进事迹的热潮；公司报纸、电视、网站、微信公众号等媒体响应集团部署，整体策划、系统安排，制定为期一个月的宣传方案；克服时间紧、任务重，迅速组织《公司党委多举措激励党员践行“时代楷模”精神推动重点工作实现新突破》等报道，第一时间在集团报头条发表；组织公司职工谈学习感言，在集团报8个“反响”专版连续刊发，形成全员学习“时代楷模”精神的良好局面。

【形势任务教育】 2019年，河钢唐钢党委紧密围绕公司生产经营热点，结合各时段面临的机遇与挑战，深入开展形势任务教育，凝聚公司改革发展合力。年内，以形势任务看板为依托，选取高强汽车板公司、中厚板公司、型钢厂等单位的作业区作为标杆作业区，每月将公司工作理念、重要工作要求等内容集合精编成一页文字材料，在班组显要位置以看板形式展示，确保职工抬头可见、每日可见；围绕公司生产经营、区位调整和职工关心关注问题开展两次调研，组织座谈16次，首次采用电子问卷及线上大数据分析形式，回收问卷200余份，涉及技术、营销、操作、管理等多个专业和关键岗位，对准确及时掌握基层职工思想动态，助力企业决策部署在基层的贯彻落实发挥积极作用；深入基层产线组织座谈和主题调研，详细了解公司各项管理要求、形势任务教育的落实情况，对重点课题开展专项培训指导，并就优化工作流程、提高效率等为基层提供改善建议；调研过程中，积极回应基层职工关切，解疑释惑、疏导思想、理顺情绪、鼓舞干劲；扎实开展政治理论研究，取得丰硕成果，全年组织完成优秀政研成果47篇，其中26篇获得上级表彰，创历史新高；报送中国冶金政研会的4篇论文全部获奖，独立撰写成果“探索创建‘互联网+宣传思想工作’新模式实现宣传思想文化工作‘强服务提效率转机制’”，成为集团唯一获得一等奖的成果。

【迎庆新中国成立70周年系列活动】 2019年，河钢唐钢党委以开展迎庆新中国成立70周年系列活动为契机，加大内外宣传工作力度，全面展示和提升公司品牌形象。年内，以全新的可视化VR技术为支撑，推出由680幅2.3亿像素图片组成的“天空之城”钢城全景体验秀，立体化、全方位展现企业绿色转型的伟大实践；快闪《我和我的祖国》等创意作品，被搜狐网、长城网等多个主流媒体转播，点击量总和超6万次，并被“学习强国”平台采用，在全国9000多万名党员面前得以呈现，有力彰显公司职工与国家共享荣光的家国情怀；结合公司职工郑久强受邀观礼国庆大阅兵的珍贵体验，制作新闻特写《郑久强：观礼国庆盛典无上荣光 为实现中国梦钢铁梦再作新贡献》，在集团内外引起强烈关注和反响；以新中国成立70周年的关键时间节点，通过“人物”“图片”“事件”“作品”四条脉络，全面梳理展示公司高质量发展卓越成果，报纸开设“壮丽70年，奋斗新时代”“我的名字叫建国”等7个栏目，发表深度专题报道4篇，出版各类专版15期，刊发各类通讯、散文、诗歌、图片近百篇

(幅)；电视播出三期《我的阅兵故事》，受到集团党委宣传部高度关注，第一时间推荐专题节目策划；8月，参加唐山市在南湖国际会展中心举行的“庆祝中华人民共和国成立70周年国企成果与艺术作品展”，公司展位以图片、视频和宝马等整车实物的形式，分五大板块全方位多角度展现河钢唐钢70年发展成就和全体钢城人钢铁报国的壮志，受到观展市领导和各界群众的高度赞誉。

【企业文化建设】 2019年，河钢唐钢打造“互联网+”新闻宣传新模式，提升企业文化建设水平。年内，依托OA办公自动化系统，建立公司党委宣传部门户网站，内设8个主栏目，24个子栏目，实现公司宣传思想工作文件在线浏览、工作动态即时更新、报纸微信电视新闻全天候观看、各方面工作经验开放共享，搭建起宣传思想工作高效、开放的线上平台；主页链接上线以来，累计更新信息1201条，成为企业宣传文化的窗口，受到企业内外的广泛称赞；线下，以打造新闻宣传“中央厨房”入手，形成报纸、电视、微信、网络四位一体的管理机制，构建一体策划、一次采集、多种生成、多元传播的立体高效工作格局，为讲好河钢唐钢故事奠定基础。2019年，《河钢·唐钢版》共出版100期，其中专版65期。全年，在主流媒体刊发文章270余篇，其中省级以上30余篇，在集团报月度上稿量评选中始终保持第一，在年度全国冶金记者协会好新闻评选中，公司报送的15篇文章全部获奖，创造历史之最，其中一等奖3篇、二等奖4篇、三等奖8篇。

【新媒体平台】 2019年，河钢唐钢以打造最有温度的新媒体平台为宗旨，突出创意和题材挖掘。年内，推出原创连载专栏《闪光的岗位》，选取各工序有代表性的岗位，挖掘职工在工作中的闪光点，以小见大，传承匠人精神，被广泛点赞和转发，增强职工的归属感和凝聚力；策划推出新栏目“钢城夜读”，以职工声音叙述平实的工作生活，抒发对祖国、家乡以及企业的热爱；突出集团标识和员工形象，设计创作微信卡通人物“小钢”和“小河”，成为集团独家采纳的公众号代言形象。公司官方微信公众号每天推送消息3～6条，全年推送量达852条，月均70条，超过集团和其他子分公司总和；河北省国资委的官媒“河北国资”、河北省总工会的官媒“冀工之家”主动要求进行公众号文章授权，实现对河钢唐钢微信新闻随时转载。

【启动公司区位调整历史文化资料留存】 2019年，河钢唐钢面对区位调整局面，拉开公司搬迁后历史文化资料留存工作帷幕。12月1日，公司党委书记、董事长王兰玉，总经理田欣等领导组织党委宣传部相关人员对该项工作的组织进行专项讨论，并就具体方案内容提出指导意见。按照公司领导要求，宣传部迅速启动公司历史故事纪念册的筹备。多次前往档案处，查阅1943—1972年历史档案，筛选整理并复印20多册相关资料；借阅《唐钢工人》《唐钢通讯》，对重点信息拍照留存；对《唐钢沧桑》《唐钢大事记》等分组摘录、详细查阅，整理汇总近5万字资料；相继走访公司退休宣传干部、开滦博物馆馆长等经验丰富的专业人员，收集《共和国的钢铁岁月》《艰难的起飞》等图书资料，完成历史故事纪念册故事架构、编辑方案、撰写凡例。视频影像留存方面，完成《大美钢城·春之声》《大美钢城·秋之韵》等精彩视频短片，从美学欣赏角度，四季交替、动静结合，纪实描摹钢城绿色发展成就斐然的动人画卷。同时，以二钢轧厂作为网格化视频资料留存样板，深入各条产线全方位、多角度拍摄视频300余条。

【精神文明建设】 2019年，河钢唐钢党委践行社会主义核心价值观，坚持典型引路，营造精神文明建设浓厚氛围。年内，按照省国资委和河钢集团要求，组织指导炼铁厂、高强汽车板公司、中厚板公司，深化现场精神文明建设宣传内容，细化工作流程，迎接省国资委系统文明单位的实地查验，受到省国资委巡查组的好评；按照省文明办要求，选取公司 15 项 23 类共 33 条文字及图片，上传河北省文明单位动态管理系统，参加省级“文明单位”复评；统筹汇总河钢唐钢党建、纪检监察宣传文化、精神文明建设等内容的评审报告，顺利通过唐山市评审，公司荣获“唐山市文明单位”称号；坚持季评“爱岗敬业十佳职工”活动，评选表彰爱岗敬业、助人为乐、见义勇为等方面成绩突出的 40 名职工，并广泛宣传，营造比学赶超的良好氛围。

【统一战线工作】 2019 年，河钢唐钢党委注重发挥民主党派、无党派人士参政议政和民主监督作用，组织开展好相关活动，引导广大党外知识分子为企业发展建言献策。河钢唐钢统一战线成员有政协委员、各民主党派成员、少数民族职工、出国和归国留学人员、归侨、华侨及“三胞”眷属。截至 2019 年末，公司有政协委员 7 人，其中，市级政协委员 6 人，县级政协委员 1 人；有民革唐钢支部、民盟唐钢支部、民建唐钢总支、民进唐钢支部、农工党唐钢支部、九三学社唐钢基层委员会 6 个民主党派，成员共有 62 人；有少数民族 15 个，少数民族职工 914 人；出归国人员 7 人，“三胞”眷属 17 人，无归侨和华侨。

纪检监察

【强化政治监督】 2019 年，河钢唐钢纪委深入贯彻全面从严治党要求，加强对学习贯彻习近平新时代中国特色社会主义思想和党的十九大精神的监督检查，及时跟进中心组理论学习、民主生活会等内容，推进公司各级党组织和党员干部深化理解把握精神实质，推动知行合一，形成长效学习机制。围绕“不忘初心、牢记使命”主题教育，把监督检查“学习教育、调查研究、检视问题、整改落实”推进情况贯穿始终，牵头负责专项整治，制发工作方案，建立清单台账，细化 170 项整改措施，从严抓实 10 个方面 49 项问题专项整治。开展领导干部作风和违规经商办企业专项清理，174 名厂部级干部全部签订书面承诺。加强监督检查，重点对理论学习，贯彻党章党纪，履行政治责任，执行党的路线方针政策、上级决策部署、集团重点工作落实情况以及党委常委会议事规则、“三重一大”决策制度执行情况进行监督，规范建立领导干部廉政档案 1343 份，着力防范“七个有之”和“五个有的”问题，确保令行禁止。

【助力“两个责任”落实】 2019 年，河钢唐钢纪委协助党委抓好全面从严治党各项工作。组织召开党风廉政建设工作会议，印发年度工作要点，部署党风廉政建设工作。召开纪检监察系统专题会议，具体安排纪检监察工作。健全三级责任体系，构建“四责协同”工作格局，压实党委“主体责任”、党委书记“第一责任人责任”、纪委“监督责任”、班子成员“一岗双责”责任和职能部室监管责任，逐级签订党风廉政建设主体责任书、监督责任书 662 份，细化责任分工，层层传导压力。积极推进工作落实，坚持党委常委会、书记办公会、月度例会专题研究部署党风廉政建设和反腐败工作，召开党风廉政建设座谈会、集体谈话会，与二级单位党委书记、纪委书记开展集体廉政谈话 120 余人次，与基层支部书记开展廉政谈话 360 余人次，推动管党治党责任全覆盖；强化廉政责任考核，落实一年两报告落实、两级领导干部述职述廉、党委书记与纪委书记述职等制度，有效运用月度绩效考核与年度民主测评相结合，评比表彰和考核问责相结合，有力促进了基层党风廉政建设责任的落实落地。

【“四种形态”运用】 2019年，河钢唐钢纪委畅通信访监督渠道，建立来电、来信、来访和网络举报“四位一体”平台，规范信访举报受理流程，加大谈话和函询力度，确保问题线索处置效率进一步提高。全年，信访举报问题线索21件，初核17件，立案1件，诫勉谈话3人，党内严重警告1人，通报批评3人。年内，以开展纪律处分决定执行情况监督检查为契机，规范执纪审查标准，严格落实审查调查安全制度，加强谈话安全管理，确保执纪审查绝对安全。积极配合上级纪委工作，统筹选派人员参加省纪委驻省国资委纪检组、集团纪委有关工作。认真执行集中联合交叉办案工作规定，抽调精干力量组成核查组优先核查上级纪委交办的问题线索。坚持惩治腐败高压态势，围绕违反“六项纪律”、中央八项规定，围绕违规操办婚丧喜庆事宜、违规考勤划工、违规发放奖金津贴等职工群众反映强烈以及重点领域存在的问题，开展专项整治，与主题教育专项整治、省委巡视专项整治、作风纪律专项整治贯通结合，严肃查处违规违纪行为。加强案件审理管理工作，严把事实关、程序关、法律适用关，坚决保证纪律处分决定执行到位，公司整体执纪审查标准和质量持续提升。

【持之以恒纠治“四风”】 2019年，河钢唐钢纪委认真落实集团、公司两级党委《深化纠正“四风”和作风纪律专项整治推进方案》，紧盯“四风”新动向，严格对照4个方面12项问题开展调研查摆，深入推进“五深查五整改”，防止“四风”问题反弹回潮。年内，针对形式主义、官僚主义新表现，深化问题专项整治，突出纠正上有政策、下有对策，有令不行、有禁不止，工作部署不落实、责任担当不够等行为，促进职能部室作用得以有效发挥。紧盯重要岗位、重要时间节点，采取日常监督、专项监察、明察暗访和交叉互查等方式，组织开展监督检查506次，走访职工群众千余次。开展“私车公养”专项监督检查，加大对公务车管用情况检查力度，进行立项监察，建立一车一台账，实施动态监管；坚持以上率下弘扬党的优良作风，强化对领导干部用车、公务接待、婚丧嫁娶、经商办企业等制度落实情况的督导检查，保持正风肃纪高压态势。

【巡视巡察整改落实】 2019年，河钢唐钢纪委不断压实巡视巡察整改责任，狠抓整改落实，促进公司经营管理水平提升。年内，针对省国资委巡察河钢承钢反馈的9个专项问题，督导相关单位部门认真开展自查自纠，抓好整改落实，完善制度，防止问题重复发生。积极配合省委巡视组巡视集团有关工作，做好协调和服务保障，协助党委做好省委巡视反馈意见落实整改工作。深化纪检监察系统自查自纠和整改落实，对省委巡视反馈7项问题和自查自纠查摆出的12项问题，制定31项整改措施，推进纪检监察工作不断深化。高度重视省委巡视移交问题线索，依纪依规核实情况，按要求高质量抓好落实。做好巡视整改“后半篇文章”，深入开展对招投标、选人用人、领导干部违规经商办企业等问题专项监察，严格落实领导干部参与业务禁止性规定，进一步扎紧不能腐的制度笼子。

【精准监督】 2019年，河钢唐钢纪委立足企业中心工作，聚焦监督主责主业，统筹党内监督和监察监督，构建以执纪监督为主导，专业监督、业务监管贯通协同的大监督格局，推动实现监督全覆盖。以严格依法治企为遵循，创新推进立项监察工作，突出生产经营、挖潜增效和改革发展重点，围绕物料进厂、工程项目、招投标管理、企业混改、公车管控、奖金分配等热点问题，坚持

“七个有利于”工作原则，创新推进“12345”（一个方向、两个责任、三个成效、四个维度、五个结合）一体全方位流程化监察模式，拓展立项监察范围，灵活掌握立项类别，严格规定监察步骤，强化项目考核评价，确保监察项目取得实效，完成监察项目76项，提出监察建议35项，避免、挽回损失638.1万元，增加效益713.5万元。将廉政风险防控工作作为开展日常监督的一项有效抓手，持续推进廉政风险防控体系运行，强化对权力运行的制约和监督，从源头上预防腐败问题的发生，全年新增廉政防控风险点57个，制定廉政风险防控措施123项。聚焦招投标管理、“私车公养”和“靠钢吃钢”等问题开展专项监督检查，制定招投标台账月度报备、季度抽查，公务用车一车一台账，领导干部书面承诺等针对性改进措施，强化抓早抓小“治未病”，提升企业经营管理水平。

【廉政教育】 2019年，河钢唐钢纪委结合“不忘初心、牢记使命”主题教育，依托李大钊、潘家峪纪念馆等红色基地，组织开展党性教育，筑牢党员干部理想信念的思想根基。年内，组织学习《中国共产党纪律处分条例》《中国共产党问责条例》等党规党纪，开展专家讲堂、专题辅导、业务培训，使遵规守纪成为党员干部日常习惯并自觉遵循；大力开展警示教育，组织领导干部观看警示教育专题片《叩问初心》《一抓到底正风纪》《警醒中奋进》《砥砺的征途》，学习《党的十九大以来查处违纪违法党员干部案件警示录》，落实省国资委系统警示教育大会精神，以各领域重大违纪违法案件为反面教材，肃清恶劣政治影响，优化公司良好政治生态；以集团纪委“清廉河钢”主题系列文化活动为契机，积极推进廉政漫画、微视频、公益广告等系列廉政文化教育活动，充分调动广大干部职工广泛参与的积极性，凝聚起崇廉尚廉的新风正气，共有39个廉政文化作品获得集团嘉奖；拓宽宣传教育途径，积极打造清风唐钢微信群、清廉钢城报纸专栏、纪检监察网站、廉政文化阵地等平台，及时推送发布党纪条规、工作信息等80余篇；创新教育方式，丰富改进党课教育、辅导讲座、廉政谈话，开展诗歌朗诵、答题竞赛等活动，营造了风清气正的浓厚氛围。

【纪检监察队伍建设】 2019年，河钢唐钢纪委以开展“能力强化年”活动为契机，推进纪检监察队伍建设，加强监察干部业务培训，完善考核评价机制，强化对二级单位纪委领导，促进执纪监督能力提升。年内，统筹推进纪检系统主题教育，建立纪委专题学习、纪委书记讲党课、基层纪检委员上廉政微党课长效机制，弘扬对党忠诚、勇于担当的作风，打牢纪检监察人员初心使命；加强纪检监察队伍学习培训，举办砺剑讲堂、砺剑论坛，组织二级单位纪委书记、纪检专员外出培训40人次，参加省纪委、驻委纪检组、集团纪委组织等业务知识培训；抓好基层纪检监察队伍建设，广泛开展调研、研讨、提升活动，深入基层调研28次，收集意见建议26项；发放学习问答、条文解读等专业书籍，全面提升纪检监察队伍的政治素质和履职能力。

工会工作

【组织建设】 2019年，河钢唐钢工会紧密结合工会工作实际，以创新思维加强工会组织建设，建立健全各项体系制度，完善组织工作机制，专业化管理水平持续提升。年内，修订《工会工作量化考核标准》，促进工会工作落实；规范组织建设、健全基层工会组织机构设置，保证工会工作高效、稳定、有序进行。年末，公司直属单位设立工会36个，基层分会361个，工会小组1982个，有专兼职工会干部300余人，工会会员30945人；开展工会干部培训工作，提高工会干部业务水平；健全完善工会财务规章制度，严格经费支出流程和资产管理，提高经费使用效能；健全经审工作制度，加强监督检查，充分发挥经审委员会作用，保证工会各项工作顺利开展。

【召开第二十二届职工代表大会第二次会议】 2019年1月19日，河钢唐钢召开第二十二届职工代表大会第二次会议。公司党委书记、董事长王兰玉出席会议并发表讲话，总经理田欣作《行政工作报告》，287名职工代表参加会议，科技与管理人员代表、一线生产骨干代表和各民主党派代表近400人列席会议。会议全面总结2018年工作，安排部署2019年工作；审议通过《行政工作报告》《2019年预算》《2019年经营绩效管理方案》《2018年业务招待费使用情况报告》等13项议案，以无记名投票方式表决通过《2019年度工资总额预算安排方案》《2018年职工福利费支出情况及2019年职工福利费预算报告》《河钢股份有限公司唐山分公司企业年金方案》，河钢集团唐钢公司集体合同、河钢集团唐钢公司女职工权益保护专项集体合同。

【召开工会工作会议】 2019年4月18日，河钢唐钢召开工会工作会议，系统总结2018年以来公司工会工作，安排部署下步重点工作。唐山市总工会副主席马鹤英出席会议并讲话，公司党委书记、董事长王兰玉出席会议并讲话，公司党委副书记、工会主席王文德主持会议，各单位工会主席和工会干部参加会议。会议对2018年工会工作中涌现出的18个“先进职工之家”、24个“先进职工小家”、45名优秀工会工作者、148名优秀工会积极分子予以表彰。

【职工素质提升】 2019年，河钢唐钢工会注重职工素质提升，依托上级和公司举行的职工技术比赛，高标准抓好职工培训、岗位练兵活动，通过以赛代练，锤炼技术过硬、作风过硬的职工队伍，职工整体技能水平不断提升。当年4月组织参加世界模拟炼钢挑战赛总决赛，公司2名职工取得第二、三名的成绩；参加省国资委系统职工职业技能大赛暨第十五届“振兴杯”全国青年职业技能大赛，自动化信息公司、能源科技分公司、检修分公司3名职工分别获得电工职工组第五名、焊工职工组第五名和钳工职工组第七名；在唐山市第十八届职工职业技能大赛中，公司承办转炉炼钢工工种的比赛，公司参赛职工包揽前三名，多名选手进入前十名；举办公司第33届职工技术比赛，产生10名技术状元、20名优秀技术能手和12名技术能手；在2019年开展的机冶建材系统职工“网上练兵”专项竞赛中，公司13名职工夺得行业第一名，55名职工进入行业前十。截至年末，河钢唐钢共有公司级技术状元487人，河钢集团状元33人，唐山市技术状元15人，河北省技术状元8人，全国钢铁行业技术能手18人，全国技术能手4人，成为公司建设最具竞争力钢铁企业的技能人才保障。

【岗位创新】 2019年，河钢唐钢工会以落实公司创新驱动发展战略、激发职工创新活力为目标，深入开展职工岗位创新，依托成熟的创新联盟工作体系和制度保障，不断提高职工创新活动参与度，助推公司技术进步。年内，公司共有265个创新团队，其中国家级创新工作室2个，全国冶金行业级5个，省级15个，集团级11个，市级18个，公司级32个，作业区、科室级创新工作站88个，产线、班组级创新工作小组145个，实现创新联盟全覆盖。这一年，坚持完善制度体系，规范工作开展，制定下发《2019年职工岗位创新工作实施意见》，完善创新联盟《理事会成员管理制度》《对标交流管理制度》《协调创新制度》等9项创新工作制度，不断推进职工岗位创新规范化，为创新活动提供制度保障；创新机制，公司创新联盟实施理事长轮值管理模式，建立创新联盟网站，实现职工岗位创新工作的自主管理和高效运行。当年，公司创新联盟平台网站征集创新成果 2444 项，是上年申报量的 4.5 倍，有 121 项成果获奖，其中公司工会“成立岗位创新联盟，高质量推进全员岗位创新”成果获河北省工会工作创新成果一等奖，并受到河北省总工会通报表彰，公司 8 名职工获河北省职工技术创新成果展演奖金奖；公司 4 个创新工作室获第五批“河北省劳模和工匠人才创新工作室”称号、2 个创新工作室获“河钢集团优秀职工创新工作室”称号、9 个创新工作室获“唐山市职工创新工作室”称号、10 个创新工作室（站、组）获公司“优秀岗位创新团队”称号；注重创新培训交流，提高成果转化率，开展成果、专利挖掘与写作培训，甄选公司 30 项优秀微创新成果开展创新成果展活动，不断提升岗位创新影响力，营造全员创新的浓厚氛围。

附表　2019 年河钢唐钢第五批河北省劳模和工匠人才创新工作室

序号	单位	创新工作室名称
1	河钢乐亭项目	王振刚转炉操作创新工作室
2	河钢乐亭项目	谷海波电气点检创新工作室
3	生产制造部	林少田质量管理创新工作室
4	美锦煤化工公司	孔德文炼焦煤优化创新工作室

【劳动竞赛】　2019 年，河钢唐钢工会围绕产品结构和客户端结构再优化，以创效争先立功竞赛、产线对标竞赛、专项攻关竞赛为重点，凝聚全体职工的智慧和力量，深入开展劳动竞赛，有力支撑公司生产经营目标实现。以“生产为用户、产就高效率”为竞赛重点，持续开展“高效产线”专题劳动竞赛，公司全年有 92 条产线达到竞赛一档目标，有效促进生产指标提升；开展职工技术革新 QC 成果专项竞赛，促进公司产品质量提升，年内有 102 项 QC 成果被评为公司级以上优秀质量管理 QC 成果；阶段性攻关竞赛有效助力公司生产经营指标完成，针对不同阶段生产经营形势，制定相应竞赛方案，分别开展“双过半”竞赛、暑期战高温竞赛和决战四季度竞赛，为公司经营目标实现提供有力支撑；“十佳百优”合理化建议评选竞赛助力公司生产顺行，全年公司职工共提合理化建议 4732 项，采纳 2408 项，实施 1254 项，“十佳百优”建议项目直接创效 2733 万元；行业对标竞赛，不断提升技术经济指标，在中国机械冶金建材工会与中国钢铁工业协会组织的“全国重点大型耗能钢铁生产设备节能降耗对标竞赛”中，公司炼铁南区 360 平方米烧结机、1 号 150 吨转炉获“全国优胜炉”称号，4 号 3200 立方米高炉获“全国创先炉”称号，公司在该项对标竞赛中，共 17 次获“全国冠军炉”“全国优胜炉”“全国创先炉”等称号。

【弘扬劳模精神】　2019 年，河钢唐钢大力弘扬劳模精神、工匠精神、创新精神、奋斗精神，实时展现劳模新风采，教育引导广大职工学习劳模、尊敬劳模、争做劳模，逐步形成弘扬劳模精神的长效机制。组织召开先模人物座谈会，充分听取劳模意见建议；关心劳模生活健康，组织劳模北戴河专期休养活动，公司领导到休养院慰问休养劳模，积极帮扶困难劳模，体现企业关爱；组织 40 名退休和在职劳模参加“共祝愿祖国好·国庆献礼”劳模游钢城活动，弘扬劳模精神，展示公司发展成就；坚持开展劳模评选和评先表彰工作，年内公司 1 名职工获得“全国钢铁行业劳动模范”称号、4 名职工获得“河北省劳动模范”称号，3 名职工获得“唐山市劳动模范”称号；共有 20 个先进单位、8 个先进部室、53 个先进集体、35 名劳动模范、362 名先进生产（工作）者受到公司表彰。

【劳动保护监督】 2019年，河钢唐钢工会各级组织加强劳动保护监督检查，提升劳动保护技能，保障职工劳动安全。全年，公司各级劳动保护监督检查组织共开展监督检查1710次，检查安全隐患1857项，并全部落实整改。这一年，践行“一切安全事故、隐患可防可控”理念，以“安康杯”竞赛为载体，深化作业区和班组安全建设，大力加强职工安全教育，不断丰富职工安全知识，提升职工自我保护能力；积极推广使用“唐山市职工宣教劳动保护平台”微信公众号，提高职工劳动保护知识和技能，公司职工注册达2.4万人，注册率89%，超额完成上级下达的注册任务指标；组织参加市总工会安全知识答题竞赛，公司有4人进入唐山市前十名，20人进入前100名，是全市进入前100名人数最多的单位；开展劳动保护交流学习，公司5篇理论研讨论文分别获得“全国钢劳联第35届年会理论研讨论文特等奖和优秀奖”，3项劳动保护摄影作品获“全国钢劳联成立35周年劳动保护摄影竞赛优秀奖”。

【职工服务保障】 2019年，河钢唐钢工会坚持以人为本理念，围绕提升职工的获得感、安全感、幸福感，加强职工服务保障工作，传递企业关怀和温暖，促进职工满意度提升。这一年，坚持开展“两节”送温暖活动，公司两级工会共走访慰问困难职工、劳动模范、离退休职工等各类人员2万多人次，发放慰问款（物）价值311万元；立足服务一线、服务职工，扎实开展暑期“双服务”活动，保障生产、生活需求，全力为一线职工创造更加舒适的工作和生活条件，助力公司暑期生产经营。全年，公司及各单位共投入资金232.05万元，购买和维修冰箱、空调、饮水机等防暑降温设备1549件；购买瓜果78.7吨、冷饮12.97万瓶、防暑食品6.3吨，准备各类防暑药品66种，举办防暑急救讲座12场，确保职工暑期健康；开展服务窗口竞赛，发挥监督作用，加强监督检查和问题督导落实30多项，促进公司生活后勤服务水平不断提升；公司投入1100多万元，开展全员职工健康体检和女职工专项体检，健康体检新增加了高密度脂蛋白胆固醇、低密度脂蛋白胆固醇，全口牙病系统检查项目，为职工防御疾病、维护健康创造更好的条件，当年职工健康体检2.09万人，女职工妇女病体检3647人；开展“送健康入基层”活动，组织专家深入车间、班组举办健康讲座、咨询指导、急救技能培训19场次，其中大型现场咨询指导服务2场次，不断提升职工健康意识和健康水平；开展职工疗休养活动，暑期共组织安排一线骨干、劳模和各层级先进代表2882人到北戴河休养，保障职工身心健康；开展职工线上、线下购物活动，多渠道惠及职工，与企新购物广场、苏宁电器、上汽大众、建设银行、弘慈医院、格兰仕公司等厂商机构联合开展优惠购、补贴购、一元购、特价购等“河钢唐钢工会会员普惠”系列活动29场次，保障职工优惠购物，享受优质服务；积极履行社会责任，组织1052名职工义务献血31.91万毫升，圆满完成献血任务，彰显国有大型企业的社会责任与担当。

【困难职工帮扶】 2019年，河钢唐钢工会努力保障困难职工生活，充分利用各种帮扶政策，积极构建完善公司、厂部、作业区和班组四级帮扶组织体系，通过项目帮扶、资金救助、物资帮助、劳力互助、精神慰藉等多种形式，全力帮助困难职工渡过难关。年内，公司共为困难职工发放救助款321万元，有效缓解了困难职工家庭生活压力，其中为1227名困难职工办理困难补助39.2万元，给予522名患大病职工或直系亲属大病补助99.95万元，为572人次患病职工发放第九期医疗互助款161.46万元，42名困难职工子女获得助学金8.52万元，通过精准帮扶，12户全国困难职工提前脱困；公司和子分公司工会出资150多万元为3.77万名职工办理唐山市第十期重大疾病医疗互助，为职工构筑抵御健康风险的屏障。

【女工工作】 2019年，河钢唐钢充分发挥女职工组织作用，全面维护女职工特殊权益，以“巾帼谱华章，建功新时代”为主题，团结动员广大女职工开展女工创新创效、技能比武等活动，展现女职工风采。这一年，组织女职工参加公司民主协商、民主管理，健全女职工劳动保护监督制度，积极推进签订公司女职工权益保护专项集体合同，进一步明确规定女职工劳动权益、特殊权益保护内容，举办“木兰有约”法律讲座，切实维护女职工的合法权益和特殊利益；组织女职工健康咨询、女工安康互助保险、迎庆“三八”系列活动，对17个女职工工作先进单位、14个巾帼建功示范岗、10名优秀女职工标兵、17名优秀女职工工作者、10户敬业奉献好家庭、39名优秀女职工予以表彰；开展“健康生活，快乐工作”主题活动和关怀单亲母亲等活动，丰富6个“爱心妈妈小屋”服务功能，传递企业对女职工的特殊关爱，提升女职工的幸福感和安全感；提高女职工素质，以文化修养上层次、知识学历上台阶、技能水平上等级、形象品位上档次为目标，深入开展“素质立志达标”活动，“巾帼助力首季开门红”“巾帼创佳绩，建功新时代”等女职工专项竞赛以及女职工自主开展的技术比赛和技能培训等活动，展示公司女职工的新形象、新作为和新风尚。

【职工民主管理】 2019年，河钢唐钢工会强化民主管理，认真落实以职代会为基本形式的系列民主管理制度，维护好职工合法权益。这一年，规范开好公司两级职代会，落实职工各项民主权利，保证职工民主管理、民主参与、民主监督权利的落实，圆满完成公司第二十二届职代会第二次会议任务，涉及职工切身利益的5项议案采取无记名投票方式表决通过，并对43条职工代表提案进行答复和反馈，充分体现职工意愿，保障职工的合法权益；畅通职工代表提案，董事长、总经理联络员和职工代表巡视等民主管理渠道，组织召开公司董事长、总经理联络员座谈会，43名联络员围绕产线效率提升、客户服务能力建设、智能化建设等重点工作以及职工关心的生活后勤问题等方面提出55条建议，全部得到答复或落实；深化厂务公开，职工知情权、参与权和监督权得到有效落实，涉及生产经营、职工薪酬等职工关注的热点焦点在公司工会网站公开，受到职工欢迎；组织基层职工代表进行业务培训，提高基层职工代表参政议政能力；开展集体协商条例学习竞赛活动，增强公司职工代表和工会干部对工资集体协商方面的专业知识，加强劳动争议调解和处理能力，确保职工合法权益落实。

【开展政治理论学习】 2019年，河钢唐钢各级工会组织把加强政治理论学习作为首要政治任务，以会议、集中学习等形式，对习近平新时代中国特色社会主义思想、党的十九届四中全会精神和中国工会十七大精神进行广泛宣传，并深入车间、班组进行宣讲，将会议精神传达到基层，引导广大职工听党话、跟党走，有力确保职工思想和党中央保持高度一致。组织参加“奋斗新时代礼赞新中国”——习近平新时代中国特色社会主义思想暨经典用语诵读活动，以活动促学习，以学习促进步；组织参加学习习近平新时代中国特色社会主义思想和全总、省总、市总工会会议精神知识竞赛，公司职工4人获一等奖、3人获二等奖、81人获三等奖，11个单位获优秀组织奖；认真组织开展“不忘初心、牢记使命”主题教育，教育职工不断增强“四个意识”，坚定“四个自信”，做到“两个维护”；充分利用班组活动日、微信公众号等载体，认真开展形势任务教育，引导广大职工积极投身公司转型升级生产实践，形成推进企业高质量发展的坚强合力。

【文体活动】 2019年，河钢唐钢工会坚持寓教于乐，组织开展各种文体活动，丰富职工文体生活，愉悦职工身心健康，营造和谐氛围，增强企业凝聚力。年内，举办“新时代新征程新发展·河钢十年”职工健步走、“迎国庆”公司职工羽毛球比赛、“工会好新闻”征文等系列活动；承办并组队参加“河钢杯”第二届职工竞技拔河比赛，参加第六届全国冶金职工运动会乒乓球比赛、唐山市第十届干部职工乒乓球比赛、唐山市职工第五届中国象棋比赛，以及河北省文联组织的省企业、行业界员工摄影比赛、中国机械冶金建材工会组织的书画摄影展等活动，陶冶职工情操，展示精神风貌，提升公司社会影响力。

共青团工作

【形势任务教育】 2019年，河钢唐钢团委切实加强形势任务教育，采用线上线下相结合宣贯模式，带领团员青年学习贯彻集团及公司重要会议精神，落实河钢塞尔维亚公司管理团队“时代楷模”精神，引领广大团员青年知形势、明任务，确保其责任感和使命感进一步增强。全年，公司各级团组织通过宣讲、交流、互动等形式，开展形势任务教育120余次。各基层团干部深入车间班组开展形势任务面对面宣讲，各级团组织依托集团、公司报纸、微信平台，弘扬落实会议精神、扎根岗位建功中的典型事迹，引领广大青年以创新的精神和求变的勇气，积极投身企业转型升级和改革发展各项工作，为完成年度目标任务、实现高质量发展贡献青春力量。

【品牌创建】 2019年，河钢唐钢团委持续深入开展“一团一品”创建工作，指导基层团组织将品牌创建工作向团支部拓展延伸，构建以基层党组织为领导、多部门共同参与、基层团组织具体实施的品牌工作管理及执行网络，取得良好成效，公司“一团一品”支部创建覆盖率达94.3%。年内，组织召开“一团一品”创建工作总结会议，32家基层团委集中展示品牌成果，介绍创建经验，为品牌创建营造氛围。深入挖掘“号手岗队”青字号品牌工作新内涵，修订完善青年文明号、青年安全生产示范岗创建工作管理办法，强化典型标杆引领，以“五型”创建新模式为标准指导基层“号手岗队”创建工作，不锈钢公司精炼作业区获评“全国青年安全生产示范岗报备集体”，其安全生产事迹被国内多家媒体报道。当年，创建市级青年文明号4个，省级青年文明号2个；创建国家级“青年安全生产示范岗”1个、省级“青年安全生产示范岗”1个。

【组织召开“五四”表彰暨“奋斗的青春最美丽”青春故事分享会】 2019年4月30日，河钢唐钢团委组织召开“五四”表彰暨“奋斗的青春最美丽”青春故事分享会。公司党委书记、董事长王兰玉出席会议并讲话，公司党委副书记、工会主席王文德传达集团优秀青年代表座谈会精神。会议对评选为公司“十大杰出青年”“十大青年岗位能手”“十大青年技术标兵”“十大青年营销先锋”的优秀青年、优秀团干部及获“五四红旗团委”的先进集体进行颁奖表彰，观看《青春绽芳华建功新时代》短片和歌舞表演《追忆青春——历史的韵律》，公司首席操作专家、4名基层优秀青年代表进行青春故事分享，充分展现公司青年踊跃投身岗位、助力公司实现“两个结构再优化”目标的青春风采，彰显了企业对广大青年成长成才的关心关爱。

【传达学习团中央座谈会精神】 2019年5月9日，河钢唐钢团委组织召开传达团中央“学习贯彻习近平总书记在纪念五四运动100周年大会上的重要讲话精神”座谈会。公司党委书记、董事长王兰玉出席会议，公司党委副书记、工会主席王文德主持会议，公司部分厂部级领导、各单位团干部参加会议。会上，公司团委传达团中央学习贯彻习近平总书记在纪念五四运动100周年大会上的重要讲话精神，优秀团员青年代表和团干部代表分享学习习近平总书记讲话心得。通过座谈，与会团干部、团员青年代表进一步统一思想，纷纷表示要认真学习贯彻习近平总书记讲话精神，牢记习近平总书记对当代青年的殷切期望以及公司对青年职工成长成才的迫切要求，立足岗位，建功立业，将个人成长融入企业发展，为建设最具竞争力钢铁企业贡献青春智慧和力量。

【开展阵地活动】 2019年初，河钢唐钢团委在大学生公寓打造的青年活动阵地——青年之家挂牌成立，正式投入使用，采用书法、绘画、摄影、英语等培训方式，为青年开展活动搭建平台，传递企业关爱，为提升青年素养、培养复合型人才开辟新途径。全年，各级团组织依托青年活动阵地，自主开展青年素质能力提升特色活动40余场。年内，以新中国成立70周年、五四运动100周年为契机，积极带动基层团组织自主开展“青春心向党建功新时代”主题青年素质能力提升活动，营造青年阵地文化浓厚氛围，炼铁厂团委开展“‘阅’见未来‘读’品书香”青年阅读马拉松挑战赛，钢源炉料公司团委开展“丹青流韵纸上芳华”书法主题实践活动，行政福利处团委开展“舌尖上的钢城”中式面点教学活动，市场部团委开展“小课堂大学习”青年学习活动，调动青年参加团组织活动热情，丰富青年职工业余文化生活，提高青年职工综合素养，得到了广大青年广泛好评。

【青年思想引领】 2019年，河钢唐钢团委以迎庆新中国成立70周年等重要时间节点及事件为契机，广泛开展青年思想政治教育和爱国爱企教育，营造良好氛围。全年，各级团组织开展各类主题团日活动380余场，开展讨论交流活动150余次，收集调查问卷4200余份，整理青工反馈信息520余项，为青年实际解决问题300余项。4—6月，组织青年深入学习习近平总书记在纪念五四运动100周年大会上的讲话精神，与团市委联合组织开展“李大钊纪念展进企业”，传递党对新时代青年的嘱托和关怀，推进党的创新理论、光辉历史在全体团员青年中入脑入心。7—8月，组织青年集中开展“守初心担使命，我和祖国共奋进”职工诵读活动，动员青年从歌颂祖国、礼赞企业、致敬楷模等方面，创作优秀诵读作品13部，全部在集团职工诵读活动中获奖，其中作品《珍惜荣誉再出发》获集团职工诵读活动优秀作品特等奖，2部作品获一等奖，8部作品获二等奖。11月5日，组织6组青年在公司进行诵读展演，引领青年同歌新时代、共创新业绩，进一步坚定青年与祖国共奋进、与企业同发展的初心宣誓和使命担当。9月8日，组织70名团员青年在公司七一广场开展“我与祖国共奋进——国旗下的演讲”特别主题团日活动，举行升国旗仪式，优秀青年进行国旗下演讲，营造庆祝新中国成立70周年的浓厚氛围。按照公司党委部署，带动广大青年认真学习贯彻集团及公司开展“不忘初心、牢记使命”主题教育的会议精神和部署要求，引领青年树立正确的政治导向和思想航向。组织140名基层优秀青年参加央视“时代楷模”节目录制，广泛宣传河钢塞尔维亚公司管理团队的典型事迹，引领青年学习楷模精神，投身岗位实践，切实增强奉献企业、岗位建功的责任感使命感。

【青年岗位建功】 2019年，河钢唐钢团委聚焦“两个结构”再优化，广泛开展青年岗位建功活动，促进团员青年产品研发和市场开拓意识能力双提升。年内，组织开展岗位练兵提技能活动，以技术中心及各事业部研究所为依托，开展研发讲堂、研发突击队、研发创新赛、研发经验分享会等活动，引导青年岗位研发创效，打造创新型青年队伍；组织市场部、销售分公司等单位成立青年技术服务小分队，拓展华北、东北地区等老客户，走访20余个重点用户，对37个重点产品进行质量跟踪，征集用户意见建议186条，寻找改进点96个；组织青年职工针对突出工艺质量问题进行质量攻关，开展“质量明星”评选活动，征集青年个人及青年集体质量攻关立项64项，评选“质量明星”31名，营造比学赶超浓厚氛围。

【青年创新创效】 2019年，河钢唐钢团委围绕公司生产经营重点和难点，以持续加强青年岗位创新工作、打通青年岗位创新渠道、加速青年创新成果转化等为手段，促进青年创新成果不断涌现。年内，摸底调研各单位青年岗位创新工作，拟定《青年岗位创新工作推进方案》，推动公司260名青年纳入本单位创新工作室、站、组，在具备条件的高强汽车板公司、能源科技分公司成立2个青年创新工作室（站），推动青年创新工作深入开展；丰富创新创效方式，组织开展“青工创新大讲堂”、创新成果展、创新技术交流、创新创意大赛、征集“五小”创新项目成果、依托各级团组织创新大赛平台组织青年参赛等活动，营造全员创新的浓厚氛围，激发了青年职工的创新热情和创效潜能。全年，公司团委组织培育、选拔76个项目参加第四届“青年创新创意大赛”预赛，评出优秀青年创新创意项目15个；各级团组织引领青年开展创新创效、修旧利废活动280余次，降低费用累计768万元。

【青年素质提升】 2019年，河钢唐钢团委将提升青年综合素质作为助力企业改革发展的重要途径，多举措开展素质提升活动，为公司提供人才支撑。采用“走出去，请进来”方式开展横向、纵向对标交流活动，组织青年技术骨干对标参观华晨集团宝马生产线，攀钢集团团委、安钢团委来公司对标交流，开拓团干部工作视野，提升了团干部和青年的操作水平和业务能力；依托唐钢大学开展自主培训，组织团干部培训班，增强团干部理论素养；加大典型选树力度，持续深入实施以海选为依托、以重塑为途径、以推介为基调的闭环式典型培养选树模式，建立涵盖428名优秀青年的典型人才库，构建青年人才典型选树新机制。全年，培养杰出青年、技术标兵、营销先锋、岗位能手、产线之星、质量明星、创新创意之星等优秀青年典型232名，2名青年获“全国优秀共青团干部”“全国优秀共青团员”称号，在广大团员青年中发挥了典型示范作用。

【青年安全保障】 2019年，河钢唐钢团委高度重视青年安全生产，强化“青安岗”主体责任意识，逐级抓好落实，促进青年安全意识和防范能力不断提升。全年，公司青年共排查习惯性违章行为868项，排查安全隐患385个，全部整改到位。年内，以各单位青安岗为依托，以每月一主题形式，通过开展安全大检查、事故隐患大排查、平安短信大拜年、事故案例大家谈、青年安全微展播等主题活动，着力提升青工安全意识，努力实现青工“人身安全零事故、设备零隐患、生产零事故”目标。6月，以“安全生产月”为契机，组织公司32名“青安岗”岗长、团干部开展“安全知识黑板报设计大赛”，以直观形式展现青年安全意识提升和责任担当，受到公司青年的一致好评。

【关心关爱青年】 2019年，河钢唐钢团委与公司工会、计生办联合打造从婚恋观念到子女教育五位一体的关爱青年工程。围绕青年个性化需求，组织面点培训班、茶艺培训班；面对青年婚恋难题，与唐山团市委、冀东发展集团、三友集团等单位联合举办青年联谊会，共有 32 名青年参与；针对青年家庭教育困惑，组织亲子教育培训班，提升广大青年幸福感、获得感和归属感。

【青年志愿服务】 2019 年，河钢唐钢团委采取规范制度建设、拓展阵地建设、加强队伍建设、创新活动载体等一系列举措，助推青年志愿服务工作制度化、常态化，倾力打造创新型、具有可推广性和持续性的志愿服务品牌。丰富厂区志愿服务，开展“寻找身边的雷锋”微分享活动，大力宣扬“雷锋精神”，组织青年技术骨干“送知识、送技能、送安全”到一线，开展环保知识宣讲进厂区、植绿护绿等志愿服务活动，激发广大青年职工志愿服务的热情。抓好社区志愿服务，以“学雷锋活动月”“寸草心”爱老敬老行动为契机，组织青年志愿者深入社区为离退休老干部、劳模和社区居民开展服务工作，用实际行动践行雷锋精神，展现新时代钢城青年新风貌，彰显了企业社会责任。积极参与贫困乡村扶贫志愿服务，助力脱贫攻坚，共组织青年志愿者 70 余人到保定市涞源县黑山村、承德市滦平县二道营子村和承德市围场县西岔村，开展扶贫志愿服务活动，累计为村民理发 150 余人次，拍摄证件照片 360 余人次，维修小家电 75 件；提供医疗咨询义诊 780 余人次，B 超、心电检测各 630 余人次，血糖检测 280 余人次，血压检测 600 余人次；气体公司爱心助学团队在遵化市娘娘庙乡大官屯小学开展爱心助学活动，为 10 名贫困学生送上文具、书包等学习用品，为 10 名贫困儿童发放爱心助学金 5000 元，打造河钢唐钢青年奉献社会的暖心名片。

党建研究工作

【党建研究】 2019 年，唐钢大学认真履行党建研究职能，依托公司党建研究会平台，充分开展党建研究活动，全面加强公司党建课题研究过程管理，不断完善相关流程，进一步提升公司党建课题研究的规范性和严谨性。这一年，结合公司 2019 年度党建工作重点、要点，扎实推进党建课题研究工作，确立 11 个党建研究立项方向，研究课题覆盖面更广，与经营实际结合更紧密，针对性更强；突出过程管理，在往年立项、结题两项工作的基础上增加批准立项、督导检查流程，进一步提升各单位党组织对党建课题研究的重视程度，确保党建课题研究不流于形式，年内组织各会员单位及个人会员完成党建课题研究 108 项，创历年最好水平；确立重点课题，以重大决策部署、针对性强、研究方法有新意、有实际举措、课题团队力量较强、能在公司内部起到一定引领带动作用为标准，确定重点课题 21 项，并正式发文给予公布，推动公司党建研究工作整体水平提升。

【编撰《钢铁先锋》】 2019 年，唐钢大学以贯彻党建方针、传递上级声音、展示基层风采、加强党的建设为宗旨，组织编撰公司党建专刊《钢铁先锋》，打造对外交流窗口，为课题研究、战略推进、文化传承提供有效载体。年内，《钢铁先锋》专刊开设特别策划、融入中心服务大局、基层党建、党员风采等近 30 个栏目，以记录公司各级党组织党建工作经验和相关研究成果为主要内容，刊登文章 60 余篇，集中展示公司党建工作风貌和党员干部风采，成为公司党群系统和党务干部交流工作经验，提升理论素养的重要平台。

武装工作

【民兵整组】 2019 年，武装部按照唐山市政府和唐山军分区民兵调整方案和民兵组织整顿文件要求，制定民兵整组工作方案，并对整组工作进行详细部署。年内，各单位有序开展民兵整组具体工作，全面完成民兵整组任务，将河钢唐钢民兵编组为1个民兵营、12个民兵连、16个直属民兵排。年底，公司共有民兵2533人，其中基干民兵543人、普通民兵1990人，复转退伍军人1474人，党团员1250人，大专以上人员1504人。

【民兵参建】 2019年，武装部紧密围绕公司生产经营中心，大力开展民兵参建工作。年内，民兵安全哨和民兵护厂巡逻队伍坚守在生产一线岗位，带头排查和整改安全事故隐患1000余项，对易发案部位进行巡查和看守5000余人次，为公司安全稳定顺畅保驾护航；广大民兵在各项大中修改造施工、防汛应急抢险、各种外事参观、来宾考察及公司大型重要活动安保任务中，敢于担当，勇于作为，多次圆满完成急难险重任务，充分发挥民兵作用。

【民兵应急力量建设】 2019年，武装部以任务牵引为宗旨，持续强化公司民兵应急力量建设。年内，制定下发战备值班工作安排，组织公司应急民兵不脱离生产岗位，24小时做好全年值班备勤工作；对民兵应急人员在岗在位情况进行检查和督导，特别是在法定节假日和防汛关键时期，加强提醒和预警，确保民兵应急人员随时能拉得出、用得上，完成各重点时段战备任务；调整民兵应急组织机构，由80名民兵组成防汛应急分队，完善民兵防汛预案；5月，组织90名基干民兵，圆满完成河北省军区和唐山军分区的民兵应急检查点验任务；6月，组织80名基干民兵完成为期12天的封闭式基地化集中训练和应急培训，抽选3名应急民兵经过唐山市军分区的训练和最终选拔，参加河北省军区民兵技术比武，公司职工刘育硕获得二等奖；9月，完成2019年学生军训，对开滦一中、第十二高级中学和唐山科技职业技术学院三所院校的3600余名新生进行入学前军事技能训练，获得感谢信一封、锦旗两面。

【国防教育】 2019年，武装部以“赞颂辉煌成就，军民同心筑梦”为主题，开展一系列国防教育活动，宣传人民军队的优良传统，增强职工爱党、爱国、爱军热情，提升职工国防素质。年内，组织公司职工积极参与国防法律法规知识答题活动；组织各单位进行《国防法》《兵役法》《国防教育法》宣传，加强国防法规宣传普及，强化广大职工依法建设国防、依法履行国防义务的观念，强化履行国防职责的自觉性；依照唐山市人民防空办公室要求，强化地下人防工程的管理和维护，发挥平时生产、急时防灾功能；扎实做好防空警报设备的管理和维护工作，圆满完成“七七”警报试鸣任务。

信访维稳与保密管理

【信访维稳】 2019年，河钢唐钢党委深入学习贯彻习近平总书记关于加强和改进人民信访工作的重要思想，秉持以人民为中心的发展理念，以“事心双解”为目标，深入开展“信访隐患攻坚年活动”，推行领导干部接访下访和包案化解机制，带头包联、提级管理、化解到位，牢牢把控重点时期、重点领域、重点群体、重点问题、重点人员，切实保证了公司信访形势和周边关系的和谐稳定。全年，接待职工来访123批538人次，其中初访53批134人次，重访70批404人次，化解历史积案8件，处理市长公开电话335批次，市长公开电话办结率100%，网上交办信访事项64件，及时处理率和按期办结率均为100%；“三率”指标处于市直单位领先行列，“四零两百指数”

重大群体性极端型信访事件为零、赴省非访为零、进京非访为零、到集团集体访为零；上级交办信访件息诉罢访率100%，重点信访事项按期化解率100% 。年内，圆满完成全国“两会”、省委巡视组巡视集团、第二届“一带一路”高峰论坛和新中国成立70周年庆祝活动等敏感时期维稳保障工作，实现了河钢集团“四零两百”信访指数和进京赴省“零非访”目标。河钢唐钢党委被省国资委评为“2019年全国‘两会’信访稳定工作先进集体”“新中国成立70周年信访稳定先进集体”；公司3人次被省国资委评为“2019年全国‘两会’及省委巡视期间信访稳定先进个人”、5人次被省国资委评为“新中国成立70周年信访稳定先进个人”；7人次被河钢集团评为“2019年全国‘两会’及省委巡视期间信访稳定先进个人”；1人次被唐山市评为“新中国成立70周年大庆活动信访稳定工作先进个人”。

【保密管理】 2019年，河钢唐钢党委保密委员会结合市国家保密局年度工作要点安排和公司保密工作实际，及时下发《公司党委保密委2018年工作总结和2019年工作要点》为全年保密工作开展提供了基本遵循；按照市国家保密局要求，对公司保密工作展开自查自评、保密安全风险排查，进一步提高了公司保密基础管理水平；按照集团军工保密体系认证要求，指导相关部室建立完善公司非涉密信息设备、非涉密存储设备管理台账，统一粘贴警示标签和信息标签，做好标密文件检查及清除工作，指导修改完善公司宣传保密管理制度，并为公司机要室配备符合国家保密标准的设施，为河钢股份顺利通过军工保密资格认定提供了重要支撑；开展保密常识、保密意识“两识”教育专题培训，以“12·4”全国法制宣传日为契机，在《河钢·唐钢版》开辟专栏，宣传《保密法》及实施条例，进一步增强党员干部、涉密人员和重点岗位人员的保密意识和法制观念，筑牢企业保密安全防线。

计划生育管理

【基础管理】 2019年，河钢唐钢加强人口与计划生育基础管理，全面落实独生子女父母奖金、退休一次性奖励、托费报销、“四术”就医等各种奖励政策，维护职工和家属权益，职工获得感进一步提升。全年，落实独生子女父母奖金、托费报销等112.3万元，办理退休一次性奖励387.9万元。年内，优化计划生育业务，完善工作标准和工作流程，在方便职工的同时提高工作效率；充分利用两级微信平台进行信息交流，职工婚、孕、育情况实行动态信息化管理；修订《人口和计划生育经济责任制及考核细则》，实行“党政一把手负总责，一票否决，季评月考核”制度，使人口计生工作扎实有效开展；定期为有生育愿望职工提供精准孕情服务，按职工需求及时发放避孕药具，保证女职工生育生殖健康；严格执行公司《流动人口、流动职工人口计划生育管理规定》，对流动人口、流动职工计划生育管理，实施“横向结合、纵向协调、单位负责、分类管理、上门服务”和“3112”管理，达到动态高效管理。

【创新服务】 2019年，河钢唐钢计生委实行具有公司特色的新“三为主”服务内容，突出抓好孕情精准服务和对育龄职工的生殖健康服务，推动公司人口和计划生育工作转型发展。创新服务内容和方式方法，计生干部转变角色，由管理者转变为服务者，以服务对象的需求为出发点，突出计生工作的服务功能，服务内容和方法更加体现个体性、灵活性、经常性和延续性，公司人口和计划生育工作从管理型向服务型转变。

【宣传服务】 2019年，河钢唐钢各级计生组织结合公司形势任务教育，深入开展多种形式的宣传服务，引导职工按政策生育，倡导婚育新风，营造生育友好的人口环境。年内，充分发挥各级计生干部作用，利用其直接服务于职工、最受职工信赖的优势，在日常服务中做好宣传服务；深入开展主题宣传服务，利用面对面交流、座谈、微信平台、家访、发放宣传材料等形式，开展计划生育政策、生殖健康、营养健康等知识宣传，引导职工家庭讲科学、有计划生育，形成科学、文明、进步的婚育文化。

【主要活动】 2019 年，河钢唐钢计生委围绕公司重点工作，组织开展计生主题宣传活动。1 月 1 日—2 月 20 日，开展以“计生关怀，情暖职工，助力公司首季开门红”为主题的计划生育宣传服务活动，为公司节期生产营造稳定、和谐的人口环境。5 月 29 日，开展“共奋进建新功，喜庆新中国成立 70 周年”主题活动，纪念中国计生协成立 39 周年和第二十一个全国“会员活动日”。7 月 11 日，在第三十个世界人口日到来之际，开展“牢记为民初心，共建幸福未来”主题宣传服务活动。10 月 21—28 日，开展以“男性健康，幸福相伴”为主题的男性生殖健康日宣传服务活动。10—12 月，开展以“倡导健康生活，为公司决战四季度营造良好的人口环境”宣传服务活动。11 月 29 日—12 月 5 日，开展以“全体动员共防艾，健康中国我行动”主题生殖健康宣传服务活动。

【推进品牌服务工程】 2019 年，河钢唐钢计生工作以创建幸福家庭为目标，持续推进品牌服务工程，不断丰富服务内容，切实满足职工需求。组织“彩虹桥行动”，为单身职工择偶、已婚职工婚姻咨询、家庭问题调解等给予帮助，架起职工通往幸福婚姻桥梁，为近 200 人次提供一对一介绍服务，婚恋咨询 53 人次；实施“优生优孕计划”，为新婚、孕期、生育职工及家属提供全过程精准服务，举办优生优孕讲座 2 场次，走访慰问新生育家庭 104 户，电话问候 500 多人次、发慰问函 330 户，向职工传授优孕优生知识，提高出生人口质量；推进“子女成才计划”，为职工提供教育子女经验，利用两级微信平台组织子女教育专题学习 42 次，助力子女健康成长；“健康促进计划”，从宣传生殖健康、生活健康、预防疾病知识入手，倡导健康生活方式，提高职工家庭健康素养与健康水平；实施“阳光关爱工程”，重点开展帮扶计生困难户、双女户和单亲困难家庭等活动，为失独家庭提供心理援助和帮扶，共走访慰问 177 个计生家庭、6 户失独家庭，使职工及家属切实感受到公司对职工的关爱。

附　录

在公司 2018 年度总结表彰暨 2019 年工作推进大会上的讲话

（2019 年 3 月 18 日）

公司党委书记、董事长　王兰玉

同志们：

今天公司召开 2018 年度总结表彰暨 2019 年工作推进大会。首先，我代表公司党委和行政，向刚刚受到表彰的先进集体和先进个人，表示热烈的祝贺！

2018 年，在河钢集团的坚强领导下，公司广大干部职工，聚焦“市场”和“产品”，以一往无前的勇气和坚韧不拔的干劲，扎实深入推进各项工作，推动公司生产经营取得历史性突破：

主体产线运行效率全面释放，主要产品总量在受到多方限制的形势下，实现逆势增长，接近历史最好水平；

全年营业收入超过 710 亿元，利润达到 20 亿元，创出近十年来的最好成绩；

“两个结构”调整迈上新高端，重点产品产量增长 36%，品种钢比例达到 74.5%，一对一直供比提高到 48%，汽车用钢、家电用钢销量同比分别增长 40%和 49%；

非钢产业在负担全部人工成本后实现盈利 3.5 亿元。

……

所有这些成绩的取得，离不开集团党政的正确指引，离不开公司各级干部的支撑和带动，也离不开广大职工的辛勤付出和无私奉献。在此，我代表公司，对全体干部职工过去一年来卓有成效的工作，表示衷心的感谢！

进入 2019 年以来，公司上下认真落实集团工作部署，紧紧抓住市场和产品，解放思想，对标赶超，各项工作取得新的进展。但，从目前情况看，公司产品结构和客户结构调整还存在较大差距，利润水平还有待提高，产品售价与中钢协平均售价还有一定差距，部分技术经济指标还要进一步改善。这就需要我们全公司上下，总结经验，发扬成绩，找准问题和不足，再鼓干劲，切实做好下一步的工作。

刚才，小帅书记、立国书记代表公司党委，分别就公司厂部级领导班子和管理人员 2018 年度绩效考核情况、党风廉政建设考核情况，作了简洁而深入的讲评，并提出下步工作要求；文德书记宣读了公司 2018 年度先进集体、先进个人以及优秀创新团队的表彰决定；丽树总会宣布了公司 2018 年挖潜增效奖励决定和 2019 年奖励办法，发出了 2019 年深入挖潜的动员令。公司广大干部职工，要对照公司各项工作部署和具体要求，认真抓好贯彻落实。

下面，就深入做好 2019 年的工作，讲三点意见：

一、认清形势，坚定信心，坚决打赢 2019 年生产经营攻坚战

当前，国际国内形势严峻复杂，机遇和

挑战并存。中美贸易谈判初见曙光，但仍存在很大不确定性；国内宏观经济继续出现放缓迹象，国家保持6.5%以上的经济增长将面临很大困难；国内钢铁需求很可能继续减弱，同时废钢等原材料价格居高不下，中央和地方环保标准将日趋严格。

以上各方面的困难和不利因素，确实客观存在，需要我们正确加以面对。但同时更应该坚定信心：一方面，国家今后将持续加大基础设施投资力度，着力拉动内需和经济增长——雄安新区等地今年将有一大批重点工程陆续开工建设。另一方面，李克强总理在今年的政府工作报告中明确指出：2019年，国家将通过减税降费政策的实施，降低企业负担2万亿元。大家有理由相信，随着新一轮减负政策的落地，包括钢铁企业在内的工业制造业，必将轻装上阵，迸发出新的发展活力。

与此同时，大家还应该看到，近年来我们认真落实集团部署，稳健应对外部市场变化和各种挑战，聚焦市场和产品等中心工作，积极调整和优化两个结构，持续实施抓创新、促改革、创品牌、提效率等重点举措，公司生产经营和改革发展不断实现新突破，公司在全行业的竞争力、影响力、知名度、美誉度持续提升。从不断的发展和进步中，我们积累了开拓市场、开发产品、提升效率、提高效益的丰富经验，练就了市场化、模型化、智能化等治理企业的新本领，这就为公司今后的发展打下了很好的基础。

所以，对于唐钢来讲，2019年仍然是重要的战略机遇期。只要我们运筹好、把握好，就一定能够在去年取得历史性突破的基础上，再创生产经营新业绩，为新中国成立70周年献上一份厚礼！为此，公司全体干部职工，要坚定信心，再鼓干劲，积极应对外部形势变化，继续秉持“我们不能左右市场，但可以左右自身工作”的理念，激发敢为人先的勇气和志气，励精图治，砥砺奋进，坚决打一场漂亮的生产经营攻坚战，全力保持公司稳步提升、持续向好、快速前进的发展态势，为集团转型升级和高质量发展，作出与唐钢分量和地位相称的历史性贡献！

二、突出重点，精准发力，努力提升公司系统创效能力和整体盈利水平

2019年，集团给公司下达的利润目标是30亿元。为此，公司年初印发了年度预算安排，确定了50亿元的挖潜措施和全年产钢1800万吨的总体要求。从今年前两个月的情况看，公司生产水平、综合利润等指标，与预算进度相比，还有比较明显的差距，对公司完成全年任务带来较大的压力。指标有差距，纵然有外部市场振荡、环保限产等客观理由，但我们只能重新审视自己，及时找准工作的突破口，奋力弥补整体效益上的短板和不足。

第一，要将效益思维融入两个结构再优化。今年以来，公司“两个结构”调整进展还不够理想：一方面重点产品产销量提升指标完成不太好；另一方面，在用户结构调整、培育用户忠诚度上，与集团和公司的要求还有差距。全公司上下，特别是市场部门、销售系统和各个事业部，要紧紧抓住效益这个牛鼻子，坚定不移地优化“两个结构”。要认真贯彻于勇董事长在3月7日集团战略客户管理委员会第二次会议上的讲话精神，对标学习海尔、华为等先进企业，进一步提高对市场和客户的认识，依托事业部产销研一体化机制，谋划下步深化改革的实施方案，建立与公司客户结构调整相适应的营销体制、客户经理团队和生产组织模式。为此，要把拓展老用户放在比开发新用户更重要的位置，尤其要在增加客户黏性、培育用户忠诚度上下苦功夫，着力改善对老用户的服务，增加老用户的信赖度和订货量，增强公司产品售价的话语权。要打造更多敢为

人先的品种。2018 年公司强调树品牌，今年我们进一步提出要打造敢为人先的品种，总的要求就是把装备和技术优势转化为产品高度、转化为整体效益。下步工作中，四个产品事业部要着力打造 780 以上高强钢、镀铝硅、锌铝镁、大型铁塔角、钢板桩、结构用钢等敢为人先、领跑一步的品种，将公司红旗产品的品牌价值和综合优势培育出来，把公司在市场和产品上的高度提上去。要找到敢为人先的着力点。2019 年，卷板事业部一钢轧 1810 线，要充分发挥连铸改造优势，全方位对标意大利阿维迪工厂，拿出不服输的干劲，奋力赶超同类轧机全球最高水平。两个冷轧厂，要做好锌铝镁这篇大文章，深入谋划产线分工和产品定位，超前研究产品应用方向，牢牢占据国内外锌铝镁开发生产的第一梯队；要将汽车外板作为重点来攻关，为下步品种拓展做好技术储备。中厚板事业部要继续着力打造“结构用钢第一品牌”，提高高建钢、桥梁钢、模具钢等高附加值产品对战略客户的供货率，把更多高端品种供应到下游高端客户的产线上。要将钢结构、装配式住宅作为新的市场开发方向，依托公司现有卷板、中板、型钢等产线，从产品研发，到产线工艺匹配、技术改造、生产组织、产品销售、用户服务，做深入细致的工作，推动公司尽快进入装配式住宅用钢主流供应梯队。要向产品售价提升要效益。销售系统要在客户结构优化上下真功夫，尤其要把三方直供比例降下来，真正让高端产品卖出高售价。要加大高强钢、镀铝硅、锌铝镁等高端产品订单组织及优化力度，坚定不移地咬住公司对高端产品的产销目标不放松，确保产线高效率、产品有效益。要从保值品种做起，按照中钢协平均价格，动态调整普材售价，尽快让公司产品综合售价追上中钢协平均水平。要深入研究、尽早健全更加科学合理的价格机制和考核激励办法，引导销售人员按照高于基价的原则销售产品，全力提高产品售价水平。

第二，要将效益思维融入成本管理。公司多年来习惯以成本思维统领各项工作。今年公司提出效益思维的理念，就是要引导全公司用效益思维代替单纯的成本观念，把效益摆在最前沿位置，让降成本最终为提升公司整体效益服务。财务系统和各相关单位，要着力强化效益思维，从原料“进口”、生产组织、产品“出口”，到物流运输、库存控制等方面，要尽快找到效益优先的具体抓手，从管理理念和企业控制手段上，把单纯的工序成本思维克服掉，将铁钢轧各工序、产供销各环节的整体效益释放出来。为此，公司确定今年工作的一个重点就是，举全公司之力降低铁水成本。目前公司铁前成本和部分技术经济指标，与周边企业还存在一定差距，降低铁成本将是公司实现全年目标的关键环节，需要炼铁厂以及各单位、各部门相互配合：一方面，炼铁厂要在确保高炉长周期稳定顺行的基础上，高度关注烧结机指标提升，力保现有烧结机开足马力、高效生产，为高炉实现高烧结矿配比创造条件。另一方面，要举全公司之力，研究高炉炉料结构，以整体效益最大化为原则，组织各部门协同攻关，做好外部资源支撑，围绕降低两矿结构、控制费用等开展工作，想尽一切办法力保低成本、高效益的入炉结构。要积极应对环保限产严峻挑战。今年公司提出“烧结和高炉不因环保而限产”。这是必须力保的目标。为此，各单位要切实将环保工作做到位，把环保设施维护好、运行好、管理好，保证达标排放；同时要加强与地方各级政府的沟通协调，主动发声、担当作为，努力为公司争取相对宽松的环保政策，将烧结机环保限产比例降到最低，为高炉系统高水平生产、低成本运行提供必要支撑。要认真研究环保设施低成本运行。去年四季度各区域烧结脱硫脱硝设施投入以来，公司烧结矿和铁水的成本出现非常明显的升高，公司承受着相当沉重的成本压力。为此，公司各区域烧结系统，今年要在确保环保设备完好运行、污染物达标排放的基础上，采取坚决有力、切实有效措施，降低环保设备运行成本，实现达标排放和经济运行双丰收。

第三，要将效益思维融入生产组织。今年公司对生产的总体要求是：以效益为中心，以强化基础管理为手段，统筹推进、综合施策，确保全年产钢1800万吨、实现利润30亿元。前两个月，公司生产水平和利润指标存在一些亏欠，但公司既定的目标不会动摇。全公司要将年度预算安排作为刚性目标，根据今年以来的完成情况，重新分解落实今后的任务，尤其要对利润目标进行再分解，从保证措施上进行再细化，努力保持较高的生产水平，最终实现以丰补歉，完成既定的奋斗目标。要全面降低各类事故和故障。当前是冶金生产的黄金季节，是以丰补歉的最佳时机。各单位要牢固树立“事故为零”理念，高度关注工艺和设备运行状态，有效防范各类事故故障的发生，为生产顺行创造条件。要千方百计提高炼铁生产水平。今年以来，炼铁系统各项工作在去年较高水平上又实现新的提升，本部和各子公司炼铁生产进入高效运行的良性循环。下步要进一步挖掘潜力，稳定提升技术经济指标，坚决维护和保持长周期稳定生产的大好局面。要积极致力于高效组织生产。公司每关掉一个台套设备，消耗和成本就会大幅下降。为此，各事业部要着眼于提高生产组织能力，从工艺配置上自我加压，从设备提效上开展攻关，尽可能实现装备能力与现实需要的优化匹配，进一步降低固定成本和变动费用。要持续紧盯废钢利用。去年各单位摸索并提炼出一系列较为成熟的废钢经济利用模型，形成了非常好的低铁耗生产局面。下步，要时刻关注废钢市场变化，摸清规律，找准突破口，深度研究，精准算计，在有利于增加整体效益的情况下，毫不犹豫地提高废钢使用量，降低铁水消耗，为公司提高生产效率、提升整体效益做出不懈的努力。

在树牢效益思维的基础上，公司上下还要着力强化“两种意识”。

一是强化预算执行意识。今年以来，公司每月都要通报各单位预算执行情况。从前两个月的情况看，部分单位和部门预算执行的偏差率比较高，必须及时加以弥补，迅速赶上进度。公司希望各单位、各部门，切实体会公司2019年承受的压力，强化预算执行意识，认真研究各自承担的成本、费用、库存等预算指标，抓好预算管理和任务分解，确保实现全面预算落地，真正发挥预算对生产经营的指挥棒作用。

二是强化全员创新意识。创新是企业发展的永恒动力，是植根于唐钢人心中、推动企业进步的生生不息的灵魂。当前，公司发展进入了崭新的历史阶段，对于这样一个拥有70多年历史的企业，唯有创新才能突破，唯有创新才能实现转型升级和高质量发展。去年十二月到今年一月，公司广泛开展了解放思想主题活动，其间还召开了全公司职工岗位创新大会，应该说全员创新已经在公司蔚然成风。

刚才，大会对公司2018年优秀创新团队进行了隆重表彰，从职工的创新成果看，有技术的、管理的，还有岗位的。总的看，大家都有强烈的创新意识，都能立足岗位，在平凡的工作中不断生发创新灵感和创新激情，推动本职工作持续改善。这些成绩，非常难能可贵，折射出公司近年来创新工作取得了显著进步和巨大发展！

2019年，公司要以“产线”和“市场”为主题，以推进两个结构再优化为目标，不断完善技术、管理和岗位创新工作体制机制，推进企业整体创新水平再上新台阶。具体工作中，一是要紧紧围绕优化两个结构，推进产学研用合作，力争取得更多的优秀创新成果；二是要加强新工艺新技术的应用和推广，助力公司工艺技术持续优化。三是要聚焦工艺管控能力与产品质量提升，广泛开展技术交流和课题攻关。四是要强力推进作业长制、绩效管理、积分制等管理创新，持续提升企业的软实力。五是要强力推动智能工厂和智能产线建设，重点推进生产模型化、产线无人化、管理信息化，努力实现弯道超车。六是要以市场化为手段，精准吸引和选聘高端专业化人才，为企业创新发展积蓄力量。七是要强力推动职工岗位创新，鼓励职工小微创新成果竞相迸发，为公司发展提供永不枯竭的动力之源。

三、强化担当，主动作为，确保公司2019年生产经营目标顺利实现

今天大会前两个重要议程，对公司中层班子和中层干部2018年的工作作了简要讲评。主要目的在于激励和引导各级干部，以更好的状态、更实的作风，带头落实公司决策部署，带头做好各项工作，为公司生产经营和改革发展提供支撑和保障。

下面，就干部工作，提几点要求：

一是带头讲政治，加强学习，顾全大局。公司各级干部，特别是厂部级干部，要始终把党的政治建设放在首位，认真学习贯彻《中央关于加强党的政治建设的意见》，树牢“四个意识”、坚定“四个自信”、做到“两个维护”，更加自觉地在政治立场、政治方向、政治原则、政治道路上，同以习近平同志为核心的党中央保持高度一致。要着力强化创新理论武装，认真学习贯彻习近平新时代中国特色社会主义思想和党的十九大精神，让思想自觉引领行动自觉，让行动自觉深化思想自觉。要坚持融会贯通、学以致用，不断深化对党中央治国理政新理念、新思想、新战略的认识，紧跟中央要求，紧扣时代脉搏，指导实践，推动工作，确保党中央和上级党委各项要求在唐钢落地见效。

讲政治，对于基层班子特别是厂部级班子来讲，很重要很具体的一点，就是加强自身建设，注重从思想、工作、作风上查找不足，改进提升，增强班子的凝聚力、战斗力和创造力。为此，班子的党政“一把手”，要加强党的领导，带头贯彻民主集中制，坚持重大问题集体研究讨论，切实发挥好班子的整体功能。各位班子成员，要自觉顾全大局，主动加强协同，相互支持、相互补台，增进团结，实现自身工作与班子整体工作的共同进步；要全力配合班子党政“一把手”开展工作，与一把手保持步调一致，多为主要领导分忧，主动解决问题，与其他成员一道，心往一处想，劲往一处使，努力形成强大合力。

二是带头讲责任，恪尽职守，勇于担当。对于每一位干部，特别是领导干部来讲，首当其冲的，是要担当更大的责任，带领自己管理的团队，为企业作出更大的贡献！各级干部只有自觉扛起自己应尽的责任，职工群众才能对标看齐，各司其职、各负其责，我们这个企业才有希望。春节过后，山东省委书记刘家义提出“要大胆使用李云龙式的干部”，我想就是看中了李云龙敢于担当的精神。当前，公司的发展进入了承前启后、继往开来的关键时期，如何把我们这个企业在现有基础上提升到转型升级和高质量发展的新境界，是对唐钢干部的现实考验，也是当今唐钢各级干部义不容辞的责任。希望公司各级干部，特别是厂部级干部，要进一步强化责任担当，珍惜自己的岗位和平台，为公司承担更多的责任，担当更重的使命，立志做大事、担大任，不辱使命、不负期待。

三是带头争一流，解放思想，创新突破。没有争一流的志向和目标，就不可能有争一流的勇气和行动。对于各级干部，特别是厂部级干部来讲，2019年的工作，犹如逆水行舟，不进则退，甚至进步慢了就会落后。为此，公司全体干部，要奋发进取、誓

争一流、敢为人先，确保公司2019年各项工作再上新台阶。要强化争先意识。尤其在“两个结构”再优化过程中，各级干部要敢为人先、敢于突破，带领职工尽快将镀铝硅、锌铝镁等公司红旗产品的品牌形象打出去，把公司的产品高度提上来。要确立争先目标。在2019年工作安排上，各级干部要坚持高标定位，抬高标杆，事争一流，敢于向高处攀、和强者比、与能者赛，以更高标准、更高目标去推动工作，确保取得预期的成效。要设定争先抓手。与国内外领先企业比，我们要实现后发制人，不可能全面出击，只能选取关键环节，谋求局部突破。比如，公司自动化、信息化手段应用广泛，模型化生产进步明显，那我们就可以将加快智能制造作为弯道超车的有力抓手，抓住不放，强力推动，力争成为行业智能制造的领跑者。

四是带头讲纪律，遵规守矩，廉洁从业。作为党员干部，拥有的权力是组织赋予的，要受到党纪国法的约束，受到组织和群众的监督。希望唐钢每一名干部，都能时刻牢记红线意识，坚持把纪律和规矩挺在前面，严格执行中央八项规定及其实施细则，带头学习贯彻《准则》和《条例》，始终保持清醒头脑，干干净净干事，清清白白做人。要始终坚守初心，加强品德修养，增强自律意识，树牢党性观念，规范自身行为，抓好源头防范，时时处处以清廉自守的良好形象，影响和带动身边职工群众，绝不可辜负各级组织和广大职工的信赖和重托。

五是带头转作风，不骛虚名，真抓实干。干部队伍的好作风，是一种强大的战斗力，是企业发展的推动力。当前，公司正处于历史性窗口期和战略性机遇期，需要各级干部以良好的作风提升工作效能。为此，要树立基层导向。面向基层抓落实，是唐钢干部应有的作风。围绕公司2019年工作部署，各级干部特别是厂部级以上干部，要深入基层，吃准摸透现场情况，把握规律性，找准突破口，善于从基层寻找解决问题的答案，对症下药，有的放矢开展工作。要强化协同观念。近年来公司推行作业长制、模型化生产等工作，都是牵一发、动全身的工作，迫切需要各级干部加强协同与融合。一方面，要协调有关人员，打造有机整体，围绕共同目标，下好“一盘棋”；另一方面，要学习融合多个专业的知识，提高自身综合素质，更好地服务一线的工作。要树立“钉钉子”精神。随着企业的发展，公司未来面临的工作都是难啃的“硬骨头”。各级干部必须咬定青山不放松、锲而不舍干事业，抓住一个题目吃深钻透，努力把问题一项项解决，把工作一项项落实，把项目一个个落地，不达目的誓不收兵。要激发实干精神。未来几年，公司改革发展的任务非常艰巨。这些压力和挑战，我们绕不开，也躲不过。各级干部，特别是厂部级干部，要变压力为动力，紧紧围绕公司总体战略、发展思路和决策部署，永葆一线心态，激发实干精神，稳健推动工作，不驰于空想，不骛于虚声，善思善谋，善作善成，团结带领广大职工，再创唐钢生产经营和改革发展新辉煌，不负这千帆竞发、百舸争流的伟大时代！

此外，我们还要加快推进干部队伍年轻化，大胆使用年轻干部，把发现、培养、选拔、任用年轻干部，摆上重要日程，各单位党政“一把手”要亲自抓，分管领导要具体抓，切实把集团和公司对干部队伍年轻化的部署落到实处，努力打造一支符合时代要求的年轻化、专业化的高素质干部队伍，始终保持公司干部队伍的战斗力和旺盛的生命力，为企业高质量发展提供更加坚强的保证。

同志们，人勤春来早，奋进正当时。公司全体干部职工，要以今天这次大会作为新的起点，振奋精神，坚定信心，解放思想，创新突破，推动公司2019年整体工作快速提升，把集团提出的“建设最具竞争力钢铁企业”和公司提出的“迈入中国钢铁行业第一方阵”的目标落到实处，以更加优异的成绩，向新中国成立70周年献礼！

在河钢唐钢庆祝建党 98 周年暨总结表彰大会上的讲话

（2019 年 6 月 29 日）

公司党委书记、董事长　王兰玉

同志们：

后天就是中国共产党成立 98 周年纪念日。此时此刻，我们召开庆祝大会，回顾党的历史，缅怀党的功绩，深切表达对党的热爱之情，宣誓永远跟党走的决心，具有十分重要的意义。

刚才，小帅书记宣读了公司党委表彰决定，大会对党委系统先进集体和优秀个人进行了表彰，公司优秀党员代表宣读了致全体党员的倡议书。在此，我代表公司党委，向刚刚以及近期受到各级党委表彰的先进集体和优秀个人表示热烈的祝贺！向公司全体共产党员致以节日的问候！

历史，昭示未来；沧桑，成就正道。1921 年的夏天，党的第一次全国代表大会，在浙江嘉兴的一条游船上胜利闭幕，由此宣告了中国共产党的诞生。从那时起到现在，近百年间，我们党带领全国人民，披荆斩棘，艰苦奋斗，取得了新民主主义革命、社会主义革命和建设，以及改革开放的伟大胜利，实现了中华民族从站起来、到富起来、再到强起来的伟大飞跃。特别是以习近平同志为核心的党中央，接过历史的接力棒，团结带领全国各族人民，开创了中国特色社会主义新时代，迎来了实现中华民族伟大复兴中国梦的光明前景，使我们党和国家的面貌发生了历史性变革！

唐钢的发展和建设，与党的前途和命运、与党的发展和建设，始终息息相关、紧密相连。自 1949 年 3 月唐钢党的组织成立以来，七十年间，公司各级党的组织和广大党员，在中央和上级党委的坚强领导下，秉持钢铁报国的初心，担当钢铁强国的使命，砥砺前行、接续奋斗，推动企业发生了翻天覆地、举世瞩目的巨大变化，创造出一个又一个无愧于时代的辉煌成就！

98 年的峥嵘岁月，近百年的光荣与辉煌，雄辩地向世人昭示：中国共产党，是伟大、光荣、正确的党，是经得起各种考验、能够在困难和挫折中奋起的党，是始终为人民群众谋利益、谋幸福的党。我们每一名共产党员，都应该为自己是党组织中的一员而感到骄傲和自豪，都应该自觉地团结在党组织周围，坚定不移听党话、跟党走，把唐钢的发展和建设不断推向前进，为新时代中国特色社会主义建设贡献唐钢力量！

自去年“七一”以来的一年里，在集团党委的领导下，公司各级党组织全面加强党的建设，把关定向、强基固本、创新载体、打造品牌，推动公司党的各项工作取得新成绩：

一是不忘初心，牢记使命，政治建设全面加强。公司各级党组织，坚持以党的政治建设为统领，持续深入学习贯彻习近平新时代中国特色社会主义思想和党的十九大精神，引导和带领广大党员，进一步增强“四个意识”、坚定“四个自信”、落实“两个维护”，在思想上、政治上、行动上始终同以习近平同志为核心的党中央保持高度一致，确保了中央大政方针政策和上级重大决策部署在公司的全面落地、深入落实。

二是强基固本，守根铸魂，党建工作水平显著提升。公司两级党委充分发挥领导作用，把方向、管大局、保落实，将党的领导很好地融入了公司治理。制定实施《党建工作三年规划》《党建工作责任制实施办法》等20多项党建制度，并着力推进党组织生活、党员活动和检查考核的规范化，使公司基层党建标准化水平显著提高。深入开展“三亮三比”主题实践活动，引导广大党员，围绕两个结构优化等重点工作，高扬先锋旗帜，开展争先竞赛，创造一流业绩，实现了党建工作与企业生产经营的深度融合。

三是珍惜荣誉，再创佳绩，“时代楷模”精神得到弘扬。今年四月，塞钢管理团队被授予时代楷模称号。他们的先进事迹给公司广大党员干部以巨大的鼓舞。公司全体党员，大力弘扬管理团队对党忠诚、勇于担当的政治品格，无私奉献、敬业拼搏的爱国情怀，开拓进取、敢为人先的奋斗精神，珍惜荣誉、勇担使命，把学习身边楷模迸发的热情，转化成了推动公司转型升级和高质量发展的强大力量。

四是注重防控，锐意创新，“两个责任”得到持续强化。公司两级党委、纪委，认真贯彻全面从严治党要求，持续夯实“两个责任”，深入开展作风纪律专项整治，创新推进廉政风险防控，党员干部廉洁自律意识显著增强，工作作风明显转变，各种廉政隐患得到及时防范和化解，为公司营造了风清气正、干事创业的良好氛围。

总的讲，一年来，公司党的各项工作继续取得新的进步和可喜成绩。我代表公司党委，对公司各级党组织和广大党员卓有成效的工作，表示衷心的感谢！

下面，就进一步做好公司党的工作，强调几点意见：

一、扎实深入开展“不忘初心、牢记使命”主题教育，确保主题教育不断取得新成效

在全党开展“不忘初心、牢记使命”主题教育，是以习近平同志为核心的党中央，在党和国家发展的关键时刻作出的重大战略部署，正当其时，意义深远。

前段，公司各级党组织、广大党员，按照中央、省委和集团党委部署，围绕主题教育确定的重点事项，组建机构、制定方案、开展学习、组织研讨，营造了浓厚的学习教育氛围，取得了重要的阶段性成果。下一步，公司两级班子和广大党员，要对照具体推进方案，高标准、高质量抓好工作落实。

一是要聚焦根本任务和主线。按照中央部署，这次主题教育的根本任务是：深入学习贯彻习近平新时代中国特色社会主义思想、锤炼忠诚干净担当的政治品格、团结带领全国各族人民为实现伟大梦想共同奋斗。其中，学习习近平新时代中国特色社会主义思想，是贯穿此次主题教育的主线。公司两级班子成员和广大党员，要准确把握三项任务和一条主线，通过开展主题教育，夯实理论基础，涵养为民情怀，锤炼党性修养，勇于担当作为，切实把初心和使命变成锐意进取、开拓创新的精气神；变成埋头苦干、真抓实干的自觉行动，进而以坚忍不拔的意志和无私无畏的勇气，战胜公司发展道路上的一切艰难险阻，努力创造经得起实践和历史检验的工作业绩。

二是要把握主题教育总要求。“守初心、担使命，找差距、抓落实”是此次主题教育的总要求。“理论学习有收获、思想政治受洗礼、干事创业敢担当、为民服务解难题、清正廉洁作表率”是主题教育的具体目标。公司两级班子成员和广大党员，要深刻把握上述要求和目标，找准主题教育的

出发点和落脚点，持续深化学习教育，积极开展调查研究，深刻检视自身问题，认真组织整改落实，把学和做结合起来，把查和改贯通起来，真正达到主题教育应有的效果。

三是要坚持以上率下。公司厂部级以上领导干部是此次主题教育的主要参与者，也是组织者、推动者，理应做好示范、当好表率，发挥“关键少数”作用，在思想上高度重视、在行动上坚决落实，带头开展学习教育、调查研究、检视问题、整改落实，为本单位和身边的广大党员，当好标杆、做好榜样，切实起到引领、支撑和示范作用。

四是要力戒形式主义。这次主题教育，从中央到地方，都非常重视。当前，公司生产经营、改革发展的任务异常繁重，各方面的矛盾、问题、压力和挑战纷繁复杂、接踵而至。在此情况下，我们开展此次教育，更要坚持问题导向，做到求真务实。不能为了学习而学习、为了教育而教育。要力戒形式主义，把增强党性、转变作风、解决问题、促进公司转型升级和高质量发展作为重要着力点，确保主题教育不虚、不偏、不空，不走过场，切实收到良好成效。

五是要贴近基层。此次主题教育除了公司中层以上党员干部之外，另一个重点就是基层党支部和全体党员。为此，公司各单位党委，要以党支部为单位，依托“三会一课”、主题党日等活动，结合基层特点，合理组织开展好学习教育相关工作，让主题教育更深入、更贴近基层，引导广大党员通过主题教育，更加积极地投身公司生产经营中心工作，以岗位工作的新业绩、新成效推动公司高质量发展。

二、持续加强和改进企业党的建设，进一步开创公司党建工作新局面

一是坚持强化政治建设不放松。中央办公厅日前印发了《关于加强党的政治建设的意见》，为我们加强党的政治建设提供了重要遵循。公司各级党组织要坚持以党的政治建设为统领，认真抓好《意见》精神的学习宣传和贯彻落实，严守党的政治纪律和政治规矩，规范党内组织生活，优化企业政治生态，教育引导广大党员牢固树立“四个意识”、坚决做到“两个维护”，确保在政治立场、政治方向、政治原则、政治道路上，始终同以习近平同志为核心的党中央保持高度一致。

二是坚持强化党的领导不放松。前段，河北省委印发了《关于充分发挥国有企业党委领导作用的意见》，从制度层面进一步强化了企业党委的领导作用。各单位党委要深入学习领会文件精神，结合本单位实际，进一步完善相关制度规范和议事规则，推进党的领导在国有企业的落地落实。随着公司“双百行动”试点工作的深入，公司党委将不断加强对混合所有制企业的领导，严格落实“四同步、四对接”要求，把方向、管大局、保落实，确保党的领导在公司深化改革中得到切实加强。

三是坚持强化学习不放松。学习是推动我们党不断前进的根本动力，学习是党员干部的第一本领。我们的党要建设学习型政党，我们的企业要建设学习型企业，我们的党员干部要成为学习型党员干部。学习已经成为党员干部必备的素质和生活方式，对党的建设具有重要意义。为此，要注重政治理论学习，深刻领会习近平新时代中国特色社会主义思想的精髓和实质，强化抓好党建工作的政治责任，坚持用党的创新理论武装头脑、指导实践。要注重业务学习，爱读书、善读书、读好书，准确观察和研判国内外政治经济形势，提高驾驭复杂情况的能力和水平。同时要善于用党中央路线方针政策，解决现实中出现的各种问题，指导和推动企业的改革发展。要注重从实践中学习。企业党员干部，都工作在生产经营和党的建设的最前沿，与企业生产过程、党建工作实践紧紧

相连。为此，大家必须善于向实践学习，从火热的工作实践中去汲取营养，升华对党的政治理论和大政方针的理解和认识，进而做到知行互促、知行合一。

四是坚持强化基层基础不放松。要持续推进基层党支部标准化规范化建设。按照上级党委要求，以落实《党支部工作条例》为抓手，积极实施党支部质量提升工程、党支部书记领头羊工程，切实提高党支部建设的质量和水平。要适时稳健启动“1050 党建工程”，选树建设特色鲜明、具有典型意义、代表性强的 10 个优秀党委和 50 个优秀党支部，使其成为公司基层党建的样板，并以点带面，形成比学赶超、创先争优良好局面，推动整体水平提升。要进一步做强基层党建特色品牌。认真总结提炼“双强双促”“三亮三比”、党群绩效管理等特色做法，打磨充实，打造品牌，为集团乃至全行业开展党建工作提供有益借鉴。要高度重视混合所有制企业和海外企业党的建设，探索“互联网+党建”模式，因地制宜开展党建工作，培育党建工作良性机制，切实增强基层党建工作活力，并以企业改革发展的成果检验党组织的工作和战斗力。

五是坚持强化舆论宣传不放松。下一步，公司舆论宣传工作要重点围绕三条主线展开：一要围绕学习河钢塞钢管理团队“时代楷模”精神主线展开。要在对外宣传取得积极成果的基础上，进一步挖掘内涵，提炼精髓，结合开展主题教育，结合贯彻落实集团战略部署和公司重点任务，引导全员将学习楷模焕发出来的巨大热情转化为立足岗位、扎实工作、再创佳绩的实际行动，为唐钢和集团赢得更大的光荣。二要围绕新中国成立 70 周年主线展开。要系统策划新中国成立 70 周年专题宣传，广泛展示公司新中国成立以来在方方面面取得的巨大成就，鼓舞士气、振奋精神，引导干部职工以积极向上的精神风貌，投身企业改革发展。三要围绕实现公司经营目标主线展开。上半年即将过去，我们在盘点过去几个月工作时，既有经过拼搏之后获得成功的喜悦，也有一些预想工作未能完全到位的遗憾。为此，公司各级党群组织，特别是宣传战线，要坚定不移地聚焦全年目标不放松，强化职工形势任务教育和思想政治工作，引导全员知形势、明任务，勇担当、善作为，为公司完成全年经营任务做出不懈努力。

三、深入落实全面从严治党总要求，推进公司党风廉政建设再上新水平

近年来，公司党风廉政建设各项工作，思路新、措施硬、效果好，整体工作稳步提升。下一步，要结合开展“不忘初心、牢记使命”主题教育，总结经验、发扬成绩，推动工作再上新水平。

一是着力强化监督第一职责。公司两级纪委，要牢牢把握自身工作定位，紧跟纪检监察工作新形势、新要求，认真学习贯彻党规党纪和监督执纪工作规则，始终把监督作为第一职责，充分运用廉政风险防控、立项监察、制度+科技等载体和手段，推动监督执纪取得新成效：要坚持问题导向，了解情况、摸清底数，做到有的放矢监督；要突出重点、指向明确，做到精准监督；要挺纪在前、关口前移，做好全过程监督；要完善机制、协调配合，做好合力监督；要建强队伍、提升素质，实现高效监督，更加有效地遏制公司违规违纪问题的发生。

二是坚决抓好巡视整改。省委对集团党委的巡视结束后，很重要的一项工作就是问题整改。这也是公司党委今后一个时期十分重要的任务。预期，集团党委将会研究制定印发具体整改方案，并召开专题会议，对这项工作进行部署。下步，公司两级党委、纪委、党委各部门，要按照省委巡视组提出的意见和集团要求，对涉及唐钢的问题，不折不扣抓好落实。特别是要结合这次主题教

育，把省委巡视反馈问题整改，作为加强领导干部作风建设、规范企业管理的重要契机，真正使整改过程变为强化领导干部作风建设，提高两级班子和干部队伍凝聚力、战斗力的过程，以良好的整改效果，向省委巡视组，向集团党委，向公司广大干部职工交一份满意的答卷。

三是压紧压实“两个责任”。党的十九大以来，党风廉政建设出现了新的形势，呈现出新的特征。但是从中央到地方，惩治腐败零容忍的决心坚定不移。为此，各单位党委、纪委，要进一步增强守土有责的意识，提高站位，主动作为，推动党风廉政建设“两个责任”落地生根。党委书记要把“第一责任人”责任扛在肩上、落实在行动上，以上率下、做好表率。两级纪委要切实履行监督责任，协助党委抓好“两个责任”落实。公司两级班子成员，要履行“一岗双责”，既管好自己、抓好业务，也要管好分管单位党员干部，抓好分管领域的党风廉政建设。

四是持续抓好止风肃纪。各单位党委、纪委，要结合开展主题教育专项整治，对各级干部执行中央八项规定情况，对执行公务用车、公务接待、婚丧嫁娶等规章制度情况，进行专项检查，严防“四风”问题反弹。公司各级领导干部要强化自律意识，丝毫不能放松对自己的要求，带头提高廉洁自律意识，以身作则，率先垂范，转变作风，提高拒腐防变的能力，严守党的纪律、规矩和企业的各项规章制度，带头营造清清爽爽、干干净净、风正气顺、干事创业的良好环境。

四、始终坚持融入中心，服务大局，为公司生产经营、转型升级和高质量发展提供强有力支持

在我们国有企业，加强和改进党的建设，最根本的出发点和落脚点，就是通过强化党的领导，塑造良好政治生态，涵养企业清风正气，凝聚干部职工的智慧和力量，推动企业健康发展，确保国有资产保值增值。为此，公司各级党群组织，一定要深刻审视自身工作定位，把本部门本系统的工作，有机地、合理地融入企业生产经营和改革发展之中，为公司完成各项目标任务保驾护航。

组织系统，要深入开展党内特色活动。近两年，公司各级党组织围绕企业中心工作，带领全体党员，积极开展“三亮三比”等主题特色活动，有力地推动了公司生产经营上水平。下步，要紧密围绕各时期、各时段中心工作，继续加大党内特色活动研究、策划和组织力度，始终聚焦公司生产经营和改革发展目标，在活动架构、目标设计、表彰奖励等方面创新形式、注重效果，形成有效激励，引导广大党员发挥先锋作用，激发担当精神，焕发创业激情，团结带领广大职工，为公司完成目标任务提供支撑和保障。

宣传系统，要进一步营造解放思想浓厚氛围。上半年，公司各单位深入开展“解放思想、对标赶超”主题活动，对开创公司生产经营新局面起到了巨大推动作用。下一步，宣传战线要在做好日常工作的同时，始终抓住解放思想不放松，特别是要紧紧围绕落实集团战略部署和公司中心工作，采取各种灵活和必要的形式，营造氛围、塑造环境，进一步破除各级干部抱残守缺、看摊守业的思想禁锢，激发全员解放思想、锐意突破、敢为人先、勇争一流的豪情与斗志，引导公司上下树立更高标准、推动工作创新、奋力追赶先进，促进和保证公司改革发展不断实现新突破。

群团组织，要发挥优势助推企业上台阶。公司各级群团组织，是推动企业转型升级和高质量发展的重要力量，在公司几十年的发展建设中，始终扮演着不可替代的重要角色。下一步，各级工会组织、团组织、民

兵组织，要深刻审视自身在企业发展中的地位和作用，进一步发扬联系群众、熟悉一线、敢于攻坚的组织优势和工作传统，聚焦企业效益和效率，聚焦市场、产品和成本，充分发挥自身主观能动性，有的放矢地组织开展形式多样、内容丰富的生产劳动竞赛、职工岗位创新、青年岗位创效、民兵安全哨等特色活动，为公司生产经营和改革发展擂鼓助威、加油助力，力争作出新的更大的贡献。

同志们，今年是建党 98 周年，又是新中国成立 70 周年。回顾过去，我们满怀胜利的豪情；展望未来，我们平添了奋进的力量。让我们在集团党委正确领导下，不忘初心跟党走，牢记使命再出发，推动公司生产经营、改革发展和党的建设再上新水平，以更加优异的成绩向建党 98 周年和新中国成立 70 周年献礼！

月中月末例会

1 月月中工作例会

做好经营指标分解　细化措施抓好落实

在 1 月 14 日召开的公司月中工作例会上，公司总经理田欣强调，要按照 2019 年经营目标，认真做好指标分解，进一步细化措施抓好落实。要提高效率，实现生产稳定高效；要提升售价，实现效益稳步增长。

田欣强调，各单位要按照公司制定的 2019 年生产经营任务，做好指标细化分解工作，以“解放思想，对标赶超，实现 2019 年整体工作快速提升”主题活动为载体，进一步明确目标，细化措施，在创新上找准着力点，推动公司全年生产经营目标任务圆满完成。一要狠抓效率提升。提效率依然是 2019 年的一项重点工作。炼铁系统要加大工作力度，保证铁水充足供应，为钢轧工序效率提升提供坚强支撑。不锈钢公司要加快高炉大修进度，尽早投产达产，确保公司整体效率水平提升。唐银公司要加大生产组织，提高产线效率。二要千方百计提升售价。订单充足是效率提升的基础，订单优化是效益提升的关键。销售是 2019 年公司生产经营的重中之重。销售系统要在经济下行、市场需求萎缩的压力下，克服困难、鼓足干劲，全力以赴抓好订单组织，确保产线订单充足；要树立效益为先思维，优化订单组织，将效益提升作为合同评审、生产组织的出发点和落脚点，确保产线高效率、产品有效益，为公司完成 2019 年生产经营任务打下良好基础。三要全面抓好结构调整。订单结构调整是倒逼产线品种结构调整、提高售价、提升内功的关键，要加大高端产品订单组织力度，在结构调整上加大工作力度，全力提升产品售价水平。

田欣强调，公司上下要树立紧迫感和危机感，以强有力的举措确保公司一季度生产经营开门红。要持续强化事故管理，树立“事故为零”理念，有效防范和杜绝各类事故发生，确保生产稳定顺行。要抓好节期生产组织，特别是销售系统要全力保障订单充足，为产线高效稳定生产创造良好条件。要强化安全管理，抓好问题整改落实，确保公司生产长周期安全稳定运行。要切实做好环保设备运行工作，夯实基础、强化管理，以过硬的环保指标，为公司实现生产组织均衡稳定创造良好外部条件。

公司总会计师赵丽树通报了上年 12 月各单位财务指标完成情况。

公司副总经理高永春对 1 月上旬工作进行总结，并对中下旬工作提出要求。各事业部要深入落实集团职代会年度会议精神，以重点直供用户开发和销售增量为重点，促进客户结构再优化；要做好各区域节前物料储备以及产成品发运工作，提高库存周转；要认真学习贯彻全国以及河北省安全生产电视电话会议精神，做好 2019 年安全生产开局阶段工作；要紧跟环保检查新形势，做好环保基础工作，确保现场环保设备无故障运行。

2月月中工作例会

推进“两个结构”再优化　全面提升企业竞争力

在2月11日召开的公司月中工作例会上，公司党委书记、董事长王兰玉详细传达了集团于勇董事长春节期间听取公司工作汇报时的讲话精神，并结合1月经营实际，对下步工作提出要求。

王兰玉强调，要保持产线高效运行，持续提升产量水平。公司上下要深刻认识到产量水平是公司完成今年利润目标的关键。各单位要始终把提高产线效率、保持产量水平作为重点，任何时候都不能放松，为公司完成全年利润目标夯实基础。

王兰玉强调，要提升成本管控能力，提高吨钢利润水平。从成本指标来看，公司内部各单位之间还存在较大差距，成本管控水平参差不齐。下一步，公司将把铁前成本、变动加工成本作为重点进行攻关。公司各单位要增强危机感、紧迫感，树立看齐意识，加大与先进单位对标，提升成本管控能力，进一步提高吨钢利润水平。

王兰玉强调，要下大力气推进“两个结构”再优化，千方百计提高产品售价。产品结构是影响售价水平的关键因素。要努力在产品结构调整上下功夫，提高高端产品比例，加大高端产品市场推广力度，根据市场变化，制定合理价格政策，全力提升产品售价水平。

王兰玉强调，要紧跟市场变化，合理调配库存，确保库存量处在合理区间。要根据市场变化情况，研判价格走势，紧紧抓住原料进口、产品出口两项关键库存指标，合理调配库存，确保公司效益最大化。

王兰玉强调，要高度重视、密切关注每月预算执行情况，对于没有完成月度预算指标的环节，各单位要仔细分析、查找不足、强化管理，不断加大工作力度，努力以丰补歉，确保达到公司目标要求。

公司副总经理张洪波对2月上旬工作进行总结，并对中下旬工作提出要求。要适当加快生产节奏，保证公司铁钢平衡；要做好节后产成品发运工作，避免库存积压；要抓好节后安全管理工作，确保公司安全生产形势总体稳定；要做好环保工作，实现设备运行与公司效益的有机统一。

公司总会计师赵丽树通报了1月各单位财务经营指标完成情况。

2月月末工作例会

以强有力手段推动“两个结构”再优化

在2月28日召开的公司月末工作例会上，公司党委书记、董事长王兰玉强调，要深入贯彻落实2月27日集团经营例会精神，认真总结分析前两个月在产品结构和客户结构调整上存在的不足，以强有力的手段推动“两个结构”再优化，着力提升售价水平，提高公司整体盈利能力。

就强化生产组织、提高产线效率，王兰玉指出，各单位要认真总结1月、2月的生产组织工作，梳理其中影响生产效率的主要因素，制定针对性解决措施。要重新分解落实后10个月的产量指标，并作为刚性指标进行考核，以丰补歉、奋力赶超，确保全年产钢1800万吨目标实现。

就售价提升工作，王兰玉强调，售价提升对公司效益影响极大，实现售价提升的关键首先要做好产品结构和客户结构的调整。就目前来看，一方面减薄产品、高强汽车钢、中厚板等重点产品增量亏欠很大，要做好订单组织和生产安排。另一方面，要做好客户开发维护。特别是要拓展好老客户，切实提高服务能力，增强客户黏性，培育忠诚度，增加产品使用量，降低销售成本。同时，要发挥价格机制的作用，制定售价提升的目标和策略，完善价格提升奖励政策，对作出突出贡献的人员进行重点奖励。

就积极应对环保限产工作，王兰玉指出，要提前谋划，加大工作力度，确保高炉和烧结机的顺利生产，为实现全年利润目标奠定坚实基础。同时要确保环保设备良好运行，为公司争取良好的政策环境。此外，要在实现超低排放的基础上，进一步探索实现环保设备低成本运行的措施办法，缓解公司成本压力。

王兰玉还就做好全国“两会”期间的信访稳定工作提出要求。

公司副总经理高永春总结了公司2月生产经营工作，并对3月工作提出要求。要紧盯市场形势，加强研发与创新力度，利用产销研一体化的优势，进一步提升高端和特色产品的比例；要抓好全国“两会”期间的安全生产工作，严格落实安全防范措施，确保公司生产稳定；要结合区域特点，出台环保设施低成本运行的爬坡目标，确保环保设备在达标排放的同时低成本运行。

公司纪委书记陶立国对公司3月党委工作进行安排部署。一要认真贯彻落实集团党委2018年度基层党建工作述职评议会、2019年党风廉政建设和反腐败工作会议等重要会议精神；二要切实抓好生产经营形势任务教育，为公司实现首季开门红加油助力、保驾护航；三要做好党员领导干部民主生活会收尾工作，开好2018年度基层党组织组织生活会；四要全力做好全国“两会”期间的信访稳定工作。

3月月末工作例会

打破思维禁锢　敢于突破自我　不断优化“两个结构”

在4月1日召开的公司月末工作例会上，公司党委书记、董事长王兰玉强调，要打破思维禁锢、敢于突破自我，在全面总结一季度工作的基础上，不断提高产线效率，强化产线支撑能力，加大重点产品销售，全面提升公司在汽车板市场的品牌知名度和影响力，实现“两个结构”不断优化。

王兰玉在盘点一季度工作时指出，今年一季度，公司各项工作和去年相比取得了巨大进步。产线效率快速释放，产量同比大幅提升，特别是3月产量达到公司有史以来最高水平。各单位不断解放思想、快速突破，各条产线亮点纷呈。3月，公司整体转炉冶炼周期低于30分钟，不锈钢公司实现转炉全自动出钢，1810线3号机连铸拉速突破6米/分，实现了世界最高拉速水平。产线效率大幅攀升的背后是全体干部职工打开思维禁锢，敢想敢干的结果。同时，这也是一次信心之战，公司有能力做到全行业甚至是全世界最高水平。各单位要认真总结3月经验，坚定信心、铆足干劲，为做好后三个季度工作提供借鉴引导，推动公司各项工作全面提升。

王兰玉强调，要继续加大力度，推进模型化生产，为公司加快发展打下坚实基础。3月，各项工作取得的突破，离不开强大的基础管理作支撑，离不开模型化、智能化的支撑。各单位要继续强力推进模型化生产，以此作为弯道超车的有力抓手，推动各项工作再上新水平。

王兰玉强调，要变压力为动力，大力开拓市场，强化产线支撑能力，实现“两个结构”不断优化。要不断提升管理水平、工艺控制水平，全面释放产线能力，为生产汽车面板提供全系统支撑。公司拥有世界上最先进的汽车板生产线，与欧洲一些钢铁企业相比，有着先天的装备优势，要想让高端产线生产出高端汽车板产品，需要进一步提升管理水平和工艺控制水平，充分释放产线潜能，为生产高端汽车板产品做好充足准备；要紧紧抓住与国能汽车、吉利汽车合作机会，夯实基础、练好内功，尤其在供应汽车外板产品工作中，更要强化经验积累、增强产线保障能力，为公司加快推进合资品牌主机厂认证、进一步扩大汽车板市场份额打下坚实基础；要加大市场开拓力度，做好重点产品销售，认真分析客户结构现状，在增加客户黏性、培育用户忠诚度上下功夫，实现“两个结构”不断优化。

王兰玉强调，要认真总结3月环保工作经验，做好环保设施运行和环保工作应对。要举全公司之力，保高炉炉料结构，千方百计降低铁成本，确保公司效益水平；认真做好环保设施运行，确保不限产、不停产，保证公司全年产量目标实现；要做好环保设施低成本运行，尤其要确保烧结机处在最优运行状态，为有效降低铁前成本提供助力。

王兰玉就贯彻落实集团安全生产紧急会议精神，进一步做好安全工作提出要求。

公司副总经理张洪波总结了3月生产经营情况，对4月工作进行了部署。各单位要深刻吸取近期一些地方和冶金、危化行业接连发生的重特大安全事故教训，加强安全隐患排查，严格落实安全生产责任制，坚决防范重特大事故发生。要认真贯彻落实集团安全生产紧急会议精神，坚持“预防为主、事前控制”的原则，继续从严、从细抓好各项安全工作。各区域要积极妥善应对省市环保要求，抓紧谋划制定车辆运输方案，确保公司生产组织有序进行。

公司党委副书记张小帅对公司4月党委工作进行安排部署。一要认真学习宣传、深入贯彻落实全国两会精神；二要认真传达学习、深入贯彻落实公司2018年总结表彰暨2019年工作推进大会精神；三要进一步深化“三亮三比”党员争先锋竞赛活动；四要继续做好信访稳定工作，维护公司和谐稳定局面。

4月月中工作例会

下苦功夫　下大力气　强力推进“两个结构”再优化

在4月15日召开的公司月中工作例会上，公司党委书记、董事长王兰玉强调，要在“两个结构”再优化上下苦功夫、下大力气，以客户结构优化拉动产品结构升级，提升服务能力建设，增强客户黏性，提高产品售价水平，坚决完成集团下达的各项目标任务。

王兰玉强调，3月是公司近几年来取得成绩最显著的月份，公司各项生产经营实现了历史性突破。产线效率充分释放，3月平均日产达5万吨，成为公司历史上产量水平最高的月份；成本指标大幅度改善，以炼铁厂、二钢轧厂为代表的单位，解放思想、对标赶超，成本指标实现新突破，为公司的生产经营作出了巨大贡献。此外，圆满完成宝马汽车认证工作、不锈钢公司首次实现转炉自动出钢、一钢轧厂3号连铸机拉速刷新全球纪录等，这些成绩进一步增强了公司全体干部职工的信心。公司上下要以此为新的起点，持之以恒、再鼓干劲，推动公司各项工作向更高水平迈进。

王兰玉强调，要在"两个结构"再优化上下苦功夫、下大力气。在当前市场条件下，光靠降成本，难以实现经济效益大幅提升。要想实现集团下达的利润目标，就必须在"两个结构"再优化上做文章。第一，要在客户结构调整上下功夫，以客户结构优化拉动产品结构升级。4月，公司将召开销售系统工作会议，全面总结公司客户结构现状，进一步梳理忠诚客户占比，全面分析客户流失原因，不断改进提升营销工作水平。为把客户维护好，体现公司营销服务水平和能力，今年公司将把增强客户黏性作为一个重要指标来考核。市场部要认真研究增强客户黏性的办法和措施，在客户忠诚度、客户流失等重要销售指标上，拿出具体、可操作性强的考核评价办法。由管理问题而造成的客户流失，公司将严肃问责。第二，要把老客户的拓展放在比新客户开发更重要的位置，增加老客户黏性和销量，通过持续不断地为老客户提供优质服务，打造"铁杆儿"客户，为售价提升夯实基础。第三，要打造一支高素质的客户经理团队。客户经理团队的能力和水平体现着公司营销服务水平和能力。事业部的组建就是要实现产销研一体化，客户经理团队承担着这一重任，要认真总结分析客户经理团队组建以来所取得的成绩、存在的不足，不断改进提升服务水平和能力，不忘初心，继续推进公司产销研一体化进程，以优质的服务不断提升客户满意度，树立起公司良好的品牌形象。第四，要提升产品售价。售价水平提升与客户结构调整、老客户拓展、客户经理团队能力建设三者息息相关。产品售价的提升不能单纯地、机械地靠提升基价、挂牌价格来实现，真正售价水平的提升必须要通过提高服务能力，提高品牌知名度来实现，这才是一个企业的"真实力"。要清楚地看到公司"两个结构"调整上存在的差距，坚定信心、持之以恒，认真做好服务能力建设，全力提升售价水平，坚决完成集团下达的目标任务。

王兰玉强调，要高度关注非钢发展。非钢系统各单位要抢抓市场机会，补齐发展短板，实现非钢产业整体快速提升。特别是公司目前正在运营的加工配送项目，要不断强化服务能力建设，承担起公司和集团营销网络布局重任，力争在2019年取得新的进步。

王兰玉还就认真做好河钢塞尔维亚公司管理团队荣膺中宣部"时代楷模"的宣传工作提出要求。

公司副总经理张洪波对公司4月上旬工作进行了总结，对中下旬工作提出了要求。各事业部要抓好特色战略产品的合同组织和生产工作，重点围绕锌铝镁、高牌号高建钢和钢板桩等产品上量展开工作，努力实现集团下达的品种比例目标。要将"两个结构"调整和产品质量的稳定性放在首位，高质量、高效率地完成公司2019年产量目标。要坚持体系管理的思维方式，提前预知预判隐患问题，确保设备受控、产线稳定顺行，为公司高效化生产提供坚实的保障。张洪波还对安全和环保工作提出要求。

公司总会计师赵丽树通报了3月公司各

单位财务指标完成情况，对4月工作提出要求。要坚持开展铁前能源成本攻关工作，在确保指标合格的前提下，实现环保设施稳定达标经济运行；要做好重点产品的销售工作，认真总结一季度产品结构和客户结构调整上存在的问题，加快推进合资品牌主机厂的认证，进一步扩大汽车板市场份额，努力在增加客户黏性，培育客户忠诚度上下功夫，实现“两个结构”不断优化；要做好国家减税降费政策落地，保证公司整体效益水平。

5月月中工作例会

持续优化“两个结构”　深入推进智能制造

在5月13日召开的公司月中工作例会上，公司党委书记、董事长王兰玉强调，要持续优化“两个结构”，提升公司整体创效水平，深入推进智能制造，实现产线效率再提升。

王兰玉强调，4月公司整体生产经营取得巨大进步。其中，产线效率显著提升，为公司生产经营计划得以全面执行奠定了坚实基础。同时，产线效率的提升也带动了标准成本符合率的大幅改善。本部和不锈钢公司炼铁成本指标的大幅改善，有力地支撑了公司效益水平的全面提升。各单位要继续保持良好的工作状态，认真总结经验、分析不足，巩固成绩、继续提高，将好的工作经验和方法，进一步融入今后一个时期的工作中去，推动公司各项工作不断提升。

王兰玉强调，要下大力气优化“两个结构”，提高盈利产品销售能力，强化客户服务能力建设，提升公司整体创效水平。“两个结构”再优化是公司实现年度任务目标的关键。各事业部要高度关注各自代表性产品，关注这些产品的增长情况，不断提高盈利产品比例，为公司实现效益提升打下产品基础。要不断加大客户服务能力建设。没有稳定的客户群，一个企业的品牌和产品售价水平就无从谈起。要打造一支高素质的客户经理团队，不断改进提升服务水平和能力，以优质的服务不断提升客户满意度。要把老客户的拓展放在比新客户开发更重要的位置，全面提升客户黏性，增强公司品牌影响力，为售价提升夯实基础。

王兰玉强调，深入推进智能制造，打造“工艺+设备+智能化”三位一体基础平台，实现产线效率水平再提升。近年来，公司在成本控制能力、装备控制能力、产线工艺控制能力等方面都实现了巨大进步，效率水平得到全面释放。然而，要想在现有水平上实现新的突破，再上一个新的平台，就必须要解放思想、更新理念，通过新思维、新方法，不断突破自我，实现新的进步。一直以来，公司深入推行模型化生产，让公司初步具备了智能制造的雏形。近年，公司提出鼓励有条件的产线作为试点，打造一批智能化产线。各单位要结合实际，认真谋划，以智能制造为抓手，通过打造“工艺+设备+智能化”三位一体基础平台，建立运行高效、设备可控、质量稳定的生产组织模式，推动各项生产经营不断迈上新台阶。

公司副总经理张洪波对5月上旬工作进行总结，对中下旬工作提出要求。各事业部要进一步优化“两个结构”，既要关注产品质量稳定性，也要狠抓营销战线建设，进一步提升客户服务能力；产供销运各部门要密切配合、协同到位，做好生产保驾工作；各生产单位要在现有基础上进一步提高设备认知程度，高度关注设备状态维护，建立高效率、高稳定性的生产组织模式，满足高端品种高效生产的要求；要加大钢坯在线质量判定、废钢加热等工作推进力度，不断提高产线效率。

公司总会计师赵丽树通报了4月公司各单位财务指标完成情况，并对5月工作提出要求。要以效益为中心，狠抓落实，做好当前生产状态下炼钢工序钢铁料结构的优化工作；要继续保持现有工作态势，抢抓钢铁生产黄金期，推进各项工作取得优异成绩；要加大重点产品的销售和合同组织工作，认真总结分析产品结构和客户结构调整上存在的不足，围绕一季度工作总结制定的措施开展工作，做好订单的组织和生产安排；要做好客户的开发和维护，特别是要稳定好老客户，切实提高服务能力，增强客户黏性，培育忠诚度，增加产品使用量，降低销售成本。

5月月末工作例会

进一步解放思想　力促成本控制取得新突破
加强服务能力建设　全面提升企业市场竞争能力

在6月3日召开的公司月末工作例会上，公司党委书记、董事长王兰玉强调，要在保持高效生产的同时，进一步解放思想，深挖潜力，力促成本控制取得新突破；要加强服务能力建设，在市场引领能力建设、稳定供应能力建设、快速反应能力建设、配套能力建设等方面下功夫，全面提升企业在未来的市场竞争能力。

就当前生产经营工作，王兰玉指出，要继续保持高效生产，奋力完成全年目标任务，以优异生产经营业绩向建党98周年、新中国成立70周年献礼。前5个月，公司强化管理、有效施策，生产稳定性、装备效率、工艺控制能力等取得巨大进步。按照当前生产状态，公司完全有能力完成甚至超额完成年度产量目标。公司宣传系统，要紧密围绕生产经营时间任务“双过半”目标，加大宣传力度、强化舆论引导，发动广大职工为公司实现“双过半”目标不懈努力。公司各生产单元要抢抓钢铁生产的黄金季节，保持目前良好生产势头、稳扎稳打推进各项工作。

王兰玉强调，要解放思想、深挖潜力，提高成本意识，以强大基础管理作支撑，实现成本管控新突破。解放思想是进一步做好下步工作的关键。今年以来，公司铁前系统各项指标实现了新的进步，为公司生产经营提供了坚强支撑，这是思想解放的结果。然而，要清楚地认识到，与国内先进企业相比，公司成本工作仍存在较大的差距。尤其是当前，钢铁市场面临着严峻的挑战，遭受供需两端市场挤压，在这种情况下，持续强化成本管控显得尤为重要。成本管控工作要像产线效率提升一样，解放思想、敢想敢干，以国内最好水平为标杆，不断实现新突破。要提高成本意识，改变传统方法，以强大的基础管理和信息化、自动化、智能化为手段，深挖成本潜力，提高成本管理水平，全力提升公司抵御市场风险的能力。

就下步工作，王兰玉强调，要全面提升公司服务能力建设，以此为公司未来发展的突破口，在激烈的市场竞争中赢得发展先机。5月28日，河钢普锐特冶金技术服务有限公司正式成立，集团于勇董事长在致辞中表示，普锐特不止于提供设备本身，而是把专有的高端技术通过服务输出给客户，这种对待客户的全新理念值得河钢学习和借鉴。同时，这也给公司未来发展带来了新的启示，无论是装备制造商，还是钢铁贸易商，都在寻求向服务商转变。企业未来的竞争，也是服务能力的竞争。因此，只有不断致力于服务能力建设，才能不断提升企业综合竞争力，才能让企业拥有更广阔的发展空间。

就如何提升服务能力建设，王兰玉强调，第一，要提升市场引领能力。市场引领能力是制高点。要想获得市场引领能力，靠的是研发能力，要强化与科研院所合作，不断引进新技术、新工艺，在市场中打造一批拔尖的、拥有一定客户认可度的高端产品，在市场竞争中抢占先机，努力从跟跑者向领跑者转变。第二，要提升稳定供应能力。供应能力即质量和交期保障能力，是产线控制能力的体现，这也是客户极为看重的能力。要在产线控制能力上下功夫，以稳定的质量和交期赢得客户的信赖，才能不断吸引并壮大高端客户群。第三，要提升快速市场反应能力。一方面，要提升用户问题解决能力，把用户技术研究摆在重要位置，把用户支持能力建设作为一项重要课题抓细抓好，抓出实效；另一方面，要加强客户经理团队建设，客户经理团队建设是一个企业竞争力的象征，要努力培育一支技术、管理能力素质过硬的复合型人才队伍，在对接客户需求、解决客户问题中，赢得客户的认可，提高公司品牌形象。第四，要强化配套能力建设。在当前市场条件下，单纯靠基础的服务贸易很难在市场中立足。要不断提高技术含量，深入研究下游用户用钢需求，提升价值创造力；不断扩大配套服务的行业覆盖范围，将服务配套由汽车行业，延伸至建筑、造船等多个行业领域，紧随国家发展战略规划，重点在装配式住宅、新农村住房建设等方面，加大配套服务能力建设，不断提高综合竞争力。

公司副总经理张洪波总结5月生产经营情况，对6月工作进行部署。要跟进抓好福特认证整改项目落实，重点完成国能新能源汽车认证材料组织和奇瑞汽车认证试模料生产，完成其他家电及汽车配件厂认证相关工作；要在保持当前高效生产良好态势基础上，认真审视自身工作，积极查找基础管理薄弱点，下大力气解决制约生产效率进一步提高的瓶颈问题，尤其要在确保高炉稳产、转炉高效生产、降低铁耗工作上下功夫，为公司6月乃至下半年高效生产夯实基础。

公司党委副书记张小帅对公司6月党委工作进行安排部署。一要认真组织开展"不忘初心、牢记使命"主题教育活动；二要广泛开展迎庆建党98周年系列活动；三要继续认真做好省委巡视组工作配合及问题整改有关事项；四要做好时间任务"双过半"相关工作；五要扎实开展好暑期"双服务"活动；六要继续做好河钢股份军工单位资格认定涉及公司的相关工作。

6月月中工作例会

解放思想　开动脑筋　积极应对市场挑战

在6月17日召开的公司月中工作例会上，公司党委书记、董事长王兰玉强调，当前，原料价格居高不下，产品售价持续下滑，公司上下要解放思想、开动脑筋，积极应对严峻市场挑战。要进一步深挖潜力，确保成本控制工作取得新突破；要继续保持高效生产，努力实现“双过半”目标。

王兰玉强调，当前，钢铁市场面临着严峻挑战，受原料与销售供需两端市场的挤压，钢企的效益水平并不乐观，在这种情况下，持续强化成本管控能力尤为重要。我们要解放思想、敢想敢干，以行业先进水平为标杆，提高成本意识，创新管理方法，深挖成本潜力，使成本管控工作不断实现新突破，努力提升公司抵御市场风险的能力。

王兰玉强调，要继续保持高效生产，确保“双过半”目标实现。公司于年初下达了年产1800万吨的目标，公司各单位要盯住目标不动摇，抓住机会，牢牢把握钢铁生产的黄金季节，保持当前良好生产势头、稳扎稳打推进各项工作，确保“任务过半”阶段性目标实现，为下半年生产经营奠定良好基础。

王兰玉强调，进入6月以来，唐山市面临着环保的巨大压力，这必然会带来更加严苛的限产措施。为此，公司各单位要主动作为，做好自身工作，尤其是要保证环保设施高效运行，环保指标超低排放，杜绝环保事故发生，充分释放公司在环保工作中的优势。就目前来看，公司各单位在环保工作中一直保持较高水平，下一步要继续努力，认认真真、踏踏实实地维护好环保设备，全面提升环保绩效，最大限度减少环保限产给生产带来的不利影响，为公司保持良好生产经营水平创造条件。

王兰玉还就切实开展好“不忘初心、牢记使命”主题教育提出要求。

公司副总经理张洪波对6月上旬工作进行总结，对中下旬工作提出要求。各事业部要围绕大客户经理团队建设、营销人员素质能力提升、管控流程优化等方面工作，明确目标、挂牌作战，以更新的理念、更实的措施推动公司营销工作再上新台阶。要结合“安全生产月”活动要求，进一步梳理安全管理工作，深化各项隐患排查，加强安全生产培训，提高职工自救互救、应急处置的能力，确保公司生产经营安全稳定。各相关单位要狠抓现场落实，确保环保设备稳定运行在超低排放区间，为公司生产经营创造更大空间。

公司总会计师赵丽树通报了5月公司各单位财务指标完成情况。

7月月中工作例会

下定决心加大力度　推进智能制造向纵深发展
提升服务能力　打造高素质客户质量代表队伍

在7月15日召开的公司月中工作例会上，公司党委书记、董事长王兰玉强调，要下定决心，加大力度，推进智能制造向纵深发展；要高度重视客户质量代表能力提升，不断夯实公司服务能力建设；要抢抓“双百行动”契机，深入推进非钢产业机制体制变革；认真开展好“不忘初心、牢记使命”主题教育调研，确保将调研成果转化为推动企业发展的具体行动。

王兰玉强调，要把智能制造作为公司下

一步发展的重中之重。智能化产线建设代表着一个企业的竞争力，未来企业间竞争将是智能制造的竞争。近几年，公司推进模型化生产，让产线初步具备了智能制造雏形。今年公司提出，鼓励部分有条件的产线向智能制造迈进。因此，各单位要把智能制造作为下一步发展的重中之重，下大决心，力争在本单位尽早完成一条智能产线建设。这是一个重要关口，关系到公司下一步智能产线建设推进速度，关系到全体干部职工推进智能制造的信心。公司上下务必要有清醒的认识，我们完全有条件、有能力做到与国内先进企业并齐，这是我们的目标，务必全力以赴、使命必达。同时，对于非钢企业来说，智能化建设对于提高效率、增强竞争力具有重要意义，更是非钢产业发展的机会。得益于智能制造，自动化公司无人天车业务强力支撑着该企业开拓外部市场。这仅仅是一个小领域，如果将智能制造延伸到自动出钢、自动轧制等钢铁生产的多个重要工序，对于非钢产业将是极大的市场空间。公司有得天独厚的优势，推进智能制造关键要看信心、看工作力度，还需要一支思想解放、敢想敢干的专家和团队扑在产线上，坚定信心、群策群力，推动智能化向更深层次迈进，创造非钢产业发展新空间。

王兰玉强调，要打造一支素质过硬的客户质量代表队伍，提升公司服务能力。公司推进事业部改造的初心就是要打造一支能够引领企业发展的客户质量代表队伍。客户质量代表队伍建设是服务能力建设的核心点，也是“两个结构”调整的关键点，是推进产销研一体化成功与否的具体体现。这些年，公司汽车板在较短时间内牵手合资品牌和外资品牌，这离不开客户质量代表建设与素质能力提升。目前，公司已经具备了超高强钢、锌铝镁等高端产品的生产能力。要想实现高端产品上量，市场占有率不断提高，就需要不断提高服务能力，以客户质量代表为纽带，将生产能力转变为服务能力，将服务能力转变为创效能力，提升公司品牌影响力。

王兰玉强调，“双百行动”对于公司未来发展，尤其是非钢产业发展，提供了千载难逢的机遇。各单位要加强学习，认真研究国务院、省政府、集团等出台的一系列关于加快推进国有企业改革的意见、方案、政策，吃透精神、科学规划，推进机制体制改革创新，谋划好非钢产业发展，力争在三季度末，形成一套初步可行的方案，加快推进“双百行动”深化落地，取得实效。

王兰玉强调，要认真开展好“不忘初心、牢记使命”主题教育调研，不搞形式、不走过场，确保将调研成果转化为推动企业发展的具体行动。要认真倾听基层声音，着力解决调查研究中发现的问题，要密切结合实际，分析症结，研究改进工作思路和办法措施。各部门要切实发挥作用，以“强服务、提效率”为宗旨，确保公司各项政策落实落地，为公司生产经营提供服务支撑。

公司副总经理张洪波对7月上旬工作进行总结，对中下旬工作提出要求。要围绕设备启停、煤气调度、联锁保护等关键环节和重要参数开展专项排查，确保固有的安全措施切实发挥作用；要持续强化检维修作业管理，确保责任到人、措施落实到位；针对暑期高温多雨的特点，要持续细化各项安全措施，确保公司暑期安全生产；要强化内部管控，做好各项基础管理工作，确保设备无缺陷运行。

公司总会计师赵丽树通报了6月公司及各单位财务指标完成情况。

7月月末工作例会

深入贯彻落实集团重点工作分析推进会议精神 鼓斗志增干劲　打造“单打冠军”提升竞争实力

在7月29日召开的公司月末工作例会上，公司党委书记、董事长王兰玉强调，要认真贯彻落实集团重点工作分析推进会议精神，鼓斗志增干劲，努力打造具有独特优势的“单打冠军”产品，进一步提升企业竞争实力。

就当前生产经营工作，王兰玉指出，当前，生态环境部正在制定重污染天气重点行业应急减排措施技术指南，拟按照工艺装备、有组织排放限值、无组织控制措施、运输方式等环保绩效水平将企业分为A、B、C三类，达到超低排放A级企业今冬不再限产或停产。公司各单位要高度重视，提早准备，认真研究好政策，并根据环保条款，逐一查找自身问题，确保公司各项环保指标达到标准，千方百计保公司今冬生产稳定。

王兰玉强调，要高标准、严要求，狠抓设备、工艺管理，严控各类事故，确保公司生产稳定顺行。今年以来，炼铁厂把生产零事故作为目标，在设备陈旧、人员紧缺的情况下，不断强化管理、狠抓落实，上半年实现了高炉无事故、炉况无波动的目标，为公司生产稳定顺行提供了坚强支撑。设备状态与生产稳定息息相关，设备管理标准高，生产稳定就有保障。任何一项设备事故的发生，都是管理标准不高带来的。因此，各单位一定要高标准、严要求，认真审视自身工作，提高设备管理标准，严控生产事故，全力做好设备管理工作，推动设备管理向状态管理、向智能化迈进。

王兰玉强调，要认真贯彻落实集团重点工作分析推进会议精神，努力打造具有独特优势的“单打冠军”，提升公司品牌影响力。各生产单元要根据自身实际、认真谋划好各自产品领域的“单打冠军”，以此引领企业发展，努力实现与宝武并齐。非钢产业要打造同样具有“单打冠军”优势的产品和服务，以此带动企业整体管理水平的上升。“取乎其上，得乎其中；取乎其下，则无所得矣”，打造独特优势的“单打冠军”，就要以干到一流，做到最好为目标，坚决摒弃“差不多就行”的思想，时刻保持昂扬的斗志和干劲，推动钢铁主业和非钢产业共同迈上发展新台阶。

就进一步做好“不忘初心、牢记使命”主题教育专项整治工作，王兰玉强调，专项整治是主题教育的重要内容，省委近期对专项整治工作作了详细安排，集团党委也制定了专项整治实施办法。下步，各单位党委要高度重视，按照上级党委要求，结合公司实际，认真抓好落实，确保该项工作有条不紊开展，将主题教育引向深入。

王兰玉还就安全、环保、信访工作提出要求。

公司副总经理高永春总结7月生产经营情况，并对8月工作进行部署。公司各单位、各部门要认真贯彻集团重点工作分析推进会议精神，围绕“打造有自己特色的‘单打冠军’”这一要求，聚焦高强钢、锌铝镁等领域，细分市场、抢先占位，尽快形成独特竞争优势，打造一批领跑行业的“冠军产品”；要认真做好防暑降温、防雨防汛工作，做好生产安全动态管控，强化煤气、危化品安全管理，确保公司安全稳定；要全面做好环保工作，确保环保设备稳定运行。

公司党委副书记张小帅对公司8月党委工作进行安排部署。一要认真、扎实、高标准做好“不忘初心、牢记使命”主题教育后续工作，把学习教育贯穿始终，继续抓好调研，深入检视问题，扎实开展专项整治，认真开展好“珍惜荣誉、坚守初心，钢铁报国当先锋”党员主题实践活动，确保主题教育有序推进；二要认真贯彻落实集团重点工作分析推进会精神，推动公司下半年生产经营再上新水平；三要认真贯彻上级党委、纪委最新要求，深入落实中央八项规定精神，推动作风建设向纵深发展；四要继续做好暑期生产服务工作，为公司暑期生产提供支持和保障。

8月月中工作例会

打开思想阀门　坚持效益优先
奋力完成新一轮挖潜增效计划

在8月12日召开的公司月中工作例会上，公司党委书记、董事长王兰玉强调，要坚持效益优先，保效率、保效益，坚决完成公司全年目标任务；要全面优化库存结构，提高资金周转效率，降低企业经营风险；要解放思想、提高标准，落实好公司新一轮挖潜增效计划。

王兰玉强调，要坚持效益优先，举全公司之力，保效率、保效益，坚决完成全年目标任务。今年上半年，各单位全力以赴、克服重重困难，圆满完成了阶段性目标。下半年，公司面临的形势将更加严峻，困难和挑战也会越来越多。但无论怎样，公司的既定目标不会改变。各单位要坚定信心、明确目标，做好充足准备应对下半年可能出现的外部环境考验。在这一过程中，要处理好效率和效益之间的关系，公司全年产量目标是在保证效益的基础上实现的。因此，任何一项保产提效措施，都必须在确保产生边际效益的前提下进行。要坚持效益优先思维，在废钢加入、烧结矿外购、高炉氧气补充等措施的选择上，要做好全面细致的分析，确保产生效益。同时，要把烧结机稳定运行作为最大核心点，努力为公司下半年生产创造良好条件。

王兰玉强调，要解放思想、打破旧有平衡，优化库存结构，提高资金周转效率。库存周转效率是一个企业管理水平的体现，也是一个企业风险防控能力的体现。各单位要把库存控制作为下半年工作重点，牢固树立“库存就是浪费”的理念，对原料、成品以及中间库存进行全面梳理，解放思想、打破旧有平衡，优化库存结构，建立起低库存状态下的生产组织模式，进一步提高资金周转效率、降低经营风险。

王兰玉强调，要提高标准，打开思想“总阀门”，实现工作新突破，奋力完成下半年挖潜增效计划。近期，公司将下发新一轮挖潜增效计划，尽管存在一定难度，公司相信全体干部职工完全有能力完成。纵观公司近两年的发展，1700线产量水平、一钢轧厂班产炉数、1580线轧制宽度控制水平等一系列工作，实现了以前想都不敢想的目标。每一次的新突破、新提升都来源于思想的解放。可见，思想的解放是公司完成更高指标的关键。下半年，公司面临的外部挑战将越来越严峻。公司上下要以更高的标准、更开阔的思路，努力寻找效益提升的潜力点，不断提升自身工作，做好充足准备，应对严峻挑战，落实好新的挖潜增效计划，为公司完成全年任务奠定基础。

公司副总经理张洪波对8月以来的工作进行总结，对中下旬工作提出要求。要认真开展有限空间作业专项整治，确保取得扎实成效；要继续强化反违章作业各项举措，进一步规范职工的安全作业行为；要认真吸取外部事故教训，强化危化品安全管理；要紧跟当前环保形势，强化内部管控，狠抓现场落实，确保现场环保设备无缺陷运行、各污染物稳定达标排放。

公司总会计师赵丽树通报了7月公司及各单位财务指标完成情况。要认真贯彻落实集团重点工作分析推进会要求，在产品领域打造出具有独特优势的单打冠军，提升公司品牌影响力，提高公司整体创效水平；要进一步压缩库存，提高存量资产效率；要高度重视新的挖潜增效计划落实，进一步提升公司经营指标和盈利能力。

8月月末工作例会

持续优化“两个结构”
全力以赴完成新一轮挖潜增效指标

在8月26日召开的公司月末工作例会上，公司党委书记、董事长王兰玉强调，要持续优化“两个结构”，奋力完成新一轮挖潜增效指标；要加速打造“冠军产品”，增强公司品牌影响力；要扎实做好“不忘初心、牢记使命”主题教育收尾工作，确保主题教育取得实效。

就公司当前生产经营，王兰玉强调，要做好国庆前生产准备工作，应对可能出现的外部环境考验，确保生产稳定。8月，公司各单位顶住压力、主动作为，初步完成了公司下达的目标任务，公司整体保持了稳定高效的生产状态。9月，国庆将近，外界不确定因素逐渐增加，公司所面临的环保、安全形势将更加严峻，所承受的生产压力将不断加大。做好国庆前生产准备工作是9月一项极为重要的任务。各单位要综合考虑环保、物流、安全等不确定因素，把困难想得多一些，把应对措施制定得周全一些，认真做好各项应急预案，千方百计确保此期间的生产安全稳定。

王兰玉强调，要解放思想、创新突破，奋力完成新一轮挖潜增效指标。面对当前公司面临的外部综合形势，公司对今年后四个月的挖潜增效指标进行了调整。9月是起步月，公司各单位要以更高标准，更开阔的思路，不断优化“两个结构”，努力寻找效益提升的潜力点，全力以赴做好降低成本和提升售价两项重要工作，奋力完成新调整的挖潜增效指标。

王兰玉强调，要深化落实集团重点工作分析推进会精神，加速打造具有独特优势的“单打冠军”。各单位要结合自身实际，认真谋划符合自身特点的“单打冠军”产品，力求产线出特色、生产厂出特点，并将此项工作与完成新一轮挖潜增效指标紧密结合起来，明确任务，分解目标，抓紧落实，加速推进“单打冠军”打造，提升公司生产经营业绩，增强公司品牌影响力。

就党委相关工作，王兰玉强调，要扎实做好“不忘初心、牢记使命”主题教育收尾工作，确保主题教育取得实效。各单位党委要配合公司开好“不忘初心、牢记使命”主题教育专题民主生活会，严格按照时间要求，做好主题教育收尾工作。通过主题教育，切实加强干部队伍作风建设、能力建设，不断巩固扩大主题教育成果，真正通过领导班子能力建设的提升，更好地服务于本单位生产经营。

王兰玉还对环保、信访、安全等工作提出要求。

公司副总经理张洪波总结8月生产经营情况，并对9月工作进行部署。各单位要将解放思想作为实现今年后四个月预算指标的关键，围绕“两个结构”再优化、打造“单打冠军”、客户服务能力建设、产线智能化建设等重点工作，打开思想总阀门，奋力寻求突破，努力补齐短板，以更高的工作标准实现更高的奋斗目标；要全力抓好国庆前后安全生产工作，切实提高政治敏锐性，强化责任意识，严格落实安全防范措施，确保公司生产稳定；要始终以创“超低排放A级企业”为目标，完善环保管理制度，提高环保管理水平，维持设备稳定运行状态，确保污染物达标排放，为公司高效生产创造最大空间。

公司党委副书记张小帅对公司9月党委工作进行安排部署。一要扎实做好“不忘初心、牢记使命”主题教育收尾工作，将学习的成效转化为推动公司高质量发展的强大动力；二要扎实做好省委巡视整改落实有关工作，高标准、高质量抓好问题整改；三要切实加强后四个月的形势任务宣传教育，奋力完成新调整的预算目标；四要积极开展迎庆新中国成立70周年有关活动，引导干部职工，立足岗位、创新突破，推动公司生产经营创出新业绩；五要认真抓好中秋、国庆节期党员干部廉洁自律工作；六要认真抓好国庆前后的信访稳定工作。

9月月中工作例会

勇于解放思想　强化效益思维　确保生产经营目标实现

在9月16日召开的公司月中工作例会上，公司党委书记、董事长王兰玉强调，要勇于解放思想，强化效益思维，坚定信心、担当作为，以思想的解放推动工作实现新的进步，坚决打赢挖潜增效攻坚战。

就当前生产经营，王兰玉强调，8月是公司新调整预算后的首个月份，从公司各单位运行情况来看，产量水平、成本改善情况以及一些重要经济技术指标与目标还存在差距。今后一个时期，随着新中国成立70周年庆祝活动的临近，秋冬季环保限产压力逐渐增大，公司所面临外部环境将会更加严峻，各单位还需要再鼓干劲、创新突破，确保全年目标任务实现。要提前谋划、做好充分准备，努力保持高效生产，确保国庆期间及秋冬季生产稳定顺行；要把效益放在生产经营的首要位置，将效益思维贯穿各项工作始终，各项生产经营举措务必以提升公司整体效益为出发点，确保公司效益水平；要坚持解放思想，创新突破，加大对重要经济指标的研究力度，强化预算执行，保效率、保效益，坚决实现全年任务目标。

王兰玉强调，要勇于解放思想，用突破性思维，解决目前存在的问题。当前，公司所面临的外部不确定性因素增多，增加了新调整预算指标的完成难度。如何把危机转变为机遇，把压力转变为动力，解放思想尤其重要紧迫。近期，不锈钢公司解放思想、创新突破，强化烟气回收、固废综合利用，实现了炼钢工序成本大幅降低，为公司其他单位树立了榜样。公司上下要进一步解放思想、拓宽思路，坚定信心、担当作为，以思想的解放推动工作实现新的进步，坚决打赢挖潜增效攻坚战。

王兰玉强调，要认真研究采供销体系建设，确保公司效益最大化。原燃料采购成本是公司生产经营成本控制的重要一环，要认真研究并积极探索适应公司实际的采供销体系建设，在保障原燃料供应的前提下，进一步提高管理水平，降低采购成本。

王兰玉强调，要强化效益思维，进一步提升服务能力，依托剪切配送产业链延伸，增强创效能力和水平。保效益，效益思维是关键。公司高度重视服务能力建设，投入资源和力量，加快推进剪切配送中心建设。各剪切配送中心是市场的最前沿，其盈利能力关系公司整体的创效水平。销售系统要将效益思维融入到营销工作之中，把效益放在首要位置，通过无缝对接市场和客户，提升服务能力和水平，寻求新的发展机会，不断增强创效能力。

公司副总经理张洪波对9月中上旬工作进行总结，对下步工作提出要求。要专注高端产品生产，提高品种钢比例，完成集团下达的目标任务；要做好洁净钢生产平台建设和6号镀锌线检修，全面细致做好质量管控工作，为宝马钢生产创造条件；要增强政治敏锐性，持续开展好安全专项整治工作，做好检修安全管理，提高应急保障能力，确保国庆前后公司安全稳定。

公司总会计师赵丽树通报了8月公司及各单位财务指标完成情况。

10月月中工作例会

用突破性思维　力促重点工作再上新台阶

在10月14日召开的公司月中工作例会上，公司党委书记、董事长王兰玉强调，要用突破性思维，力促公司各项重点工作跨上新台阶，全面提升企业竞争力，应对日益严峻的市场挑战。

结合9月生产经营情况，王兰玉指出，从今年的钢铁行业发展形势看，预计全年国内钢铁产能将达10亿吨，意味着竞争会越来越激烈。没有过硬的本领，不能打破困境，就难以在市场中立足。面对这样的严峻形势，我们必须用突破性思维，推动各项重点工作再上新台阶。

就四季度和明年工作，王兰玉强调，公司上下要明确一个目标，就是各项重点工作必须“跨上一个新台阶”。实现这一目标，必须明确“两个结构”调整、智能产线建设、大力降低成本等几个抓手。

就抓好“两个结构”调整工作，王兰

玉强调，要把重点放在服务能力建设上。要持续推进产销研一体化，打造素质过硬的客户质量代表队伍，以优质的服务提升客户满意度；要大力推进市场无缝对接，进一步加快加工配送服务中心建设，从为客户端提供技术支持、增值服务等方面，不断提升客户服务水平；同时，要在这一过程中坚决克服成本意识淡化、系统保障能力不强的“两种倾向”，始终强化效益意识，确保公司效益水平全面提升。

就加快推进智能化建设，王兰玉强调，要向智能产线大幅迈进。谁在这轮竞争中落后，谁就可能被甩在发展的最后。要以不破不立的勇气，打造出智能化建设所需的软环境，加快智能产线建设。要着力打破生产设备信息自动化专业界限，建立扁平化管理架构，以体制变革催生复合型人才，为公司智能化发展创造制度环境，提供智力支撑；要着力改善研发软环境，通过设立过程研究所，在新产品研发过程中，除了交付工艺条件之外，还要交付模型，从研发系统开始，就将工艺设备信息化“捆”在一起，从源头为智能化建设提供基础条件；要推动信息自动化由服务型向主导型转变，把智能化系统作为整个生产系统的龙头，设备和生产为智能化提供基础条件，推动智能化建设加速发展；要强化设备系统状态管理，从单台设备的性能指标管理，提高到整体设备系统对智能制造、新产品研发支撑能力的管理。打造智能产线是明年的一项重要工作，需要各个系统相互配合，切实推动产线从模型化向智能化发展。

结合成本工作，王兰玉强调，成本要在现有基础上实现新突破。要大胆尝试、积极探索，推动重大工艺、技术手段在降成本工作中的应用。要群策群力，激发全员降成本积极性，要把全员创新工作的着眼点放在降成本上，发挥全体职工的智慧和力量，推动降成本工作实现新突破。

公司副总经理张洪波对10月以来工作进行总结，对下步工作提出要求。要强化质量管控，加大工艺过程控制，降低废次降率，保证产品质量；要加大工艺技术指标管理，深挖成本潜力，全力以赴降低成本；要全面做好秋冬季防火、防寒、防冻工作，杜绝安全隐患；要开展好危废问题自查工作，推动公司环保管理水平全面提升。

公司总会计师赵丽树通报了9月公司及各单位财务指标完成情况。

10月月末工作例会

提高产线效率　树立成本思维　提升智能制造水平

在11月4日召开的公司月末工作例会上，公司党委书记、董事长王兰玉强调，要充分吸取近期国内钢企安全事故教训，保持安全生产良好局面；要做好与不利因素打“持久战”的准备，坚定信心、下真功夫，树立成本思维，提升产线效率；要认真学习华为的先进经验，推动公司于变革中实现更好发展。

就安全生产工作，王兰玉强调，近期钢铁行业发生的多起火灾事故损失惨重，也给公司安全管理工作敲响了警钟。受环保因素影响，烧结机限产已成为常态，这既给生产经营造成了困难，也给安全工作提出了更严峻的挑战。公司要充分吸取事故单位教训，特别是炼铁、炼钢区域要进一步严格管理，确保人员和设备安全。公司针对各类事故也制定了针对性防范措施，但要特别谨防安全意识和安全措施随着时间的推移而淡化，要经常性地开展安全管理“回头看”工作，发现问题严肃整改，坚决杜绝各类事故发生。

就近期生产经营工作，王兰玉强调，当前，全球经济形势不容乐观，公司所面临的环保形势越来越严峻。为此，各单位要在适应形势的同时制定切实有效应对措施，对于需要关停的设备，要统筹考虑、方案具体、做好维护；对于在线生产的设备，要进一步强化“产就高效率”理念，确保公司的产量水平和效益水平。要强化成本意识，树立“过紧日子”思想。目前，外部环境变得更加复杂且难以预测，公司也要做好与诸多不利因素打“持久战”的思想准备。做好成本工作，成本思维是关键。要保持公司在成本控制上的“先手”，同时也要加大科研攻关力度，培育公司在产品领域的竞争优势。要下真功夫，拥有将工作落到实处的决心和信念，在克服困难的同时为未来发展积蓄力量。

王兰玉就赴华为公司培训学习分享了感悟。他指出，华为作为我国先进企业的代表，其在企业战略和执行、人力资源和绩效管理、企业文化、发展变革等领域的经验做法值得我们学习借鉴。要深入学习华为公司极强的生存危机意识，始终将危机意识作为公司发展过程中的一个主动力，推动企业发展；要学习华为极强的学习能力，努力将世界先进企业的经验真正应用到公司管理行为中，充分借助外力推动发展变革，不断提升自身的硬实力；要做好战略执行和战略分解，切实将集团战略结合公司实际有效转化为全体职工的行动，实现落地落实；要重视企业文化的培育和员工思想行为习惯的养成，按照集团有关方案和要求，不断加强公司企业文化建设，使企业文化内化于心、外化于行、固化于制，为公司发展提供文化引领和支撑；全体员工要深入思考5G技术对未来企业生产经营和管理带来的巨大变化和影响，以前瞻性眼光，做好迎接5G时代到来的准备，通过推广应用好5G技术，持续提升公司智能制造水平。

公司副总经理张洪波总结10月生产经营情况，并对11月工作进行部署。要加强生产组织，保持好目前的生产状态，同时各条产线也要注意控制事故，减少事故产生的生产中断；汽车板事业部要做好质量攻关安排，继续加强表面质量攻关；要深刻汲取事故教训，高度重视消防安全管理，利用“消防安全月”活动这一契机，落实安全主体责任，增强职工安全意识，提高职工消防安全技能，确保公司消防安全管理水平得到提升；要提前部署冬季季节性事故防范措施，全面排查治理各类隐患，严防事故发生；公司各区域要将区域环保应急操作预案落实到岗，杜绝操作不当引起的环保异常，同时要加强移动污染源治理管控，保证运输车辆符合环保排放标准，实现公司全工序、全流程达标排放。

公司党委副书记张小帅对公司11月党委工作进行安排部署。一是要认真学习贯彻党的十九届四中全会精神，深刻理解和领会中央作出的关于推进国家治理体系和治理能力现代化的战略部署，把思想和行动统一到中央精神上来；二是扎实做好省委巡视反馈意见整改落实工作，公司有关部门要高度重视、严细工作、提升质量，确保巡视整改取得预期效果；三是进一步强化公司基层党建工作，不断提升公司基层党建工作的质量和水平；四是各子分公司要参照公司党委和行政修订下发的“三规则一办法”，认真做好本单位“三规则一办法”修订完善工作；五是做好形势任务教育、信访稳定等工作。

11月月中工作例会

下大力度解决好成本问题　切实提高企业竞争实力

在11月18日召开的公司月中工作例会上，公司党委书记、董事长王兰玉强调，要下大力度解决好成本问题，把“产就高效率”做到极致，做好创新评价，积极引入前沿技术，将各职能部室与产线真正捆绑在一起，提高企业在复杂多变市场环境下的竞争实力。

王兰玉指出，提高成本控制能力是未来应对长期市场低迷的关键。钢铁行业规模效益特点显著，点滴费用的变动都会给整体生产经营带来巨大影响。公司上下要进一步加大成本控制力度，着眼解决实际问题、实现新的突破，将成本控制能力提升到业内最好水平，为企业应对复杂多变的市场环境奠定基础。

王兰玉强调，要将“产就高效率”理念贯彻到极致。做到“产就高效率”，需要广大干部职工敢于担当、敢于尽责、敢于首当其冲。宏观层面讲，生产制造部要对全公司生产状况反应灵敏，迅速做出安排，各生产单元也要具备高度的应变能力，迅速将计划组织落实到位；微观方面看，除高炉、转炉、连铸机等大型设备外，全系统也要将各类指标细化分解到每一台风机、水泵、液压站等最小单元，既抱西瓜也要拣芝麻，捋顺工作思路和方法，提高科学管理能力，杜绝用费用保稳定，要用管理保稳定。为进一步把“产就高效率”理念落到实处，生产制造部要统筹协调各生产单元做好详细工作安排，同时公司党委系统要成立督查组促进工作落实，财务系统也要按照高效生产标准下达有关指标。

王兰玉强调，要加大创新评价力度，推动重大工艺、技术手段在降成本工作中的应用。公司上下要深刻剖析现状，将前沿技术引入到生产环节，要明确时间节点和任务进度。同时，要将项目落地情况，纳入绩效考核，通过创新绩效奖励办法，打破四平八稳的工作节奏，激发全员在成本管控工作中的热情和积极性，推动降成本工作实现新突破。

王兰玉强调，各职能部室要真正服务于产线，协助支持各生产单元实现降成本的目标。工作推进过程中，要创新工作模式，将全公司成本控制指标科学合理、有的放矢地分解下去，要通过职能部室与生产单元协同合作的“项目制”工作模式，推动工作力度的加强、成本费用的降低和工作理念的革新。

王兰玉还就用户市场研究等工作提出要求。

公司副总经理张洪波对11月以来工作进行总结，对下步工作提出要求。要重点组织完成长安福特、长城汽车、奇瑞汽车等数据包提交工作；要坚持好管理一贯制，提升全流程工艺质量控制能力；要组织好唐山市《冶金建材行业冬季安全生产工作方案》落实，加强防寒防冻重点部位、重点设备的点巡检，强化冬季消防安全管理，开展好消防安全月各项活动；要全力做好2019年环境管理体系外审工作，修改完善日常体系管理内容，确保公司顺利通过外审。

公司总会计师赵丽树通报了10月公司及各单位财务指标完成情况。

11 月月末工作例会

认真贯彻落实集团务虚会精神
加快谋划好 2020 年生产经营工作

在 12 月 2 日召开的公司月末工作例会上，公司党委书记、董事长王兰玉强调，要认真贯彻落实集团 2020 年工作务虚会精神，以更开阔的思路、更创新的举措，全面做好市场和产品、成本管控、用户市场研究等各项工作，为 2020 年各项工作起好步打下基础；要大胆创新、加快推进，以项目制建设为抓手，促进公司整体经营水平快速提升；要进一步弘扬宪法精神，树立宪法权威，营造全员学习宪法、宣传宪法、遵守宪法、维护宪法的良好氛围，加快推进依法治企进程，保障企业持续稳定发展。

就认真贯彻落实集团 2020 年工作务虚会精神，王兰玉指出，11 月中旬，集团召开了 2020 年工作务虚会，总结回顾 2019 年工作，研究谋划 2020 年工作思路和重点工作，为公司做好新一年生产经营工作指明了方向，开阔了思路，更加坚定了公司全体干部职工做好新一年工作的信心和决心。公司各单位要认真贯彻落实集团 2020 年工作务虚会精神，以更开阔的思路、更创新的举措，提早起步、加快谋划，为全面做好 2020 年生产经营工作打下坚实基础。要坚定不移地抓市场和产品，把市场、产品、质量作为头等大事，建立新目标、使用新方法，力促各项工作再上新台阶。要突出产品和成本，在建立新的比较优势的同时，巩固和提升原有的成本优势。要坚决落实好“产就高效率”，甩掉“多开设备保稳定”的求稳思维，以强大的基础管理支撑设备稳定运行，把每一台设备效率发挥到极致，为降低成本创造好的环境；要突破传统思维，大力采用新技术，通过对标先进企业，学习新技术、新方法，推动新技术在产线的覆盖，促进成本管控再上新水平。要运用信息技术手段加快建设统一的营销管理体系和平台，制定对策，杜绝“价格洼地”现象，把高价格作为独立市场单元的指挥棒。要实现从单纯的服务用户向服务市场的转变，通过点对点的服务用户，进一步整合思维、寻找规律，确定服务市场的方法和原则，这是提升产品售价的关键；要深度研究市场，把提升产品售价作为营销工作的核心点，努力拓展用钢行业领域研究，把研究触角从公司产线延伸至用户产线前端，积极寻找增值空间，提升服务客户能力建设，以优质的产品和服务，让用户满意信赖，从而不断提升售价水平。

王兰玉强调，要加快推进项目制建设，以项目建设拉动公司整体经营水平快速提升。明年公司将进一步加大奖励力度，鼓励各单位以项目立项的形式，进一步分解指标，推动生产经营任务落实见效。各单位要大胆创新、大胆尝试，通过项目制建设，彻底解决从目标到方法落地不实的问题。职能部室要重点围绕产品质量提升、品种开发、成本降低等重点工作，积极参与到项目建设中去，为生产厂提供优质服务，共同推动目标达成。同时，全员创新也是项目建设的形式之一。要鼓励全员创新，学习华为“小建议大奖励”的做法，鼓励基层职工广泛参与到项目建设之中，进一步形成生产厂、职能部门、基层职工等各个层面积极参与、群策群力的良好工作氛围，推动公司各项工作在新一年实现新的突破。公司各单位要按照这一工作思路，把这项工作谋划好、组织好，提早起步、大胆创新、加快推进，并通过摸索积累成功经验，为公司未来发展提供强大助力和坚强支撑。

就组织开展好国家宪法日系列法律宣传活动，王兰玉要求，要充分认识学习宣传和贯彻实施宪法的重大意义，教育引导全体干部员工做宪法的忠实崇尚者、自觉遵守者、坚定捍卫者；要切实增强学习宣传和贯彻实施宪法的实际效果，构建宪法宣传教育长效机制，切实加强宪法实施，促进宪法宣传教育常态化、长效化，实现宪法学习宣传全覆盖，使宪法精神深入人心；要全面提升公司依法决策、依法经营和依法管理能力，努力将企业打造成“全员守法、全面覆盖、全程管控”的法治企业。

公司副总经理张洪波总结11月生产经营情况，并对12月工作进行部署。各单位要将质量管理始终摆在重要位置，加强过程控制，强化部门协同，真正将质量管理体系落到产线；要切实提高产线效率，强化基础管理，进一步降低生产成本；要着力做好安全生产检查和验收工作，确保各项安全措施落实到位；要全力抓好冬季安全管理，强化极端恶劣天气保障措施；要积极完善环保应急操作预案，确保责任落实到岗。

公司党委副书记张小帅对12月党委工作进行安排部署。一要深入学习贯彻党的十九届四中全会精神，抓好落实、全力推动，真正将党的十九届四中全会精神落实到公司基层；二要认真学习贯彻集团2020年工作务虚会精神，切实把全体干部职工的思想和行动统一到集团和公司2020年决策部署上来，为公司生产经营和党的建设开局起步打好基础；三要开展好“党建质量提升年”活动，提升各级党组织党建工作标准化规范化科学化水平；四要超前做好公司二十二届职代会三次会议筹备工作；五要切实抓好岁末年初元旦、春节“送温暖”和信访稳定等工作。

12月月中工作例会

深入解放思想　改革改变创新
推动公司新一年生产经营再上新台阶

在12月16日召开的公司月中工作例会上，公司党委书记、董事长王兰玉强调，要深入解放思想，在关键工作上强力推行项目制管理，通过不断改革、改变、创新，推动公司新一年生产经营再上新台阶。

王兰玉强调，要深入解放思想，努力寻求改革、改变、创新，确保明年各项工作取得新突破。明年市场形势异常严峻，仅仅依靠在原有工作模式基础上加大工作力度，难以实现各项生产经营目标。明年工作实现突破的关键是解放思想，要在解放思想中大胆尝试、深化改革，用创新的思维和办法解决前进道路上的新问题、新情况。要在项目制管理、科研机制创新、生产设备管理机制变革、模型化智能化建设、全员创新等关键工作上，不断寻求改革、改变、创新，以重点工作的突破带动全局工作的发展。

王兰玉强调，要深化机制体制创新，强

力推进项目制管理，确保公司2020年各项生产经营任务有效落地。明年，公司将进一步深化机制体制创新，打破原有的管理模式，以项目立项的形式，整合公司内部各专业资源，通过建立强有力的激励机制，促进各专业部室与产线深化融合，最大限度利用好部室的公共服务能力和专业支撑。“开弓没有回头箭”，明年是公司推行项目制管理的第一年，各单位要高度重视、提前谋划，做好项目建设与经营目标的有效结合，力争项目早起步、早见效，充分利用好项目制管理这一抓手，推动明年生产经营再上一个新台阶。

王兰玉强调，要不断创新科研机制，激发创新活力。明年公司科研系统创新的关键点是项目制建设，通过项目对公司的贡献来确定人员薪酬，同时要做好工作职能调整、人才培养梯队建设等方面的匹配。要以技术中心变革带动公司研发系统变革，各事业部要与技术中心密切配合、协调联动，确保新的科研机制有效推进、取得实效。

王兰玉强调，要积极推进生产设备管理机制变革。生产设备一体化是生产稳定顺行的前提，也是实现智能化的基础条件。明年公司将强力推进生产设备管理体制变革，通过组织机构调整、复合型人才培养，打破生产、设备的专业界限，让二者有机融为一体，为模型化智能化建设提供基础支撑。相关职能部室要做好调查研究和措施制定，确保该项工作迅速展开。

王兰玉强调，要做好模型化智能化与生产设备系统配套。信息自动化系统的创新也是明年的一项重点工作，要将模型化、智能化配置到生产系统之中，通过项目制建设，让科研、生产、设备、信息化有机融合，“绑成一根绳”，才能实现真正意义上的智能化。同时，要建立激励机制，吸引信息技术人才，充分发挥优秀人才引领作用，创造更多优秀业绩，让智能化为公司未来发展提供强大支撑。

王兰玉强调，要高度重视、持续推进，激发全员创新机制活力，推动公司持续发展。公司各单位要把全员创新作为一项重点工作常抓不懈，要深入研究并建立全员勇于创新、不断创新的长效机制，学习华为“小发明大奖励”“大奖励受鼓励”等激励机制，营造良好的全员创新工作氛围，让全员创新为企业发展提供不竭动力。

王兰玉强调，要学会将批判性思维融入工作之中，打破“存在即合理”的旧有思维定式，敢于叫板所谓的行业定律、惯性做法，让批判性思维冲破思想的“天花板”。如此，才能带动公司整体工作再上新台阶，才能让公司在激烈的市场竞争中立于不败之地。今年以来，不锈钢公司1580线轧制宽度的突破、中厚板公司单班次生产效率再创纪录，这些单位用实实在在的行动诠释了批判性思维带动工作提升的重要作用。只有敢于打破传统，敢于否定，大胆尝试并积极寻求方法，才能实现新的突破。明年，各单位要将这一思维模式贯穿到费用、技术指标控制、效率、成本等各项工作之中，内化于心、外化于行，推动公司新一年生产经营再上新台阶。

公司副总经理张洪波对12月以来工作进行总结，对下步工作提出要求。各单位要认真落实“产就高效率”的理念，将高效生产作为公司降成本的重要手段，激发最小单元的效率潜力，支撑全系统的高效运转；要自我加压、敢于提升，在确保生产稳定的基础上，适度进行备份设备的“减法”，寻求产线效率的新提升、新突破，真正将“产就高效率”的理念发挥到极致，加速推动公司降本增效工作；要继续做好公司冬季安全管理，持续做好防寒、防冻检查工作，认真落实冬季行车、用电、动火作业等安全防范措施，保证公司冬季安全生产；公司各区域要保证环保设施稳定运行，高标准、严要求、全方位地保障公司生产良好的外部条件。

公司总会计师赵丽树通报了11月公司及各单位财务指标完成情况。

12月月末工作例会

贯彻落实集团2020年度工作会议精神 以项目制管理促公司生产经营快速提升

在12月30日召开的公司月末工作例会上，公司党委书记、董事长王兰玉强调，要全面学习贯彻落实集团2020年度工作会议精神，不断解放思想、创新突破，提升成本管控水平、激发全员创新活力、做好项目制管理，确保公司2020年生产经营水平再上新台阶。

王兰玉强调，要全面学习贯彻落实集团2020年度工作会议精神，解放思想、创新突破，彻底转变思路、敢于否定自我，推动成本工作取得新的进步。要深入学习领会集团2020年度工作会议精神，牢牢把握市场和产品两个关键，坚定不移推进客户结构优化和产品结构调整，重点关注结构成本降低、资金管控、现金流控制等工作，确保集团各项工作部署在公司迅速落实、取得实效。在巩固传统成本优势这项工作中，各单位要进一步统一思想，正视自身工作，公司历来高度重视成本工作，但不论是在降成本的方式方法上，还是在体制机制上，公司与先进企业相比都存在着一定差距。理念的创新决定工作方法的改进和管理标准的提高。要想实现成本工作新进步，唯有彻底转变思路，从根本上否定自己，不断解放思想、创新突破，才能真正找到自己的优势，才能从根本上提升成本管控能力。要开动脑筋、勇于否定自我，牢固树立“能用管理手段解决的问题，决不用工程手段来解决”的理念，重新寻找降本新思路、新方法；要严格执行集团资金管理的刚性规定，必须做到收支一条线，公司钢铁主业和非钢单位决不允许出现收支不平衡；除了正常的生产经营开支外，不允许动用生产经营资金一分钱上项目、搞改造、增库存等，对违反规定的单位将严肃追责问责。

王兰玉强调，要创新激励机制，鼓励全员创新，充分激发企业发展活力。要学习华为“小建议大奖励”的做法，技术中心、财务经营部、工会要抓紧研究制定新的激励机制，进一步增强职工创新意识，厚植全员创新土壤，凝聚全员智慧和力量，为公司发展注入强大动力。

王兰玉强调，要以项目制管理为核心点，围绕高效生产、智能产线建设、前沿技术应用、全员创新等工作重点，明确目标任务，制定项目计划，确保公司2020年预算指标严格贯彻执行。要围绕产就高效率，降低备品备件消耗和采购成本，降低铁前、钢轧结构成本制定项目任务，进一步将措施办法具体化、可执行化；要坚定不移推进智能产线建设，特别是中厚板公司、不锈钢公司、高强汽车板有限公司以及各非钢单位更要把智能产线建设放在突出位置，制定智能化建设项目方案，借助智能产线建设打一个翻身仗，增强公司高效生产、成本管控能力；要拥抱前沿技术，学习引进前沿技术，拓展其覆盖范围，提升公司成本管控、智能化建设水平；要激发全员创新活力，各单位要深入思考如何依托项目制管理，创新机制体制，引领广大职工积极投身创新活动之中；要做好生产设备一体化管理，为公司智能化建设打下基础，推动公司向智能产线大幅迈进。

公司副总经理张洪波通报了公司 12 月以及全年重点指标完成情况，并对 2020 年 1 月工作进行了安排。各单位要高度重视高效生产，通过提高单体设备效率水平，将高效生产落到实处；要努力做好质量平台建设，将客户需求融入平台建设体系，满足客户差异化需求；通过学习对标，提升各产线降本增效能力；继续强化服务能力建设，提高客户满意度；要进一步深化安全生产集中整治工作、全面抓好元旦、春节期间安全管理，为公司安全生产提供有力支撑；要时刻绷紧环保这根弦，高标准，严要求，确保公司各项环保工作要求落到实处。

公司党委副书记张小帅对 2020 年 1 月党委工作进行安排。一要认真学习贯彻中央经济工作会议精神，引导党员干部职工把思想和行动统一到中央对经济工作的决策部署上来，推动公司生产经营和改革发展再上新水平。二要深入宣传贯彻集团党委一届四次全会和 2020 年度工作会议精神，为集团建设最具竞争力钢铁企业作出更大贡献。三要全面宣传贯彻落实公司二十二届职代会三次会议精神，凝聚推动公司高质量发展的智慧和力量，确保公司 2020 年各项工作起好步、开好局。四要做好党群系统总结述职、项目制管理等工作。五要统筹安排并切实做好两节期间查纠“四风”、送温暖、信访稳定、安全环保等工作，确保公司生产稳定顺行、职工祥和安康过好两节。

厂部级干部调整

行　　政

河钢唐钢字〔2019〕2号　2019年1月12日，根据工作需要，经公司研究决定：原划归公司办公室管理的河钢唐钢北京宾馆独立运营。刘学林同志任河钢唐钢北京宾馆总经理（正厂部级，试用期半年），不再担任公司办公室副主任职务。

河钢唐钢字〔2019〕28号　2019年3月13日，根据工作需要，经公司研究决定：李良同志任物流分公司副总经理（正厂部级），派驻唐曹铁路公司工作；张宝会同志不再担任国际合作部副部长（正厂部级）职务，调河钢乐亭钢铁有限公司工作；王峰同志不再担任访问研究员职务，调河钢工业技术服务有限公司工作；褚志勇同志不再担任能源科技分公司副总经理职务，调河钢乐亭钢铁有限公司工作；张文彬同志不再担任物流分公司副总经理职务，调河钢国际物流公司工作。

河钢唐钢字〔2019〕34号　2019年3月19日，按照公司厂部级干部管理规定，厂部级干部任职试用期为半年。蒋泓津同志试用期满后，经组织考核，公司党委常委会研究决定：蒋泓津同志任城市服务有限责任公司（行政福利处）副总经理（副处长）。

河钢唐钢字〔2019〕48号　2019年5月17日，河钢塞尔维亚有限公司由公司代为经营管理，根据工作需要，经公司党委研究决定：明确魏东明、赵凯星同志为公司副厂部级（试用期半年）；刘彦利同志不再担任非钢管理部副部长职务。

河钢唐钢字〔2019〕50号　2019年5月22日，根据工作需要，经公司研究决定：王树森同志任发展规划部副部长，不再担任检修分公司副总经理职务。

河钢唐钢字〔2019〕59号　2019年6月6日，根据工作需要，经集团研究同意：张洪波同志任公司安全总监。

河钢唐钢字〔2019〕66号　2019年7月9日，按照公司厂部级干部管理规定，厂部级干部任职试用期为半年。王树忠等3名同志试用期满后，经组织考核，公司研究决定：王树忠、王兴国、胡云波同志任唐银钢铁有限公司副总经理。

河钢唐钢字〔2019〕70号　2019年8月7日，经公司研究决定：刘连祥同志不再担任二钢轧厂副厂长职务，离岗休养。

河钢唐钢字〔2019〕71号　2019年8月13日，按照公司厂部级干部管理规定，厂部级干部任职试用期为半年。刘学林同志试用期满后，经组织考核，公司研究决定：刘学林同志任河钢唐钢北京宾馆总经理。

河钢唐钢字〔2019〕79号　2019年9月2日，根据工作需要，经公司研究决定：林广源同志任发展规划部副部长，不再担任设备机动部副部长职务。

河钢唐钢字〔2019〕83号　2019年9月18日，根据公司文件规定，经公司研究决定：刘彦君同志不再担任检修分公司副总经理职务，离岗休养。

河钢唐钢字〔2019〕90号　2019年10月12日，经河钢集团研究决定（集团组干字〔2019〕54号、61号）：曾庆军同志任河钢唐钢中厚板公司总会计师；骆艳同志任河钢唐钢不锈钢公司总会计师；王晓刚同志不再担任河钢唐钢财务经营部副部长、中厚板公司总会计师职务。明确唐娟同志为河钢唐钢中层副职级（试用期半年）。

河钢唐钢字〔2019〕115 号　2019 年 12 月 22 日，根据公司文件规定，经公司研究决定：白连臣同志不再担任唐银钢铁有限公司副总经理职务，离岗休养；陶文同志不再担任唐钢美锦煤化工有限公司副总经理、德盛煤化工公司副总经理职务，离岗休养；孙术永同志不再担任能源科技分公司副总经理职务，离岗休养；檀凤林同志不再担任市场部副部长职务，离岗休养；黄有良同志不再担任国际合作部副部长职务，离岗休养。

党　委

河钢唐钢党发〔2019〕2 号　2019 年 1 月 12 日，根据工作需要，经公司党委研究决定：刘学林同志不再担任党委办公室副主任职务。

河钢唐钢党发〔2019〕14 号　2019 年 3 月 19 日，按照公司厂部级干部管理规定，厂部级干部任职试用期为半年。齐文方同志试用期满后，经组织考核，公司党委常委会研究决定：齐文方同志任型线事业部党委副书记、纪委书记（正厂部级）。

河钢唐钢党发〔2019〕36 号　2019 年 7 月 9 日，按照公司厂部级干部管理规定，厂部级干部任职试用期为半年。马洪龙同志试用期满后，经组织考核，公司党委常委会研究决定：马洪龙同志任唐银钢铁有限公司党委副书记、纪委书记。

河钢唐钢党发〔2019〕42 号　2019 年 9 月 18 日，根据公司文件规定，经公司党委研究决定：刘彦君同志不再担任检修分公司党委副书记、纪委书记职务，离岗休养。

河钢唐钢党发〔2019〕55 号　2019 年 12 月 22 日，根据公司文件规定以及工作需要，经公司党委研究决定：李致清同志不再担任自动化信息公司党委书记、纪委书记、工会主席，唐山创元方大电气有限公司党总支书记职务，离岗休养；张文国同志不再担任唐山钢铁国际工程技术有限公司党委书记职务，离岗休养；高立秋同志不再担任中厚板材有限公司党委副书记、纪委书记、工会主席职务，离岗休养；白连臣同志不再担任唐银钢铁有限公司工会主席职务，离岗休养；孙红霞同志不再担任唐山惠唐新事业产业发展有限公司党委副书记、纪委书记职务，离岗休养；万海龙同志任自动化信息公司党委书记、唐山创元方大电气有限公司党总支书记。

河钢集团唐钢公司文件

河钢唐钢字〔2019〕16号

河钢集团唐钢公司
关于下发《员工素质绩效能力积分制管理实施办法（试行）》的通知

公司各单位、机关各部室：

《河钢集团唐钢公司员工素质绩效能力积分制管理实施办法（试行）》业经公司第二十二届职代会第二次会议审议通过，现予下发，请认真贯彻执行。

河钢集团唐钢公司

2019年2月12日

河钢集团唐钢公司
员工素质绩效能力积分制管理实施办法

（试　行）

为深化公司体制机制改革，建设最具竞争力钢铁企业，打造一支有素质、有思维、有视野、有能力的员工队伍，实现企业和员工共同成长，特制定本办法。

一、指导原则

（一）通过积分制管理，构建员工素质绩效管理体系，用奖分和扣分对员工的素质能力、绩效表现进行全方位考核，为公司培养、使用、评价、激励员工提供量化依据。

（二）通过积分制管理，全面记录员工的岗位成长历程，激励员工立足本职岗位，不断提高综合素质绩效水平。

（三）通过积分制管理，不断挖掘员工原动力和创新力，激发员工的荣誉感，营造健康向上的企业文化氛围。

（四）通过积分制管理，不断拓展专项绩效积分管理范围，采取“先行试点，逐步推广”的方式，有计划、高质量地推进积分制管理。

二、成立领导小组

（一）公司积分制管理领导小组

组长：王兰玉、田欣

副组长：李茂广、张洪波、姚力、赵丽树、武士勇、孙国平、宋嗣海、高永春、谭文振、张小帅、陶立国、刘铁力、王文德

成员：各单位党政正职领导和党委副书记。

积分制管理领导小组下设办公室，办公室设在公司人力资源部，办公室主任为人力资源部部长。

（二）职责分工

1. 公司积分制管理领导小组办公室（人力资源部）

（1）负责公司积分制管理实施办法制订、修订完善等工作，报经公司积分制管理领导小组批准后发布实施。

（2）负责公司积分制管理的推进以及各专项绩效积分分值标准审核备案等工作，报经公司积分制管理领导小组批准后发布实施。

（3）负责指导协调处理积分制管理推进过程中遇到的各种问题，并提出解决方案。

（4）负责组织 JFZ 管理软件系统开发、系统操作指南手册制定以及培训指导等工作。

2. 公司机关各职能部门（包括双职能部门）

（1）负责本部门专项绩效积分实施细则制订及推进落实工作，报经公司积分制管理领导小组批准后发布实施。

（2）负责协调处理本部门专项绩效积分推进过程中遇到的各种问题，并反馈人力资源部。

（3）负责本部门管理范围员工获得的各项荣誉、成果、称号以及给予处分的审核、记录等工作，并反馈人力资源部及有关单位。

（4）负责本部门内部积分制管理推进落实工作，成立积分工作小组，并责成专人

完成检查、汇总、反馈、公示、存档以及积分数据导入、日常系统维护等基础工作。

3. 公司各单位（包括子分公司及代管企业）

（1）负责本单位积分制管理推进落实工作，成立积分工作小组，并责成专人完成检查、汇总、反馈、公示、存档以及积分数据导入、日常系统维护等基础工作。

（2）负责本单位员工获得的各项荣誉、成果、称号以及给予处分的审核、记录等工作，并反馈人力资源部及派驻机构。

（3）负责协调处理本单位积分制管理推进过程中遇到的各种问题，并反馈人力资源部及派驻机构。

三、适用范围

实行公司岗位绩效薪级工资制度管理的在岗劳动合同制员工和劳务派遣人员。

四、积分制项目构成

员工整体积分由基本素质能力积分、综合绩效能力积分等两大项构成。

（一）基本素质能力积分：由基础积分、学历积分、专业技术职称积分、职业资格积分、荣誉积分、处分积分等六个子项组成，是结合员工实际具备的素质能力等状况而实施的积分管理，并对照积分分值标准而享受的积分。积分分值标准由公司统一制定。

（二）综合绩效能力积分：由全员绩效积分、专项绩效积分等二个子项组成，是结合员工实际工作的绩效表现等状况而实施的积分管理，其中：

1. 全员绩效积分，是依照各单位全员绩效管理排名结果而实施的积分管理，并对照积分分值标准而享受的积分。积分分值标准由公司统一制定。

2. 专项绩效积分，是依照公司机关各职能部门现行专项绩效（奖惩）制度而实施的积分管理，并对照积分分值标准而享受的积分。积分分值标准由公司机关相关职能部门依据公司规定要求组织拟定，报经公司积分制管理领导小组审定批准后发布实施。

五、积分制分值标准

（一）基本素质能力积分分值标准

1. 基础积分

对每名员工给予每年一次性享受20分的基础积分。

2. 学历积分

依据国家颁发的学历证书，对照学历积分分值标准而享受的积分，按年度积分。

学历积分分值标准对照一览表

学历	博士生	研究生	本科（双学位）	本科	大专	中专、中技、高中	初中及以下
积分（分）	40	30	25	20	15	10	5

若学历提升的，自取得毕业证书之年起享受对应积分。

3. 专业技术职称积分

依据国家颁发的专业技术职称证书，对照专业技术职称积分分值标准而享受的积分，按年度积分。

专业技术职称积分分值标准对照一览表

专业技术职称	正高级	高级	中级	初级
积分（分）	10	8	6	4

若专业技术职称等级晋升的，自取得证书之年起享受对应积分。

4. 职业资格积分

依据国家颁发的职业资格证书，且职业资格证书工种专业与所在工种（岗位）相一致的，对照职业资格积分分值标准而享受的积分，按年度积分。

职业资格积分分值标准对照一览表

职业资格	高级技师	技师	高级	中级	初级
积分（分）	8	6	4	2	1

若有下列情况之一的，依照如下规定并自取得职业资格证书之年起享受对应积分。

（1）对取得职业资格证书等级晋升的，且工种专业与所在工种（岗位）相一致的，享受对应积分分值标准的积分。

（2）对取得职业资格证书，且工种专业与所在工种（岗位）不一致但与操作岗位业务相关、能提升所属工种工作业绩且相近的，享受对应积分分值标准的50%积分；对取得多个上述职业资格证书的，每多一个证书多享受对应分值标准的50%积分（原则上最多不超过2个）。

（3）对既取得职业资格证书又取得专业技术职称证书，并在操作岗位工作的大学生员工等（即干部身份管理的人员），按照积分分值标准高的证书享受积分，另外的证书按照对应积分分值标准的50%享受积分。

5. 荣誉积分

依据当年获得的各级党政工团等组织授予的荣誉称号（指获得的优秀党（团）员、优秀党（团）务工作者、先进生产工作者、劳动模范、五一奖章等荣誉称号），对照荣誉积分分值标准享受的积分，按年度积分。

对获得其他荣誉称号（包括科技成果、管理成果、技能竞赛等奖项称号）的，将纳入本办法专项绩效积分范围进行管理。

荣誉积分分值标准对照一览表

荣誉	国家级	省部级	厅（集团）级	市（公司）级	单位级
积分（分）	30	25	20	15	10

若当年内获得多项荣誉称号的，以最高荣誉分值标准享受对应积分；若当年内获得最高荣誉称号为行业（或协会）等组织授予的，享受对应分值标准的50%积分。同时对荣誉积分设定有效期限，有效期限为5年，期满之次年起重新进行积分。有效期限内获得荣誉称号的，以此类推。

6. 处分积分

依据当年受到的党纪、政纪处分，对照处分积分分值标准给予的积分，按年度积分。

处分积分分值标准对照一览表

党纪处分	开除党籍	留党察看	撤销党内职务	严重警告	警告
政纪处分	—	留用察看	记大过	记过	警告
积分（分）	−30	−25	−20	−15	−10

若当年内受到多次处分的，以最高处分分值标准给予对应积分，并对不同处分设定积分（扣分）保留期限，期满之次年起重新进行积分。

（1）对受到党纪、政纪警告处分的，积分保留期为1年（当年度）。

（2）对受到党纪严重警告、政纪记过处分的，积分保留期为2年。

（3）对受到党纪撤销党内职务、政纪记大过处分的，积分保留期为3年。

（4）对受到党纪留党察看、政纪留用察看处分的，积分保留期为4年。

（5）对受到开除党籍处分的，积分保留期为5年。

（二）综合素质能力积分分值标准

1. 全员绩效积分

以各单位（或科室、作业区等为考核单元）全员绩效管理的月度绩效累计平均“换算”得分结果排序为依据，采取强制分布方式，按照设定的A、B、C、D四个等级、权重及换算得分结果排序进行分位排名，并对照积分分值标准而享受的积分，按年度积分。月度绩效累计平均“换算”得分规则及公式：

该员工月度绩效换算得分＝100分/其

所在考核单元中员工月度绩效实际考核的最高得分×其月度绩效实际考核得分（保留小数点后二位）

该员工月度绩效累计平均换算得分＝其月度绩效换算得分之和/其累计绩效考核月数（保留小数点后二位）

——各单位要对本单位4人（含4人）以下的科室（车间、作业区等考核单元）进行统筹归并及组合，实行统一的全员绩效考核办法，以保证对应结果排序进行分位排名。

——对于少于4人的单位（指整个单位且符合积分制管理范围的人数），依据月度绩效累计平均换算得分结果排序，按照设定的强制分布自高向低排序的规则进行分位排名。

——对于全员绩效管理尚需全面施行的单位，应至少每个季度进行一次每个月度的绩效考核，并应在本年6月底前建立健全全员绩效管理制度，以确保按月考核、按月导入绩效得分。

——对于在开展月度绩效累计平均换算得分结果排序过程中，出现结果排序相同的人员，各单位要给予“谁前谁后”的排序确定，根据对应排序结果进行分位排名。

——对于科级人员和作业长的考核单元组合方式，可采取科级人员（作业长）统一考核、或参与本科室（作业区）员工统一考核，由各单位结合自身实际情况自主确定。

——对于公司实行专业集中统管和派驻制管理的人员，本着“谁负责绩效考核，谁负责排序排名”的要求，做好本项积分的管理工作。

全员绩效积分分值标准对照一览表

分位排名等级	A	B	C	D
分位排名权重	20%	30%	40%	10%
积分（分）	100	85	70	60

若有下列情况之一的，依照如下规定享受对应积分。

（1）对当年因岗位调动致使全员绩效考核权限发生变化的，将本部门分段月度绩效换算得分、月度绩效换算累计绩效平均得分的情况，提供于行使积分权力部门（或单位），由该部门（或单位）进行结果分位排名。

（2）对当年因工负伤或职业病且连续休假满6个月以上的，按C等级享受积分。

（3）对当年新招录用或调入公司且工作不满3个月的，按D等级享受积分。

2. 专项绩效积分

以公司机关各职能部门现行专项绩效（奖惩）管理制度为依据，由专项绩效积分主管职能部门，原则上遵循公司统一制式的要求，选定3～5个关键绩效指标作为积分要素，各积分要素分值标准“最高奖分10分或20分、最低奖分1分，最高扣分5分、最低扣分为1分，各积分要素最高奖分之和不超25分或45分，按年度积分”的规定进行拟定，报经公司积分制管理领导小组批准后发布实施。若积分要素或积分分值标准需要调整的，应于每年年底前提出调整意见，报经公司积分制管理领导小组批准后，次年1月份发布实施。

××××积分分值标准（模板）

主管部门：______　____年__月__日批准发布实施

积分要素	积分要素定义	积分周期及分值标准		
		周期	最高奖分	扣分
1.				
2.				
3.				

实施细则：

本次先行试点的专项绩效积分项目为：员工培训成长积分（主责部门：人力资源部）、员工自主创新积分（主责部门：总工办）、员工技能竞赛积分（主责部门：工会）；同时，将结合上述有关规定要求，对选定的部分积分要素（包括奖分要素和扣分要素）设定5年以内的有效期或保留期。

六、积分行权管理

（一）对基本素质能力积分的行权

由各单位和公司人力资源部派驻机构或主管人员以及相关主管部门共同行使积分权力。各单位依据积分分值标准及管理规定实施积分，其中：基础积分，学历积分、专业技术职称积分、职业资格积分，通过JFZ管理软件系统进行审核确认；荣誉与处分积分，公司及以上部门给予的，由各单位及时持荣誉证书和处分文件，报经公司主管部门进行审核确认，单位给予的，由本单位主管部门进行审核确认，并由派驻本单位人力资源机构或主管人员，按照JFZ管理软件系统操作流程，导入员工素质绩效能力数据库。每年2月10日前利用JFZ管理软件系统完成上年度积分及汇总工作，并打印《员工基本素质能力积分结果确认单》，公示5个工作日、无异议（或修正）后，予以最终积分结果确认。特殊情况下根据公司要求，可随时进行积分计算。

（二）对综合绩效能力积分的行权

1. 对全员绩效积分的行权

由各单位和公司人力资源部派驻机构或主管人员共同行使积分权力。各单位依据积分分值标准及管理规定实施积分，并通过JFZ管理软件系统进行分位排名和积分。各单位要于每月月底前将上月度员工绩效考核得分结果，报经派驻本单位人力资源机构或主管人员进行审核确认，按照JFZ管理软件系统操作流程，导入员工素质绩效能力数据库，每年2月10日前利用JFZ管理软件系统完成上年度积分及汇总工作（提示：在此工作过程，各单位须于6日前要对出现月度绩效结果排序相同的人员，进行前后排序处理。未进行排序处理的，将以JFZ管理软件系统排序结果为准），并打印《员工综合绩效能力积分结果确认单》，公示5个工作日、无异议（或修正）后，予以最终积分结果确认。特殊情况下根据公司要求，可随时进行积分计算。

2. 对专项绩效积分的行权

由各单位和公司各专项绩效积分实施部门共同行使积分权力。各单位依据积分分值标准及管理规定实施积分，并通过专项积分要素实施部门或通过公司专设软件系统审核确认。各单位要及时完成相关证明材料上报审核确认工作，并由派驻本单位人力资源机构或主管人员，按照JFZ管理软件系统操作流程，导入员工素质绩效能力数据库。每年2月10日前利用JFZ管理软件系统完成上年度积分及汇总工作，并打印《员工综合绩效能力积分结果确认单》，公示5个工作日、无异议（或修正）后，予以最终积分结果确认。特殊情况下根据公司要求，可随时进行积分计算。

（三）对单位科室（车间）领导、作业长及员工积分的行权

对单位科室（车间）领导及作业长的积分，由本单位厂部级分管领导，按照职责分工及积分管理规定行使积分权力；对员工的积分，由其所在科室（车间）、作业区的科长（主任）、作业长，按照职责权限及积分管理规定行使积分权力。同时，依照上述规定，打印《员工基本素质能力积分结果确认单》《员工综合绩效能力积分结果确认单》，并履行公示及审核确认流程。

（四）员工各项积分结果，可通过JFZ管理软件系统客户端或积分微信平台进行查询以及意见反馈。

七、积分结果运用

依据员工素质绩效能力各项积分结果，将采取全部子项积分、部分子项积分、单独子项积分等不同统计方式实施结果运用，并与人才培养、职称申报、选人用人、薪酬激励等制度相挂钩，以有效体现积分制管理的正向激励导向作用。

（一）与人才素质培训挂钩

运用员工素质绩效能力积分结果，全面查找员工素质能力短板，明确公司培训计划、培养对象，采取多种培训方式，开展精准教学，并结合技术创新、管理创新、模式创新，选拔优秀人才参加出国培训、院校送培、学历提升、继续教育等培养计划，全面激发员工内生学习动力。

（二）与专业技术职称、职业资格申报挂钩

依据《河北省专业技术人员继续教育规定》（省政府令 2017 年第 3 号）以及国家职业资格鉴定等有关规定，将员工素质能力积分结果作为申报专业技术职称、职业资格的重要条件，建立继续教育学分积累与积分转换制度，对在继续教育学习中取得优异成果或连续三年以上超额完成继续教育学时的人员，给予申报技术职称、职业资格鉴定的优先权利。

（三）与选人用人、岗位职务聘任挂钩

在遵循“德才兼备、以德为先”原则的基础上，将员工素质能力积分结果作为选人用人的先决条件，通过规范有效的选人用人机制，将优秀人才选拔到关键重要岗位上来，真正激发人才活力。

（四）与岗位工资薪等升降挂钩

在贯彻执行公司《岗位绩效薪级工资制岗位工资薪等升降管理办法》（河钢唐钢字〔2016〕7 号）制度的基础上，将员工素质能力积分结果作为薪等升降资格的必要条件，保证基本素质能力强、综合绩效表现突出的员工，拥有充分的薪等晋升机会。

（五）与年度挖潜增效奖分配挂钩

在贯彻执行公司《关于进一步规范年度挖潜增效奖分配办法的通知》（人字〔2011〕5 号）制度的基础上，将适时划定 10%~50%比例的年度挖潜增效奖总额，通过员工素质能力积分结果“分位排名”与“奖励标准”相结合的方式实施挂钩分配，有效调动员工绩效改善的积极性。

（六）与劳务派遣人员优先选聘录用挂钩

在贯彻执行本办法管理规定的基础上，对获得素质绩效能力积分结果排名前列的劳务派遣人员，给予优先选聘担任重要的职务角色；对积分排名前列并符合公司高技能岗位需求条件的，给予优先录用转换用工关系，有效提升劳务派遣人员的归属感。

八、其他管理要求

（一）各单位要高度重视公司实施积分制管理的意义，准确把握积分制管理过程中，以奖分为主、正向激励为导向、着重积分排名使用、放大激励效果的内涵和作用，不断挖掘员工的原动力，让员工在自觉奋斗的环境中努力工作。

（二）各级领导要严格按照本办法管理要求，抓好本单位、科室（车间）、作业区的具体实施工作，让积分制管理融入各项管理、创优评先之中，不断总结经验，不断提高积分制管理水平，为深化公司激励机制改革奠定坚实的基础。

（三）公司积分制管理领导小组办公室（人力资源部）将结合本办法整体推进情况，组织有关职能部门拓展及配套制定专项绩效积分、积分结果运用等实施细则，并适时发布实行。

九、本办法自 2019 年 1 月 1 日起实施

（一）本办法正式实施之日起开始审核记录员工的积分；对之后新入职的员工，

自劳动合同签订之次月起开始审核记录积分。

（二）本办法将配套制定《JFZ 系统用户操作手册》，以指导各单位落实好积分制管理线上、线下业务衔接等工作。

十、本办法由公司人力资源部负责解释

附件：1. 员工培训成长积分实施细则

2. 员工自主创新积分实施细则

3. 员工技能竞赛积分实施细则

河钢集团唐钢公司办公室　　2019 年 2 月 12 日印发

中共河钢集团唐钢公司委员会文件

河钢唐钢党发〔2019〕32号

中共河钢集团唐钢公司委员会
印发《关于在全公司开展“不忘初心、牢记使命”主题教育的工作推进方案》的通知

公司各直属党委、总支、支部，机关各部室：

《中共河钢集团唐钢公司委员会关于在全公司开展“不忘初心、牢记使命”主题教育的工作推进方案》已经公司党委常委会审议通过，现予以印发，请结合实际认真贯彻落实。

中共河钢集团唐钢公司委员会

2019年6月19日

中共河钢集团唐钢公司委员会关于在全公司深入开展“不忘初心、牢记使命”主题教育的工作推进方案

（2019年6月15日）

为全面贯彻落实中央、省委、省国资委党委和集团党委部署，扎实深入开展“不忘初心、牢记使命”主题教育，根据《中共中央关于在全党开展“不忘初心、牢记使命”主题教育的意见》和集团党委《关于在全集团开展“不忘初心、牢记使命”主题教育的实施意见》，结合公司实际，制定如下工作推进方案。

一、深刻认识重大意义

为中国人民谋幸福，为中华民族谋复兴，是中国共产党人的初心和使命。开展“不忘初心、牢记使命”主题教育，是以习近平同志为核心的党中央统揽伟大斗争、伟大工程、伟大事业、伟大梦想作出的重大部署，是用习近平新时代中国特色社会主义思想和党的十九大精神武装全党的重大举措，是激励广大党员干部新时代新担当、新作为、更加自觉为实现新时代党的历史使命而努力奋斗的强大动力，对于坚持以党的伟大自我革命推进新时代伟大社会革命，实现“两个一百年”奋斗目标、实现中华民族伟大复兴的中国梦，对于贯彻落实中央和省委的决策部署、以新发展理念和国企责任担当、全面引领和推动公司改革发展、为新时代全面建设经济强省、美丽河北作出新的更大贡献，具有十分重大的政治意义、实践意义、历史意义和时代意义。

开展“不忘初心、牢记使命”主题教育，就是要坚持思想建党、理论强党，深入学习贯彻习近平新时代中国特色社会主义思想，筑牢信仰之基、补足精神之钙、把稳思想之舵；就是要认真贯彻新时代党的建设总要求，自我净化、自我完善、自我革新、自我提高，努力把我们党建设得更加坚强有力；就是要坚持以人民为中心，自觉践行党的根本宗旨，把企业发展与员工发展高度统一，着力解决职工群众最关心最现实的利益问题，不断巩固党执政的阶级基础和群众基础；就是要教育引导公司广大党员干部特别是党员领导干部，勇担职责使命，始终保持旺盛精神状态，解放思想，勇于创新，真抓实干，确保中央、省委决策部署和集团工作要求在公司落地见效。

公司各级党组织要切实把思想和行动统一到中央的决策部署上来，按照公司党委的总体安排，主动提高政治站位，自觉强化政治意识，以高度负责的精神和求真务实的作风扎扎实实抓好主题教育。

二、准确把握目标任务

开展“不忘初心、牢记使命”主题教育，根本任务是深入学习贯彻习近平新时代中国特色社会主义思想，锤炼忠诚干净担当的政治品格，团结带领广大人民群众为实现伟大梦想共同奋斗。要在主题教育中，时刻聚焦并牢牢把握这一根本任务，切实把真学细悟、深信笃行习近平新时代中国特色社会

主义思想作为重中之重、贯穿始终，切实以习近平新时代中国特色社会主义思想武装头脑、指导实践、推动工作。

组织这次主题教育，要全面贯彻“守初心、担使命，找差距、抓落实”的总要求。

守初心，就是要牢记党的根本宗旨和奋斗目标，以坚定的理想信念坚守初心，时刻不忘我们党来自人民、根植人民，永远不能脱离群众、轻视群众、漠视群众疾苦。

担使命，就是要牢记党的历史使命，牢记国有企业作为党执政重要经济基础和政治基础的地位，对党忠诚，勇于担当，勇于创新，以坚韧不拔的意志和无私无畏的勇气，战胜前进道路上的一切艰难险阻。

找差距，就是要对照习近平新时代中国特色社会主义思想，对照党章党规，对照中央和省委决策部署，对照企业改革发展稳定和党的建设工作要求，对照广大职工群众新期待，对照“时代楷模”先进典型和身边榜样，坚持高标准、严要求，有的放矢进行整改。

抓落实，就是要把习近平新时代中国特色社会主义思想，转化为推进企业改革发展稳定和党的建设各项工作的实际行动，把初心使命变成公司广大党员干部锐意进取、开拓创新的精气神和埋头苦干、真抓实干的自觉行动，加快市场和产品结构调整，为建设最具竞争力钢铁企业而努力奋斗。

通过这次主题教育，要真正达到“理论学习有收获、思想政治受洗礼、干事创业敢担当、为民服务解难题、清正廉洁作表率”的目标。

理论学习有收获，就是在原有学习的基础上取得新进步、达到新高度，不断加深对习近平新时代中国特色社会主义思想的重大意义、科学体系、丰富内涵的理解，学深悟透、融会贯通、真信笃行，增强贯彻落实的自觉性坚定性，提高运用党的创新理论指导企业改革发展实践、推动公司各项重点工作的能力。

思想政治受洗礼，就是坚定信仰信念信心，传承红色基因，发扬光荣传统，进一步增强“四个意识”，坚定“四个自信”，做到“两个维护”，自觉在思想上政治上行动上同以习近平同志为核心的党中央保持高度一致，始终忠诚于党、忠诚于人民、忠诚于马克思主义。

干事创业敢担当，就是勇于直面矛盾，增强担当精神，苦干实干、开拓进取，知重负重、攻坚克难，以钉钉子精神贯彻落实中央和上级决策部署，用新的理念、新的标准、新的视野、新的举措，突出“两个结构”再优化，紧紧围绕“市场”“产品”等最核心工作再发力、再提升，奋力开创公司各项工作新局面。

为民服务解难题，就是坚持全心全意依靠职工群众办企业，自觉同广大职工群众想在一起、干在一起，着力解决职工群众的操心事、烦心事、揪心事，不断在推进公司发展的过程中增强职工群众的获得感、幸福感、安全感。

清正廉洁作表率，就是进一步强化遵守党章党规党纪，恪守清正廉洁的思想自觉，保持为民务实清廉的政治本色，警钟长鸣，知敬畏、存戒惧、守底线，公私分明，“亲”“清”分开，清白做人、干净做事，主动接受监督，自觉防微杜渐，营造风清气正的良好政治生态。

三、求真务实抓好推进实施

公司开展“不忘初心、牢记使命”主题教育，从现在开始，到8月底基本结束，总体安排3个月时间。主题教育以厂部级以上领导干部，特别是公司领导班子成员为重点。基层党组织要以党支部为单位，依托“三会一课”、主题党日、“学习强国”平台等，开展好基层党员的学习教育。

按照中央和上级党委部署，这次主题教育不分阶段、不分环节，要把学习教育、调查研究、检视问题、整改落实贯穿全过程，坚持边学、边查、边改、边建。同时做到各有侧重，6月份将深化学习教育作为工作重点，7月份将深入调查研究、检视问题作为工作重点，8月份将认真整改落实、建章立制作为工作重点。四项措施要做到有机结合、相互促进、相辅相成，确保取得实效。

（一）持续深化学习教育

公司各级党组织要结合实际制定学习计划，细化到每月、每周，组织党员干部认认真真读原文学原著悟原理，推动学习贯彻习近平新时代中国特色社会主义思想往深里走、往心里走、往实里走。各单位领导班子学习计划要及时报公司主题教育领导小组办公室学习宣传组。

一是原原本本学。党员领导干部要认真学习党的十九大报告和党章，系统学习《习近平关于“不忘初心、牢记使命”重要论述选编》《习近平新时代中国特色社会主义思想学习纲要》，跟进学习习近平总书记最新重要讲话文章，学习贯彻习近平总书记对河北工作，特别是对河钢工作的重要指示批示精神，学习习近平总书记关于国企改革发展和党的建设一系列重要论述，结合实践要求，理解核心要义，自觉对标对表，及时校准偏差。

二是集中研讨学。公司领导班子将每周安排1~2天，总体上不少于一周的集中时间，组织进行学习研讨。各单位领导班子也要安排至少一周的时间，分列专题，通过党委理论学习中心组学习、辅导讲座、集中研讨等形式，针对个人思想工作中存在的突出问题、围绕破解公司改革发展稳定难题等开展交流研讨。通过学习研讨，提升素质和能力，学以致用，学有所成。

三是现场体验学。开展好革命传统教育，按照就近就地的原则，利用西柏坡、李大钊纪念馆、潘家峪惨案纪念馆等红色资源，用好“同呼吸心相印——习近平同志在正定”“重走赶考路”“再上太行”等党性教育品牌，重温入党誓词，接受党性洗礼；开展好常态化政治性警示教育，通过观看警示教育片、参观廉政教育基地等，教育引导党员干部以反面案例为鉴，增强党性观念。

四是珍惜荣誉学。中宣部授予河钢塞钢管理团队“时代楷模”称号，不仅是河钢塞钢管理团队的莫大荣誉，也是全体河钢人、特别是河钢唐钢人的莫大荣誉。要紧密结合实际，深入学习、大力弘扬“时代楷模”精神和执着坚守“钢铁报国”的使命情怀，在全体党员中组织开展“珍惜荣誉、坚守初心，钢铁报国当先锋”党员主题实践活动，使每名职工，特别是党员领导干部，无论是在政治上、思想上，还是在工作上、作风上，都要真正达到和“时代楷模”标准相匹配的高度，站在新时代新起点，坚守初心，担当使命，以钢铁报国的实际行动，坚决做习近平新时代中国特色社会主义思想的坚定信仰者和忠诚实践者。广泛开展好先进典型教育，大力选树宣传攻坚克难的新典型，以正面典型激励党员干部斗志，持续为公司发展注入强大的精神动力。

五是解放思想学。以学习贯彻习近平新时代中国特色社会主义思想和习近平总书记对河北工作，特别是对河钢工作的重要指示批示精神为重点，围绕落实河钢唐钢新发展理念、实现高质量发展，深入开展解放思想大讨论，以新一轮思想大解放推动公司各项工作新一轮大变革、大创新、大发展。

（二）广泛深入调查研究

公司两级领导班子要深入开展调查研究，了解基层，掌握实情，拿出实招，破解难题。

一是突出调研重点。要围绕学习贯彻习近平总书记关于国企改革发展和党的建设一系列重要论述，围绕如何珍惜荣誉保持荣誉、以时代楷模为榜样开创公司高质量发展新局面，围绕推进产品结构和客户结构再优化，推动公司运营效率和整体效益再提升，围绕破解公司改革发展稳定难题和职工群众关注的热点难点问题等，深入调研，推动中央和上级决策部署要求在公司落实落地。

二是改进调研作风。要坚持一竿子插到底，深入实际、深入基层、深入群众，多层次、多方位、多渠道调查了解情况，切实掌握第一手材料，真正把情况摸清楚，把症结分析透，研究提出解决问题、改进工作的办法措施。

三是强化调研成果。坚持边调研、边梳理情况、边思考问题、边研究改进，把调研成果转化为解决问题的具体行动。调研成果在一定范围内交流，接受班子成员和党员干部监督评价；涉及职工群众切身利益的调研情况，要采取一定方式公开。公司领导班子成员都要形成调研报告；各单位厂部级领导班子和机关部室要形成调研报告，在调研结束后及时报公司主题教育领导小组办公室协调督导组。

四是讲好专题党课。在学习调研基础上，公司两级领导班子主要负责同志要带头讲、其他班子成员要到分管领域或所联系的基层单位讲好专题党课。党课要突出针对性，讲参加主题教育以来在学习上的新体会新收获，讲运用习近平新时代中国特色社会主义思想指导实践推动工作存在的差距，讲经过学习调研后改进工作的新思路新举措，使调研过程成为加深对党的创新理论领悟的过程，成为推动事业发展的过程。基层党支部书记也要针对党员思想和工作实际，回应普遍关心的问题，注重身边人讲身边事，于“七一”前后在本支部讲好党课。厂部级领导班子成员党课稿及时报公司主题教育领导小组办公室综合组和协调督导组。

（三）全面深刻检视问题

要对照习近平新时代中国特色社会主义思想和中央、省委决策部署，对照党章党规，对照改革发展稳定和党的建设工作要求，对照广大职工群众新期待，对照“时代楷模”等先进典型和身边榜样，把自己摆进去、把工作摆进去、把职责摆进去，深入开展“三问三查三看”，广泛听取意见，深刻检视剖析。

1. 深入开展“三问三查三看”。一是“初心之问”，深刻查摆思想实际，看是否存在信仰信念信心缺失，“四个意识”不强、“四个自信”不足、“两个维护”不坚决等问题；紧紧围绕“入党为什么”“当干部为什么”“领导干部如何当”等进行深刻反思，查找差距和不足，真正把握好权从何来、为谁用权、如何用权，树立和保持好正确权力观、政绩观。二是“求实之问”，深刻查摆作风实际，看是否存在形式主义、官僚主义突出问题；紧紧围绕“基层实际是什么”“群众最需要什么”“如何对上和对下负责”等进行深刻反思，查找差距和不足，坚决克服不从实际出发、只唯上的倾向，把以人民为中心的思想融入学习工作的方方面面。三是“履职之问”，深刻查摆工作实绩，看是否存在领导方法不当、担当作为精神欠缺、抓工作不落地、抓落实不较真等突出问题；紧紧围绕“抓什么、怎么抓”“问题如何破解”“精神状态优不优”等进行深刻反思，查找差距和不足，切实形成保持勇于担当负责、锐意攻坚克难、甘于拼搏奉献的精神状态。

2. 广泛听取意见。结合调查研究，通过个别访谈、召开座谈会、设立意见箱、发放征求意见表、参加所在党支部组织生活会等多种方式，充分听取基层党员职工群众及上下游客户对领导班子、领导干部存在突出问题的反映，对改进作风、改进工作的意见建议。要结合省委巡视、工作考核等情况，虚心听取和接受对领导班子和班子成员提出的意见。各单位对公司领导班子和班子成员征求意见情况及时报公司主题教育领导小组办公室综合组。

3. 深刻检视剖析。党员领导干部要联系思想工作实际，实事求是检视自身差距，把问题找实、把根源挖深，并明确努力方向；领导班子要聚焦党的政治建设、思想建设、作风建设方面存在的突出问题，联系本系统、本单位发生的重大事件、典型案件和信访积案，开展集体讨论、共同查找问题、剖析根源。检视剖析要一条一条列出问题，不搞官样文章、不硬性规定字数。

（四）认真组织整改落实

坚持边学边查边改，针对调查研究中发现的问题以及群众反映强烈的问题、巡视巡察反馈的问题等，公司两级领导班子要研究制定整改落实方案，列出清单，逐项整改。整改措施要针对问题、落细落小，能改的立即改，一时解决不了的盯住改、限期改，一件一件整改到位，决不能虎头蛇尾、久拖不决。对于整改工作公司党委要作出表率，并加强对下级党组织的督促检查。

主题教育结束前，公司两级领导班子要召开专题民主生活会，运用学习调研成果，针对检视反思问题，联系整改落实情况，认真开展批评和自我批评，开诚布公，红脸出汗。民主生活会上，每位领导班子成员都要对本人学习教育收获、调查研究实效、查摆到的主要问题以及整改落实情况作出客观全面、简明扼要的自我评估。公司领导班子成员自我评估材料要装入本人档案，作为今后了解考察干部的重要参考。

（五）健全完善长效机制

要立足解决突出问题，建立健全相关制度，健全完善工作机制，不断巩固拓展主题教育成效，把主题教育中形成的好经验好做法用制度形式运用好、坚持好，让践行初心、担当使命、转变作风、干事创业、奋发作为成为常态。

各单位党组织要在 8 月底前将查找问题检视剖析情况、自我评估材料和整改措施情况报公司主题教育领导小组办公室协调督导组。

四、集中开展专项整治

认真落实中央和省委关于开展专项整治的安排部署，紧密结合公司实际，突出整治重点，制定工作方案，深入开展专题整治。

（一）整治对贯彻落实习近平新时代中国特色社会主义思想、贯彻落实中央和省委决策部署置若罔闻、应付了事、弄虚作假、阳奉阴违的问题。对标对表习近平总书记重要讲话精神，特别是习总书记对河北、河钢工作的重要指示批示精神，切实解决传达贯彻中央决策部署机械化、简单化、表面化，以及中央决策部署向下推进力度“层层递减”等问题。

（二）整治干事创业缺乏激情、精神状态不佳、不担当不作为的问题。围绕公司发展战略，大力推进“两个结构”再优化，运营效率和整体效益再提升等重点工作，着重整治缺乏新理念新思路、开拓创新能力不适应公司战略发展新要求的问题。

（三）整治违反中央八项规定精神的突出问题。针对违反“三公”经费使用规定、清理领导干部违规用车违规住房不彻底等现象，重点解决一些单位和党员干部对执行中央八项规定认识不到位、落实不到位等问题。

（四）整治形式主义、官僚主义突出问题。结合深化纠正“四风”和作风纪律专项整治、“一问责八清理”等工作，重点解决问责不到位、清理不彻底等问题。

（五）整治领导干部配偶、子女及其配偶违规经商办企业，甚至利用职权影响为其经商办企业谋取非法利益的问题。重点解决落实中央和上级相关政策规定不严格、不到位、不规范等问题。

（六）整治维护职工利益不全面、关心职工生活不及时的问题。重点解决职工群众关心关注的安全生产、奖金分配、福利保障等热点难点问题。

（七）整治基层党组织党建主体责任缺失、党建与生产经营“两张皮”、党员干部教育管理宽松软、党建工作力量薄弱等问题。重点解决部分基层党组织围绕企业发展发挥“把方向、管大局、保落实”领导核心作用不到位、围绕生产经营中心发挥战斗堡垒作用不到位、围绕提高党建工作质量党务力量配备不到位等问题。

（八）整治对黄赌毒和黑恶势力听之任之、失职失责，甚至包庇纵容、充当保护伞的问题。结合企业实际，着重解决内外勾结盗窃企业物资、侵占国有资产、破坏企业正常生产经营活动等方面的问题。

（九）整治在推进公司“两个结构”再优化工作中对接市场、对接客户能力不足的问题。着重解决“市场”和“客户”意识不强，在产品质量、合同兑现率、售后服务以及加强客户维护、构建全方位营销服务体系、加快由提供“产品”向提供“服务”转变等方面存在的欠缺。

（十）整治省委巡视自查问题和巡视组反馈的意见和问题。认真对照自查问题清单，及时研究制定整改目标和具体措施，对巡视组反馈的意见和问题坚持立行立改、全面整改，确保高标准、高质量完成整改工作。

五、提高站位加强领导

公司党委成立“不忘初心、牢记使命”主题教育领导小组，由公司主要领导担任组长，党委班子成员担任副组长，各单位党委领导、机关部室主要负责人为成员。领导小组下设办公室，负责主题教育日常工作，加强对主题教育的组织领导、协调指导和检查落实。

一是强化组织推进。公司两级党委是抓好本单位主题教育的责任主体，要把主题教育作为一项重大政治任务，高度重视、认真负责、精心组织，扎实推进；党委书记是第一责任人，要亲自研究谋划、亲自组织推动、亲自协调解决问题、亲自督办重点任务落实；分管领导要具体抓，其他党员领导干部要结合分工协助抓；有关部门要密切配合，形成合力，扎实推进，确保主题教育不虚、不空、不偏，取得实实在在的成效。

二是加强宣传引导。采取在内部报纸、电视、网站等媒体开设专栏、专题等多种方式，广泛宣传开展主题教育的重要意义、目标要求和方法举措，宣传开展情况、取得成效和先进典型；重视发挥微信公众号等新媒体作用，加强正面宣传，进行正确引导；积极开展理论宣传和理论研究，在公司营造“不忘初心、牢记使命”主题教育的浓厚政治氛围和舆论氛围。各单位开展主题教育的特色做法、亮点工作要及时向公司主题教育领导小组办公室综合组和协调督导组反馈。公司将建立主题教育领导小组办公室专用邮箱，便于联系基层和协调反馈。

三要坚持两手抓两促进。要把开展主题教育同贯彻落实习近平总书记对河北工作，特别是对河钢工作重要指示批示精神结合起来，同推进“两学一做”学习教育常态化制度化结合起来，应对当前严峻市场形势，推动“两个结构”再优化、经营创效等重点工作结合起来，确保全年目标任务的完成，以优异成绩向新中国成立70周年献礼。公司全体党员领导干部要把这次主题教育焕发出的热情转化为强大动力，不忘初心、牢记使命，奋力开创公司各项工作新局面。

四要坚决防止形式主义。要以好的作风开展主题教育，不作秀、不走过场，力戒形式主义。学习教育不对写读书笔记、心得体会等作出硬性要求；调查研究要轻车简从，不搞层层陪同，不增加基层负担，不作“空对空”、无实际意义、不解决实际问题的调研；检视问题不能大而化小、小而化无，不避重就轻、避实就虚，不以工作业务问题代替思想政治问题；整改落实不能只见口号、不见行动，不能只定目标、不抓落实。

五是做好督促指导工作。根据公司实际，本着加强指导与深入调研相结合的原则，加强对各单位开展主题教育情况的督促指导，从领导干部自身素质提升、解决问题成效、群众评价反映等方面，客观评价主题教育效果，总结经验，选树典型，同时对开展主题教育消极对待、敷衍应付的要严肃批评，对变形走样、问题严重的要给予组织处理，确保主题教育质量。

河钢集团唐钢公司党委办公室　　2019 年 6 月 19 日印发

文件目录索引

行政文件

河钢唐钢字〔2019〕1号　关于下发《2018年安全生产工作总结及2019年工作重点》的通知
河钢唐钢字〔2019〕2号　关于刘学林同志任免职的通知
河钢唐钢字〔2019〕3号　关于表彰2018年度安全生产先进单位和先进个人的决定
河钢唐钢字〔2019〕4号　关于二〇一八年度评先表彰工作的安排意见
河钢唐钢字〔2019〕5号　关于2019年春节放假及有关事宜的通知
河钢唐钢字〔2019〕6号　关于下发《专业技术人员培训教材学习方案》的通知
河钢唐钢字〔2019〕7号　关于二〇一九年劳动竞赛的实施意见
河钢唐钢字〔2019〕8号　关于深入开展争创“十佳百优”合理化建议活动的安排意见
河钢唐钢字〔2019〕9号　二〇一九年职工岗位创新工作实施意见
河钢唐钢字〔2019〕10号　关于下发《职能部室2019年2月份重点工作安排》的通知
河钢唐钢字〔2019〕11号　关于下达2019年系统优化创效计划的通知
河钢唐钢字〔2019〕12号　关于做好2018年度岗位工资薪等调整相关工作的通知
河钢唐钢字〔2019〕13号　关于下发《操作维护系列改革实施方案》的通知
河钢唐钢字〔2019〕14号　关于下达《2019年经营绩效管理方案》的通知
河钢唐钢字〔2019〕15号　关于下达《非钢单位2019年经营绩效管理方案》的通知
河钢唐钢字〔2019〕16号　关于下发《员工素质绩效能力积分制管理实施办法（试行）》的通知
河钢唐钢字〔2019〕17号　关于下发《员工素质绩效能力积分制管理推进程序》的通知
河钢唐钢字〔2019〕18号　关于下发《2019年中厚板公司经营绩效考核办法》的通知
河钢唐钢字〔2019〕19号　关于成立唐钢监督站河钢乐亭钢铁有限公司监督分站的请示函
河钢唐钢字〔2019〕20号　关于组建钢联焦化公司5号、6号焦炉环保搬迁工程指挥部的通知
河钢唐钢字〔2019〕21号　关于2019年接触职业危害因素作业职工体检工作安排意见
河钢唐钢字〔2019〕22号　关于下发《关键岗位贡献奖奖励办法》的通知
河钢唐钢字〔2019〕23号　关于2018年专利申请完成情况通报及2019年专利工作安排的通知
河钢唐钢字〔2019〕24号　关于唐山不锈钢有限责任公司退城搬迁项目前期工作费用垫付的函
河钢唐钢字〔2019〕25号　关于下发《河钢唐钢2018年度部室管理评审报告》的通知
河钢唐钢字〔2019〕26号　关于下发《职能部室2019年3月份重点工作安排》的通知
河钢唐钢字〔2019〕27号　关于表彰2018年度“示范作业区”的决定

河钢唐钢字〔2019〕28号	关于李良等同志任免职的通知
河钢唐钢字〔2019〕29号	关于印发《2019年河钢唐钢全面深化推进作业长制实施方案》的通知
河钢唐钢字〔2019〕30号	河钢唐钢、河钢乐亭关于组建佳华公司焦化项目建设指挥部的通知
河钢唐钢字〔2019〕31号	关于表彰二〇一八年度先进集体和先进个人的决定
河钢唐钢字〔2019〕32号	2018年挖潜增效奖励决定
河钢唐钢字〔2019〕33号	关于下发《2019年挖潜增效奖励办法》的通知
河钢唐钢字〔2019〕34号	关于蒋泓津同志试用期满任职的通知
河钢唐钢字〔2019〕35号	关于2019年清明节放假及有关事宜的通知
河钢唐钢字〔2019〕36号	关于实业港务股权转让项目资产评估的告知函
河钢唐钢字〔2019〕37号	关于下发《职能部室2019年4月份重点工作安排》的通知
河钢唐钢字〔2019〕38号	关于组织2019年团体无偿献血的通知
河钢唐钢字〔2019〕39号	关于下发二季度关键岗位贡献奖奖励办法的通知
河钢唐钢字〔2019〕40号	关于下达二〇一九年四月份经营预算的通知
河钢唐钢字〔2019〕41号	关于下发2019年客户开发奖励办法的通知
河钢唐钢字〔2019〕42号	关于2019年劳动节放假及有关事宜的通知
河钢唐钢字〔2019〕43号	关于下发《职能部室2019年5月份重点工作安排》的通知
河钢唐钢字〔2019〕44号	关于下达二〇一九年五月份经营预算的通知
河钢唐钢字〔2019〕45号	关于印发《河钢集团唐钢公司2019年安全生产整治工作方案》的通知
河钢唐钢字〔2019〕46号	关于印发《河钢集团唐钢公司安全生产整治工作方案（2019—2021年）》的通知
河钢唐钢字〔2019〕47号	关于2019年职工北戴河休养工作的安排意见
河钢唐钢字〔2019〕48号	关于明确魏东明等同志职级的通知
河钢唐钢字〔2019〕49号	关于下发《河钢唐钢2018年管理创新工作总结及2019年工作要点》的通知
河钢唐钢字〔2019〕50号	关于王树森同志任免职的通知
河钢唐钢字〔2019〕51号	关于2019年深入开展“安康杯”竞赛活动的安排意见
河钢唐钢字〔2019〕52号	关于下达2019年度外排废墟、垃圾费用指标的通知
河钢唐钢字〔2019〕53号	关于下发《唐山惠唐物联科技有限公司工资总额管理暂行办法》的通知
河钢唐钢字〔2019〕54号	关于2019年端午节放假及有关事宜的通知
河钢唐钢字〔2019〕56号	关于发布2019年重点课题和专家课题计划的通知
河钢唐钢字〔2019〕57号	关于下发《职能部室2019年6月份重点工作安排》的通知
河钢唐钢字〔2019〕58号	关于燃煤指标用于河钢乐亭钢铁基地项目二期工程的承诺函
河钢唐钢字〔2019〕59号	关于张洪波同志任职的通知
河钢唐钢字〔2019〕60号	关于下达二〇一九年六月份经营预算的通知
河钢唐钢字〔2019〕61号	关于2018年度科技进步奖获奖项目的通报

河钢唐钢字〔2019〕62号	关于下发《职能部室2019年7月份重点工作安排》的通知
河钢唐钢字〔2019〕63号	关于下发三季度关键岗位贡献奖奖励办法的通知
河钢唐钢字〔2019〕64号	关于推荐申报“2019年唐山市科技计划项目”的函
河钢唐钢字〔2019〕65号	关于下达二〇一九年七月份经营预算的通知
河钢唐钢字〔2019〕66号	关于王树忠等同志试用期满任职的通知
河钢唐钢字〔2019〕67号	关于下发《岗位创新团队星级评定管理实施办法》的通知
河钢唐钢字〔2019〕68号	关于下发《职能部室2019年8月份重点工作安排》的通知
河钢唐钢字〔2019〕69号	关于下达二〇一九年八月份经营预算的通知
河钢唐钢字〔2019〕70号	关于刘连祥同志免职的通知
河钢唐钢字〔2019〕71号	关于刘学林同志试用期满任职的通知
河钢唐钢字〔2019〕72号	关于恳请高新区政府协调办理北区银河路以西土地资产处置相关事宜的函
河钢唐钢字〔2019〕73号	关于恳请丰润区政府协调办理唐钢炼焦制气厂土地资产处置相关事宜的函
河钢唐钢字〔2019〕74号	关于恳请开平区政府协调办理唐钢南区花海、北区及后屯土地资产处置相关事宜的函
河钢唐钢字〔2019〕75号	关于开展第三十三届职工技术比赛的安排意见
河钢唐钢字〔2019〕76号	关于对实业港务资产评估的函
河钢唐钢字〔2019〕77号	关于下发《职能部室2019年9月份重点工作安排》的通知
河钢唐钢字〔2019〕78号	关于下达调整2019年8月份—12月份预算的通知
河钢唐钢字〔2019〕79号	关于林广源同志任免职的通知
河钢唐钢字〔2019〕80号	关于下达二〇一九年九月份经营预算的通知
河钢唐钢字〔2019〕81号	关于2019年中秋节放假及有关事宜的通知
河钢唐钢字〔2019〕82号	关于恳请路北区政府协调办理唐钢土地资产处置相关事宜的函
河钢唐钢字〔2019〕83号	关于刘彦君同志免职的通知
河钢唐钢字〔2019〕84号	关于下达变更2019年8月份—12月份预算的通知
河钢唐钢字〔2019〕85号	关于2019年国庆节放假及有关事宜的通知
河钢唐钢字〔2019〕86号	关于恳请路北区政府协调办理唐钢土地、总规调规相关事宜的函
河钢唐钢字〔2019〕87号	关于恳请开平区政府协调办理唐钢土地调规相关事宜的函
河钢唐钢字〔2019〕88号	关于下发四季度关键岗位贡献奖奖励办法的通知
河钢唐钢字〔2019〕89号	关于下发《职能部室2019年10月份重点工作安排》的通知
河钢唐钢字〔2019〕90号	关于曾庆军等同志任免职的通知
河钢唐钢字〔2019〕91号	关于编制2020年预算的通知
河钢唐钢字〔2019〕92号	关于执行《唐山佳华煤化工有限公司重整计划》急需解决问题的沟通函
河钢唐钢字〔2019〕93号	关于发放2019—2020年度冬季取暖补贴的通知
河钢唐钢字〔2019〕94号	关于下发《职能部室2019年11月份重点工作安排》的通知
河钢唐钢字〔2019〕95号	关于印发《董事会议事规则》的通知

河钢唐钢字〔2019〕96号　关于印发《总经理办公会议事规则》的通知
河钢唐钢字〔2019〕97号　关于印发《信息公开工作实施细则》的通知
河钢唐钢字〔2019〕98号　关于成立信息公开工作领导机构的通知
河钢唐钢字〔2019〕99号　关于下发2019年管理评审报告的通知
河钢唐钢字〔2019〕100号　关于恳请开平区政府协调办理物流园区用地相关事宜的函
河钢唐钢字〔2019〕101号　关于下达二〇一九年十一月份经营预算的通知
河钢唐钢字〔2019〕102号　关于尽快接收丰润小区“两供一业”并提供清算资料的函
河钢唐钢字〔2019〕103号　关于协调解决丰润小区“供水、供热、物业”资产及职能的分离移交及按时完成清算工作的请示函
河钢唐钢字〔2019〕104号　关于尽快接收路北小区物业资产及职能并提供清算资料的函
河钢唐钢字〔2019〕105号　关于协调解决路北区小区物业资产、职能的分离移交及按时完成清算工作的请示函
河钢唐钢字〔2019〕106号　关于尽快接收路南小区物业资产及职能并提供清算资料的函
河钢唐钢字〔2019〕107号　关于协调解决路南小区物业资产、职能的分离移交及按时完成清算工作的请示函
河钢唐钢字〔2019〕108号　关于恳请路北区政府协调办理唐钢搬迁土地存在的问题相关事宜的函
河钢唐钢字〔2019〕109号　关于开展国家宪法日系列法律宣传活动的通知
河钢唐钢字〔2019〕110号　关于下发《职能部室2019年12月份重点工作安排》的通知
河钢唐钢字〔2019〕111号　关于下达二〇一九年十二月份经营预算的通知
河钢唐钢字〔2019〕112号　关于印发《退休人员社会化管理工作移交方案》和《退休人员社会化管理风险防控预案》的通知
河钢唐钢字〔2019〕113号　关于恳请路南区政府协调办理唐钢零散地块动态维护相关事宜的函
河钢唐钢字〔2019〕114号　关于2020年元旦放假及有关事宜的通知
河钢唐钢字〔2019〕115号　关于白连臣等同志免职的通知
河钢唐钢字〔2019〕116号　关于人力资源部组织机构设置及管理岗位职责调整的通知
河钢唐钢字〔2019〕117号　关于下发《河钢唐钢2020年计量目标》的通知
河钢唐钢字〔2019〕118号　关于开展春节慰问活动的通知
河钢唐钢字〔2019〕119号　关于2020年春节期间开展“保全勤、保安全”竞赛活动的通知
河钢唐钢字〔2019〕120号　关于下发职能部室2020年1月份重点工作安排的通知
河钢唐钢字〔2019〕121号　关于表彰第三十三届职工技术比赛获奖选手的决定
河钢唐钢字〔2019〕122号　关于下达2020年1月份生产经营预算的通知

党委文件

河钢唐钢党发〔2019〕1号	关于开展2018年度厂部级领导班子和厂部级管理人员年度绩效考核和党风廉政建设考核工作的安排意见
河钢唐钢党发〔2019〕2号	关于刘学林同志免职的通知
河钢唐钢党发〔2019〕3号	关于做好2019年春节期间拥军优属拥政爱民工作的通知
河钢唐钢党发〔2019〕4号	关于表彰四季度“三亮三比”明星党员的决定
河钢唐钢党发〔2019〕5号	关于认真开好2018年度党员领导干部民主生活会的通知
河钢唐钢党发〔2019〕6号	关于下发《二〇一九年二月份工作要点》的通知
河钢唐钢党发〔2019〕7号	关于做好2018年度基层党建述职评议考核工作的通知
河钢唐钢党发〔2019〕8号	关于开好2018年度基层党组织组织生活会和开展民主评议党员的通知
河钢唐钢党发〔2019〕9号	关于成立意识形态工作领导小组、意识形态领域突发事件应急处置指挥部的通知
河钢唐钢党发〔2019〕10号	关于下发《关于加强和改进公司意识形态工作的实施方案》的通知
河钢唐钢党发〔2019〕11号	关于印发《河钢集团唐钢公司党委意识形态工作责任制“一细则两清单”》的通知
河钢唐钢党发〔2019〕12号	关于下发《二〇一九年三月份工作要点》的通知
河钢唐钢党发〔2019〕13号	关于下发《2019年党风廉政建设工作要点》的通知
河钢唐钢党发〔2019〕14号	关于齐文方同志试用期满任职的通知
河钢唐钢党发〔2019〕15号	关于下发《二〇一九年四月份工作要点》的通知
河钢唐钢党发〔2019〕16号	关于做好2019年民兵组织整顿工作的通知
河钢唐钢党发〔2019〕17号	关于印发《河钢集团唐钢公司深化纠正“四风”和作风纪律专项整治推进方案》的通知
河钢唐钢党发〔2019〕18号	关于表彰一季度“三亮三比”明星党员的决定
河钢唐钢党发〔2019〕19号	关于印发《厂部级领导班子和厂部级管理人员（2019年至2021年）三年任期激励考核办法》的通知
河钢唐钢党发〔2019〕20号	关于开展创建“五型”领导班子活动的指导意见
河钢唐钢党发〔2019〕21号	关于印发《河钢唐钢基层党建考核评价办法（试行）》的通知
河钢唐钢党发〔2019〕22号	关于印发《2018年工作总结及2019年工作要点》的通知
河钢唐钢党发〔2019〕23号	关于做好“学习强国”学习平台宣传推广工作的通知
河钢唐钢党发〔2019〕24号	关于下发《二〇一九年五月份工作要点》的通知
河钢唐钢党发〔2019〕25号	关于印发《河钢集团唐钢公司党委迎接省委巡视组巡视工作方案》的通知
河钢唐钢党发〔2019〕26号	关于深入学习宣传“时代楷模”精神的通知
河钢唐钢党发〔2019〕27号	关于做好2019年“七一”先进集体和优秀个人评选推荐工

	作的通知
河钢唐钢党发〔2019〕28 号	关于下发《二〇一九年六月份工作要点》的通知
河钢唐钢党发〔2019〕29 号	关于开展纪念建党 98 周年活动的安排意见
河钢唐钢党发〔2019〕30 号	关于修订并贯彻落实《公司基层党支部标准化规范化建设考评标准》的通知
河钢唐钢党发〔2019〕31 号	关于成立“不忘初心、牢记使命”主题教育领导小组及办公室的通知
河钢唐钢党发〔2019〕32 号	印发《关于在全公司开展“不忘初心、牢记使命”主题教育的工作推进方案》的通知
河钢唐钢党发〔2019〕33 号	关于下发《二〇一九年七月份工作要点》的通知
河钢唐钢党发〔2019〕34 号	关于表彰先进集体和优秀个人的决定
河钢唐钢党发〔2019〕35 号	关于表彰党风廉政建设先进单位和纪检监察先进个人的决定
河钢唐钢党发〔2019〕36 号	关于马洪龙同志试用期满任职的通知
河钢唐钢党发〔2019〕37 号	关于下发《二〇一九年八月份工作要点》的通知
河钢唐钢党发〔2019〕38 号	关于认真贯彻习近平总书记重要批示精神深入落实中央八项规定精神的通知
河钢唐钢党发〔2019〕39 号	关于印发《省委巡视整改落实工作方案》的通知
河钢唐钢党发〔2019〕40 号	关于下发《二〇一九年九月份工作要点》的通知
河钢唐钢党发〔2019〕41 号	关于开展“共祝愿祖国好·国庆献礼”活动的通知
河钢唐钢党发〔2019〕42 号	关于刘彦君同志免职的通知
河钢唐钢党发〔2019〕43 号	关于推进“1050”党建品牌工程的实施意见
河钢唐钢党发〔2019〕44 号	关于下发《二〇一九年十月份工作要点》的通知
河钢唐钢党发〔2019〕45 号	关于表彰三季度“三亮三比”明星党员的决定
河钢唐钢党发〔2019〕46 号	关于印发《河钢集团唐钢公司党委常委会议事规则》的通知
河钢唐钢党发〔2019〕47 号	关于印发《河钢集团唐钢公司贯彻落实“三重一大”决策制度的实施办法》的通知
河钢唐钢党发〔2019〕48 号	关于下发《二〇一九年十一月份工作要点》的通知
河钢唐钢党发〔2019〕49 号	关于印发《推进落实“党建质量提升年”活动的工作方案》的通知
河钢唐钢党发〔2019〕50 号	关于 2020 年元旦、春节期间开展送温暖活动的通知
河钢唐钢党发〔2019〕51 号	关于下发《二〇一九年十二月份工作要点》的通知
河钢唐钢党发〔2019〕52 号	印发《关于推进落实河钢智慧党建云平台的实施方案》的通知
河钢唐钢党发〔2019〕53 号	关于开展 2019 年度厂部级领导班子和厂部级管理人员年度绩效考核和党风廉政建设考核工作的安排意见
河钢唐钢党发〔2019〕54 号	印发《关于进一步做好推荐优秀团员作党的发展对象工作的意见》的通知
河钢唐钢党发〔2019〕55 号	关于万海龙同志任免职的通知
河钢唐钢党发〔2019〕56 号	关于下发 2019 年 12 月份党委工作要点的通知

河钢唐钢主要指标完成情况

指标名称	计算单位	2019年完成	2018年完成	增减/%	备注
一、工业总产值					
工业总产值（现价）	万元	5769353	5637227	2.34	
工业销售产值（现价）	万元	5759951	5598558	2.88	
工业增加值	万元	737478	727369	1.39	
二、主要产品产量					
人造富矿	吨	24096451	19821820	21.57	
股份公司	吨	8243274	6776063	21.65	
不锈钢公司	吨	3674827	3315025	10.85	
中厚板公司	吨	7478323	5962366	25.43	
唐银公司	吨	2574402	2225614	15.67	
青龙炉料公司	吨	2125625	1542752	37.78	
生铁	吨	16083864	13793650	16.60	
股份公司	吨	6846090	5506493	24.33	
不锈钢公司	吨	2588570	2267715	14.15	
中厚板公司	吨	4374508	4140663	5.65	
唐银公司	吨	2274696	1878779	21.07	
钢	吨	16855480	15620881	7.90	
股份公司	吨	7065323	6239882	13.23	
不锈钢公司	吨	2756459	2592252	6.33	
中厚板公司	吨	4601256	4634634	-0.72	
唐银公司	吨	2432442	2154113	12.92	
钢材	吨	15151231	14063451	7.73	
股份公司	吨	7617228	6586978	15.64	
不锈钢来料转商品	吨	442	408	8.33	
供高强汽车板公司	吨	846690	806105	5.03	
不锈钢公司	吨	2735397	2745893	-0.38	
供股份公司	吨	292778	348553	-16.00	
供高强汽车板	吨	843154	667473	26.32	
中厚板公司	吨	2798866	3297251	-15.12	
唐银公司	吨	2320214	1911484	21.38	
高强汽车板公司	吨	1675277	1483731	12.91	
供股份公司	吨	13571	140163	-90.32	

续表

指 标 名 称	计算单位	2019 年完成	2018 年完成	增减/%	备注
焦炭	吨	1481225	1494122	-0.86	
美锦公司	吨	1481225	1494122	-0.86	
三、能耗					
能源消耗总量（以标煤计）	吨	9529399	8324451	14.47	
万元产值能耗（以标煤计）	吨	1.65	1.48	11.60	
万元增加值能耗（以标煤计）	吨	12.92	11.44	12.95	
吨钢综合能耗（以标煤计）	千克	563.51	532.91	5.74	
吨钢可比能耗（以标煤计）	千克	475.98	451.70	5.38	
四、财务					
营业收入	万元	7890326	7237162	9.03	
主营业务收入	万元	7182835	6623609	8.44	
主营业务税金及附加	万元	49588	56023	-11.49	
实现利税总额	万元	318941	416623	-23.45	
利润总额	万元	141048	200353	-29.60	
净利润	万元	101232	151085	-33.00	
管理费用	万元	347744	308147	12.85	
财务费用	万元	284760	217370	31.00	
销售费用	万元	79493	64676	22.91	
资产总计	万元	15513205	14884126	4.23	
固定资产原值	万元	11506108	9846739	16.85	
固定资产净值	万元	8122704	6808250	19.31	
流动资产	万元	3586846	3545650	1.16	
存货	万元	937061	865961	8.21	
产成品	万元	317660	334652	-5.08	
负债合计	万元	10540022	10117533	4.18	
流动负债	万元	8986284	8779017	2.36	
非流动性负债	万元	1553739	1338516	16.08	
总资产报酬率	%	2.68	2.82	-4.96	
成本费用利润率	%	1.81	2.84	-36.27	
国有资本保值增值率	%	100	103.01	-2.92	
资产负债率	%	67.94	67.98	-0.05	
流动比率	%	39.91	40.39	-1.17	
速动比率	%	29.49	30.52	-3.40	
流动资产周转次数	次	2.21	2.23	-0.90	
存货周转次数	次	7.53	7.14	5.46	
应收账款周转次数	次	20.47	20.83	-1.73	

续表

指 标 名 称	计算单位	2019 年完成	2018 年完成	增减/%	备注
五、劳动工资					
从业人员劳动生产率（按现价产值计算）	元/(人·年)	1915456	1754997	9.14	
从业人员劳动生产率（按增加值计算）	元/(人·年)	244847	226447	8.13	
全部职工年末人数	人	33927	32263	5.16	
全部职工平均人数	人	34685	33195	4.49	
从业人员平均人数	人	30120	32121	-6.23	
全部职工工资总额	万元	245680	231495	6.13	
六、安全环保					
千人负伤率	‰	0.224	0.3	-25.49	
死亡人数	人	0	0	0.00	
工业废水排放处理率	%	100	100	0.00	
工业废气排放处理率	%	100	100	0.00	
污染物综合排放合格率	%	100	100	0.00	
七、外经外贸					
钢铁产品出口额	万美元	79669	96025	-17.03	
钢材	万美元	79669	96025	-17.03	
钢铁产品出口量	吨	1535302	1674275	-8.30	
钢材	吨	1535302	1674275	-8.30	

制表：徐荣

股份公司主要指标完成情况

指 标 名 称	计算单位	2019 年完成	2018 年完成	增减/%	备注
一、工业总产值					
工业总产值（现价）	万元	2735450	2471382	10.69	
二、主要产品产量					
烧结矿	吨	8243274	6776063	21.65	
生铁	吨	6846090	5506493	24.33	
钢	吨	7065323	6239882	13.23	
商品材坯	吨	7718873	6674863	15.64	
钢材	吨	7617228	6586978	15.64	
三、销售及库存					
钢材销售量	吨	7586623	6597915	14.99	
钢材库存量	吨	91938	60645	51.60	
钢材产销率	%	99.60	100.17	-0.57	
四、主要产品质量及物耗					
生铁合格率	%	98.99	100	-1.01	

续表

指标名称	计算单位	2019 年完成	2018 年完成	增减/%	备注
连铸坯合格率	%	99.98	99.97	0.01	
钢材合格率	%	99.70	99.99	-0.29	
炼铁综合焦比	千克/吨	505.93	496.5	1.90	
转炉金属料消耗	千克/吨	1094.47	1100.7	-0.57	
钢材综合成材率	%	96.21	96.59	-0.39	
五、财务					
主营业务收入	万元	4335288	4201687	3.18	
实现利税总额	万元	245238	317415	-22.74	
利润总额	万元	170678	217245	-21.44	
净利润	万元	136222	187565	-27.37	
管理费用	万元	178692	290693	-38.53	
财务费用	万元	155607	107868	44.26	
销售费用	万元	42738	39798	7.39	
资产总计	万元	7703781	7451655	3.38	
流动资产	万元	1575152	1670499	-5.71	
应收账款	万元	198906	181381	9.66	
预付账款	万元	27709	305692	-90.94	
存货	万元	366540	409455	-10.48	
非流动资产	万元	6128629	5781156	6.01	
固定资产	万元	5627011	4567797	23.19	
负债合计	万元	5909814	5694873	3.77	
流动负债	万元	5292613	5025602	5.31	
非流动性负债	万元	617201	669271	-7.78	
总资产报酬率	%	3.97	4.90	-18.98	
成本费用利润率	%	4.10	5.49	-25.32	
资产负债率	%	73.04	76.43	-4.43	
流动比率	%	29.76	33.46	-11.05	
速动比率	%	22.84	25.33	-9.85	
应收账款周转次数	次	20.96	19.99	4.85	
存货周转次数	次	9.33	7.34	27.11	
六、劳动工资					
从业人员劳动生产率（按现价产值计算）	元/(人·年)	1561063	2231496	-30.04	
年末全部职工人数	人	21012	14415	45.76	
全部职工年平均人数	人	21685	14943	45.12	
从业人员平均人数	人	17523	11075	58.22	
全部职工工资总额	万元	148741	98272	51.36	

续表

指 标 名 称	计算单位	2019 年完成	2018 年完成	增减/%	备注
七、安全					
千人负伤率	‰	0.21	0.335	-37.31	
死亡人数	人	0	0	0.00	
八、外经外贸					
钢铁产品出口额	万美元	70860	82739	-14.36	
钢材	万美元	70860	82739	-14.36	
钢铁产品出口量	吨	1387615	1469328	-5.56	
钢材	吨	1387615	1469328	-5.56	

制表：徐荣

股份公司主要技术经济指标完成情况

项　　目	计算单位	累计实际完成		比去年同期（±）
		2019 年完成	2018 年完成	
高炉综合指标				
生铁合格率	%	100.00	100.00	0.00
综合入炉焦比	千克/吨	499.61	490.74	8.87
入炉焦比	千克/吨	359.30	355.96	3.34
喷吹煤粉	千克/吨	149.49	142.64	6.85
炼铁电力消耗	千瓦时/吨	15.82	16.28	-0.46
高炉利用系数	吨/(立方米·日)	2.23	2.23	0.00
入炉矿石消耗	千克/吨	1660.58	1653.57	7.01
入炉矿石品位	%	58.14	58.28	-0.14
炼铁从业人员实物劳效	吨/人	23881.68	23144.60	737.08
炼铁工序单位能耗（以标煤计）	千克/吨	372.63	413.34	-40.71
烧结综合指标				
烧结矿合格率	%	99.75	99.81	-0.06
烧结矿品位	%	56.14	56.48	-0.34
烧结机利用系数	吨/(平方米·时)	1.17	1.14	0.03
烧结机日历作业率	%	76.94	63.34	13.60
烧结矿含铁原料消耗	千克/吨	896.65	899.07	-2.42
其中：铁精粉消耗	千克/吨	155.30	202.47	-47.17
富矿粉消耗	千克/吨	601.49	570.90	30.59
其他含铁原料	千克/吨	139.86	125.70	14.16
烧结电力消耗	千瓦时/吨	33.46	36.33	-2.87
烧结从业人员实物劳效	吨/人	33239.01	25244.54	7994.47
烧结工序单位能耗（以标煤计）	千克/吨	49.94	51.37	-1.43

续表

项目	计算单位	累计实际完成		比去年同期（±）
		2019 年完成	2018 年完成	
炼铁南区高炉指标				
生铁合格率	%	100.00	100.00	0.00
综合入炉焦比	千克/吨	483.55	482.23	1.32
入炉焦比	千克/吨	340.74	343.93	-3.19
喷吹煤粉	千克/吨	153.00	147.59	5.41
炼铁电力消耗	千瓦时/吨	11.88	12.13	-0.25
入炉矿石消耗	千克/吨	1663.58	1659.23	4.35
入炉矿石品位	%	58.21	58.32	-0.11
高炉利用系数	吨/(立方米·日)	2.45	2.35	0.10
炼铁从业人员实物劳效	吨/人	29590.65	26529.94	3060.71
炼铁工序单位能耗（以标煤计）	千克/吨	387.77	410.53	-22.76
炼铁南区烧结指标				
烧结矿合格率	%	100.00	99.73	0.27
烧结矿品位	%	56.19	56.51	-0.32
烧结机利用系数	吨/(平方米·时)	1.11	1.08	0.03
烧结机日历作业率	%	95.32	92.37	2.95
烧结矿含铁原料消耗	千克/吨	887.38	889.57	-2.19
其中：铁精粉消耗	千克/吨	202.48	250.10	-47.62
富矿粉消耗	千克/吨	526.97	518.05	8.92
其他含铁原料	千克/吨	157.92	121.41	36.51
烧结电力消耗	千瓦时/吨	31.71	33.77	-2.06
烧结从业人员实物劳效	吨/人	61198.55	55724.48	5474.07
烧结工序单位能耗（以标煤计）	千克/吨	48.84	50.47	-1.63
炼铁北区炼铁指标				
生铁合格率	%	100.00	100.00	0.00
2 号炉	%	100.00	100.00	0.00
3 号炉	%	100.00	100.00	0.00
综合入炉焦比	千克/吨	511.10	499.18	11.92
2 号炉	千克/吨	510.87	512.57	-1.70
3 号炉	千克/吨	511.27	497.57	13.70
入炉焦比	千克/吨	372.59	367.90	4.69
2 号炉	千克/吨	373.86	377.79	-3.93
3 号炉	千克/吨	371.69	366.72	4.97
喷吹煤粉	千克/吨	146.98	137.71	9.27
2 号炉	千克/吨	147.73	147.29	0.44

续表

项　　目	计算单位	累计实际完成		比去年同期（±）
		2019 年完成	2018 年完成	
3 号炉	千克/吨	146.45	136.57	9.88
炼铁电力消耗	千瓦时/吨	18.64	20.41	-1.77
2 号炉	千瓦时/吨	18.07	31.58	-13.51
3 号炉	千瓦时/吨	19.05	19.06	-0.01
入炉矿石消耗	千克/吨	1658.43	1647.95	10.48
2 号炉	千克/吨	1657.69	1663.81	-6.12
3 号炉	千克/吨	1658.95	1646.05	12.90
入炉矿石品位	%	58.09	58.24	-0.15
2 号炉	%	58.14	58.19	-0.05
3 号炉	%	58.06	58.25	-0.19
高炉利用系数	吨/(立方米·日)	2.10	2.12	-0.02
2 号炉	吨/(立方米·日)	2.28	2.14	0.14
3 号炉	吨/(立方米·日)	1.99	2.11	-0.12
炼铁从业人员实物劳效	吨/人	20811.43	20541.60	269.83
炼铁工序单位能耗（以标煤计）	千克/吨	361.79	416.14	-54.35
炼铁北区烧结指标				
烧结矿合格率	%	99.58	99.88	-0.30
1 号机	%	99.76	99.88	-0.12
2 号机	%	99.90	99.74	0.16
3 号机	%	99.35	99.94	-0.59
烧结矿品位	%	56.11	56.46	-0.35
1 号机	%	56.21	56.46	-0.25
2 号机	%	56.24	56.46	-0.22
3 号机	%	56.01	56.45	-0.44
烧结机利用系数	吨/(平方米·时)	1.23	1.18	0.05
1 号机	吨/(平方米·时)	1.21	1.17	0.04
2 号机	吨/(平方米·时)	1.21	1.13	0.08
3 号机	吨/(平方米·时)	1.24	1.21	0.03
烧结机日历作业率	%	70.82	53.67	17.15
1 号机	%	60.70	49.93	10.77
2 号机	%	62.53	41.21	21.32
3 号机	%	89.23	69.87	19.36
烧结机台时产量	吨/(台·时)	264.26	256.55	7.71
1 号机	吨/(台·时)	217.15	210.79	6.36
2 号机	吨/(台·时)	218.12	202.81	15.31

续表

项　目	计算单位	累计实际完成		比去年同期（±）
		2019 年完成	2018 年完成	
3 号机	吨/(台・时)	328.64	320.95	7.69
烧结矿含铁原料消耗	千克/吨	902.92	907.37	-4.45
1 号机	千克/吨	903.53	906.32	-2.79
2 号机	千克/吨	904.28	909.01	-4.73
3 号机	千克/吨	902.01	907.25	-5.24
其中：铁精粉消耗	千克/吨	123.39	160.90	-37.51
1 号机	千克/吨	123.69	161.84	-38.15
2 号机	千克/吨	123.20	163.01	-39.81
3 号机	千克/吨	123.35	159.67	-36.32
其中：富矿粉消耗	千克/吨	651.87	617.02	34.85
1 号机	千克/吨	656.65	612.64	44.01
2 号机	千克/吨	657.73	617.59	40.14
3 号机	千克/吨	646.99	618.86	28.13
其中：其他含铁原料	千克/吨	127.66	129.45	-1.79
1 号机	千克/吨	123.19	131.84	-8.65
2 号机	千克/吨	123.34	128.41	-5.07
3 号机	千克/吨	131.67	128.72	2.95
烧结电力消耗	千瓦时/吨	34.64	38.56	-3.92
1 号机	千瓦时/吨	37.89	33.88	4.01
2 号机	千瓦时/吨	35.32	33.38	1.94
3 号机	千瓦时/吨	32.86	42.69	-9.83
烧结从业人员实物劳效	吨/人	25395.00	17087.72	8307.28
烧结工序单位能耗（以标煤计）	千克/吨	50.69	52.15	-1.46
炼钢综合指标				
连铸坯合格率	%	99.99	99.99	0.00
转炉日历利用系数	吨/(吨・日)	33.37	29.48	3.89
金属料消耗	千克/吨	1090.25	1100.30	-10.05
钢铁料消耗	千克/吨	1077.49	1089.70	-12.21
生铁消耗	千克/吨	969.24	881.29	87.95
其中：铁水	千克/吨	963.73	874.65	89.08
合格铁块	千克/吨	5.51	6.64	-1.13
废钢铁消耗	千克/吨	108.26	208.41	-100.15
合金料消耗	千克/吨	12.76	10.60	2.16
氧气消耗	立方米/吨	52.75	56.58	-3.83
白灰消耗	千克/吨	47.16	50.94	-3.78

续表

项　　目	计算单位	累计实际完成		比去年同期（±）
		2019 年完成	2018 年完成	
转炉炉衬寿命	炉	10144.00	7615.25	2528.75
炼钢电力消耗	千瓦时/吨	34.77	43.44	-8.67
连铸机机时产量	吨/(台·时)	201.43	194.10	7.33
连铸机日历作业率	%	80.08	73.40	6.68
炼钢从业人员实物劳效	吨/人	3565.19	2942.30	622.89
炼钢工序单位能耗（以标煤计）	千克/吨	-19.34	-17.44	-1.90
热轧部				
连铸坯合格率	%	100.00	100.00	0.00
转炉日历利用系数	吨/(吨·日)	29.39	29.90	-0.51
金属料消耗	千克/吨	1091.03	1100.47	-9.44
钢铁料消耗	千克/吨	1082.83	1092.66	-9.83
生铁消耗	千克/吨	971.98	881.82	90.16
其中：铁水	千克/吨	968.26	873.44	94.82
合格铁块	千克/吨	3.72	8.38	-4.66
废钢铁消耗	千克/吨	110.86	210.84	-99.98
合金料消耗	千克/吨	8.19	7.81	0.38
氧气消耗	立方米/吨	52.94	56.18	-3.24
白灰消耗	千克/吨	49.65	52.05	-2.40
转炉炉衬寿命	炉	7638.00	8720.00	-1082.00
炼钢电力消耗	千瓦时/吨	44.98	48.09	-3.11
连铸机机时产量	吨/(台·时)	232.56	224.61	7.95
连铸机日历作业率	%	79.00	83.20	-4.20
炼钢从业人员实物劳效	吨/人	3819.07	3697.43	121.64
炼钢工序单位能耗（以标煤计）	千克/吨	-17.70	-16.64	-1.06
长材部				
连铸坯合格率	%	99.97	99.97	0.00
转炉日历利用系数	吨/(吨·日)	47.15	28.01	19.14
金属料消耗	千克/吨	1088.59	1099.65	-11.06
钢铁料消耗	千克/吨	1065.97	1078.78	-12.81
生铁消耗	千克/吨	963.32	879.33	83.99
其中：铁水	千克/吨	953.96	879.13	74.83
合格铁块	千克/吨	9.36	0.20	9.16
废钢铁消耗	千克/吨	102.65	199.45	-96.80
合金料消耗	千克/吨	22.62	20.87	1.75
氧气消耗	立方米/吨	52.33	58.05	-5.72

续表

项　目	计算单位	累计实际完成		比去年同期（±）
		2019 年完成	2018 年完成	
白灰消耗	千克/吨	41.78	46.86	-5.08
转炉炉衬寿命	炉	10144.00	7247.00	2897.00
炼钢电力消耗	千瓦时/吨	12.74	26.28	-13.54
连铸机机时产量	吨/(台·时)	156.29	129.24	27.05
连铸机日历作业率	%	81.71	61.22	20.49
炼钢从业人员实物劳效	吨/人	3117.94	1676.90	1441.04
炼钢工序单位能耗（以标煤计）	千克/吨	-22.90	-20.39	-2.51
轧钢综合指标				
钢材综合合格率	%	99.98	99.99	-0.01
轧钢综合成材率	%	96.98	96.59	0.39
轧钢综合电耗	千瓦时/吨	80.84	81.34	-0.50
轧钢综合煤气消耗	立方米/吨	201.77	176.39	25.38
轧机日历作业率	%	71.09	64.33	6.76
轧钢从业人员实物劳效	吨/人	2546.29	2395.70	150.59
轧钢工序单位能耗（以标煤计）	千克/吨	50.81	47.99	2.82
中型轧钢				
钢材合格率	%	99.97	99.98	-0.01
钢材成材率	%	94.64	94.86	-0.22
轧钢综合煤气消耗	立方米/吨	416.94	416.41	0.53
轧钢综合电耗	千瓦时/吨	60.98	59.83	1.15
轧机日历作业率	%	82.87	77.93	4.94
轧机机时产量	吨/(台·时)	63.98	62.91	1.07
轧钢工序单位能耗（以标煤计）	千克/吨	53.74	53.81	-0.07
轧钢从业人员实物劳效	吨/人	1133.44	1043.41	90.03
二线材				
钢材合格率	%		100.00	-100.00
钢材成材率	%		98.39	-98.39
钢材电耗	千瓦时/吨		129.50	-129.50
钢材煤气消耗	立方米/吨		220.16	-220.16
轧机日历作业率	%		10.85	-10.85
轧机机时产量	吨/(台·时)		84.91	-84.91
轧钢工序单位能耗（以标煤计）	千克/吨		68.74	-68.74
一棒材				
钢材合格率	%	100.00	100.00	0.00
钢材成材率	%	100.60	100.54	0.06

续表

项目	计算单位	累计实际完成		比去年同期（±）
		2019年完成	2018年完成	
钢材电耗	千瓦时/吨	57.92	56.06	1.86
钢材煤气消耗	立方米/吨	146.00	146.54	-0.54
轧机日历作业率	%	72.60	56.27	16.33
轧机机时产量	吨/(台·时)	150.26	151.89	-1.63
轧钢从业人员实物劳效	吨/人	2818.78	2300.09	518.69
轧钢工序单位能耗（以标煤计）	千克/吨	39.65	42.81	-3.16
二棒材				
钢材合格率	%	100.00	100.00	0.00
钢材成材率	%	100.54	99.31	1.23
钢材电耗	千瓦时/吨	46.51	54.34	-7.83
钢材煤气消耗	立方米/吨	79.27	115.51	-36.24
轧机日历作业率	%	56.57	24.10	32.47
轧机机时产量	吨/(台·时)	156.47	137.49	18.98
轧钢从业人员实物劳效	吨/人	2206.19	876.84	1329.35
轧钢工序单位能耗（以标煤计）	千克/吨	26.83	39.77	-12.94
热轧薄板				
钢材合格率	%	100.00	100.00	0.00
钢材成材率	%	98.38	98.34	0.04
钢材电耗	千瓦时/吨	65.83	63.86	1.97
钢材煤气消耗	立方米/吨	158.34	133.94	24.40
轧机日历作业率	%	73.97	76.58	-2.61
轧机机时产量	吨/(台·时)	366.87	350.32	16.55
轧钢从业人员实物劳效	吨/人	7926.17	7842.99	83.18
轧钢工序单位能耗（以标煤计）	千克/吨	37.63	34.09	3.54
冷轧薄板厂				
酸轧连机				
钢材合格率	%	100.00	100.00	0.00
钢材成材率	%	96.67	96.70	-0.03
钢材电耗	千瓦时/吨	52.27	53.52	-1.25
轧机日历作业率	%	69.32	72.44	-3.12
轧机机时产量	吨/(台·时)	254.67	238.57	16.10
轧钢从业人员实物劳效	吨/人	8737.27	8552.78	184.49
轧钢工序单位能耗（以标煤计）	千克/吨	13.96	13.40	0.56

制表：杨旭

不锈钢公司主要指标完成情况

指 标 名 称	计算单位	2019 年实际	2018 年实际	增减/%	备注
一、工业产值					
工业总产值（当年价格）	万元	971142	1003554	-3.23	
销售产值（当年价格）	万元	950994	989243	-3.87	
工业增加值	万元	82114	213567	-61.55	
二、主要产品产量					
烧结矿	吨	3674827	3315025	10.85	
生铁	吨	2588570	2267715	14.15	
粗钢	吨	2756459	2592252	6.33	
商品材坯	吨	2740976	2745893	-0.18	
钢材	吨	2735397	2745893	-0.38	
热轧宽钢带	吨	2678795	2707940	-1.08	
平整切板	吨	56602	37953	49.14	
商品连铸坯	吨	5579			
企业自发电量	万千瓦时	43021	37279	15.40	
三、销售及库存					
钢材销售量	吨	2735699	2752111	-0.60	
钢材库存量	吨	21838	22174	-1.51	
钢坯库存量	吨	29867	77323	-61.37	
钢材销售率（实物）	%	99.37	100.21	-0.84	
钢材销售率（价值）	%	97.93	98.57	-0.65	
四、能耗					
能源消耗总量（以标煤计）	吨	1546903	1424023	7.94	
万元产值能耗（以标煤计）	吨	1.55	1.42	0.13	
万元增加值能耗（以标煤计）	吨	18.84	6.67	12.17	
吨钢综合能耗（以标煤计）	千克	561.19	549.34	11.85	
吨钢可比能耗（以标煤计）	千克	488.26	470.57	17.69	
吨钢耗电	千瓦时	579.24	577.55	1.69	
吨钢耗新水	立方米	2.68	2.76	-0.08	
五、财务					
营业收入	万元	1015670	1076090	-5.95	
营业税金及附加	万元	41606	5582	86.58	
利税总额	万元	28969	65409	-125.79	
其中：利润总额	万元	16437	33640	-104.66	

续表

指 标 名 称	计算单位	2019 年实际	2018 年实际	增减/%	备注
应交税金	万元	12379	31769	-156.64	
管理费用	万元	72209	95236	-31.89	
财务费用	万元	3936	4233	-7.55	
销售费用	万元	2045	1808	11.61	
净利润	万元	12682	26524	-109.15	
资产合计	万元	1560094	1465101	6.09	
流动资产合计	万元	127534	129108	-1.23	
应收账款	万元	53101	18996	64.23	
预付账款	万元	40218	34221	14.91	
存货	万元	36363	30480	16.18	
固定资产	万元	1969959	1829236	7.14	
负债合计	万元	1192531	1111389	6.80	
流动负债合计	万元	1022184	938978	8.14	
资产负债率	%	76.44	75.86	0.58	
流动比率	%	12.48	13.75	-1.27	
速动比率	%	8.92	10.50	-1.58	
六、劳动工资					
全员劳动生产率（现价总产值）	元/(人·年)	2845421	2845347	74	
全员劳动生产率（工业增加值）	元/(人·年)	240591	605520	-364929	
年末全部从业人员	人	3617	3726	-3.01	
全部从业人员平均人数	人	3659	3785	-3.44	
全部从业人员工资总额	万元	29283	29022	0.89	
年末全部职工人数	人	3375	3479	-3.08	
全部职工平均人数	人	3413	3527	-3.34	
全部职工工资总额	万元	25134	24799	1.33	
七、固定资产投资					
本年固定资产投资完成额	万元				
八、安全环保					
千人负伤率	‰		0.28	-0.28	
千人工亡率	‰				
死亡人数	人				
工业废水排放处理率	%	100	100		
工业废气排放处理率	%	100	100		
污染物综合排放合格率	%	100	100		

不锈钢公司主要技术经济指标完成情况

指标名称	计算单位	2019年完成	2018年完成	增减	备注
一、烧结					
烧结矿合格率	%	100.00	100.00	0.00	
烧结矿品位	%	54.937	55.31	-0.37	
烧结机有效面积利用系数	吨/(平方米·台·时)	1.386	1.301	0.09	
烧结机日历作业率	%	72.19	64.35	7.84	
烧结机台时合格产出量	吨/(台·时)	303.457	294.02	9.44	
烧结矿含铁原料消耗	千克/吨	914.35	921.23	-6.88	
其中：铁精粉消耗	千克/吨	164.65	200.20	-35.55	
富矿粉消耗	千克/吨	586.06	557.89	28.17	
其他含铁原料消耗	千克/吨	163.64	163.14	0.50	
烧结电力消耗	千瓦时/吨	31.52	34.36	-2.84	
烧结从业人员实物劳动生产率	吨/(人·年)	21776.75	18835.37	2941.38	
烧结工序单位能耗（以标煤计）	千克/吨	51.87	48.50	3.37	
二、高炉炼铁					
生铁合格率	%	100.00	100.00	0.00	
综合焦比	千克/吨	515.20	519.44	-4.24	
入炉焦比	千克/吨	407.98	412.65	-4.67	
喷煤比	千克/吨	134.04	133.49	0.54	
电力消耗	千瓦时/吨	10.44	10.41	0.03	
入炉矿石消耗	千克/吨	1673.21	1666.11	7.10	
人造块矿消耗	千克/吨	1447.43	1419.76	27.67	
烧结矿消耗	千克/吨	1209.78	1220.77	10.99	
球团矿消耗	千克/吨	237.65	198.99	38.66	
天然矿石消耗	千克/吨	225.78	246.35	-20.57	
入炉矿石品位	%	57.19	57.11	0.08	
高炉有效容积利用系数	吨/(立方米·日)	3.670	3.726	-0.06	
炼铁从业人员实物劳动生产率	吨/(人·年)	5568.816	5312.890	255.93	
炼铁工序单位能耗（以标煤计）	千克/吨	407.48	418.89	-11.41	
三、炼钢指标					
连铸坯合格率	%	99.99	99.94	0.05	
转炉日历利用系数	吨/(公称吨·日)	25.17	23.67	1.50	
金属料消耗	千克/吨	1083.83	1100.03	-16.20	
钢铁料消耗	千克/吨	1076.86	1081.37	-4.51	

续表

指标名称	计算单位	2019年完成	2018年完成	增减	备注
生铁消耗	千克/吨	970.54	914.51	56.03	
高炉铁水	千克/吨	965.78	895.05	70.73	
合格铁块	千克/吨	4.76	19.46	-14.70	
废钢铁消耗	千克/吨	106.32	166.86	-60.54	
合金料消耗	千克/吨	6.97	18.66	-11.69	
氧气消耗	立方米/吨	49.47	49.52	-0.05	
冶金石灰消耗	千克/吨	53.65	56.66	-3.01	
转炉炉衬寿命	炉/次	6332	7291	-959.00	
电力消耗	千瓦时/吨	26.92	33.98	-7.06	
炼钢从业人员实物劳动生产率	吨/(人·年)	3210.16	2947.14	263.02	
炼钢工序单位能耗（以标煤计）	千克/吨	-15.41	-12.32	-3.09	
连铸机台时合格产出量	吨/(台·时)	137.79	132.21	5.58	
连铸机日历作业率	%	76.12	74.61	1.51	
四、轧钢					
钢材合格率	%	99.53	99.56	-0.03	
钢材成材率	%	98.10	98.11	-0.01	
电力消耗	千瓦时/吨	86.69	88.81	-2.12	
轧机日历作业率	%	69.27	73.31	-4.04	
轧钢从业人员实物劳动生产率	吨/(人·年)	8946.40	8212.43	733.97	
轧钢工序单位能耗（以标煤计）	千克/吨	40.74	40.74	0.00	

制表：徐荣

中厚板公司主要指标完成情况

指标名称	计算单位	2019年实际	2018年实际	增减/%	备注
一、工业产值					
工业总产值（当年价格）	万元	1299417	1503286	-13.56	
销售产值（当年价格）	万元	1296009	1482661	-12.59	
其中：出口交货值	万元	31882	56798	-43.87	
工业增加值	万元	197028	385391	-48.88	
二、主要产品产量					
烧结矿	吨	6997906	5569602	25.64	
球团矿	吨	480417	392764	22.32	
生铁	吨	4374508	4140663	5.65	
粗钢	吨	4601256	4634634	-0.72	
商品材坯	吨	3847274	4384522	-12.25	
钢材	吨	2798866	3297251	-15.12	

续表

指 标 名 称	计算单位	2019 年实际	2018 年实际	增减/%	备注
商品连铸坯	吨	1048408	1087271	-3.57	
企业自发电量	万千瓦时	80363	68891	16.65	
三、销售及库存					
钢材销售量	吨	2828106	3292981	-14.12	
钢材库存量	吨	63841	95145	-32.90	
钢坯销售量	吨	1048408	1087271	-3.57	
钢坯库存量	吨	43327	41935	3.32	
钢材销售率（实物）	%	101.04	99.87	1.18	
钢材销售率（价值）	%	99.74	99.87	-0.13	
四、能耗					
能源消耗总量（以标煤计）	吨	2552913	2315668	10.25	
万元产值能耗（以标煤计）	吨	1.96	1.54	0.42	
万元增加值能耗（以标煤计）	吨	12.96	6.01	6.95	
吨钢综合能耗（以标煤计）	千克	554.83	499.64	55.19	
吨钢可比能耗（以标煤计）	千克	493.25	419.69	73.56	
吨钢耗电	千瓦时	425.34	415.58	9.76	
吨钢耗新水	立方米	2.58	2.50	0.08	
五、财务					
主营业务收入	万元	1568033	1651880	-5.08	
主营业务税金及附加	万元	7809	11189	-30.21	
利税总额	万元	88676	276817	-67.97	
其中：利润总额	万元	54084	163517	-66.92	
税金	万元	34592	113300	-69.47	
管理费用	万元	38365	130532	-70.61	
财务费用	万元	22459	34595	-35.08	
销售费用	万元	6542	12139	-46.11	
净利润	万元	44646	138974	-67.87	
资产合计	万元	1839676	1701476	8.12	
流动资产合计	万元	296383	190085	55.92	
应收账款	万元	83194	43660	90.55	
预付账款	万元	14807	23651	-37.39	
存货	万元	85500	80747	5.89	
固定资产原值	万元	1955386	1806756	8.23	
负债合计	万元	1424144	1329349	7.13	
流动负债合计	万元	1268792	1103856	14.94	
非流动负债合计	万元	155352	225493	-31.11	

续表

指标名称	计算单位	2019年实际	2018年实际	增减/%	备注
总资产贡献率	%	5.05	17.87	-12.82	
成本费用利润率	%	3.90	11.10	-7.20	
资本保值增值率	%	112.00	159.60	-47.60	
资产负债率	%	77.41	78.13	-0.72	
流动比率	%	23.36	17.22	6.14	
速动比率	%	16.62	9.91	6.72	
息税后资产收益率	%	4.00	11.92	-7.92	
流动资产周转次数	次	6.80	7.22	-5.82	
应收账款周转次数	次	18.85	45.85	-58.89	
六、劳动工资					
从业人员劳动生产率（现价总产值）	元/(人·年)	5527083	5960495	-7.27	
从业人员劳动生产率（工业增加值）	元/(人·年)	838062	1528065	-45.16	
年末全部从业人员	人	3653	3756	-2.74	
全部从业人员平均人数	人	3706	3843	-3.56	
全部从业人员工资总额	万元	34114	36901	-7.55	
年末全部职工人数	人	2288	2470	-7.37	
全部职工平均人数	人	2311	2541	-9.05	
全部职工工资总额	万元	19471	22973	-15.24	
七、固定资产投资					
本年固定资产投资完成额	万元	44971	34892	28.89	
八、安全环保					
千人负伤率	‰	2.55	0.00	2.55	
千人工亡率	‰	0.00	0.00	0.00	
死亡人数	人	0.00	0.00	0.00	
工业废水排放处理率	%	100.00	100.00	0.00	
工业废气排放处理率	%	100.00	100.00	0.00	
污染物综合排放合格率	%	100.00	100.00	0.00	
九、外经外贸					
出口创汇率	%	2.46	3.90	-1.44	
钢铁产品出口额	万美元	4623	8029	-42.42	
其中：钢材	万美元	4623	8029	-42.42	
钢铁产品出口量	吨	87339	134192	-34.91	
其中：钢材	吨	87339	134192	-34.91	

制表：杨旭

中厚板公司主要技术经济指标完成情况

指标名称	计算单位	2019年完成	2018年完成	增减	备注
一、烧结					
烧结矿合格率	%	97.83	96.35	1.48	
烧结矿品位	%	55.11	55.66	-0.55	
烧结机有效面积利用系数	吨/(平方米·台·时)	1.43	1.46	-0.03	
烧结机日历作业率	%	90.14	88.51	1.63	
烧结机台时合格产出量	吨/(台·时)	314.97	326.51	-11.54	
烧结矿含铁原料消耗	千克/吨	925.96	934.69	-8.73	
其中：铁精粉消耗	千克/吨	65.27	107.93	-42.66	
富矿粉消耗	千克/吨	655.97	596.66	59.31	
其他含铁原料消耗	千克/吨	204.72	230.10	-25.38	
烧结电力消耗	千瓦时/吨	71.55	65.43	6.12	
烧结从业人员实物劳动生产率	吨/(人·年)	76689.38	55008.42	21680.96	
烧结工序单位能耗（以标煤计）	千克/吨	51.54	45.89	5.65	
二、高炉炼铁					
生铁合格率	%	96.39	100.00	-3.61	
综合焦比	千克/吨	504.57	491.59	12.98	
入炉焦比	千克/吨	371.70	360.81	10.89	
入炉焦丁比	千克/吨	24.06	28.62	-4.56	
喷煤比	千克/吨	142.02	134.86	7.16	
电力消耗	千瓦时/吨	34.95	41.58	-6.63	
入炉矿石消耗	千克/吨	1697.57	1663.06	34.51	
人造块矿消耗	千克/吨	1476.27	1408.47	67.80	
烧结矿消耗	千克/吨	1331.54	1242.91	88.63	
球团矿消耗	千克/吨	144.73	165.56	-20.83	
天然矿石消耗	千克/吨	221.30	254.59	-33.29	
入炉矿石品位	%	56.34	56.98	-0.64	
高炉有效容积利用系数	吨/(立方米·日)	2.66	2.68	-0.02	
炼铁从业人员实物劳动生产率	吨/(人·年)	26432.07	24356.84	2075.23	
炼铁工序单位能耗（以标煤计）	千克/吨	412.99	411.20	1.79	
三、炼钢指标					
连铸坯合格率	%	99.94	99.96	-0.02	
转炉日历利用系数	吨/(公称吨·日)	35.02	35.63	-0.61	
金属料消耗	千克/吨	1111.52	1101.62	9.90	

续表

指 标 名 称	计算单位	2019 年完成	2018 年完成	增减	备注
钢铁料消耗	千克/吨	1093.60	1084.24	9.36	
生铁消耗	千克/吨	952.98	890.87	62.11	
高炉铁水	千克/吨	949.45	888.48	60.97	
合格铁块	千克/吨	3.54	2.39	1.15	
废钢铁消耗	千克/吨	140.62	193.37	-52.75	
其他含铁原料消耗	千克/吨	0.00	0.41	-0.41	
合金料消耗	千克/吨	17.92	16.96	0.96	
氧气消耗	立方米/吨	55.49	57.30	-1.81	
冶金石灰消耗	千克/吨	31.36	50.87	-19.51	
电力消耗	千瓦时/吨	59.78	60.08	-0.30	
连铸机台时合格产出量	吨/(台·时)	164.42	185.41	-20.99	
连铸机日历作业率	%	63.89	58.98	4.91	
炼钢从业人员实物劳动生产率	吨/(人·年)	40658.99	46848.63	-6189.64	
炼钢工序单位能耗（以标煤计）	千克/吨	-11.84	-11.07	-0.77	
四、轧钢					
钢材合格率	%	98.75	98.71	0.04	
钢材成材率	%	92.90	93.74	-0.84	
电力消耗	千瓦时/吨	48.19	44.25	3.94	
轧机日历作业率	%	77.80	87.07	-9.27	
轧钢从业人员实物劳动生产率	吨/(人·年)	4972.08	7469.70	-2497.62	
轧钢工序单位能耗（以标煤计）	千克/吨	37.12	37.10	0.02	

制表：杨旭

唐银公司主要指标完成情况

指 标 名 称	计算单位	2019 年实际	2018 年实际	增减/%	备注
一、工业产值					
工业总产值（当年价格）	万元	793074	748892	5.90	
工业销售产值（当年价格）	万元	810566	735597	10.19	
工业增加值	万元	120334	150754	-20.18	
二、主要产品产量					
烧结铁矿	吨	2574402	2225614	15.67	
生铁	吨	2274696	1878779	21.07	
粗钢	吨	2432442	2154113	12.92	
钢材	吨	2320214	1911484	21.38	
热轧窄钢带	吨	325585	444322	-26.72	
钢筋	吨	988768	762849	29.62	

续表

指标名称	计算单位	2019年实际	2018年实际	增减/%	备注
线材	吨	1005861	704313	42.81	
企业自发电量	万千瓦时	29631	20757	42.75	
三、销售及库存					
钢材销售量	吨	2373802	1874350	26.65	
钢材库存量	吨	17640	71267	-75.25	
钢坯销售量	吨	90423	256365	-64.73	
钢坯库存量	吨	16916	4142	308.44	
产品销售率（实物）	%	102.31	98.06	4.25	
产品销售率（价值）	%	102.21	98.22	3.98	
四、能耗					
能源消耗总量（以标煤计）	吨	1263002	1069415	18.10	
万元产值能耗（以标煤计）	吨	1.59	1.43	0.16	
万元增加值能耗（以标煤计）	吨	10.50	7.09	3.41	
吨钢综合能耗（以标煤计）	千克	519.23	496.45	22.78	
吨钢可比能耗（以标煤计）	千克	478.6	471.94	6.66	
吨钢耗新水	立方米	2.69	2.83	-0.14	
五、财务					
主营业务收入	万元	827577	753821	9.78	
主营业务税金及附加	万元	3379	4886	-30.85	
利税总额	万元	55779	75023	-25.65	
其中：利润总额	万元	31988.64	47536.52	-32.71	
应交税金	万元	23545	39072	-39.74	
管理费用	万元	22558	23926	-5.72	
财务费用	万元	-10796	-9669	-11.66	
销售费用	万元	5678	3608	57.36	
净利润	万元	32253	36310	-11.17	
资产合计	万元	523938	416260	25.87	
负债合计	万元	162734	86127	88.95	
成本费用利润率	%	4.08	5.07	-0.99	
资产负债率	%	31.06	20.69	10.37	
流动比率	%	262.72	357.10	-94.38	
速动比率	%	230.91	288.99	-58.08	
六、劳动工资					
全部从业人员劳动生产率（现价）	元/(人·年)	2345679	2161305	184374	

续表

指标名称	计算单位	2019年实际	2018年实际	增减/%	备注
全部从业人员劳动生产率（增加值）	元/(人·年)	355912	363175	-7263	
年末全部从业人员	人	3350	3337	0.39	
全部从业人员平均人数	人	3381	3375	0.18	
全部从业人员工资总额	万元	25606	25843	-0.92	

制表：杨旭

唐银公司主要技术经济指标完成情况

指标名称	计算单位	2019年完成	2018年完成	增减	备注
一、烧结					
烧结矿合格率	%	100.00	100.00	0.00	
烧结矿品位	%	55.69	55.5	0.19	
烧结机有效面积利用数	吨/(平方米·台·时)	1.38	1.39	-0.01	
烧结机日历作业率	%	56.86	43.62	13.24	
烧结机台时合格产出量	吨/(台·时)	172.28	194.14	-21.86	
烧结矿含铁原料消耗	千克/吨	936.59	928.87	7.72	
其中：铁精粉消耗	千克/吨	136.77	37.11	99.66	
富矿粉消耗	千克/吨	573.95	632.96	-59.01	
其他含铁原料消耗	千克/吨	225.87	258.79	-32.92	
烧结电力消耗	千瓦时/吨	53.88	54.61	-0.73	
烧结从业人员实物劳动生产率	吨/(人·年)	13338.87	11531.68	1807.19	
烧结工序单位能耗（以标煤计）	千克/吨	47.51	48.99	-1.48	
二、高炉炼铁					
生铁合格率	%	100.00	100.00	0.00	
综合焦比	千克/吨	517.05	512.47	4.58	
入炉焦比	千克/吨	430.40	434.33	-3.93	
入炉焦丁比	千克/吨	3.45	2.46	0.99	
喷煤比	千克/吨	104.86	95.22	9.64	
电力消耗	千瓦时/吨	113.75	114.82	-1.07	
入炉矿石消耗	千克/吨	1660.26	1655.46	4.80	
人造块矿消耗	千克/吨	1418.67	1434.08	-15.41	
烧结矿消耗	千克/吨	1089.97	1137.57	-47.60	
球团矿消耗	千克/吨	328.70	296.51	32.19	
天然矿石消耗	千克/吨	241.59	221.38	20.21	
入炉矿石品位	%	57.87	57.61	0.26	
高炉有效容积利用系数	吨/(立方米·日)	3.380	2.987	0.393	

续表

指 标 名 称	计算单位	2019 年完成	2018 年完成	增减	备注
炼铁从业人员实物劳动生产率	吨/(人·年)	6216.43	5273.77	942.66	
炼铁工序单位能耗（以标煤计）	千克/吨	414.15	430.85	-16.70	
三、炼钢指标					
连铸坯合格率	%	99.99	99.86	0.13	
转炉日历利用系数	吨/(公称吨·日)	27.77	24.59	3.18	
金属料消耗	千克/吨	1086.52	1098.05	-11.53	
钢铁料消耗	千克/吨	1058.95	1074.98	-16.03	
生铁消耗	千克/吨	939.28	889.35	49.93	
高炉铁水	千克/吨	930.30	872.87	57.43	
合格铁块	千克/吨	8.97	16.48	-7.51	
废钢铁消耗	千克/吨	119.67	185.62	-65.95	
其他含铁原料消耗	千克/吨	6.84	1.51	5.33	
合金料消耗	千克/吨	20.74	21.56	-0.82	
氧气消耗	立方米/吨	52.74	58.15	-5.41	
冶金石灰消耗	千克/吨	36.18	39.14	-2.96	
电力消耗	千瓦时/吨	40.91	41.67	-0.76	
连铸机台时合格产出量	吨/(台·时)	209.57	190.43	19.14	
连铸机日历作业率	%	66.25	64.57	1.68	
炼钢从业人员实物劳动生产率	吨/(人·年)	14653.27	12976.58	1676.69	
炼钢工序单位能耗（以标煤计）	千克/吨	-17.21	-14.62	-2.59	
四、轧钢					
钢材合格率	%	99.99	99.96	0.03	
钢材成材率	%	99.77	99.54	0.23	
电力消耗	千瓦时/吨	80.97	80.77	0.20	
轧机日历作业率	%	55.86	52.29	3.57	
轧钢从业人员实物劳动生产率	吨/(人·年)	4419.46	3640.92	778.54	
轧钢工序单位能耗（以标煤计）	千克/吨	40.90	41.27	-0.37	
钢筋					
钢材合格率	%	99.99	99.93	0.06	
钢材成材率	%	101.36	100.99	0.37	
电力消耗	千瓦时/吨	51.63	53.67	-2.04	
轧机日历作业率	%	69.32	62.08	7.24	
工序单位能耗（以标煤计）	千克/吨	39.36	39.65	-0.29	
窄带钢					
钢材合格率	%	99.99	99.99	0.00	

续表

指 标 名 称	计算单位	2019 年完成	2018 年完成	增减	备注
钢材成材率	%	98.82	98.80	0.02	
电力消耗	千瓦时/吨	83.94	79.07	4.87	
轧机日历作业率	%	22.85	42.91	-20.06	
工序单位能耗（以标煤计）	千克/吨	42.32	41.71	0.61	
线材					
钢材合格率	%	99.99	99.96	0.03	
钢材成材率	%	98.56	98.46	0.10	
电力消耗	千瓦时/吨	108.84	111.19	-2.35	
轧机日历作业率	%	65.64	51.70	13.94	
工序单位能耗（以标煤计）	千克/吨	41.96	42.74	-0.78	

制表：杨旭

获省级（含省级）以上荣誉称号的先进集体

1月

△ 河钢唐钢被河北省应急管理与安全生产协会评为“2019年度应急管理与安全生产先进单位”。

3月

△ 汽车板事业部汽车家电板研发创新组被河北省妇女联合会授予“河北省‘三八’红旗集体”称号。

4月

△ 河钢塞尔维亚公司管理团队被中共中央宣传部授予“时代楷模”称号。

△ 唐银公司团委获“2018年度河北省国资委五四红旗团委”称号。

△ 炼铁厂南区高炉获“河北省先进集体”称号。

△ 卷板事业部镀彩作业区团支部获“2018年度河北省国资委五四红旗团支部”称号。

5月

△ 河钢唐钢在中共河北省委组织部对2018年度省直派出单位和驻村工作队扶贫脱贫帮扶工作考核评价结果中，被评为“优秀派出单位”；驻承德市滦平县二道营子村工作队被评为“优秀驻村工作队”。

△ 河钢唐钢获“河北省企业管理现代化创新先进单位”称号。

△ 河钢唐钢被中国冶金体育协会授予“第六届全国冶金职工运动会乒乓球比赛优秀组织奖”。

△ 河钢唐钢团委获“2018年度全国钢铁行业五四红旗团委”称号。

△ 卷板事业部冷轧薄板厂镀彩作业区团支部获“2018年度全国钢铁行业五四红旗团支部”称号。

△ 河钢唐钢团委获“2018年度河北省五四红旗团委”称号。

△ 型线事业部型钢厂设备管理室电气点检作业区获“2018年度全国青年安全生产示范岗”称号。

△ 自动化信息公司被河北省软件与信息服务业协会授予“2019河北省软件和信息技术服务创新发展优秀企业”称号。

6月

△ 河钢唐钢获“2019年度河北省冶金行业质量管理活动优秀企业”称号。

△ 卷板事业部转炉作业区党支部、高强汽车板有限公司连镀作业区党支部、唐银公司动能部燃气车间党支部、能源科技分公司南区给水党支部、物流分公司炼铁站作业区党支部等5个基层党支部被省国资委党委评为“标准化、规范化示范党支部”。

7月

△ 河钢唐钢获得“全国冶金行业职业技能鉴定先进单位”称号。

△ 一钢轧厂1700轧钢作业区被中国人力资源和社会保障部、中国钢铁工业协会联合授予“全国钢铁工业先进集体”称号。

8月

△ 不锈钢公司精炼作业区获“2018年度河北省青年安全生产示范岗”称号。

9月

△ 河钢唐钢获“2018年中国技能大赛—河北省职工职业技能大赛培养高技能人才先进单位”称号。

△ 河钢唐钢获中设协“2019年度设备管理与技术创新标杆企业”称号。

10月

△ 河钢唐钢被中钢协评为“2019年度钢铁工业统计工作先进集体”。

△ 河钢唐钢大学获“2019中国企业教育先进单位百强”称号。

11月

△ 河钢唐钢获得第三届钢铁行业技能知识网络竞赛“优秀组织奖”。

△ 河钢唐钢团委获“2018年度全国钢铁行业‘青安杯’竞赛先进单位”称号。

△ 河钢塞钢工程部青年安全监督岗、技术中心青年安全监督岗获评“2018年度全国钢铁行业青年安全生产示范岗”。

△ 卷板事业部一钢轧厂1700轧钢作业区青安岗、卷板事业部冷轧薄板厂设备点检中心青安岗、型线事业部青安岗、唐银公司青安岗、青龙炉料公司青安岗获评“2018年度全国钢铁行业‘青安杯’竞赛最佳青年安全监督岗”。

12月

△ 河钢唐钢被评为“2019年度河北省冶金行业统计工作先进单位”。

获省级（含省级）以上荣誉称号的先进个人

1月

△ 安全部付英双被河北省应急管理与安全生产协会评为“河北省应急管理与安全生产先进个人”。

2月

△ 安全部范兴国获“2019 河北省‘安全卫士’”称号。

3月

△ 卷板事业部梅淑文被河北省总工会授予“河北省五一巾帼标兵”称号。

△ 炼铁厂冯忠良获“第七届河北省能工巧匠”称号。

4月

△ 河钢唐钢王兰玉、方丽平、韩一杰、邢振环被中共河北省委、河北省人民政府授予“河北省劳动模范”称号。

△ 河钢唐钢团委王浩川获“2018 年度河北省国资委优秀共青团员”称号。

△ 物流分公司王晶获“2018 年度河北省国资委优秀团务工作者”称号。

△ 信息自动化部靳三峰获“2018 年度河北省国资委优秀青年”称号。

5月

△ 河钢唐钢团委姜丽丽被共青团中央授予“全国优秀共青团干部”称号。

△ 型线事业部型钢厂王君珂被共青团中央授予“全国优秀共青团员”称号。

△ 河钢唐钢团委于洋获“2018 年度全国钢铁行业优秀共青团干部”称号。

△ 河钢唐钢团委王浩川获“2018 年度全国钢铁行业优秀共青团员”称号。

7月

△ 炼铁厂郑明泉被人力资源和社会保障部、中国钢铁工业协会授予“全国钢铁工业劳动模范”称号。

10月

△ 河钢唐钢工会刘洋获“全国钢铁企业工会优秀劳动保护宣传员”称号。

△ 河钢唐钢工会刘洋、吴凌、于航获“全国钢铁企业工会优秀劳动保护工作者”称号。

11月

△ 河钢唐钢团委姜丽丽获“2018 年度全国钢铁行业‘青安杯’竞赛最佳组织者”称号。

△ 河钢唐钢团委王浩川、炼铁厂李斐获“2018年度全国钢铁行业‘青安杯’竞赛先进个人”称号。

△ 技术中心孟令德、气体公司边阳、教育中心孔令艳、检修分公司杨建辉、型线事业部型钢厂孙少华、保卫部王一琪获“2018年度全国钢铁行业‘青安杯’竞赛最佳青年安全监督岗岗长（员）”称号。

12月

△ 二钢轧厂谷海波、王振刚获得“河北省突出贡献技师”称号。

《河钢唐钢年鉴（2020）》资料提供者（按供稿先后顺序）

1. 办公室（党委办公室） 高惠雅
2. 设备机动部 赵东利
3. 市场部 马艳丽
4. 青龙炉料有限公司 赵子恒
5. 型线事业部 李 琨 刘 珊 刘艳艳
6. 能源环保部 袁 涛
7. 钢源冶金炉料有限公司 高春辉
8. 房地产公司 黄 超
9. 华奥公司 刘晶晶
10. 法律事务部 栗雅楠 洪 伟
11. 运营改善部（董事会办公室） 张继柱
12. 保卫部（武装部） 康惠英
13. 美锦煤化工有限公司 张 磊
14. 河钢采购总公司唐钢分公司 李春莲
15. 信息自动化部 刘学军
16. 唐银公司 周志庆
17. 人力资源部（组织部、老干部管理部、离退休职工管理部） 郑 达
18. 唐钢大学 高秀敏
19. 城市服务有限责任公司 李 烨
20. 新事业公司 裴翠环
21. 不锈钢公司 杨玉倩
22. 计划生育办公室 李丽芝
23. 工会 李良播
24. 监察部（纪委） 刘 维
25. 安全部 王志雄
26. 检修分公司 刘一明
27. 财务经营部 贾 勇
28. 非钢管理部 张伟光
29. 总工办 龚瑞娟
30. 汽车板事业部 胡慧荣 邹金峰
31. 气体公司 王静芳
32. 团委 郭青阳
33. 物流分公司 刘会军
34. 教育中心 王力宾
35. 中厚板公司 郑磊
36. 卷板事业部 胡晓爽
37. 国际合作部 庞真丽
38. 企业文化部（宣传部、统战部、党校） 李 烁
39. 炼铁厂 李 阳
40. 集团审计部驻唐钢审计处 芦永忠
41. 能源科技分公司 侯丽娜
42. 河钢销售总公司唐钢分公司 鲁建军
43. 发展规划部 王 琦
44. 华冶公司 杨 强
45. 技术中心 孟令德
46. 河钢塞尔维亚公司 王昭君
47. 重机装备有限公司 于春林
48. 唐龙（唐昂）公司 李宏莹
49. 自动化信息公司 邱 悦
50. 生产制造部 陈 静
51. 北京唐钢宾馆 任继东
52. 创元方大公司 施 宁
53. 河钢国际唐山分公司 胡 宇